Hölzer Dauerschuldverhältnisse in der Insolvenz

KTS Schriften zum Insolvenzrecht

Herausgegeben von

Reinhard Bork · Rolf Stürner

Band 73

Carl Heymanns Verlag 2025

Dauerschuldverhältnisse in der Insolvenz

Von Tobias David Hölzer

Carl Heymanns Verlag 2025

Zitiervorschlag: *Hölzer*, Dauerschuldverhältnisse in der Insolvenz (KTS Bd. 73), S. 1

Bibliografische Information der Deutschen Nationalbibliothek
Die Deutsche Nationalbibliothek verzeichnet diese Publikation in der Deutschen Nationalbibliografie; detaillierte bibliografische Daten sind im Internet über http://dnb.d-nb.de abrufbar.

ISBN 978-3-452-30540-4

www.wolterskluwer.com

Umschlagkonzeption: Martina Busch, Grafikdesign, Homburg Kirrberg
Satz: R. John + W. John GbR, Köln
Druck und Weiterverarbeitung: SDK Systemdruck Köln GmbH & Co. KG

Gedruckt auf säurefreiem, alterungsbeständigem und chlorfreiem Papier.

Meinen Eltern

Vorwort

Knapp 150 Jahre nach Inkrafttreten der Konkursordnung prägt weiterhin der Streit um Zweck und Dogmatik des Insolvenzverwalterwahlrechts die Literatur zu den §§ 103 ff. InsO. Demgegenüber führt § 108 Abs. 1 S. 1 InsO geradezu ein dogmatisches Schattendasein. Zu Unrecht, wie sich zeigt, handelt es sich bei dieser Norm doch um eine aus Praxissicht hochrelevante und zugleich mit nicht weniger als vier adressierten Konstellationen eine ausgesprochen vielgestaltige Regelung, die bei näherer Betrachtung mehrere Fragen aufwirft: Welche Zwecke verfolgt § 108 Abs. 1 S. 1 InsO? Was kennzeichnet die dort genannten Verträge? Wie verhält sich die Regelung zum Gläubigergleichbehandlungsgrundsatz? Und was kann man hieraus für die Anwendung der Norm ableiten? Diesen Fragen widmet sich die vorliegende Arbeit.

Diese wurde im Sommersemester 2024 von der Juristischen Fakultät der Albert-Ludwigs-Universität Freiburg als Dissertation angenommen. Literatur und Rechtsprechung befinden sich im Wesentlichen auf dem Stand von September 2023.

Mein vornehmlicher Dank gilt meinem Doktorvater Herrn Professor Dr. *Jan Felix Hoffmann*. Er hat mein juristisches Denken maßgeblich geprägt und mir im gesamten Entstehungsprozess der Arbeit in jeder Hinsicht die nötigen Freiheiten gewährt.

Herrn Professor Dr. *Alexander Bruns*, LL.M. (Duke Univ.) danke ich für die Zweitbegutachtung der Arbeit sowie für die Zeit, in der ich während meines Studiums als studentische Hilfskraft Teil seines Lehrstuhls sein durfte.

Sodann danke ich Herrn Professor Dr. *Reinhard Bork* und Herrn Professor Dr. Dres. h.c. *Rolf Stürner* für die Aufnahme meiner Arbeit in die Schriftenreihe KTS-Schriften zum Insolvenzrecht.

Großer Dank gebührt allen Menschen, die sich um das Korrekturlesen der Arbeit verdient gemacht haben und deren Aufzählung den hiesigen Rahmen sprengen würde. Besonders danken möchte ich indes meinem Kollegen Dr. *Philipp Schlüter*, LL.M. (Yale), der sich die Mühe gemacht hat, die Arbeit nahezu in Gänze zu lesen und mit wertvollen Hinweisen und Anregungen auf den letzten Metern entscheidend zu ihrem Gelingen beigetragen hat. Ferner danke ich *Jonathan Kirschke-Biller* für die akribische Durchsicht des zweiten Kapitels und seine gewinnbringenden Anmerkungen, welche die Arbeit in mehrfacher Hinsicht abgerundet haben.

Bei meinen Institutskolleg*innen *Hannah Borchers*, Dr. *Johannes Locher* und Dr. *Paul Pommerening* möchte ich mich herzlich für den steten fachlichen wie persönlichen Austausch während unserer gemeinsamen Zeit am Lehrstuhl bedanken, die ich in bester Erinnerung behalte.

Von ganzem Herzen danken möchte ich nicht zuletzt Dr. *Theresa Hüsch* für ihre liebevolle und unterstützende Begleitung, bei Weitem nicht nur, aber auch während des Entstehens dieser Arbeit.

Mein größter Dank gilt schließlich meinen Eltern *Nicola Scheytt-Hölzer* und *Michael Hölzer* für ihre vorbehaltlose Unterstützung in jeder Lebenssituation. Ihnen ist diese Arbeit gewidmet.

Ulm, im September 2025 *Tobias David Hölzer*

Inhaltsübersicht

Inhalt

Einleitung

A. Problemaufriss

»Schuldrechtliche Verträge wirken grundsätzlich nur nach Maßgabe der §§ 17 bis 28 KO gegen die Konkursmasse.« – so lautet der zweite Leitsatz in einem Urteil des Bundesgerichtshofs aus dem Jahr 2003.[1] Der hinter dem Verweis auf die §§ 17 ff. KO stehende Gedankengang erschließt sich unmittelbar: Gläubiger, die mit dem Schuldner vorinsolvenzlich einen schuldrechtlichen Vertrag geschlossen haben, können den Leistungsaustausch in der Insolvenz nicht ohne Weiteres gegen die Masse durchsetzen. Wie mit ihnen in der Insolvenz ihres Vertragspartners[2] umzugehen ist, wurde unter Geltung der Konkursordnung durch die §§ 17 ff. KO festgelegt und ist seit der Insolvenzrechtsreform in den §§ 103 ff. InsO geregelt. Im Zentrum dieser Regelungen steht das sogenannte Insolvenzverwalterwahlrecht, mit dem der Insolvenzverwalter grundsätzlich über die Erfüllung der bei Verfahrenseröffnung beiderseits noch nicht vollständig erfüllten gegenseitigen Verträge disponieren kann. Die hiesige Untersuchung nimmt aber § 108 Abs. 1 S. 1 InsO in den Blick, der für bestimmte Miet- und Pachtsowie für Dienstverhältnisse in der Insolvenz einer Vertragspartei die Erfüllung durch die Masse unmittelbar anordnet. § 108 Abs. 1 S. 1 InsO erscheint für eine monographische Untersuchung äußerst geeignet, ist er doch in verschiedenerlei Hinsicht eine bemerkenswerte Norm:

Erstens ist die geregelte Materie von enormer praktischer Relevanz, wie ein Blick auf den Anwendungsbereich zeigt. Unter § 108 Abs. 1 S. 1 InsO fallen allein sämtliche Wohn- und Gewerberaummietverhältnisse und mit den Dienstverhältnissen auch alle Arbeitsverhältnisse. Es wird daher wohl kaum ein Insolvenzverfahren geben, in dem § 108 Abs. 1 S. 1 InsO keine Anwendung findet. Gleichzeitig wird der Anwendungsbereich verbreitet für zu eng befunden, wird doch seit der Insolvenzrechtsreform um eine Erweiterung des Anwendungsbereichs auf Lizenzverträge lebhaft gestritten.

Zweitens trifft § 108 Abs. 1 S. 1 InsO, selbst wenn man die Miet- und Pachtverhältnisse zusammenfasst, für nicht weniger als vier verschiedene Konstellationen im Grundsatz eine Regelung, die im Einzelfall nur durch die Kündigungsrechte gem. §§ 109, 111, 113 InsO unterschiedlich ausgestaltet ist. Dies ist schon aus rechtshistorischer Perspektive interessant, da der Regelungsgehalt des § 108 Abs. 1 S. 1 InsO unter Geltung der Konkursordnung auf drei verschiedene Normen, nämlich die §§ 19, 21 und 22 KO, verteilt war. Dennoch entspricht es nicht nur der methodischen Intuition, einer Regelung, die in einem Satz innerhalb eines Absatzes getroffen wird, einen einheitlichen Geltungsgrund zu unterstellen. Mit der zwischenzeitlichen Überschrift des § 108 Abs. 1 S. 1 InsO, die von Erlass der Insolvenzordnung bis zum Jahr 2007 »Fort-

1 BGHZ 155, 371 ff.

2 In der vorliegenden Untersuchung wird stets davon ausgegangen, dass es auf beiden Seiten einen Vertragspartner gibt. Zu Verträgen – insbesondere zu Mietverträgen – mit Personenmehrheiten siehe etwa *Haak*, Verträge mit Personenmehrheiten, passim.

bestehen von Dauerschuldverhältnissen« lautete, scheint sich ein solcher dann auch aufzudrängen. In der Tat wird der gemeinsame Nenner der in § 108 Abs. 1 S. 1 InsO adressierten Vertragsverhältnisse gängig darin gesehen, dass es sich um Dauerschuldverhältnisse handelt.[3] Diese These ist auch der Ausgangspunkt für die vorliegende Untersuchung mit dem Arbeitstitel »Dauerschuldverhältnisse in der Insolvenz«. Bei näherer Betrachtung stellt sich natürlich die Frage, wie viel hiermit gewonnen ist, handelt es sich bei dem Begriff des Dauerschuldverhältnisses seinerseits um ein Kuriosum. Zwar ist diese Bezeichnung für bestimmte Schuldverhältnisse, bei denen »dem Zeitmoment [...] eine essentielle Bedeutung« zukommt,[4] seit über 100 Jahren Gegenstand des wissenschaftlichen Diskurses. Zudem dürfte *Walter Doralt* zuzustimmen sein, der jüngst formuliert hat, dass »jeder deutschsprachige Jurist [...] eine Vorstellung mit dem Begriff Dauerschuldverhältnis [verbindet]«.[5] Gleichwohl konnte über den genauen Bedeutungsgehalt des Begriffs und seine Funktion bis heute keine Einigkeit erzielt werden.[6] Dennoch wird der Charakter als Dauerschuldverhältnis nicht nur als gemeinsames Merkmal der in § 108 Abs. 1 S. 1 InsO genannten Verträge gesehen, sondern teilweise auch im Kontext des § 103 InsO für relevant befunden, namentlich für die vollständige Erfüllung der Leistungspflichten.[7] Damit ist die Frage aufgeworfen, welche Spezifika von Dauerschuldverhältnissen dazu führen, dass der Insolvenzverwalter nicht bzw. nur eingeschränkt über die Durchführung des Leistungsaustauschs entscheiden kann. Die dahinterstehende Interessenlage aufzudecken und die konkrete gesetzliche Ausgestaltung näher zu betrachten, ist Anliegen dieser Arbeit, wobei insbesondere der Umfang des dem Vertragspartner gewährten, insolvenzrechtlichen Schutzes ins Auge gefasst wird.

Der Untersuchung einer Ausnahme muss das Verständnis des Grundsatzes vorausgehen. Aufgrund des doppelten Ausnahmecharakters von § 108 Abs. 1 S. 1 InsO war es deshalb erforderlich, zum einen den Zweck und die Wirkungsweise des – im Rahmen des § 108 Abs. 1 S. 1 InsO gerade nicht anwendbaren – Verwalterwahlrechts nachzuvollziehen und zum anderen Legitimation und Geltungsanspruch des Gläubigergleichbehandlungsgrundsatzes zu klären. Dies führt zu dem dritten Aspekt, der eine monographische Bearbeitung der hiesigen Thematik rechtfertigt: Die große praktische Relevanz des § 108 Abs. 1 S. 1 InsO steht in einem Missverhältnis zu dessen theoretischer Durchdringung.

Während Zweck und Dogmatik des hoch umstrittenen Insolvenzverwalterwahlrechts seit Jahrzehnten große Aufmerksamkeit gewidmet wird, führt die Regelung des § 108 Abs. 1 S. 1 InsO geradezu ein dogmatisches Schattendasein. Im Wesentlichen scheint

3 MüKo[3]/*Eckert,* § 108 InsO, Rn. 2; *Häsemeyer*, Insolvenzrecht, Rn. 20.45; Jaeger/*Henckel,* § 22 KO, Rn. 19; Jaeger[8]/*Lent,* § 19 KO, Rn. 1; Jaeger[8]/*ders.,* § 22 KO, Rn. 14; *Hahn*, Materialien IV, S. 232 (»zeitdauernde Verträge«).

4 *Nicklisch*, JZ 1984, 757, 761.

5 *Doralt*, Langzeitverträge, S. 90.

6 *Doralt*, Langzeitverträge, S. 88 ff., 488; Staudinger/*Olzen,* § 241 BGB, Rn. 366 f.

7 Etwa *Brandt*, NZI 2001, 337, 340; *Stickelbrock*, WM 2004, 549, 558; *Engert/Schmidl*, WM 2005, 60, 65; *McGuire*, Lizenz, S. 427; *diess.*, GRUR 2009, 13, 17; *Kellenter*, FS Tilmann, S. 807, 815; *Pahlow*, WM 2008, 2041, 2043; *Scherenberg*, Lizenzverträge, S. 44; *Rapp*, Escrowvereinbarungen, S. 109, 113 f., 134; *Zehnsdorf*, Filmnutzungsrechte, S. 94 ff., 103 ff.; auch *Canaris*, FS Flume Bd. I, S. 371, 397.

man sich mit der Erklärung zufrieden zu geben, dass hier eine Ausnahme vom Insolvenzverwalterwahlrecht statuiert werde, welche stets zwangsläufig die Folgen der Erfüllungswahl herbeiführe.[8] Dieses Verständnis liegt zwar angesichts des § 55 Abs. 1 Nr. 2 InsO, der für die Erfüllungswahl und § 108 Abs. 1 S. 1 InsO dieselbe Rechtsfolge anzuordnen scheint,[9] nahe und liegt auch dem eingangs zitierten Leitsatz des Bundesgerichtshofs zugrunde. Mit dieser Sichtweise werden aber, wie sich in der vorliegenden Arbeit zeigen wird, die dogmatischen Grundlagen des § 108 Abs. 1 S. 1 InsO im Gefüge der §§ 103 ff. InsO nur unzureichend erfasst. Sie trägt der mit § 108 Abs. 1 S. 1 InsO verbundenen Wirkung *erga omnes* nicht hinreichend Rechnung und lässt die Frage außer Acht, wie die Rechtsfolgen der Privilegierung auch hinsichtlich dieser – rein schuldrechtlich wirkenden Vertragsverhältnissen eigentlich nicht immanenten – Drittwirkung zu bestimmen sind. Die damit angesprochene Unterscheidung zwischen absoluten und relativen Rechten[10] muss aber zum einen im Insolvenzkontext als naheliegend gelten. Zum anderen scheint sie gerade für die hiesige Thematik Erkenntnisse zu versprechen, werden doch Dauerschuldverhältnisse aus allgemein privatrechtlicher Sicht bisweilen »zwischen« Schuld- und Sachenrecht angesiedelt,[11] was freilich eine einigermaßen diffuse systematische Verortung ist. Jedenfalls drängt es sich vor diesem Hintergrund auf, dem herrschenden und auch dem Leitsatz des Bundesgerichtshofes zugrundeliegenden Verständnis, § 108 Abs. 1 S. 1 InsO führe wie die Erfüllungswahl dazu, dass ein schuldrechtlicher Vertrag gegenüber der Insolvenzmasse Wirkung entfalte, ein Zitat von *Eberhard Kühne* gegenüberzustellen, der zu § 21 KO formulierte: »Der äußeren Form nach liegt also wieder eine schuldrechtliche Betrachtungsweise vor. In derselben aber ist wiederum eine Konfliktsentscheidung im Sinne der Dinglichkeit enthalten.«[12]

Neben der für die adressierten Verträge spezifischen Interessenlage verspricht daher vor allem die Betrachtung des § 108 Abs. 1 S. 1 InsO vor dem Hintergrund der Unterscheidung zwischen relativen und absoluten Rechten weiteren Erkenntnisgewinn. Im Kontext der Insolvenz ist damit freilich auch die insolvenzspezifische Dimension *erga omnes* wirkender Rechtspositionen angesprochen, namentlich der Grundsatz der Gläubigergleichbehandlung. Der Frage, wie sich § 108 Abs. 1 S. 1 InsO vor diesem »oberste[n], geheiligte[n] Prinzip«[13] des Insolvenzrechts legitimieren lässt, kann daher nicht ausgewichen werden. Auffällig ist, dass sie lange Zeit keine oder kaum Beachtung gefunden hat. Einzig *Ludwig Häsemeyer* hat hinsichtlich einer etwaigen »sozialen Schutzfunktion« Zweifel an der Legitimierbarkeit des Privilegs geäußert,[14] wobei diese Erwägung natürlich etwa für den Vermieter in der Mieterinsolvenz typischerweise ohnehin nicht in Betracht kommt. Auf Basis eines materiell-privatrechtlichen Ver-

8 Statt vieler *Häsemeyer*, Insolvenzrecht, Rn. 14.04; MüKo/*Huber*, § 103 InsO, Rn. 39; Jaeger/*Jacoby*, § 108 InsO, Rn. 1 und 10.
9 Vgl. nur HK/*G. Schmidt*, § 108 InsO, Rn. 27.
10 Allgemein dazu etwa *Schlüter*, Rückabwicklung, S. 104 ff.
11 *Gierke*, JherJb. 64 (1914), 355, 406 ff.; *Weller*, JZ 2012, 881, 885; noch weiter *Engel*, Wohnraummietverhältnis, S. 39, 190 ff., 203 ff.; vgl. auch *Nehm*, Die kündbaren Rechtsverhältnisse, S. 94 ff.
12 *Kühne*, AcP 140 (1935), 1, 58.
13 *Wilburg*, JBl 1949, 29, 30.
14 *Häsemeyer*, Insolvenzrecht, Rn. 14.04.

ständnisses des Gläubigergleichbehandlungsgrundsatzes hält *Jan Felix Hoffmann* die Legitimität des Privilegs zwar für »prekär«, kommt aber dennoch zu deren gleichbehandlungsspezifischer Legitimierbarkeit.[15] Aus den hier gewonnenen Erkenntnissen ergeben sich hingegen Einwände gegen die privatrechtliche Legitimierbarkeit des § 108 Abs. 1 S. 1 InsO, die eine eingehende Auseinandersetzung mit der Legitimationsfrage verlangen.

Beim Themenfeld »Dauerschuldverhältnisse in der Insolvenz« trifft also eine nicht zu unterschätzende praktische Relevanz auf einen grundlegenden, dogmatischen Klärungsbedarf, dem nachzugehen daher lohnenswert erscheint: Einerseits kann ein vertieftes systematisch-dogmatisches Verständnis schon an sich zu einer aufgeklärteren Rechtsanwendung beitragen. Andererseits verspricht eine Untersuchung der theoretischen Grundlagen der §§ 108 ff. InsO einen Erkenntnisgewinn zu einzelnen Fragen sowohl *de lege lata* als auch *de lege ferenda.*

Dem Bestreben, zunächst die bürgerlich-vermögensrechtliche Basis des § 108 Abs. 1 S. 1 InsO zu ergründen, ist indes die ursprünglich gefasste Ambition, die Behandlung der Dauerschuldverhältnisse in der Insolvenz aus rechtsvergleichender Perspektive zu untersuchen, zum Opfer gefallen. Für das Themenfeld der gegenseitigen Verträge in der Insolvenz erscheint ein rechtsvergleichender Forschungsansatz zwar äußerst erkenntnisreich. Dies liegt schon daran, dass die dem Insolvenzrecht zugeschriebenen Ordnungsfunktionen sich von Rechtsordnung zu Rechtsordnung teils wesentlich unterscheiden.[16] Auch grundlegende, aber nicht zwingende bürgerlichrechtliche Weichenstellungen wie das Abstraktionsprinzip haben im hiesigen Kontext große Relevanz,[17] weshalb ein Vergleich zu Rechtsordnungen, die anderen Prinzipien folgen, gewinnbringend erscheint. Zu Rechtsordnungen, die der deutschen im Grundsatz ähnlicher sind, gibt es schließlich profunde, spezifisch insolvenzrechtliche Unterschiede was die Umsetzung bestimmter Lösungen anbelangt.[18] Dennoch müssen diese Fragen ausgespart bleiben, da ein über eine oberflächliche Untersuchung des ausländischen Rechts hinausgehender rechtsvergleichender Teil den ohnehin nicht knapp bemessenen Rahmen der Untersuchung gesprengt hätte. Die Arbeit wird daher in dem Bewusstsein vorgelegt, dass ihre Erkenntnisse auf dem Fundament des deutschen bürgerlichen Vermögensrechts entstanden und somit auf dessen Geltungsbereich beschränkt sind. Im Übrigen bleibt es bei der Hoffnung, dass die hiesigen Ergebnisse anderen Autoren für eine rechtsvergleichende Untersuchung eine gefestigtere Basis zum deutschen Recht bieten können.

15 *J. F. Hoffmann*, Prioritätsgrundsatz, S. 336 ff.

16 Vgl. etwa *Merle*, Insolvenzzwecke, S. 169 ff. zum Vergleich zwischen Deutschland und Frankreich.

17 Dazu eingehend unten S. 79 ff.

18 In Österreich hat der Insolvenzverwalter beispielsweise ein Rücktrittsrecht, vgl. § 21 Abs. 1 IO, während er nach gängiger deutscher Dogmatik den Vertrag nicht auflösen, sondern nur die Erfüllung ablehnen kann.

B. Zielsetzung und Gang der Untersuchung

Die vorliegende Arbeit setzt sich folglich zum Ziel, die teleologischen und dogmatischen Grundlagen des § 108 Abs. 1 S. 1 InsO freizulegen und die gewonnenen Erkenntnisse für die Rechtsanwendung fruchtbar zu machen.

Im 1. Kapitel wird zunächst eingehend die Behandlung gegenseitiger Verträge im eröffneten Insolvenzverfahren betrachtet. Zweck und Dogmatik des § 103 InsO, vormals § 17 KO, werden bis heute uneinheitlich beurteilt. Zwar können bestimmte Grundfragen mittlerweile als geklärt erachtet werden. Die Diskussion um das Verwalterwahlrecht ist aber nach wie vor von bestimmten Zwecksetzungen geprägt, dass die allgemeinen materiell-rechtlichen Folgen der Verfahrenseröffnung und der Wahlrechtsausübung vor dem Hintergrund der Unterscheidung der Rechtslagen *erga omnes* und *inter partes* bisweilen aus dem Blick zu geraten drohen. Das für die weitere Untersuchung elementare Verhältnis von zwingenden Wirkungen der Gesamtvollstreckung *erga omnes* und vertraglicher Bindung *inter partes* bedarf daher einer vertieften Betrachtung.

Auf dieser Basis kann dann § 108 Abs. 1 S. 1 näher betrachtet werden. Im Fokus steht dabei der durch § 108 Abs. 1 S. 1 InsO verfolgte Zweck, dem – im krassen Gegensatz zu § 103 InsO – nur wenig Aufmerksamkeit gewidmet wird. Als teleologisches Fundament des § 108 Abs. 1 S. 1 InsO wird sich der Schutz der spezifischen, im Rahmen von Dauerschuldverhältnissen entstehenden Kontinuitätsinteressen des Vertragspartners erweisen. Auf dieser Basis wird auch eine Abgrenzung des Untersuchungsgegenstandes von anderen Zwecksetzungen dienenden Regelungen im Gefüge der §§ 108 ff. InsO möglich. Das 1. Kapitel schließt mit einer Untersuchung des Begriffs »Dauerschuldverhältnis« und seiner Bedeutung für die hiesige Arbeit, wobei festzustellen sein wird, dass es dem Begriff an Aussagekraft über die Kontinuitätsinteressen der Vertragsparteien mangelt und daher nicht deduktiv mit ihm gearbeitet werden kann.

Im 2. Kapitel werden die Kontinuitätsinteressen des Vertragspartners daher einer eingehenden induktiven Untersuchung unterzogen. Dafür ist zunächst zu fragen, wie mit den in § 108 Abs. 1 S. 1 InsO adressierten Vertragsverhältnissen im Rahmen des § 103 InsO umzugehen wäre. Auf Basis der im ersten Kapitel erarbeiteten Grundlagen kann der Maßstab für die vollständige Erfüllung im Rahmen des § 103 Abs. 1 S. 1 InsO definiert werden, wobei die Relevanz der Unterscheidung *erga omnes – inter partes* neu gewürdigt werden muss. Die nachfolgende Betrachtung der einzelnen in § 108 Abs. 1 S. 1 InsO angesprochenen Konstellationen dient sodann der Spezifizierung der Kontinuitätsinteressen des Vertragspartners und soll einen Beitrag zu der Frage leisten, ob deren Schutz im Rahmen der §§ 103 ff. kohärent verwirklich wird. Hier wird sich zeigen, dass die Interessen, je nach Konstellation, unterschiedlich stark ausgeprägt sind und sich im Rahmen der durch die §§ 103 Abs. 1, 108 Abs. 1 S. 1 InsO vorgenommenen, typisierenden Einteilung der Verträge einige Kohärenzfragen stellen, die sich nicht alle stimmig beantworten lassen.

Im 3. Kapitel wird eingehend das Verhältnis des § 108 Abs. 1 S. 1 InsO zum Gläubigergleichbehandlungsgrundsatz erörtert. Dazu muss zunächst der Gläubigergleichbehandlungsgrundsatz legitimatorisch fundiert und sein Geltungsanspruch abgesteckt werden. Sodann wird untersucht, ob die einzelnen in § 108 Abs. 1 S. 1 InsO adressierten

Konstellationen vor dem Gläubigergleichbehandlungsgrundsatz legitimierbar sind. Hier wird zu konstatieren sein, dass sich die in § 108 Abs. 1 S. 1 InsO adressierten Konstellationen aus gleichbehandlungsspezifischer anders als aus teleologischer Perspektive nicht auf einen Nenner bringen lassen.

Im 4. Kapitel sollen die bis dahin gewonnenen Erkenntnisse für die Rechtsanwendung fruchtbar gemacht werden. Neben der Analyse ausgewählter Probleme der *lex lata* erfolgt dabei auch eine Betrachtung möglicher Änderungen *de lege ferenda*.

1. Kapitel Grundlagen

A. Geschichte und Normzweck des § 108 Abs. 1 S. 1 InsO im Kontext des Insolvenzvertragsrechts

Die zentrale Norm für die Behandlung von Dauerschuldverhältnissen in der Insolvenz ist § 108 InsO. Im ersten Abschnitt dieser Arbeit sollen daher Wirkungsweise und Zweck dieser Vorschrift bestimmt werden. Hierfür ist allerdings zunächst eine Auseinandersetzung mit § 103 InsO erforderlich, da dieser den Grundsatz aufstellt, von dem § 108 InsO Ausnahmen macht. Im Fokus der Betrachtung steht dann § 108 Abs. 1 S. 1 InsO, womit antizipiert wird, dass der Gesetzgeber mit § 108 Abs. 1 S. 2 und § 108 Abs. 2 InsO andere Zwecke verfolgt. Da die Entwicklung der §§ 103 ff. InsO im weiteren Verlauf der Arbeit immer wieder relevant wird, beginnt die Arbeit aber mit einer knappen rechtshistorischen Betrachtung dieses im Weiteren auch Insolvenzvertragsrecht genannten Normkomplexes.

I. Normgeschichte der §§ 103 ff. InsO

Die §§ 103 ff. InsO blicken auf eine lange und bewegte Normgeschichte zurück. Neben dem Erlass der Konkursordnung und der Insolvenzrechtsreform markiert vor allem die Einführung des BGB eine maßgebliche Etappe dieser Entwicklung. Auch unter Geltung der Insolvenzordnung haben sich indes bereits einige Änderungen ergeben.[19] Nicht nachvollzogen, da für diese Untersuchung nicht relevant, wird im Folgenden die Entwicklung des § 18 KO bzw. § 104 InsO.

1. Einführung der Konkursordnung

Die Konkursordnung wurde als Teil der Reichsjustizgesetze im Jahr 1877 verabschiedet und trat am 01. Oktober 1879 in Kraft. Die Vorschriften zur Erfüllung der Rechtsgeschäfte erfuhren hierbei im Laufe des Gesetzgebungsverfahrens lediglich redaktionelle Änderungen, sodass die beschlossene Fassung nur unwesentlich von den Gesetzesentwürfen abweicht.[20] Als Grundsatz wurde in § 15 KO a. F. das Verwalterwahlrecht kodifiziert, das sich bis heute an der Spitze des insolvenzvertragsrechtlichen Normenkomplexes gehalten hat. §§ 17, 19 KO a. F. ordneten implizit an, dass Miet- und Pachtverhältnisse[21] sowie Dienstverhältnisse in der Insolvenz des Dienstberechtig-

19 Bei Einführung des BGB haben sich die Paragraphen der Konkursordnung verschoben. Aus Gründen der Praktikabilität ist, soweit im Folgenden von »KO a. F.« die Rede sein wird, die Konkursordnung von vor 1900 gemeint.

20 Vgl. *Hahn*, Materialien IV, S. 6 f., 704.

21 Wenn im Weitern von der Miete gesprochen wird, beziehen sich die Ausführungen auch auf die Pacht, sofern nichts Anderes aus dem Text hervorgeht.

ten über die Verfahrenseröffnung hinaus weiter für und gegen die Masse erfüllt werden müssen. Dabei statuierten diese Normen ein beiderseitiges Kündigungsrecht für die Mieterinsolvenz bzw. die Insolvenz des Dienstberechtigten, während für die Vermieterinsolvenz in § 17 Nr. 2 KO a. F. lediglich die Wirkungen einer Veräußerung des Mietobjektes festgelegt wurden. § 18 KO a. F. ordnete für den Fall der bei Verfahrenseröffnung noch nicht überlassenen Mietsache in der Mieterinsolvenz ein beiderseitiges Rücktrittsrecht an, während für die Vermieterinsolvenz implizit aus § 17 KO a. F. hervorging, dass vor der Überlassung der Mietsache das Verwalterwahlrecht gem. § 15 KO a. F. Anwendung finden sollte. § 20 KO a. F. erklärte (insofern deklaratorisch) besondere Bestimmungen über die Wirkung der Konkurseröffnung auf bestehende Verträge für vorrangig. Eine Unterscheidung hinsichtlich des Mietgegenstandes wurde nicht vorgenommen, da der Bestand des Vertrages nach bürgerlichem Recht hiervon auch nicht abhänge.[22] § 21 KO a. F. regelte die Folgen für vom Vertragspartner erbrachte Vorleistungen und stufte Forderungen wegen Nichterfüllung allgemein als Insolvenzforderungen ein.

2. Änderungen der Konkursordnung, insbesondere infolge der Einführung des Bürgerlichen Gesetzbuches

Im Rahmen der Einführung des BGB im Jahr 1900 ergaben sich auch für die Konkursordnung einige grundlegende Änderungen, infolge derer die Regelungen zur Behandlung gegenseitiger Verträge die Struktur erhielten, die sie bis zum Außerkrafttreten der Konkursordnung aufweisen sollten. Zunächst sind § 2 und § 9 KO zu nennen, die neu eingefügt wurden, weshalb sich die folgenden Paragraphen um zwei Nummern verschoben. Nicht verändert wurde das Verwalterwahlrecht (nun in § 17 KO). § 19 KO regelte weiter implizit den Fortbestand des Mietvertrages, bezog sich aber nur noch auf die Mieterinsolvenz. An dem beiderseitigen Kündigungsrecht änderte sich ebenso wenig wie an der Regel für den Fall der noch nicht überlassenen Mietsache (§ 20 KO). Neuerungen für Mietverträge brachte insbesondere der die Vermieterinsolvenz in den Blick nehmende § 21 KO, der die Rechtslage im Konkurs mit den neu eingeführten §§ 1124 f. BGB, 57 f. ZVG harmonisierte.

§§ 19, 20 und 21 KO a. F. wurden inhaltlich unverändert als §§ 22, 25 und 26 KO übernommen. Neu waren die §§ 23, 27 KO zu Aufträgen und Geschäftsbesorgungsverträgen sowie § 24 KO zum Schutz vormerkungsgesicherter Ansprüche.

Bis zur Ablösung der Konkursordnung durch die Insolvenzordnung gab es in der Folge nur noch kleinere Änderungen. Eine redaktionelle Änderung stellt die Kodifizierung des ehemaligen § 21 Abs. 2 S. 2 KO zum neuen § 21 Abs. 3 KO im Jahr 1940 dar.[23] Als inhaltliche Änderung nennenswert ist darüber hinaus die im Anschluss an ein Urteil des BGH[24] erfolgte Einführung eines dem heutigen § 106 Abs. 1 S. 2 InsO entsprechenden § 24 KO S. 2.[25]

22 *Hahn*, Materialien IV, S. 98.

23 RGBl. 1940 I, S. 1609, 1616.

24 NJW 1977, 146 f.; kritisch hierzu *Marotzke*, JZ 1977, 552 ff. und *Häsemeyer*, NJW 1977, 737 ff.

25 BT-Drucks. 8/359, S. 9, 14; BGBl. 1977 Teil I, S. 998, 1000.

3. Insolvenzrechtsreform

Im Jahr 1994 verabschiedete der Bundestag die neue Insolvenzordnung, die 1999 in Kraft trat.[26] Die Insolvenzrechtsreform brachte auch für den insolvenzvertragsrechtlichen Normkomplex mehrere Neuerungen mit sich. Unverändert[27] übernommen wurde noch das Verwalterwahlrecht aus § 17 KO in § 103 InsO. Vor allem die Regelungen zur Sonderbehandlung der hier betrachteten Vertragsverhältnisse erfuhren indes eine grundlegende Umstrukturierung sowie einige inhaltliche Änderungen:

Die Verpflichtung der Masse, Miet- und Dienstverhältnisse über die Verfahrenseröffnung hinaus zu erfüllen, die unter Geltung der Konkursordnung für die Insolvenz des Mieters und des Dienstverpflichteten lediglich durch die angeordneten Kündigungsmöglichkeiten der §§ 19, 22 Abs. 1 KO impliziert wurde, wurde nun, in anderer Formulierung,[28] in § 108 Abs. 1 S. 1 InsO ausdrücklich festgeschrieben. Im Vergleich zur Konkursordnung wurde der Anwendungsbereich der Privilegierung auf Mietverträge über unbewegliche Gegenstände und Räume einerseits beschränkt.[29] Andererseits erfasste der Wortlaut des § 108 Abs. 1 InsO nunmehr auch den Fall, dass die Mietsache bei Verfahrenseröffnung noch nicht überlassen wurde sowie die Insolvenz des Dienstverpflichteten. Somit wurde § 108 InsO zu der zentralen Norm für die Behandlung von Dauerschuldverhältnissen in der Insolvenz.

Einige Änderungen ergaben sich zudem für die Beendigungsmöglichkeiten der privilegierten Verträge: Das Sonderkündigungsrecht des Verwalters in der Mieterinsolvenz wurde in § 109 Abs. 1 S. 1 InsO kodifiziert, wobei zunächst die gesetzliche Kündigungsfrist auch dann gelten sollte, wenn eine kürzere Frist vereinbart worden war. Das Kündigungsrecht des Vermieters wurde gestrichen. Sein Rücktrittsrecht im Falle der nicht überlassenen Mietsache (§ 20 Abs. 1 KO) wurde in § 109 Abs. 2 S. 1 InsO übernommen. Dass dieser nunmehr auch ein Rücktrittsrecht des Verwalters enthielt, erklärt sich daraus, dass in diesen Fällen nicht mehr das Wahlrecht zur Anwendung kommt, wie es noch unter der Konkursordnung der Fall gewesen war.[30] Das in § 22 KO für die Insolvenz des Dienstberechtigten vorgesehene beiderseitige Kündigungsrecht findet sich seit der Reform in § 113 InsO, wobei vorbehaltlich einer kürzeren, vereinbarten Frist nicht mehr die gesetzliche, sondern eine Frist von drei Monaten maßgeblich sein sollte.

26 Vgl. BT-Drucks 12/2443, 12/7302.
27 So explizit die Gesetzesbegründung, BT-Drucks. 12/2443, S. 145.
28 Dazu unten S. 36 ff.
29 Was unbewegliche Gegenstände i. S. d. § 108 Abs. 1 S. 1 InsO sind, soll sich nach § 864 Abs. 1 ZPO richten, BeckOKInsR/*Berberich,* § 108 InsO, Rn. 11. Im Weiteren relevant sind in erster Linie Grundstücke. Räume sind »zumindest teilweise umschlossene Teile fester Gebäude, die zum Aufenthalt von Menschen oder zur Lagerung von Sachen bestimmt und geeignet sind«, BeckOKInsR/*ders.,* § 108 InsO, Rn. 12, wobei Schrankfächer und Banksafes nicht darunter fallen sollen, KPBJ/*Tintelnot,* § 108 InsO, Rn. 56. Die Mietverhältnisse im Anwendungsbereich des § 108 Abs. 1 S. 1 InsO bzw. § 103 InsO sollen im Weiteren unter dem Begriff »Immobiliarmiete« bzw. »Mobiliarmiete« zusammengefasst werden.
30 Dies ergab sich aus § 19 KO sowie dem etwas missverständlich formulierten § 20 Abs. 2 S. 2 KO. Das Rücktrittsrecht des Vermieters sollte diesem nur die Möglichkeit geben, die Erfüllungswahl zu vereiteln, vgl. Jaeger/*Henckel,* § 20 KO, Rn. 13.

Die mit der haftungsrechtlichen Zuweisung der Mietforderungen und -zahlungen in der Vermieterinsolvenz aufgeworfenen Sonderfragen adressiert nun § 110 InsO. Abgesehen von kleinen redaktionellen Änderungen wurde die Rechtslage aber faktisch[31] nicht modifiziert. Die Regelung des § 21 Abs. 4 InsO wurde »in redaktionell vereinfachter Form« als § 111 InsO übernommen.[32]

Die Regelungen zu Aufträgen und Geschäftsbesorgungsverträgen, vormals §§ 23, 27 KO, sowie die Behandlung vormerkungsgesicherter Ansprüche, vormals § 24 KO, wurden nicht verändert und finden sich nun in den §§ 115, 116 bzw. in § 106 InsO.[33]

§ 26 S. 1 KO ist in § 105 S. 2 InsO aufgegangen. § 26 S. 2 KO wurde nicht als generelle Regelung beibehalten, jedoch ordnen die einzelnen Anspruchsgrundlagen für Forderungen wegen Nichterfüllung (§§ 103 Abs. 2 S. 1, 104 Abs. 3 S. 2 (jetzt Abs. 5), 109 Abs. 1 S. 2 (jetzt Abs. 1 S. 3), Abs. 2 S. 2, 113 Abs. 1 S. 3 (jetzt S. 3) deren Qualität als Insolvenzforderungen ausdrücklich an.

Ersatzlos gestrichen wurde lediglich die Regel des § 25 KO. Mit den §§ 105 S. 1, 107 Abs. 1, 108 Abs. 2, 119 InsO wurde einige Regelungen geschaffen, die bestimmte, unter der Konkursordnung offene oder nicht ausdrücklich geregelte Rechtsfragen entscheiden oder klarstellten sollten.[34] Zu den §§ 107 Abs. 2, 112, 113 Abs. 2, 114, 117 und 120 ff. InsO hatte es in der Konkursordnung keine Entsprechung gegeben.

Noch vor dem Inkrafttreten der Insolvenzordnung wurde § 108 Abs. 1 S. 2 InsO eingefügt, der unter bestimmten Voraussetzungen den Fortbestand auch von Mietverträgen über sonstige Gegenstände vorsah.[35]

4. Weiterentwicklung nach Inkrafttreten der Insolvenzordnung

Seit Inkrafttreten der Insolvenzordnung ergaben sich schließlich einige weitere Änderungen für die insolvenzvertragsrechtlichen Normen.

2001 wurde die seitdem in § 109 Abs. 1 S. 3 InsO enthaltene Möglichkeit der Freigabe in der Insolvenz des Wohnungsmieters geschaffen.[36] Im Jahr 2007 wurde die

31 Zwar erfasste § 21 KO nicht ausdrücklich auch Zwangsvollstreckungsmaßnahmen, wurde aber herrschend dennoch auf sie angewandt, vgl. Jaeger/*Henckel,* § 21 KO, Rn. 15. Zudem bezog sich die Regelung entgegen ihres Wortlauts durch § 12 der bis zur Ablösung der Konkursordnung geltenden Verordnung über Maßnahmen auf dem Gebiete der Zwangsvollstreckung vom 26.05.1933, RGBl. I, 302, 305, auch bereits auf den laufenden Monat und nicht auf das laufende Quartal.

32 BT-Drucks. 12/2443, S. 147; in erster Linie verweist § 111 InsO nicht mehr auf die Wirkungen einer Zwangsversteigerung, sondern ordnet selbst ein Sonderkündigungsrecht des Erwerbers an.

33 BT-Drucks. 12/2443, S. 146, 151.

34 § 105 S. 1 hat in der Konkursordnung keine Vorgängernorm, ist aber an § 36 Abs. 2 S. 1 VerglO angelehnt. Im Konkurs waren dieselben Ergebnisse teilweise erst über das sogenannte Wiederkehrschuldverhältnis, teilweise über einen Kontrahierungszwang (vgl. § 6 Energiewirtschaftsgesetz, RGBl. Teil I, S. 1451 f.) erzielt worden, vgl. auch die Nachweise in Fn. 313 bei S. 60. Mit § 107 Abs. 1 InsO entschied der Gesetzgeber den Streit um die Behandlung des sogenannten Anwartschaftsrechtes des Vorbehaltskäufers. § 108 Abs. 2 und § 119 kam – nach Ansicht des Gesetzgebers – nur klarstellende Funktion zu, vgl. zu allen Punkten BT-Drucks. 12/2443, S. 145 ff.

35 Vgl. BT-Drucks. 13/4699, S. 5 f.

Überschrift des § 108 InsO, ausweislich der Gesetzesbegründung aus redaktionellen Gründen,[37] in »Fortbestehen bestimmter Schuldverhältnisse« abgeändert. Außerdem wurde ein neuer § 108 Abs. 2 InsO eingefügt, der auch das Fortbestehen eines vom Schuldner als Darlehensgeber eingegangenen Darlehensverhältnisses vorsah, soweit das Darlehen bei Verfahrenseröffnung valutiert ist. Die Frist für das Sonderkündigungsrecht des Insolvenzverwalters wurde von der gesetzlichen auf eine Frist von drei Monaten geändert, zudem wurde eine kürzere vereinbarte Frist wieder maßgeblich.[38]

Zudem gab es 2007 einen Anlauf zur Einführung eines § 108a InsO betreffend die Privilegierung von Lizenzverträgen. Es kam allerdings nur zur ersten Beratung des entsprechenden Gesetzesentwurfs.[39] Im Jahr 2012 wurde zwar ein neuer Versuch unternommen, dieser kam aber nicht über das Stadium des Referentenentwurfs hinaus.[40]

Gleichsam nach und nach außer Kraft gesetzt wurde der die Wirksamkeit von Vorausverfügungen über Vergütungsforderungen regelnde § 114 InsO: Nachdem dieser im Jahr 2001 leicht abgeändert worden war,[41] wurden die 2007 bzw. 2012 in den Gesetzesvorhaben zur Absicherung von Lizenznehmern anvisierten weiteren Einschränkungen zugunsten der ungesicherten Gläubiger[42] jedoch nicht umgesetzt. Mit Wirkung zum 01.07.2014 wurde § 114 InsO aufgehoben.[43]

II. Zweck und Dogmatik des § 103 InsO

Was § 103 InsO bezweckt und insbesondere wie das Verwalterwahlrecht dogmatisch zu fassen ist, gehören zu den umstrittensten Fragen des deutschen Konkurs- bzw. Insolvenzrechts. Wichtig ist es, diese beiden Fragen zu trennen, bevor eine Stellungnahme erfolgen kann.

36 Vgl. BT-Drucks. 14/5680, S. 6, 27; BGBl. 2001 Teil I, S. 2710, 2711 f.

37 BT-Drucks. 16/3227, S. 19.

38 Vgl. BT-Drucks. 16/3227, S. 6, 19 f.; BGBl. 2007 Teil I, S. 509 f. Dass ein Ausschluss der ordentlichen Kündigung irrelevant ist, dürfte auch vorher klar gewesen sein, bei dieser Änderung handelt es sich also wohl um einen klarstellenden Hinweis.

39 Vgl. BT-Drucks. 16/7416, S. 29 ff.

40 Vgl. den Referentenentwurf eines Gesetzes zur Verkürzung des Restschuldbefreiungsverfahrens, zur Stärkung der Gläubigerrechte und zur Insolvenzfestigkeit von Lizenzen, S. 38 ff. *Marotzke*, ZInsO 2012, 1737 ff. vermutet, das zwischenzeitlich ergangene M2Trade-Urteil des BGH, BGHZ 194, 136 ff., sei der Grund dafür, dass die Entwurfsverfasser die Regelung nicht weiterverfolgt hätten.

41 Der relevante Zeitraum wurde von drei auf zwei Jahre reduziert, vgl. BGBl. 2001 Teil I, S. 2710, 2712. Diese Änderung wurde mit der Einfügung des § 109 Abs. 1 S. 3 InsO beschlossen, findet sich aber noch nicht in der zugehörigen Drucksache 14/5680, sondern erst in der Beschlussempfehlung des Rechtsausschusses zu dem Gesetzesentwurf, vgl. BT-Drucks. 14/6468, S. 7.

42 2007 sollte der Zeitraum weiter auf nunmehr ein Jahr reduziert werden, vgl. BT-Drucks. 16/7416, S. 31; der Referentenentwurf von 2012 sah sogar vor, keine Vorausabtretungen, sondern nur noch Verfügungen im Wege der Zwangsvollstreckung zu privilegieren, vgl. RefE S. 7, 42 f.

43 BT-Drucks. 17/11268, S. 6, 23; BGBl. 2013 Teil I, S. 2379 f.

1. Zweck des § 103 InsO

Der Streit um den Normzweck des § 103 InsO dreht sich in erster Linie um die Frage, ob die Vorschrift den Vertragspartner, die Insolvenzmasse oder beide Teile – je nach Ausprägung der einzelnen Meinung gleichermaßen oder in unterschiedlicher Gewichtung – schützen soll.

a) Schutz des Vertragspartners

Ob und inwieweit § 103 InsO den Vertragspartner schützt, wird in der Diskussion letzten Endes daran festgemacht, ob man § 103 InsO lediglich als verfahrens- bzw. insolvenzrechtliche Fortsetzung des allgemeinen Leistungsstörungsrechts des BGB sieht oder ob man davon ausgeht, § 103 InsO verleihe dem Vertragspartner bestimmte, angesichts der Insolvenz seines Kontrahenten notwendig gewordene Befugnisse, die sich aus den §§ 320 ff., 280 ff. BGB nicht ableiten lassen. Dem liegt die Überlegung zu Grunde, dass § 103 InsO denklogisch nicht den Schutz des Vertragspartners bezwecken kann, wenn dessen Rechtsstellung sich vollumfänglich schon aus dem allgemeinen Leistungsstörungsrecht ergibt. Als Aufhänger fungiert hierbei oft die Problematik der »Insolvenzfestigkeit des § 320 BGB«,[44] also die Frage, ob der Vertragspartner ohne § 103 InsO die gegen ihn gerichtete Forderung voll erfüllen müsste, gleichzeitig seinerseits aber auf seine ggf. gem. § 45 InsO in einen Geldwert umgerechnete Forderung lediglich die Insolvenzquote bekäme.[45] In der Folge dieser theoretischen[46] Frage-

44 So etwa bei *Stamm*, KTS 2011, 421, 425; *Marotzke*, Gegenseitige Verträge, Rn. 2.8 ff.

45 So sehen etwa *Marotzke*, Gegenseitige Verträge, 2.12 ff.; *ders.*, JZ 1977, 552, 554 Fn. 20 b; *J. F. Hoffmann*, Prioritätsgrundsatz, S. 314; *ders.*, KTS 2018, 343, 348; *Musielak*, AcP 179 (1979), 189, 199; *Stamm*, KTS 2011, 421, 425; *Huber*, BB 1964, 731, 733; *Pletzsch*, Erfüllungsverweigerung, S. 49 ff.; *Roth*, FS Rolland, S. 305, 312 f.; *Mossler*, Bereicherung, S. 13 ff.; *Kepplinger*, Synallagma, S. 74 f.; *Riehm*, KTS 2016, 143, 145; wohl auch *von Wilmowsky*, KTS 2011, 453, 460; *Henkelmann*, Schwebende Verträge, S. 135 f.; *Wortberg*, Lösungsklauseln, S. 174 ff. um in der verbreiteten Diktion zu bleiben, § 320 BGB als insolvenzfest an, während beispielsweise Jaeger[8]/*Lent*, § 17 KO, Einl. und Rn. 9; *Henckel*, ZZP 99 (1986), 419, 421, 436; Jaeger/*ders.*, § 17 KO Rn. 6; *Sandrock*, Zweiseitige Verträge, S. 17; *Plander*, JZ 1973, 45, 47; *Bork*, FS Zeuner, S. 297, 309; *Muthorst*, KTS 2009, 467, 472 f.; *Blaum*, Zurückbehaltungsrechte, S. 125; in leicht anderer Formulierung auch KPBJ/*Tintelnot*, § 103 InsO, Rn. 12 (die §§ 103 ff. InsO regelten die »haftungsrechtliche Umsetzung [des Gegenseitigkeitsprinzips] eigenständig«) und Jaeger/*Jacoby*, § 103 InsO, Rn. 6 (§ 103 InsO stelle im Zusammenspiel mit §§ 87, 105, 108 Abs. 3 InsO »den Umfang der Insolvenzfestigkeit der Einrede des § 320 BGB klar«) den Schutz des Vertragspartners aus § 103 InsO ableiten wollen. In diesem Sinne ging auch die Rechtsprechung davon aus, § 103 InsO bzw. § 17 KO sei nicht insolvenzfest, vgl. etwa RGZ 84, 228, 234; BGHZ 58, 246, 249; BGHZ 89, 189, 194 f.; BGHZ 106, 236, 244 (allerdings mit ungenauem Verweis auf BGHZ 68, 379, 383, dazu sogleich), die mittlerweile aber die Nichtdurchsetzbarkeit der Erfüllungsansprüche aus § 320 BGB ableiten möchte, vgl. BGHZ 150, 353, 359 (zu dieser neuen Rechtsprechung siehe unten S. 21 ff.). Der Aspekt der »Insolvenzfestigkeit des § 320 BGB« ist wohl auch gemeint, wenn verbreitet vage formuliert wird, Zweck des Wahlrechts sei es, »in erster Linie und möglichst lange den Vertragspartner [zu] schützen«, vgl. Jaeger[8]/*Lent*, § 17 KO, Rn. 9 mit Verweis auf die Einleitung; BGHZ 58, 246, 249; *Plander*, JZ 1973, 45, 47 Fn. 25; vgl. aber auch BGHZ 68, 379, 383, wo unter Rückgriff auf BGHZ 58, 246, 249 der Schutz des Vertragspartners hinsichtlich einer vorinsolvenzlich erbrachten Teilleistung des Gemeinschuldners begründet wird.

stellung werden konsequenterweise auch etwaige Brüche zwischen §§ 320 ff. BGB und §§ 103 ff. InsO zum Gegenstand der Debatte um den Schutz des Vertragspartners gemacht, wie beispielsweise der Schutz des Vorleistungspflichtigen, der nach ganz herrschender Meinung[47] nicht die volle Leistung für die Quote erbringen muss, »obwohl« ihm materiell-rechtlich aus § 320 Abs. 1 S. 1 BGB keine Einrede zusteht und dies auch dann, wenn er auch aus § 321 BGB keine Einrede geltend machen kann.[48] Diese grundlegende Problematik des Verhältnisses von § 103 InsO zu den §§ 320 ff., 280 ff. BGB zeigt sich auch an dem Streit über die Rechtsnatur der Forderung wegen Nichterfüllung (vgl. § 103 Abs. 2 InsO), die teils als »insolvenzrechtlicher« Schadensersatzanspruch[49] gesehen, teils als verrechneter Primär-[50] oder als Sekundäranspruch[51] zivilrechtlich fundiert wird und je nachdem den Vertragspartner schützt oder nicht.[52] Auch die Möglichkeit, den Insolvenzverwalter gem. § 103 Abs. 2 S. 2 InsO zur Ausübung des Wahlrechts aufzufordern und der Verlust des Wahlrechts gem. § 103 Abs. 2 S. 3 InsO wird in das allgemeine Leistungsstörungsrecht einzuordnen versucht.[53]

b) Abwicklung gegenseitiger Verträge im Masseinteresse

Einigkeit besteht dahingehend, dass durch das Wahlrecht dem Insolvenzverwalter die Möglichkeit gegeben werden soll, den Vertrag zu erfüllen, um so die Haftungsmasse zumindest potentiell[54] zu mehren.[55] Diese Befugnis, den Vertragspartner mit einer

46 Nicht zu Unrecht bezeichnet KPBJ/*Tintelnot,* § 103 InsO, Rn. 12 den Streit als »für die Praxis weitgehend [bedeutungslos]«. Unklar ist indes, warum die Frage »in die Irre« führen soll, KPBJ/*ders.,* § 103 InsO, ebd., da sie einen tauglichen Ausgangspunkt zur Erfassung von Zweck und Dogmatik des § 103 InsO bieten kann, vgl. unten S. 26 ff. Skeptisch aber auch Jaeger/*Jacoby,* § 103 InsO, Rn. 6 (»verspricht keinen Erkenntnisgewinn«) und *Rühle*, Gegenseitige Verträge, S. 77 f. (»unerheblich«).

47 Statt vieler *Henckel*, ZZP 99 (1986), 419, 424. Beachte aber *Pletzsch*, Erfüllungsverweigerung, S. 111.

48 KPBJ/*Tintelnot,* § 103 InsO, Rn. 13; *Marotzke*, Gegenseitige Verträge, Rn. 2.22 Fn. 37, 2.24 Fn. 43, 4.83 ff.; *Henkelmann*, Schwebende Verträge, S. 153, 336.

49 Jaeger/*Henckel,* § 17 KO, Rn. 171; KPBJ/*Tintelnot,* § 103 InsO, Rn. 318; *Bork*, Einführung, Rn. 202.

50 Jaeger/*Jacoby,* § 103 InsO, Rn. 34, 241 ff.; *Häsemeyer*, Insolvenzrecht, Rn. 17.03, 20.06, 20.24; *von Wilmowsky*, KTS 2011, 453, 464 ff.; HK/*Marotzke,* § 103 InsO, Rn. 97 f.; *ders.*, Gegenseitige Verträge, Rn. 5.14 ff., 5.31.

51 *Riehm*, KTS 2016, 143, 154 ff.; *Stamm*, KTS 2011, 421, 434; *Musielak*, AcP 179 (1979), 189, 203 ff.

52 In den meisten Darstellungen liegt der Fokus allerdings weniger auf der Frage, ob dem Anspruch ein zivilrechtliches Fundament zugrunde liegt, sondern auf der Rechtsnatur des Anspruchs als Schadensersatz- oder Primäranspruch, da diese Frage den Anspruchsinhalt determiniert, dazu Jaeger/*Jacoby,* § 103 InsO, Rn. 243 ff. Der Bogen zum Schutz des Vertragspartners wird eher selten geschlagen, so aber RGZ 142, 296, 300; nach Jaeger[8]/*Lent,* § 17 KO, Rn. 41 »gebietet die Billigkeit« einen solchen Anspruch; auch *Plander*, JZ 1973, 45, 47.

53 Vgl. *Stamm*, KTS 2011, 421, 435 f.

54 Dass die Entscheidung die Masse tatsächlich auch im Einzelfall mehrt, ist keine Voraussetzung für das Wahlrecht, Jaeger/*Jacoby,* § 103 InsO, Rn. 8.

Masseforderung zu privilegieren, ist notwendig, da völlig unabhängig von der Problematik der Insolvenzfestigkeit des § 320 BGB kein Zweifel daran besteht, dass im Ergebnis der Vertragspartner nicht zur vollen Leistung gegen den Erhalt der Quote gezwungen werden kann und der Verwalter wegen des Gläubigergleichbehandlungsgrundsatzes ohne entsprechende Ermächtigung keinen Gläubiger bevorzugen darf.[56] In diesem Sinne dient § 103 InsO unbestritten dem Schutz der Masse, indem er sie davor schützt, durch den Gläubigergleichbehandlungsgrundsatz an der Realisierung von Vertragswerten gehindert zu sein.[57]

Darüber hinausgehend wird über § 103 InsO teilweise ein besonderer Schutz der Masse davor implementiert, dass sie im Fall der Erfüllungswahl ihren Leistungspflichten nachkommt, den Wert ihres eigenen Erfüllungsanspruchs in Folge einer Aufrechnung durch den Vertragspartner oder einer vorinsolvenzlichen Sicherungszession durch den Insolvenzschuldner indes nicht selbst realisieren kann.[58] Ersteres droht, wenn der Vertragspartner mit einer anderen als der vertraglichen Forderung, die er vorinsolvenzlich erworben hat und also nur zur Tabelle anmelden könnte, gegen die Forderung der Masse aufrechnet, deren Wert somit faktisch nicht die Masse mehren, sondern eine Insolvenzforderung voll oder zumindest über die Quote hinausgehend befriedigen würde. Letzteres kommt in Betracht, wenn die Masse ihrer Leistungspflicht nachkommt, im Ergebnis so aber nur dem Sicherungszessionar die Einziehung der Forderung ermöglicht, die bis dahin an §§ 320 Abs. 1 S. 1, 404 BGB gescheitert wäre. Diese Gedanken sind teilweise zu einem allgemeinen sogenannten Gegenleistungsgrundsatz weiterentwickelt worden, der besagen soll, dass der Masse zumindest die Gegenleistung für dasjenige gebührt, was sie selbst als Leistung erbracht hat und der wiederum als Zweck in § 103 InsO verortet wird.[59]

Teilweise ist dem Verwalterwahlrecht auch die Funktion zugeschrieben worden, die Masse vor unnötigen Schädigungen bzw. davor zu bewahren, dass der Vertragspartner

55 Jaeger/*Jacoby*, § 103 InsO, Rn. 8; Jaeger/*Henckel*, § 17 KO, Rn. 7; *Musielak*, AcP 179 (1979), 189, 212; *Häsemeyer*, KTS 1973, 2; *Bork*, FS Zeuner, S. 297, 309; *Riehm*, KTS 2016, 143, 145; *Kepplinger*, Synallagma, S. 75 ff.; *Livonius*, Wahlrecht, S. 20 f.; *Blaum*, Zurückbehaltungsrechte, S. 68; *D. Wegener*, Wahlrecht, S. 5 ff., 32; *Henkelmann*, Schwebende Verträge, S. 139 ff.; *Pletzsch*, Erfüllungsverweigerung, S. 54 f.; *Gerhardt*, FS Merz, S. 117, 118; *J. F. Hoffmann*, KTS 2018, 343, 349. Teilweise wird allerdings auch angenommen, § 103 InsO sei deklaratorisch, weil sich eine entsprechende Kompetenz des Verwalters auch aus § 55 Abs. 1 Nr. 2 Alt. 1 InsO ergebe, *Stamm*, KTS 2011, 421, 431, 433; KPBJ/*Tintelnot*, § 103 InsO, Rn. 7; *Marotzke*, Gegenseitige Verträge, Rn. 2.80 m. w. N.; aus der Rechtsprechung BGHZ 150, 138, 148; ZIP 2003, 2379, 2381.

56 Anders *de lege ferenda* nur *Dilger*, ZfbF 2000, 661, 666 ff.

57 In etwas anderer Formulierung *Kreft*, FS Kübler, S. 359 ff. und in der Folge MüKo/*Huber*, § 103 InsO, Rn. 13a, die davon sprechen, das Wahlrecht solle den Verwalter von der Notwendigkeit eines neuen Vertragsschlusses entheben.

58 So insbesondere die Rechtsprechung seit 1988, BGHZ 106, 236, 244; 116, 156, 159 f.; 129, 336, 339; 135, 25, 27; 138, 179, 187; 155, 87, 98 mit verbreiteter Billigung der Ergebnisse durch die Literatur, vgl. S. 21 ff. Beachte aber auch schon RGZ 6, 109, 112 f. (jedoch – vor Einführung des § 21 Abs. 2 KO – zu Vorauszessionen über Mietzinsen); dieses Urteil generalisierend *Brachmann*, Rechtsgeschäfte, S. 28; anders jedoch RGZ 11, 136. 139 f.

59 Als Schöpfer dieses Gegenleistungsgrundsatzes gilt *Henckel*, vgl. *Henckel*, FS Baur, S. 443, 551 ff. (zur Miete und Rechtspacht); Jaeger/*ders.*, § 17 KO, Rn. 145.

ihr die Erfüllung des Vertrages aufdrängt.[60] Auch wurde über § 103 InsO dem Insolvenzverwalter die Möglichkeit zugesprochen, bereits erbrachte Teilleistungen des Schuldners zurückzufordern, teilweise erfüllte Verträge also rückabzuwickeln.[61]

2. Dogmatik des § 103 InsO

Die Dogmatik des Verwalterwahlrechts beschäftigt sich mit der Frage, wie sich die Tatbestände der Verfahrenseröffnung, der Erfüllungswahl, der Erfüllungsablehnung und der Verfahrensbeendigung auf gegenseitige Verträge bzw. auf die auf Grundlage ihrer jeweiligen Forderungen den Vertragsparteien zustehenden Ansprüche auswirken.[62] Da die Entwicklung dieser Problematik maßgeblich von der Rechtsprechung des Bundesgerichtshofes geprägt wurde, bietet sich eine an deren Chronologie orientierte Darstellung der verschiedenen Meinungen an.[63]

a) Die Erfüllungsablehnung als Gestaltungsrecht[64]

Die früher herrschende Meinung in Rechtsprechung und Literatur, die nach verbreiteter Sicht maßgeblich durch die Kommentierung *Ernst Jaegers* im gleichnamigen Kommentar geprägt war,[65] ging davon aus, dass die Verfahrenseröffnung den Bestand der Erfüllungsansprüche nicht berühre, sondern zu einer Schwebephase führe.[66] Im Fokus dieser Ansicht stand die Erfüllungsablehnung, die die Erfüllungsansprüche erlö-

60 RGZ 64, 334, 338; Jaeger[8]/*Lent,* § 17 KO, Rn. 9, 41 a. E.; *Baur*, FS Weber, S. 41, 43 f.; *Häsemeyer*, KTS 1973, 2, 4; *Plander*, JZ 1973, 45, 47 Fn. 29; *Offtermatt*, Wahlrecht, S. 15; dies klingt auch an bei *Endemann*, Konkursverfahren, S. 166.

61 RGZ, 135, 167, 170; anders aber BGHZ 68, 379, 383; *Häsemeyer*, Insolvenzrecht, Rn. 20.26; *ders.*, KTS 1973, 2, 8 f.; in eine ähnliche Richtung *Plonski*, Ansprüche, S. 25 f.

62 Diese Tatbestände werden oft gemeinsam diskutiert, vgl. Jaeger/*Jacoby,* § 103 InsO, Rn. 24 ff.; KPBJ/*Tintelnot,* § 103 InsO, Rn. 25; *Rühle*, Gegenseitige Verträge, S. 57 ff.; *Blaum*, Zurückbehaltungsrechte, S. 66 ff.; *Henkelmann*, Schwebende Verträge, S. 37 ff.

63 Die Benennung der verschiedenen Ansichten differiert auch bei dieser Problematik. Sofern sich keine konkrete Bezeichnung einer Ansicht durchgesetzt hat, werden sie im Folgenden mit dem für sie zentralen Gedanken überschrieben.

64 Bei *Blaum*, Zurückbehaltungsrechte, S. 71 ff. auch »Ablehnungstheorie«, bei *Rühle*, Gegenseitige Verträge, S. 61 ff. auch »Gestaltungstheorie«; bei *Henkelmann*, Schwebende Verträge, S. 40 auch »Rechtsgestaltungstheorie«.

65 So die verbreitete Wahrnehmung, vgl. etwa *Marotzke*, Gegenseitige Verträge, 3.10.

66 Jaeger[8]/*Lent,* § 17 KO, Rn. 55; so deuten auch *Pletzsch*, Erfüllungsverweigerung, S. 38 f. und *Musielak*, AcP 179 (1979), 189, 196 f. diese Ansicht. Jaeger/*Jacoby,* § 103 InsO, Rn. 18 f. meint indes, die »ursprüngliche Rechtsprechung« gehe davon aus, dass die Vertragsforderung des anderen Teils zu einer Insolvenzforderung werde. Augenscheinlich in der Rechtsprechung erstmals ausgesprochen wird dies in BGHZ 89, 189, 194 f., worauf auch *Jacoby* verweist. Angesichts der genannten Verweise und der Orientierung der Rechtsprechung an der Meinung *Jaegers* bzw. *Lents* dürfte es naheliegender sein, mit *Henkelmann*, Schwebende Verträge, S. 55 in diesem Urteil den Beginn des Wandels der Rechtsprechung hin zur Erlöschenstheorie zu sehen; vgl. dazu auch *Blaum*, Zurückbehaltungsrechte, S. 73, 76. Von der hier beschriebenen Konzeption zu unterscheiden ist die Ansicht *Häsemeyers* und *Windels*, die ebenfalls mit dem Begriff der »Schwebephase« operiert, vgl. dazu unten S. 23 ff.

schen und an deren Stelle endgültig einen Schadensersatzanspruch treten lasse.[67] Hiernach entfaltete die Erfüllungsablehnung also eine gestaltende Wirkung, die den materiell-rechtlichen Bestand der Erfüllungsansprüche berühren sollte.[68] Zentral für diese Ansicht waren – aus heutiger Sicht wohl vermeintliche[69] – Unstimmigkeiten im Gesetzestext der und in den Motiven zu den §§ 17, 26 KO, die den dort verwendeten Begriff der Nichterfüllung betrafen.[70] Zahlreiche Autoren nahmen insbesondere Anstoß an der Vorstellung, die Eröffnung des Konkursverfahrens führe zur Nichterfüllung des Vertrages.[71] Zudem störte man sich an dem Gedanken, dass schon die Konkurseröffnung

67 Aus der Rechtsprechung etwa RGZ 11, 49, 51; 22, 109, 111 f.; 79, 209, 211 f.; BGHZ 48, 203, 205; 68, 379, 380; zuletzt wohl BGHZ 98, 160, 168 f.; aus der Literatur *Jaeger*[6/7], § 17 KO Rn. 40; Jaeger[8]/*Lent*, § 17 KO, Rn. 40 f.; *Endemann*, Konkursverfahren, S. 163, 165; *Markmann*, Wirkungen, S. 18 f., 20 ff., 47 f.; Sandrock, Zweiseitige Verträge, S. 94 ff.; *Offtermatt*, Wahlrecht, S. 13 ff.; auf Grundlage dieser Ansicht auch noch *Häsemeyer*, NJW 1977, 737 ff.; siehe auch die Nachweise bei *Marotzke*, Gegenseitige Verträge, Rn. 3.1, Fn. 1; aus jüngerer Zeit für eine rechtsgestaltende Wirkung der Erfüllungsablehnung *Blaum*, Zurückbehaltungsrechte, S. 99 ff., die im Übrigen aber eine andere Ansicht vertritt.

68 Ausdrücklich von einem Gestaltungsrecht spricht der BGH etwa in BGHZ 48, 203, 205; vgl. zur Frage, ob die Erfüllungsablehnung ein Wahlrecht ist, auch *Offtermatt*, Wahlrecht, S. 25 ff.

69 Siehe insbesondere *Marotzke*, Gegenseitige Verträge, Rn. 3.48 ff.

70 In den Motiven heiß es: »Ist einerseits der Verwalter nicht verpflichtet, die persönlichen Verbindlichkeiten des Gemeinschuldners, andererseits aber berechtigt, die Forderungen desselben nach eröffnetem Konkurse zur Ausführung zu bringen, so ist damit das *Wahlrecht des Verwalters* gegeben, die *Erfüllung des Vertrages zu verlangen oder es bei der Nichterfüllung desselben zu belassen*. Des letzteren braucht das Gesetz nicht Erwähnung zu thun; die Nichterfüllung ist die unmittelbare Folge der Konkurseröffnung; das Gesetz braucht nur auszusprechen, daß der Verwalter befugt ist, auf der beiderseitigen Vertragserfüllung zu bestehen.« (Hervorhebungen im Original). § 26 KO sprach in Satz 1 vom Eintritt der »Nichterfüllung einer Verbindlichkeit [infolge der Eröffnung des Konkursverfahrens]« und in Satz 2 von einer »Forderung wegen Nichterfüllung«.

71 Die herrschende Meinung ging offenbar (eine nähere Begründung wird oft nicht gegeben, wäre aber angesichts der Motive zu erwarten) davon aus, dass das Institut der »Nichterfüllung« das Erlöschen der Ansprüche beinhalte, das aber nicht Folge der Verfahrenseröffnung sein könne; so auch die Deutung bei *Pletzsch*, Erfüllungsverweigerung, S. 41; zur h. M. etwa *Markmann*, Wirkungen, S. 7; *Sandrock*, Zweiseitige Verträge, S. 94 ff. Dass die Ansprüche mit Verfahrenseröffnung nicht erlöschen könnten, wurde unterschiedlich begründet: *Wolff*, KO, § 17 Rn. 2 meint, der Verwalter könne ja nicht Erfüllung eines »aufgehoben[en]« Vertrages verlangen; die Möglichkeit, dass die Ansprüche durch eine entsprechende Erfüllungswahl wieder aufleben sollten, ironischerweise der Kerngedanke der späteren Rechtsprechung, wurde kurzerhand als »mit der Fassung des § 17 KO unvereinbar« abgelehnt, vgl. Jaeger[8]/*Lent*, § 17 KO, Rn. 41, erster Absatz. Geäußert wurde auch der Einwand, dass der Vertragspartner nach Verfahrensbeendigung die Ansprüche ja wieder gelten machen können müsse, wenn sie durch eine unterlassene Wahlrechtsausübung vom Konkurs nicht betroffen seien, so etwa *Jaeger*[1], § 17 KO, Rn. 54; Jaeger[8]/*Lent*, § 17 KO, Rn. 53; *Brachmann*, Rechtsgeschäfte, S. 23 f. Vgl. auch *Fitting*, Reichs-Konkursrecht[2], S. 38 f., Fn. 8, der seine Bedenken zwar auch in der Nachauflage vorträgt, sich aber dann dem Standpunkt der Motive anschließt, *ders.*, Reichs-Konkursrecht, S. 50 ff., Fn. 11 und 15 (anders versteht ihn aber offenbar *Marotzke*, Gegenseitige Verträge, Rn. 3.56 Fn. 174); auch *Hellmann*, Lehrbuch, S. 266 f. Abweichend aus der Rechtsprechung aber RGZ 84, 228, 233 f.

eine »Forderung wegen der Nichterfüllung« (§ 26 S. 2 KO) entstehen lassen könne.[72] Die Nichterfüllung wurde also – insofern gegen die Ausführungen der Motive – nicht als Rechtsfolge der Verfahrenseröffnung, sondern als Folge der Erfüllungsablehnung verstanden. Zudem wurde auf Grundlage dieser Erwägungen offenbar teilweise die Gefahr des untragbaren Ergebnisses gesehen, dass die Verfahrenseröffnung nicht verhindere, dass der Vertragspartner der Masse die Vertragserfüllung aufdrängen könne.[73] Die Deutung des Begriffs der Nichterfüllung der herrschenden Meinung zwang also aus systematischen und teleologischen Erwägungen dazu, an den Tatbestand der Erfüllungsablehnung konkrete Rechtsfolgen zu knüpfen. Ob dies – aus der damaligen Perspektive – nur durch ein die Erfüllungsansprüche zum Erlöschen bringendes Gestaltungsrecht möglich war, kann und soll hier nicht beurteilt werden. Es ist jedenfalls davon auszugehen, dass hierin schlicht eine leistungsfähige Konstruktion erblickt wurde, um die in Gesetzestext und Motiven gesehenen Unstimmigkeiten zu beseitigen und sachgerechte Ergebnisse zu erzielen.[74] Dass man sich mit dieser Ansicht in Widerspruch zu den Motiven setzte und der Wortlaut des Gesetzes eine gestaltende Wirkung der Erfüllungsablehnung nicht ohne Weiteres hergab, wurde hingenommen.[75]

72 *Jaeger*[6/7], § 26 KO, Rn. 17; Jaeger[8]/*Lent,* § 26 KO, Rn. 16; anders RGZ 11, 136, 139; 22, 109, 111 f.; *Fitting*, Reichs-Konkursrecht, S. 52, Fn. 15 (wie die herrschende Meinung aber noch in der Vorauflage *ders.*, Reichs-Konkursrecht[2], S. 39, Fn. 8).

73 Diese Befürchtung wurzelte anscheinend in der Erwägung, dass der Vertragspartner, um nicht seine Leistung gegen die Quote erbringen zu müssen, keine bloße Insolvenzforderung haben könne; so deutet zumindest *Pletzsch*, Erfüllungsverweigerung, S. 37, 56 f. die Ausführungen bei *Jaeger*[6/7], § 17 KO, Rn. 40 und Jaeger[8]/*Lent,* § 26 KO, Rn. 41 a. E.

74 Neben diesem wohl zentralen Aspekt wurden weitere Ansatzpunkte für die Begründung eines rechtsgestaltenden Wahlrechtes fruchtbar zu machen versucht. Geäußert wurde etwa der Gedanke, dass es in der Natur eines Wahlrechts liege, dass beide Wahlmöglichkeiten Rechtsfolgen nach sich zögen, in diese Richtung *Markmann*, Wirkungen, S. 18 f.; *Offtermatt*, Wahlrecht, S. 13; *Heilmann*, KTS 1985, 639 ff.; der Gedanke findet sich aber auch in neuerer Literatur bei *Windel*, JURA 2002, 230, 233 (»für ein Wahlrecht untypisch«). *Marotzke*, Gegenseitige Verträge, Rn. 3.37 ff. sieht in den Ausführungen von *Jaeger*[6/7], § 17 KO Rn. 50 und Jaeger[8]/*Lent,* § 17 KO, Rn. 54 den Versuch, ihre Ansicht mit § 17 Abs. 2 KO zu begründen. Jaeger/*Henckel,* § 17 KO, Rn. 150 meint ohne weitere Konkretisierung oder nähere Nachweise, die Ansicht sei vor allem damit begründet worden, dass sie den Beteiligten rasch Gewissheit über das Schicksal des Vertrages verschaffe. Dieser Punkt wird bei *Jaeger*[6/7], § 17 KO, Rn. 50 (allerdings im Zusammenhang mit § 17 Abs. 2 KO) thematisiert und klingt etwa auch bei *Brachmann*, Rechtsgeschäfte, S. 25 f. an. *Offtermatt*, Wahlrecht, S. 15 f. sieht in einer rechtsgestaltenden Erfüllungsablehnung die einzige Möglichkeit, zu verhindern, dass der Vertragspartner des Schuldners entweder seine Leistung voll erbringen muss, um überhaupt die Quote zu erhalten oder diese ohne jede Gegenleistung erhält.

75 So war man zu dem methodischen Eingeständnis gezwungen, dass die Nichterfüllung eben »mittelbar« in Folge der Verfahrenseröffnung eintrete, um dem Wortlaut des § 26 S. 2 KO Rechnung zu tragen, Jaeger[8]/*Lent,* § 17 KO, Rn. 41 und § 26 KO, Rn. 9. *Jaeger*[6/7], § 17 KO, Rn. 40 attestiert dem Gesetzgeber mit den Ausführungen in den Motiven einen »verhängnisvolle[n] Irrtum«, Jaeger[8]/*Lent,* § 26 KO, Einl. dem § 26 KO eine »mangelhaft[e]« Fassung.

b) Die Theorie der insolvenzmäßigen Befriedigung[76]

Die Gegenmeinung, die eine den materiell-rechtlichen Bestand der Erfüllungsansprüche berührende, rechtsgestaltende Wirkung der Erfüllungsablehnung verneinte, war zunächst zunehmend weniger vertreten worden.[77] Dies änderte sich, als im Jahr 1977 sowohl *Wolfgang Marotzke* in einer Urteilsanmerkung[78] und seiner Dissertationsschrift[79], als auch *Wolfram Henckel* in der von ihm übernommenen Kommentierung des § 17 KO in dem von *Jaeger* begründeten Kommentar[80] sich dieser bis heute vertretenen Ansicht anschlossen und ihr wieder mehr Gehör verschafften. Kritisiert wurde insbesondere die den Motiven widersprechende Grundannahme der herrschenden Meinung, die Nichterfüllung werde erst durch eine entsprechende Ausübung des Wahlrechts durch den Verwalter[81] determiniert und zeitige als solche bestimmte Rechtsfolgen. Der Kerngedanke *Marotzkes* und *Henckels* ist, dass der Erfüllungsanspruch des Vertragspartners bereits mit Verfahrenseröffnung zu einer Insolvenzforderung werde und dass hierin die Nichterfüllung der Forderung liege.[82] Ein Ablehnungsrecht des Verwalters war somit nicht mehr erforderlich, um die Masse vor der Vertragsdurchführung zu schützen.[83] Zudem erleichterte die Annahme, dass die Nichterfüllung bereits mit Verfahrenseröffnung eintrete, den Vertretern dieser Meinung, von dem Gedanken Abstand zu nehmen, dass die Erfüllungsablehnung besondere Rechtsfolgen haben müsse, weil dies quasi in der Natur eines Wahlrechts

76 So bei *Henkelmann*, Schwebende Verträge, S. 42. Diese Bezeichnung ist zwar nicht herrschend, allerdings trifft sie einen Kerngedanken der Überlegungen insbesondere *Marotzkes*. Zudem wird im Weiteren auf sie Bezug genommen werden, weshalb sich eine konkrete Benennung anbietet. *Rühle*, Gegenseitige Verträge, S. 68 spricht von der »haftungsrechtliche[n] Theorie«, *Rendtorff*, Der beiderseits nicht vollständig erfüllte Vertrag, S. 72 von der »Lehre von den Zurückbehaltungsrechten«.

77 So *Marotzke*, Gegenseitige Verträge, Rn. 3.10; ältere Stellungnahmen etwa bei *Grimm*, Vermögensansprüche, S. 74 f.; beachte aber etwa auch *Huber*, BB 1964, 731, 733; *Pletzsch*, Erfüllungsverweigerung, S. 32 ff.

78 *Marotzke*, JZ 1977, 552 ff. zu BGH NJW 1977, 146 ff.

79 *Marotzke*, Anwartschaftsrecht, S. 76 ff.; die Habilitationsschrift, die sich eingehend mit dem gesamten Normkomplex der §§ 17 ff. KO auseinandersetzte, folgte im Jahr 1985, vgl. *ders.*, Gegenseitige Verträge[1], passim.

80 Jaeger/*Henckel*, § 17 KO Rn. 115, 149. *Tintelnot*, ZIP 1995, 616, 618 spricht davon, *Henckel* habe der Meinung mit dieser Kommentierung »zum Durchbruch verholfen«.

81 Oder einen Verlust des Wahlrechtes gem. § 17 Abs. 2 S. 2 KO, der von der h. M. als gleichwertig angesehen wurde, vgl. Jaeger[8]/*Lent*, § 17 KO, Rn. 51.

82 *Marotzke*, Gegenseitige Verträge, 3.48 ff. mit eingehender Betrachtung der Motive zu der Frage, was genau die Motive unter »Nichterfüllung« verstanden und dem Vorschlag, genauer von einem Wahlrecht zwischen vollständiger und bloß quotenmäßiger Erfüllung zu sprechen; Jaeger/*Henckel*, § 17 KO, Rn. 5 ff.; zudem *Musielak*, AcP 179 (1979), 189, 191 ff., 198; KPBJ/*Tintelnot*, § 103 InsO Rn. 26. Die vorliegende Arbeit wird an der gängigen Bezeichnung der Erfüllungsablehnung festhalten.

83 Dass der Vertragspartner seine Leistung voll erbringen muss und dafür nur die Quote bekommt, ist nach *Marotzke* schon deswegen nicht der Fall, weil § 320 BGB völlig unabhängig von § 17 KO bzw. § 103 InsO den Vertragspartner hiervor bewahrt.

liege.[84] Die Erfüllungsablehnung bestätige lediglich diesen durch die Verfahrenseröffnung geschaffenen Zustand und habe selbst keine Gestaltungswirkung, die den materiell-rechtlichen Bestand der Erfüllungsansprüche berührt.[85] Dass die Entscheidung, den Vertrag zu erfüllen, lediglich dazu führt, dass die nach Verfahrenseröffnung bestehen gebliebenen Ansprüche des Vertragspartners zu Masseforderungen werden, war zwischen diesen beiden Ansichten nicht umstritten.

c) Die sogenannte Erlöschenstheorie

Im Jahr 1988 änderte der BGH seine Rechtsprechung zu § 17 KO grundlegend. Zwar hatte er schon einige Jahre zuvor judiziert, dass der Erfüllungsanspruch bereits mit der Verfahrenseröffnung zu einer Konkursforderung werde[86] und sich durch eine entsprechende Zitation von der früheren Rechtsprechung in Ansätzen distanziert, jedoch hatte er stets an der gestaltenden Wirkung der Erfüllungsablehnung festgehalten.[87] Innerhalb von zwei Urteilen erfolgte dann eine beachtliche Kehrtwende, die die sogenannte Erlöschenstheorie hervorbrachte. Zunächst hatte der BGH mehr im Vorbeigehen davon gesprochen, dass »der durch die Konkurseröffnung weggefallene ursprüngliche Erfüllungsanspruch« nur im Falle der Erfüllungswahl »wieder auf[lebe]«.[88] In dem Grundsatzurteil vom 20.12.1988 wurde dieses Verständnis von § 17 KO dann in be-

84 Dieser Gedanke fußte nämlich maßgeblich auf der Vorstellung, die Nichterfüllung werde erst durch die Erfüllungsablehnung herbeigeführt. Zur Bedeutung von Verfahrenseröffnung und Erfüllungsablehnung für die »Forderung wegen der Nichterfüllung« gem. § 26 S. 2 KO, mit der die ehemals herrschende Meinung argumentierte nach dieser Konzeption siehe *Marotzke*, Gegenseitige Verträge, Rn. 5.31 ff.

85 *Marotzke*, Gegenseitige Verträge, 3.56 f.; HK/*ders.*, § 103 InsO Rn. 8 ff.; Jaeger/*Jacoby*, § 103 InsO, Rn. 27, 31; *Stamm*, KTS 2011, 421, 433 f.; *Musielak*, AcP 179 (1979), 189, 211 ff.; *Bork*, FS Zeuner, S. 297, 303 ff., 309 ff.; *Kepplinger*, Synallagma, S. 98 ff. Dieses Verständnis kann sich auch auf die Motive berufen, die davon sprechen, der Verwalter habe die Wahl, »Erfüllung des Vertrages zu verlangen oder es bei der Nichterfüllung desselben zu *belassen*«, *Hahn*, Materialien IV, S. 86 (Hervorhebung des Verfassers). Es liegt dann lediglich insofern eine Gestaltungswirkung vor, als dass die Erfüllungsablehnung bindend ist und daher mit dem Verlust des Wahlrechtes einhergeht. Weitere Kritikpunkte an der damaligen h. M. waren, dass ein Gestaltungsrecht dem Wortlaut des § 17 KO nicht zu entnehmen sei und die endgültige Aufhebung der gegenseitigen Ansprüche nicht zur Möglichkeit der Nachhaftung passe, *Marotzke*, Anwartschaftsrecht, S. 77 f.; *Pletzsch*, Erfüllungsverweigerung, S. 58, bzw. nicht ersichtlich sei, warum dem Vertragspartner die Umwandlung seines Erfüllungsanspruches aufgezwungen werden soll, da er ja nicht verpflichtet sei, am Verfahren teilzunehmen, *Marotzke*, Gegenseitige Verträge[1], S. 69 f.

86 BGHZ 89, 189, 194 f.

87 Vgl. neben dem soeben genannten Urteil BGH WM 1984, 265 ff.; BGHZ 96, 392 ff.; BGH WM 1986, 433 ff.; BGHZ 98, 160 ff. und BGH NJW 1987, 1702 f. sowie die Erläuterungen hierzu bei *Henkelmann*, Schwebende Verträge, S. 54 ff.

88 BGHZ 103, 250, 252, 254. Für die Frage, ob der Vertragspartner gegen die Forderung der Masse aus dem streitgegenständlichen Vertrag aufrechnen konnte, war dieses neue Verständnis nicht entscheidungserheblich, da die Aufrechnung schon deshalb an § 55 S. 1 Nr. KO (heute § 96 Abs. 1 Nr. 1 InsO) scheiterte, weil nach Ansicht des BGH der Vertrag neu geschlossen worden war.

wusster Abkehr von der bisherigen Rechtsprechung bestätigt.[89] Kerngedanke der neuen Rechtsprechung war, dass die bisher an die Erfüllungsablehnung des Verwalters geknüpften Rechtsfolgen schon mit der Eröffnung des Konkursverfahrens einträten und somit die Erfüllungsansprüche aus dem Vertrag mit der Verfahrenseröffnung erlöschen.[90] Die Erfüllungsablehnung sei lediglich die Bestätigung dieser Rechtsfolge,[91] während die Erfüllungswahl die Ansprüche neu entstehen lasse. [92] Diese Sicht hatte – im Gegensatz zur früheren Rechtsprechung, deren Ergebnisse *Michael Huber* als »katastrophal« bezeichnet[93] – zur Folge, dass bei Erfüllungswahl der vorinsolvenzliche und aufgrund des Erlöschens der Ansprüche mit Verfahrenseröffnung gegenstandslos gewordene Rechtserwerb eines Sicherungszessionars bzw. Pfändungsgläubigers erneut stattfinden muss, nun aber an § 15 KO (heute § 91 Abs. 1 InsO) scheitert und dass der Vertragspartner nach Erfüllungswahl wegen § 55 Nr. 1 KO (heute § 96 Abs. 1 Nr. 1 InsO) nicht aufrechnen kann.[94] Dies entspricht dem o. g. Gegenleistungsgrundsatz,[95] der mit der Erlöschenstheorie in der Rechtsprechung verankert wurde. Es gilt als ausgemacht, dass der BGH auch genau diese Rechtsfolgen erzeugen wollte.[96] Jedenfalls begründete er die Rechtsprechungsänderung nicht nur mit »Sinn und Zweck« von § 17 KO und des hinsichtlich des Rechtserwerbs des Sicherungszessionars nach Verfahrenseröffnung einschlägigen § 15 KO, sondern auch maßgeblich mit diesem Grundgedanken.[97] Die Erlöschenstheorie wurde in der Folge zur gefestigten Rechtsprechung des BGH.[98]

89 BGHZ 106, 236 ff.

90 So zumindest die ganz herrschende Interpretation dieser Rechtsprechung, zur abweichenden Sichtweise von *Kreft* und *Huber* siehe unten Fn. 116.

91 In dieser Hinsicht stimmte die Erlöschenstheorie mit der Theorie der insolvenzmäßigen Befriedigung überein.

92 BGHZ 106, 236, 242 f.; KPBJ/*Tintelnot,* § 103 InsO Rn. 27 möchte daher präziser von »Erlöschens- und Neubegründungstheorie« sprechen.

93 MüKo/*Huber,* § 103 InsO, Rn. 10.

94 Zur früheren Rechtsprechung etwa RGZ 11, 49, 51 f. (Pfändung und Überweisung); OLG Hamm, ZIP 1985, 298, 300 (Abtretung); BGHZ 89, 189, 191 f. (Aufrechnung); anders aber RGZ 11, 136, 139 f. (laut Jaeger/*Jacoby,* § 103 InsO, Rn. 18 ein »anfänglicher Ausreißer«); aus der Literatur beispielsweise *F. Oetker*, ZZP 14 (1892), 1, 30 f.

95 Vgl. oben S. 13 ff. bei Fn. 59.

96 *Mossler*, Bereicherung, S. 11 f.; Jaeger/*Jacoby,* § 103 InsO, Rn. 21; KPBJ/*Tintelnot,* § 103 InsO, Rn. 28, 283.

97 BGHZ 106, 236, 243 ff.

98 Nachdem zwei Urteile noch auf dem Boden der früheren Rechtsprechung ergangen waren (BGH NJW 1989, 1606 ff. und 1990, 1665 ff.; *Bork*, FS Zeuner, S. 297, 300 vermutet, dass hierfür ein anderer Berichterstatter zuständig war), setzte sich die Erlöschenstheorie bald durch, vgl. die Rechtsprechungsnachweise bei *Henkelmann*, Schwebende Verträge, S. 64. Die viel beachteten Urteile BGHZ 129, 336 ff. und 135, 25 ff. betrafen die Konstellationen, dass der Schuldner bzw. der Vertragspartner vorgeleistet hatte, spezifizierten aber lediglich die Erlöschenstheorie für diese Fälle.

d) Die sogenannte Suspensivtheorie

Die Erlöschenstheorie erntete in der Literatur nahezu einhellige, teils massive[99] Kritik.[100] Diese richtete sich teils gegen die zu Aufrechnungslagen und Sicherungszessionen erzielten Ergebnisse,[101] überwiegend aber, da man mit jenen wohl weitgehend einverstanden war,[102] gegen die dogmatische Begründung vor allem mit dem Vorwurf, sie fände keine Stütze im Gesetz[103] bzw. gehe die Problematik der Masseschmälerung durch Aufrechnungen und Sicherungszessionen nicht an Ort und Stelle, nämlich innerhalb von § 91 Abs. 1 InsO bzw. der §§ 94 ff. InsO, an.[104] Weitere Kritikpunkte waren, dass die Erlöschenstheorie durch ihre Konstruktion eine Begründungslast für das Bestehenbleiben akzessorischer Sicherheiten schuf[105] und nicht ohne Weiteres mit der

99 Vgl. die Nachweise bei KPBJ/*Tintelnot,* § 103 InsO, Rn. 29 Fn. 83.

100 Zustimmend aber etwa *Rendtorff,* Der beiderseits nicht vollständig erfüllte Vertrag, S. 85 ff.; *Bruns*, ZZP 110 (1997), 305, 311 f.

101 Zumindest skeptisch *Gerhardt*, FS Merz, S. 117 ff.; im Ergebnis dann aber deutlich zustimmend *ders.*, GS Knobbe-Keuk, S. 169, 176 f.; aus heutiger Sicht *Stamm*, KTS 2011, 421, 439 ff., 446 ff.; KPBJ/*Tintelnot,* § 103 InsO Rn. 289 ff.

102 Etwa *Marotzke*, JR 1990, 331, 333 und heute zur Sicherungszession noch HK/*ders.,* § 103 InsO, Rn. 50 (»durchaus akzeptabel«); zur Aufrechnung allerdings skeptischer *ders.*, Gegenseitige Verträge, 4.59 ff.; *Ringstmeier*, Auswirkungen, S. 36 ff.; vgl. auch die entsprechenden Stimmen sogleich in Fn. 104.

103 Statt vieler *Marotzke*, EWiR 1988, 285, 286, *ders.*, Gegenseitige Verträge, Rn. 3.42 ff., 4.35, 4.77; *Ringstmeier*, Auswirkungen, S. 69 ff.

104 *Tintelnot*, ZIP 1995, 616, 618. Zur – insofern unveränderten – heutigen Rechtsprechung siehe die Kritik bei (jeweils eigene Ansätze in Klammern): HK/*Marotzke,* § 103 InsO Rn. 50 (Lösung des Zessionsfälle über einen Surrogationsgedanken); Jaeger/*Jacoby,* § 103 InsO, Rn. 10, 356 ff., 360 und *J. F. Hoffmann*, KTS 2021, 327, 349 ff. (Lösung der Zessionsfälle bei Sicherungszessionen über eine entsprechende Auslegung des § 91 InsO); *Henkelmann*, Schwebende Verträge, S. 236 ff., 269 ff. (analoge Anwendung von § 91 InsO bzw. § 96 Abs. 1 Nr. 1 InsO); *von Wilmowsky*, ZIP 2012, 401, 405 ff. (der das Aufrechnungs- bzw. Absonderungsrecht über ein Befriedigungsvorrecht des Vertragspartners am vertraglichen Anspruch des Gemeinschuldners begrenzen will); *Henckel*, FS Kirchhof, S. 191. 206 f. (Lösung der Zessionsfälle über § 812 BGB); *Roth*, FS Rolland, S. 305, 312 ff. (teleologische Reduktion des § 103 InsO); *Ringstmeier*, Auswirkungen, S. 80 ff. (Lösung der Zessionsfälle über den Gedanken, die »Berechtigung« des Zessionars an der Produktivität der Masse sei nur schuldrechtlich); *Stamm*, KTS 2011, 421, 441 ff., 448 f. (der diesen Normen die entsprechenden Wertungen nicht zu entnehmen vermag). Die Kritik, dass die Lösung des BGH bei schon vorinsolvenzlich erbrachten Teilleistungen des Schuldners zu überschießenden Ergebnissen führe (vgl. *Marotzke*, JR 1990, 331, 333 f., *Gerhardt*, FS Merz, S. 117, 125 f.; *ders.*, GS Knobbe-Keuk, S. 169, 175), hatte der BGH entschärft, indem er judizierte, dass der Anspruch auf die der Vorleistung entsprechende Gegenleistung durch die Verfahrenseröffnung nicht berührt werde, BGHZ 129, 336 ff.

105 *Bork*, FS Zeuner, S. 297, 313 f.; *Livonius*, Wahlrecht, S. 46 ff., 76 ff.; *Roth*, FS Rolland, S. 305, 306 f; *Gerhardt*, GS Knobbe-Keuk, S. 169, 173 f. *Kreft*, ZIP 1997, 865, 870 f. schlägt eine Lösung über die §§ 765 Abs. 2; 1113 Abs. 2; 1204 Abs. 2; 1273 Abs. 2 BGB vor.

Möglichkeit der Nachhaftung vereinbar war.[106] In einer Reihe von Urteilen ab dem Jahr 1995 sprach der BGH dann zunächst lediglich ohne nähere Begründung davon, dass mit der Verfahrenseröffnung die Erfüllungsansprüche des Vertragspartners ihre Durchsetzbarkeit verlören, bezog sich hierbei aber teilweise ausdrücklich auf Urteile, in denen er die Erlöschenstheorie vertreten hatte.[107] Mit einem Urteil vom 25.04.2002 besiegelte der BGH dann eine abermalige Änderung seiner Rechtsprechung.[108] Wohl auch die starke Kritik in der Literatur veranlasste[109] den BGH zu der lapidaren Feststellung, die Erlöschenstheorie werde »der Rechtslage nicht voll gerecht«.[110] Die Wirkungen der Verfahrenseröffnung sollen nunmehr darin bestehen, dass die beiderseitigen vertraglichen Erfüllungsansprüche nicht mehr durchsetzbar seien.[111] Die Erfüllungsablehnung – insofern unterscheidet sich diese Ansicht nicht von der Erlöschenstheorie und der Theorie der insolvenzmäßigen Befriedigung – habe keine rechtgestaltende Wirkung sondern bestätige nur die durch die Verfahrenseröffnung eingetretene Lage.[112] Durch die Erfüllungswahl erlangten die Erfüllungsansprüche aus dem Vertrag aber »die Rechtsqualität von originären Masseverbindlichkeiten und -forderungen«.[113] Da dies hinsichtlich der Problematik um Aufrechnungen gegen die und Absonderungsrechten an der Vertragsforderung des Gemeinschuldners bzw. der Masse die gleiche Wirkung haben soll wie die Neubegründung der Forderungen nach der Erlöschenstheorie, ergaben sich durch diesen Rechtsprechungswechsel diesbezüglich keine Änderungen.[114] Inwieweit diese inzwischen ständige[115] Rechtsprechung sich überhaupt von der Erlöschenstheorie unterscheidet, wird daher unterschiedlich beurteilt.[116]

106 Etwa *Riehm*, KTS 2016, 143, 146; *Bork*, FS Zeuner, S. 297, 307 ff.; *Roth*, FS Rolland, S. 305, 307 f.

107 BGH NJW 1057, 1056 (mit Verweis auf BGHZ 103, 250 ff.; 106, 236 ff. und sogar noch 89, 189 ff.); NJW 2001, 1136, 1137; BGHZ 147, 28, 31; auch NJW-RR 2002, 191, 193 (*Fischer*, NZI 2002, 281, 283 spricht anlässlich dieses Urteils des IX. Senats, dem er zur damaligen Zeit angehörte, von einer Verabschiedung von der Erlöschenstheorie, »auf leisen Sohlen«).

108 BGHZ 150, 353 ff.

109 Vgl. etwa *Graf/Wunsch*, ZIP 2002, 2117, 2120; *Wortberg*, Lösungsklauseln, S. 96.

110 BGHZ 150, 353, 359.

111 BGHZ 150, 353, 359.

112 BGH ZIP 2013, 526, Rn. 8.

113 BGHZ 150, 353, 359. Daher wird diese Theorie nicht nur als »Suspensiv-«, sondern auch als »Qualitätssprungtheorie« bezeichnet, Jaeger/*Jacoby*, § 103 InsO, Rn. 22, weitere Bezeichnungen (»Theorie vom Verlust der Durchsetzbarkeit der Erfüllungsansprüche«, »Hemmungstheorie«, »Nichtdurchsetzbarkeitstheorie«, »Theorie der Nichtdurchsetzbarkeit«) und Nachweise bei *Henkelmann*, Schwebende Verträge, S. 44 f.

114 BGHZ 150, 353, 359 f. (zur Sicherungszession); BGH NZI 2011, 936 Rn. 6 f. (zur Aufrechnung).

115 Vgl. die Nachweise bei Jaeger/*Jacoby*, § 103 InsO, Rn. 22 Fn. 48.

116 *Bork*, Einführung, Rn. 188 (»Etikettenwechsel«); *Stamm*, KTS 2011, 421, 442 (»Etikettenschwindel«); vgl. auch *Marotzke*, ZZP 115 (2002), 507, 508 f.; *Graf/Wunsch*, ZIP 2002, 2117, 2120; *Henkelmann*, Schwebende Verträge, S. 73 ff.; *D. Wegener*, Wahlrecht, S. 28 f. MüKo/*Huber*, § 103 InsO, Rn. 13 zufolge sei mit BGHZ 150, 353 ff. lediglich »klargestellt« worden, dass die beiden Vertragsteile ihre Ansprüche nicht mehr durchsetzen können; siehe auch *Kreft*, FS Uhlenbruck, S. 387, 393 f. und Fn. 22.

Die vor allem dogmatische Kritik an der Rechtsprechung ist jedoch nicht verstummt.[117] Moniert wird etwa, dass die Undurchsetzbarkeit allenfalls den Anspruch des Vertragspartners betreffen könne, da der Insolvenzverwalter ja nach wie vor in der Lage sei, durch die Erfüllungswahl den Anspruch des Gemeinschuldners durchzusetzen.[118] Außerdem könne man die Undurchsetzbarkeit nicht, wie es der BGH gemacht hat[119], aus den »beiderseitigen Nichterfüllungseinreden der Vertragspartner (§ 320 BGB)« ableiten, da diese schon vor Verfahrenseröffnung bestanden.[120] Zudem sei unklar, worin der vom BGH bemühte Qualitätssprung überhaupt genau bestehen soll.[121] Dennoch ermöglichte es der erneute Rechtsprechungswechsel großen Teilen der Literatur, die Linie des BGH zumindest nicht weiter zu beanstanden.[122]

e) Der Zeitraum bis zur Entscheidung des Verwalters als Schwebephase

Unabhängig von der Rechtsprechung wird in der Literatur teilweise vertreten, die Verfahrenseröffnung wirke sich gar nicht auf den gegenseitigen Vertrag aus, sondern führe nur zu einer Schwebephase. Die Forderung des Vertragspartners sei weder Insolvenzforderung noch Masseforderung, bis der Verwalter sein Wahlrecht ausgeübt habe. Erst mit dieser Entscheidung lege der Verwalter definitiv fest, in welcher Form der Vertrag haftungsrechtlich berücksichtigt wird, indem er diesen auf die Masse überleite und die Forderungen des Vertragspartners als Masseforderungen erfülle oder sie nur als Insolvenzforderungen einstufe.[123]

f) Zusammenfassung

Da die Problematik stark von der Entwicklung in der Rechtsprechung und insbesondere den beiden Rechtsprechungsänderungen in 1988 und 2002 geprägt ist, in deren Folge die aufgegebenen Ansichten der Rechtsprechung an Prominenz verloren, lässt sich das Spektrum der vertretenen Ansichten aus heutiger Sicht etwas vereinfachen: Nicht mehr vertreten werden die ursprüngliche herrschende Meinung, die in der Erfüllungs-

117 Insbesondere wird dem BGH weiterhin vorgehalten, eine Lösung der Zessions- und Aufrechnungsfragen solle nicht über § 103 InsO implementiert werden, vgl. statt vieler *Marwedel*, ZInsO 2011, 937 f.; *Wortberg*, Lösungsklauseln, S. 98 ff.; KPBJ/*Tintelnot*, § 103 InsO, Rn. 10 m. w. N.; beachte aber *Kreft*, FS Kübler, S. 359 ff., 369 f., der meint, mit der Aufdeckung des »eigentliche[n] Grund[es]« für die Erfüllungswahl, der von ihm sogenannten »Entlastungsfunktion«, sei »der neuen höchstrichterlichen Rechtsprechung [...] die bislang vermisste dogmatische Grundlage« gegeben.

118 *Marotzke*, ZZP 115 (2002), 507; 510; *Henckel*, FS Kirchhof, S. 191, 199 f.

119 BGHZ 150, 353, 359.

120 *Marotzke*, ZZP 115 (2002), 507, 510 f.; *Henckel*, FS Kirchhof, S. 191, 199; *Blaum*, Zurückbehaltungsrechte, S. 90 f.

121 *Wieser*, JZ 2003, 231, 232; *Blaum*, Zurückbehaltungsrechte, S. 91.

122 So MüKo/*Huber*, § 103 InsO, Rn. 2 mit entsprechenden Nachweisen; mit leichten Abweichungen *Rühle*, Gegenseitige Verträge, S. 85 ff.; ohne weitere Kritik auch *Pape*, Kölner Schrift, S. 353 ff. und *Muthorst*, KTS 2009, 467, 468 f.; im Rahmen ihrer Abhandlungen zu Lizenzen in der Insolvenz *Schwabe*, Filmlizenzen, S. 100 f.; *Zehnsdorf*, Filmnutzungsrechte, S. 110 ff.

123 *Häsemeyer*, Insolvenzrecht, Rn. 20.07, 20.16, 20.23; *Windel*, JURA 2002, 230, 233.

ablehnung ein Gestaltungsrecht sah[124] und die Erlöschenstheorie in ihrer ursprünglichen Form. In im Einzelnen unterschiedlicher Ausprägung werden die Wirkungen der Verfahrenseröffnung mit weiten Teilen der Literatur so beschrieben, dass lediglich die Forderung des Vertragspartners zu einer Insolvenzforderung werde oder mit der Rechtsprechung so definiert, dass die beiderseitigen Erfüllungsansprüche nicht mehr durchsetzbar seien. Unstreitig ist, dass die Erfüllungsablehnung die durch die Verfahrenseröffnung geschaffene Lage bestätigt und dass die Erfüllungswahl zur Aufwertung der vertraglichen Forderung des Vertragspartners zu einer Masseforderung führt. Umstritten ist insbesondere, wie die Auswirkungen der Erfüllungswahl auf die Vertragsforderung der Masse zu definieren sind, wobei diese Frage nach wie vor von der Debatte mitbestimmt wird, ob Vorauszessionen und Aufrechnungslagen derart insolvenzfest sind, dass infolge der Erfüllungswahl für von der Masse erbrachte Leistungen unter Umständen keine Gegenleistung zur Masse fließt. Das Konzept einer haftungsrechtlichen Schwebephase nach *Häsemeyer* fand in der Literatur, soweit ersichtlich, keinen weiteren Anklang.[125]

3. Stellungnahme

Bevor zu Zweck und Dogmatik des Verwalterwahlrechts Stellung bezogen wird, müssen die in dem Diskurs angesprochenen Fragen voneinander abgeschichtet werden.

a) Ausgangspunkt: Isolierte Betrachtung der Wirkungen der Verfahrenseröffnung

Der Streit um Zweck und Dogmatik des Verwalterwahlrechts leidet auch darunter, dass die Wirkungen der Verfahrenseröffnung auf gegenseitige Verträge uneinheitlich bestimmt werden. Diese werden in der Diskussion ganz selbstverständlich neben den Wirkungen der Erfüllungswahl und Erfüllungsablehnung betrachtet.[126] Was die Frage der Dogmatik des Verwalterwahlrechts an sich betrifft, dürfte die Annahme unstreitig sein, dass durch die Auslegung einer Norm die ihr zugrundeliegende dogmatische Struktur erfasst werden soll. Hierbei muss es die Maxime einer aufgeklärten Rechtswissenschaft sein, dass die entscheidenden Sachfragen den Diskurs bestimmen und die juristischen Konstruktionen nur der dogmatischen Umsetzung der für angemessen

124 Beachte aber *Blaum*, Zurückbehaltungsrechte, S. 99 ff., die die Wirkungen der Verfahrenseröffnung anhand der allgemeinen insolvenzrechtlichen Folgen definiert, aber dennoch eine rechtsgestaltende Wirkung der Erfüllungsablehnung für erforderlich hält (*Blaum* bezeichnet dies als »Theorie der Vertragskontinuität«). Dies belegt *Blaum* mit zwei Beispielen: Einerseits soll der Insolvenzverwalter des Vermieters einer beweglichen Sache diese nach § 546 BGB zurückfordern können, da »kein einleuchtender Grund« bestehe, ihn lediglich auf § 985 BGB zu verweisen. Andererseits möchte sie dem Insolvenzverwalter die Rückforderung vorinsolvenzlich erbrachter Teilleistungen des Schuldners ermöglichen.

125 Teilweise werden diese Stimmen auch der Theorie der insolvenzmäßigen Befriedigung zugeordnet, vgl. *Muthorst*, KTS 2009, 467, 469; *Blaum*, Zurückbehaltungsrechte, S. 92, Fn. 283; *Rühle*, Gegenseitige Verträge, S. 68, Fn. 419. Die hier separate Anführung beruht vor allem auf der eigenen Einschätzung *Windels*, der sich und *Häsemeyer* offenbar nicht auf der Linie der Theorie der insolvenzmäßigen Befriedigung sieht.

126 Vgl. oben S. 15 ff.

befundenen Ergebnisse dienen. Wie das Verwalterwahlrecht dogmatisch zu erfassen ist, bestimmt sich daher in erster Linie danach, was mit dem Verwalterwahlrecht bezweckt werden soll. Problematisch an der Debatte um § 103 InsO ist aber, dass offensichtlich unklar ist, inwiefern etwaige Zweckbestimmungen des Verwalterwahlrechts nicht nur für die Dogmatik der Erfüllungswahl und der Erfüllungsablehnung, sondern auch für die Dogmatik der *Verfahrenseröffnung* maßgeblich sind bzw. sein können. Insofern gibt es in dem Diskurs in gewisser Weise zwei unterschiedliche Ausgangspunkte: Insbesondere die Rechtsprechung bestimmt diese Wirkungen auch anhand des Zwecks des Verwalterwahlrechts. Sie ist hierzu gezwungen, weil sie in § 17 KO bzw. § 103 InsO eine ganz bestimmte und aus praktischer Sicht außerordentlich bedeutsame Zweckbestimmung hineinliest, die über das Verwalterwahlrecht in der Form nur erreicht werden kann, indem auch die Wirkungen der Verfahrenseröffnung auf eine bestimmte Weise definiert werden.[127] Demgegenüber steht ein großer Teil der Literaturstimmen, die – oft unausgesprochen – die Wirkungen der Verfahrenseröffnung nach allgemeinen Grundsätzen feststellen und sodann den Zweck des Verwalterwahlrechts definieren wollen.[128] Da die Wirkungen der Erfüllungswahl und der Erfüllungsablehnung, wie auch immer sie bestimmt werden, denklogisch an die Rechtslage nach Verfahrenseröffnung anknüpfen müssen, findet die Diskussion daher in gewisser Hinsicht nicht auf derselben Grundlage statt. Dies hat zur Folge, dass die Rechtsprechung dem § 103 InsO überhaupt Wirkungen und somit entsprechende Zwecke einräumen *kann* (und dies auch tut), die aus Sicht der Literatur über § 103 InsO gar nicht erreicht werden können, weil die Wirkungen konstruktiv nicht zu den (nach allgemeinen Grundsätzen bestimmten) Folgen der Verfahrenseröffnung passen und somit auch eine entsprechende Zwecksetzung nicht in Betracht kommt.[129]

Im Folgenden soll nun Stellung zu der Diskussion bezogen werden, um die – für diese Arbeit relevanten – Wirkungen der Erfüllungsablehnung und Erfüllungswahl zu definieren. Die Wirkungen der Verfahrenseröffnung sollen dabei unabhängig von entsprechenden Zwecksetzungen bestimmt werden, die man § 103 InsO zukommen lässt. Die mannigfache Relevanz der Frage, wie sich die Verfahrenseröffnung auf synallagmatische Verträge auswirkt, weckt erhebliche Zweifel, ob es sich empfiehlt, sich bei dieser Frage von dem Bestreben leiten zu lassen, über das Verwalterwahlrecht die Zessions- und Aufrechnungsproblematik zu lösen. Die herbe Kritik hieran ist mit dem Wechsel von der Erlöschens- zur Suspensivtheorie zwar teilweise verstummt, was aber auch daran liegen mag, dass das Bild der fehlenden Durchsetzbarkeit den nach allge-

127 Dass die Rechtsprechung des BGH sich in erster Linie an massefreundlichen Ergebnissen orientiert und dogmatisch einen auf äußerst wackeligen Beinen stehenden Kunstgriff darstellt, ist oft und deutlich kritisiert worden, vgl. nur *Marotzke*, Gegenseitige Verträge, Rn. 4.82 (»Zauberformel«); *Bork*, JZ 1996, 51 (»Trick«).

128 Dem entspricht der beliebte Einstieg in die Materie über die »Insolvenzfestigkeit des § 320 BGB«, vgl. etwa *Marotzke*, Gegenseitige Verträge, Rn. 2.6 ff.; *Kepplinger*, Synallagma, S. 60 ff.; *Stamm*, KTS 2011, 421 ff.

129 Dass die Zwecke, die dem Verwalterwahlrecht zugesprochen werden (können), von den Wirkungen der Verfahrenseröffnung beeinflusst werden, sah und sieht auch schon *Marotzke*, Gegenseitige Verträge[1], S. 54 f. (in der dritten Auflage Rn. 3.4) so und zeigt sich außerdem auch an der Frage, inwieweit der Vertragspartner durch § 103 InsO geschützt wird, dazu siehe oben S. 12 ff.

meinen Grundsätzen bestimmten Wirkungen der Verfahrenseröffnung deutlich näher kommt als die Erlöschenstheorie.[130] Weiterhin erhoben wird aber der Vorwurf, die Lösung des BGH gehe bestimmte Sachfragen nicht an Ort und Stelle an, der bezeichnend ist für diese teilweise von unterschiedlichen Ausgangspunkten aus geführte Diskussion.[131] Im Weiteren sollen daher zunächst die Wirkungen der Verfahrenseröffnung aus allgemeinen Grundsätzen bestimmt werden, bevor dann im Anschluss zu Zweck und Dogmatik von § 103 InsO Stellung bezogen wird.

b) Die Auswirkungen der Verfahrenseröffnung auf synallagmatische Verträge als Ausgangspunkt für eine Zweckbestimmung des § 103 InsO

Bei einem beiderseits nicht vollständig erfüllten synallagmatischen Vertrag stehen mit den gegenseitigen Forderungen zwei Rechtspositionen in Rede, mit denen im Insolvenzverfahren umgegangen werden muss. Es handelt sich um die beiden synallagmatisch verbundenen vertraglichen Forderungen des Schuldners und des Gläubigers. Für den Vertragspartner stellt sich die Frage, wie er seine Rechtsposition im Insolvenzverfahren durchsetzen kann; hinsichtlich der Forderung des Schuldners stellt sich die Frage, wie sie zugunsten der Gläubigergesamtheit verwertet werden kann.[132]

aa) Ausgangslage: Die Auswirkungen der Verfahrenseröffnung auf die Rechtspositionen der Gläubiger und Vermögensgegenstände des Schuldners

Was die Rechtsposition eines Gläubigers anbelangt, ist ab der Verfahrenseröffnung[133] nicht länger das Verhältnis des einzelnen Gläubigers zum Schuldner relevant, sondern das Verhältnis der Gläubiger untereinander. Grundvoraussetzung für die Durchsetzung einer Rechtsposition in der Insolvenz ist, dass diese nicht nur auf der Ebene *inter partes*, sondern auch *erga omnes* Wirkung entfaltet, bzw. zumindest insolvenzfest ist.[134] Daher kommt mit der Verfahrenseröffnung die Unterscheidung zwischen persönlichen und dinglichen Gläubigern zum Tragen, § 38 InsO. Für die nicht privilegierten persönlichen Gläubiger ist die wichtigste Folge, dass sie ab diesem Zeitpunkt mit ihren Forderungen auf das von Verlustprinzip und Gläubigergleichbehandlungsgrundsatz geprägte Insolvenzverfahren verwiesen sind, §§ 1, 38, 87, 89 InsO. Persönlicher Gläubiger ist nach § 38 InsO, wer zur Zeit der Verfahrenseröffnung einen begründeten Vermögensanspruch gegen den Schuldner hat. Vermögensanspruch ist jeder Anspruch,

130 Dies geht allerdings auch zu Lasten der Stringenz der Begründung der Rechtsprechung: Während das Erlöschen und die Neubegründung der Forderung ungeachtet ihrer dogmatisch fragwürdigen Konstruktion die entsprechenden Folgen für Zessionen und Aufrechnungslagen relativ einleuchtend begründen konnten, scheint der von der Rechtsprechung inzwischen bemühte »Qualitätssprung« reichlich diffus; vgl. auch *Blaum*, Zurückbehaltungsrechte, S. 91.

131 Vgl. die Nachweise oben in Fn. 117. Beachte aber auch *Blaum*, Zurückbehaltungsrechte, S. 71, die sogar meint, die Norm werde nur im Zusammenhang mit diesen Fragestellungen verständlich.

132 Vgl. auch *von Wilmowsky*, KTS 2011, 453, 454.

133 Anfechtungsrechtliche Konstellationen sollen hier ausgeklammert werden.

134 Die Absolutheitsmerkmale können auch isoliert vorliegen, dazu unten S. 37 ff.

der auf Geld gerichtet ist oder sich in Geld umrechnen lässt.[135] Zur Zeit der Eröffnung des Insolvenzverfahrens begründet ist eine Forderung, wenn der anspruchsbegründende Tatbestand vor der Verfahrenseröffnung materiell-rechtlich abgeschlossen war.[136] Die Rechtspositionen, die die in § 38 InsO adressierten Gläubiger innehaben, sollen im Weiteren als relative Rechtspositionen bezeichnet werden. Dingliche Gläubiger zeichnen sich dadurch aus, dass sie nicht vom Verlustprinzip erfasst werden, sondern ihre Rechtsposition *erga omnes*, also auch gegen die Masse, durchsetzen können. Diese Rechtspositionen sollen hier absolute Rechtsposition genannt werden.[137] Die Definition der »persönlichen Gläubiger« erfasst auch die Vertragspartner des Gemeinschuldners, die mit ihm vorinsolvenzlich einen gegenseitigen Vertrag abgeschlossen haben, sofern sich ihre Forderung nicht auf eine höchstpersönliche Leistung des Schuldners richtet[138] und diese noch nicht erfüllt ist.[139] Sie können ihre Rechtsposition daher nicht mehr durchsetzen, sondern im Insolvenzverfahren grundsätzlich nur noch quotale Befriedigung erlangen.

Die dem Schuldner zustehenden Forderungen sind Teil des schuldnerischen Vermögens, das den Gläubigern im Rahmen der Verwirklichung der Vermögenshaftung des Schuldners zu ihrer Befriedigung zugewiesen ist.[140] Es unterliegt der Verfügungs- und Verwaltungsbefugnis des Insolvenzverwalters, § 80 Abs. 1 InsO, der die Aufgabe hat, im Anschluss an den Berichtstermin das zur Insolvenzmasse gehörende Vermögen zu verwerten, § 159 InsO. Die übliche Verwertung bei Forderungen ist deren Einziehung.[141]

Bei einem synallagmatischen Vertrag ist also sowohl die relative Rechtsposition eines Gläubigers als auch ein Vermögenswert des Schuldners betroffen. Es ist im Ergebnis unbestritten, dass diese nicht unabhängig voneinander behandelt werden können, indem der Vertragspartner mit der Quote abgespeist wird, während der Insolvenzverwalter die volle Gegenleistung zur Masse zieht. Der Grund hierfür wird, bewusst weit formuliert, im vertraglichen Synallagma[142] gesehen.[143] Ob das Synallagma bereits

135 MüKo/*Ehricke/Brehme,* § 38 InsO, Rn. 18.

136 BGH NZI 2005, 403, 404.

137 Näher dazu S. 37 ff. Für das Begriffspaar relativ-absolut auch *Schlüter*, Rückabwicklung, S. 101 ff.

138 MüKo/*Ehricke/Brehme,* § 38 InsO, Rn. 42 f.

139 Dass die Forderung erst später fällig wird, ändert hieran ebenso wenig wie eine auflösende oder aufschiebende Bedingung, §§ 41 Abs. 1, 42 InsO, *Häsemeyer*, Insolvenzrecht, Rn. 16.18. Zur Bedeutung der Erfüllung bei der Abgrenzung »dinglicher« und »persönlicher« Gläubiger siehe unten S. 79 ff.

140 *Henckel*, FS Weber, S. 237, 252.

141 Uhlenbruck/*Zipperer,* § 159 InsO, Rn. 4. *Bruns*, ZZP 110 (1997), 305, 308 sieht im Wahlrecht des Insolvenzverwalters keine Verwertungsmaßnahme.

142 Die Begriffe »synallagmatisch« und »gegenseitig« werden nicht kongruent verwendet, wenn vertreten wird, dass es gegenseitige Verträge i. S. d. §§ 320 ff. BGB gibt, die keine Austauschverträge sind, weil sie kein Synallagma beinhalten, vgl. Staudinger/*Schwarze,* Vorbem. §§ 320–326 BGB, Rn. 6. Diese Streitfrage betrifft indes nur Verträge, die für die hiesige Untersuchung nicht von Bedeutung sind, weshalb im Weiteren die Termini »gegenseitiger«, »synallagmatischer« und »Austauschvertrag« gleichbedeutend verwendet werden. Vgl. zur Terminologie auch *Gernhuber*, Schuldverhältnis, S. 310.

143 Vgl. oben S. 12 ff.

aus sich heraus »insolvenzfest« ist oder sich dessen Wirkung im eröffneten Verfahren erst aus § 103 InsO ergibt, mag im Ergebnis[144] irrelevant sein. Da diese Frage, wie sich gleich zeigen wird, aber davon determiniert wird, wie man die §§ 103 ff. InsO grundsätzlich auffasst, soll ihr nicht ausgewichen, sondern sie zum Anlass genommen werden, dieses Verständnis hier darzustellen. Die synallagmatische Verknüpfung von Leistung und Gegenleistung ist eine Frage des materiellen Rechts, das, geht man von dem »dienende[n] Charakter« des Verfahrensrechts aus, ungeachtet des insolvenzrechtlichen Kontextes Ausgangspunkt der Betrachtung sein muss.[145]

bb) Die §§ 320 ff. BGB als Ausdruck des begrenzten Bindungswillens der Parteien

Unabhängig von der gängigen Einteilung der Ausprägungen des Synallagmas in das genetische, das konditionelle und das funktionelle Synallagma[146] und ungeachtet des Theorienstreits um die Erfassung der letzteren Ausprägung als Bedingtheit oder inhaltliche Beschränkung des einzelnen Leistungsanspruchs oder als Einrede gegen den einzelnen Leistungsanspruch,[147] dürfte unstreitig sein, dass der Geltungsgrund der §§ 320 ff. BGB der Parteiwille ist.[148] Die Parteien können im Grundsatz Inhalt und Grenzen ihrer vertraglichen Bindung im Rahmen der Gesetze (§§ 134, 138 BGB) frei festlegen. Durch die synallagmatische Verknüpfung ihrer Leistungspflichten haben sie ihre rechtsgeschäftliche Bindung autonom dahingehend begrenzt, dass sie nur zur Erbringung der ihnen obliegenden Leistung bereit sind, wenn sie dafür die vollständige und vertragsgemäße Gegenleistung erhalten (*do ut des*). Es entspricht nicht ihrem Willen, eine Leistung zu erbringen und dafür möglicherweise in Zukunft eine Gegenleistung oder auch nur eine unvollständige oder vertragswidrige Gegenleistung zu erhalten. Da ein Privatrechtssubjekt ohne einen entsprechenden, privatautonomen Willensakt rechtsgeschäftlich nicht zu einer Leistung verpflichtet werden kann,[149] muss eine Partei eines gegenseitigen Vertrages – vorbehaltlich einer vereinbarten und somit wiederum auf einer privatautonomen Entscheidung fußenden Vorleistungspflicht – ihre Leistung nicht erbringen, solange ihr die Gegenleistung nicht zumindest angeboten wird.

144 Vgl. oben die Nachweise in Fn. 46.
145 Im Ansatz ebenso etwa *Stamm*, KTS 2011, 421, 422 m. w. N.
146 Gemeint ist die wechselseitige Abhängigkeit bei der Entstehung, dem Fortbestehen und der Durchsetzung der Leistungspflichten, *Gernhuber*, Schuldverhältnis S. 315 ff.; Staudinger/*Schwarze,* Vorbem. §§ 320–326 BGB, Rn. 17 ff.; teilweise wird auch noch das aus der bereicherungsrechtlichen Rückabwicklung gegenseitiger Verträge bekannte »faktische Synallagma«, erwähnt, vgl. Soergel/*Gsell,* Vor § 320 BGB, Rn. 17.
147 Staudinger/*Schwarze,* Vorbem. §§ 320–326 BGB, Rn. 26 ff.
148 Soergel/*Lobinger,* Vor § 346 BGB, Rn. 19; *J. F. Hoffmann*, Zession, S. 211; Staudinger/*Schwarze,* Vorbem. §§ 320–326 BGB, Rn. 5; *Gernhuber*, Schuldverhältnis, S. 314; Soergel/*Gsell,* Vor § 320 BGB, Rn. 3; *Mossler*, Bereicherung, S. 13 f.; *Blaum*, Zurückbehaltungsrechte, S. 58 f.; BGHZ 77, 359, 363; vgl. auch BGH NJW 1991, 2135 ff.; differenzierend *Kepplinger*, Synallagma, S. 22 ff., die das konditionelle Synallagma nicht im Parteiwillen begründet sieht, weil es hier um Leistungsstörungen und nicht um »Mängel an der Wurzel« gehe; dies verkennt, dass auch Leistungsstörungen und ihre Folgen auf den Parteiwillen zurückzuführen sind.
149 Zu dieser Annahme *Lobinger*, Verpflichtung, S. 17 ff., insb. 89 ff.

cc) Der begrenzte Bindungswille eines Vertragspartners in der Insolvenz des anderen Teils

Ergibt sich das Leistungsverweigerungsrecht der Parteien eines synallagmatischen Vertrages also aus deren privatautonom begrenzten Bindungswillen, stellt sich für die Insolvenzsituation die Frage, wie mit den materiell-privatrechtlichen Bindungsgrenzen umzugehen ist, wenn ein Vertragspartner insolvent ist. Als Kristallisationspunkt der Frage, wie sich die Privatautonomie der Gläubiger und die durch das Insolvenzverfahren kanalisierte Vermögenshaftung zueinander verhalten, wird oft die in § 119 InsO verortete Diskussion um die Zulässigkeit von (insolvenzbezogenen) Lösungsklauseln ausgemacht.[150] Verbreitet wird in diesem Rahmen die Privatautonomie als Gegenpol zum »zwingenden Charakter der Vermögenshaftung« mit diesem in ein Spannungsfeld gestellt, das dann im Rahmen einer Abwägung aufgelöst wird.[151] Mit diesem Ansatz mag man auf den Gedanken kommen, die §§ 103 ff. InsO stellten das Ergebnis einer solchen Abwägung dar und sorgten dafür, dass das Synallagma im Insolvenzverfahren geschützt sei.[152] Zu erkennen ist indes, dass der zwingende Charakter der Vermögenshaftung begrenzt ist. Gemeint sind damit vor allem zwei Dinge: zum einen der Grundsatz, dass die Gläubiger eines Privatrechtssubjektes in den Grenzen der §§ 811 ZPO, 36 InsO zu ihrer Befriedigung auf das gesamte schuldnerische Vermögen zugreifen können, es mit anderen Worten innerhalb dieser Grenzen kein »haftungsfreies« Vermögen gibt,[153] zum anderen der Gläubigergleichbehandlungsgrundsatz als materiell gerechte und letztendlich maßgebliche[154] Verteilungsordnung.[155] Diese Prämissen des Vollstreckungsrechts sollen aus guten Gründen der Parteidisposition nicht unterliegen. Was die Gläubigergleichbehandlung anbelangt, ist insofern ohne jeden Zweifel, dass der Masse die Erfüllung eines Vertrages nicht durch Vereinbarung zwischen dem Schuldner und seinem Vertragspartner aufgezwungen werden können soll.[156] Wo eine privatautonome Vereinbarung nicht über diese Gläubigerinteressen disponiert, gibt es aber im Ausgangspunkt keinen Grund für ihre Missachtung. Privatautonome Entscheidungen des Gläubigers müssen sich in diesem Fall dann auch nicht *grundsätzlich* erst im Rahmen einer Abwägung gegen die Belange der Gläubigergesamtheit

150 Vgl. KPBJ/*Tintelnot,* § 119 InsO, Rn. 1 ff.; *Thole*, KTS 2010, 383, 390 ff.; *Häsemeyer*, FS 50 Jahre BGH, S. 725, 740 ff.; *J. F. Hoffmann*, JZ 2023, 464.

151 KPBJ/*Tintelnot*, § 119 InsO, Rn. 1 ff.; *K. P. Berger*, Kölner Schrift, S. 325, 329 f.; *ders.*, ZIP 1994, 173. 174 f.; *Gerhardt*, AcP 200 (2000), 426, 442 ff.; BeckOKInsR/*Berberich*, § 119 InsO, Rn. 1 f.; generell auch *Häsemeyer*, FS 50 Jahre BGH, S. 725 ff.

152 Vgl. die entsprechenden Stimmen oben in Fn. 45, die ihre These freilich nicht alle (ausdrücklich) auf diesen, wie sich zeigen wird, vermeintlichen Grundkonflikt zurückführen.

153 KPBJ/*Tintelnot*, § 119 InsO, Rn. 4.

154 Eingehend *J. F. Hoffmann*, Prioritätsgrundsatz, S. 36 ff., 108 ff., 208 ff. und unten S. 133 ff.

155 KPBJ/*Tintelnot,* § 119 InsO, Rn. 3; *K. P. Berger*, ZIP 1994, 173, 174; *Häsemeyer*, FS 50 Jahre BGH, S. 725 f.

156 Jaeger/*Henckel,* § 17 KO, Rn. 213.

durchsetzen.[157] Es ist daher unzutreffend, wenn davon gesprochen wird, die §§ 103 ff. InsO stellten grundsätzlich einen »Eingriff« in den vertraglichen Konsens dar, der geradezu unvermeidlich sei.[158] Vielmehr sind bei der Auslegung (auch) dieses Normkomplexes etwaige »Eingriffe« beispielsweise in Form von Kontrahierungszwängen zu vermeiden[159] und nicht mit dem schnell bemühten, da im Einzelfall sicher verlockenden Verweis auf »höherrangige« Interessen zu rechtfertigen. Die Insolvenz hindert daher nach richtiger Auffassung die Vertragspartner des Schuldners im Ausgangspunkt nicht daran, sich auf ihren begrenzten Bindungswillen zu berufen.[160] Daher steht dem Vertragspartner des Schuldners ohne Weiteres die Einrede des § 320 BGB zu.[161] Weiterhin ist er durch die Insolvenz nicht daran gehindert, Rücktrittsrechte, die ebenfalls auf den begrenzten Bindungswillen zurückzuführen sind,[162] auszuüben.[163] Offenbar tun sich Teile der Literatur schwer mit dem Gedanken, dass eine Einrede[164] oder ein Lösungsrecht[165] auf eine Insolvenzforderung gestützt werden kann. Insolvenzforderungen zeichnen sich in erster Linie dadurch aus, dass sie nicht mehr gegen die Masse durchgesetzt werden können. Inwieweit sich aber der Gläubiger seinerseits an einem Vertrag festhalten lassen muss, richtet sich nach seinem begrenzten Bindungswillen. Es ist nicht ersichtlich, warum ihm versagen sollte, sich hierauf in der Insolvenz der anderen Vertragspartei zu berufen. Hierdurch wird die Verteilungsordnung nicht berührt. Auch wird den übrigen Gläubigern kein Vermögenswert entzogen, der ihnen wegen des »zwingenden Charakters der Vermögenshaftung« des Schuldners zustehen müsste. Im Vermögen des Schuldners befindet sich eine Forderung aus einem synallagmatischen Vertrag, deren Wert aber in zweierlei Hinsicht von dem Bindungswillen des Vertragspartners abhängt: Einerseits kann sie nur gegen Erbringung der Gegenleistung durchgesetzt werden. Dass der Vertragspartner sich auf die Einrede des § 320 BGB berufen kann, schließt indes nicht aus, dass der Mehrwert des Vertrages

157 So auch *J. F. Hoffmann*, KTS 2018, 343, 349; allgemein *Stamm*, KTS 2011, 421, 424 f.; zu Lösungsklauseln auf gleicher Grundlage *von Wilmowsky*, ZIP 2007, 553, 555; *Thole*, KTS 2010, 383, 392 ff.; anders der Ansatz bei *Häsemeyer*, FS 50 Jahre BGH, S. 725 ff.; *ders.*, Insolvenzrecht, Rn. 20.10a; zu Lösungsklauseln *K. P. Berger*, Kölner Schrift, S. 325, 336 ff.; *Gerhardt*, AcP 200 (2000), 426, 442 ff.; *Brinkmann/Steinhauser*, FS Kübler, S. 87, 91 ff.; BeckOKInsR/*Berberich*, § 119 InsO, Rn. 1 f.; im (vorinsolvenzlichen) Kontext des § 323 Abs. 4 BGB *Mossler*, ZIP 2002, 1831, 1836.

158 *Haak*, Verträge mit Personenmehrheiten, Rn. 46 ff.; auch KPBJ/*Tintelnot*, § 119 InsO, Rn. 3; *Gerhardt*, AcP 200 (2000), 426, 430, 442 ff.; *Flöther*, DZWiR 2001, 89, 94 (»Ausnahme von dem Grundsatz pactum (sic) sunt servanda«).

159 Zu den §§ 105, 107 Abs. 2, 112 InsO, die schon an und für sich den Bindungswillen des Gläubigers überstrapazieren und höchstens einer einschränkenden Auslegung zugänglich sind, siehe *J. F. Hoffmann*, KTS 2018, 343, 350 ff.

160 Im Kontext von Lösungsklauseln nunmehr auch BGHZ 235, 36, Rn. 36 ff.

161 Nachweise oben in Fn. 45; weitere Nachweise bei *J. F. Hoffmann*, KTS 2018, 343, 349 in Fn. 22.

162 *J. F. Hoffmann*, Zession, S. 204 ff.

163 *J. F. Hoffmann*, KTS 2018, 343, 349 mit Nachweisen in Fn. 22.

164 Etwa *Henckel*, ZZP 99 (1986), 419, 421 ff.; auch Jaeger/*Jacoby*, Vor §§ 103–109, Rn. 4 f. (deutlicher noch in der Vorauflage Jaeger[1]/*ders.*, Vor §§ 103-119, Rn. 4 f.).

165 Jaeger/*Jacoby*, § 103 InsO, Rn. 228; Jaeger/*ders.*, § 112 InsO, Rn. 6.

realisiert wird.[166] Andererseits steht dieser Wert auch für den Schuldner unter dem Vorbehalt, dass der Vertragspartner sich nicht vom Vertrag löst. Es erschließt sich nicht, wie eine stärkere Bindung des Gläubigers an sein Leistungsversprechen legitimiert werden soll, »nur« weil das Vermögen seines Vertragspartners nicht ausreicht, um dessen sämtliche Verbindlichkeiten zu befriedigen.

Somit ist davon auszugehen, dass die §§ 103 ff. InsO als Normkomplex die privatautonomen Entscheidungen des Gläubigers respektieren und vor diesem Hintergrund dem Insolvenzverwalter nur einen Abwicklungsmodus für synallagmatische, nicht vollständig erfüllte Verträge zur Verfügung stellen. Das Recht, die Leistung zu verweigern, wenn die synallagmatische Gegenleistung nicht zumindest angeboten wird, wird durch diesen Abwicklungsmodus nicht berührt.[167] Insofern ist es zutreffend, wenn von der »Insolvenzfestigkeit des § 320 BGB«[168] gesprochen wird.[169]

dd) Die Wirkungen der Verfahrenseröffnung vor dem Hintergrund der Insolvenzfestigkeit des § 320 BGB

Wie oben festgestellt, führt die Verfahrenseröffnung dazu, dass der Vertragspartner zum Insolvenzgläubiger wird und seine Forderung nicht mehr durchsetzen kann. Demgegenüber steht der Anspruch des Schuldners, der der Verwaltungs- und Verwertungsbefugnis des Insolvenzverwalters unterliegt. Insofern entsprechen die Wirkungen der Verfahrenseröffnung auf den gegenseitigen Vertrag den allgemeinen insolvenzrechtlichen Folgen.[170] Die Verfahrenseröffnung ändert nichts an der synallagmatischen

166 Dazu sogleich unten S. 32 ff.

167 Im Übrigen scheinen auch die Motive hiervon auszugehen, wenn sie davon sprechen, in das Recht des Vertragspartners, die Leistung zu verweigern, wenn die Gegenleistung nicht erbracht wird, solle »selbstverständlich nicht eingegriffen werden«, *Hahn*, Materialien IV, S. 88.

168 Siehe oben S. 12 ff.

169 Dem entspricht die These, dass der Gläubiger auch dann zur Leistungsverweigerung berechtigt wäre, wenn es die §§ 103 Abs. 1, 55 Abs. 1 Nr. 2 Alt. 1 InsO nicht gäbe, siehe dazu *Marotzke*, Gegenseitige Verträge, Rn. 2.12 ff. Ein Unterschied zur hiesigen Konzeption besteht indes darin, dass *Marotzke* dies aus dem Gedanken ableitet, dass der Insolvenzverwalter den Gläubiger nur unter denselben Voraussetzungen in Anspruch nehmen darf, wie es der Schuldner hätte tun können, vgl. *ders.*, Gegenseitige Verträge, Rn. 2.26. Hieraus ergibt sich eine Begründungslast für die nach herrschender Meinung fehlende Insolvenzfestigkeit des § 273 BGB, der *Marotzke* sich aber deshalb nicht stellen muss, weil er § 273 BGB als insolvenzfest ansieht, *ders.*, Gegenseitige Verträge, Rn. 2.46 ff. mit eingehender Betrachtung der Motive. § 273 BGB, der allgemein »nur« auf Treu und Glauben zurückgeführt wird (RGZ 152, 71, 73; BGHZ 38, 122, 126; *Gernhuber*, Schuldverhältnis, S. 672 f.; auch *Blaum*, Zurückbehaltungsrechte, S. 52 ff.) ist ein Druckmittel des in Anspruch genommenen Schuldners zur Durchsetzung seiner Ansprüche, das in der Insolvenz (*de lege lata*) keine Wirkung mehr entfalten kann, vgl. statt vieler Staudinger/*Bittner/Kolbe*, § 273 BGB. Anders außer *Marotzke*, aber mit undifferenzierter Begründung noch *von Wilmowsky*, KTS 2011, 453, 456 (die Zurückbehaltungsrechte nähmen »verwandte Funktionen wahr« und knüpften an »ähnliche Voraussetzungen an«) und jüngst *Stamm*, KTS 2021, 467 ff.; vgl. auch *Blaum*, Zurückbehaltungsrechte, S. 117 ff.; *Henkelmann*, Schwebende Verträge, S. 133 ff.; *Muthorst*, KTS 2009, 467, 472 f.; *Mossler*, Bereicherung, S. 18 ff.

170 So im Ergebnis auch *Blaum*, Zurückbehaltungsrechte, S. 99 f.

Verknüpfung dieser gegenseitigen Ansprüche. Es bleibt folglich dabei, dass beide Vertragsteile nur gegen den Erhalt der vollständigen und vertragsgemäßen Gegenleistung zur Leistung verpflichtet sind. Dieser Ausgangspunkt führt in der Insolvenz einer Vertragspartei indes zu einer Pattsituation,[171] in der keine Seite ihren Anspruch durchsetzen kann, da der Insolvenzverwalter die volle Leistung nicht erbringen *darf* – er darf den einzelnen Insolvenzgläubiger, zu denen auch die Vertragspartner gehören, nur quotal befriedigen – und der Vertragspartner die volle Leistung in aller Regel nicht erbringen *wird* – er erhielte ja dafür nur die Insolvenzquote auf seine Gegenleistung.[172] Diese Feststellung bildet den Ausgangspunkt für eine Zweckbestimmung der §§ 103 ff. InsO: Bewusst weit formuliert ist es das Anliegen dieser Vorschriften, auf diese Situation zu reagieren, indem sie regeln, inwieweit die *inter partes* getroffenen Abreden auf der Ebene *erga omnes* Wirkung entfalten.

ee) Die Möglichkeiten zur Auflösung der Pattsituation

Auch bei der Auflösung der Pattsituation sind die zwingenden insolvenzrechtlichen Vorgaben einerseits und die privatautonomen Entscheidungen des Vertragspartners andererseits zu respektieren. Der Leistungsaustausch zwischen dem Vertragspartner und der Masse kann aus insolvenzrechtlicher Sicht nur erfolgen, wenn der Erfüllungsanspruch des Vertragspartners privilegiert wird, der Insolvenzverwalter den Vertragspartner also voll befriedigen darf.[173] Aus Sicht des Vertragspartners sind dabei wiederum dessen privatautonome Entscheidungen umfassend zu respektieren. Daraus folgt, dass der Vertrag im Grundsatz so durchgeführt werden muss, wie er vereinbart worden ist. Der Vertragspartner muss sich anlässlich der Insolvenz keinen Leistungsaustausch gefallen lassen, auf den er sich nicht eingelassen hat bzw. eingelassen hätte.[174]

Gibt es keine Grundlage für eine Privilegierung des Vertragspartners, kann der Vertrag nicht durchgeführt werden. Aus Sicht des Vertragspartners mag dies ärgerlich sein, allerdings hat der das Insolvenzrisiko des Schuldners ja seinerseits privatautonom übernommen. Im Fall des beiderseits nicht vollständig erfüllten Vertrages stellt sich dieses nicht als das Risiko dar, eine Verbindlichkeit nur quotal erfüllt zu bekommen, sondern als das Risiko, dass der Leistungsaustausch schlicht nicht durchgeführt wird. Die Nichtdurchführung des Vertrags zwischen Masse und Vertragspartner gerät also nicht in Konflikt mit privatautonomen Entscheidungen des Vertragspartners. In der Folge stellt sich die Frage, wie mit dem Vertrag umzugehen ist, der nicht mehr durch

171 So schon *Stamm*, KTS 2011, 421, 424 ff.; vgl. auch *D. Wegener*, Wahlrecht, S. 6 f.

172 *Riehm*, KTS 2016, 143, 147, Fn. 24 meint, *Kreft* und *D. Wegener* gingen sogar davon aus, dass der Vertragspartner seinen Anspruch nicht einmal in dieser Form durchsetzen könne. Es wäre indes nicht nachvollziehbar, warum der Vertragspartner hieran gehindert sein sollte. Zum möglichen Interesse eines Vertragspartners an einer solchen Abwicklung *Marotzke*, Gegenseitige Verträge, Rn. 5.51 und das Beispiel *Riehms*, dass das vom Schuldner in Auftrag gegebene Gutachten bereits fertig gestellt ist (a. a. O.).

173 Eine andere Frage ist es, ob die Privilegierung auch legitim ist, vgl. dazu eingehend unten S. 172 ff.

174 Hierzu auch sogleich. Ein viel diskutiertes Beispiel für einen problematischen Umgang mit dieser Prämisse ist die Handhabung vorinsolvenzlicher Vorleistungen, vgl. dazu eingehend *J. F. Hoffmann*, KTS 2018, 343, 367 ff.

gegenseitige Erfüllung abgewickelt wird. Wird der Vertrag nicht aufgehoben,[175] ist denkbar, dass der Vertragspartner entweder als Insolvenzgläubiger am Verfahren teilnimmt oder außerhalb des Insolvenzverfahrens, in aller Regel also im Rahmen der Nachhaftung, mit dem Schuldner Leistung und Gegenleistung austauscht.

ff) Der Bestand des Vertrages und die Lösungsmöglichkeiten des Vertragspartners

Die beschriebene Pattsituation betrifft aber nur die Durchsetzung der vertraglichen Leistungspflichten. Der materiell-rechtlichen Bestand des Vertrages wird durch die Verfahrenseröffnung nicht berührt. Dies folgt schon aus allgemeinen schuldrechtlichen Grundsätzen: Ob § 320 BGB der Durchsetzung einer Leistungspflicht entgegensteht und ob die Parteien an den synallagmatischen Vertrag gebunden sind, sind zwei unterschiedliche Fragestellungen. Während § 320 BGB ohne Weiteres zur Leistungsverweigerung berechtigt, ist die vertragliche Bindung an sich erst aufgehoben, wenn eine Partei sich – in der Regel durch Ausübung eines entsprechenden Gestaltungsrechts – vom Vertrag löst. Dies hat indes für die beiden Vertragsseiten unterschiedliche Wirkung, da die Masse ohnehin ohne Erfüllungswahl nicht an den Vertrag gebunden ist – der Schuldner kann seine Gläubiger nicht verpflichten. Allerdings gibt es keinen Grund, den Vertragspartner ohne Weiteres von der Bindung an den Vertrag zu entheben, die er sich ja selbst auferlegt hat. Gläubigerrechte müssen daher nicht nur *erga omnes* durchsetzbar sein, es ist zudem erforderlich, dass der Gläubiger seine Rechtsposition auch *inter partes* gegen den Schuldner hätte durchsetzen können. Dem Vertragspartner bleiben aber, wie gesehen, seine Lösungsrechte erhalten. Viel diskutiert ist in diesem Kontext der Umgang mit Lösungsklauseln, die dem Vertragspartner mittelbar oder unmittelbar für den Insolvenzfall die Möglichkeit geben, sich vom Vertrag zu lösen.[176] Aus den Prämissen, dass der begrenzte Bindungswille des Vertragspartners ebenso wie außerhalb der Insolvenz zu respektieren ist und dass den Vertragspartnern diesbezüglich ein weiter Spielraum eingeräumt ist, folgt, dass rigiden Ansätzen skeptisch zu begegnen ist. Im Weiteren soll daher im Anschluss an *J. F. Hoffmann* davon ausgegangen werden, dass die Insolvenz dem Vertragspartner lediglich kein Reurecht geben soll.[177] Allein die Tatsache, dass der Vertragspartner bei Erfüllungswahl den Vertrag nunmehr mit dem Insolvenzverwalter durchführen muss, soll danach im Grundsatz kein Lösungsrecht begründen.[178]

175 Dazu sogleich.
176 Siehe dazu oben S. 29 ff.
177 *J. F. Hoffmann*, KTS 2018, 343, 364 f.; dort auch zu anderen Ansätzen. Dieser liberalen Sichtweise hat sich nunmehr auch der BGH angeschlossen und so seine in dieser Frage zuletzt verhältnismäßig restriktive Linie aufgegeben, vgl. BGHZ 235, 36, Rn. 35 ff. und zur vorigen Rechtsprechung insbesondere BGHZ 195, 348, Rn. 13 ff.
178 Siehe auch schon die Verfasser der Konkursordnung: »Es würde von Seiten des Mitkontrahenten offenbar eine Chikane sein, wenn er eine Leistung des Verwalters zurückweisen wollte, die ihm ganz dasselbe gewährt, was er durch die Leistung des Gemeinschuldners haben würde.«, *Hahn*, Materialien IV, S. 86.

c) Zweckbestimmung des § 103 InsO

Da der Vertragspartner wie gesehen auch in der Insolvenz des anderen Teils nicht verpflichtet ist, seine Leistung zu erbringen, wenn ihm hierfür nur die Quote auf seine Forderung angeboten wird, kann § 103 InsO hinsichtlich dessen Schutzes zumindest in den Fällen allenfalls deklaratorischer Natur sein, in denen nach §§ 320, 321 BGB ein Leistungsverweigerungsrecht besteht.[179] Die Befürchtung, ohne eine entsprechende insolvenzrechtliche Regelung müsste der Vertragspartner voll leisten und könnte im Gegenzug seine Forderung nur zur Tabelle anmelden, erweist sich als unbegründet. Ebenso wenig muss aber schon die Masse befürchten, dass der Vertragspartner ihr die Erfüllung des Vertrages aufdrängt. Dies folgt ebenfalls schon aus allgemeinen Grundsätzen und kann daher ebenfalls nicht durch § 103 InsO bezweckt sein.

Kommt den §§ 103 ff. InsO daher allein die Funktion zu, die Auflösung der beschriebenen Pattsituation zu regeln, besteht der Zweck des § 103 InsO darin, die Entscheidung, wie die oben beschriebene Pattsituation aufzulösen ist, dem Insolvenzverwalter zu überlassen. Als Grundnorm des Insolvenzvertragsrechts legt § 103 InsO keine der möglichen Abwicklungsformen pauschal fest, sondern stellt vielmehr eine für den Insolvenzverwalter flexible Konzeption dar, die eine an den Masseinteressen orientierte Entscheidung über die Abwicklung des Vertrages ermöglicht. § 103 InsO ermöglicht es also dem Insolvenzverwalter, vom Schuldner geschlossenen Verträgen nach seiner Wahl *erga omnes*, also für und gegen die Masse Wirkung zu verschaffen oder es bei den allgemeinen insolvenzrechtlichen Folgen zu belassen. Da insofern die Folgen der Erfüllungswahl mit denen eines neuen Vertragsschlusses durch den Insolvenzverwalter gleichgesetzt werden können, kann man davon sprechen, dass die Möglichkeit der Erfüllungswahl in § 103 InsO nur deklaratorisch kodifiziert ist, da sie sich schon aus der in § 55 Abs. 1 Nr. 1 InsO enthaltenen Befugnis, Verträge mit Wirkung für und gegen die Masse zu schließen, ergibt.[180] Lehnt der Insolvenzverwalter die Erfüllung ab, liegt es in der Hand des Vertragspartners, die Pattsituation auflösen. Er kann dies tun, indem er entweder seinen zu beachtenden begrenzten Bindungswillen geltend macht und sich vom Vertrag löst, als Insolvenzgläubiger am Verfahren teilnimmt[181] oder auf eine Verfahrensteilnahme verzichtet und nach Aufhebung des Verfahrens den Schuldner auf die volle Leistung in Anspruch nimmt. Aus dieser Zweck-

179 Dies wird regelmäßig der Fall sein. Mit der Anwendbarkeit des § 103 InsO bei Bestehen einer Vorleistungspflicht ist oft dafür argumentiert worden, dass § 103 InsO auch den Vertragspartner schützt, vgl. oben S. 12 ff. In der Regel ergibt sich ein entsprechender Schutz indes aus § 321 BGB. Verpflichtet sich ein Vertragspartner aber in Kenntnis der mangelnden Leistungsfähigkeit seines Kontrahenten zu einer Vorleistung (!), wäre in der Tat die Frage zu stellen, warum ihm ein synallagmatischer Schutz zustehen sollte, vgl. auch *Stamm*, KTS 2011, 421, 425 f. Für ein Leistungsverweigerungsrecht aus § 242 BGB selbst in diesen Fällen *Mossler*, Bereicherung, S. 15.

180 Vgl. die Nachweise oben am Ende von Fn. 55.

181 In aller Regel wird er dabei natürlich nicht die ihm obliegende Leistung erbringen und die Gegenleistung als Insolvenzforderung verfolgen, sondern gem. § 103 Abs. 2 S. 1 InsO den ihm zustehenden Mehrwert des Vertrages als Insolvenzforderung zur Tabelle anmelden.

bestimmung des Verwalterwahlrechts folgt aber auch, dass für ein Wahlrecht kein Platz ist, wenn die beschriebene Pattsituation bei Verfahrenseröffnung gar nicht mehr besteht, weil eine Partei vorinsolvenzlich vollständig erfüllt hat. Dann besteht der Schutz des Synallagma gem. § 320 Abs. 1 S. 1 BGB nicht mehr und der Insolvenzverwalter kann schlicht, hat der Schuldner vorgeleistet, die der Masse zustehende Gegenforderung einziehen bzw., hat der Vertragspartner vorgeleistet, diesen auf die Anmeldung seiner Forderung zur Tabelle verweisen.

Vor diesem Hintergrund erscheint es zumindest nicht zwingend, den §§ 103 ff. InsO den Zweck zuzusprechen, die Zessions- und Aufrechnungsproblematik zugunsten der Masse zu lösen. Da es in der Sache um die Begrenzung von Kreditsicherheiten, also Vorrechten an Massegegenständen, bzw. um Aufrechnungsbefugnisse geht, ist die verbreitete Forderung, diese Fragen an Ort und Stelle im Rahmen von § 91 InsO bzw. der §§ 94, 96 InsO zu lösen, nachvollziehbar. Zu groß erscheint die Gefahr, dass die Implementierung der oft für richtig befundenen Ergebnisse der Rechtsprechung über die §§ 103 ff. InsO den Blick für die zur Lösung dieser Probleme maßgeblichen Parameter verstellt oder einer sachgerechten Anwendung der §§ 103 ff. InsO allgemein im Wege steht. Da diese Fragen für die weitere Arbeit nicht von entscheidender Bedeutung sind, soll auf nähere Ausführungen verzichtet werden. Ähnlich verhält es sich mit der Frage, inwieweit das Verwalterwahlrecht die Rückforderung einer vom Schuldner vorinsolvenzlich erbrachten Teilleistung ermöglichen soll, da es sich hierbei um eine im Kern anfechtungsrechtliche Frage handelt.[182]

d) Die Wirkungen der Erfüllungswahl und Erfüllungsablehnung

Nachdem der Zweck des § 103 InsO dargelegt wurde, können nun die Wirkungen der Erfüllungswahl und der Erfüllungsablehnung dogmatisch erfasst werden.

Die Erfüllungswahl muss dazu führen, dass der Insolvenzverwalter den Anspruch aus dem Vertrag durchsetzen kann. Sie macht daher den Vertragspartner des Schuldners vom Insolvenzgläubiger gem. § 55 Abs. 1 Nr. 2 Alt. 1 InsO zum vorab zu befriedigenden Massegläubiger, § 53 InsO. Er ist grundsätzlich, vorbehaltlich der Masseunzulänglichkeit (vgl. § 209 InsO), nicht mehr auf eine quotale Befriedigung verwiesen und kann seine Masseforderung auch durchsetzen, §§ 89, 90 Abs. 2 Nr. 1 InsO. Insofern entfaltet die Erfüllungswahl dieselben Wirkungen wie der Abschluss eines Vertrages durch den Insolvenzverwalter. Der Anspruch des Schuldners erfährt durch die Erfüllungswahl keine Änderung, der Insolvenzverwalter hat nun aber faktisch die Möglichkeit, ihn durchzusetzen, weil er mit der zur Überwindung der Einrede aus § 320 Abs. 1 BGB erforderlichen Erfüllung der Gegenforderung jetzt nicht mehr gegen den Gläubigergleichbehandlungsgrundsatz verstößt.

Die Erfüllungsablehnung stellt zunächst nur die Weigerung des Insolvenzverwalters dar, die oben beschriebene Pattsituation durch den vertragsgemäßen Leistungsaustausch aufzulösen und bestätigt insofern die durch die Verfahrenseröffnung eingetretene Rechtslage. Eine rechtsgestaltende Wirkung der Erfüllungsablehnung ist zu

182 *Häsemeyer*, Insolvenzrecht, Rn. 20.26; auch *J. F. Hoffmann*, KTS 2018, 343, 375 f.; *von Wilmowsky*, KTS 2012, 285, 306 f. (»Super-Anfechtungsrecht«).

verneinen.[183] Diese ist weder notwendig, da die Masse in Folge der Verfahrenseröffnung nicht Gefahr läuft, dass ihr die Durchführung des Vertrages aufgezwungen wird, noch ist es sachlich gerechtfertigt, über ein rechtsgestaltendes Ablehnungsrecht dem Insolvenzverwalter in der Sache ein spezielles Anfechtungsrecht zu gewähren. Die Erfüllungsablehnung kann daher allenfalls zur Folge haben, dass der Vertragspartner sich leichter vom Vertrag lösen kann, weil nun feststeht, dass er die ihm versprochene Leistung (in absehbarer Zeit) nicht mehr erhalten wird.

III. Wirkungsweise und Zweck des § 108 Abs. 1 S. 1 InsO

Auf dieser Basis kann nun die Behandlung von Dauerschuldverhältnissen in der Insolvenz näher betrachtet werden. Zentrale Bedeutung kommt hierbei § 108 Abs. 1 S. 1 InsO zu.

1. Wirkungsweise des § 108 Abs. 1 S. 1 InsO

§ 108 Abs. 1 S. 1 InsO bewirkt nach seinem Wortlaut, dass die adressierten Verträge »mit Wirkung für die Insolvenzmasse fort[bestehen]«. Nach dem oben Gesagten ist dies selbstverständlich, da der materielle Bestand des Vertrages durch die Verfahrenseröffnung nicht angetastet wird, folglich die Aufhebung und nicht das Fortbestehen eines Vertrages die kodifikationsbedürftige Ausnahme darstellt.[184] Die Vorschrift wird aber völlig unstreitig so ausgelegt, dass sie als Ausnahme zu § 103 InsO die sich bei synallagmatischen Verträgen durch die Verfahrenseröffnung ergebende Pattsituation dergestalt auflöst, dass der Leistungsaustausch zunächst über die Verfahrenseröffnung hinaus zu erfolgen hat. Im Weiteren soll daher auch von Fortdauer des Leistungsaustauschs die Rede sein. Die im Synallagma stehenden vertraglichen Forderungen des Vertragspartners werden hierfür gem. §§ 108 Abs. 1 S. 1, 55 Abs. 1 Nr. 2 Alt. 2 InsO *ex lege* zu Masseforderungen, ohne dass der Verwalter hierüber disponieren darf.[185] Auch wenn die Rechtsfolgen des § 108 Abs. 1 S. 1 InsO in dieser Hinsicht denen der Erfüllungswahl ähneln, sollte man nicht davon sprechen, dass § 108 Abs. 1 S. 1 InsO

183 Dass die Idee einer rechtsgestaltenden Erfüllungsablehnung offenbar immer noch einen gewissen Charme hat, zeigt sich beispielsweise bei *Blaum*, Zurückbehaltungsrechte, S. 99 ff., die dies für erforderlich hält, wenn sich »infolge der Ablehnung noch zu berücksichtigende Masseinteressen« ergeben. Warum der Insolvenzverwalter, der in dem von *Blaum* gebildeten Beispiel die Erfüllung ablehnt, den Vertragspartner an schuldrechtlichen Abreden festhalten und über § 985 BGB hinaus § 546 Abs. 1 BGB geltend machen dürfen soll, erschließt sich nicht. Natürlich lässt *Blaum* auch die Gelegenheit nicht ungenutzt, dem Insolvenzverwalter die Rückforderung vorinsolvenzlicher Teilleistungen des Schuldners zu ermöglichen, womit sie einen Kerngedanken der früheren Rechtsprechung wiederbelebt, ohne diesen in seinen anfechtungsrechtlichen Kontext zu stellen.

184 HK/*G. Schmidt,* § 108 InsO, Rn. 3.

185 Nicht von der Privilegierung erfasst werden daher insbesondere bestimmte abwicklungsbezogene Leistungspflichten, die vertraglich etwa im Rahmen von § 546 BGB geschuldet sind, vgl. dazu MüKo/*J. F. Hoffmann,* § 108 InsO, Rn. 30, 108 ff. und z. B. BGHZ 72, 263 ff.

dieselben Folgen wie die Erfüllungswahl hat,[186] da dies einerseits das teleologisch unterschiedliche Fundament von § 108 Abs. 1 S. 1 InsO und der Erfüllungswahl im Rahmen des § 103 InsO zu verschleiern droht und andererseits auch im Ergebnis nicht zutrifft.[187] Dies zeigt sich nicht zuletzt an den Kündigungsmöglichkeiten, die dem Verwalter bzw. einem Erwerber der Mietsache in den §§ 109, 111, 113 InsO eingeräumt werden und mit denen im Zusammenhang auch § 108 Abs. 1 S. 1 InsO stets gesehen werden muss. Wirtschaftlich übernehmen diese für die geschützten Dauerschuldverhältnisse die Funktion des Verwalterwahlrechts.[188] Rechtlich besteht aber der Unterschied, dass der Verwalter durch die Sonderkündigungsrechte sogar ermächtigt wird, die vertragliche Bindung (mittelbar, vgl. § 111 InsO) zu beseitigen, während die Erfüllungsablehnung nur zur (endgültigen) Undurchsetzbarkeit der Forderungsrechte des Vertragspartners führt.[189] Die insofern gegenüber den Insolvenzgläubigern deutlich bessere Stellung des Vertragspartners geht diesem aber nach der gesetzlichen Systematik im Fall der Masseunzulänglichkeit verloren. Hier ist der Vertragspartner mit seinen vertraglichen Forderungen, vorbehaltlich des § 209 Abs. 2 InsO, grundsätzlich Altmassegläubiger gem. § 209 Abs. 1 Nr. 3 InsO und steht damit ähnlich wie bei einer Anwendung des § 103 InsO.[190] Die Laufzeit des Vertrages richtet sich, sofern nicht eines der in den §§ 108 ff. InsO kodifizierten Lösungsrechte ausgeübt wird, nach den vertraglichen Vereinbarungen, weshalb beide Vertragsseiten sich weiterhin auf eine Befristung berufen oder vertragliche Kündigungsrechte ausüben können.[191]

2. § 108 Abs. 1 S. 1 InsO und der Topos der »Verdinglichung«

§ 108 Abs. 1 S. 1 InsO bewirkt also, dass die mit dem Schuldner *inter partes* getroffenen Abreden ohne Mitwirkung des Insolvenzverwalters auf der Ebene *erga omnes* Wirkung entfalten. Damit angesprochen ist die im Weiteren äußerst relevante, gängige Dichotomie von absoluten und relativen Rechten und deren Relevanz für die Zweckbestimmung des § 108 Abs. 1 S. 1 InsO.

a) Die Unterscheidung zwischen absoluten und relativen Rechten und das Phänomen der »Verdinglichung obligatorischer Rechte«

In der deutschen Privatrechtsordnung unterscheidet man grundsätzlich zwischen absoluten und relativen Rechten, wobei im Weiteren insbesondere auch von »Rechtspositionen« oder »Substanzrechten«[192] die Rede sein wird. Absolute Rechte ordnen einem

186 So aber etwa MüKo/*Huber,* § 103 InsO, Rn. 39; Jaeger/*Jacoby,* § 108 InsO, Rn. 1 und 10.
187 Vgl. insbesondere unten insbesondere S. 210 ff.
188 HK/*G. Schmidt,* § 108 InsO, Rn. 3.
189 Dies kann vor allem hinsichtlich einer etwaigen Nachhaftung Bedeutung erlangen, MüKo/*J. F. Hoffmann,* § 108 InsO, Rn. 7.
190 Vgl. HK/*G. Schmidt,* § 108 InsO, Rn. 3; *Ringstmeier*, ZInsO 2004, 169 ff.
191 MüKo/*J. F. Hoffmann,* § 108 InsO, Rn. 80.
192 Diese Bezeichnung dient in erster Linie der systematischen Unterscheidung von den sogenannten Schutzrechten, *Wilhelm*, Sachenrecht, Rn. 64 ff. mit Verweis insbesondere *Picker*, etwa *Picker*, Privatrechtssystem, S. 47 ff.; eingehend auch *Schlüter*, Rückabwicklung, S. 104 ff.

Rechtssubjekt Güter auf absoluter Ebene, also gegenüber jedermann zu. Der Inhaber der Rechtsposition kann diese *erga omnes* geltend machen.[193] Absolute Rechte werden teilweise auch allgemein als »dingliche Rechte« bezeichnet, teilweise wird diese Bezeichnung aber auch auf absolute Rechte an Sachen begrenzt.[194] Dagegen werden unter relativen Rechten, die auch obligatorische oder schuldrechtliche Rechte genannt werden, solche Rechtspositionen verstanden, die den Inhaber nur gegenüber einem anderen Rechtssubjekt, seinem Schuldner, berechtigen. Sie ordnen also kein Vermögensgut (absolut) zu, sondern bewirken lediglich, dass er von seinem Schuldner etwas verlangen kann. Relative Rechte beziehen sich also auf andere Rechtssubjekte und auf Güter nur in der Weise, dass Güter Gegenstand dessen sein können, was der Inhaber des relativen Rechts verlangen kann. Insofern wird hinsichtlich der Sachzuordnung auch von unmittelbarer und mittelbarer Zuordnung gesprochen.[195]

Ob einem Recht relative oder absolute Wirkung zukommt, wird heute insbesondere im Anschluss an *Claus-Wilhelm Canaris* in der Regel an drei Konstellationen gemessen. Diese sind der Sukzessionsschutz, der Schutz vor Rechtsverletzungen Dritter[196] und die Zwangsvollstreckungs- bzw. Insolvenzfestigkeit.[197] Hierbei greifen jeweils Dritte, konkret in Gestalt eines Erwerbers, eines Rechtsverletzers oder eines bzw. mehrerer vollstreckender Gläubiger, zu denen der Rechtsinhaber keine schuldrechtlichen Beziehungen hat, auf das Vermögensgut zu. In dem jeweils entstehenden Konflikt kommt es darauf an, ob die Rechtsposition absolut oder relativ ist. Im ersteren Fall kann sich der Inhaber unmittelbar gegenüber den Dritten auf seine Rechtsposition berufen, die also die Rechtsposition nicht erwerben können, Schutzansprüchen ausgesetzt sind bzw. das betroffene Vermögensgut nicht zu ihrer Befriedigung verwerten dürfen.[198] Steht nur ein relatives Recht in Rede, müssen die Dritten sich die Rechtsposition nicht entgegenhalten lassen, deren Inhaber darauf verwiesen ist, seinen Schuldner in Anspruch zu nehmen.[199]

Es ist aber zu erkennen, dass sich das Rechtssystem sich nicht auf rein absolute und rein relative Substanzrechte beschränkt. Vielmehr gibt es auch Rechtspositionen, die in

193 *Baur/Stürner*, Sachenrecht, § 2 Rn. 1; *Wilhelm*, Sachenrecht, Rn. 65.

194 Vgl. *Wilhelm*, Sachenrecht, Rn. 65, Fn. 129

195 Nach *Canaris*, FS Flume Bd. I, S. 371. 373 f. stehen die »Absolutheit der Zuordnung« und die »Unmittelbarkeit der Gegenstandsbeziehung« als Kriterien eines dinglichen Rechts nebeneinander. Als Beispiel für eine unmittelbare Gegenstandsbeziehung ohne absolute Zuordnung, also für ein relatives Herrschaftsrecht, sieht *Canaris* im Anschluss an *Diederichsen*, Recht zum Besitz, S. 87 ff. offenbar das Recht zum Besitz aus Schuldverhältnissen an. Hier wird im Weiteren die »unmittelbare Zuordnung« und »absolute Zuordnung« als gleichbedeutend angesehen und ein eigenständiges Merkmal der »Unmittelbarkeit der Gegenstandsbeziehung« abgelehnt.

196 Der Schutz vor Rechtsverletzungen Dritter kann wiederum unterschiedliche Formen annehmen, vgl. *Wilhelm*, Sachenrecht, Rn. 68 ff.

197 *Canaris*, FS Flume Bd. I, S. 371, 373 ff. Teilweise ist auch auf die Abstraktheit einer Rechtsposition als viertes Kriterium abgestellt worden, so etwa *J. F. Hoffmann*, ZGE 7 (2015), 245, 252 ff. für die Absolutheit von Lizenzen.

198 Dies wird im Weiteren gemeint sein, wenn von »Insolvenzfestigkeit« die Rede ist, womit die laut *von Wilmowsky*, NZI 2013, 377 bestehende Gefahr begrifflicher Ungenauigkeiten gebannt sein sollte.

199 Zu dem Schutz, den relative Rechte genießen siehe *Wilhelm*, Sachenrecht, Rn. 88 ff.

bestimmter Hinsicht relative und in anderer Hinsicht absolute Wirkung entfalten. Zumeist geht es dabei um Substanzrechte, die grundsätzlich als relativ gesehen werden, aber in einzelner Hinsicht absolut wirken. Man spricht im Anschluss insbesondere an *Gerhard Dulckeit*[200] und *Canaris*[201] von der »Verdinglichung obligatorischer Rechte«.[202] Im Weiteren wird auch von Verabsolutierung die Rede sein. Beispiele für Verdinglichungen obligatorischer Rechte sind etwa der Sukzessionsschutz, den der Immobiliarmieter gem. §§ 566, 578 BGB[203] und der Mobiliarbesitzer gem. § 986 Abs. 2 BGB genießen, der Schutz des berechtigten Besitzes als sonstiges Recht im Rahmen des § 823 Abs. 1 BGB[204] oder die Vollstreckungsfestigkeit der Rechtsposition des Kommittenten gem. § 392 Abs. 2 HGB.

b) Die Ausgestaltung absoluter Rechte durch den Gesetzgeber

Die Eigenschaft absoluter Rechte, Wirkungen *erga omnes* zu entfalten, bringt es mit sich, dass die Frage, ob ein Recht absolute oder nur relative Qualität hat, nicht der privatautonomen Entscheidungsfreiheit der Verkehrsteilnehmer unterliegen kann. Anderenfalls würden diese über Dritt-, nämlich Verkehrsschutzinteressen disponieren können. Welchen Rechtspositionen (inwieweit) absolute Wirkung zukommt, ist daher eine Frage, die durch den Gesetzgeber oder im Wege der richterlichen Rechtsfortbildung entschieden werden muss. Dieser hat durch die koordinative Abgrenzung von individuellen Freiheitssphären einen Rahmen zu schaffen, der es den handelnden Rechtssubjekten ermöglicht, sich privatautonom nach eigenen Zwecksetzungen und Wertvorstellungen zu betätigen.[205] Im Kontext absoluter Rechte stehen sich die Interessen des

200 *Dulckeit*, Verdinglichung.

201 *Canaris*, FS Flume Bd. I, S. 371 ff.

202 Kritisch zu dieser Terminologie *Gernhuber*, Schuldverhältnis, S. 45 f., der daher zwischen Verdinglichung von Forderungen und von Schuldverhältnissen differenzieren will.

203 Im Weiteren ist, sofern von § 566 BGB die Rede ist, der Anwendungsbereich dieser Vorschrift insofern gemeint, als er mit § 108 Abs. 1 S. 1 InsO kongruent ist, also insbesondere wie er sich aus §§ 566, 578 Abs. 1, Abs. 2 S. 1 BGB ergibt: Die in § § 108 InsO vor allem mit unbeweglichen Gegenständen gemeinten Grundstücke (siehe oben Fn. 29) sind in § 578 Abs. 1 BGB adressiert. Räume i. S. d. § 108 Abs. 1 S. 1 InsO erfassen ebenso Wohnräume (§ 566 BGB) wie übrige Räume (§ 578 Abs. 2 S. 1 BGB). Die Raumdefinitionen decken sich auch insofern, als unter § 578 Abs. 2 S. 1 BGB ebenfalls weder Schrankfächer und Banksafes, noch Wohnwagen und ähnliche Räume in beweglichen Sachen erfasst sind, MüKo/*Artz,* § 578 BGB, Rn. 4. Daher wird im Weiteren auch der durch § 566 BGB geschützte Mieter, insofern er auch durch § 108 Abs. 1 S. 1 InsO geschützt wird, als Immobiliarmieter bezeichnet. Die Ausführungen beziehen sich zugleich stets auf den von § 108 Abs. 1 S. 1 InsO geschützten Pächter, den ebenfalls § 566 BGB schützt, vgl. §§ 581 Abs. 2, 578 Abs. 1, 593b BGB.

204 RGZ 59, 326, 328; BGH NJW 2019, 1669 Rn. 13; MüKo/*Wagner,* § 823 BGB, Rn. 324 ff. m. w. N.

205 Im Anschluss insbesondere an *J. F. Hoffmann*, Zession, S. 45 ff.; *Schlüter*, Rückabwicklung, S. 88 ff. Auf dieser Basis ist der Verwirklichung von Allgemeinwohlbelangen durch das Privatrecht wegen der damit verbundenen Instrumentalisierung der Privatrechtssubjekte im Dienste der Allgemeinheit mit Skepsis zu begegnen. Im hiesigen Kontext wird diese Grundannahme vor allem bei der Rechtfertigung von Insolvenzprivilegien relevant, dazu unten S. 152 ff.

Rechtsverkehrs an Handlungsfreiheit und Verkehrsschutz[206] und das Interesse des Einzelnen an einem möglichst weitreichenden Schutz seiner Rechtsposition gegenüber. Diese hat der Gesetzgeber in erster Linie nach Zweckmäßigkeitsgesichtspunkten abzuwägen und so für die Verkehrsteilnehmer den angesprochenen Betätigungsrahmen zu schaffen. Im Sukzessionsrecht entscheiden die Verkehrsteilnehmer zwar privatautonom, inwiefern sie von den vom Gesetzgeber vorgesehenen Möglichkeiten Gebrauch machen wollen. Ihnen stehen dabei aber nur jene absolute Rechtspositionen zur Verfügung, die gesetzgeberisch anerkannt sind; man spricht auch vom *numerus clausus* der Sachenrechte.[207]

Kommt dem Gesetzgeber bzw. dem rechtsfortbildenden Richter die Aufgabe zu, Rechtspositionen absolut auszugestalten, kann die Aufgabe der Privatrechtswissenschaft nur darin bestehen, in Zweifelsfällen zu ergründen, ob eine Rechtsposition absolute Wirkung hat oder nicht. Im Bereich der Verabsolutierungen wird man dabei davon ausgehen können, dass sich feststellen lässt, ob ein Substanzrecht grundsätzlich absolute oder relative[208] Qualität haben soll,[209] woraus sich dann auch ergibt, ob im Einzelfall eine Begründungslast für absolute oder relative Wirkungen besteht.[210]

c) Erkenntnisgewinn für die Zweckbestimmung des § 108 Abs. 1 S. 1 InsO

Canaris hatte den nach seinen Prämissen erklärungsbedürftigen Schutz der Mobiliarmiete nach § 21 Abs. 1 KO damit erklärt, dass der Mieter sich weder durch ein dingliches Gebrauchsrecht, »das es nicht [gebe]«, noch durch vollständige Erfüllung, »die bei einem Dauerschuldverhältnis nicht möglich« sei, absichern könne und deswegen »erhöht schutzbedürftig« sei.[211] In der Sache hebt *Canaris* an dieser Stelle darauf ab, dass das Nutzungsrecht des Mieters nur relative Qualität habe[212] und dass den Parteien keine Alternative zur Verfügung stehe. Man könnte daher den Eindruck gewinnen, die Einordnung der in § 108 Abs. 1 S. 1 InsO adressierten Rechtspositionen sei relevant für eine Zweckbestimmung dieser Norm. Von Dinglichkeit im Zusammenhang mit

206 Verkehrsinteressen sind wiederum als die Gesamtheit der Individualinteressen der einzelnen Verkehrsteilnehmer zu verstehen: Auch Verkehrsinteressen sind in diesem Sinne keine Allgemeinwohlbelange, *J. F. Hoffmann*, Prioritätsgrundsatz, S. 32 ff. mit Nachweisen zur Gegenmeinung in Fn. 122.

207 *Wilhelm*, Sachenrecht, Rn. 13 ff.

208 Im Gegensatz zur Verdinglichung obligatorischer Rechte wird ein Phänomen, das man mit »Relativierung absoluter Rechte« bezeichnen würde, nicht auf breiter Front diskutiert. Beachte aber *Dulckeit*, Verdinglichung, S. 10 f., der hierunter die relative Unwirksamkeit dinglicher Rechte oder Verfügungsgeschäfte fassen möchte.

209 Dies kann wiederum im Einzelfall sehr umstritten sein, wie etwa die Diskussion um die Rechtsnatur der Lizenz belegt, dazu nur *McGuire*, Lizenz, S. 267 ff.

210 Dieser methodische Ausgangspunkt wird auch herrschend bei der Diskussion um die Verdinglichung obligatorischer Rechte zugrunde gelegt, etwa *Gernhuber*, Schuldverhältnis, S. 47.

211 *Canaris*, FS Flume Bd. I, S. 371, 397.

212 Zum Verständnis der »vollständigen Erfüllung« siehe unten S. 74 ff.

§ 21 KO spricht auch der Gesetzgeber der Konkursordnung,[213] woran etwa der BGH anknüpft.[214]

Es ist nicht von der Hand zu weisen, dass § 108 Abs. 1 S. 1 InsO den auf den ersten Blick relativen Rechtspositionen der geschützten Vertragspartner ein Stück weit Wirkung *erga omnes* verleiht. Sie können ihre vertragliche Forderung gegen die Masse, also gegenüber den übrigen Gläubigern durchsetzen. Vollumfänglichen Schutz *erga omnes* gewährt § 108 Abs. 1 S. 1 InsO zwar nicht, da die Verträge einerseits, *de lege lata* bis auf Dienstverträge in der Insolvenz des Dienstverpflichteten, insolvenzbedingt gekündigt werden können und andererseits § 108 Abs. 1 S. 1 InsO nach der gesetzlichen Systematik bei Masseunzulänglichkeit keinen Schutz gewährt. Die Rechtsposition des von § 108 Abs. 1 S. 1 InsO geschützten Vertragspartners ist aber im Ergebnis ein Stück weit, nämlich im Rahmen der gesetzlichen Kündigungsmöglichkeiten des Erwerbers bzw. Insolvenzverwalters und vorbehaltlich der Masseunzulänglichkeit, teilverabsolutiert.

Dennoch verspricht die Einordnung des § 108 Abs. 1 S. 1 InsO in das System der absoluten, teilverabsolutierten und relativen Rechte keinen Erkenntnisgewinn hinsichtlich des Normzwecks. Auch allein für die – unter Geltung der Konkursordnung noch unabhängig von der Insolvenz des Mieters und der Behandlung der Dienstverträge – geregelte Nutzung der Mietsache[215] ist deren Einordnung als »durch § 108 Abs. 1 S. 1 InsO verabsolutiert« bzw. »verdinglicht« nicht weiterführend. Vergegenwärtigt man sich, dass die Bezeichnung einer Rechtsposition als »absolut« bzw. »dinglich« lediglich deren Wirkungen in den genannten Konstellationen beschreibt, so muss einleuchten, dass mit diesem Begriff letzten Endes jenseits einer bloß deskriptiven Systematisierung wenig ausgesagt ist. Insbesondere können hieraus keine Schlüsse auf den einer Norm zugrundeliegenden Regelungsgedanken gezogen werden. Dass das Nutzungsrecht des Mieters ein relatives Recht ist, kann insofern entgegen *Canaris* nicht der Grund dafür sein, dass es (ein Stück weit) absolute Wirkung hat. Hieraus kann nur das Postulat folgen, dass es absoluten Schutz genießen *sollte*, weil die nur relative Wirkung unzweckmäßig sei. Dass den Verkehrsteilnehmern für eine bestimmte Konstellation auch keine Alternativen zur Verfügung stehen, kann dieses Postulat nur unterstreichen.[216] Zudem sollte mit dem Topos der Dinglichkeit bzw. Absolutheit insbesondere im Insolvenzkontext behutsam umgegangen werden. Einerseits droht dies, die wichtige Unterscheidung zwischen Aussonderungsrechten und Insolvenzprivilegien zu verschleiern. Andererseits ist hiermit die Gefahr von Zirkelschlüssen und verkürzten Argumentationen verbunden. So ist es insbesondere zirkulär, absolute Wirkungen einer Rechtsposition mit deren »Dinglichkeit« zu begründen. Auch kann nicht von punktuell angeordneten absoluten Wirkungen eines Rechts darauf geschlossen werden, dass es auch in anderer oder gar in jeder Hinsicht absolute Wirkungen entfal-

213 Vgl. *Hahn*, Materialien IV, S. 98.

214 Vgl. BGH NZI 2007, 713, 714.

215 Vgl. dazu oben S. 7 ff.

216 Es ist unklar, warum *Canaris*, FS Flume Bd. I, S. 371, 397 davon ausgeht, dass der Mobiliarmieter sich nicht durch ein dingliches Gebrauchsrecht habe absichern können, da der Nießbrauch nach dem BGB auch an beweglichen Sachen bestellt werden kann, vgl. § 1032 BGB.

te.[217] Die Tatsache, dass eine Rechtsposition Sukzessionsschutz genießt, kann durchaus ein Indiz dafür sein, dass ein Schutz vor Rechtsverletzungen Dritter in Betracht kommt.[218] Dieser Schluss ist jedoch nicht zwingend und zeigt, welche Gefahren es mit sich bringt, ein Substanzrecht vorschnell als »dinglich« oder »verdinglicht« zu bezeichnen.[219] Insbesondere für die Bestimmung des Normzwecks des § 108 Abs. 1 S. 1 InsO soll daher der Topos der »Verabsolutierung« bzw. »Verdinglichung« außer Acht gelassen werden.

3. Normzwecke im insolvenzrechtlichen Kontext: Zum Verhältnis von Zweck und gleichbehandlungsspezifischer Legitimation

§ 108 Abs. 1 S. 1 InsO verhindert in seinem Wirkungsbereich, dass der Vertragspartner des Schuldners unter Umständen nur als Insolvenzgläubiger am Verfahren teilnehmen kann und stellt insofern eine Privilegierung des Vertragspartners dar. Soweit ein Gläubiger im Insolvenzverfahren nicht lediglich quotal befriedigt wird, wirft dies regelmäßig auch die Frage auf, wie sich dessen Rechtsstellung zum Gläubigergleichbehandlungsgrundsatz verhält. Indes ist hier klarzustellen, dass die Zweckbestimmung einer Norm, die ein Insolvenzprivileg gewährt, grundsätzlich unabhängig davon zu erfolgen hat, ob das Privileg vor dem Gläubigergleichbehandlungsgrundsatz legitimierbar

217 So aber *Canaris*, FS Flume Bd. I, S. 371, 396 ff. zur Zwangsvollstreckungsfestigkeit relativer Nutzungsrechte an beweglichen und unbeweglichen Sachen, wobei er bezeichnenderweise im selben Atemzug einräumen muss, dass relative Besitzrechte an beweglichen Sachen gem. § 986 Abs. 2 BGB sukzessionsgeschützt, aber nicht insolvenzfest sind: Geht man davon aus, dass das »Wahlrecht des Konkursverwalters gemäß § 17 KO und [die] darin liegenden Wertung zugunsten der Masse« einschlägig sind und eine Rechtsposition ohne Erfüllungswahl nicht durchsetzbar ist, nimmt man implizit deren fehlende Insolvenzfestigkeit an, vgl. auch bei S. 80 in Fn. 443. Die Argumente, mit denen *Canaris* den Schluss vom Sukzessionsschutz auf die Insolvenzfestigkeit zu begründen sucht, können dann auch nicht überzeugen: Die Erwägung, dass einem Vollstreckungsgläubiger keine größere Rechtsmacht zukommen könne als dem Eigentümer, der qua Sukzessionsschutz nicht mehr frei und vollständig verfügen kann, ist zirkulär, denn sie setzt den Zusammenhang voraus, den sie zu beweisen versucht: Die dem Eigentümer noch zustehende Rechtsmacht wird dabei im Ausgangspunkt nach den Regeln des Sukzessionsschutzes bemessen und das Ergebnis im Kontext der Zwangsvollstreckung für maßgeblich erklärt, ohne diese These einer Begründung in der Sache zuzuführen. Die §§ 135 Abs. 1 S. 2, 161 Abs. 1 S. 2, 883 Abs. 2 S. 2 BGB erweisen sich sodann vor diesem Hintergrund als punktuelle Parallelen zwischen Sukzessions- und Vollstreckungsschutz, die den heuristischen Schluss *Canaris'* auf einen zwingenden Zusammenhang zwar nahelegen, aber im Ergebnis nicht zulassen. Vgl. auch die Nachweise in selbiger Fn. 443 zur Begründung der Insolvenzfestigkeit des Anwartschaftsrechts des Vorbehaltskäufers vor Einführung des § 107 Abs. 1 S. 1 InsO über § 161 Abs. 1 BGB und damit den Sukzessionsschutz.

218 Etwa *J. F. Hoffmann*, JuS 2016, 289, 291 für den Schutz des Anwartschaftsrechts vor Rechtsverletzungen Dritter mit dem Argument, der Rechtsverletzer sei »kaum schutzwürdiger« als konkurrierende Erwerber oder Gläubiger.

219 Zur fehlenden Aussagekraft des Sukzessionsschutzes der Lizenz über deren Insolvenzfestigkeit und allgemein kritisch zu Deduktionen aus der »Dinglichkeit« einer Rechtsposition auch *Brinkmann*, NZI 2012, 735, 737 f.; MüKo/*J. F. Hoffmann*, § 108 InsO, Rn. 179; *ders.*, JuS 2016, 289, 291.

ist. Es steht dem Gesetzgeber frei, nicht legitimierbare Privilegien zu kodifizieren, die dann natürlich, vorbehaltlich ihrer Verfassungswidrigkeit, »trotzdem« Teil des geltenden Rechts sind.[220] Für den aufgeklärten Umgang mit einem Insolvenzprivileg ist es unerlässlich, die Frage nach dessen Legitimation nicht unbeantwortet zu lassen, da entsprechende Erkenntnisse für die Auslegung der Norm relevant sein können. Der Frage der Legitimation der in § 108 Abs. 1 S. 1 InsO statuierten Privilegien soll auch in dieser Arbeit nicht ausgewichen werden. Sie wird aber eingehend erst im dritten Kapitel erörtert.[221]

4. Zweck des § 108 Abs. 1 S. 1 InsO

Was die der Masse über die Verfahrenseröffnung hinaus aufgezwungene und um Kündigungsmöglichkeiten ergänzte Vertragserfüllung bezweckt, ist – im krassen Gegensatz zu § 103 InsO – nicht Gegenstand eines klassischen Theorienstreits. Indes sind durchaus unterschiedliche teleologische Deutungen vorhanden. Dennoch wird der Zwecksetzung dieser Vorschrift nur wenig Aufmerksamkeit eingeräumt. Dies mag auch daran liegen, dass § 108 Abs. 1 S. 1 InsO selbst unter Außerachtlassung der Pachtverträge nicht weniger als vier verschiedene Konstellationen adressiert, die unter Geltung der Konkursordnung auch nicht alle durch ein und dieselbe Norm geregelt waren. Eine Zweckbestimmung der für die Behandlung von Dauerschuldverhältnissen in der Insolvenz zentralen Norm ist für die vorliegende Untersuchung dagegen unerlässlich.

a) Die Begründung zur Konkursordnung

Die Verfasser der Konkursordnung hatten die Miet-, Pacht- und Dienstverträge regelnden Sondervorschriften der §§ 19, 21 KO damit begründet, dass sich die durch § 17 KO adressierte Frage der Erfüllung nicht mehr stelle, wenn die Mietsache überlassen bzw. der Dienstvertrag angetreten sei, da die Verträge dann seitens des Vermieters bzw. des Dienstverpflichteten vollständig erfüllt sei. Dies gibt Anlass zu der These, dass die §§ 19, 21 KO bzw. § 108 InsO (zumindest auch) auf bei der Frage der Erfüllung zu berücksichtigende dogmatische Besonderheiten der adressierten Vertragsverhältnisse zurückzuführen sind.

aa) Die Ansicht des Konkursgesetzgebers

Der Konkursgesetzgeber begründete die Notwendigkeit einer Sonderregelung für Miet- und Pachtverhältnisse im Ansatz damit, dass die Erfüllung bei diesen nicht nur durch eine einmalige Leistung, sondern durch eine einmalige Leistung und die Aufrechterhaltung des bezweckten Zustands erfolge. Nach Übergabe der Mietsache gehe es nur noch darum, ob dieser Zustand fortdauern soll und dies könne man mit der

220 Vgl. auch im Kontext insolvenzfester Aufrechnungslagen *Paulus*, FS 50 Jahre BGH, S. 765 ff.

221 Vgl. unten S. 172 ff.

Frage, ob der Vertrag erfüllt werden soll, nicht beantworten. Deshalb sei das Verwalterwahlrecht nicht unmittelbar auf diese Verträge anwendbar. Wörtlich heißt es:[222]

»Die obligatorischen Verträge dienen als Mittel zur Erreichung eines Zwecks, und es liegt in ihrer Natur, daß sie mit Erfüllung ihres Inhalts zugleich ihr Ende erreichen. Die Erfüllung und das Ende vollzieht sich der Regel nach durch eine einmalige Leistung ihres Gegenstandes. Die Gebrauchsverträge und namentlich die Pacht- und Miethsverträge machen hiervon eine Ausnahme. Ihr Inhalt ist auf ein fortdauerndes Verhältnis zu einer Sache gerichtet, umfaßt Mittel und Zweck zugleich; ihre Erfüllung zerfällt in eine einmalige vermittelnde Leistung, die Hingabe der Sache, und in das fortdauernde Gewähren und Haben von Gebrauch und Nutzung der Sache gegen Entgelt, – den bezweckten Zustand.

[...].

[Der Entwurf will] die Frage der Erfüllung nach der oben angedeuteten Richtung verfolgen. Diejenige Leistung, welche dem Inhalte obligatorischer Schuldverhältnisse, den Rechten auf eine Handlung des Schuldners, am meisten entspricht, hat der Vermiether oder Verpächter durch die Hingabe der Sache zum Gebrauch und zur Nutzung erfüllt. Mit dem Antritt der Pacht und Miethe beginnt der bezweckte Zustand, der so lange fortdauert, bis ihn ein durch den Vertrag im voraus bestimmtes Zeitmaß oder eine spätere Willenserklärung (Kündigung) oder ein anderes Ereignis wieder aufhebt. Befindet sich daher der Pächter oder Miether schon in dem Besitz der Sache und in der Ausübung eines Rechts, und wird nun, sei es über sein Vermögen, sei es über das des Verpächters oder Vermiethers das Konkursverfahren eröffnet, so kann nicht mehr die Frage Platz greifen: ‚soll der Vertrag erfüllt werden, oder soll seine Erfüllung unterbleiben,' sondern die Frage kann nur so lauten: ‚soll der Vertrag fortdauern, oder soll er mit der Konkurseröffnung aufgehoben sein?'

Deshalb entziehen sich die Pachts- und Miethverträge einer unmittelbaren Anwendung der Regel des § 15. Das Wahlrecht des Verwalters, zu verlangen: entweder, daß der Vertrag vollständige erfüllt werde, oder daß die weitere Erfüllung unterbleibe, würde hier die Alternative enthalten, daß je nach der Erklärung des Verwalters der Pacht- oder Miethvertrag entweder bis zu seinem vertragsmäßigen Ende ausgehalten werden, oder sofort mit dem Eintritt des Konkursverfahrens ein Ende nehmen müßte.«

Dienstverhältnisse seien der Miete nach bürgerlichem Recht hinreichend ähnlich, weshalb man sie auch im Konkurs gleich behandeln könne:[223]

»Dienstverträge werden im Allgemeinen von den bürgerlichen Rechten unter dem Gesichtspunkt einer Miethe betrachtet.[1] Eine gleiche Auffassung über das Konkursrecht erscheint nicht bedenklich. Die Dienstverhältnisse haben mit der Pacht und Miethe gemein, daß nicht eine einmalige Leistung, sondern ein fortdauernder Gebrauch, dort einer Sache, hier einer Arbeitskraft, den Gegenstand des Vertrages bildet. Nachdem der Dienst angetreten ist, wird auch hier bei Ausbruch eines Konkurses nicht gefragt werden können, ob die vertragsmäßige Leistung, sondern ob die vertragsmäßige Fortdauer des Verhältnisses erfolgen soll oder nicht? Auch den Dienstverhältnissen ist es eigen, daß bestimmte Termine zum Antritt und Verlassen des Dienstes bestehen, und auch auf sie würde daher ein Wahlrecht des Verwalters: entweder die unbeschränkte Fortdauer oder die sofortige Aufhebung des Dienstes zu verlangen, nicht ohne Gefährdung der Interessen beider Theile angewendet werden können.«

Offenbar ging also der Konkursgesetzgeber davon aus, dass die Wahl zwischen Erfüllung und Nichterfüllung bei Miet- und Dienstverträgen während der Laufzeit nicht

222 *Hahn*, Materialien IV, S. 93 f.
223 *Hahn*, Materialien IV, S. 99.

Platz greifen könne, wenn die Mietsache bereits überlassen worden war und es daher einer Sondervorschrift bedurfte, um dem Verwalter die Möglichkeit zu verschaffen, über die (weitere) Durchführung des Vertrages zu disponieren.

In der Literatur wurden diese Ausführungen insbesondere in Veröffentlichungen zum Darlehensvertrag aufgegriffen: So ist *Adolf Schönke* davon ausgegangen, § 17 KO sei eine Regelung für »Austauschverträge mit einmaliger Leistung« gesehen, weswegen den §§ 19 ff. KO nicht entnommen werden könne, dass nur die dort genannten Verträge von der Regelung des § 17 KO auszunehmen seien.[224] *Karsten Schmidt* nimmt angesichts dieser Ausführungen an, für Verträge, die auf das Belassen des Leistungsgegenstandes gerichtet sind, an, »[n]icht erfüllt haben« bedeute »nicht hergegeben haben«.[225] *Walter Luther* zufolge entstehen von ihm als solche bezeichnete Dauerleistungspflichten ständig neu und würden umgehend erfüllt, weshalb sie stets vollständig erfüllt seien. Das Verwalterwahlrecht sei daher in diesen Fällen gegenstandslos.[226]

In der Rechtsprechung ist die Vorstellung des Konkursgesetzgebers, soweit ersichtlich, nicht aufgenommen worden. Zumindest aber ist das Reichsgericht nicht davon ausgegangen, dass Dauerschuldverhältnisse[227] insgesamt nicht unter § 17 KO fallen können.[228] Unter Geltung der Insolvenzordnung hat die Rechtsprechung § 103 InsO sowohl auf Mietverträge über bewegliche Gegenstände als auch auf Lizenzverträge angewandt.[229]

bb) Stellungnahme

Die – insgesamt ohnehin eher vage – Erwägung des Konkursgesetzgebers, dass Miet- und Dienstverträge mit der Aufnahme des Leistungsaustauschs vollständig erfüllt seien und dies eine Ausnahme vom Verwalterwahlrecht erfordere, führt bei einer Zweckbestimmung der §§ 19, 21 KO bzw. des § 108 InsO indes nicht weiter. Sollte man, wie *Luther*, im Anschluss an die Begründung des Gesetzgebers tatsächlich von einer ganz anderen Art der Erfüllung bei »Dauerleistungspflichten« ausgehen, stellt sich schon auf den ersten Blick die Frage, warum die Sonderregel nur für bestimmte Dauerschuldverhältnisse kodifiziert worden ist.[230] Wann Miet- oder Dienstverhältnisse voll-

224 *Schönke*, JW 1934, 2745, 2747 f. Ähnlich *Stauder*, Krediteröffnungsvertrag, S. 144 (§ 17 KO passe nur auf »Austauschgeschäfte des täglichen Lebens […] jedoch nicht auf die Dauerschuldverhältnisse, die von besonderem Vertrauen getragen werden.«) und *Schoen*, Krediteröffnungsvertrag (§ 17 KO gelte »nicht für Dauerschuldverhältnisse, sondern nur für solche Verträge […], welche rasch abgewickelt werden können«).

225 *K. Schmidt*, JZ 1976, 756, 761.

226 *Luther*, Darlehen, S. 69 ff.

227 Zum Begriff siehe S. 55 ff.

228 Vgl. RG JW 1938, 1025, wonach ein Vertrag, in dem sich die Parteien gegenseitig verpflichten, bestimmte Waren nur noch beieinander einzukaufen, unter § 17 KO fällt.

229 BGH NZM 2007, 500 ff.; NZI 2016, 97 ff.

230 In der österreichischen wurde etwa eine Regel allgemein für Gebrauchsüberlassungen geschaffen, vgl. §§ 23, 24 der österreichischen KO, heute §§ 23, 24 IO.

ständig erfüllt sind, ist sodann durch Auslegung des § 103 InsO selbst festzustellen.[231] Liegt jedoch vollständige Erfüllung vor,[232] ist grundsätzlich hinzunehmen, dass dem Insolvenzverwalter kein Wahlrecht zusteht. Dann kann aber die Tatsache, dass in einer bestimmten Konstellation vollständige Erfüllung vorliegt, an und für sich eine Sonderregel nicht rechtfertigen. Die §§ 19, 21 KO bzw. § 108 Abs. 1 S. 1 InsO können also nicht (allein) damit begründet werden, dass die Verträge mit Aufnahme des Leistungsaustauschs vollständig erfüllt seien und der Insolvenzverwalter dennoch einer Möglichkeit bedarf, über deren Durchführung zu disponieren, weil hiermit unbeantwortet bleibt, *warum* es einer Sonderregelung bedarf.[233]

b) Die §§ 108 ff. InsO als Ergebnis einer Interessenabwägung

Weit überwiegend wird § 108 Abs. 1 S. 1 InsO in engem Zusammenhang mit den §§ 109, 113 InsO so verstanden, dass diese Normen auf eine für die adressierten Verträge spezifische Interessenlage reagieren. Die über die Verfahrenseröffnung hinausgehende und mit Sonderkündigungsrechten der Masse kombinierte Erfüllung der Verträge ist nach einhelliger Ansicht Ergebnis einer Abwägung der Interessen der Masse einerseits und des Vertragspartners andererseits. Die Feststellung, dass eine Rechtsnorm einen Interessenkonflikt auflöst, ist zwar so selbstverständlich wie wenig aussagekräftig. Unterschiedlich beurteilt wird aber einerseits, ob die §§ 108 ff. InsO im Grundsatz den Vertragspartner privilegieren und die Masseinteressen lediglich eine Begrenzung dessen Privilegierung erfordern oder ob diese Vorschriften zumindest für einzelne der in § 108 Abs. 1 S. 1 InsO adressierten Konstellationen (auch) genuin dem Interesse der Masse dienen. Zudem wird wenig erörtert, woraus genau die Interessen des Vertragspartners resultieren und ob diese sich überhaupt auf einen gemeinsamen Nenner bringen lassen.

aa) Relevanz der Masseinteressen

(1) Meinungsbild

Überwiegend wird § 108 Abs. 1 S. 1 InsO nicht nur technisch, sondern auch in der Sache als Privileg des Vertragspartners verstanden. Im Vordergrund stünden dessen besondere Interessen, angesichts derer die allgemeinen Wirkungen der Verfahrenseröffnung und insbesondere eine Anwendung des § 103 InsO für ihn unangemessene

231 So etwa *K. Schmidt*, JZ 1976, 756, 761, der unter Rückgriff auf die Materialien den Erfüllungsbegriff des § 17 KO auslegt, aber damit nicht die Notwendigkeit einer Sonderregel begründet.

232 Dazu eingehend S. 74 ff.

233 Diejenigen Stimmen in der Literatur, die die Ausführungen des Konkursgesetzgebers aufgreifen, bleiben auch nicht bei der Feststellung stehen, dass der Vertrag vollständig erfüllt sei, sondern argumentieren normativ, insbesondere unter Rückgriff auf ein besonderes Vertrauensverhältnis, warum das Verwalterwahlrecht keine Anwendung finden könne, vgl. für den Darlehensvertrag *Schönke*, JW 1934, 2745, 2748; *Stauder*, Krediteröffnungsvertrag, S. 144; *Schoen*, Krediteröffnungsvertrag, S. 151 f.; aus der Rechtsprechung für den Lehrvertrag RArbG 9, 32 ff.

Folgen hätte. Als Ergebnis einer Abwägung mit den auf optimale Verwertung des Schuldnervermögens gerichteten Interessen der Masse werde der Vertragspartner privilegiert (§ 108 Abs. 1 S. 1 InsO), aber dem Insolvenzverwalter die Möglichkeit gegeben, die Masse von der Bindung an den Vertrag zu entlasten (§§ 109, 111, 113 InsO).[234] Insbesondere für die Insolvenz des Mieters aber auch des Dienstberechtigten wird dagegen vertreten, dass § 108 Abs. 1 S. 1 InsO im Zusammenspiel mit den jeweiligen Sonderkündigungsrechten gem. §§ 109, 113 InsO zumindest auch genuin Masseinteressen diene. Ansatzpunkt dieser Argumentation ist, dass diese Kündigungsrechte der Masse über die gesamte Zeit des Insolvenzverfahrens zustehen.[235] Der Mechanismus einer über die Verfahrenseröffnung hinausgehenden Erfüllung des Vertrages, den der Verwalter aber jederzeit unter Einhaltung einer Kündigungsfrist kündigen kann, ermögliche es diesem, die Fortdauer des Leistungsaustauschs im Rahmen einer etwaigen Betriebsfortführung flexibel an die Bedürfnisse der Masse anzupassen. Demgegenüber stehe einem Verwalter, der sich im Rahmen des § 103 InsO für die Erfüllung eines Dauerschuldverhältnisses entscheidet, keine entsprechende Befugnis zu.[236] Wer durch § 108 Abs. 1 S. 1 InsO ausschließlich Interessen des Vertragspartners geschützt sieht, begreift diesen Vorteil für die Masse dagegen lediglich als »Reflex«.[237]

234 MüKo/*J. F. Hoffmann,* § 108 InsO, Rn. 3; HK/*G. Schmidt,* § 108 InsO, Rn. 3; Schmidt/*Ringstmeier,* § 108 InsO, Rn. 1 ff.; Uhlenbruck/*D. Wegener,* § 108 InsO, Rn. 2; nur die Interessen des Vermieters erwähnend Braun/*Fehl-Weileder,* § 108 InsO, Rn. 2; im Ergebnis für die Mieterinsolvenz auch *Kalkschmid*, Immobilienleasing, Rn. 226; für die Insolvenz des Dienstberechtigten Jaeger/*Giesen,* § 113 InsO, Rn. 4 und 7 ff.; KPBJ/*Moll,* § 113 InsO, Rn. 6 ff.; Braun/*Beck,* § 113 InsO, Rn. 1 ff.; HambKomm-InsR/*Ahrendt,* § 113 InsO, Rn. 10; *Dorndorf*, Sozialplan, S. 48; auch BAG AP InsO § 113 Nr. 18 (»Die Erleichterungen der §§ 113 ff. InsO dienen jedoch vor allem einer Einstellung des Betriebes.«) und BAG AP InsO § 113 Nr. 24.

235 Die Kündigungsbefugnisse der §§ 109, 113 InsO bestehen nach unbestrittener Meinung nicht nur zum erstmöglichen Termin, statt vieler Jaeger/*Jacoby,* § 109 InsO, Rn. 21; Jaeger/*Giesen,* § 113 InsO, Rn. 110.

236 Für die Insolvenz des Mieters und des Dienstberechtigten hält Jaeger/*Jacoby,* § 108 InsO, Rn. 13 f. offenbar allein diesen Gedanken für »ausschlaggebend«, wobei er jeweils auf die Motive verweist, die aber an der zitierten Stelle in erster Linie auf die Interessen des Vermieters bzw. Verpächters abstellen; ebenso für die Mieterinsolvenz anscheinend BeckOKInsR/*Berberich,* § 108 InsO, Rn. 1; *Haak*, Verträge mit Personenmehrheiten, Rn. 62 und *Hain*, ZInsO 2007, 192, 195; *Wortberg*, ZInsO 2006, 1256, 1259 sieht in der Mieterinsolvenz »in erster Linie« Masseinteressen geschützt, ebenso *Ries*, ZInsO 2009, 2030, 2031 unter Berufung auf die Motive des Gesetzgebers, die diese Annahme indes nicht zulassen, vgl. BT-Drucks. 12/2443, S. 146 f. KPBJ/*Tintelnot,* § 108 InsO, Rn. 5, 11, 15 versteht den Zweck der §§ 108 Abs. 1 S. 1, 109, 113 als Schutz der »Reorganisation bzw. geordnete[n] Abwicklung im Ausgleich mit dem Kontinuitätsinteressen des Vertragspartners«; für die Insolvenz des Dienstberechtigten auch Jaeger/*Giesen,* § 113 InsO, Rn. 10 f.; zu § 22 KO *Sandrock*, Zweiseitige Verträge, S. 44; nur flüchtig auf die Interessen beider Seiten verweisend Jaeger^{8}/*Lent,* § 22 KO, Rn. 14 und der Konkursgesetzgeber, *Hahn*, Materialien IV, S. 99.

237 So ausdrücklich Schmidt/*Ringstmeier,* § 108 InsO, Rn. 3; MüKo/*J. F. Hoffmann,* § 108 InsO, Rn. 161.

(2) Stellungnahme

Die »Alles-oder-nichts-Entscheidung«[238] des § 103 InsO mag die Handlungsoptionen des Insolvenzverwalters beschränken. Die These, dass die §§ 108 ff. InsO in der Insolvenz des Mieters und des Dienstberechtigten genuin dem Masseinteresse dienten, indem die §§ 109, 113 InsO dem Insolvenzverwalter über die gesamte Vertragslaufzeit die Kündigung ermöglichten, kann die *lex lata* indes nicht stimmig erklären: Insoweit der Insolvenzverwalter die Fortdauer des Vertrages an die Massebedürfnisse anpassen können soll, wäre schon fraglich, warum man ihm in den §§ 109, 113 InsO nicht die sofortige, sondern nur die befristete Lösung vom Vertrag gestattet. Vor allem aber wäre es auch denkbar, dem Insolvenzverwalter schlicht im Rahmen der Erfüllungswahl gem. § 103 Abs. 1 S. 1 InsO für den Fall, dass es sich um ein Dauerschuldverhältnis handelt, ein jederzeit bestehendes Sonderkündigungsrecht einzuräumen.[239] So könnte der Insolvenzverwalter die Laufzeit des Vertrages an den Befriedigungsaussichten der Gläubiger ausrichten und trotzdem jegliche Massebelastung vermeiden, wenn der weitere Leistungsaustausch von vornherein nicht im Gläubigerinteresse ist. Man mag zwar erwägen, dass durch das Privileg verhindert werden soll, dass der Vertragspartner seinen zu beachtenden begrenzten Bindungswillen[240] geltend macht und sich vom Vertrag löst, bevor der Insolvenzverwalter die Gelegenheit hat, die Erfüllung des Vertrages zu wählen und so der Masse den möglicherweise im Rahmen einer Betriebsfortführung benötigten Leistungsaustausch zu sichern.[241] Auch mit diesem Ansatz kann indes nicht begründet werden, dass die §§ 108 Abs. 1 S. 1, 109, 113 genuin Masseinteressen schützen sollen: Zunächst bestehen angesichts der Entwicklung von § 19 KO bzw. § 109 Abs. 1 InsO[242] erhebliche Zweifel, ob ein Vertragspartner sich durch ein Privileg von einer möglichen Kündigung abhalten lässt.[243] Vor allem aber sieht sich dieser Gedanke dem systematischen Einwand ausgesetzt, dass der Gesetzge-

238 KPBJ/*Tintelnot,* § 108 InsO, Rn. 9.

239 So auch *Kalkschmid*, Immobilienleasing, Rn. 226. Zu dieser Frage *de lege ferenda* siehe unten S. 268 ff.

240 Vgl. oben S. 29 ff.

241 Vgl. oben S. 33 f.

242 Der Gesetzgeber der Konkursordnung ging davon aus, dass angesichts der Privilegierung des Vermieters nicht damit zu rechnen sei, dass dieser durch eine Kündigung eine etwaige Betriebsfortführung gefährden würde, *Hahn*, Materialien IV, S. 95 f. Diese Erwartung erfüllte sich offenbar nicht. In der Gesetzesbegründung zu § 109 InsO wird dies zwar nicht explizit zum Ausdruck gebracht, sondern nur auf die entsprechenden Regelungen der Vergleichsordnung Bezug genommen (BT-Drucks. 12/2443, S. 147), die Begründung zu § 9 Abs. 3 GesO, BT-Drucks. 12/449, S. 15 f. und zudem der erste Bericht der Kommission für Insolvenzrecht (*Bundesministerium der Justiz*, Erster Kommissionsbericht, Nr. 2.4.1.6. (S. 223)) legen dies aber nahe; siehe auch Jaeger/*Henckel,* § 19 KO, Rn. 5; MüKo/*Eckert*/*J. F. Hoffmann,* § 109 InsO, Rn. 1 ff.

243 So besteht auch für den privilegierten Vertragspartner nach der *lex lata* die Gefahr, dass er vorinsolvenzlich Leistungen erbringt, für die er nicht mehr die volle Gegenleistung erhält (§ 108 Abs. 3 InsO), weswegen etwa MAH/*Henn-Anschütz,* § 35, Rn. 329 sogar dem Arbeitnehmer eine Kündigung nahelegt. Ähnliche Szenarien skizziert Mohrbutter/Ringstmeier/Meyer/*Voigt-Salus,* Kap. 23, Rn. 26 f. Zudem trägt der am Vertrag festhaltende Vertragspartner das Risiko einer Masseunzulänglichkeit, dazu oben S. 36 f.

ber der Gefahr, dass durch eine Kündigung des Vertragspartners Sanierungschancen gefährdet werden, nicht mit Privilegien, sondern mit Kündigungs- bzw. Rücktrittssperren begegnet, wie es die §§ 105 S. 1, 107 Abs. 2 S. 1, 112 InsO für das Insolvenzvertragsrecht belegen.[244] Der Vertragspartner soll nicht durch den Anreiz einer Privilegierung dazu bewogen werden, seinen begrenzten Bindungswillen nicht geltend zu machen, ihm wird die Geltendmachung schlicht versagt. § 108 Abs. 1 S. 1 InsO bezweckt daher nicht genuin den Schutz von Masseinteressen, sondern berücksichtigt diese nur im Rahmen der Abwägung mit den Interessen des Vertragspartners.

bb) Interessen des Vertragspartners

(1) Meinungsbild

Die besonderen Interessen des Vertragspartners werden verbreitet nicht näher spezifiziert. Oft bleibt es bei dem bloßen Verweis auf dessen »Schutzbedürftigkeit«[245] oder den Charakter der Verträge als Dauerschuldverhältnisse.[246] Auch die Rechtsprechung

244 Eingehend zu diesem Themenkomplex *J. F. Hoffmann*, KTS 2018, 343, 351 ff.; zu § 112 InsO vgl. noch BT-Drucks. 12/2443, S. 148; MüKo/*ders.*, § 112 InsO, Rn. 1 f. Für § 107 Abs. 2 S. 1 InsO ergibt sich die Rücktrittssperre nicht unmittelbar aus dem Wortlaut, in der Sache wollte der Gesetzgeber aber eine solche kodifizieren, *ders.*, KTS 2018, 343, 351. Demgegenüber will HK/*Marotzke*, § 107 InsO, Rn. 32 f. die Masse hier über eine analoge Anwendung des § 112 Nr. 1 InsO schützen. Dass der Massebesitz aber effektiv nur mittels einer Rücktritts- bzw. Kündigungssperre geschützt werden kann, zeigt sich auch an dem Urteil des OLG Köln, NZI 2003, 149 f., wo das Gericht nicht auf die (zumindest heute) verbreitet vertretene analoge Anwendung des § 107 Abs. 2 S. 1 InsO auf unter § 103 InsO fallende Nutzungsüberlassungen (dazu HK/*ders.*, § 107 InsO Rn. 38 f.; KPBJ/*Tintelnot*, § 103 InsO, Rn. 263 f.; *von Wilmowsky*, ZInsO 2007, 731, 732 f.; *L. Berger*, Insolvenzschutz, S. 208) zurückgriff, sondern dem Insolvenzverwalter Bedenkzeit verschaffen wollte, indem ein Abwarten bis zum Berichtstermin kein schuldhaftes Zögern darstellen soll (vgl. § 103 Abs. 2 S. 2 InsO: »unverzüglich«), was aber die Kündigung nicht verhindern konnte. Außerhalb der §§ 103 ff. InsO ist noch § 21 Abs. 2 S. 1 Nr. 5 InsO den §§ 107 Abs. 2 S. 1, 112 InsO nicht unähnlich, vgl. MüKo/*Haarmeyer/Schildt*, § 21 InsO, Rn. 96 ff. und *Heublein*, ZIP 2009, 11, 15 f.

245 Allgemein HK/*G. Schmidt*, § 108 InsO, Rn. 3; Uhlenbruck/*D. Wegener*, § 108 InsO, Rn. 2; Schmidt/*Ringstmeier*, § 108 InsO; Rn. 1 ff.; *Zeyns*, Doppelinsolvenz, S. 144; *Wimmer*, ZIP 2012, 545, 548 (»manifeste Interessen«); *McGuire*, Lizenz, S. 608; für Mietverträge BeckOKInsR/*Berberich*, § 108 InsO, Rn. 1; *Häsemeyer*, Insolvenzrecht, Rn. 20.49 (»besondere Bedeutung«); *Kalkschmid*, Immobilienleasing, Rn. 228 f.; für die Insolvenz des Vermieters *Haak*, Verträge mit Personenmehrheiten, Rn. 62; Jaeger/*Jacoby*, § 108 InsO, Rn. 11; für die Insolvenz des Dienstberechtigten KPBJ/*Tintelnot*, § 108 InsO, Rn. 5; *Dorndorf*, Sozialplan, S. 48.

246 MüKo^{3}/*Eckert*, § 108 InsO, Rn. 2; *Häsemeyer*, Insolvenzrecht, Rn. 20.45; Jaeger/*Henckel*, § 22 KO, Rn. 19; Jaeger^{8}/*Lent*, § 19 KO, Rn. 1; Jaeger^{8}/*ders.*, § 22 KO, Rn. 14 (Dienstverträge seien »als Wiederkehrschuldverhältnisse auf Dauer angelegt« (zu diesem Terminus unten in Fn. 313 bei S. 60). Bis 2007 lautete auch die Überschrift des § 108 InsO »Fortbestehen von Dauerschuldverhältnissen«, siehe oben S. 10 und auch die Verfasser der Konkursordnung sahen in §§ 17, 19, 20 a. F. bestimmte »zeitdauernde Verträge« adressiert, vgl. *Hahn*, Materialien IV, S. 232.

spricht im Zusammenhang mit §§ 19-21 KO nur von »berechtigten Anliegen des Vertragspartners«, die mit den »Erfordernisse[n] des Konkursverfahrens« abgewogen würden.[247] Was die Insolvenz des Vermieters und des Dienstberechtigten anbelangt, liegt dies aus heutiger Sicht wohl auch daran, dass die Schutzbedürftigkeit des Immobiliarmieters bzw. des Dienstverpflichteten, der in vielen Fällen Arbeitnehmer sein wird, für so einleuchtend befunden wird, dass sie keiner näheren Erläuterung bedarf bzw. in vielen Fällen schlicht auf die soziale Schutzbedürftigkeit dieser Vertragspartner hingewiesen wird.[248] In der Vermieter- und der Mieterinsolvenz sollen *Albrecht Tintelnot* zufolge die maßgeblichen Interessen des Vertragspartners offenbar daraus resultieren, dass ein Vertragspartner »notwendig [vorleiste]«.[249] Ähnlich sprach *Henckel* zu § 19 KO davon, dass es dem Vertragspartner nicht zugemutet werden könne, die Mietsache nicht sofort mit Verfahrenseröffnung zurückzuerhalten und für die Zeit bis zur Rückgabe, wenn überhaupt, bereicherungsrechtlich Ausgleich verlangen zu können.[250] *Andreas Piekenbrock* führt Privilegien der Arbeitnehmer allgemein darauf zurück, dass diese vorleistungspflichtig seien.[251]

Einen allgemeinen, über die bloße »Schutzbedürftigkeit« hinausgehenden Topos will *J. F. Hoffmann* ausmachen, der Kontinuitätsinteressen des Vertragspartners betroffen sieht, die sich aus dem für Dauerschuldverhältnisse spezifischen »Zukunftsbezug« ergäben. Die Parteien tätigten im Vertrauen auf den fortgesetzten Leistungsaus-

247 BGH NZI 2007, 713, 714. Im Übrigen hat sich die Rechtsprechung soweit ersichtlich noch nicht konkret zum Zweck des § 108 InsO geäußert, sondern die Regelung nur in Zusammenhang mit dem von ihr zur Auslegung der §§ 103 ff. InsO bemühten Gegenleistungsgrundsatz gestellt, vgl. BGHZ ZIP, 167, 363, 371 f., Rz. 19 (die Nachweise des BGH beziehen sich aber nur auf § 103 InsO); BGH ZIP 2011, 2262, Rz. 6.

248 So *Häsemeyer*, Insolvenzrecht, Rn. 14.04; Jaeger/*Henckel,* § 21 KO, Rn. 9; Jaeger/*ders.,* § 22 KO, Rn. 19; zu § 22 KO eingehend *Dorndorf*, Sozialplan, S. 45 ff., der auch mit dem relativ unspezifischen Topos der Eingliederung argumentiert. Der Konkursgesetzgeber ging offenbar sogar davon aus, dass »[die] weitere Ausübung der Rechte und Pflichten des Gemeinschuldners [...] durch den Konkursverwalter« in der Vermieterinsolvenz keine Bedenken errege, was *Kalkschmid*, Immobilienleasing, Rn. 229 darauf zurückführt, dass die Verfasser der Konkursordnung auch von der vollständigen Erfüllung mit der Übergabe der Mietsache ausgingen, dazu oben S. 43 ff. Schon die die Veräußerungsmöglichkeiten einschränkende Wirkung der Bindung der Masse ist aber für diese nachteilig. Dies vernachlässigt auch Jaeger/*Henckel,* § 21 KO, Rn. 9. Zum Sonderproblem, inwieweit § 108 Abs. 1 S. 1 InsO den Schutz des Wohnungsmieters auch in dessen eigener Insolvenz bezweckt (so etwa schon Jaeger[8]/*Lent,* § 19 KO, Rn. 8) siehe eingehend unten S. 232 ff.

249 KPBJ/*Tintelnot,* § 108 InsO, Rn. 5, 11; Braun/*Fehl-Weileder,* § 108 InsO, Rn. 2; *Kalkschmid*, Immobilienleasing, Rn. 221 ff. In einem außerinsolvenzlichen Kontext *Kast*, Einrede, S. 172; *Rumpf*, Synallagma, S. 176 ff. und ähnlich *Frieling*, ZfPW 2018, 467, 476, der meint, die Gebrauchsgewährung könne nicht rückgängig gemacht werden.

250 Jaeger/*Henckel,* § 19 KO, Rn. 3. Im Übrigen war die Sicht auf den Zweck des § 19 KO stark davon geprägt, dass dieser die Verpflichtung der Masse zur weiteren Erfüllung nur stillschweigend und das Kündigungsrecht ausdrücklich anordnete, wenn davon die Rede war, Zweck des § 19 KO sei, der Masse die Loslösung vom Vertrag zu ermöglichen, BGHZ 39, 35, 36 f.; Jaeger[8]/*Lent,* § 19 KO, Rn. 1 f., 8; *Kuhn/Uhlenbruck,* § 19 KO, Rn. 1. Dies kann freilich den Fortbestand des Vertrages über die Verfahrenseröffnung hinaus an sich nicht erklären.

251 *Piekenbrock*, ZZP 122 (2009), 63, 77.

tausch Dispositionen, die gefährdet seien, wenn sie ihre Ansprüche nicht mehr durchsetzen könnten und auf einmal ein Anschlussgeschäft schließen müssten.[252] Auf die Schwierigkeiten, die sich aus der abrupten Notwendigkeit, ein Anschlussgeschäft schließen zu müssen, ergeben, verwiesen auch die Verfasser der Konkursordnung.[253]

(2) Stellungnahme

Neben dem allgemeinen Verweis auf die »Schutzwürdigkeit« stehen für die maßgeblichen Interessen des Vertragspartners die Topoi der notwendigen Vorleistung, der sozialen Schutzbedürftigkeit und der Kontinuitätsinteressen des Vertragspartners im Raum.

(aa) Absicherung notwendiger Vorleistungen

Die Absicherung von Vorleistungen kann durch § 108 Abs. 1 S. 1 InsO nicht bezweckt sein. Auf abstrakter Ebene stellt sich schon die Frage, worin genau die »notwendige« Vorleistung bestehen soll. Ist in einem Dauerschuldverhältnis eine Partei zur Zahlung von Geld verpflichtet, strukturieren die Parteien zwar den Leistungsaustausch regelmäßig so, dass stets eine Partei ein Stück weit vorgeleistet hat. Dies mag auch daran liegen, dass es faktisch unmöglich ist, zu jedem Zeitpunkt gleichwertige Leistungen ausgetauscht zu haben, weil es bildlich gesprochen nicht denkbar ist, dass das zu zahlende Geld ständig durch eine Sanduhr in das Vermögen des Sachleistungsschuldners einrieselt.[254] In aller Regel soll die Vertragsbeendigung auch erst bei einem gewissen Zahlungsrückstand möglich sein, vgl. beispielhaft § 543 Abs. 2 S. 1 Nr. 3 BGB, was in der Sache einer Vorleistung gleichkommt.[255] Dennoch resultieren die »notwendigen« Vorleistungen in erster Linie aus Praktikabilitätserwägungen, mögen diese im heutigen Wirtschaftsverkehr auch Sachzwängen gleichkommen. Auch im Rahmen eines Mietvertrages könnten die Parteien das Vorleistungsrisiko des Vermieters zumindest minimieren, indem täglich die Miete zu zahlen ist und bei Nichtzahlung die Mietsache sofort herausverlangt werden darf. Ist demnach auch für Mietverhältnisse fraglich, worin genau die »notwendige« Vorleistung bestehen soll, würde sich die Frage stellen, warum nicht der Darlehensgeber, für den die Vorleistung wirklich unvermeidbar ist,[256] gem. § 108 Abs. 1 S. 1 oder Abs. 2 InsO geschützt ist. Selbst wenn man jedoch aus

252 MüKo/*J. F. Hoffmann,* § 108 InsO, Rn. 3; *ders.*, Prioritätsgrundsatz, S. 337. Den Topos der Kontinuitätsinteressen hat nun KPBJ/*Tintelnot,* § 108 InsO, Rn. 5 aufgegriffen, der aber bezweifelt, dass dieser das alleinige »Kriterium für den Anwendungsbereich« des § 108 Abs. 1 S. 1 InsO ist (KPBJ/*ders.,* § 108 InsO, Rn. 142). In der Sache auch der Gesetzgeber zum Gesetzesentwurf zur Insolvenzfestigkeit von Lizenzen von 2007, vgl. BT-Drucks. 16/7416, S. 30 f.

253 *Hahn*, Materialien IV, S. 94, 99. Deutlich weniger ergiebig ist dagegen die die Gesetzesbegründung zur Insolvenzordnung, die sich nur zur Herausnahme der Mobiliarmiete aus dem Anwendungsbereich der Privilegierung äußert und im Übrigen auf das »geltend[e] Recht« verweist, BT-Drucks. 12/2443, S. 146.

254 Vgl. auch *Rumpf*, Synallagma, S. 176 ff.

255 *J. F. Hoffmann*, KTS 2021, 327, 339 f.; auch BGHZ 151, 353, 369.

256 Vgl. unten bei S. 83 ff. in Fn. 452.

praktischen oder faktischen Gesichtspunkten die Parteien zu einer Vorleistung gezwungen sähe, wäre zu konzedieren, dass § 108 Abs. 1 S. 1 InsO auf dieses Risiko sehr grobschlächtig reagiert. Wäre § 108 Abs. 1 S. 1 InsO ein Instrument zur Absicherung von Vorleistungen, dürfte der Leistungsaustausch konsequenterweise nur solange weitergehen, bis die Vorleistung ausgeglichen ist. Der Vermieter dürfte also nur bis zur Rückgabe der Mietsache den Mietzins verlangen. Bejahte man eine »notwendige« Vorleistung eines Geldleistungsschuldners, wäre ihm die Gegenleistung nur so lang zu gewähren, bis der Wert der Vorleistung ausgeglichen ist. Schließlich müsste man dem Insolvenzverwalter des Sachleistungsschuldners gestatten, die »notwendige« Vorleistung des anderen Teils auszukehren und den Leistungsaustausch im Übrigen sofort zu beenden. Neben diesen kaum zu erklärenden Unstimmigkeiten spricht aber auch gegen die Absicherung von Vorleistungen durch § 108 Abs. 1 S. 1 InsO, dass eine Vorleistung nach allgemeiner Dogmatik bedeutet, dass der Vertragspartner das Insolvenzrisiko des Schuldners übernommen hat und im Verfahren nur Insolvenzgläubiger ist. Will bzw. »muss« er dies vermeiden, weil die Vorleistung für ihn praktischer bzw. »notwendig« ist, eröffnet die Rechtsordnung ihm die Möglichkeit, sich eine Kreditsicherheit einräumen zu lassen.[257] Hierauf wird auch der Darlehensgeber verwiesen. Die Risiken des Vermieters, für den die Annahme einer »notwendigen« Vorleistung am nächsten zu liegen scheint, hat jüngst *J. F. Hoffmann* als kreditsicherungsrechtlich zu handhabende Bonitätsrisiken verstanden.[258] Im dispositiven Recht des Mietvertrages haben sich für den Vermieter mit der Mietkaution und dem Vermieterpfandrecht denn auch spezielle Kreditsicherheiten herausgebildet, die ihn auch jenseits der Privilegierung gem. § 108 Abs. 1 S. 1 InsO, also etwa im Fall der Masseunzulänglichkeit, gegen die Insolvenz seines Vertragspartners absichern. Als Kreditsicherheit zur Absicherung »notwendiger« Vorleistungen kann § 108 Abs. 1 S. 1 InsO daher nicht verstanden werden.[259]

(bb) Soziale Schutzbedürftigkeit

Da § 108 Abs. 1 S. 1 InsO auch den Wohnraummieter und den Arbeitnehmer in der Insolvenz ihres Vertragspartners schützt, kann es nicht überraschen, dass § 108 Abs. 1 S. 1 InsO mit dem Topos der sozialen Schutzbedürftigkeit assoziiert wird. Insgesamt kann § 108 Abs. 1 S. 1 InsO aber nicht auf diesen Gedanken zurückgeführt werden. So hat schon ein Gewerberaummieter ein mitunter erhebliches Interesse an der Fortdauer des Leistungsaustauschs, ohne dass er deswegen sozial schutzbedürftig wäre. Erst recht liegt es auf der Hand, dass die Privilegierung von Vermietern und Dienstberechtigten jedenfalls in der Regel kein soziales Schutzbedürfnis stillt. So einleuchtend die Schutzbedürftigkeit des Wohnraummieters oder Arbeitnehmers auch ist, erscheint es darüber hinaus nicht zwingend, diese auch in einen »sozialen« Zusammenhang zu stellen. Erscheint es damit durchaus möglich, die für § 108 Abs. 1 S. 1 InsO relevanten

257 Konsequent daher *Piekenbrock*, ZZP 122 (2009), 63, 77 f., der Arbeitnehmerprivilegien allgemein eine kreditsicherungsrechtliche Funktion zuschreibt.

258 *J. F. Hoffmann*, KTS 2021, 327, 339 f.

259 Zur gleichbehandlungsspezifischen Legitimation des Privilegs auf Basis kreditsicherungsrechtlicher Topoi siehe unten 165 ff.

Interessen auf allgemeinerer Ebene anzusiedeln, sollte nicht ohne Not auf die »soziale« Schutzbedürftigkeit eines Vertragspartners abgestellt werden.

(cc) Kontinuitätsinteressen in Dauerschuldverhältnissen

Als gemeinsamer Nenner der in § 108 Abs. 1 S. 1 InsO adressierten Interessen bleibt daher der insbesondere von *J. F. Hoffmann* aufgeworfene Topos der für Dauerschuldverhältnisse spezifischen Kontinuitätsinteressen,[260] dem sich hier angeschlossen werden soll. Es ist davon auszugehen, dass in den durch § 108 Abs. 1 S. 1 InsO geschützten Vertragsverhältnissen spezifische Interessen entstehen, weil die Parteien in Dauerschuldverhältnissen von der Fortdauer des Leistungsaustauschs ausgehen und dieser durch die Insolvenz der Gegenseite so nicht mehr stattfinden kann. Dass durch § 108 Abs. 1 S. 1 InsO einem für die geschützten Verträge spezifischen Zukunftsbezug Rechnung getragen werden soll, findet auch in § 108 Abs. 3 InsO eine Stütze, der klarstellt, dass die Vertragspartner nur für die Zeit nach Verfahrenseröffnung privilegiert werden.

Schon an dieser Stelle ist dabei festzustellen, dass die maßgeblichen Interessen typisierend angenommen werden müssen. Zudem muss klar sein, dass die Auswahl der von § 108 Abs. 1 S. 1 InsO erfassten Vertragsverhältnisse, geht man von dem maßgeblichen Topos der Kontinuitätsinteressen aus, nicht auf trennscharfen Kriterien beruht, sondern auch das Ergebnis einer dezisionistischen Entscheidung ist.[261] Wenn *Tintelnot* gegen das Kriterium der Kontinuitätsinteressen anbringt, dieses ließe sich auch »bei manchem bedeutenden Vertrag aus dem Anwendungsbereich von § 103 [InsO] anführen«,[262] kann dies die grundlegende Konzeption daher nicht erschüttern. Woraus genau diese Interessen resultieren und wie mit ihnen im Kontext der Insolvenz umzugehen ist, bildet den Kern der vorliegenden Untersuchung.

5. Weitere Themeneingrenzung im Rahmen der §§ 108 ff. InsO

Die Annahme, dass § 108 Abs. 1 S. 1 InsO im Zusammenspiel mit den §§ 109, 111, 113 InsO die für Dauerschuldverhältnisse spezifischen Kontinuitätsinteressen des Vertragspartners in Abwägung mit den auf bestmögliche Befriedigung gerichteten Masseinteressen schützt, ermöglicht es, diese Vorschriften in der Ordnungsfunktion von anderen Normen im Gefüge der §§ 108 ff. InsO abzugrenzen und den Untersuchungsgegenstand der vorliegenden Arbeit näher einzugrenzen.

a) Refinanzierungsschutz für Leasinggeber, § 108 Abs. 1 S. 2 InsO

Schon auf den ersten Blick kann § 108 Abs. 1 S. 2 InsO nicht auf die Kontinuitätsinteressen des Mobiliarmieters zurückgeführt werden, die ersichtlich nicht davon abhängen, ob die Mietsache einem die Anschaffung finanzierenden Dritten zur Sicherheit übereignet worden sind. Der Zweck des umstrittenen und oft kritisierten § 108 Abs. 1

260 Beachte auch die Nachweise in Fn. 246, die § 108 Abs. 1 S. 1 InsO mit Dauerschuldverhältnissen assoziieren.
261 MüKo/*J. F. Hoffmann,* § 108 InsO, Rn. 4.
262 KPBJ/*Tintelnot,* § 108 InsO, Rn. 142.

S. 2 InsO wird auch einheitlich darin gesehen, entsprechende Refinanzierungsmodelle der Leasingbranche zu schützen, die man durch eine Anwendung des § 103 InsO gefährdet sah.[263]

b) Schutz von Darlehensverträgen in der Insolvenz des Darlehensgebers, § 108 Abs. 2 InsO

Inwieweit § 108 Abs. 2 InsO dem Schutz von Kontinuitätsinteressen des Darlehensnehmers dient, hängt in erster Linie davon ab, ob dieser in der Insolvenz des Darlehensgebers ohne Ausnahmeregelung zu § 103 InsO der Gefahr ausgesetzt wäre, die Valuta vorzeitig zurückzahlen zu müssen. Da dies nicht der Fall ist,[264] bezweckt auch § 108 Abs. 2 InsO in erster Linie den Schutz von Zessionaren, denen der insolvente Darlehensgeber Forderungen aus dem Darlehensvertrag abgetreten hat.[265]

c) Haftungsrechtliche Zuweisung der Mietforderungen, § 110 InsO

§ 110 InsO regelt, vergleichbar mit den §§ 566b, 1124 BGB, wem haftungsrechtlich die Mietforderungen aus dem Mietverhältnis zustehen, die auf die Zeit nach Verfahrenseröffnung entfallen. Insofern steht er mit den Kontinuitätsinteressen des Vertragspartners, hier des Mieters, in keinem unmittelbaren Zusammenhang. Es ist allerdings zu erkennen, dass die Unwirksamkeit von Vorauszahlungen der Miete gem. § 110 Abs. 2 S. 1 InsO den Mieter erheblich belasten kann. Denjenigen Betrag, hinsichtlich dessen die Einziehung unwirksam ist, muss der Mieter erneut zahlen. Er kann zwar bereicherungsrechtlich die Rückzahlung des bereits gezahlten Geldbetrages verlangen, ist hiermit aber Insolvenzgläubiger und auch nicht zur Aufrechnung berechtigt, § 110 Abs. 3 InsO.[266] Dies stellt das Privileg des § 108 Abs. 1 S. 1 InsO für den Mieter natürlich erheblich in Frage. Da der Mieter im Ergebnis nicht dazu gezwungen werden kann, die Miete faktisch doppelt zu zahlen,[267] kann § 110 InsO für die vorliegende Untersuchung außer Betracht bleiben.

d) Erlöschen von Aufträgen, Geschäftsbesorgungsverträgen und Vollmachten, §§ 115 ff. InsO

Dass Dienstverträge, die eine Geschäftsbesorgung zum Gegenstand haben, nicht unter § 108 Abs. 1 S. 1 InsO, sondern unter § 116 InsO fallen, wirft die Frage auf, inwiefern

263 KPBJ/*Tintelnot,* § 108 InsO, Rn. 17 ff. Die Vorschrift wird teils scharf kritisiert, etwa von *Häsemeyer*, Insolvenzrecht, Rn. 20.57 (»eine ebenso ungenierte wie sachlich unberechtigte Selbstbedienung der interessierten Verkehrskreise mit Hilfe eines schlecht beratenen Gesetzgebers«), zumal umstritten ist, ob der verfolgte Zweck überhaupt mit der Vorschrift erreicht werden kann, siehe KPBJ/*Tintelnot,* § 108 InsO, Rn. 21.

264 Vgl. KPBJ/*Tintelnot,* § 108 InsO, Rn. 24 f.

265 Auch hier wird bezweifelt, ob § 108 Abs. 2 InsO konstitutiv den Schutz der Zessionen bewirkt, MüKo/*J. F. Hoffmann,* § 108 InsO, Rn. 148; sehr kritisch daher KPBJ/*Tintelnot,* § 108 InsO, Rn. 26 f.

266 HK/*G. Schmidt,* § 110 InsO, Rn. 16.

267 MüKo/*Eckert*/*J. F. Hoffmann,* § 110 InsO, Rn. 27.

diese Bestimmung im Weiteren zu berücksichtigen ist. § 116 InsO dient, insofern unbestritten, wie die §§ 115, 117 InsO dazu, die Vermögensverwaltung in den Händen des Insolvenzverwalters zu konzentrieren.[268] Wegen dieses von § 108 Abs. 1 S. 1 InsO deutlich verschiedenen teleologischen Fundaments können die §§ 115 ff. InsO im Weiteren außer Betracht bleiben und werden daher erst im vierten Kapitel noch einmal thematisiert.[269]

e) Lösungsmöglichkeiten des Vertragspartners

Nicht dem Schutz von Kontinuitätsinteressen dienen zudem diejenigen Vorschriften, die die Lösungsmöglichkeiten des Vertragspartners betreffen. Dies sind zum einen die unmittelbar dem Vertragspartner durch die Insolvenzordnung zugestandenen Lösungsrechte gem. §§ 109 Abs. 2 S. 1, 113 S. 1 InsO und zum anderen Vorschriften, die die Ausübung vertraglicher Lösungsmöglichkeiten des Vertragspartners beschränken wie insbesondere § 112 InsO. Diese Regelungen sind aber für die vorliegende Untersuchung auch nicht ohne Relevanz, da sich in der Abwägung zwischen Interessen der Masse und des Vertragspartners nicht nur die Frage stellt, was der Vertragspartner gegen die Masse durchsetzen kann, sondern auch unter Umständen sein Bindungswille in Gefahr gerät.

Insbesondere die §§ 108 Abs. 1 S. 2, Abs. 2, 110 InsO bleiben daher im Weiteren gänzlich außer Betracht. Wenn künftig von den §§ 108 ff. InsO die Rede ist, sind damit insbesondere die §§ 108 Abs. 1 S. 1, 109, 111, 113 InsO gemeint.

B. Der Begriff des Dauerschuldverhältnisses und seine Bedeutung für die Untersuchung

Die Sonderbehandlung der in § 108 Abs. 1 S. 1 InsO adressierten Verträge wird, wie gesehen, verbreitet mit deren Charakter als Dauerschuldverhältnisse assoziiert.[270] Schon auf den ersten Blick drängt sich daher für diese Arbeit die Frage auf, was überhaupt unter einem Dauerschuldverhältnis zu verstehen ist und ob der Begriffsinhalt hinsichtlich der durch § 108 Abs. 1 S. 1 InsO geschützten Interessen fruchtbar gemacht werden kann. So werden auch bestimmte Interessenlagen mit der Gruppe der Dauerschuldverhältnisse assoziiert und der Begriff teils sogar im Kontext des § 103 InsO für relevant befunden.[271] Zunächst soll dabei rasch nachgezeichnet werden, wie der Begriff Eingang in Privatrechtswissenschaft, Gesetzgebung und Rechtsprechung gefunden und wie sich die Debatte bis heute entwickelt hat. Im Anschluss soll ein

268 BT-Drucks. 12/2443, S. 151; aus der Literatur statt vieler Jaeger/*Jacoby*, § 116 InsO, Rn. 6. Die Gesetzesbegründung zur Vorgängernorm, § 23 KO, schweigt zwar hierzu, vgl. *Hahn*, Materialien VII, S. 238 f., in Rechtsprechung und Literatur war dies aber ebenfalls unstreitig, vgl. RGZ 81, 332, 336 und hierauf verweisend Jaeger/*Henckel*, § 23 KO, Rn. 3.

269 Vgl. unten S. 243 ff.

270 Vgl. oben bei S. 49 ff. in Fn. 246.

271 Etwa *Zehnsdorf*, Filmnutzungsrechte, S. 94 ff., 103 ff.; *McGuire*, Lizenz, S. 427 sowie die Nachweise bei S. 75 ff. in Fn. 419.

Blick auf die verschiedenen im Laufe der Zeit entwickelten definitorischen Ansätze zum Begriff des Dauerschuldverhältnisses geworfen werden. Der Abschnitt schließt mit einer Stellungnahme zu der Diskussion um das Dauerschuldverhältnis und der Bedeutung dieses Begriffes für die weitere Untersuchung.

I. Die Entwicklung der Diskussion und die bisher vorgeschlagenen Abgrenzungskriterien

Die Diskussion um das sogenannte Dauerschuldverhältnis nimmt ihren Ausgangspunkt bei der Annahme, dass der Aspekt der Zeitdauer bestimmte vertragliche[272] Schuldverhältnisse in besonderer Weise prägt bzw. dass dem Zeitmoment eine »essentielle Bedeutung« zukommt«[273] und vor dem Hintergrund, dass das BGB von 1900 keine allgemeinen Regelungen zu diesen Verträgen kannte.[274] Seit ihrem Aufkommen kreist die Debatte im Wesentlichen um die beiden Fragen, wie und in welcher Form sich eine entsprechende Prägung zeigt und was daraus zu folgern ist.

1. Die Diskussion um das Dauerschuldverhältnis von 1900 bis heute

Das Dauerschuldverhältnis beschäftigte im Laufe der Jahre vor allem Literatur und Rechtsprechung, aber auch den Gesetzgeber.

a) Die Diskussion in der Literatur

Als erster Literaturbeitrag, der sich konkret mit dem Aspekt der Dauer im Schuldverhältnis befasst, gilt die Monographie von *Max Steinberger*.[275] Eine ungleich höhere Prominenz kam allerdings in der Folge dem Aufsatz »Dauernde Schuldverhältnisse« von *Otto von Gierke* aus dem Jahr 1914 zu.[276] Dieser knüpfte maßgeblich an die Beobachtung an, dass bestimmte Leistungen »in einem Zeitpunkte« erbracht werden, wohingegen andere Leistungen »während eines Zeitraumes« bewirkt werden.[277] Damit

272 Zwar gibt es auch gesetzliche Schuldverhältnisse, die, um eine verbreitete allgemeine Formulierung zu bemühen, »besonders von der Zeit geprägt« sind, allerdings haben sie nie dieselbe Aufmerksamkeit erfahren wie vertragliche Dauerschuldverhältnisse, da die entsprechenden Probleme hier weniger virulent sind, vgl. *Gernhuber*, Schuldverhältnis, S. 380 f. Dementsprechend werden sie, wenn überhaupt, eher am Rande behandelt, vgl. *Gierke*, JherJb. 64 (1914), 355, 404 f.; *Gschnitzer*, JherJb. 76 (1926), 317, 325.

273 So eine gängige, freilich wenig aussagekräftige Formulierung, vgl. *Nicklisch*, JZ 1984, 757, 761; zu den verschiedenen vorgeschlagenen Abgrenzungskriterien sogleich.

274 Insbesondere das Institut der außerordentlichen Kündigung (heute § 314 BGB) bedurfte für die damalige Rechtsanwendung einer entsprechenden Begründung.

275 *Steinberger*, Dauerverträge; so *Oetker*, Dauerschuldverhältnis, S. 50 f.

276 *Gierke*, JherJb. 64 (1914), 355 ff. Der Begriff an sich wird hingegen nach *Doralt*, Langzeitverträge, S. 11 und *Oetker*, Dauerschuldverhältnis, S. 68 f. erstmals von *Paul Oertmann* verwendet, vgl. *Oertmann*, BGB, § 325 Anm. 6 c a. E., S. 201.

277 *Gierke*, JherJb. 64 (1914), 355, 357. Diese Differenzierung war als solche freilich nicht neu, so hatte etwa schon *Savigny*, Obliagtionenrecht I, S. 302 f. zwischen »vorübergehende[n]« und »dauernde[n]« Leistungen unterschieden. Vgl. zu ähnlichen Differenzierungsansätzen in

war die Diskussion um das Dauerschuldverhältnis geboren, an der sich bis heute zahlreiche Autoren beteiligt haben. Am häufigsten geschah dies in der Form, dass entweder die Dauerschuldverhältnisse von der komplementären Gruppe der Schuldverträge abgegrenzt und die besonderen für Dauerschuldverhältnisse geltenden Rechtsgrundsätze herausgearbeitet[278] bzw. konkrete Einzelprobleme oder besondere Problemkreise beleuchtet werden,[279] oder ein bestimmter Vertragstyp den zuvor definierten Dauerschuldverhältnissen zugeordnet wird und aus dieser Zuordnung Rechtsfolgen abgeleitet werden.[280]

In den 1920er Jahren fand der Begriff Eingang in die Kommentarliteratur.[281] Bis in die 1970er Jahre war die Literatur geprägt von dem schon oben erwähnten Bestreben, die Dauerschuldverhältnisse von anderen Verträgen abzugrenzen und bestimmte Rechtsfolgen für sie zu definieren. In den 1980er-Jahren erhielt die Debatte neue Impulse: Einerseits wurde die Systembildung zunehmend kritisch betrachtet und teilweise schon von der Bestimmung konkreter Rechtsfolgen gelöst.[282] Gleichzeitig wurde insbesondere von *Norbert Horn* und *Fritz Nicklisch* die Kategorie der »langfristige[n] Verträge«[283] bzw. der »komplexe[n] Langzeitverträge«[284] endgültig[285] in den Diskurs eingeführt.[286]

diese Richtung, die dem Aufsatz *von Gierkes* vorausgingen, *Oetker*, Dauerschuldverhältnis, S. 47 ff., 51, der davon spricht, dass das Dauerschuldverhältnis viele »Väter« und in *von Gierke* seinen »Taufpaten« hatte; zudem *Doralt*, Langzeitverträge, S. 9 ff.

278 Etwa *Gutzler*, Lösung; *Christdoulou*, Zeitelement; *Thume*, § 324 BGB; *Ebhardt*, Beendigung; *Oetker*, Dauerschuldverhältnis.

279 Etwa *Doralt*, Langzeitverträge; *Schneider*, Vertragsanpassung; *Thume*, § 324 BGB.

280 Etwa *Wolf*, Arbeitsverhältnis; *Nikisch*, Grundformen; *Ulmer*, Vertragshändler; *Kast*, Einrede.

281 *Doralt*, Langzeitverträge, S. 24 ff.

282 Etwa *Gernhuber*, Schuldverhältnis, S. 477 ff.; Staudinger[12]/*J. Schmidt*, Einl zu §§ 241 ff., Rn. 323 ff.

283 *Horn*, Gutachten, S. 551, 562. Beachte aber, dass sich dieser Begriff bereits bei *Hueck*, Sukzessivlieferungsvertrag, S. 23 Fn. 20 findet, sich zunächst aber nicht durchsetzen konnte.

284 *Nicklisch*, JZ 1984, 757 ff.; *ders.*, Langzeitvertrag, S. 17.

285 Beachte *Hueck*, Sukzessivlieferungsvertrag, S. 23 Fn. 20, dessen Systematisierungsvorschlag aber, wohl auch weil er ihn nur am Rande machte, zunächst nicht aufgegriffen worden war.

286 Es ist unklar, ob, wie *Oetker*, Dauerschuldverhältnis, S. 67 meint, diese Versuche einer mehrpoligen Betrachtung »vereinzelt« waren. Ob man schon vor *Nicklisch* und *Horn* von einer tripolaren Einteilung der Schuldverträge ausgegangen war, hängt davon ab, ob die periodischen Leistungen als eigenständige Kategorie gesehen wurden oder eben entweder den dauernden oder den vorübergehenden Leistungen zuzuordnen sind, vgl. dazu *ders.*, Dauerschuldverhältnis, S. 71 f. Fn. 43 und 44 mit zahlreichen Nachweisen. So spricht *Oetker* selbst auch davon, dass die Bipolarität der Einteilung schon bei Planck/*Siber*, § 271, Anm. 1 a) aufgelöst wurde, wo zwischen vorübergehenden, dauernden und periodischen Leistungspflichten unterschieden wird, vgl. *Oetker*, Dauerschuldverhältnis, S. 70. Auch war mit den »zeitraubenden Verträgen« früh eine Kategorie angesprochen, die nicht den Dauerschuldverhältnissen zugeordnet wurde und doch hinsichtlich der ausgefüllten Zeitspanne durch den Faktor der Dauer geprägt war, vgl. Planck/*Siber*, § 271, Anm. 1 b). In jedem Fall aber haben die Beiträge *Horns* und *Nicklischs* den Diskurs durch ihre neue Kategorisierung beeinflusst, da diese »zeitraubenden Leistungen« stets nur von »dauernden Leistungen« abgegrenzt und nicht (ausdrücklich) ihrerseits als Gruppe »zwischen« (vgl. *Nicklisch*, JZ 1984, 757) den Dauerschuldverhältnissen und ihrem Pendant gesehen wurden. Daher werden hier auch weitere Unterteilungen der Dauerschuldverhältnisse, wie sie etwa *Thume*, § 324 BGB, S. 48 und *Michalski*, JA 1979, 401, 402 ff. vornehmen, nicht als mehrpolige Systembildungen angesehen.

Gleichsam gesteigert wurde diese tripolare Betrachtungsweise von *Hartmut Oetker*, der im Jahr 1994 die bis dahin umfassendste Ausarbeitung zum Dauerschuldverhältnis vorgelegt und damit die Diskussion bis heute geprägt hat. Er ordnete dabei die Schuldverträge insgesamt in nicht weniger als sechs Kategorien, je nachdem, welche Rolle der Zeitaspekt für den Vertrag spielt.[287] Zuletzt haben sich *Angie Schneider* und *Doralt* in ihren Habilitationsschriften mit diesem Thema beschäftigt.[288] Diesen ist gemein, dass sie für ihre Zwecke, nämlich der Erörterung bestimmter, typischerweise bei Dauerschuldverhältnissen auftretender Problemfelder, eine konkrete Definition des Dauerschuldverhältnisses für verzichtbar halten.[289] Auf eine bestimmte Definition konnte sich die Literatur jedenfalls bis heute nicht einigen.[290]

b) Der Begriff des Dauerschuldverhältnisses in der Rechtsprechung

Naturgemäß noch mehr als die Literatur ist die Rechtsprechung davon geprägt, aus der Rechtsnatur eines Vertrages als Dauerschuldverhältnis konkrete Rechtsfolgen abzuleiten, wobei die Entwicklung einer Systematisierung der Verträge begreiflicherweise nicht im Vordergrund steht. Erste Erwähnung findet der Begriff, so der übereinstimmende Befund *Oetkers* und *Doralts*, in einer Entscheidung des Reichsgerichtes aus dem Jahr 1933.[291] Vor allem in der Rechtsprechung des Bundesgerichtshofes[292] wurde das Dauerschuldverhältnis dann als stehender Begriff etabliert und entwickelte sich zu einem eigenständigen Argumentationstopos. Im Vordergrund stand dabei stets die Lösung spezifischer, bestimmten Verträgen inhärenter Rechtsprobleme, wie etwa die Modifikationen bei der Rückabwicklung nichtiger, aber durchgeführter Verträge,[293] die Anwendung bestimmter, nicht auf Dauerschuldverhältnisse zugeschnittener Normen[294] und nicht zuletzt die Besonderheiten von Dauerschuldverhältnissen hinsichtlich ihrer Beendigung, insbesondere der Vorrang der ex-nunc wirkenden Kündigung vor dem Rücktritt[295] und die stets bestehende Möglichkeit der außerordentlichen Kündigung.[296]

287 *Oetker*, Dauerschuldverhältnis, S. 99 ff.
288 *Schneider*, Vertragsanpassung; *Doralt*, Langzeitverträge.
289 *Doralt*, Langzeitverträge, S. 60 f., 492; *Schneider*, Vertragsanpassung, S. 31. Anders jüngst *Egle*, Nichtigkeit, S. 172 f.
290 Hierüber besteht hingegen weitgehend Einigkeit, vgl. statt vieler *Doralt*, Langzeitverträge, S. 488. Nach Staudinger/*Olzen,* § 241 BGB, Rn. 366 ff. haben sich aber zumindest bestimmte Abgrenzungen innerhalb der Dauerschuldverhältnisse »durchgesetzt«.
291 RGZ 140, 264, 275; *Oetker*, Dauerschuldverhältnis, S. 53; *Doralt*, Langzeitverträge, S. 23 f., der hierin gar die »Anerkennung des DSV als Systembegriff« sieht und dies als »wichtige Etappe« bezeichnet.
292 *Oetker*, Dauerschuldverhältnis, S. 53 f. spricht davon, dass das Reichsgericht nur »äußerst zurückhaltend auf das ›Dauerschuldverhältnis‹ als Ordnungsbegriff« zurückgegriffen habe.
293 Etwa BGHZ 53, 152, 157 ff.
294 Zur Verjährung vgl. BGH NJW 2010, 1292 Rn. 17; zur Erfüllung BGHZ 10, 391, 397.
295 BGHZ 50, 312, 315.
296 Etwa BGHZ 29, 171 Rn. 13; BGHZ 34, 367 Rn. 26; darüber hinaus zählen hierzu etwa das *ultima-ratio*-Prinzip bei der außerordentlichen Kündigung, vgl. BGH NJW 1992, 496 f., und die Möglichkeit, den sogenannten Kündigungsschaden zu liquidieren, BGHZ 54, 338, 342. Im Rahmen der Schuldrechtsmodernisierung sind diese Grundsätze in § 314 BGB aufgegangen.

Auffällig ist, dass die Rechtsprechung in wenigen Judikaten mit einer allgemeinen Definition arbeitet,[297] sondern Verträge zumeist ohne weiteres als Dauerschuldverhältnis qualifiziert.[298] Hierbei hat sie sich nicht oder zumindest nicht immer an den Vertragstypen orientiert: So finden sich zum einen Urteile, in denen beispielsweise mit dem Werkvertrag ein typischerweise nicht als Dauerschuldverhältnis angesehener Vertrag[299] als solches eingeordnet wurde;[300] zum anderen hat die Rechtsprechung auch erkennen lassen, dass selbst ein – typischerweise den Dauerschuldverhältnissen zugeordneter – Dienstvertrag nicht zwingend ein Dauerschuldverhältnis sein muss.[301] Eine allgemeine Definition des Begriffes hat die Rechtsprechung selbst bislang nicht vorgenommen.[302] Auch lässt sich nicht klar erkennen, ob die Rechtsprechung dem Dauerschuldverhältnis einen bestimmten dogmatischen Stellenwert einräumt.[303] Somit ist hinsichtlich der hier aufgeworfenen Frage, ob ein allgemeiner Begriff des Dauerschuldverhältnisses existiert, mit dem deduktiv gearbeitet werden kann, der Rechtsprechung kein Erkenntnisgewinn zu entnehmen.

c) Das Dauerschuldverhältnis in der Gesetzgebung

Das BGB von 1900 enthielt keine allgemeinen Regeln zu Dauerschuldverhältnissen und verwendete auch den Begriff nicht. Erst im Jahr 1976 fand das Dauerschuldverhältnis mit Erlass des AGBG bei drei Klauselverboten Eingang in die Gesetzgebung,[304] wobei der Gesetzgeber auf eine Definition verzichtete.[305] Im insolvenzrechtlichen Kontext erwähnenswert ist, dass der Begriff auch an mehreren Stellen Eingang in die Insolvenzordnung gefunden hat.[306] Als maßgebliche Etappe muss sodann die Schuldrechtsmodernisierung gelten. In deren Rahmen wurde in § 314 BGB mit der außeror-

297 Vgl. aber etwa BGH GRUR 1959, 384, 385; ZIP 1991, 960, 961.

298 Vgl. etwa zum Versicherungsverhältnis BGHZ 10, 391, 396 f.; zum (ohnehin zu den Paradebeispielen zählenden) Dienstvertrag BGHZ 106, 341 ff.; zum Werkvertrag BGHZ 223, 260, Rn. 31.

299 Eingehend *Oetker*, Dauerschuldverhältnis, S. 155 ff.

300 BGH NJW 2002, 1870, 1871; BGHZ 223, 260, Rn. 31.

301 BGH NJW 1989, 1479; BGHZ 224, 177, Rn. 41.

302 So auch *Oetker*, Dauerschuldverhältnis, S. 89 ff.; *Doralt*, Langzeitverträge, S. 51, 58 f.

303 Beachte aber BGH NJW 1989, 27, 28, wo von den »Regeln über die Abwicklung von Dauerschuldverhältnissen« die Rede ist; BGH NJW 1992, 496 spricht von »allgemeinen Grundsätze[n] über die Lösung von Dauerschuldverhältnissen«.

304 Es handelte sich um § 10 Nr. 3 AGBG (Verbot des grundlosen Rücktrittsvorbehalts gilt nicht für Dauerschuldverhältnisse, heute § 208 Nr. 3 BGB), § 11 Nr. 1 AGBG (Verbot der kurzfristigen Preiserhöhung gilt nicht für Waren oder Leistungen, die im Rahmen eines Dauerschuldverhältnisses erbracht werden, heute § 309 Nr. 1 BGB) und § 11 Nr. 12 AGBG (Regelungen zur Laufzeit bei Dauerschuldverhältnissen, heute § 309 Nr. 9 BGB, wobei das Dauerschuldverhältnis hier nur als »Titel« der Nummer fungiert und nicht im eigentlichen Gesetzestext vorkommt).

305 Es findet sich in den Gesetzesmaterialien auch kein Hinweis darauf, ob der Gesetzgeber davon ausging, es gebe eine allgemein anerkannte Definition. *Doralt*, Langzeitverträge, S. 34 vermutet, dass dem Gesetzgeber die Unklarheiten »gewiss bewusst« gewesen seien.

306 Vgl. §§ 55 Abs. 2 S. 2, 90 Abs. 2 Nr. 2 und 3, 209 Abs. 2 Nr. 2 und 3 InsO und die ehemalige Überschrift des § 108 InsO (»Fortbestehen von Dauerschuldverhältnissen«). Auch in diesem Rahmen verzichtete der Gesetzgeber indes auf eine Definition.

dentlichen Kündigung ein zentraler, wenn nicht sogar der wichtigste von Lehre und Rechtsprechung entwickelte Grundsatz zu den Dauerschuldverhältnissen kodifiziert.[307] Auf eine Legaldefinition wurde wiederum verzichtet, jedoch ging der Gesetzgeber von einer konkreten Definition aus und meinte, der Begriff sei »von Rechtsprechung und Lehre herausgearbeitet worden« sowie »seit langem allgemein anerkannt«.[308] Dies kann indes nur für den allgemeinen Sprachgebrauch gelten. Eine konkrete Definition ist der Gesetzgebung daher ebenfalls nicht zu entnehmen.

2. Überblick über die bisher vorgeschlagenen Abgrenzungskriterien

Eine Darstellung der bisher vorgebrachten und nach dem soeben Gesagten ausschließlich in der Literatur zu suchenden Abgrenzungskriterien sieht sich verschiedenen Schwierigkeiten ausgesetzt. Ins Auge springt die Vielfalt der Bezeichnungen für die Gruppe der besonders vom Zeitelement geprägten Verträge und den entsprechenden Komplementärbegriff. So war bis jetzt neben der indes immer noch populärsten Bezeichnung der »Dauerschuldverhältnisse« unter anderem die Rede von den »dauernde[n] Schuldverhältnissen«[309], den »Dauerverträgen«[310], den »Dauerschuldverträgen«[311] oder den »Dauerrechtsverhältnissen«[312].[313] Noch mannigfaltiger fallen die Bezeich-

307 Der Gesetzgeber sprach indes nur von den »von der Rechtsprechung« entwickelten Grundsätzen, vgl. BT-Drucks. 14/6040, S. 94. Flankiert wurde § 314 BGB von einer Sonderregelung für Dauerschuldverhältnisse beim Wegfall der Geschäftsgrundlage in § 313 Abs. 3 BGB. Die Übernahme der Klauselverbote ins BGB war angesichts der allgemeinen Integration der Verbraucherschutzgesetze ins BGB, vgl. hierzu BT-Drucks. 14/6040, S. 97, ein logischer Schritt; für die Debatte um die Dauerschuldverhältnisse ergaben sich hieraus keine Veränderungen.

308 BT-Drucks. 14/6040, S. 176 f.

309 Etwa *Gierke*, JherJb. 64 (1914), 355; *Nikisch*, Grundformen, S. 146; *Thume*, § 324 BGB, S. 44.

310 Etwa *Steinberger*, Dauerverträge, S. 2; *Hueck*, Sukzessivlieferungsvertrag, S. 23.

311 *Oetker*, Dauerschuldverhältnis, S. 134 f., der diese aber als Unterkategorie der Dauerverträge sieht.

312 Etwa Haarmann Geschäftsgrundlage, S. 118.

313 Weitere Bezeichnungen bei *Oetker*, Dauerschuldverhältnis, S. 68 f. In der Diskussion zum Dauerschuldverhältnis taucht auch immer wieder das sogenannte Wiederkehrschuldverhältnis auf. Dies ist eine von *Jaeger*, LZ 1912, 286, 294 ff. in die Diskussion eingeführte Bezeichnung für einen Rahmenvertrag, typischerweise im Bereich der Wasser- und Energieversorgung, bei dem bei der Inanspruchnahme des entsprechendes Gutes jeweils ein neuer Vertrag zustandekommen soll, vgl. Jaeger/*Henckel*, § 17 KO, Rn. 85 f. Heute ist anerkannt, dass dies, was den angeblichen Vertragsschluss betrifft, oft eine Fiktion sein wird und etwa bei Geschäftsunfähigen gar nicht funktioniert. Es ist zu erkennen, dass die Konstruktion des Wiederkehrschuldverhältnisses insolvenzrechtlichen Erwägungen entspringt und es eigentlich darum geht, dem Vertragspartner des Insolvenzschuldners die Berufung auf seinen begrenzten Bindungswillen zu versagen – es ist bezeichnend, dass dieselben Ergebnisse auch mit einem Kontrahierungszwang erzielt werden können, vgl. Jaeger/*ders.*, § 17 KO, Rn. 86; zudem *Larenz*, Schuldrecht I, S. 31 Fn. 2, dem der Hinweis auf die Geschäftsunfähigkeit entstammt; eingehend *Oetker*, Dauerschuldverhältnis, S. 125 ff.; aus insolvenzrechtlicher Sicht *J. F. Hoffmann*, KTS 2018, 343, 353. Mit § 105 S. 1 InsO hat der Gesetzgeber diese Überlegung im Insolvenzrecht platziert und das Wiederkehrschuldverhältnis damit endgültig entbehrlich gemacht, so auch Staudinger/*Olzen*, § 241 BGB, Rn. 373 und *Henckel*, FS Kirchhof, S. 191, 195.

nungen für den Gegenbegriff aus, hier wurde unter anderem wahlweise von den »vorübergehende[n]«,[314] den »einmalige[n]«,[315] den »einfache[n]«[316] oder schlicht den »nichtdauernden«[317] Schuldverhältnissen, den »einfachen«[318] oder »punktuellen Austauschverträgen«[319], alternativ auch von »Normalschuldverhältnisse[n]«[320] sowie im österreichischen Raum von den »Zielschuldverhältnissen«[321] gesprochen.[322] Teilweise wird die Suche nach einem Komplementärbegriff auch als wenig zielführend und daher entbehrlich angesehen.[323] Darüber hinaus haben in der Diskussion bestimmte Kriterien bei manchen Autoren Eingang in die Definition gefunden, die bei anderen Autoren lediglich als typischerweise virulente Problemkreise erörtert werden.[324] Hinzu kommt, dass eine Kategorisierung auch dadurch erschwert wird, dass zur Bestimmung des Dauerschuldverhältnisses teilweise verschiedene Kriterien kombiniert werden.[325] Schließlich wird die Sinnhaftigkeit einer definitorisch-begrifflichen Erfassung nicht erst seit neuestem, aber jüngst doch vermehrt in Zweifel gezogen.[326] Obwohl es sich in der Folge lediglich um eine Betrachtung und keine Bewertung der Diskussion handelt, muss daher betont werden, dass die Darstellung der Meinungen so wohl nicht zwingend ist.[327] Sie erfolgt hier in drei Gruppen: Begonnen wird mit Abgrenzungen, die sich nicht primär auf die Hauptleistungspflicht als Kristallisationspunkt für das besondere Zeitmoment beziehen, gefolgt von den Definitionen, die bei ihrer Kategorisierung die Hauptleistungspflicht in den Blick nehmen.[328] Schließlich wird ein Blick auf jene Ansätze geworfen, die für die Bestimmung des Dauerschuldverhältnisses mehrere Kriterien kombinieren.[329]

314 Etwa *Gierke*, JherJb. 64 (1914), 355, 357; *Silberschmidt*, ZRpflBay 1916, 369, 372.
315 *Christdoulou*, Zeitelement, S. 142; *Silberschmidt*, ZRpflBay 1916, 369, 372.
316 *Beitzke*, Nichtigkeit, S. 20; *Ulmer*, Vertragshändler, S. 253; *Wiese*, FS Nipperdey Bd. I, S. 837; *Christdoulou*, Zeitelement, S. 142.
317 *Beuthien*, Zweckerreichung, S. 267.
318 *Ulmer*, FS Möhring, S. 298.
319 *Oetker*, Dauerschuldverhältnis, S. 112; *Nicklisch*, JZ 1984, 757, 759.
320 *Paschke*, Wohnraummiete, S. 136.
321 Vgl. *Barta/Call*, JBl 1971, 76; Klang/*Bydlinski*, § 1053 ABGB, S. 193.
322 Siehe auch hier zu weiteren Bezeichnungen *Oetker*, Dauerschuldverhältnis, S. 68.
323 *Gernhuber*, Schuldverhältnis, S. 380, der lapidar formuliert: »Es gibt keinen Komplementärbegriff zum Dauerschuldverhältnis, der nicht Mißverständnisse provoziert.«
324 Dies betrifft etwa die Kündigung, das »personale Element« oder den Erwerb von Gütern, zu allen Aspekten als Definitionskriterien sogleich. Zur Aussagekraft verschiedener Aspekte für die Interessenlage bei § 108 Abs. 1 S. 1 InsO siehe unten S. 127 ff.
325 Dazu sogleich S. 65 f.
326 Vgl. die Nachweise.
327 Vgl. auch die in der Gruppierung der Meinungen und Kriterien anders ausfallende Darstellung von *Meier*, ZfPW 2016, 233, 236 f.
328 Die Zusammenfassung der Ansätze, die auf die Hauptleistungspflicht als »Bezugsobjekt« abstellen, hat als Methode zuerst *Oetker* seiner Darstellung zugrunde gelegt, vgl. *Oetker*, Dauerschuldverhältnis, S. 78 ff.
329 Vgl. insgesamt auch die chronologisch vorgehende und teils nach Veröffentlichungsformat differenzierende Einteilung von *Doralt*, Langzeitverträge, S. 7 ff.; wie hier nach inhaltlichen Kriterien *Oetker*, Dauerschuldverhältnis, S 74 ff., der aber diejenigen Ansätze, die verschiedene Kriterien kombinieren, nicht von den übrigen Meinungen separiert, sondern schlicht mehrmals anführt und *Rumpf*, Synallagma, S. 20 ff., die sich stark an *Oetker* orientiert.

a) Bezug des Zeitmoments auf den Vertrag

Kurz nachdem *von Gierke* den Diskurs über die Dauerschuldverhältnisse eröffnet hatte, wollte *W. Silberschmidt* die Schuldverhältnisse schlicht danach einteilen, ob sie »auf längere Zeit« eingegangen werden.[330] Ganz allgemein wird, wie schon gesehen, auch davon gesprochen, dass dem Zeitmoment eine »essentielle Bedeutung« zukomme.[331] *Walter Schwarz* war der Meinung, dass »das ›personale Element‹ [...] für alle Dauerschuldverhältnisse in mehr oder minder ausgeprägter Form und Intensität charakteristisch ist«.[332] Hiermit konnte er an *Günther Beitzke* anknüpfen, der formulierte, dass ein im Einzelfall unterschiedlich stark ausgeprägtes, »gewisses personenrechtliches Element [...] allen Dauerschuldverhältnissen eigen sein [dürfte]«, hiermit aber keine Definition vornehmen wollte.[333] Nicht weiter verfolgt blieb in der Literatur der Vorschlag *George Lönings*, auf das Erhaltungsinteresse abzustellen, den dieser in seiner Monographie zur Grundstücksmiete als dingliches Recht unterbreitete.[334] *Jürgen Schmidt* sieht die Besonderheiten des Dauerschuldverhältnisses darin begründet, dass sie die Übertragung subjektiver Rechte »›auf Zeit‹« und nicht »›auf ewig‹« zum Gegenstand hätten und eine bestimmte Risikoverteilung aufweisen würden.[335]

Unter denjenigen nicht die Hauptleistungspflicht als solche in den Blick nehmenden Abgrenzungen hat der auf *Josef Esser* zurückgehende Gedanke, Dauerschuldverhältnisse seien von einer »ständigen Pflichtenanspannung« geprägt, am meisten Beachtung

330 *Silberschmidt*, ZRpflBay 1916, 369. Vgl. auch *Grigoleit*, FS Lorenz, S. 795, 797: »Verknüpfung der vertragstypischen Leistungsschuld [...] mit einer gewissen Zeitdauer«, der dies aber als »*Phasenhaftigkeit* der gebotenen Leistung« bezeichnet (Hervorhebungen im Original) und auch die ständige Pflichtenanspannung rezipiert, dazu sogleich. Dieses Kriterium wird natürlich verbreitet als zu allgemein kritisiert, siehe *Oetker*, Dauerschuldverhältnis, S. 75 m. w. N.; erst jüngst aber wieder *Egle*, Nichtigkeit, S. 172 f. (»auf bestimmte oder unbestimmte Zeit geschlossen«).

331 Vgl. oben *Nicklisch*, JZ 1984, 757, 761. Wenig überraschend wird dieses Kriterium als zu unspezifisch abgelehnt, etwa *Oetker*, Dauerschuldverhältnis, S. 74 und Staudinger[12]/*J. Schmidt,* Einl zu §§ 241 ff, Rn. 318 (»informationsarm«). Ähnlich auch die auf *Beitzke*, Nichtigkeit, S. 20 zurückgehende Formulierung, das Dauerschuldverhältnis sei »um eine Dimension, nämlich um die zeitliche Dimension, reicher«.

332 *Schwarz*, FS Wilburg, S. 355, 363.

333 *Beitzke*, Nichtigkeit, S. 10. Es besteht weitgehend Einigkeit darüber, dass ein »personales Element« nicht in der Lage ist, das Dauerschuldverhältnis zu definieren, sondern allenfalls typischerweise eine gewisse Rolle spielen kann, statt vieler *Meier*, ZfPW 2016, 233, 239. Eine differenzierte Darstellung, in welcher Form ein solches Element vorliegen kann, findet sich bei *Oetker*, Dauerschuldverhältnis, S. 202 ff.

334 *Löning*, Grundstücksmiete, S. 18 ff.

335 Staudinger[13]/*J. Schmidt,* Einl zu §§ 241 ff, Rn. 366 ff. Mit der Risikoverteilung greift *J. Schmidt* ausdrücklich Gedanken von *Jahr* zur Abgrenzung zwischen Kauf und Miete auf, vgl. *Jahr*, Verhältnis, S. 14 ff. Die zeitweise Übertragung subjektiver Rechte erinnert an den sonst eher nicht als begriffskonstitutives Element, sondern als mit Dauerschuldverhältnissen assoziiertes Phänomen gesehen Aspekt, dass Dauerschuldverhältnisse nicht die Übertragung von Gütern zum Gegenstand haben, vgl. *Barta/Call*, JBl 1971, 76, 79 f.; *Gierke*, JherJb. 64 (1914), 355, 406; *Gschnitzer*, JherJb. 76 (1926), 317, 323; *Gutzler*, Lösung, S. 7, 9.

gefunden.[336] Insbesondere haben viele der Stimmen, die mehrere Kriterien zur Bestimmung des Dauerschuldverhältnisses kombinieren, sich auch des Ansatzes *Essers* bedient.[337] Teilweise findet sich – in Umkehrung des Gedankenganges, dass aus der Qualität der Dauerschuldverhältnisse folge, sie könnten gekündigt werden – auch die Vorstellung, Dauerschuldverhältnisse seien solche Schuldverhältnisse, die eines Beendigungstatbestandes bedürfen.[338]

b) Bezug des Zeitmoments auf die Hauptleistungspflicht

Im Zentrum der Debatte stehen allerdings seit deren Aufkommen die Versuche, das Dauerschuldverhältnis über einen besonderen Zusammenhang zwischen der Hauptleistungspflicht und der Zeitdauer zu definieren. Verbreitet ist der wenig aussagekräftige Hinweis, dass die Zeit hierbei nicht nur die Modalitäten der Leistung bestimmt, sondern ein »essentielles« oder »konstitutives Element« der Leistungspflicht an sich darstellt.[339] Es haben sich vor allem zwei[340] Ansätze herausgebildet, auf die sich die vorhandenen Meinungen grob zurückführen lassen:

Im Anschluss an *von Gierke* ist eine phänomenologisch[341] an die Art der Hauptleistungspflicht anknüpfende Abgrenzung populär geworden, die darauf schaut, ob sich die »Leistungspflicht [...] auf einen Zeitraum erstreckt« oder »in eine[m] Zeitpunkt konzentriert[...]«.[342] In alternativer Formulierung wird darauf abgestellt, ob die »Leistung

336 So schon *Esser*, Schuldrecht^2, S. 61 f.; zuletzt *Esser/E. Schmidt*, Schuldrecht^7, S. 259 f. Man mag sich fragen, ob *Esser* hiermit nicht an die Leistungspflicht anknüpft. Die Einordnung *Essers* erfolgt hier indes als nicht an die Leistungspflicht anknüpfende Meinung wie bei *Oetker*, Dauerschuldverhältnis, 89 und *Rumpf*, Synallagma, S. 32, weil das Kriterium doch eher vage ist. Zudem spricht *Esser* auch von der »Dauerleistung mit für die Vertragszeit ständiger Pflichtenanspannung« und stellt somit nicht ausschließlich auf die ständige Pflichtenanspannung ab. Dennoch wird ihm vor allem letztere als Kriterium zugeschrieben, weshalb hier auch nicht davon ausgegangen wird, er kombiniere mehrere Kriterien. Inzwischen tendiert das von *E. Schmidt* weitergeführte Lehrbuch zur Abgrenzung *Oetkers*, vgl. *Esser/E. Schmidt*, Schuldrecht, 256 f.; zu *Oetker* sogleich.

337 Dazu sogleich.

338 Vgl. etwa *Wiese*, FS Nipperdey Bd. I, S. 837. Verbreitet wird die Beendigung durch Kündigung aber nicht begriffskonstitutiv in die Definition aufgenommen, sondern lediglich im Zusammenhang mit Dauerschuldverhältnissen erörtert, vgl. *Gierke*, JherJb. 64 (1914), 355, 380 ff., 386. Mit der Entkopplung der Vertragsbeendigung vom Leistungserfolg findet sich dieser Gedanke bei *Oetker*, Dauerschuldverhältnis, S. 115 f., 143 als Kriterium der »Dauerverträge« wieder, der in seiner Darstellung aber ausdrücklich an die Hauptleistungspflicht anknöpfen will, *ders.*, Dauerschuldverhältnis, S. 105 ff.; zu der Meinung *Oetkers* daher sogleich.

339 *Horn*, Gutachten, S. 551, 561; *Paschke*, Wohnraummiete, S. 135.

340 Beachte aber schon an dieser Stelle Staudinger^{13}/*J. Schmidt*, Einl zu §§ 241 ff, Rn. 354, der offenbar auch zwischen den folgenden Kriterien keinen Unterschied sieht.

341 *Oetker*, Dauerschuldverhältnis, S. 84.

342 *Gierke*, JherJb. 64 (1914), 355, 357, 358 f.; zuvor schon *Steinberger*, Dauerverträge, S. 6; auch *Gutzler*, Lösung, S. 5, der von *Oetker*, Dauerschuldverhältnis, S. 76 aber nicht hier, sondern bei *J. Schmidt* verortet wird, wohl auch *Michalski*, JA 1979, 401, 402 (»fortdauernde Leistungspflichten«).

während eines […] Zeitraums ständig erbracht« wird.[343] Zu dieser Ansicht wird man wohl auch diejenigen Meinungen zählen können, die danach unterscheiden, ob ein einmaliger oder ein dauernder Leistungserfolg[344] geschuldet ist;[345] ebenso ist hier das Kriterium anzuführen, dass bei Dauerschuldverhältnissen die Herbeiführung und Aufrechterhaltung eines Zustandes geschuldet wird.[346] Unter sich auf einen Zeitraum erstreckenden Leistungspflichten bzw. unter auf dauernde Leistungserfolge gerichteten Leistungspflichten sind dann jedenfalls solche Pflichten angesprochen, die sich ihrer Natur nach auf einen Zeitraum erstrecken müssen, wie etwa die Gebrauchsgewährungspflicht des Vermieters. Verträge, die eine solche Leistungspflicht nicht vorsehen, werden bei entsprechender Ausgestaltung, wie etwa bei der wiederkehrenden Verpflichtung zur Lieferung beweglicher Sachen, teilweise in verschiedenen Spielarten in die Dauerschuldverhältnisse einbezogen, etwa über ein sogenanntes »Stammrecht«, aus dem die einzelnen (Liefer)Pflichten stets neu entstehen[347] oder über den Topos der Leistungsbereitschaft.[348]

Eine andere Ansicht nimmt in Anknüpfung insbesondere an den Österreicher *Armin Ehrenzweig* das Verhältnis der Zeit zum Leistungsumfang in den Blick. Ein Dauerschuldverhältnis liegt danach vor, wenn »sich die Leistungen nach der Dauer des Verhältnisses richten und nicht umgekehrt die Dauer des Verhältnisses nach den

343 *Horn*, Gutachten, S. 551, 561.

344 Eine Unterscheidung nach der Leistungshandlung ist *Oetker*, Dauerschuldverhältnis, S. 80 zufolge nur für das schweizerische Obligationenrecht aufgestellt worden. In der Tat ist zum deutschen Recht nie ausdrücklich auf die Leistungshandlung, jedoch durchaus auf das geschuldete Verhalten abgestellt worden, etwa *Wiese*, FS Nipperdey Bd. I, S. 837, 844 (»während bei [Dauerschuldverhältnissen] ein gleichmäßiges Verhalten innerhalb eines Zeitraumes geschuldet wird«); *Egle*, Nichtigkeit, S. 173; MüKo/*Gaier,* § 314 BGB, Rn. 11 (»fortgesetztes Verhalten«); *Christdoulou*, Zeitelement, S. 142 (»ein Schuldverhältnis […], das mindestens eine Verbindlichkeit auf dauerndes Verhalten umfaßt«). *Luther*, Darlehen, S. 26 geht davon aus, dass zumindest letzterer damit auf die Leistungshandlung abstellen wollte, sieht aber selbst keinen wesentlichen Unterschied darin, auf das eine oder andere abzustellen.

345 *Ebhardt*, Beendigung, S. 8; *Mülbert*, FS Westermann, S. 491, 493 ff.; *Luther*, Darlehen, S. 25 ff.; auch *Wiese*, FS Nipperdey Bd. I, S. 837, 846, bei dem die Berechtigung dieser Gleichstellung besonders deutlich wird.

346 *Gansauge*, Dauerschuldverhältnis, S. 18 ff.; *Nehm*, Die kündbaren Rechtsverhältnisse, S. 7 ff.; *Nikisch*, Grundformen, S. 148, der von *Oetker*, Dauerschuldverhältnis, S. 83 f. aber nicht zu dieser Meinungsgruppe gezählt wird; wie hier *Mülbert*, FS Westermann, S. 491, 494 Fn. 17, demzufolge *Nikisch* auch auf den Leistungserfolg abstellt. Vgl. auch Staudinger[13]/*J. Schmidt,* Einl zu §§ 241 ff, Rn. 353, der das Schlagwort des »Zustands« mit dem von *Siber* vorgeschlagenen und dann wieder aufgegebenen Kriterium der Pluralität der Leistungserfolge in Verbindung bringt, dazu sogleich. Eher beiläufig von einem Zustand spricht auch *Gutzler*, Lösung, S. 11.

347 *Gierke*, JherJb. 64 (1914), 355, 374; *Ebhardt*, Beendigung, S. 10; auch *Ulmer*, Vertragshändler, 253; *Schwarz*, FS Wilburg, S. 355, 362; gegen diese Vorstellung *Beitzke*, Nichtigkeit, S. 20; *Thume*, § 324 BGB, S. 48; *Maas*, Stammrecht, S. 83. Auf ständig neu entstehende Leistungspflichten stellen auch *Michalski*, JA 1979, 401, 402; *Egle*, Nichtigkeit, S. 172 f.; MüKo/*Gaier,* § 314 BGB, Rn. 10; BeckOKBGB/*Sutschet,* § 241 BGB, Rn. 27 ab, ohne diese ausdrücklich auf ein »Stammrecht« zu beziehen.

348 Etwa *Mülbert*, FS Westermann, S. 491, 496.

Leistungen«.[349] Obwohl auch dieser von »dauernden« bzw. »wiederkehrenden Leistungen« spricht, wird *Ehrenzweig* allgemein so verstanden, dass der Gesamtumfang der Leistungen sich bei Dauerschuldverhältnissen nach deren Laufzeit richten soll.[350] Als Weiterentwicklung dieser Ansicht[351] ist es zu sehen, wenn darauf abgestellt wird, dass der Leistungsumfang nicht im Vorhinein feststehen darf.[352] Dieses zusätzliche Kriterium wurde in die Diskussion eingeführt, um[353] insbesondere im Bereich der Sukzessivlieferungsverträge eine klare Abgrenzung zu bestimmten Konstellationen zu ermöglichen, die offenbar nicht zu den Dauerschuldverhältnissen zählen sollten.

Auch an die Leistungspflicht knüpfen *Stefanie Rumpf* und *Sandra Urban* an, wenn sie danach differenzieren, ob Leistungserfolg und Vertragsbeendigung entkoppelt sind oder nicht.[354] Im weiteren Verlauf der Debatte nicht aufgegriffen wurde der Ansatz *Heinrich Sibers*, wonach Dauerleistungen sich durch die Pluralität der Leistungserfolge auszeichnen.[355] Selten rezipiert wurde auch der von *Franz Gschnitzer* nicht weiter konkretisierte Gedanke, Dauerschuldverhältnisse seien »unverbrauchbare« Schuldverhältnisse.[356]

c) Kombinationen verschiedener Ansätze

Mannigfach sind die Stimmen, die mehrere der genannten Kriterien zur Bestimmung des Dauerschuldverhältnisses kombinieren wollen. Ganz allgemein auf die ständige Pflichtenanspannung und die Zeit als »essentielles Element der Leistungspflicht« stellt

349 *Ehrenzweig*, System, S. 319.

350 Vgl. *Oetker*, Dauerschuldverhältnis, S. 84 ff. In der Folge *Ehrenzweigs* etwa *Gauch*, System, S. 6 f.; *Haarmann*, Geschäftsgrundlage, S. 119, der es aber – nebenbei – auch für erforderlich hält, dass »ein dauerndes Verhalten oder [...] wiederkehrende einzelne Leistungen« geschuldet sind und sich zudem auch auf *Thume* beruft, der aber wiederum die Unbestimmtheit des Gesamtumfangs für erforderlich hält (dazu sogleich), die *Haarmann* nicht erwähnt. Vgl. auch *Bydlinski*, FS Steinwenter, S. 140, der dort aber auch auf den Ansatz *Gschnitzers* zurückgreift. Ähnlich auch *Oetker*, Dauerschuldverhältnis, S. 134 ff., der die Zeit als »ausschließliches Gattungskriterium zur Bestimmung des Leistungsumfanges« zum Kriterium des Dauerschuldverhältnisses macht; zur Ansicht *Oetkers* sogleich.

351 *Oetker*, Dauerschuldverhältnis, S. 86.

352 Etwa *Thume*, § 324 BGB, S. 57 f.; *Kast*, Einrede, S. 152; Klang/*Bydlinski*, § 1053 ABGB, S. 194 ff.

353 Zu dem Bestreben, bestimmte Verträge und Konstellationen nicht als Dauerschuldverhältnis sehen zu wollen und die Definition danach auszurichten siehe unten bei S. 67 ff. in Fn. 375.

354 *Rumpf*, Synallagma, S. 44 f.; *Urban*, Kündigungsschutz, S. 34, auch *Weller*, JZ 2012, 881, 882, der sich aber in der Tradition *von Gierkes* sieht. In die Diskussion eingeführt wurde dieses Kriterium von *Oetker*, Dauerschuldverhältnis, S. 115 f., 143; zu dessen Ansicht sogleich.

355 *Siber*, JherJb. 50 (1906), 55, 181 f., wonach sich Dauerleistungen in unzählige Einzelleistungen zerlegen ließen. *Siber* selbst gab diese Vorstellung später jedoch auch wieder auf, da sie »nicht die des Lebens« sei, vgl. Planck/*ders.*, § 271, Anm. 1 a). Anders als *Oetker*, Dauerschuldverhältnis, S. 79 Fn. 80 meint, ist davon auszugehen, dass *Siber*, JherJb. 70 (1921), 223 schon nicht mehr auf die Pluralität der Leistungserfolge abstellen möchte.

356 *Gschnitzer*, JherJb. 76 (1926), 317, 324, beachte aber *Bydlinski*, FS Steinwenter, S. 140. Zur Bedeutung des Beitrags von *Gschnitzer* siehe auch *Doralt*, Langzeitverträge, S. 19 f.

Marian Paschke ab.[357] Sowohl auf die Unbestimmtheit des Gesamtumfangs als auch auf die ständige Pflichtenanspannung stellt etwa *Peter Ulmer* ab.[358] *Arndt Teichmann* zufolge führt die während eines Zeitraumes zu erbringende Leistung zu einer ständigen Pflichtenanspannung.[359] Verbreitet wird auch die phänomenologische Umschreibung *Gierkes* mit dem von *Ehrenzweig* geprägten Ansatz, dass der Gesamtumfang von der Zeit abhängig ist, kombiniert,[360] wobei teilweise zusätzlich auch auf die ständige Pflichtenanspannung zurückgegriffen wird.[361] Die Unbestimmtheit der Gesamtleistung kombiniert *Ernst Wolf* mit dem Erfordernis eines Beendigungstatbestandes.[362] Zweier Kriterien zur Abgrenzung bedient sich auch *Oetker*, der das Dauerschuldverhältnis ausdrücklich so definiert, dass der Leistungsumfang ausschließlich anhand zeitlicher Kriterien bestimmbar sein müsse[363] und kein Automatismus zwischen Leistungserfolg und Vertragsbeendigung bestehen dürfe.[364]

II. Stellungnahme

Das Bestreben, Dauerschuldverhältnisse zu definieren und diese Kategorisierung zum Anknüpfungspunkt von Rechtsfolgen zu machen, ist insbesondere vor dem Hintergrund nachvollziehbar, dass sich die Gesetzeslage zu Beginn des 20. Jahrhunderts

357 *Paschke*, Wohnraummiete, S. 135.

358 *Ulmer*, Vertragshändler, S. 254 f.

359 Soergel[12]/*Teichmann*, § 241 BGB, Rn. 6.

360 So bei *Larenz*, Schuldrecht I, S. 29 f.

361 *Bauer/Diller*, NJW 2002, 1609; *Nicklisch*, JZ 1984, 757, 761; MüKo/*Gaier*, § 314 BGB, Rn. 10; BeckOKBGB/*Sutschet*, § 241 BGB, Rn. 27.

362 *Wolf*, Arbeitsverhältnis, S. 98.

363 Dies erinnert an den Ansatz *Ehrenzweigs*, vgl. dazu oben S. 63 ff. bei Fn. 349, auf den sich *Oetker* aber nicht ausdrücklich beruft.

364 *Oetker*, Dauerschuldverhältnis, S. 706; ihm ausdrücklich folgend *Weller*, Vertragstreue, S. 203 f. Als unglücklich muss man die von ihm gewählte Terminologie bezeichnen. So will er den »vieldeutigen und schillernden Begriff des ›Dauerschuldverhältnisses‹« einerseits hinter sich lassen und stattdessen vom »Dauerschuldvertrag« sprechen, vgl. *Oetker*, Dauerschuldverhältnis, S. 141, verzichtet dann aber in der Folge nicht auf diesen Begriff, sondern definiert ihn sogar a. a. O. Zudem ist die Kündigung bei ihm nicht nur für die Dauerschuldverhältnisse, sondern für alle Dauerverträge das adäquate Mittel zur Vertragsbeendigung, vgl. *ders.*, Dauerschuldverhältnis, S. 248 ff. *Oetker* gelingt so zwar eine maximal ausdifferenzierte phänomenologische Ordnung der Schuldverträge hinsichtlich der »zeitlichen Dimension« der Leistungspflicht. Angesichts der sehr weit verbreiteten, zumindest assoziativen Verbindung des Dauerschuldverhältnisses mit der Kündigung als Instrument der Vertragsbeendigung ist aber fraglich, ob man, vergleicht man *Oetkers* Systembildung mit denen anderer Autoren, nicht auf die bei ihm Dauerverträge genannten Schuldverhältnisse abstellen müsste. Es ist bezeichnend, dass sich *Rumpf*, Synallagma, S. 44 ff. und etwa auch *Esser/E. Schmidt*, Schuldrecht, S. 256 f. für die Abgrenzung der Dauerschuldverhältnisse (nur) des Kriteriums der vom Leistungserfolg entkoppelten Vertragsbeendigung bedienen, was bei *Oetker* zur Bestimmung des Dauerschuldverhältnisses bzw. Dauerschuldvertrages nicht ausreicht, da es sämtliche von ihm als Dauerverträge bezeichneten Schuldverhältnisse erfasst.

nicht zu Dauerschuldverhältnissen äußerte und auch letzten Endes erst die Schuldrechtsmodernisierung einige wesentliche Fragen gesetzlich klärte. Der Umgang mit der Diskussion über das Dauerschuldverhältnis bereitet aus heutiger Sicht indes aus vor allem zwei Gründen Schwierigkeiten.

1. Die unklare Funktion des Begriffs

Zunächst bleibt oft unklar, was genau der Begriff des Dauerschuldverhältnisses bezwecken soll, was zudem von den Diskutanten nur selten problematisiert worden ist.[365] In seinem Ausgangspunkt war der Diskurs von der Annahme geprägt, dass für Dauerschuldverhältnisse bestimmte Rechtssätze gelten bzw. bei der Anwendung bestimmter Regelungen die Besonderheiten der Dauerschuldverhältnisse zu beachten seien. Der Begriff wurde also zum Anknüpfungspunkt für konkrete Rechtsfolgen. Im weiteren Verlauf wurde aber auch immer mehr die Systematisierung der Schuldverträge nach zeitlichen Aspekten betont und es fanden Stichworte wie »Systembegriff«,[366] »Ordnungsbegriff«,[367] »Rechtsbegriff«[368] oder »Strukturbegriff«[369] Eingang in den Diskurs. Teils ist auch die Rede von einer »Lehre der Dauerschuldverhältnisse«.[370] Die Frage der mit dem Vorliegen eines Dauerschuldverhältnisses verbundenen Rechtsfolgen hat sich zudem, insbesondere mit dem Erlass von § 314 BGB, teilweise in die Gesetzesanwendung verschoben, wo in der Regel eine teleologische Auslegung der jeweiligen Norm propagiert wird,[371] was die Frage der sachgerechten Anwendung bestimmter Rechtsinstitute von der begrifflichen Systembildung zu Recht und auch formal[372]

365 *Oetker*, Dauerschuldverhältnis, S. 75 beklagt zudem etwa die mangelnde Auseinandersetzung der meisten Darstellungen mit den Abgrenzungskriterien anderer Autoren.

366 *Oetker*, Dauerschuldverhältnis, S. 66.

367 *Doralt*, Langzeitverträge, S. 19; *Oetker*, Dauerschuldverhältnis, S. 116, 244.

368 *Oetker*, Dauerschuldverhältnis, S. 66.

369 Staudinger[13]/*J. Schmidt,* Einl zu §§ 241 ff, Rn. 349, 351 ff.

370 *Christdoulou*, Zeitelement, S. 6; *Barta/Call*, JBl 1971, 76; aus jüngerer Zeit *Weller*, JZ 2012, 881 ff. (»allgemeine[...] Dauerschulddogmatik«); skeptisch *Oetker*, Dauerschuldverhältnis, S. 707.

371 Etwa BeckOGK/*Martens,* § 314 BGB, Rn. 14; Staudinger/*Olzen,* § 241 BGB, Rn. 360. Beachte auch *Meier*, ZfPW 2016, 233. 248 ff., der bei einer entsprechend geringen Vertragsdauer unter Umständen sogar Mietverträge kurzerhand nicht zu den Dauerschuldverhältnissen zählen möchte. Methodisch noch etwas mehr von der begrifflichen Debatte geprägt Soergel/*Teichmann,* § 314 BGB, Rn. 16, demzufolge Raten- und Teillieferungsverträge kategorisch keine Dauerschuldverhältnisse sind, der aber eine analoge Anwendung von § 314 BGB in Erwägung zieht. Ob er »kurze« Mietverträge zu den Dauerschuldverhältnissen zählen würde, bleibt offen, methodisch konsequenter wäre wohl eine teleologische Reduktion des § 314 BGB. Vgl. auch BGHZ 223, 260, Rn. 31 und BGHZ 224, 177, Rn. 41.

372 Erfrischend deutlich hierzu schon im Jahr 1983 Staudinger[12]/*J. Schmidt,* Einl zu §§ 241 ff, Rn. 323, demzufolge das Ausfüllen von Regelungslücken »[v]öllig unabhängig« von der Struktur der Rechtsverhältnisse zu behandeln sei.

abgekoppelt zu haben scheint.[373] Teilweise wird daher das Dauerschuldverhältnis nunmehr auch lediglich mit bestimmten Problemfeldern assoziiert. Die Tatsache, dass Dauerschuldverhältnisse oft vor dem Hintergrund bestimmter Fragestellungen definiert werden,[374] führt außerdem dazu, dass Autoren die »richtige« Zuordnung konkreter Verträge bzw. allgemeiner Vertragstypen bereits vor Augen zu schweben scheint, wenn sie einzelne Definitionen allein mit dem Argument zu widerlegen suchen, dass deren Kriterien bestimmte Verträge (nicht) erfassen.[375] Trotz dieser unübersichtlichen Gemengelage wird nicht davor zurückgescheut, die vorgetragenen Abgrenzungskriterien nebeneinanderzulegen und aneinander zu messen.[376] Vor diesem Hintergrund kann es nicht verwundern, dass die Privatrechtswissenschaft Schwierigkeiten hat, das »essentielle Zeitmoment« bzw. die besondere Prägung der Zeit, die bestimmten Verträgen zweifelsohne eigen ist, zu beschreiben.[377] Dies zeigt sich auch an den vielen eher plastischen Beschreibungen des zeitlichen Moments,[378] den verbreitet vorgebrachten und ebenso oft kritisierten, lapidaren Kennzeichnungen[379] und dem immer

373 Dies ist als Fortschritt zu begreifen. So betont auch *Oetker*, Dauerschuldverhältnis, S. 97, 183 dass bei der Anwendung einer konkreten Norm nicht allein auf eine systematische Begriffsbildung ohne teleologische Rückkopplung zurückgegriffen werden könne. Dennoch will er aber anhand »einheitliche[r] Strukturen« die »Lösung konkreter [...] Rechtsfragen fördern« und macht somit doch, zumindest hinsichtlich der damals nicht kodifizierten rechtlichen Mechanismen, nicht deren Zweck zu ihrem entscheidenden Anknüpfungspunkt, sondern die Gruppe der Dauerschuldverhältnisse. Die systematische Leistungsfähigkeit des Begriffs soll aber auch nach *Oetker* eher gering sein, vgl. *ders.*, Dauerschuldverhältnis, S. 707. Wie hier *Doralt*, Langzeitverträge, S. 492: »Für die Bereiche, wo der Begriff des Dauerschuldverhältnisses tatsächlich mit normativen Folgen verbunden ist, kann aus der vorhandenen Systematisierung nicht viel gewonnen werden.« *Oetker*, AcP 219 (2019), 943, 944 möchte hingegen nach wie vor nicht auf eine allgemeine Begriffsbildung verzichten und begründet deren Notwendigkeit gerade mit den auf den Begriff zurückgreifenden Normen des allgemeinen Schuldrechts.

374 Bezeichnend schon relativ früh *Nehm*, Die kündbaren Rechtsverhältnisse, S. 115: »Das hat dazu geführt, [den Begriff der Dauerverträge] entweder ganz beiseite zu lassen oder ihn so einzuengen, daß er für das einen Anhalt gab, was man mit ihm erklären wollte.«

375 Beispielhaft *Thume*, § 324 BGB, S. 48, 50, 56 f.; *Kast*, Einrede, S. 150 f.; *Meier*, ZfPW 2016, 233, 237 ff. Fn. 35, 43 und 44; *Oetker*, Dauerschuldverhältnis, S. 85 f., 86, 89, 92, 140; *Schwarz*, FS Wilburg, S. 355, 362.

376 Vgl. *Oetker*, Dauerschuldverhältnis, S. 74 ff., 105 ff. und erst jüngst *Meier*, ZfPW 2016, 233, 236 ff.

377 Dass die Reduzierung der Fragestellung auf eine konkrete Perspektive die Bestimmung des Dauerschuldverhältnisses ganz wesentlich erleichtern kann, zeigt der Beitrag von *Meier*, ZfPW 2016, 233 ff., der nur an gesetzlichen Bestimmungen anknüpfen will und so anhand von § 313 Abs. 3 BGB festlegt, dass der Unterschied zwischen Dauerschuldverhältnissen und anderen Verträgen (nur) darin zu suchen ist, dass man sich von ihnen durch Kündigung und nicht durch Rücktritt löst. Für diese Perspektive gelingt *Meier* dann auch eine prägnante Begriffsdefinition.

378 Vgl. etwa *Steinberger*, Dauerverträge, S. 6; *Gernhuber*, Schuldverhältnis, S. 378, (»Punkt und Linie«), ähnlich *Nikisch*, Grundformen, S. 145; auch *Gschnitzer*, JherJb. 76 (1926), 317, 323 f. (»Die Dauerschuldverhältnisse drängen nicht wie die vorübergehenden dem Ende zu«).

379 Vgl. insbesondere oben S. 62 ff.

wieder erfolgenden Rückgriff auf die »Lebensanschauung«,[380] die natürlich dann wieder als unpräzise kritisiert werden.[381] Vor diesem Hintergrund kann es nicht verwundern, dass die Diskussion insgesamt kritisch gesehen wird und die Aussagekraft eines etwaigen konkreten Begriffsverständnisses als gering eingeschätzt wird.[382] Das spiegelt sich auch darin wieder, dass zuletzt auf eine konkrete definitorische Erfassung eher verzichtet wurde.[383] Dass die Diskussion um die Abgrenzungskriterien sehr verworren ist, zeigt sich auch daran, dass immer wieder Uneinigkeit darüber besteht, ob sich bestimmte Ansätze inhaltlich überhaupt unterscheiden.[384] Es ist daher schon in einem ersten Zugriff schwer zu sagen, was der Begriff des Dauerschuldverhältnisses in Bezug auf einen konkreten Kontext leisten kann, weil er im Laufe der Zeit aus so verschiedenen Blickwinkeln bestimmt worden ist und man sich wie gesehen nicht nur nicht auf einen Begriff, sondern auch nicht auf eine bestimmte Funktion einigen konnte.

2. Der geringe normative Gehalt phänomenologischer Kriterien

Hinzu kommt, dass bei der »zeitorientierten Ordnung der Schuldverträge«[385] primär phänomenologisch an die Hauptleistungspflicht angeknüpft wird. Die so gefundene Einteilung der Verträge geht aber nicht zwingend mit einem normativen Gehalt einher,[386] wurde indes von Beginn an mit konkreten Rechtsfragen, insbesondere der Vertragsbeendigung, verbunden. Die Feststellung, dass bestimmten vertraglichen Pflichten ein Element der Dauer zwingend innewohnt, kann es zwar erforderlich machen, diese Besonderheit bei der Anwendung bestimmter, nicht auf solche Pflichten zugeschnittener Normen, wie etwa § 320 oder § 362 BGB, zu berücksichtigen. Hiervon aber für den gesamten Vertrag – mehr als typisierende – Schlüsse zu ziehen, ist als problematisch anzusehen und zwingt, je nach zugrunde gelegter Definition, unter Umständen zu dogmatischen Kunstgriffen wie dem »Stammrecht«. Stellvertretend für diese Überla-

380 *Gierke*, JherJb. 64 (1914), 355, 394; auch *Ebhardt*, Beendigung, S. 8 und *Nikisch*, Grundformen, S. 152; Planck/*Siber*, § 271, Anm. 1 a).

381 Schon früh *Gansauge*, Dauerschuldverhältnis, S. 19; weiter etwa *Rumpf*, Synallagma, S. 47; *Oetker*, Dauerschuldverhältnis, S. 82.

382 *Gernhuber*, Schuldverhältnis, S. 377 ff.; Staudinger/*Olzen*, § 241 BGB, Rn. 366 (»Sammelbegriff für dogmatische Einzelprobleme unterschiedlicher Art«); *Doralt*, Langzeitverträge, S. 492.

383 Keine Bedenken hat aber offenbar *Egle*, Nichtigkeit, S. 172 ff.

384 Um nur einige Beispiele zu nennen: *Ulmer*, Vertragshändler, S. 253 sieht das Kriterium der »ständigen Pflichtenanspannung« als Teil der von *von Gierke* begründeten Meinung, anders *Oetker*, Dauerschuldverhältnis, S. 80 ff., 89; anders als *Mülbert*, FS Westermann, S. 491, 493 Fn. 8 sieht *Oetker*, Dauerschuldverhältnis, S. 81 Fn. 91 keine Unterschiede zwischen *Wiese* und *von Gierke*; vgl. weiter *Kast*, Einrede, S. 150 und *Schwarz*, FS Wilburg, S. 355, 362, die davon ausgehen, *Gschnitzer* meine mit seiner Differenzierung letztendlich nichts anderes als *von Gierke*; *Gernhuber*, Schuldverhältnis, S. 278 Fn. 2 spricht von einer »Variante«; anders wohl wiederum *Oetker*, Dauerschuldverhältnis, S. 81; *Beuthien*, Zweckerreichung, S. 270 und ausdrücklich *Doralt*, Langzeitverträge, S. 20; unklar auch die Einordnung *Nikischs*, vgl. *Mülbert*, FS Westermann, S. 491, 494 Fn. 17 und *Oetker*, Dauerschuldverhältnis, S. 83.

385 So die Formulierung von *Oetker*, Dauerschuldverhältnis, S. 96.

386 Vgl. auch *Christdoulou*, Zeitelement, S. 143.

dung der phänomenologischen Einordnung stehen dabei die nicht enden wollenden Diskussionen um die Fragen, ob den Vertragstypen des BGB Aussagekraft zukommt[387] und ob es »kurze« Dauerschuldverhältnisse gibt,[388] sowie der zunehmende Rückgriff auf mehrere Kriterien insbesondere in der Kommentarliteratur.[389] Dementsprechend ändert sich der Befund, dass die Aussagekraft des Begriffs unklar oder bestenfalls begrenzt ist, nicht, wenn man ihn im hiesigen Kontext betrachtet: Der primäre Untersuchungsgegenstand dieser Arbeit ist die Frage, aus welchen Gründen den in § 108 Abs. 1 S. 1 InsO genannten Verträgen eine Sonderbehandlung zukommt. Dort, wo für Dauerschuldverhältnisse bestimmte Rechtsfolgen vorgesehen sind, ist unbestreitbar, dass der Zweck der Norm für die Bestimmung dessen, was in dem konkreten Zusammenhang als Dauerschuldverhältnis gesehen wird, entscheidend ist. Hier werden zwar nicht für Dauerschuldverhältnisse im Allgemeinen bestimmte Rechtsfolgen aufgestellt, sondern nur für bestimmte, typischerweise zu den Dauerschuldverhältnissen gezählte Verträge. Ein abstrakter Begriff müsste, damit man deduktiv mit ihm arbeiten kann, dennoch vor dem Hintergrund des hiesigen, insolvenzvertragsrechtlichen Kontextes teleologisch bestimmt werden. Im ersten obigen Abschnitt wurde festgestellt, dass besondere Interessen der Vertragspartner der Grund für die insolvenzrechtliche Sonderbehandlung sind. Es bleibt indes unklar, wie die normativen[390] Gründe für diese Sonderbehandlung unmittelbar aus einem Begriff abgeleitet werden können sollen, dem primär phänomenologische Umschreibungen zugrunde liegen.

3. Zwischenergebnis

Es ist daher davon auszugehen, dass der Diskussion um das Dauerschuldverhältnis kein abstrakter Begriff entnommen werden kann, mit dem im hiesigen Kontext deduktiv gearbeitet werden könnte. Mit dieser Feststellung erübrigt sich auch eine Kritik der verschiedenen Ansätze.[391] Dass hier einem bestimmten Begriff des Dauerschuldverhältnisses kein normativer Gehalt beigemessen wird, lässt aber die Annahme unberührt, dass die in § 108 Abs. 1 S. 1 InsO adressierten Verträge sich dahingehend auf

387 Die meisten Darstellungen orientieren sich zumindest an den Vertragstypen, vgl. *Gierke*, JherJb. 64 (1914), 355, 394, *Oetker*, Dauerschuldverhältnis, S. 144 ff.; *Gernhuber*, Schuldverhältnis, S. 381; *Schneider*, Vertragsanpassung, S. 14 ff., im Grundsatz auch *Meier*, ZfPW 2016, 233 ff.; die Vertragstypen als nicht relevant sehend *Nikisch*, Grundformen, S. 146 f., 152, 155. Die Rechtsprechung geht dagegen mit den Vertragstypen erfreulich pragmatisch um, vgl. etwa zu einem Dienstvertrag, der kein Dauerschuldverhältnis ist BGH NJW 1989, 1479 und BGHZ 224, 177, Rn. 41; zu einem als Dauerschuldverhältnis ausgestalteten Werkvertrag BGHZ 223, 260, Rn. 31.

388 Paradigmatisch ist hierfür nach wie vor das von *Gierke*, JherJb. 64 (1914), 355, 395 geprägte Beispiel der Miete eines Opernglases für eine Vorstellung; vgl. im Übrigen *Horn*, Gutachten, S. 551, 561 (»definitorisch nicht ausscheidbar«) und *Wiese*, FS Nipperdey Bd. I, S. 837, 846; anders im Zusammenhang von § 314 BGB *Meier*, ZfPW 2016, 233, 248.

389 Vgl. dazu oben S. 65 ff. und etwa auch Soergel/*Teichmann*, § 314 BGB, Rn. 10, der eher auf eine typologische Umschreibung als auf eine Definition abstellen möchte.

390 Vgl. oben S. 46 ff.

391 Eine solche findet sich etwa bei *Oetker*, Dauerschuldverhältnis, S. 75 ff. und 99 ff.; *Rumpf*, Synallagma, S. 20 ff. und *Meier*, ZfPW 2016, 233, 237 ff.

einen Nenner bringen lassen, dass sie, um eine wenig aussagekräftige, aber verbreitete Formulierung zu bemühen, durch den Aspekt der Dauer »besonders geprägt« sind und diese Prägung zentral für die Kontinuitätsinteressen der Parteien und deren insolvenzrechtliche Sonderbehandlung ist. Vielmehr bestätigt der Blick auf die Diskussion um den Begriff des Dauerschuldverhältnisses die Annahme, dass diese schwer zu spezifizierende zeitliche Dimension bestimmter Schuldverhältnisse zu einer besonderen Interessenlage führt, werden doch bestimmte Topoi zur Interessenlage bei Dauerschuldverhältnissen immer wieder aufgegriffen.[392] Aus den hiesigen Befunden folgt nur, dass im Weiteren die für die Abwägung maßgeblichen Interessen induktiv herausgearbeitet werden, indem betrachtet wird, wie sich die Verfahrenseröffnung auf die Vertragsverhältnisse auswirkt.

III. Terminologisches

Da im Fortgang dieser Arbeit natürlich weiter von bestimmten Verträgen die Rede sein wird, die sich durch ein besonderes zeitliches Element auszeichnen, sind angesichts der aufgezeigten begrifflichen Vielfalt abschließend einige terminologische Fragen zu klären. Wie schon am Arbeitstitel zu sehen ist, soll der Begriff des Dauerschuldverhältnisses auch nicht vermieden werden. Die Tatsache, dass die normative Aussagekraft des Begriffs für zu gering befunden wurde, als dass sich aus ihm konkrete Wertungen ableiten ließen, spricht nicht zwingend dagegen, den Begriff an sich zu verwenden. Auch ist wohl *Doralt* zuzustimmen, der formuliert, dass »jeder deutschsprachige Jurist […] eine Vorstellung« davon habe, was ein Dauerschuldverhältnis ist.[393] Es soll daher im Weiteren auch von Dauerschuldverhältnissen die Rede sein. Hierunter werden im Anschluss an *Oetkers* Dauerverträge solche Vertragsverhältnisse verstanden, die aufgrund dauernder oder wiederkehrender Leistungspflichten eine Bindung in der Zeit ergeben. Dauernde Leistungspflichten sind dabei solche, die sich in ihrem Umfang nur nach zeitlichen Kriterien messen lassen, wie die Pflicht des Vermieters oder des Dienstverpflichteten und haben stets eine Bindung in der Zeit zur Folge. Wiederkehrende Leistungspflichten sind ihrer Natur nach keine Dauerpflichten, ergeben aber eine Bindung in der Zeit, wenn ihre Erfüllung nicht zur Vertragsbeendigung führt. Für die Bindung in der Zeit ist also charakteristisch, dass sie besteht, bis ein Beendigungstatbestand eintritt. Dieser ist entweder der Ablauf der vereinbarten Vertragszeit oder eine Kündigung. Als Gegenbegriff zu Dauerschuldverhältnissen wird im Folgenden von punktuellen Austauschverträgen die Rede sein. Diese sehen einen Leistungsaustausch vor, der von beiden Vertragsparteien nur eine einmalige Leistung verlangt, typischerweise die Überführung eines konkreten Gutes in das Vermögen der anderen Seite. Prototypisch hierfür ist der einfache Kaufvertrag.

392 Vgl. auch unten S. 127 ff.
393 *Doralt*, Langzeitverträge, S. 90.

2. Kapitel Die Kontinuitätsinteressen des Vertragspartners

Im ersten Kapitel wurde der Topos der für Dauerschuldverhältnisse spezifischen Kontinuitätsinteressen als gemeinsamer Nenner der durch § 108 Abs. 1 S. 1 InsO geschützten Vertragsverhältnisse identifiziert, einem abstrakt-generellen Begriff des Dauerschuldverhältnisses jedoch ein näherer Aussagegehalt über diese Interessen abgesprochen. Im Rahmen der nun folgenden induktiven Untersuchung der Interessenlage ist zunächst zu fragen, wie sich die Verfahrenseröffnung auf noch nicht beendete Dauerschuldverhältnisse auswirkt. Im Sinne möglichst verwertbarer Ergebnisse werden hier Nutzungsüberlassungen im Allgemeinen betrachtet, wobei auf die Diskussion zur Miete insgesamt und zu Lizenzverträgen zurückgegriffen wird. Im zweiten Abschnitt soll dann herausgearbeitet werden, woraus bei den in § 108 Abs. 1 S. 1 InsO adressierten Dauerschuldverhältnissen Kontinuitätsinteressen resultieren und wie diese durch die Insolvenz eines Vertragspartners betroffen sind. Hier wird die Untersuchung, um die typisierende Einteilung der §§ 103, 108 Abs. 1 S. 1 InsO auf ihre Stimmigkeit hin zu untersuchen, sich dann auf Immobiliarmiet- und Dienstverhältnisse beschränken.

A. Auswirkungen der Verfahrenseröffnung auf noch nicht beendete Dauerschuldverhältnisse

Die Auswirkungen der Verfahrenseröffnung auf Dauerschuldverhältnisse, die der Schuldner vor der Insolvenz geschlossen hat, hängen davon ab, ob ein Wahlrecht besteht und für den Fall, dass ein Wahlrecht besteht, wie es ausgeübt wird.

I. Voraussetzungen für das Verwalterwahlrecht gem. § 103 InsO

Ausgangspunkt der Überlegungen, wie nicht geschützte Dauerschuldverhältnisse in der Insolvenz behandelt werden, ist die Frage, ob dem Insolvenzverwalter nach § 103 InsO ein Wahlrecht zusteht. Da sich die Untersuchung ohnehin auf gegenseitige Verträge beschränkt, steht und fällt die Anwendbarkeit des § 103 InsO im hiesigen Kontext mit der Frage, ob der Vertrag zur Zeit der Verfahrenseröffnung von einer Seite vollständig erfüllt ist oder nicht.

1. Relevante Pflichten

Angesichts des Wortlauts des § 103 InsO, nach dem ein Wahlrecht dann besteht, wenn »[der] Vertrag« von keiner Vertragspartei »vollständig erfüllt« ist, stellt sich in einem ersten Schritt die Frage, welche Pflichten aus dem Schuldverhältnis in diesem Rahmen relevant sind. Streitig ist in diesem Zusammenhang vor allem, ob Pflichten, die nicht im vertraglichen Synallagma stehen, in die Betrachtung einzubeziehen sind.[394] Die Bedeutung der Frage wird mittlerweile aber als gering bewertet und ist im hiesigen Kontext, in dem nur die synallagmatischen Hauptleistungspflichten relevant sind, bedeutungslos. Weitere Einschränkungen können sich daraus ergeben, dass dem Insolvenzverwalter die Forderungszuständigkeit hinsichtlich der Leistungspflicht des Vertragspartners fehlt oder dass der Insolvenzverwalter die seitens des Schuldners zu erbringende Leistung gar nicht aus der Masse tätigen kann.[395] Im hiesigen Kontext kommt der erste Fall hinsichtlich der Gebrauchsgewährung in Betracht, da der Anspruch nicht in die Masse zu fallen scheint, vgl. §§ 851 Abs. 1 ZPO, 399 Alt. 1 BGB, 857 Abs. 3 ZPO, 36 InsO. Diese Konsequenz wird aber ganz herrschend nicht gezogen. In der Insolvenz des Mieters soll der Verwalter zwar nicht zur Übertragung, wohl aber zur Ausübung der Nutzung zu Verwertungszwecken berechtigt sein.[396] Relevant ist allerdings der zweite Fall, nämlich die Erfüllbarkeit durch den Insolvenzverwalter, wenn im Rahmen eines Dienstvertrages höchstpersönliche Leistungspflichten geschuldet sind. Dann kann der Insolvenzverwalter in der Tat nicht mittels § 103 InsO über die Durchführung des Vertrages disponieren.[397] Da aber § 108 Abs. 1 S. 1 InsO auch die Insolvenz des nicht zu höchstpersönlichen Diensten Verpflichteten erfasst, kann diese Konstellation nicht außen vor gelassen werden.

2. Vollständige Erfüllung, insbesondere seitens des zur Nutzungsüberlassung Verpflichteten

Hinsichtlich dieser Pflichten wird im ersten Zugriff für die Frage der vollständigen Erfüllung im Rahmen des § 103 InsO ganz herrschend auf § 362 BGB abgestellt.[398] Es soll somit im Grundsatz darauf ankommen, ob der Leistungserfolg eingetreten ist, während die Vornahme der erforderlichen Leistungshandlung nicht reicht.[399] Unproblematisch ist dieser Rückgriff auf § 362 BGB bei Geldschulden, für die hier die Feststellung ausreicht, dass sie vollständig erfüllt sind, wenn der Schuldner vorinsolvenzlich für die gesamte Vertragslaufzeit, die also durch eine Befristung festgelegt sein muss, das Entgelt bereits entrichtet hat.[400] Ein Dienstverpflichteter hat demgegenüber

394 Vgl. zur Diskussion Jaeger/*Jacoby,* § 103 InsO, Rn. 106 ff.

395 Hierzu allgemein HK/*Marotzke,* § 103 InsO, Rn. 42 ff., 61 ff.

396 Statt vieler *von Wilmowsky*, ZInsO 2007, 731.

397 Jaeger/*Jacoby,* § 108 InsO, Rn. 6.

398 Statt vieler Jaeger/*Jacoby,* § 103 InsO, Rn. 113 ff. m. w. N.; beachte aber Staudinger/*Kern,* § 362 BGB, Rn. 13, der offenbar davon ausgeht, der Erfüllungsbegriff des § 103 InsO werde nicht aus dem des § 362 BGB deduziert. Anders *Häsemeyer*, Insolvenzrecht, Rn. 20.14, der darauf abstellen möchte, ob die zu erbringende Leistung einer Seite »vollständig in das Vermögen des [...] Vertragspartners überführt« wurde. Dass die Vornahme der Leistungshandlung maßgeblich sein soll, wird heute nicht mehr vertreten, beachte aber *Sandrock*, Zweiseitige Verträge, S. 67 ff.

399 Dies ist nach ganz herrschender Meinung im Rahmen des § 362 BGB das entscheidende Kriterium, vgl. statt MüKo/*Fetzer,* § 362 BGB, Rn. 2; *Wieacker*, FS Nipperdey Bd. I, S. 783 ff.

400 KPBJ/*Tintelnot,* § 103 InsO, Rn. 150.

nie vorinsolvenzlich vorläufig erfüllt, solange der Vertrag noch läuft.[401] Probleme bereitet das Tatbestandsmerkmal der vollständigen Erfüllung indes hinsichtlich der Leistungspflicht des zur Nutzungsüberlassung Verpflichteten. Einigkeit besteht zwar noch dahingehend, dass vor Effektuierung[402] eine vollständige Erfüllung nicht in Betracht kommt. Unklar ist allerdings, ob der zur Nutzungsüberlassung Verpflichtete vollständig erfüllt hat, wenn er seinem Vertragspartner die Nutzung ermöglicht hat und dieser den Gegenstand nun nutzen kann. Hierbei wird zwar noch einheitlich davon ausgegangen, dass neben der Pflicht zur Gebrauchsgewährung bestehende Leistungspflichten während der Laufzeit nie vollständig erfüllt sind.[403] Streit entzündet sich aber insbesondere an der Frage, ob der zur Nutzungsüberlassung Verpflichtete die Forderung auf Gebrauchsgewährung mit der Effektuierung vollständig erfüllt hat.

a) Die herrschende Meinung

Herrschend wird angenommen, dass auch nach Effektuierung der Vertrag noch nicht vollständig erfüllt ist. Da der Zugriff auf den Erfüllungsbegriff des § 103 InsO ganz überwiegend über § 362 BGB erfolgt, richtet sich der Blick auf die Frage, wie Verträge, die eine Nutzungsgewährung zum Gegenstand haben, hinsichtlich dieser Nutzungsgewährung im Sinne des § 362 BGB erfüllt werden. Demzufolge kommt es darauf an, dass »die geschuldete Leistung bewirkt wird«, also der durch die Forderung[404] dem Gläubiger zugewiesene Leistungserfolg eintritt. Der Ansatz der herrschenden Meinung lässt sich zusammenfassend dahingehend beschreiben, dass der zur Nutzungsüberlassung Verpflichtete die Gebrauchsgewährung während der gesamten Vertragslaufzeit fortlaufend erbringt, wobei die Begründungen im Einzelnen leicht differieren. Im Anschluss an den BGB-Gesetzgeber[405] wird auf die Beschreibung der Vermieterpflicht als ein »aktives« oder »positives Tun«[406] zurückgegriffen. Geschuldet

401 Die Frage wird im Kontext des § 103 InsO nicht (ausdrücklich) thematisiert, was angesichts des § 108 Abs. 1 S. 1 InsO auch nicht verwundert. Es ist aber schlicht nicht vorstellbar, dass noch zu erbringende Dienstleistungen nicht zur Erfüllung des Vertrages durch den Dienstverpflichteten gehören. Auch MüKo/*J. F. Hoffmann,* § 108 InsO, Rn. 2 hält die gegenteilige Ansicht des Konkursgesetzgebers (siehe dazu oben S. 43 ff.) nur für »sehr gewaltsam« begründbar.

402 Als Effektuierung wird hier die Ermöglichung der Nutzung, etwa durch Übergabe der Sache, verstanden.

403 Als Begründung wird zumeist angeführt, dass diese Pflichten über die gesamte Vertragslaufzeit hinweg bestehen, statt vieler *von Wilmowsky*, ZInsO 2007, 731, 732. Wie genau diese Pflicht erfüllt wird, wird dabei selten erörtert. Zumindest lässt sich nicht abstreiten, dass die Pflicht virulent werden *kann* – spätestens wenn der Gebrauchsgegenstand nicht in dem vertragsgemäßen Zustand ist, besteht ein Anspruch auf Herstellung dieses Zustandes.

404 Das »Schuldverhältnis«, von dem § 362 BGB spricht, bezeichnet die Forderung, nicht das sogenannte »Schuldverhältnis im weiteren Sinne«, vgl. *Gernhuber*, Schuldverhältnis, S. 7 f.; kritisch zu dieser Differenzierung *J. F. Hoffmann*, Zession, S. 125 ff.

405 Vgl. *Mugdan*, Motive II, S. 205.

406 Etwa BeckOKBGB/*Zehelein,* § 535 BGB, Rn. 331; Schmidt/Futterer/*Eisenschmid,* § 535 BGB, Rn. 2; Jauernig/*Teichmann,* § 535 BGB, Rn. 12.

sei ein »dauerndes Verhalten«,[407] es handele sich um eine »Dauerverpflichtung«[408].[409] Darstellungen, die sich konkret mit der Frage beschäftigen, wie § 362 BGB bei dauernden Leistungspflichten[410] anzuwenden ist, gehen davon aus, dass diese mit der Aufnahme des Leistungsaustauschs »in den Zustand der Teilerfüllung ein[treten]«, der so lange fortdauere, bis der Vertrag sein Ende finde.[411]

Die Rechtsprechung hat sich zwar nicht ausdrücklich dazu geäußert, wie eine Gebrauchsüberlassungspflicht im Kontext des § 362 BGB bzw. des § 103 InsO zu behandeln ist, geht aber zumindest im Falle der Insolvenz des Mobiliarmieters davon aus, dass dem Insolvenzverwalter ein Wahlrecht zustehe.[412] Für die Pflicht des Lizenzgebers hat der BGH aber auch schon die vollständige Erfüllung angenommen, wenn ein Lizenzkauf vorliegt.[413] Es beschäftigen sich auch zahlreiche Urteile damit, die Pflicht des Vermieters zu charakterisieren, allerdings geschieht dies in unterschiedlichsten Kontexten. Geht es um den Typus des Mietvertrages, greift die Rechtsprechung ebenfalls auf die Erwägung des Gesetzgebers zurück und spricht davon, dass die Gebrauchsgewährung sich nicht in einem Dulden erschöpft.[414] Im Kontext der Verjährung und von § 320 BGB ist ebenfalls von der »Dauerverpflichtung« die Rede und davon, dass diese Pflicht »ständig neu« entstehe.[415]

Zahlreiche Darstellungen insbesondere im insolvenzrechtlichen Kontext heben auf das Bestehen eines »Belassungsanspruches« ab.[416] Dieser bestehe während der gesam-

407 Beispielsweise BeckOKBGB/*Sutschet,* § 241 BGB, Rn. 27; zudem, wenngleich auch zum österreichischen Recht, *Fenyves*, Erbenhaftung, S. 135.

408 Beispielsweise Staudinger/*Emmerich,* § 535 BGB, Rn. 14.

409 Die zitierten Darstellungen weisen jeweils keinen ausdrücklichen Bezug zur Frage der Erfüllung im Rahmen des § 362 BGB (geschweige denn des § 103 InsO) auf, werden aber von *von Wilmowsky*, ZInsO 2007, 731, 735 als Anknüpfungspunkt der herrschenden Meinung angesehen. Zur Ansicht *von Wilmowskys* sogleich.

410 Zur Terminologie oben S. 71 ff.

411 Wörtlich bei *Gernhuber*, Erfüllung, S. 125 f. und *ders.*, Schuldverhältnis, S. 384; in der Sache auch *Wiese*, FS Nipperdey Bd. I, S. 837, 841, 843 ff.; *Rumpf*, Synallagma, S. 62 ff.; *Welling*, Miet- und Leasingverträge, S. 45 f. und aus jüngerer Zeit *Beckhaus*, Erfüllung, S. 222; vgl. auch *Mülbert*, FS Westermann, S. 491, 496 f. Nicht ganz einheitlich wird die Frage beurteilt, wie sich bei dieser fortlaufenden Form der Erfüllung Leistungshandlung und Leistungserfolg zueinander verhalten. Während *Gernhuber* ausdrücklich auf »das geschuldete Verhalten« abstellt, steht für *Mülbert* der kontinuierlich eintretende Leistungserfolg im Vordergrund. *Wiese* will zumindest auch auf den Leistungserfolg abstellen, *Rumpf* geht wohl von einer kontinuierlich zu erbringenden Leistungshandlung aus, vgl. *Rumpf*, Synallagma, S. 72. In jedem Fall soll § 266 BGB nicht anwendbar sein.

412 BGH NZM 2007, 500 ff.

413 BGH NZI 2016, 97, Rn. 45.

414 BGHZ 19, 85, 93; BGH NJW 1997, 3022 Rn. 11; NZM 2003, 772 Rn. 11; NZM 2015, 592 Rn. 18; NZM 2016, 467 Rn. 22.

415 Zu § 320 BGB BGH NJW 2015, 3087 Rn. 49, vgl. auch *Frieling*, ZfPW 2018, 467, 477 ff.; zur Verjährung BGH NJW 1995, 2548, 2549 (bezüglich eines Pachtvertrages), vgl. hierzu auch *Eichel*, NJW 2015, 3265, 3267.

416 Zur Pflicht des Vermieters Jaeger/*Jacoby,* § 103 InsO, Rn. 124; KPBJ/*Tintelnot,* § 103 InsO, Rn. 190; *Lohmann*, FS Fischer, S. 333, 336 f.; zur Pflicht des Lizenzgebers *Ganter*, NZI 2011, 833, 834; *Witz*, FS Schilling, S. 393, 396; *Nordemann*, GRUR 1970, 174 f.; *Schwabe*, Filmlizenzen, S. 95; *Abel*, NZI 2003, 121, 124; *Westerholt/Joppich*, ZUM 2003,

ten Vertragslaufzeit, daher sei der Vertrag nie vollständig erfüllt.[417] In eine ähnliche Richtung tendieren Autoren, die behaupten, die Pflicht zur Gebrauchsüberlassung entstünde »immer wieder neu«.[418] Vielfach wird die fehlende vollständige Erfüllung auch als geradezu selbstverständlich angenommen und etwa mit dem »Wesen« der Dauerschuldverhältnisse begründet.[419]

Einen anderen Begründungsansatz wählt für die Insolvenz des zur Nutzungsüberlassung Verpflichteten insbesondere *J. F. Hoffmann*, indem er die schuldrechtliche Qualität einer Nutzungsberechtigung zum entscheidenden Kriterium erhebt.[420] *J. F. Hoffmann* betont zumindest für die Insolvenz des zur Nutzungsüberlassung Verpflichteten, dass schuldrechtliche Nutzungsberechtigungen an Massegegenständen über die Verfahrenseröffnung hinaus bestehen müssten, wenn sie die Nutzung gegenüber der Masse legitimieren sollen und der Nutzungsgegenstand nicht mit absoluter Wirkung in das Vermögen des Vertragspartners überführt wurde. Daher habe der zur Nutzungsüberlassung Verpflichtete nie vollständig erfüllt.[421] Das Respektieren einer schuldrechtlichen Nutzungsberechtigung sei somit Erfüllung i. S. d. § 103 InsO.

b) Ansicht von *Wilmowskys*

Gegen diese herrschende Ansicht hat sich insbesondere *Peter von Wilmowsky* gewandt, der vor allem in der Insolvenz des zur Nutzungsüberlassung Verpflichteten kein Raum für ein Wahlrecht sieht.[422] Im Wesentlichen geht er davon aus, dass dieser mit der Überlassung des Nutzungsgegenstandes seiner Pflicht zur Gebrauchsgewährung vollständig nachgekommen sei und der Nutzungsberechtigte somit nur noch Ansprü-

262, 263; für »rein schuldrechtlich wirkend[e]« Nutzungsverträge auch *Zehnsdorf*, Filmnutzungsrechte, S. 88; bei Lizenzverträgen wird alternativ auch davon gesprochen, dass der Lizenzgeber die Rechte »zu erhalten« (*Frentz/Marrder*, ZUM 2003, 94, 97; *dies.*, ZUM 2001, 761, 769 f.) oder »zu gewährleisten« (*Scholz*, Lizenzen, S. 24 f.) habe.

417 Ob solche Belassungsansprüche bestehen, wird auch im Kontext der obligatorischen Besitzrechte diskutiert: Dafür etwa *Sosnitza*, Besitz, S. 95 ff. Gegen die Konstruktion eines solchen Anspruchs *Diederichsen*, Recht zum Besitz, S. 5 f., der in seiner Monographie die obligatorischen Besitzrechte als »relative Herrschaftsrechte« rekonstruiert und in ihnen »mehr« sieht als bloße Ansprüche, vgl. *ders.*, Recht zum Besitz, S. 87 ff., freilich ohne Bezug zu § 362 BGB oder gar § 103 InsO.

418 So etwa nur zu § 362 BGB *Beuthien*, Zweckerreichung, S. 269; im insolvenzrechtlichen Kontext z. B. *Brinkmann*, NZI 2012, 735, 739.

419 So *Brandt*, NZI 2001, 337, 340; auf die »Natur« des Dauerschuldverhältnisses abstellend *Stickelbrock*, WM 2004, 549, 558; nach *Engert/Schmidl*, WM 2005, 60, 65 ist es »kaum zu bestreiten«; *McGuire*, GRUR 2009, 13, 17 bezeichnet es als »notwendig«; ähnlich auch *Kellenter*, FS Tilmann, S. 807, 815; *Pahlow*, WM 2008, 2041, 2043, *Scherenberg*, Lizenzverträge, S. 44, *Rapp*, Escrowvereinbarungen, S. 109, 113 f., 134.

420 MüKo/*J. F. Hoffmann*, § 108 InsO, Rn. 13; in der Argumentation anders für die Insolvenz des Lizenznehmers (»als Dauerschuldverhältnis von keiner Seite voll erfüllt«) *ders.*, ZGE 7 (2015), 245, 262.

421 MüKo/*J. F. Hoffmann*, § 108 InsO, Rn. 13; vgl. auch die Ausführungen *G. Schmidts*, HK/*G. Schmidt*, § 108 InsO, Rn. 75 und *Marotzke*, Gegenseitige Verträge Rn. 9.68 ff., die sich aber nur auf das Nutzungsrecht an sich beziehen und nicht auf das Tatbestandsmerkmal der vollständigen Erfüllung.

422 *von Wilmowsky*, ZInsO 2007, 731 ff.; *ders.*, ZInsO 2011, 1473 ff.; *ders.*, NZI 2013, 377 ff.

che auf Erhaltung der Mietsache habe.[423] Die Vorstellung, dass der zur Nutzungsüberlassung Verpflichtete nach der Effektuierung hinsichtlich der Gebrauchsgewährung noch weiter erfüllen müsse, bezeichnet er gar als »abenteuerlich«.[424] Das Bestehen eines Belassungsanspruchs hat *von Wilmowsky* dabei vor allem mit der Erwägung bestritten, dass Ansprüche sich auf Leistungen richteten, eine solche aber nicht, auch nicht durch Unterlassen, erbracht werde: Ein solches Unterlassen könne sich nur auf eine an sich erlaubte Tätigkeit richten; zur Rückforderung der Sache sei der zur Nutzungsüberlassung Verpflichtete aber allein schon aufgrund des Mietvertrages nicht berechtigt.[425] Auch sei ein solcher Anspruch schon dem Wortlaut des § 535 Abs. 1 BGB nicht zu entnehmen.[426] Ein Belassungsanspruch hätte nach *von Wilmowsky* offenbar zur Folge, dass der zur Nutzungsüberlassung Verpflichtete ständig neu in die Nutzung einwilligen müsste, was er offenbar für so absurd hält, dass es nicht richtig sein könne[427] und zudem die Frage aufwerfe, wie es sich auf das Nutzungsrecht auswirke, wenn die Einwilligung nicht erneuert wird.[428] Zudem habe die Annahme eines Belassungsanspruchs Folgen für den Prozess, die nicht der von *von Wilmowsky* offenbar für sachgerecht und dogmatisch zutreffend befundenen Praxis entsprächen: Der zur Nutzungsüberlassung Verpflichtete müsse, würde er gegen den Nutzungsberechtigten auf Zahlung prozessieren, diese Zug-um-Zug gegen weitere Belassung einklagen.[429] Klage der zur Nutzungsüberlassung Verpflichtete hingegen vor Ende des Nutzungsverhältnisses auf Herausgabe des Nutzungsgegenstandes, scheitere er nicht an einem Belassungsanspruch, sondern daran, dass sein Anspruch auf Rückgabe, im Fall der Miete gem. § 546 BGB noch nicht fällig sei – der Nutzungsberechtigte würde ja auch nicht mit einer Leistungsklage auf weiteres Belassen antworten, sondern mit einer Feststellungsklage, dass das Nutzungsrecht fortbestehe.[430]

Insbesondere für die Vermieterinsolvenz hat *von Wilmowsky* noch weitere Argumente angeführt: Selbst wenn man vom Bestehen eines Unterlassungsanspruchs ausgehe, sei dieser kein Vermögensanspruch i. S. d. § 38 InsO, da zur Erfüllung kein Vermögen aufgewendet werden müsse.[431] Etwas anderes könne sich hier auch nicht

423 *von Wilmowsky*, ZInsO 2007, 731, 736; *ders.*, ZInsO 2011, 1473, 1478; *ders.*, NZI 2013, 377, 380.

424 *von Wilmowsky*, NZI 2013, 377, 380; vgl. auch *Wieling*, GS Sonnenschein, S. 201, 211.

425 *von Wilmowsky*, ZInsO 2007, 731, 736; *ders.*, ZInsO 2011, 1473, 1478.

426 *von Wilmowsky*, NZI 2013, 377, 380.

427 Dies macht er an der recht plastischen Frage fest, in welchen Intervallen der Vermieter seine Zustimmung denn zu erneuern haben soll: »jedes Jahr? jeden Monat? jeden Tag? jede Stunde? jede Millisekunde?«, *von Wilmowsky*, NZI 2013, 377, 380.

428 *von Wilmowsky*, NZI 2013, 377, 380.

429 *von Wilmowsky*, ZInsO 2011, 1473, 1479. Ähnlich argumentiert *K. Schmidt*, JZ 1976, 756, 757 f. bei seiner Darlegung, dass beim Darlehensvertrag zwischen der Kreditbelassung und der Zinszahlung kein Gegenseitigkeitsverhältnis besteht.

430 *von Wilmowsky*, NZI 2013, 377, 380; *ders.*, ZInsO 2011, 1473, 1479.

431 Einige weitere Ausführungen *von Wilmowskys* beziehen sich auf seine Prämisse, es gebe keinen Belassungsanspruch, und sind vor diesem Hintergrund folgerichtig: Das Nutzungsrecht des Mieters stünde bei vollständiger Erfüllung seitens des Mieters nur dann nicht in Frage, wenn eben kein Belassungsanspruch bestünde; ebenso könnte sich in diesem Fall § 108 Abs. 1 S. 1 InsO nur auf die sonstigen Ansprüche des Mieters beziehen und einem Umkehrschluss zu dieser Norm fehlte die Grundlage, vgl. *von Wilmowsky*, ZInsO 2011, 1473, 1479 f.

daraus ergeben, dass die Nutzungsberechtigung des Mieters schuldrechtlicher Natur sei, da der Mieter sie ja nach wie vor nur seinem Vertragspartner und keinen Dritten entgegenhalte. Vielmehr würden durch die Annahme eines Belassungsanspruches im Ergebnis die Grenzen der Insolvenzanfechtung ignoriert.[432] Schließlich würde die Nutzungsberechtigung des Mieters auch im Rahmen der Einzelzwangsvollstreckung nicht angetastet, daher könne in der Insolvenz nichts anderes gelten.[433] Das Nutzungsrecht könne nur durch Vertragsbeendigung beendet werden.[434]

In der Mieterinsolvenz will *von Wilmowsky* dem Verwalter aber ein Wahlrecht zugestehen. Dies sei notwendig, um das Gebrauchsrecht zu erhalten.[435] Die Annahme eines Überlassungsanspruchs führe allerdings zu einem Befriedigungsvorrang des Vermieters an der von ihm bereits erbrachten Leistung, nämlich dem Gebrauchsrecht.[436]

Daneben gibt es insbesondere im lizenzrechtlichen Schrifttum weitere Stimmen, die den Vertrag mit Einräumung der Lizenz als vollständig erfüllt ansehen, Begründungen hierfür aber meist schuldig bleiben.[437]

c) Stellungnahme

Der grundsätzliche Rückgriff auf § 362 BGB, den die herrschende Meinung tätigt, um den Erfüllungsbegriff des § 103 InsO zu konkretisieren, ist kritisch zu sehen.[438] Die Erfüllung einer Forderung wird aufgrund der fundamentalen Bedeutung der Frage, wann der Schuldner einer Forderung deren Leistungsbefehl nachgekommen ist, in so diverser Hinsicht relevant, dass es auf den ersten Blick bemerkenswert erscheinen muss, dass ein so allgemeines Institut derart spezielle Fragestellungen in den Griff bekommen soll. Für den hiesigen Kontext wachsen die Bedenken, wenn man sich vergegenwärtigt, das mit dem Erfüllungsbegriff des § 362 BGB vor allem festgestellt werden soll, wann der Schuldner dem *inter partes* bestehenden Leistungsbefehl (vollumfänglich) nachgekommen ist, sich im Rahmen der §§ 103 ff. InsO aber in erster Linie die Frage stellt, inwieweit die Rechtslage *inter partes* auf der Ebene *erga omnes* gilt bzw. gelten soll. Daher kann es nicht verwundern, dass das Tatbestandserfordernis

432 *von Wilmowsky*, ZInsO 2011, 1473, 1480 f.
433 *von Wilmowsky*, ZInsO 2011, 1473, 1481.
434 *von Wilmowsky*, NZI 2013, 377, 380.
435 *von Wilmowsky*, ZInsO 2007, 731, 732.
436 *von Wilmowsky*, ZInsO 2007, 731, 736.
437 Etwa *Schwarz/Klingner*, UFITA 138 (1999), 29, 44 f. Beachte auch *K. Schmidt*, JZ 1976, 756, 761, der in Ausführungen zum Darlehensvertrag davon spricht, dass »[n]icht erfüllt haben« bei § 17 KO »nicht hergegeben haben« bedeute, aber auch davon ausgeht, dass § 17 KO generell nicht bei »Dauerschuldverhältnissen, die auf ein Belassen gerichtet sind« anwendbar ist, wenn die Überlassung des Vertragsgegenstandes schon erfolgt ist. Dazu siehe oben S. 43 ff., dort auch zum Verständnis von der Erfüllung von *Luther*, Darlehen, S. 70 ff.
438 Vgl. auch im Kontext von Darlehensverträgen MüKo/*J. F. Hoffmann*, § 108 InsO, Rn. 144, Fn. 439, der entgegen *Engert/Schmidl*, WM 2005, 60, 65 nicht nur auf einen »schuldrechtsdogmatischen« Erfüllungsbegriff abstellen will. Aus Masseschutzgründen kritisch gegenüber einem Rückgriff lediglich auf § 362 BGB *Welling*, Miet- und Leasingverträge, S. 42 f.

des beiderseitigen Nichterfülltseins die Literatur in so mancher Detailfrage vor Probleme stellt.[439]

aa) Teleologische Auslegung des § 103 InsO: Relevanz der Rechtslage erga omnes

Aus der Erkenntnis, dass die Erfüllung im Rahmen des § 103 InsO nicht oder zumindest nicht nur aus dem Erfüllungsbegriff des § 362 BGB deduziert werden kann, folgt, dass der Erfüllungsbegriff durch Auslegung der Norm selbst zu ermitteln ist. Die Frage der vollständigen Erfüllung im Rahmen des § 103 InsO hat am Zweck dieser Vorschrift anzusetzen:[440] Das Verwalterwahlrecht erlaubt es dem Insolvenzverwalter, die Einrede des nicht erfüllten Vertrages zu überwinden, indem er den Erfüllungsanspruch des Vertragspartners zur Masseforderung erhebt.[441] Einschlägig ist dieser Zweck nur dort, wo die Einrede des § 320 BGB noch überwunden werden muss, also der Vertragspartner noch etwas aus dem Vertrag verlangen kann, und wo gleichzeitig die Überwindung der Einrede für die übrigen Gläubiger – zumindest abstrakt – eine Verbesserung der Befriedigungsaussichten mit sich bringt, wo also der Insolvenzverwalter noch eine Leistung des Vertragspartners zur Masse ziehen kann. Infolge der Erfüllungswahl muss also aus teleologischen Gründen sowohl der Masse als auch dem Vertragspartner durch die weitere Durchführung des Vertrages noch ein Vermögenswert zufließen können. Ob dies der Fall ist, lässt sich daran erkennen, ob die Masse bzw. der Vertragspartner bei Erfüllungsablehnung einen Vermögenswert nicht erlangt, den sie bei Erfüllungswahl erlangen würde. Die Erfüllungsablehnung hat zur Folge, dass zwischen der Insolvenzmasse und dem Vertragspartner im Ergebnis die Rechtslage *erga omnes* maßgeblich bleibt. Somit muss in einem ersten Zugriff für die Frage der vollständigen Erfüllung die bei Verfahrenseröffnung bestehende absolute Rechtslage mit der durch den Vertrag abgebildeten relativen Rechtslage abgeglichen werden. Verbreitet wird aber nicht thematisiert, dass hierbei zwischen der vollständigen Erfüllung seitens des Vertragspartners und der des Schuldners differenziert werden muss, da einerseits mit der vollständigen Erfüllung seitens des Vertragspartners bzw. des Schuldners unterschiedliche Wertungen verbunden sind und andererseits, wie schon gesehen,[442] die absolute Rechtslage auf unterschiedliche Weise relevant wird.

bb) Die unterschiedlichen Wertungen der vollständigen Erfüllung seitens des Vertragspartners und seitens des Schuldners

Was die Forderung des Vertragspartners, also die Leistungspflicht des Schuldners, betrifft, geht es um die Durchsetzung der vertraglichen Forderung gegen die Masse. In

439 Vgl. nur die Ausführungen KPBJ/*Tintelnot,* § 103 InsO, Rn. 178 ff. und Jaeger/*Jacoby,* § 103 InsO, Rn. 113 ff. HK/*Marotzke,* § 103 InsO, Rn. 82 möchte in bestimmten Fällen trotz vollständiger Erfüllung seitens des Vertragspartners § 103 InsO anwenden. *Gernhuber*, Erfüllung, S. 95 f. spricht von »Verwerfungen«, zu denen man beim Erfüllungsbegriff im Zusammenhang mit § 17 KO bereit sei.

440 Auch unter Rückgriff auf Sinn und Zweck des § 103 InsO argumentiert – wenngleich augenscheinlich eher hilfsweise – das BAG, ZInsO 2012, 450 ff., Rn. 39.

441 Vgl. dazu eingehend oben S. 34 ff.

442 Siehe oben S. 33 f.

Rede steht der Vermögenstransfer aus dem schuldnerischen Vermögen bzw. der Insolvenzmasse in das Vermögen des Vertragspartners. Diesbezüglich wird unmittelbar mit der Verfahrenseröffnung die Rechtslage *erga omnes* maßgeblich. Der Vertragspartner kann also dann nichts mehr aus dem Vertrag erlangen, wenn er seine Rechtsposition auch ohne Erfüllungswahl gegen die Masse durchsetzen kann, wenn er also bereits eine absolute, insolvenzfeste Rechtsposition erlangt hat.[443] In diesem Fall kann der Insolvenzverwalter nicht mehr über den Gegenstand der Leistung disponieren und muss § 320 BGB in dieser Hinsicht nicht mehr überwinden. Hat der Vertragspartner bereits eine insolvenzfeste Rechtsposition erworben, kann er den Leistungsaustausch nicht mehr verhindern, wenn der Vertragspartner seinerseits seine Leistungspflicht erfüllt.[444]

Was die Forderung der Masse, also die Leistungspflicht des Vertragspartners betrifft, geht es darum, inwieweit der Gegenstand der Leistung bereits Teil der Masse ist, ob es sich also für den Verwalter noch lohnt, die Einrede des § 320 Abs. 1 S. 1 BGB zu überwinden. Wertungsmäßig stellt sich hier die Frage, ob der Vertragspartner in Vorleistung gegangen ist und er insoweit nun auf die Quote verwiesen werden kann.

443 Der Rückgriff auf die absolute Rechtslage ist insbesondere hinsichtlich der Rechtsposition des Vertragspartners als solcher nicht neu, wurde bisher aber v. a. im Zusammenhang mit der vollständigen Erfüllung des Kaufvertrages, insb. beim Kauf unter Eigentumsvorbehalt bemüht, vgl. Jaeger/*Henckel,* § 17 KO, Rn. 8, 40, 52, 64, der auf den »Wechsel der Vermögenszuordnung« bzw. darauf abstellt, ob der Insolvenzverwalter eines Verkäufers noch über die Kaufsache disponieren kann bzw. ob der Käufer eine »unentziehbare, konkursfeste Rechtsposition« erlangt hat. So auch *Huber*, BB 1964, 731, 735; ähnlich mit der »haftungsrechtliche[n] Zuordnung« argumentierend *Häsemeyer*, Insolvenzrecht, Rn. 20.15, der aber den Maßstab für die vollständige Erfüllung für beide Seiten gleich bestimmen will. Zudem lässt sich etwa der Versuch, die Insolvenzfestigkeit des sogenannten Anwartschaftsrechtes damit zu begründen, die Erfüllungsablehnung sei eine Verfügung i. S. d. § 161 Abs. 1 S. 1 BGB (so etwa *Bauknecht*, NJW 1956, 1177, 1178 und *Raiser*, Anwartschaften, S. 95) letzten Endes als Rückgriff auf die dingliche Rechtslage deuten: Der Gedanke, dass die Ebene *erga omnes* relevant ist, ist zwar zutreffend, der Schluss vom Sukzessionsschutz auf die Insolvenzfestigkeit ist aber nicht zwingend und bedarf einer gesonderten Begründung. *Wieser*, NJW 1970, 913, 915 hält diesen Ansatz offenbar für zirkulär, wobei er aber – nach hiesiger Konzeption – Ursache und Wirkung vertauscht: Nicht weil dem Verwalter kein »Ablehnungsrecht« zusteht, ist eine Rechtsposition insolvenzfest, sondern weil eine Rechtsposition insolvenzfest erworben wurde, ist der Vertrag vollständig erfüllt und der Verwalter hat kein »Ablehnungsrecht«, kann also, nach dem hier favorisierten Verständnis des Wahlrechts, den Vertrag nicht insolvenzmäßig abwickeln. Anders als hier auch BGH NZI 2016, 97, Rn. 40 ff.; OLG München, NZI 2013, 899, 900 f. und LG München, ZIP 2014, 2406, 2408 ff., die davon ausgehen, für die Insolvenzfestigkeit einer Lizenz sei maßgeblich, ob der Vertrag bei Verfahrenseröffnung seitens des Sachleistungsschuldners vollständig erfüllt ist. Vgl. ebenso zirkulär, wenngleich auf dem Boden des damalig noch vorherrschenden Verständnisses des Verwalterwahlrechts (dazu oben S. 15 ff.) *Canaris*, FS Flume Bd. I, S. 371, 397, der die Insolvenzfestigkeit relativer Besitzrechte für »unvereinbar mit dem Wahlrecht des Konkursverwalters gemäß § 17 KO und der darin liegenden Wertung zugunsten der Masse« hält, womit er das Bestehen eines Wahlrechts annimmt und daraus schließt, dass relative Besitzrechte nicht insolvenzfest sind.

444 Nicht zu Unrecht bezeichnet *Gernhuber*, Schuldverhältnis, S. 47 f. die Verdinglichung auch als »vorweggenommene Erfüllung«.

Der Insolvenzverwalter kann sich für die Insolvenzmasse hier, vorbehaltlich einer Doppelinsolvenz, weiter auf die Rechtslage *inter partes* berufen, da diesbezüglich nicht die Durchsetzbarkeit der Rechtsposition des Vertragspartners, sondern der Bestand des Vertrages an sich maßgeblich ist, der von der Verfahrenseröffnung im Grundsatz nicht berührt wird.[445] Allerdings kann der Vertragspartner seinen begrenzten Bindungswillen geltend machen und sich vom Vertrag lösen. Hiernach wird zwischen Vertragspartner und Masse die Rechtslage *erga omnes* relevant.

cc) Relevanz der Unterscheidung: Die Behandlung insolvenzfester, kausaler Rechtspositionen im Rahmen der §§ 103 ff. InsO

Unter Geltung des Abstraktionsprinzips führt die aufgezeigte Unterscheidung bei der Übertragung einer absoluten Rechtsposition unabhängig davon zum gleichen Ergebnis, ob der Vertragspartner oder der Schuldner die Übertragung der Rechtsposition schuldet bzw. bereits erbracht hat. Hat der Schuldner vorinsolvenzlich die absolute, zumindest insolvenzfeste Rechtsposition auf den Vertragspartner übertragen, kann dieser sie der Masse entgegenhalten. Der Insolvenzverwalter muss § 320 BGB nicht mehr überwinden und kann die Gegenleistung zur Masse ziehen, ein Bedürfnis für ein Wahlrecht besteht nicht. Hat hingegen der Vertragspartner vorinsolvenzlich die Rechtsposition auf den Schuldner übertragen, ist sie bereits Massebestandteil. Der Vertragspartner ist in der Sache in Vorleistung getreten, der Insolvenzverwalter hat keinen Grund, die Gegenleistung noch zu erbringen, um § 320 BGB zu überwinden. Der Vertragspartner kann zwar seinen begrenzten Bindungswillen geltend machen und sich vom Vertrag lösen, die Beseitigung der *causa* führt aber nicht dazu, dass sich die Rechtslage auf der Ebene *erga omnes* entscheidend ändert: An die Stelle der vertraglichen Forderung auf Erbringung der Gegenleistung tritt eine nur relativ wirkende Rückabwicklungsforderung, im Falle des Rücktritts gem. § 346 Abs. 1 BGB.[446] Unterschiede ergeben sich aber bei kausalen, insolvenzfesten Rechtspositionen. Deutlich gemacht werden soll dies am Beispiel eines Vorbehaltskaufs, bei dem der Verkäufer die Kaufsache vorinsolvenzlich unter Eigentumsvorbehalt veräußert hat.[447]

(1) Die Insolvenz des Vorbehaltsverkäufers

In der Insolvenz des Vorbehaltsverkäufers ist in dieser Konstellation § 320 BGB überwunden. Die Position des Vertragspartners ist insolvenzfest (§ 107 Abs. 1 InsO), der Verwalter kann nur die Gegenleistung verlangen. Dass es um eine kausale Rechtsposition geht, ist irrelevant: Der Unterschied zwischen kausalen und abstrakten Rechtspositionen kommt nur beim Wegfall der *causa* zum Tragen. Der Rückabwicklungsberechtigte wird bei einer abstrakten Rechtsposition verkehrsschutzbedingt zwar nur

445 Vgl. dazu oben S. 33 f.

446 Zur lediglich relativ ausgestalteten Rückabwicklung vgl. eingehend *Schlüter*, Rückabwicklung, S. 129 ff.

447 Diese mittlerweile in § 107 Abs. 1 InsO geregelte Konstellation war unter Geltung der Konkursordnung sehr umstritten. Ein Überblick über den Streitstand gibt Jaeger/*Henckel*, § 17 KO, Rn. 49 ff. Im Zentrum der Auseinandersetzung stand die Frage, ob der Verkäufer mit Übergabe und bedingter Übereignung schon vollständig erfüllt hat.

inter partes zur Rückabwicklung berechtigt. Solange sich aber bezüglich der Rückabwicklung kein Konflikt *erga omnes* auftut, ist es auch nicht relevant, dass nur *inter partes* Rückabwicklung verlangt werden kann: *Inter partes* ist die Rechtslage *erga omnes* irrelevant.[448] Wenn der mittlerweile insolvente Verkäufer die Kaufsache vorinsolvenzlich veräußert hat, ohne sich das Eigentum vorzubehalten, hat der Vertragspartner in Gestalt des Volleigentums eine insolvenzfeste Rechtsposition erlangt. Zahlt der Käufer aber den Kaufpreis nicht, kann der Insolvenzverwalter zurücktreten und wird über § 346 Abs. 1 BGB die Rückübertragung des Eigentums an der Kaufsache verlangen können. Hätte der Verkäufer sich das Eigentum vorbehalten, könnte der Insolvenzverwalter zwar unmittelbar aus § 985 BGB gegen den Käufer vorgehen. Solange aber keine Doppelinsolvenz eintritt, ist es irrelevant, ob der Verwalter des Verkäufers kondiziert[449] oder vindiziert. Die Kausalheit oder Abstraktheit einer seitens des Schuldners vorinsolvenzlich übertragenen, insolvenzfesten Rechtsposition hat also keinen Einfluss auf die Frage, ob dem Verwalter ein Wahlrecht zustehen soll, ob also der Schuldner »vollständig erfüllt« hat. Ob der Vertragspartner die insolvenzfeste Rechtsposition behalten darf, hängt nur noch von seiner Vertragstreue ab, auf die der Insolvenzverwalter auch dann keinen Einfluss hat, wenn man ihn mit einem Wahlrecht ausstattet.[450]

(2) Die Insolvenz des Vorbehaltskäufers

In der Insolvenz desjenigen, der vorinsolvenzlich eine insolvenzfeste, kausale Rechtsposition übertragen bekommen hat, liegen die Dinge anders. Im Ausgangspunkt geht es hier nicht um die Insolvenzfestigkeit einer Rechtsposition des Vertragspartners,[451] sondern darum, ob er eine Vorleistung erbracht hat, ob also der Leistungsgegenstand schon endgültig zur Insolvenzmasse gehört. Da die Rechtslage *erga omnes* erst nach Beseitigung der *causa* maßgeblich ist, ist entscheidend, wie sich die Lösung vom Vertrag auswirkt. Der Vorbehaltsverkäufer kann, anders als ein Verkäufer, der nicht unter Eigentumsvorbehalt veräußert hat, durch einen Rücktritt die absolute Rechtsposition, die der Schuldner vorinsolvenzlich erlangt hat, beseitigen. In diesem Fall ist es aus Verkäufersicht entscheidend, ob er vindizieren kann oder kondizieren muss, da er sich,

448 Vgl. hierzu und zum Folgenden auch *J. F. Hoffmann*, ZGE 7 (2015), 245, 260 ff.

449 Die Legitimation der Rückabwicklung gem. §§ 346 ff. BGB ist umstritten, vgl. eingehend *Schlüter*, Rückabwicklung, S. 173 ff.; zur bereicherungsrechtlichen Deutung Soergel/*Lobinger*, Vor § 346 BGB, Rn. 18 ff. Da es hierauf aber im Weiteren nicht ankommt, wird auch hinsichtlich dieser Rückabwicklungsansprüche im Vergleich zu § 985 BGB von dem Gegensatz kondizieren – vindizieren gesprochen.

450 Ähnliche Fragen wie beim Vorbehaltskauf ergeben sich im Kontext des § 878 BGB, vgl. etwa KPBJ/*Tintelnot*, § 103 InsO, Rn. 182 ff. Auch dieser ist funktional mit der Verdinglichung einer Erwerbsaussicht vergleichbar und wird teils als »Anwartschaftsrecht« gesehen, Staudinger/*Heinze*, § 878 BGB, Rn. 5 m. w. N. In der Sache geht darum, ob der Käufer bereits mit Erfüllung der Voraussetzungen des § 878 BGB eine insolvenzfeste Rechtsposition erwerben soll. Beachte auch *Häsemeyer*, NJW 1977, 737 ff., der die Wirkung einer dem Anwartschaftsrecht des Vorbehaltskäufers ähnlichen Vormerkung gem. § 24 KO damit umschreibt, dass vorgemerkte Ansprüche wie bereits erfüllte Ansprüche zu behandeln seien. Zur Insolvenz des Käufers bzw. Vormerkungsberechtigten in diesen Fällen sogleich.

451 Anders für die Insolvenz des Lizenznehmers *McGuire*, GRUR 2012, 657, 660.

anders als der Insolvenzverwalter in der Insolvenz des Vorbehaltsverkäufers, auf die Ebene *erga omnes* begeben muss. Der Vertragspartner, der dem Schuldner vorinsolvenzlich lediglich eine kausale Rechtsposition verschafft hat, ist also wertungsmäßig nicht in Vorleistung gegangen. Entscheidend ist, solange keine Doppelinsolvenz vorliegt, nicht die Insolvenzfestigkeit der übertragenen Rechtsposition – die Rechtsposition des insolventen Käufers steht ja gar nicht *erga omnes* auf dem Prüfstein –, sondern ob der Vertragspartner über die Geltendmachung seines Bindungswillens noch Einfluss auf die Rechtslage *erga omnes* nehmen kann.[452] Der Bestand kausaler Rechtspositionen hängt in der Insolvenz ihres Inhabers von der Vertragstreue des Insolvenzverwalters ab. Dieser ist mittels des Verwalterwahlrechts dazu zu ermächtigen, vertragstreu sein zu dürfen, da hierfür ebenso wie für die Erbringung jeder Gegenleistung eine Privilegierung des Vertragspartners notwendig ist.[453] Während also in der Insolvenz des Vorbehaltsverkäufers die Insolvenzfestigkeit der Rechtsposition des Vorbehaltskäufers entscheidend dafür ist, dass vollständige Erfüllung vorliegt, ist es in der Insolvenz des Vorbehaltskäufers die Kausalheit derselben Rechtsposition, die bewirkt, dass in der Sache noch keine vollständige Erfüllung gegeben ist.[454]

452 Das ist der Grund, warum der Darlehensgeber in der Insolvenz des Darlehensnehmers vollständig erfüllt hat, wenn er das Darlehen vorinsolvenzlich valutiert hat: Der Darlehensgeber kann zwar kündigen, wenn die Raten ausbleiben, die Rechtsposition des Darlehensnehmers an der Valuta ist aber abstrakt, der Rückzahlungsanspruch gem. § 488 Abs. 1 S. 2 BGB nur eine relative Rechtsposition.

453 Die Notwendigkeit eines Verwalterwahlrechts in der Insolvenz des Vorbehaltskäufers ist auch unter Geltung der Konkursordnung erkannt worden, wurde aber nie ausdrücklich mit der Kausalheit der Rechtsposition des insolventen Käufers in Verbindung gebracht. Wie hier Jaeger/*Henckel,* § 17 KO, Rn. 56, der die nicht vollständige Erfüllung auf das Recht des Verkäufers gründet, die Sache auszusondern, wenn der Käufer sich nicht vertragstreu verhält; ebenso *Kuhn/Uhlenbruck,* § 17 KO, Rn. 18s. Vgl. auch HK/*Marotzke,* § 103 InsO, Rn. 82, der formuliert, die Masse müsse die Möglichkeit haben, die »drohende Vindikation des Verkäufers abzuwenden.« Die allgemeine These *Marotzkes*, dem Verwalter sei »trotz vollständiger Erfüllung« ein Wahlrecht zuzugestehen, wenn der Vertragspartner bei Erfüllungsablehnung das seinerseits vorinsolvenzlich Geleistete zurückfordern kann, vgl. *ders.*, Gegenseitige Verträge, Rn. 4.105 ff., kommt der hier vertretenen Ansicht nahe. Anders als hier soll es aber nach *Marotzke* ausreichen, wenn mit § 346 BGB ein schuldrechtlicher Anspruch »droht«, vgl. HK/*ders.,* § 103 InsO, Rn. 82, Fn. 202. Beachte auch MüKo/*J. F. Hoffmann,* § 108 InsO, Rn. 193, der den Bestand auch einer absoluten Lizenz in der Insolvenz des Lizenznehmers (bei laufenden Lizenzzahlungen) von der Kündigung durch den Lizenzgeber abhängig machen möchte und auf dieser Basis die vollständige Erfüllung des Lizenzvertrages seitens des Lizenzgebers verneint. Es dürfte in der Sache keinen Unterschied machen, »trotz« vollständiger Erfüllung ein Wahlrecht zu gewähren oder schlicht die vollständige Erfüllung zu verneinen.

454 In der Käuferinsolvenz kann sich demnach auch bei Annahme einer insolvenzfesten Rechtsposition im Rahmen des § 878 BGB keine vollständige Erfüllung ergeben, wenn der Verkäufer vor Eigentumsumschreibung noch durch einen Rücktritt die Rechtsposition des insolventen Käufers zerstören kann. Auch in der Insolvenz des Vormerkungsberechtigten ist selbstverständlich § 103 InsO anwendbar.

dd) Vollständige Erfüllung bei der Verschaffung relativer, kausaler Rechtspositionen, insbesondere relativer, kausaler Nutzungsrechte

Ist lediglich eine relative und zugleich kausale Rechtsposition,[455] konkret ein relatives und kausales Nutzungsrecht geschuldet, kann demnach nie vollständige Erfüllung eintreten, ganz gleich, wer zur Nutzungsüberlassung verpflichtet ist: Schuldet die Masse die Nutzungsüberlassung, wie bei der Vermieterinsolvenz, ergibt sich dies aus der fehlenden Insolvenzfestigkeit einer nur relativen Rechtsposition.[456] Der Insolvenzverwalter müsste § 320 BGB noch überwinden und benötigt hierfür ein Wahlrecht. Für diesen Fall lässt sich mit *J. F. Hoffmann* formulieren: Die Respektierung einer schuldrechtlichen Nutzungsberechtigung durch den Insolvenzverwalter ist Erfüllung im Rahmen des § 103 InsO, weshalb es eines Wahlrechts bedarf.[457] Schuldet der Vertragspartner die Nutzungsüberlassung, ergibt sich dies daraus, dass er nach Beseitigung der *causa* auf der Ebene *erga omnes* von der Masse Unterlassung der Nutzung verlangen kann. Die Masse kann also aus dem Vertrag noch etwas erlangen, nämlich das Bestehenbleiben der kausalen Rechtsposition.[458] Analog zur spiegelbildlichen Konstellation wäre zu formulieren: Das Nichtgeltendmachen von schuldrechtlichen Bindungsgrenzen, das zum Wegfall einer kausalen Rechtsposition der Masse führen würde, ist Erfüllung im Rahmen des § 103 InsO. Auch hierfür bedarf es daher eines Verwalterwahlrechts.[459]

455 Zu relativen, abstrakten Rechtspositionen sogleich.

456 Da die Relativität der Rechtsposition das entscheidende Kriterium ist, kann auch dahinstehen, ob es sich bei obligatorischen Besitzrechten dogmatisch um andauernde Erfüllungsansprüche oder relative Herrschaftsrechte handelt, vgl. dazu oben bei S. 75 ff. in Fn. 417: Die Auffassungen stimmen ja darin überein, dass den Besitzrechten gerade keine Wirkung *erga omnes* zukommen soll, sie also nicht dinglicher Natur sind.

457 MüKo/*J. F. Hoffmann,* § 108 InsO, Rn. 13; i. E. zu Lizenzen auch zwischen dinglichen und schuldrechtlichen Nutzungsberechtigungen differenzierend *Kellenter*, FS Tilmann, S. 807, 815, 818; *Zehnsdorf*, Filmnutzungsrechte, S. 88; *Rapp*, Escrowvereinbarungen, S. 141 ff.

458 Bei abstrakten Nutzungsrechten kann die Masse dagegen nichts mehr aus dem Vertrag erlangen, der zur Nutzungsüberlassung verpflichtete Vertragspartner hat hier vollständig vorgeleistet. Dies stellt natürlich eine gravierende Belastung für ihn dar, da die Masse das Nutzungsrecht weiter ausüben darf, ohne eine noch geschuldete Gegenleistung entrichten zu müssen. Indes ist es durchaus denkbar, das Abstraktionsprinzip über Bedingungszusammenhänge insoweit zur Disposition der Parteien zu stellen, als es der damit bezweckte Verkehrsschutz nicht zwingend erfordert, vgl. *J. F. Hoffmann*, ZGE 7 (2015), 245, 266 ff.; BGH NJW 1974, 2123, 2124. Die Vereinbarung einer neben einer absoluten Rechtsposition bestehenden schuldrechtlichen »dauerhaften Überlassungspflicht«, wenn man sie denn für möglich hält (so *Harke*, ZfPW 2015, 85 ff.; BGH a.a.O., *J. F. Hoffmann*, ZGE 7 (2015), 245, 267 Fn. 101, anders *McGuire*, Lizenz, S. 419 ff.; *dies.*, Mitt. 2013, 207, 212 f.), reicht hierfür aber nicht aus, anders *Zehnsdorf*, Filmnutzungsrechte, S. 97 f., die meint, dem zur Nutzungsüberlassung Verpflichteten so das Vorleistungsrisiko nehmen zu können.

459 Relative Rechtspositionen sind natürlich nicht zwingend kausal, wie das abstrakte Schuldanerkenntnis zeigt. Fehlt in einem solchen Fall die *causa*, käme man aber in der Tat zu dem Ergebnis, dass der Insolvenzverwalter in der Insolvenz desjenigen, demgegenüber das abstrakte Schuldanerkenntnis abgegeben worden ist, die Leistung verlangen kann, während der *causa*los Anerkennende mit seinem Kondiktionsanspruch nur Insolvenzgläubiger wäre. Hielte man dieses Ergebnis für falsch, müsste man entweder doch von der Kausalheit der Rechtsposition ausgehen oder den Kondiktionsanspruch – wohl in Orientierung an Treuhandkonstruktionen – seinerseits verabsolutieren.

Auch die obigen Ergebnisse zu den Geldleistungsschulden und den Pflichten zur Erbringung von Diensten werden durch die hiesige Differenzierung bestätigt: Solange diese Leistungen nicht erbracht sind, hat der Gläubiger nur eine relative, sobald sie erbracht sind, aber eine absolute, also insolvenzfeste Berechtigung. Sowohl Geld- als auch Dienstleistungen sind sodann durch den Gesetzgeber abstrakt ausgestaltet,[460] die absolute Zuordnung kann also seitens des Vertragspartners nicht mehr über die Geltendmachung schuldrechtlicher Bindungsgrenzen rückgängig gemacht werden. Auch hier führt § 362 BGB also zu sachgerechten Ergebnissen.

ee) Die aktuelle Diskussion vor dem Hintergrund der bisherigen Ergebnisse

Die Erkenntnis, dass die Qualität der Rechtsposition als relativ oder absolut das entscheidende Kriterium zur Bestimmung der vollständigen Erfüllung seitens des Schuldners im Rahmen des § 103 InsO ist, während es hinsichtlich der vollständigen Erfüllung seitens des Vertragspartners auf die Abstraktheit bzw. Kausalheit der Rechtsposition ankommt, ermöglicht einen aufgeklärten Umgang sowohl mit der in vielen Fällen unbefriedigenden Begründung der herrschenden Meinung, als auch den Einwänden der insbesondere von *von Wilmowsky* vertretenen Gegenmeinung.

(1) Kritik der herrschenden Meinung

Der Begründungsansatz der herrschenden Meinung, der auf das Bestehen eines »Belassungsanspruchs« oder die Charakterisierung der Vermieterpflicht als »aktives Tun«, das mehr sei als ein »bloßes Dulden«, abzielt, lenkt den Blick zu sehr auf die Frage, was der Schuldner einer Gebrauchsgewährungspflicht »machen« muss, um dieser nachzukommen, ohne dies teleologisch mit dem entsprechenden Substanzrecht rückzukoppeln und missachtet zudem, dass die Erfüllung seitens des Schuldners und diejenige seitens des Vertragspartners unterschiedliche Sachfragen adressieren.[461] Verstärkt wird diese Dynamik durch die Vorstellung des BGB-Gesetzgebers, die Pflicht des Vermieters zur Gebrauchsgewährung erschöpfe sich nicht in einem bloßen Dulden, sondern sei ein aktives Tun. Aus faktischer Sicht mag die Vorstellung, ein Vermieter sei während der gesamten Mietzeit damit beschäftigt, den Anspruch des Mieters auf Gebrauchsgewährung durch ein aktives Tun zu erfüllen, in der Tat befremdlich wirken. Rechtlich erweist sich der Belassungsanspruch schlicht als eine Möglichkeit, relative, kausale[462] Besitz- bzw. Nutzungsrechte zu konstruieren.[463] Die mit der Charakterisierung

460 Zwingend ist dies nicht, vgl. *Schlüter*, Rückabwicklung, S. 150 ff.

461 Zum Verhältnis von Forderung und Erfüllungsanspruch vgl. *J. F. Hoffmann*, Zession, S. 106 ff.

462 Vgl. zum Zusammenhang zwischen einer »dauerhaften Überlassungspflicht« und der Kausalität der Rechtsposition auch *Zehnsdorf*, Filmnutzungsrechte, S. 84 f. und *J. F. Hoffmann*, ZGE 7 (2015), 245, 267 und im Kontext des Verwalterwahlrechts RG DJZ 1916, Spalte 813 f.

463 Nicht näher nachgegangen wurde hier jenen Stimmen, die sich an der Einordnung der Miete als obligatorisches Recht stoßen, indem sie problematisieren, dass der Mieter die Mietsache nutzen darf, der Vermieter aber dennoch zur Rückforderung der Sache berechtigt sein soll, vgl. etwa *Degenkolb*, Platzrecht, S. 150 ff.; *Wieling*, GS Sonnenschein, S. 201,

der Vermieterpflicht adressierte Typisierung von Verträgen dient sodann der Ergänzung lückenhafter Verträge und der Festlegung des für die Inhaltskontrolle maßgeblichen Leitbildes.[464] Es würde die zur Typisierung bemühte, eher phänomenologische Umschreibung der Hauptleistungspflicht des Sachleistungsschuldners überspannen, ihr Aussagekraft für die Frage der Erfüllung im Rahmen des § 103 InsO beizumessen. Das Argument, der Anspruch auf Gebrauchsgewährung entstehe ständig neu, scheint dem Bemühen geschuldet zu sein, diejenigen Ansprüche, deren Erfüllung sich ihrem Inhalt nach auf einen Zeitabschnitt erstreckt, auf das bekannte Terrain der in einem Moment erfüllbaren Ansprüche zu ziehen und hilft hier auch nicht weiter.[465] Letzten Endes kommt die herrschende Meinung, soweit sie sich zu relativen, kausalen Nutzungsrechten äußert, aber zu dem zutreffenden Ergebnis, dass hier keine vollständige Erfüllung vorliegt, da sie (häufig implizit) die Relativität und Kausalheit des Nutzungsrechts annimmt.

(2) Kritik der Ansicht von Wilmowskys

Der Umgang *von Wilmowskys* mit der vollständigen Erfüllung seitens des Schuldners ist zu kritisieren. Man mag angesichts der obigen Ausführungen dazu kommen, dass dasjenige, was der Mieter nach Überlassung der Mietsache noch geltend machen kann, allenfalls in einem Unterlassen besteht.[466] Was *von Wilmowsky* allerdings in der Sache verkennt und was in der Argumentation der herrschenden Meinung nicht hinreichend deutlich wird,[467] ist die rechtliche Relevanz dieses Unterlassens. Dieses besteht darin, dass der zur Gebrauchsüberlassung Verpflichtete, wo er (zumindest) hinsichtlich der Nutzung des Gegenstandes auch dinglich berechtigt ist, seine Rechtsposition nicht mittels §§ 985, 1004 BGB durchsetzt bzw., wo er nicht dinglich berechtigt ist, eine Rechtslage aufrechterhält, nach der der dinglich berechtigte Dritte seine Rechtsposition nicht durchsetzen kann. Somit kommt diesem Unterlassen ein Vermögenswert zu.[468] Ihm kann auch nicht mit dem Argument die Qualität einer Leistung abgesprochen werden, dass der Vermieter ja schon nach dem Mietvertrag nicht zur Rückforde-

210 f. Spätestens mit der Anerkennung des Bestandsschutzes (zu diesem Institut unten S. 157 ff.) ist die Figur einer nur schuldrechtlichen Nutzungsberechtigung anerkannt, vgl. auch *Sosnitza*, Besitz, S. 81. *Wielings* Ausführungen mögen vor dem Hintergrund seiner Annahme konsequent sein, stellen aber schuldrechtliche Nutzungsberechtigungen als solche in Frage.

464 *Cziupka*, Dispositives Vertragsrecht, S. 68 ff., 230 ff.

465 Insofern hat die Polemik *von Wilmowskys* (siehe oben bei S. 77 ff. in Fn. 427) ihre Berechtigung.

466 Beachte aber *Mülbert*, FS Westermann, S. 491, 497 f., der augenscheinlich nicht von einem Unterlassen ausgeht, aber durch die Annahme, dass der Leistungserfolg zeitlich gestreckt eintrete, zu einem ähnlichen Ergebnis kommt.

467 Am treffendsten wird die Erfüllung nach der hiesigen Konzeption wohl durch die Stimmen beschrieben, die mit dem Beginn des Leistungsaustauschs von einem »Zustand der Teilerfüllung« sprechen, vgl. oben bei S. 75 ff. in Fn. 411.

468 Dies ist, für die Insolvenz des zur Nutzungsüberlassung Verpflichteten, allgemein die Voraussetzung für eine Stellung des Gläubigers eines Unterlassungsanspruchs als Insolvenzgläubiger, vgl. MüKo/*Ehricke/Brehme*, § 38 InsO, Rn. 44. Hierzu auch BGH NZM 2003, 761 f.

rung der Sache berechtigt wäre, denn dies beschreibt nur die Kehrseite der oben beschriebenen Unterlassungsverpflichtung. Genauso ließe sich behaupten, dass ein Verkäufer mit der Übergabe und Übereignung der Kaufsache keine Leistung erbringe, da er ja schon aufgrund des Kaufvertrages nicht berechtigt sei, Eigentum und Besitz an der Sache zu behalten. Ob man von einem Klageantrag, der auf Mietzahlung Zug-um-Zug gegen weitere Belassung gerichtet ist, »zu Recht noch nichts gehört [hat]«, wie *von Wilmowsky* meint,[469] kann und soll hier nicht beurteilt werden. Offensichtlich geht es *von Wilmowsky* um die Konstellation, dass der Vermieter nach Überlassung der Mietsache eine fällige Mietforderung einklagt, die (auch) die künftige Nutzung vergütet. Hier ist aber zu erkennen, dass nach Überlassung der Mietsache der Modus des § 320 BGB, der – für punktuelle Austauschverträge zu Recht – mit dem unmittelbaren Zurückbehalten der eigenen Leistung assoziiert wird, ein Stück weit von den Zahlungsmodalitäten einerseits und den Vereinbarungen zur Kündbarkeit des Vertrages wegen Zahlungspflichtverletzungen andererseits überlagert wird: Insoweit, als der Vermieter den Mietzins erst am Ende eines Nutzungsabschnitts verlangen kann bzw. die Vertragsbeendigung und somit die Rückforderung der Sache einen Zahlungsrückstand voraussetzt, geht der Vermieter in Vorleistung[470] und begibt sich so freiwillig[471] seines Zurückbehaltungsrechts aus § 320 Abs. 1 S. 1 BGB. Der Mieter kann also die Mietzahlung in diesem Fall nicht verweigern, weil der Vermieter seinerseits die von ihm zu erbringende Leistung nicht mehr »zurückhalten« kann.[472] Aus demselben Grund gibt es für den Mieter auch keinen Grund, Leistungsklage zu erheben. Wird der Mieter verklagt, ist es für ihn grundsätzlich ausreichend, schlicht Klageabweisung zu beantragen. Daneben wäre allenfalls eine Zwischenfeststellungsklage eine Option, wenn der Fortbestand des Mietverhältnisses ebenfalls in Rechtskraft erwachsen soll.

Die Argumente, die spezifisch für die Insolvenz des Vermieters angeführt werden, können schließlich auch nicht überzeugen: So trifft es zwar zu, dass auf das Nutzungsrecht des Mieters in der Einzelzwangsvollstreckung nicht zugegriffen werden kann. Dies ist aber in erster Linie auf den Gewahrsamsschutz nach §§ 809, 766 ZPO zurückzuführen, der eben nicht an das Gebrauchsrecht des Mieters anknüpft, sondern einen bloßen Besitzschutz statuiert, den die Insolvenzordnung nicht kennt.[473] Die Einwände *von Wilmowskys*, die sich in der Sache auf das Gebrauchsrecht des Mieters beziehen, ändern an diesem Urteil nichts. Dass die schuldrechtliche Natur der Nutzungsberechtigung keine Rolle spiele, muss konsequenterweise behauptet werden, um das Ergebnis, die Insolvenz habe auf die Rechtsposition des Mieters keinen Einfluss, nicht zu gefährden. Indes macht der Mieter nach Verfahrenseröffnung sein Nutzungsrecht in der Sache eben nicht mehr gegenüber seinem Vertragspartner, sondern gegenüber dessen

469 *von Wilmowsky*, ZInsO 2011, 1473, 1479.

470 Zur Vorleistung des Vermieters auch unten S. 165 ff.

471 Gegen den Topos der notwendigen Vorleistung schon oben S. 51 ff.

472 Im Ergebnis zutreffend *Kast*, Einrede, S. 172; *Frieling*, ZfPW 2018, 467, 476 und *Rumpf*, Synallagma, S. 176 ff., die diese Rechtslage (in dem durch das dispositive Recht vorgegebenen Umfang) aber zu Unrecht für zwingend halten.

473 Vgl., was die Funktion des § 809 ZPO betrifft, *Stamm*, ZZP 124 (2011), 317, 320 ff. Die Frage, ob das Nutzungsrecht bei einer Vollstreckung in den Herausgabeanspruch gem. §§ 846 f. ZPO dem Vollstreckungsgläubiger entgegengehalten werden kann, thematisiert *von Wilmwosky* nicht.

Gläubigern geltend. Die These, die herrschende Meinung missachte die Grenzen der Insolvenzanfechtung, träfe nur dort zu, wo das Nutzungsrecht sich auf absoluter Ebene im Vermögen des Mieters befände. In der Konsequenz dieser Annahmen läge es sodann auch, dem Mieter hinsichtlich der Nutzung der Mietsache ein Aussonderungsrecht zu gewähren, wobei *von Wilmowsky* sich nicht mit den entsprechenden sachenrechtlichen Implikationen auseinandersetzt.[474] Insbesondere die letzten Punkte lassen dabei die implizite, in der Sache seinem Standpunkt zugrunde liegende Annahme *von Wilmowskys* erkennen, der Mobiliarmieter habe eine absolute, zumindest insolvenzfeste Rechtsposition.[475]

Klarzustellen ist aber, dass *von Wilmowsky* die vollständige Erfüllung der Gebrauchsgewährung in der Insolvenz des relativ Nutzungsberechtigten zutreffend erfasst, wenn er schreibt, der Insolvenzverwalter habe zu entscheiden, ob er »das (eingeräumte) Gebrauchsrecht [...] erhalten« oder »es der fristlosen Kündigung durch den Vermieter preisgeben soll«.[476] Hiermit macht er, wenngleich nicht ausdrücklich, die Kausalheit des Nutzungsrechts zum entscheidenden Maßstab für die vollständige Erfüllung durch den Vertragspartner.

d) Abschließende systematische Verortung der §§ 103 ff. InsO

Vor diesem Hintergrund lässt sich eine abschließende systematische Einordnung der §§ 103 ff. InsO vornehmen. Im Ausgangspunkt lässt die Eröffnung eines Insolvenzverfahrens die Rechtslage *erga omnes* unberührt. Die §§ 103 ff. InsO regeln für gegenseitige Verträge, inwieweit die *inter partes* bestehenden Abreden auf der Ebene *erga omnes* Beachtung finden müssen.[477] Eine hiervon zu trennende Frage ist diejenige, ob eine Rechtsposition an und für sich *inter partes* oder *erga omnes* besteht. Ob einer Rechtsposition Wirkung *erga omnes* zukommt, hängt im Grundsatz nicht davon ab, wie der Vertrag im Rahmen der §§ 103 ff. InsO behandelt wird. Die §§ 103 ff. InsO sind dennoch nicht gänzlich unbedeutend für die Qualität einer Rechtsposition, da sich natürlich der hierfür maßgebliche gesetzgeberische Wille darin äußern kann, wie der Vertrag im Rahmen der §§ 103 ff. InsO zu behandeln ist. So hat der Gesetzgeber mit der »Anwendbarkeit des § 103 InsO« auf die Mobiliarmiete zum Ausdruck gebracht,

474 Hierzu unten S. 182 ff.

475 Dies zeigt sich auch daran, dass *Rapp*, auf den er sich beruft, seinen Ausführungen zum Bestehenbleiben des Nutzungsrechts ein gegenständliches, ergo insolvenzfestes Verständnis selbst des einfachen Nutzungsrechts zugrunde legt, vgl. *Rapp*, Escrowvereinbarungen, S. 135 f., 138 f. *von Wilmowsky* selbst geht aber von einer schuldrechtlichen Natur der Miete aus, ohne hierin einen Widerspruch zu dem von ihm postulierten Fortbestehen des Nutzungsrechts zu erblicken. Ebenfalls in der Sache ein absolutes Nutzungsrecht wurde von der Rechtsprechung angenommen, wenn sie bei Lizenzverträgen über die vollständige Erfüllung des Vertrages seitens des Lizenzgebers dem Lizenznehmer eine insolvenzfeste Rechtsposition annimmt, vgl. BGH NZI 2016, 97, Rn. 40 ff.; OLG München, NZI 2013, 899, 900 f. und LG München, ZIP 2014, 2406, 2408 ff. Stimmen, die die Insolvenzfestigkeit des Anwartschaftsrechtes des Vorbehaltskäufers darüber konstruieren wollten, dass der Vorbehaltsverkäufer vollständig erfüllt habe, behaupten also in der Sache schlicht die Dinglichkeit bzw. Insolvenzfestigkeit der Erwerbsaussicht des Vorbehaltskäufers.

476 *von Wilmowsky*, ZInsO 2007, 731, 732.

477 Vgl. dazu eingehend oben S. 24 ff.

dass die Rechtsposition des Mobiliarmieters nicht insolvenzfest ist.[478] Es würde Ursache und Wirkung vertauschen, davon zu sprechen, dass die Anwendbarkeit des § 103 InsO der Rechtsposition des Mobiliarmieters die Insolvenzfestigkeit genommen habe. §§ 106 Abs. 1 S. 1, 107 Abs. 1 S. 1 InsO statuieren dagegen die Insolvenzfestigkeit der Rechtspositionen des Vormerkungsinhabers bzw. des Vorbehaltskäufers.[479] Im Rahmen des § 103 InsO gilt daher: Erfüllungswahl und insbesondere die Erfüllungsablehnung haben auf von vornherein *erga omnes* bestehende Rechtspositionen keine Auswirkung, während *inter partes* bestehende Rechtspositionen nur bei Erfüllungswahl Wirkung *erga omnes* entfalten.[480] Hinsichtlich der beiderseitigen Leistungspflichten stellt sich daher die Frage, ob der Übergang in das Vermögen der Gegenseite bei Verfahrenseröffnung bereits abgeschlossen ist. Dieser Frage muss über das Tatbestandserfordernis des beiderseitigen Nichterfülltseins beigekommen werden, wobei für die Leistungspflicht des Schuldners und die Leistungspflicht des Vertragspartners unterschiedliche Maßstäbe anzusetzen sind: Die Leistung des Vertragspartners ist unwiederbringlich im Vermögen des Schuldners, also Teil der Masse, wenn er eine abstrakte Rechtsposition schuldet und diese verschafft hat. Der Konflikt zwischen den Gläubigern und dem Vertragspartner kristallisiert sich in dieser Hinsicht in der Teleologie des Abstraktionsprinzips, da sich hier am Ende die Frage stellt, ob die Gläubiger sich mit der *causa* und den für sie unter Umständen nur schwer erkennbaren schuldrechtlichen Bindungsgrenzen befassen müssen.[481] In der Sache geht es darum, ob eine Vorleistung des Vertragspartners vorliegt. Ist dies der Fall, hat der Insolvenzverwalter keinen Grund, die Gegenleistung zu erbringen und der Vertragspartner wird nur quotal befriedigt. Hinsichtlich der Leistung des Schuldners ist maßgeblich, ob der Vertragspartner vorinsolvenzlich eine absolute, zumindest insolvenzfeste Rechtsposition erlangt hat. Der Konflikt zwischen den Gläubigern und dem Vertragspartner kristallisiert sich in dieser Hinsicht in der Individual- und Verkehrsinteressen berücksichtigenden Abwägung, die über die Qualität einer Rechtsposition entscheidet. In der Sache geht es darum, ob der Insolvenzverwalter noch befugt sein soll, über die Durchführung des Leistungsaustauschs zu entscheiden. Liegt seitens des Schuldners vollständige Erfüllung vor, kann der Insolvenzverwalter an der Vermögensverschiebung vorbehaltlich der Vertragsuntreue des Vertragspartners nichts mehr ändern und nur noch die Gegenleistung zur Masse ziehen. Es mag überraschend anmuten oder gar die »Symmetrie des Rechtsempfindens [...] stören«,[482] dass ein und dieselbe vorgenommene Handlung in einem Fall zur »vollständigen Erfüllung« führt und in einem anderen Fall nicht. Die

478 BT Drucks. 12/2443, S. 146: Bei Erfüllungsablehnung »enden [Mietverhältnisse über bewegliche Sachen] mit der Eröffnung des Insolvenzverfahrens«.

479 BT-Drucks. 12/2443, S. 146, 195 re. Sp.; Jaeger/*Henckel,* § 47 InsO, Rn. 54 f.

480 Vgl. beispielhaft zu Lizenzen MüKo/*J. F. Hoffmann,* § 108 InsO, Rn. 164 ff.; *Jungclaus*, ZInsO 2012, 724 ff.

481 Vgl. auch die jüngst von *Schlüter*, Rückabwicklung, S. 161 ff. vorgetragene Kritik an der Aussonderung »unterscheidbarer« Rückabwicklungsforderungen (mit An- und Abführungszeichen im Original), dem auf dem Boden des Abstraktionsprinzips vollumfänglich zuzustimmen ist. Da es um Verkehrsschutzerwägungen geht, bleibt es dem Gesetzgeber natürlich unbenommen, dem Rechtsverkehr in Gestalt der Gläubiger die Auseinandersetzung mit der *causa* zuzumuten.

482 KPBJ/*Tintelnot,* § 107 InsO, Rn. 3.

vollständige Erfüllung seitens des Schuldners und seitens des Vertragspartners adressieren aber auch keine, um im Bild zu bleiben, symmetrischen Sachfragen und sind daher nur zumeist, aber nicht immer gleich zu bestimmen.

Ist seitens des Schuldners bzw. des Vertragspartners eine absolute bzw. abstrakte Rechtsposition gar nicht geschuldet oder bei Verfahrenseröffnung noch nicht verschafft worden, liegt in dieser Hinsicht keine Erfüllung im Sinne des § 103 InsO und folglich auch keine vollständige Erfüllung vor. Schließlich ist klarzustellen, dass natürlich neben der Verschaffung abstrakter bzw. absoluter Rechtspositionen vertraglich noch andere Leistungspflichten vereinbart worden sein können. Sind diese ihrerseits nicht erfüllt, befindet man sich grundsätzlich in der Diskussion um Teilleistungen im Rahmen des § 103 InsO.[483] Geht es um eine vorinsolvenzliche Teilleistung des Schuldners, kann der Vertragspartner eine erworbene, absolute Rechtsposition gegen die Masse durchsetzen. Hinsichtlich der übrigen Leistungspflichten des Schuldners hat der Vertragspartner nur eine relative Rechtsposition, kann diese also nicht gegen die Masse durchsetzen. Verletzt allein der Erhalt der absoluten Rechtsposition seinen Bindungswillen, kann er sich vom Vertrag lösen (§§ 106 Abs. 1 S. 2, 107 Abs. 1 S. 2 InsO), wenn nicht der Insolvenzverwalter Erfüllung wählt. Geht es um eine vorinsolvenzliche Teilleistung des Vertragspartners, kann der Insolvenzverwalter eine erworbene, abstrakte Rechtsposition für die Masse behalten. Die übrigen Leistungspflichten des Vertragspartners kann dieser, da sie – in der Regel – kausal sind, beseitigen, wenn die Erbringung allein dieser Leistungspflichten gegen einen entsprechenden Teil der Gegenleistung nicht von seinem Bindungswillen gedeckt ist, es sei denn, der Insolvenzverwalter wählt Erfüllung des gesamten Vertrages.

II. Die Folgen der Verfahrenseröffnung bei vollständiger Erfüllung

Folglich ist die vollständige Erfüllung nur seitens des Geldleistungsschuldners und seitens eines zur Nutzungsüberlassung Verpflichteten möglich, der ein absolutes bzw. abstraktes Nutzungsrecht verschaffen muss. Für nicht von § 108 Abs. 1 S. 1 InsO geschützte Vertragsverhältnisse wird in diesen Fällen die Frage relevant, wie sich die Verfahrenseröffnung auswirkt.

1. Nutzungsüberlassungen

a) Insolvenz des Nutzungsberechtigten

aa) Vollständige Erfüllung seitens des nutzungsberechtigten Schuldners

Wenn der nutzungsberechtigte Schuldner vorinsolvenzlich vollständig erfüllt hat, kann der Insolvenzverwalter den Nutzungsgegenstand während der kompletten (verbliebenen) Laufzeit nutzen, da die Einrede des § 320 BGB bereits überwunden ist. Aus der Qualität des Nutzungsrechts ergeben sich keine Besonderheiten.

483 Im Weiteren im Anschluss an *J. F. Hoffmann*, KTS 2018, 343, 367 ff.

bb) Vollständige Erfüllung seitens des zur Nutzungsüberlassung verpflichteten Vertragspartners

Der zur Nutzungsüberlassung verpflichtete Vertragspartner hat vollständig erfüllt, wenn er dem Schuldner vorinsolvenzlich ein abstraktes Nutzungsrecht verschafft hat. In diesem Fall kann der Insolvenzverwalter die Nutzung ausüben und der Vertragspartner nicht mehr durch Geltendmachung seines begrenzten Bindungswillens auf die Rechtslage *erga omnes* Einfluss nehmen. In der Sache ist der Vertragspartner dann in Vorleistung gegangen, er kann lediglich seine vertraglichen Ansprüche auf die Gegenleistung oder seinen nur relativ wirkenden Rückabwicklungsanspruch zur Tabelle anmelden.

b) Insolvenz des zur Nutzungsüberlassung Verpflichteten

aa) Vollständige Erfüllung seitens des zur Nutzungsüberlassung verpflichteten Schuldners

Der zur Nutzungsüberlassung verpflichtete Schuldner hat vollständig erfüllt, wenn der Vertragspartner ein absolutes, zumindest insolvenzfestes Nutzungsrecht erworben hat. Der Insolvenzverwalter kann dann lediglich die Gegenleistung verlangen. Nur wenn der Vertragspartner vertragsbrüchig wird, kann er die Masse von der Bindung an den Vertrag befreien und Rückabwicklung verlangen, wobei es außerhalb der Doppelinsolvenz irrelevant ist, ob er vindizieren kann oder kondizieren muss.

bb) Vollständige Erfüllung seitens des nutzungsberechtigten Vertragspartners

Hat der Vertragspartner vollständig erfüllt, also vorinsolvenzlich das gesamte Nutzungsentgelt gezahlt, ist er jedenfalls dann unstreitig in Vorleistung gegangen, wenn das Nutzungsverhältnis noch nicht effektuiert worden ist. Er kann dann nicht die Nutzungsgewährung verlangen, sondern lediglich den Vertrag insolvenzmäßig abwickeln. Hat die Nutzung bereits begonnen, kommt es entscheidend auf die Qualität des Nutzungsrechts an. Ein absolutes Nutzungsrecht kann der Vertragspartner auch der Masse entgegenhalten, er muss lediglich vertragstreu bleiben, um den Bestand des Nutzungsrechtes nicht zu gefährden. Ob das Nutzungsrecht abstrakt oder kausal ist, spielt keine Rolle. Ein lediglich relatives Nutzungsrecht kann der Vertragspartner der Masse nicht entgegenhalten. Er muss die Nutzung einstellen und je nach Art der Nutzung ggf. den Nutzungsgegenstand herausgeben. Wenn demgegenüber teilweise angenommen wird, dass der Vertragspartner in einer solchen Situation sein Nutzungsrecht der Masse entgegenhalten könne,[484] ist dies zurückzuweisen: Maßgeblich ist die Insolvenzfestigkeit der Rechtsposition des Vertragspartners, die nicht davon abhängt, ob der Vertragspartner selbst bereits vollständig erfüllt hat. Wer den Inhaber einer Rechtsposition schützen will, sobald dieser die Gegenleistung voll erbracht hat, nimmt in der Sache eine

484 Zur Lizenz KPBJ/*Tintelnot,* § 103 InsO, Rn. 64 ff., wobei unklar bleibt, inwiefern die Differenzierung zwischen absoluten und relativen Rechten eine Rolle spielt; offenbar auch *Welling*, Miet- und Leasingverträge, S. 42.

absolute, zumindest insolvenzfeste Rechtsposition an.[485] Liegt keine solche vor, wird der Verwalter die absolute Berechtigung des Schuldners durchsetzen. Den Vertrag muss er sich nicht entgegenhalten lassen, da dieser nur relative Wirkung hat und der Insolvenzverwalter funktional nicht dem Vertragspartner des Nutzungsberechtigten entspricht, sondern für die übrigen Gläubiger auftritt.[486]

2. Dienstverträge

Bei einem Dienstvertrag ist von vornherein nur die vollständige Erfüllung seitens des Dienstberechtigten möglich.

a) Insolvenz des Dienstverpflichteten

In der Insolvenz des Dienstverpflichteten wäre § 103 InsO ohnehin nur anwendbar, wenn der Vertrag auch massebefangen wäre, was nicht der Fall ist, sofern es sich um höchstpersönliche Dienstleistungen handelt.[487] Ist § 103 InsO anwendbar und hat der Dienstberechtigte die Vergütung bereits vollständig bezahlt, hat er sich des Schutzes von § 320 BGB vollständig begeben. Der Insolvenzverwalter könnte durch die Erbringung der Gegenleistung keinen Vermögenswert mehr zur Masse ziehen. Der Dienstberechtigte erhielte lediglich die Insolvenzquote auf seine gem. § 45 InsO in Geld umgerechnete Forderung.

b) Insolvenz des Dienstberechtigten

Hat der Insolvenzschuldner vorinsolvenzlich den Vertrag als Dienstberechtigter durch die Zahlung der vollen Vergütung vollständig erfüllt, muss die Masse keine Mittel mehr aufwenden, um die Gegenleistung des Vertragspartners zur Masse zu ziehen. Der Insolvenzverwalter kann dann schlicht die Erbringung der geschuldeten Dienstleistungen verlangen.

3. Zusammenfassung

Besteht kein Wahlrecht, weil der Schuldner vorinsolvenzlich vollständig erfüllt hat, so wird der Vertrag in der Regel durchgeführt. Der Vertragspartner hat dann keine Nachteile zu fürchten, solange er sich seinerseits vertragstreu verhält. Besteht kein Wahlrecht, weil der Vertragspartner vor Verfahrenseröffnung vollständig erfüllt hat, so wirkt die Verfahrenseröffnung auf Dienstverträge in der Insolvenz des Dienstverpflichteten und Nutzungsüberlassungen in der Insolvenz des zur Nutzungsüberlassung

485 So auch die Kritik von MüKo/*J. F. Hoffmann*, § 108 InsO, Rn. 15 an dem Urteil des BGH (NZI 2016, 97) und die Kritik von *Jungclaus*, ZInsO 2012, 724 ff. an dem Gesetzesentwurf der Bundesregierung für einen § 108a InsO aus dem Jahr 2021. Vgl. auch oben S. 87 ff. die Kritik an der entsprechenden Ansicht *von Wilmowskys* zur Mobiliarmiete in der Insolvenz des Vermieters.

486 Zu Lizenzen auch BeckOKInsR/*Berberich*, § 108 InsO, Rn. 70, 74; *L. Berger*, Insolvenzschutz, S. 38; *Kellenter*, FS Tilmann, S. 807, 814; *Witz*, FS Schilling, S. 393, 396.

487 Ganz herrschend, statt vieler Jaeger/*Jacoby*, § 108 InsO, Rn. 240 m. w. N.

Verpflichteten wie eine sofortige Vertragsbeendigung, da der Insolvenzverwalter umgehend die Erbringung der geschuldeten Dienstleistung einstellen bzw. den Nutzungsgegenstand herausverlangen wird. Der Vertragspartner erhält hier nur die Quote auf die ggf. umzurechnende (§ 45 S. 1 InsO) Gegenleistung bzw. seine Rückabwicklungsforderung. In der Insolvenz des Nutzungsberechtigten wirkt sich die Vorleistung gar so aus, dass der Insolvenzverwalter das (abstrakte) Nutzungsrecht bis zum Ende seines Bestandes nutzen darf und die Gegenleistung nur quotal befriedigen muss. Der Vertrag wird gewissermaßen nur einseitig fortgesetzt.

III. Auswirkungen des bestehenden und ausgeübten Wahlrechts

Für die Frage, wie sich das bestehende Wahlrecht und dessen Ausübung auf den Vertrag auswirkt, bedarf es der Differenzierung: Ist der vertragliche Leistungsaustausch im Miet- bzw. Dienstvertrag noch nicht aufgenommen worden, tritt der Vertrag mit Verfahrenseröffnung ohne Weiteres in die oben beschriebene Schwebephase ein: Seitens der Masse darf ohne Erfüllungswahl keine Leistung erbracht werden und seitens des Vertragspartners wird typischerweise keine Leistung erbracht werden, weil ohne Erfüllungswahl die Gegenleistung nicht erbracht wird. Lehnt der Insolvenzverwalter die Erfüllung ab, hat der Vertragspartner die Wahl, ob er seine Vertragsforderung insolvenzrechtlich liquidieren oder im Rahmen der Nachhaftung geltend machen möchte. Wählt der Insolvenzverwalter Erfüllung, wird der Vertrag so, wie er geschlossen wurde, mit der Masse erfüllt. Problematischer, insbesondere bei Nutzungsüberlassungen, sind die Auswirkungen des Wahlrechts, wenn der Leistungsaustausch bereits aufgenommen wurde. Der Übersichtlichkeit halber werden die Auswirkungen der Verfahrenseröffnung und der Wahlrechtsausübung aber auch für Dienstverträge kurz skizziert. Relevant sind dabei jeweils drei Konstellationen: Zunächst stellt sich die Frage, wie sich die Verfahrenseröffnung an sich auswirkt, wie sich die Rechtslage also bis zur Ausübung des Wahlrechts darstellt. Sodann muss beantwortet werden, wie sich Erfüllungswahl und Erfüllungsablehnung auf die Verträge auswirken. Differenziert wird jeweils nach den Vertragsarten und danach, welche Vertragspartei insolvent ist.

1. Insolvenz des Nutzungsberechtigten

Geht es um eine Nutzungsberechtigung stellt sich jeweils die Frage, ob der Nutzungsberechtigte den Nutzungsgegenstand herauszugeben bzw. die Nutzung einzustellen und ob er eine Vergütung zu zahlen hat.

a) Zeitspanne bis zur Ausübung des Wahlrechts

aa) Herausgabe

Ob die Masse den Nutzungsgegenstand nach Eröffnung des Insolvenzverfahrens herausgeben muss, hängt davon ab, ob der zur Nutzungsüberlassung Verpflichtete seine absolute Rechtsposition unmittelbar mit Verfahrenseröffnung durchsetzen kann. Dies wird unterschiedlich beurteilt. Der BGH hat entschieden, dass der Verwalter unmittelbar ab der Verfahrenseröffnung »analog § 546 BGB« zur Herausgabe verpflichtet ist und dies mit der Nichtdurchsetzbarkeit der gegenseitigen Erfüllungsansprüche begründet, die in diesem Moment eintrete.[488] Verbreitet wird hingegen vertreten, dass der Vertragspartner erst dann seine absolute Rechtsposition durchsetzen könne, wenn der Verwalter sich für die Erfüllungsablehnung entscheide oder sein Wahlrecht verliere.[489]

Indes bleiben die Stimmen, die die Herausgabe schon mit Verfahrenseröffnung oder nach Erfüllungsablehnung zulassen, den Nachweis schuldig, warum der Vertragspartner sich die Besitzberechtigung der nutzungsberechtigten Masse nicht entgegenhalten lassen muss. Der materielle Bestand des Vertrages ist nicht unmittelbar an die Durchsetzbarkeit der Leistungspflicht gekoppelt, sondern hängt nach allgemeinen zivilrechtlichen Grundsätzen von der Ausübung eines Gestaltungsrechts ab.[490] Die Masse kann zwar ihren Erfüllungsanspruch auf Gebrauchsgewährung insofern nicht mehr durchsetzen, als sie nach der Verfahrenseröffnung die entsprechende Gegenleistung noch erbringen müsste (§ 320 BGB). Dies entspricht aber im Grundsatz der Situation, dass der Nutzungsberechtigte aus anderen Gründen die Gegenleistung nicht erbringt. Hier kann der Vertragspartner auch nicht unmittelbar Herausgabe verlangen, sondern muss zunächst durch eine Kündigung das Vertragsverhältnis beenden.[491] Der zur Nutzungsüberlassung Verpflichtete ist auch hier darauf verwiesen, erst die Kündigung auszusprechen. Es ist nicht ersichtlich, warum der Vertragspartner dadurch eine bessere Stellung erlangen sollte, dass die Entgeltzahlung insolvenzbedingt ausbleibt. Der Vertragspartner muss sich auf die Ebene *erga omnes* begeben und daher den Vertrag zunächst kündigen, bevor er Herausgabe verlangen kann.[492] Die Insolvenz des anderen Vertragsteils hindert ihn auch nicht an der Kündigung: Im Grundsatz bleiben dem Vertragspartner seine Kündigungsrechte auch in der Insolvenz der Gegenseite erhalten,[493] hier besteht nur die Besonderheit, dass er sich unter Umständen nach Maßgabe des § 112 InsO nicht auf seinen begrenzten Bindungswillen berufen kann. Es bleibt unklar, warum aus der »Nichtdurchsetzbarkeit« der Ansprüche bzw. auf Basis einer nur deklaratorisch wirkenden Erfüllungsablehnung eine Herausgabe schon mit Verfahrenseröffnung

488 BGH NZM 2007, 500, Rn. 11 ff.; ebenso, aber noch auf Grundlage der Erlöschenstheorie *Welling*, Miet- und Leasingverträge, S. 123.

489 MüKo³/*Eckert*, § 108 InsO, Rn. 176; HK/*G. Schmidt*, § 108 InsO, Rn. 69; HK/*ders.*, § 112 InsO, Rn. 10; KPBJ/*Tintelnot*, § 103 InsO, Rn. 302; *Zeyns*, Doppelinsolvenz, S. 52 ff.; Jaeger/*Jacoby*, § 103 InsO, Rn. 279 f., der sich aber nicht notwendigerweise im Widerspruch zur Lösung des BGH sieht; Uhlenbruck/*D. Wegener*, § 103 InsO, Rn. 183.

490 Vgl. oben S. 33 f.

491 Insofern kann von einem privatautonom übernommenen Vorleistungsrisiko des Vermieters gesprochen werden, vgl. auch oben S. 51 ff. und *Rumpf*, Synallagma, S. 176 ff., die davon spricht, dass § 320 BGB insoweit »nicht anwendbar« sei, als die »denknotwendig[e]« Vorleistung reiche; ähnlich auch *Kast*, Einrede, S. 172 und *Frieling*, ZfPW 2018, 467, 476. Beachte auch MüKo/*J. F. Hoffmann*, § 108 InsO, Rn. 21, der formuliert, der zur Nutzungsüberlassung Verpflichtete scheine hier hinreichend »durch seinen Anspruch auf die Gegenleistung geschützt«; zum Nutzungsentgelt sogleich.

492 MüKo/*J. F. Hoffmann*, § 108 InsO, Rn. 17; *Marwedel*, ZInsO 2011, 937, 942 ff.; *Bork*, FS Wellensiek, S. 201, 205; i. E. ebenfalls *von Wilmowsky*, ZInsO 2007, 731, 737.

493 Siehe oben S. 29 ff.

oder Erfüllungsablehnung möglich sein soll.[494] Nach der Verfahrenseröffnung kann der Vertragspartner die nutzungsberechtigte Masse also nicht unmittelbar auf Herausgabe in Anspruch nehmen, sondern erst, wenn er den Vertrag gekündigt hat.

bb) Nutzungsentgelt

Für die Insolvenz des Nutzungsberechtigten muss im Ausgangspunkt klar sein, dass der zur Nutzungsüberlassung Verpflichtete auf Grundlage der vertraglichen Abrede das Nutzungsentgelt vor einer Erfüllungswahl durch den Insolvenzverwalter nicht verlangen kann, da die bloß relativ wirkende Forderung auf Nutzungsentgelt nicht gegen die Masse durchgesetzt werden kann, § 87 InsO. Die Forderungen des Vertragspartners sind also entweder im Rahmen der Nachhaftung oder des § 103 Abs. 2 S. 1 InsO als Insolvenzforderung geltend zu machen. Festzustellen ist, dass schon in der Phase nach der Verfahrenseröffnung der Vertragspartner nicht daran gehindert ist, seinen begrenzten Bindungswillen geltend zu machen und bei Eintritt der entsprechenden Voraussetzungen, den Vertrag zu kündigen. Macht er von dieser Möglichkeit Gebrauch, werden nach der Kündigung gezogene Nutzungen bereicherungsrechtlich abgeschöpft. Dass der Vertragspartner dennoch zunächst keine Gegenleistung erhält, wird offenbar zumindest dann für unangemessen befunden, wenn der Insolvenzverwalter den Nutzungsgegenstand für die Masse nutzt und anschließend die Erfüllung des Vertrages abgelehnt wird. Diskutiert wird diese Problematik sogleich bei den Folgen der Erfüllungsablehnung.

b) Folgen der Erfüllungswahl

Mit der Erfüllungswahl wird der synallagmatische Leistungsaustausch ab Verfahrenseröffnung gegenüber der Masse legitimiert. Somit darf die Masse den Gegenstand nun nutzen und schuldet dafür das Entgelt als Masseforderung. Dies gilt auch unabhängig davon, ob die Masse den Nutzungsgegenstand genutzt hat oder nicht, für das Entgelt, das auf die Zeitspanne zwischen Verfahrenseröffnung und Erfüllungswahl entfällt.[495] Abwicklungsbezogene Verpflichtungen nehmen nicht an der Privilegierung teil, da sie keine synallagmatischen Pflichten sind.[496]

494 Für eine sofortige Herausgabe des Nutzungsgegenstandes kann auch nicht die Gesetzesbegründung fruchtbar gemacht werden, die davon spricht, dass Mietverträge über bewegliche Sachen, wenn nicht Erfüllung gewählt wird, »mit der Eröffnung des Insolvenzverfahrens [enden]«, BT-Drucks 12/2443, S. 146, r. Sp., da diese Ausführungen auf Basis der Erlöschenstheorie getätigt wurden. Anders in der Deutung der Materialien Jaeger/*Jacoby,* § 103 InsO, Rn. 279.

495 Diese Rechtsfolgen werden im Gegensatz zu den Folgen der Erfüllungswahl in der Insolvenz des zur Nutzungsüberlassung Verpflichteten nicht in Frage gestellt, da zum einen der Insolvenzverwalter es jederzeit selbst in der Hand hat, Erfüllung zu wählen und daher hier für die nutzungsberechtigte Vertragsseite keine vergleichbar unsichere Situation entsteht und zum anderen eine nachträgliche Befriedigung der Entgeltforderungen des Vertragspartners möglich ist.

496 Vgl. oben S. 36 die Nachweise in Fn. 185.

c) Folgen der Erfüllungsablehnung

aa) Herausgabe

Die Erfüllungsablehnung bestätigt den durch die Verfahrenseröffnung herbeigeführten Zustand.[497] Insofern ergeben sich keine Änderungen: Der Vertragspartner muss die *causa* beseitigen, bevor er Herausgabe verlangen kann. Unter Umständen wird aber die Erfüllungsablehnung dazu führen, dass ihm eine Kündigung leichter möglich ist, weil nun das fortdauernde Ausbleiben der Gegenleistung und damit der Eintritt bestimmter Kündigungsvoraussetzungen feststeht.[498]

bb) Nutzungsentgelt

Hinsichtlich des Nutzungsentgelts ändert die Erfüllungsablehnung im Ausgangspunkt nichts an der Rechtslage: Die Forderung des Vertragspartners bleibt undurchsetzbar und kann nur zur Tabelle angemeldet werden. Auch hier kann natürlich der Vertragspartner, wenn er – was nach der Erfüllungsablehnung möglicherweise leichter der Fall sein wird – zur Kündigung berechtigt ist, sich gegenüber der Masse vom Vertrag lösen. Hiernach ist eine bereicherungsrechtliche Abschöpfung der Nutzungen möglich. Allerdings steht mit der Erfüllungsablehnung fest, dass das auf den Zeitraum zwischen Verfahrenseröffnung und einer etwaigen Kündigung entfallende Nutzungsentgelt nicht mehr als Masseforderung entrichtet wird. Hat die Masse den Gegenstand nicht genutzt, wird dies ganz überwiegend als angemessen erachtet.[499] Für den Fall, dass die Masse in der Phase bis zur Erfüllungsablehnung Nutzungen gezogen hat, ist indes in unterschiedlichen Ansätzen eine Masseforderung zu begründen versucht worden.[500]

497 Hierzu oben S. 35 f.

498 Insbesondere wird vertreten, die Erfüllungsablehnung sei ein außerordentlicher Kündigungsgrund, etwa *Bärenz*, NZI 2006, 72, 75; a. A. Jaeger/*Jacoby*, § 103 InsO, Rn. 229.

499 Einzig *von Wilmowsky*, ZInsO 2004, 882, 885 f., will dagegen die Mietzinsforderung des Vermieters für die Zeit bis zur Verwalterentscheidung in direkter oder analoger Anwendung des §§ 55 Abs. 1 Nr. 2 Alt. 2 InsO unabhängig von einer etwaigen Nutzung privilegieren. Dies wirft die (von *von Wilmowsky* nicht thematisierte) Frage auf, ob die Masse rechtsgeschäftlich gebunden werden kann, ohne dass über das Handeln eines (vorläufigen) Insolvenzverwalters eine Zurechnung erfolgt. Eine rechtsgeschäftliche Bindung kann aber im Anwendungsbereich des § 103 InsO nur bei Erfüllungswahl angenommen werden.

500 Die Frage stellt sich in ähnlicher Weise auch, wenn ein zur Nutzungsüberlassung Verpflichteter gem. § 112 InsO oder § 107 Abs. 2 InsO, der nach verbreiteter Auffassung zumindest auf Mietverträge analog angewandt werden kann, am Vertrag festgehalten wird und wird hinsichtlich des Nutzungsentgelts nach Verfahrenseröffnung in der Regel auch gleich gelöst, wenngleich sich die Konstellationen durchaus unterscheiden, vgl. unten S. 202 bei Fn. 962. Nicht näher eingegangen werden soll dabei auf den von *L. Berger*, Insolvenzschutz, S. 213 f. im hiesigen Kontext thematisierten Vorschlag mancher Autoren, bei § 107 Abs. 2 InsO für die vorübergehende Nutzung des Kaufgegenstands durch den Insolvenzverwalter dem Vorbehaltsverkäufer durch eine analoge Anwendung des § 172 InsO zu einer Nutzungsentschädigung zu verhelfen. Zu vertraglichen Nutzungsüberlassungen wird dieser Gedanke, soweit ersichtlich, zu Recht nicht vertreten: § 172 InsO soll einen Wertverlust der Sicherheit ausgleichen und dies auch nur dann, wenn die Sicherung des bevorrechtigten Gläubigers durch den Wertverlust gefährdet wird. Unabhängig davon, ob

(1) §§ 546a BGB, 55 Abs. 1 Nr. 1 InsO

Der BGH bejaht für Mietverträge einen Anspruch aus § 546a BGB sogar auf eine Nutzungsentschädigung in der vertraglich vereinbarten Höhe, der nach Maßgabe des § 55 Abs. 1 Nr. 1 InsO Masseforderung sein soll, wenn der Verwalter den Besitz an der Sache für die Masse ergreift und den Vermieter gegen dessen Willen gezielt ausschließt.[501]

(2) § 55 Abs. 2 S. 2 InsO analog

Teilweise wird ein Anspruch auf das vereinbarte Nutzungsentgelt auf eine Analogie zu § 55 Abs. 2 S. 2 InsO gestützt.[502] Dieser bezwecke, dass die Masse keine Vorteile aus dem Vertrag ziehe, ohne diese zu vergüten.

(3) §§ 812 ff. BGB, 55 Abs. 1 Nr. 3 InsO

Verbreitet wird dem Vertragspartner eine Masseforderung auf den objektiven Wert der Nutzung nach Maßgabe des § 55 Abs. 1 Nr. 3 InsO unter der Annahme zugesprochen, der gegenseitige Vertrag sei nach Verfahrenseröffnung kein Rechtsgrund mehr im bereicherungsrechtlichen Sinn.[503] Alternativ wird argumentiert, nach Verfahrenseröffnung gezogene Nutzungen seien nach § 813 BGB herauszugeben.[504]

(4) §§ 346 Abs. 1, Abs. 2 S. 1 Nr. 1 BGB, 55 Abs. 1 Nr. 3 InsO

J. F. Hoffmann sieht im Ausgangspunkt keine Veranlassung, dem Vertragspartner für die gezogenen Nutzungen einen Zahlungsanspruch als Masseforderung zuzugestehen. Das Problem liege darin, dass das BGB für den Vertragspartner eines mit der Zahlung des Entgelts säumigen Nutzungsberechtigten keinen Schutzmechanismus bereithalte, weil der Vertragspartner über den Anspruch auf die Gegenleistung hinreichend geschützt erscheine. Da dies in der Insolvenz nicht der Fall sei, müsse sich der Vertragspartner für den Zeitraum, in dem er die Gegenleistung nicht erhält, nachträglich vom Vertrag lösen können. Nach Beseitigung der *causa* könne der Vertragspartner des Schuldners die Nutzungen dann gem. § 346 Abs. 1, Abs. 2 S. 1 Nr. 1 BGB ersetzt verlangen, wobei er höchstens den objektiven Wert der Nutzung verlangen könne und sich gem. § 346 Abs. 2 S. 2 BGB unter Umständen sogar auf ein geringeres, vertrag-

die Nutzung durch den Insolvenzverwalter zu einem Wertverlust führt, dient der Nutzungsgegenstand nicht der Sicherung des Vertragspartners, weshalb eine vergleichbare Interessenlage ausscheiden muss.

501 BGH NZM 2007, 500, Rn. 14 ff.; zustimmend Uhlenbruck/*D. Wegener,* § 103 InsO, Rn. 40; Jaeger/*Jacoby,* § 103 InsO, Rn. 285.

502 HK/*G. Schmidt,* § 108 InsO, Rn. 68; FK-InsO/*B. Wegener,* § 103 InsO, Rn. 77a; *Wortberg*, ZInsO 2006, 1256, 1259; auch auf 209 Abs. 2 Nr. 3 InsO abstellend *L. Berger*, Insolvenzschutz, S. 214 f.; offenbar auch *Eckert*, ZIP 1996, 897, 904.

503 *Obermüller/Livonius*, DB 1995, 27, 28; *Bärenz*, NZI 2006, 72, 73; offenbar auch OLG Düsseldorf, 2005, 820, 822 (es handelt sich um das Berufungsurteil, über das der BGH in der bereits in Fn. 501 zitierten Entscheidung zu judizieren hatte.

504 MüKo^3/*Eckert,* § 108 InsO, Rn. 180.

lich vereinbartes Entgelt verweisen lassen müsse. Diese Forderung auf Nutzungsauskehr sei Masseforderung gem. § 55 Abs. 1 Nr. 3 InsO.[505]

(5) Stellungnahme

Der Rückgriff auf § 546a BGB kann nur anhand dessen Ordnungsfunktion gewürdigt werden. Die Vorschrift wird oft mit Praktikabilitätserwägungen und unter Hinweis auf Beweisfragen begründet.[506] Nach herrschender Lesart handelt es sich um einen eigenständigen, vertraglichen Anspruch.[507] Unabhängig davon, ob hiermit eine stimmige Lösung der Sachfrage erzielt wird, kann ein solcher Anspruch nur unter Rückgriff auf den Parteiwillen gerechtfertigt werden. Die Abrede zwischen den Parteien kann der Vermieter dem Insolvenzverwalter aber nach allgemeinen Grundsätzen nicht mehr entgegenhalten, sobald das Insolvenzverfahren eröffnet wurde. Daher kommt § 546a BGB nicht als Anspruchsgrundlage in Betracht.[508]

Diese Überlegung spricht auch gegen eine analoge Anwendung des § 55 Abs. 2 S. 2 InsO. Bei § 55 Abs. 2 S. 2 InsO mag man versucht sein, zu argumentieren, dass die Nutzung nach Verfahrenseröffnung ebenso wie diejenige vor Verfahrenseröffnung der Durchführung des Insolvenzverfahrens diene und daher als Masseforderung zu vergüten sei. Dem muss indes entgegengehalten werden, dass nach Verfahrenseröffnung für den Insolvenzverwalter die Möglichkeit besteht, mittels Erfüllungswahl den Vertrag durchzuführen und es daher eines weiteren Instrumentes zur Privilegierung des Vertragspartners nicht bedarf.[509]

Auch gegen die Annahme eines bereicherungsrechtlichen Anspruchs gegen die nutzende Masse bestehen Bedenken. Der Vertrag ist mit Verfahrenseröffnung nicht unwirksam geworden und legitimiert weiterhin den Erhalt der versprochenen Leistung.[510] Dass sich der Vertrag in einer Pattsituation befindet, die auf § 320 zurückzuführen ist,[511] ändert daran nichts, da auch ein solcher Vertrag einen Rechtsgrund i. S. d. § 812 Abs. 1 BGB darstellt und § 320 BGB keine dauernde Einrede i. S. d. § 813 Abs. 1 S. 1 BGB ist.[512]

505 MüKo/*J. F. Hoffmann*, § 108 InsO, Rn. 21; im Ausgangspunkt ebenso, die Möglichkeit des Rücktritts aber nicht erwähnend *Tintelnot*, ZIP 1995, 616, 620; KPBJ/*ders.*, § 103 InsO, Rn. 303 ff.

506 Staudinger/*Rolfs*, § 546a BGB, Rn. 3.

507 MüKo/*Bieber*, § 546a BGB, Rn. 7 mit Verweis auf BGH NZM 2003, 231.

508 MüKo/*J. F. Hoffmann*, § 108 InsO, Rn. 23.

509 Anders *Wortberg*, ZInsO 2006, 1256, 1259, der die Möglichkeit der Erfüllungswahl offenbar nicht als ausreichend ansieht, um den Vertragspartner davor zu schützen, dass die Leistung durch die Masse in Anspruch genommen, ohne dass die Gegenleistung erbracht wird.

510 MüKo/*J. F. Hoffmann*, § 108 InsO, Rn. 20; *von Wilmowsky*, ZInsO 2004, 882, 886; *L. Berger*, Insolvenzschutz, S. 212 f.

511 Hierzu oben S. 31 ff.

512 Vor dem Hintergrund, dass in vielen Konstellationen die Erfüllungsablehnung faktisch dazu führen wird, dass die Einrede des § 320 BGB, die den Vertragspartner zur Leistungsverweigerung berechtigt hätte, nicht mehr überwunden wird, mag man angesichts des Normzwecks von § 813 BGB versucht sein, diesen zur Anwendung zu bringen, obwohl § 320 BGB an sich keine peremptorische Einrede ist. Da es aber, insbesondere eingedenk einer möglichen Nachhaftung, nicht ausgeschlossen ist, dass die Gegenleistung doch noch erbracht wird, ist ein Rückgriff auf § 813 BGB nicht notwendig, zumal der Vertragspartner über leistungsstörungsrechtliche Rechtsbehelfe geschützt werden kann, dazu sogleich.

Somit ist nicht ersichtlich, wie der Vertragspartner in dieser Situation ohne Weiteres zu einer Masseforderung kommen kann.

Etwas anderes kann sich nur dann ergeben, wenn die *causa* beseitigt wird. Da der Vertragspartner die Gegenleistung nicht, wie es sonst außerhalb der Insolvenz möglich wäre, schlicht einklagen und insofern der Leistungsaustausch nicht vertragsgemäß durchgeführt werden kann, kann der Vertragspartner nicht am Vertrag festgehalten werden. Er muss sich daher für den entsprechenden Leistungsabschnitt von der vertraglichen Bindung im Nachhinein befreien können. Es ist daher sachgerecht, im Anschluss an *J. F. Hoffmann* den Vertragspartner über ein Rücktrittsrecht zu schützen, das bei seiner Ausübung zu einem Wertersatzanspruch für gezogene Nutzungen gem. § 346 Abs. 1, Abs. 2 S. 1 Nr. 1 BGB führt. Entgegen der verbreiteten Auffassung, von effektuierten Dauerschuldverhältnissen könne nicht zurückgetreten werden,[513] ist es auch hier denkbar, dass der Bindungswille in einer Weise gestört wird, die es erforderlich macht, in der Vergangenheit bereits erbrachte Leistungen rückabzuwickeln.[514] Da es um die Abschöpfung ungerechtfertigter Vermögensmehrungen[515] der Masse geht, ist die Forderung gem. § 55 Abs. 1 Nr. 3 InsO Masseforderung.[516] Hinsichtlich der Höhe ist grundsätzlich der objektive Wert der Nutzungen maßgeblich. Hat der Vertragspartner allerdings ein schlechtes Geschäft getätigt und liegt der objektive Wert über dem vertraglich vereinbarten Entgelt, besteht keine Veranlassung, den Vertragspartner von der Leistungsstörung profitieren zu lassen: Macht er wie hier geltend, dass er nur gegen ein Nutzungsentgelt zur Überlassung des Gegenstandes bereit war und stützt er seine Kündigung auf das Ausbleiben der Zahlung, kann er nun nicht mehr verlangen, als er bei ordnungsgemäßer Durchführung des Vertrages bekommen hätte und muss sich an der ursprünglichen Vereinbarung festhalten lassen.[517]

2. Insolvenz des zur Nutzungsüberlassung Verpflichteten

a) Zeitspanne bis zur Ausübung

aa) Herausgabe

Teilweise wird vertreten, der Insolvenzverwalter könne erst ab der Erfüllungsablehnung und somit noch nicht unmittelbar nach Verfahrenseröffnung das absolute Recht des Schuldners durchsetzen.[518] Geht es um eine nur relativ wirkende Nutzungsberech-

513 So der Gesetzgeber im Rahmen der Schuldrechtsmodernisierung, BT-Drucks. 14/6040, S. 177 und etwa *Gschnitzer*, JherJb. 76 (1926), 317, 386, 396.

514 BGH NJW 2002, 1870 ff.; *J. F. Hoffmann*, ZGE / IPJ 6 (2014), 1, 13 ff.; *Schlüter*, Rückabwicklung, S. 218.

515 Zur Rechtsnatur der Rückabwicklungsansprüche vgl. Soergel/*Lobinger*, Vor § 346 BGB, Rn. 11 ff.; anders *Schlüter*, Rückabwicklung, S. 181 f.

516 MüKo/*J. F. Hoffmann*, § 108 InsO, Rn. 21; vgl. auch *Marotzke*, Gegenseitige Verträge, Rn. 7.97.

517 Im Ergebnis auch MüKo/*J. F. Hoffmann*, § 108 InsO, Rn. 21.

518 HK/*G. Schmidt*, § 108 InsO, Rn. 69 mit Verweis auf *Marotzke*, Gegenseitige Verträge, Rn. 9.68 ff,; auch KPBJ/*Tintelnot*, § 103 InsO, Rn. 300 ff., der in der Sache aber lediglich zur spiegelbildlichen Situation der Insolvenz des Nutzungsberechtigten argumentiert: Ein sofortiges Ende der Nutzungsberechtigung mit Verfahrenseröffnung sei vor dem Hinter-

tigung, so kann in der Insolvenz des zur Nutzungsüberlassung Verpflichteten der Nutzungsberechtigte seine Forderung indes nicht mehr ohne Weiteres gegen die Masse durchsetzen.[519] Er hat also der Masse den Nutzungsgegenstand zurückzugewähren.[520] Sobald der Entzug des Gebrauchs den Nutzungsberechtigten allerdings *inter partes* zur Kündigung berechtigt, kann er die Kündigung auch dem Insolvenzverwalter gegenüber aussprechen, wonach dieser dann auch nicht mehr Vertragserfüllung wählen kann. Dies ergibt sich daraus, dass der begrenzte Bindungswille nicht durch die Verfahrenseröffnung hinfällig wird.[521]

Insbesondere für den Fall, dass der Insolvenzverwalter sich für die Erfüllung des Vertrages entscheidet, wird dieses Ergebnis teilweise als unangemessen erachtet, da der Nutzungsberechtigte dann die Nutzung zunächst einzustellen hat und gleichzeitig nicht sicher weiß, ob er ein Anschlussgeschäft tätigen muss oder nicht. Diese Frage wird unten bei den Folgen der Erfüllungswahl diskutiert.

Dass für die Insolvenz des Nutzungsberechtigten und die Insolvenz des zur Nutzungsüberlassung Verpflichteten hinsichtlich der Herausgabe unterschiedliche Ergebnisse gefunden werden, erklärt sich daraus, dass hierfür die Rechtslage *erga omnes* maßgeblich sein muss und der Vertragspartner als zur Nutzungsüberlassung Verpflichteter sich auf diese erst nach Beseitigung der *causa* berufen kann.[522]

grund, dass der Betrieb des Schuldners zunächst »fortführungsfähig« bleiben soll, »unsachgemäß«. Offenbar basierend auf der Annahme, die Rechtslage in der Insolvenz der anderen Vertragspartei müsse parallel ausgestaltet sein, kommt *Tintelnot* zu dem Ergebnis, auch in der Insolvenz des Vermieters könne die Sache erst nach Erfüllungsablehnung herausverlangt werden. Weiter *Pape*, Kölner Schrift, S. 353, 375; Uhlenbruck/*D. Wegener*, § 103 InsO, Rn. 188; Jaeger/*Jacoby*, § 103 InsO, Rn. 279 f. Für die Insolvenz des Lizenzgebers etwa *Scholz*, Lizenzen, S. 39. Ebenfalls auf die Erfüllungsablehnung abstellend, aber dieser auch vertragsbeendigende Wirkung beimessend *Blaum*, Zurückbehaltungsrechte, S. 101 ff. Beachte auch das Urteil des LG Mannheim, DZWiR 2003, 479 ff., das dem Verwalter über die Erfüllungsablehnung sogar die Rechtsmacht einräumt, eine ausschließliche und daher nach herrschender Meinung absolute Lizenz zum Erlöschen zu bringen.

519 Daher kann – anders als in der Insolvenz des Nutzungsberechtigten – die Durchsetzung der absoluten Rechtsposition auch nicht davon abhängen, dass der Insolvenzverwalter erst eine Kündigung ausspricht. Wer dies, wie *von Wilmowsky*, ZInsO 2011, 1473, 1476 ff.; *ders.*, NZI 2013, 377, 380 f. behauptet, nimmt in der Sache ein absolutes Nutzungsrecht an, siehe dazu eingehend oben S. 86 ff.

520 So auch MüKo/*J. F. Hoffmann*, § 108 InsO, Rn. 25 ff.; *L. Berger*, Insolvenzschutz, S. 48 f.; *Eckert*, NZM 2007, 829, 830, der aber davon ausgeht, dass dies zwingend aus der Annahme des BGH folge, der zur Nutzungsüberlassung Verpflichtete könne in der Insolvenz des Nutzungsberechtigten ab Verfahrenseröffnung Herausgabe des Nutzungsgegenstandes verlangen (so auch Jaeger/*Jacoby*, § 103 InsO, Rn. 279). Zwar spricht auch *Marotzke*, Gegenseitige Verträge, Rn. 9.78 a. E. davon, dass sich »die Haftungs- und Zuordnungsfunktion des […] dinglichen Rechts gegenüber den bloß schuldrechtlich wirkenden Hindernissen durchsetz[e]« (ähnlich HK/*G. Schmidt*, § 108 InsO, Rn. 70: »strukturelle Unterlegenheit« des Nutzungsrechts »gegenüber dem dinglichen Recht«), allerdings wird nicht klar, warum dies erst in Folge der Erfüllungsablehnung der Fall sein sollte.

521 Vgl. oben S. 29 ff.

522 Siehe oben S. 33 f. Vgl. auch MüKo/*J. F. Hoffmann*, § 108 InsO, Rn. 26; anders *Eckert*, NZM 2007, 829, 830; Jaeger/*Jacoby*, § 103 InsO, Rn. 279.

bb) Nutzungsentgelt

In der Insolvenz des zur Nutzungsüberlassung Verpflichteten kann sich der nutzungsberechtigte Vertragspartner von vornherein nicht auf die Nutzungsberechtigung berufen. Er ist also bereicherungsrechtlich zur Auskehr gezogener Nutzungen verpflichtet. Zudem kann er auch gem. § 546a BGB in Anspruch genommen werden, da gegen einen Rückgriff auf den Vertrag keine Bedenken bestehen, wenn er seitens des Insolvenzverwalters erfolgt.[523]

b) Folgen der Erfüllungswahl

Wählt der Insolvenzverwalter die Erfüllung des Vertrages, wird die Forderung des nutzungsberechtigten Vertragspartners auf Gebrauchsgewährung ab Verfahrenseröffnung[524] zur Masseforderung. Er kann somit sein Gebrauchsrecht auch gegenüber der Masse durchsetzen und muss im Gegenzug das vereinbarte Entgelt entrichten. Für unbefriedigend wird empfunden, dass für den nutzungsberechtigten Vertragspartner so eine Situation entsteht, in der er die Sache zunächst nicht weiter nutzen darf[525] bzw. herausgeben muss, gleichzeitig aber noch die Möglichkeit einer Erfüllungswahl besteht. Dies birgt für den Vertragspartner das Risiko, dass er die benötigte Leistung am Ende doppelt erhält und vergüten muss. Dem kann er sich zwar entziehen, wenn er vorher den Vertrag kündigt. Dies wird aber in der Regel nicht sofort mit Verfahrenseröffnung möglich sein, weshalb der Vertragspartner in jedem Fall für gewisse Zeit einer für ihn unangenehmen Schwebephase ausgesetzt ist. Für die Insolvenz des Markenlizenzgebers hat *Lucina Berger* sich dafür ausgesprochen, nach dem »Rechtsgedanken der §§ 55 Abs. 2 S. 2, 209 Abs. 2 Nr. 3 InsO« dem Lizenznehmer zumindest dann die Nutzung weiter zu ermöglichen, wenn die Lizenzgebühr weiter gezahlt wird, der Insolvenzverwalter hiervon Kenntnis hat und vor diesem Hintergrund die weitere Nutzung durch den Vertragspartner nicht unterbindet.[526] In der Sache in eine ähnliche

523 MüKo/*J. F. Hoffmann*, § 108 InsO, Rn. 27; a. A. Jaeger/*Jacoby*, § 103 InsO, Rn. 286 f., der den Herausgabeanspruch erst bejaht, wenn der Verwalter die Erfüllung abgelehnt oder sein Wahlrecht in sonstiger Weise verloren hat, und konsequenterweise auch eine Nutzungsentschädigung gem. § 546a BGB erst ab diesem Zeitpunkt für möglich hält. Davor gezogene Nutzungen sollen nur bereicherungsrechtlich abgeschöpft werden.

524 *Welling*, Miet- und Leasingverträge, S. 103 f. meint, der Anspruch auf Gebrauchsgewährung sei auch bei Erfüllungswahl gem. § 105 S. 1 InsO insofern Insolvenzforderung, als der Mieter vor Verfahrenseröffnung für Zeitabschnitte nach Verfahrenseröffnung die Miete bereits entrichtet habe. Demzufolge soll offenbar, wenn der Insolvenzverwalter des Vermieters am letzten Tag eines Monats Erfüllung wählt und der Mieter die Miete für den darauffolgenden Monat vorinsolvenzlich bereits entrichtet hat, der Mieter die Sache erst für die Zeit nach dem ersten Monat nach Erfüllungswahl nutzen dürfen. Dieses Ergebnis ist indes nicht nur impraktikabel, sondern auch vor dem begrenzten Bindungswillen des Vertragspartners nicht legitimierbar und von der Teleologie des § 105 S. 1 InsO nicht gefordert, vgl. zu letzterer auch *J. F. Hoffmann*, KTS 2018, 343, 370 ff.

525 Selbst wenn er den Gegenstand einfach weiter nutzt, würde er nicht von den Vorteilen eines guten Geschäfts profitieren, da eine bereicherungsrechtliche Abschöpfung auf den objektiven Wert der Nutzung gerichtet ist.

526 *L. Berger*, Insolvenzschutz, S. 86 ff.

Richtung gehen Bemühungen, dem Vertragspartner durch die Annahme einer konkludenten Erfüllungswahl zu einem gegenüber der Masse wirksamen Nutzungsrecht zu verhelfen.[527] Abgesehen davon, dass diese Vorschläge dem Vertragspartner nicht weiterhelfen, wenn der Insolvenzverwalter die Sache herausverlangt und sich die Erfüllungswahl ausdrücklich vorbehält, ist davor zu warnen, dem Vertragspartner, der eben nicht das Privileg des § 108 Abs. 1 S. 1 InsO genießt, vorschnell doch zu einem Privileg zu verhelfen. Dieser bleibt darauf verwiesen, über die Aufforderung gem. § 103 Abs. 1 S. 2 InsO und eine etwaige Kündigung möglichst schnell für Rechtssicherheit zu sorgen.

c) Folgen der Erfüllungsablehnung

Auch in der Insolvenz des zur Nutzungsüberlassung Verpflichteten ergeben sich durch die Erfüllungsablehnung keine Änderungen der Rechtslage: Der Insolvenzverwalter konnte die absolute Rechtsposition des Schuldners ohnehin schon durchsetzen, etwaige Nutzungen hatte der Vertragspartner auch schon vor der Ausübung des Verwalterwahlrechts entsprechend zu vergüten.[528]

3. Insolvenz des Dienstberechtigten

In der Insolvenz eines Dienstberechtigten werden ab der Verfahrenseröffnung schlicht keine weiteren Leistungen ausgetauscht. Der Leistungsaustausch wird erst mit der Erfüllungswahl wieder aufgenommen. Entstehen rückwirkend Masseverbindlichkeiten, die wegen des Charakters der entsprechenden Forderung als absolute Fixschuld nicht mehr befriedigt werden können, ist dem leistungsstörungsrechtlich beizukommen. Wird die Erfüllung abgelehnt, verbleibt es bei dem infolge der Verfahrenseröffnung eingetretenen Zustand.

4. Insolvenz des Dienstverpflichteten

In der Insolvenz eines Dienstverpflichteten verhält es sich, sofern der Vertragspartner mit seiner Forderung auf Dienstleistung Insolvenzgläubiger ist, gleich: Nach Verfahrenseröffnung findet kein Leistungsaustausch mehr statt. Dieser wird nur infolge einer etwaigen Erfüllungswahl wieder aufgenommen.

5. Zusammenfassung

Ist der vertragliche Leistungsaustausch bei Verfahrenseröffnung noch nicht aufgenommen worden, bleibt es unabhängig vom Vertragstyp zunächst dabei. Wenn der Verwalter Erfüllung wählt, wird der Vertrag so, wie er geschlossen wurde, durchgeführt. Für den Fall, dass der Leistungsaustausch bereits läuft, ist zu differenzieren:

In der Insolvenz des Nutzungsberechtigten muss sich der Vertragspartner ein etwaiges Besitzrecht zunächst und auch nach Erfüllungsablehnung entgegenhalten lassen und

527 Siehe dazu *L. Berger*, Insolvenzschutz, S. 83 ff.

528 Diese Rechtsfolgen werden im Gegensatz zu den Folgen der Erfüllungsablehnung in der Insolvenz des Nutzungsberechtigten, nicht in Frage gestellt, da hier keine entsprechenden im Kern leistungsstörungsrechtlichen Probleme auftreten können.

kann zudem im Gegenzug Nutzungsentgelte nur als Insolvenzforderung oder im Rahmen der Nachhaftung geltend machen. Er bleibt insofern darauf verwiesen, den Vertrag zu kündigen und dann sein absolutes Recht im Wege der Aussonderung durchzusetzen. Nach der Kündigung kann er für die gezogenen Nutzungen gem. §§ 346 Abs. 1, Abs. 2 S. 1 Nr. 1 BGB, 55 Abs. 1 Nr. 3 InsO Wertersatz als Masseforderung verlangen.

In der Insolvenz des zur Nutzungsüberlassung Verpflichteten kann der Insolvenzverwalter unmittelbar ab Verfahrenseröffnung die absolute Rechtsposition des Schuldners durchsetzen. Nach Verfahrenseröffnung gezogene Nutzungen sind bereicherungsrechtlich oder gem. § 546a BGB auszukehren. Die Erfüllungsablehnung ändert an dieser Rechtslage nichts.

Bei Verträgen, die auf Dienstleistungen gerichtet sind, werden ab Verfahrenseröffnung schlicht keine Leistungen mehr ausgetauscht, es sei denn, der Insolvenzverwalter entscheidet sich für die Erfüllung des Vertrages.

IV. Zusammenfassung

Hat der Leistungsaustausch noch nicht begonnen, hängt schon die Aufnahme des Leistungsaustauschs davon ab, wie der Insolvenzverwalter sich entscheidet. Hat der Leistungsaustausch bereits begonnen, so hat die Anwendbarkeit von § 103 InsO zur Folge, dass dieser sofort gestoppt und nur auf Verlangen des Insolvenzverwalters wieder aufgenommen wird: Hat allein der Vertragspartner vorinsolvenzlich vollständig erfüllt, so steht er hinsichtlich seiner Vorleistung und mit seinem Anspruch auf die Gegenleistung wie jeder andere Vertragspartner, was sich vor allem dann fatal für ihn auswirkt, wenn er ein abstraktes Nutzungsrecht vorgeleistet hat. Hat keine Vertragspartei vorgeleistet, was bei Nutzungsüberlassungen ein relatives, kausales Nutzungsrecht voraussetzt, kommt es, vorbehaltlich der späteren Erfüllungswahl, ebenfalls zu einem sofortigen faktischen Abbruch der Vertragsbeziehung.

Können damit die Wirkungen der Verfahrenseröffnung bzw. der Erfüllungsablehnung als abruptes Ende des Leistungsaustauschs beschrieben werden, sind die Kontinuitätsinteressen des Vertragspartners dort zu suchen, wo die Vertragsparteien genau diesem Szenario vorgebeugt haben: bei den vertraglichen Vereinbarungen zur Laufzeit und Beendigung des Dauerschuldverhältnisses.

B. Die Kontinuitätsinteressen des Vertragspartners bei Immobiliarmiet- und Dienstverhältnissen

I. Die maßgeblichen Interessen

Auf Basis der abstrakten Ausführungen kann nun die induktive Betrachtung der *lex lata* vorgenommen werden, womit insbesondere an Stelle der Nutzungsüberlassung allgemein wieder die Immobiliarmiete betrachtet wird. Ausgangspunkt der Überlegungen zu den durch die Verfahrenseröffnung betroffenen Interessen des Vertragspartners ist die Feststellung, dass dieser sich als Mieter bzw. Dienstberechtigter die ihm geschuldete Leistung anderweitig beschaffen muss und als Vermieter bzw. Dienstverpflichteter mit dem Leistungsgegenstand anderweitig wirtschaften muss. Er muss also ein Anschlussgeschäft tätigen, ohne von einer Kündigungsfrist zu profitieren. Im Folgenden soll nun herausgearbeitet werden, wie auf den Fortgang des Leistungsaustauschs gerichtete Kontinuitätsinteressen des Vertragspartners entstehen können und unter welchen Topoi sich diese zusammenfassen lassen. Diese Frage ist in der Form noch nicht eingehend erörtert worden. Es erscheint daher ratsam, vorab einige methodische Vorüberlegungen anzustellen.

1. Methodische Vorüberlegungen

Dass generell die Insolvenz einer Vertragspartei für den Vertragspartner ungünstige Folgen haben kann, liegt auf der Hand. Der Blick soll daher von vornherein auf solche Interessen gerichtet werden, die für die Privilegierung des § 108 Abs. 1 S. 1 InsO eine Rolle spielen können. Diese Überlegung führt zu zwei Kriterien, an denen die nachfolgenden Feststellungen gemessen werden können. Die methodischen Vorüberlegungen schließen ab mit einer Bemerkung zur die §§ 103 ff. InsO prägenden Regelungsmethode der Typisierung.

a) Privatrechtliche Interessen als Ausgangspunkt für eine insolvenzrechtliche Berücksichtigung

Das erste Kriterium betrifft die Frage, welche Interessen überhaupt Relevanz in der Insolvenz entfalten können. Im Verteilungskonflikt der Insolvenz, der *erga omnes* stattfindet, kann von vornherein nur Beachtung finden, was privatrechtlich *inter partes* Anerkennung erfährt. Kann ein bestimmtes Interesse schon *inter partes* nicht durchgesetzt werden, kommt eine Berücksichtigung in der Insolvenz nicht in Betracht. Maßgeblich für einen Schutz vor den Wirkungen der Verfahrenseröffnung sind also jene Interessen, die *inter partes* privatrechtlich bestehen und (ausschließlich) durch die Verfahrenseröffnung beeinträchtigt werden. Bedeutet die Verfahrenseröffnung das Ende des Leistungsaustausches, steht damit im Kontext der in § 108 Abs. 1 S. 1 InsO adressierten Verträge deren Laufzeit in Frage. Diesbezüglich ist also relevant, auf welche Laufzeit des Vertrages der Vertragspartner im Moment der Verfahrenseröffnung privatrechtlich berechtigterweise vertrauen darf. Soweit die Laufzeit des Vertrages privatrechtlich nicht geschützt ist, kann sie von vornherein auch insolvenzrechtlich keine Berücksichtigung finden, da der Insolvenzverwalter sich ohne Weiteres auf die begrenzte Laufzeit berufen kann.[529] Nur insoweit die Fortdauer des Vertrages *innerhalb* der privatrechtlich garantierten Laufzeit durch die Insolvenz beeinträchtigt wird, liegen Interessen vor, die im hiesigen Kontext von Bedeutung sind. Jenseits hiervon im Laufe der Zeit entstehende Kontinuitätserwartungen bleiben privatrechtlich diffus und können daher auch insolvenzrechtlich keine Relevanz haben.[530]

529 MüKo/*J. F. Hoffmann*, § 108 InsO, Rn. 80.

530 Diese werden immer wieder mit Dauerschuldverhältnissen assoziiert, vgl. *Horn*, Gutachten, S. 551, 565; *Paschke*, Wohnraummiete, S. 137, 144; *Schneider*, Vertragsanpassung, S. 82 f.; wie hier *Oetker*, Dauerschuldverhältnis, S. 279 f.

Somit wird für die Interessen des Vertragspartners die Frage zum Ausgangspunkt, inwieweit der Insolvenzverwalter die Masse unbeschadet eines etwaig bestehenden Wahlrechts von der Bindung an den Vertrag befreien kann. Insoweit wird die Verfahrenseröffnung nicht kausal für die Nachteile, die der Vertragspartner durch das Ende der Leistungsbeziehung erleidet, insoweit können diese Nachteile auch nicht durch § 108 Abs. 1 S. 1 InsO vermieden werden und insoweit sind sie auch im hiesigen Kontext nicht von Belang. Eng mit der (begrenzten) Fortdauer des Vertrages verbunden ist der Begriff des Bestandsschutzes. Hierunter werden allgemein solche Mechanismen zusammengefasst, die für die Parteien die Möglichkeiten beschränken, sich vom Vertrag zu lösen.[531] Ein einheitlicher Sprachgebrauch lässt sich aber nicht feststellen: So wird beispielsweise unterschiedlich beurteilt, ob die Kündigungsfristen dazu zählen sollen,[532] teilweise werden auch drittwirkende Normen wie die §§ 566, 613a BGB[533] oder Vorschriften zur Vertragsanpassung[534] darunter gefasst. Im Weiteren soll davon ausgegangen werden, dass der Bestandsschutz in Dauerschuldverhältnissen die Fortdauer des Vertrages *inter partes* reguliert. Er wird demnach dadurch bewerkstelligt, dass entweder die ordentliche Kündigung möglich ist oder die Laufzeit von vornherein befristet bzw. durch einen Ausschluss der ordentlichen Kündigung[535] auf ein Mindestmaß festgelegt ist. So wird die Frage, ob überhaupt die Möglichkeit der ordentlichen Kündigung besteht, zum ersten maßgeblichen Anknüpfungspunkt für die Interessen des Vertragspartners. Der (im Fall der Befristung des Dauerschuldverhältnisses mittelbare) Ausschluss der ordentlichen Kündigung führt dabei dazu, dass ein privatrechtlich legitimes Interesse am Bestand des Vertrages für den entsprechenden Zeitraum besteht. Ist eine ordentliche Kündigung ohne weiteren Grund möglich, so reduziert sich das privatrechtlich legitime Interesse auf den Bestand des Vertrages während der Kündigungsfrist. Ist die ordentliche Kündigung für den Schuldner und in der Folge für den Insolvenzverwalter an das Vorliegen eines Kündigungsgrundes gebunden, liegen die Dinge anders. Solange kein Kündigungsgrund gegeben ist, kann der Insolvenzverwalter die Bindungsgrenzen nicht geltend machen und beruft sich demnach der Vertragspartner auf privatrechtlich legitime Interessen, wenn er die Fortdauer des Leistungsaustauschs fordert. Da die §§ 103 ff. InsO den Moment der Verfahrenseröffnung adressieren, ist ein nicht grundlos ordentlich kündbares wie ein nur außerordentlich kündbares Vertragsverhältnis zu behandeln, solange nicht die Verfahrenseröffnung selbst einen Kündigungsgrund darstellt.[536] Ist ein Kündigungsgrund gegeben, ist wiederum zu berücksichtigen, ob der Kündigungsgegner vertraglich berechtigt ist, die Fortsetzung des Vertrages zu verlangen, wie es etwa bei §§ 574, 575 Abs. 2, 595 BGB

531 Statt vieler *Oetker*, Dauerschuldverhältnis, S. 280 ff.

532 Dafür *Paschke*, Wohnraummiete, S. 301 ff., dagegen *Oetker*, Dauerschuldverhältnis, S. 281, der sich *Preis*, Prinzipien[1], S. 54 anschließt.

533 Vgl. *Paschke*, Wohnraummiete, S. 307 ff.

534 *Stebut*, Sozialer Schutz, S. 243.

535 Befristung und Ausschluss der ordentlichen Kündigung sind insoweit funktionsäquivalent, vgl. etwa *Oetker*, Dauerschuldverhältnis, S. 453; Staudinger/*Rolfs*, § 542 BGB, Rn. 55.

536 Erst recht gilt dies natürlich, wenn der Kündigungsgrund infolge der Verfahrenseröffnung nicht mehr eintreten kann, wie es beispielsweise für die Eigenbedarfskündigung nach § 573 Abs. 2 Nr. 2 BGB in der Vermieterinsolvenz der Fall ist, MüKo/*J. F. Hoffmann*, § 108 InsO, Rn. 80.

der Fall ist. Aus denselben Erwägungen ändert natürlich auch die nie grundlos mögliche[537] außerordentliche Kündigung nichts daran, dass ein Vertragsverhältnis im Moment der Verfahrenseröffnung durch den Insolvenzverwalter nicht gekündigt werden kann, sofern die Verfahrenseröffnung selbst nicht zur außerordentlichen Kündigung berechtigt.[538]

Daher ist für die Interessen des Vertragspartners zunächst maßgeblich, ob die ordentliche Kündigung grundlos möglich ist und sodann, wenn dies der Fall ist, innerhalb welcher Frist sie möglich ist. Entsprechend einer schon an anderer Stelle getroffenen Unterscheidung[539] werden im Folgenden zur begrifflichen Vereinfachung die durch einen Ausschluss der ordentlichen Kündigung abgebildeten Interessen als absolute und die durch eine Kündigungsfrist abgebildeten Interessen als relative Kontinuitätsinteressen bezeichnet. Erstere sind darauf gerichtet, dass der Vertrag während der gesamten vereinbarten Laufzeit besteht und in dieser Zeit kein Anschlussgeschäft geschlossen werden muss. Diese Interessen werden auch durch ein entsprechend terminiertes Anschlussgeschäft nicht gewahrt. Relative Kontinuitätsinteressen dagegen sind darauf gerichtet, rechtzeitig ein entsprechendes Anschlussgeschäft schließen zu können und werden dadurch beeinträchtigt, dass die Kündigungsfristen durch die Verfahrenseröffnung ihrer Wirkung beraubt sind und der Vertragspartner daher vorübergehend ohne den Leistungsaustausch auskommen muss.[540] Dabei ist zu beachten, dass relative Kontinuitätsinteressen sich nicht auf die Fälle beschränken, in denen die ordentliche Kündigung möglich ist.[541]

Privatrechtlich legitime und im hiesigen Kontext relevante Interessen werden also durch den (ggf. mittelbaren) Ausschluss der ordentlichen Kündigung und die Kündigungsfristen abgebildet. Dem entspricht die These, dass diejenigen Interessen, welche

537 Der Unterschied zwischen der ordentlichen und der außerordentlichen Kündigung wird in erster Linie dann deutlich, wenn die ordentliche Kündigung grundlos möglich ist. Die begründete ordentliche Kündigung nimmt eine zeitlich unbegrenzte Laufzeit, so man von deren Zulässigkeit in dieser Form ausgeht, theoretisch in Kauf. Dass sich die begründete ordentliche und die außerordentliche Kündigung aneinander annähern, wird insbesondere deutlich, wenn auch die ordentliche Kündigung eine Vertragsverletzung der anderen Seite voraussetzt, wie es für die außerordentliche Kündigung prototypisch ist, beachte dazu beispielsweise die Abgrenzungsschwierigkeiten zwischen § 543 Abs. 2 S. 2 Nr. 2 und § 573 Abs. 2 Nr. 1 BGB, Staudinger/*Rolfs,* § 573 BGB, Rn. 30 ff.

538 Da in aller Regel die Verfahrenseröffnung – vorbehaltlich etwaiger Einschränkungen von insolvenzbezogenen Lösungsrechten – allenfalls für den Vertragspartner einen Kündigungsgrund darstellen wird, vgl. etwa *von Wilmowsky*, ZInsO 2007, 731, 737 f. für den Vertragspartner als Vermieter und *ders.*, ZInsO 2011, 1473 f. für den Vertragspartner als Mieter, wird die Möglichkeit, dass die Verfahrenseröffnung für den Schuldner bzw. Insolvenzverwalter einen Kündigungsgrund darstellt, hier vernachlässigt.

539 *Oetker*, Dauerschuldverhältnis, S. 281.

540 Diese Unterscheidung dient der allgemeinen Systematisierung, es soll aber nicht der Anspruch erhoben werden, dass die Interessen des Vertragspartners sich zwingend und bruchlos nach dieser Unterscheidung einteilen ließen, vgl. etwa unten bei S. 118 f. in Fn. 576.

541 So ist mit Rücksicht auf die Interessen des Vertragspartners auch im Falle der außerordentlichen Kündigung unter Umständen eine Frist zu wahren, vgl. allgemein Soergel/*Teichmann,* § 314 BGB, Rn. 55 und im Kontext von Arbeitsverträgen etwa BeckOGK/*Klumpp,* § 622 BGB, Rn. 19.

inter partes zu einer Beschränkung der Möglichkeiten, sich vom Vertrag zu lösen, führen, teleologisch auch der Privilegierung der Vertragspartner in der Insolvenz zugrunde liegen. Kein eigenständiger Aussagegehalt hinsichtlich der Kontinuitätsinteressen der Parteien wird dagegen jenen Instrumenten beigemessen, die eine Drittwirkung des Dauerschuldverhältnisses festschreiben, wie § 566 oder § 613a BGB. Dies beruht auf der Annahme, dass diese Instrumente ihrerseits auf den vorliegend ja gerade zu untersuchenden Interessen der Parteien bzw. vor allem einer Partei beruhen und diese Interessen eben als so gewichtig anerkannt werden, dass sie Drittwirkung entfalten. Den entsprechenden Regelungen liegt also »nur« die Wertung zugrunde, dass bestimmte Interessen, die *inter partes* zu einem gewissen Bestandsschutz führen, (ein Stück weit) *erga omnes* anerkannt werden. Hinter dieser Wertung stehen aber keine ihrer Natur nach anderen als die hier zu untersuchenden Interessen, weshalb sich die Vorschriften nicht als eigener Anknüpfungspunkt für die Untersuchung eben dieser Interessen eignen. Im hiesigen Kontext geht es letzten Endes nur um eine andere Form der Drittwirkung, nämlich um diejenige gegenüber den übrigen Gläubigern und eben nicht um diejenige gegenüber dem Rechtsnachfolger. Einer gegenüber dem Rechtsnachfolger angeordneten Drittwirkung ist deshalb lediglich die Wertung zu entnehmen, dass der Gesetzgeber in dieser Situation die Interessen des Vertragspartners für hinreichend ausgeprägt befand, um die Rechtsposition insoweit mit Wirkung *erga omnes* auszugestalten. Im hiesigen Kontext kommt diesem Befund aber allenfalls indizielle Bedeutung zu.[542]

Schließlich bedarf es noch einer Klarstellung: Um die privatrechtlich legitimen Kontinuitätsinteressen der Vertragsparteien freizulegen, wird hier an die Kündigungsfristen und den (im Fall der Befristung mittelbaren) Ausschluss der ordentlichen Kündigung angeknüpft. Hierbei soll nicht verkannt werden, dass sich dieser (hier als nur auf die Laufzeit bezogen verstandene) Bestandsschutz aus unterschiedlichen Quellen ergeben kann. An der privatrechtlichen Legitimität ausdrücklicher Vereinbarungen und des hiermit funktionsäquivalenten dispositiven Gesetzesrechts[543] bestehen dabei keine Zweifel. Man mag sich aber fragen, ob insbesondere zwingendes Gesetzesrecht und tarifvertragliche Bestimmungen privatrechtliche Interessen verwirklichen. Für die Zwecke dieser Untersuchung wird indes davon ausgegangen, dass zwingende Bestandsschutzvorschriften auf ein Verhandlungsungleichgewicht reagieren, welches die Parteien an einer störungsfreien Ausübung ihrer Privatautonomie hindert.[544] Sie verwirklichen daher ebenfalls die privatrechtlichen Interessen der Vertragsparteien. Selbiges wird im Anschluss an *Thomas Lobinger* für tarifvertragliche Bestimmungen angenommen, die dieser nur als Ergebnis einer kollektiven Verwirklichung individueller Freiheit ansieht.[545]

542 Siehe S. 40 ff.
543 Etwa *Cziupka*, Dispositives Vertragsrecht, S. 44 ff.; *Mossler*, ZIP 2002, 1831, 1835; *J. F. Hoffmann*, KTS 2018, 343, 363.
544 Generell etwa *Hönn*, Kompensation, S. 88 ff., 134 ff.; auch *Lobinger*, Verpflichtung, S. 96 f.; für das Wohnraummietrecht etwa *Paschke*, Wohnraummiete, S. 149 ff., 329 ff.
545 *Lobinger*, FS Kirchhof, S. 577, 581 ff. Dies zeigt sich auch daran, dass zwingendes Gesetzesrecht tarifvertraglich sogar dispositiv sein kann, vgl. § 622 Abs. 4 BGB.

b) Abgrenzung zu den unter § 103 InsO fallenden Verträgen

Das zweite Kriterium ergibt sich problemlos aus der systematischen Stellung des § 108 Abs. 1 S. 1 InsO als Ausnahme zu § 103 Abs. 1 InsO. Da untersucht werden soll, welche Kontinuitätsinteressen die Sonderbehandlung eines Vertrages begründen, wo der Regelfall die Anwendung des § 103 Abs. 1 InsO ist, müssen die nachfolgenden Feststellungen dahingehend überprüft werden, ob sie auf die in § 108 Abs. 1 S. 1 InsO adressierten Verträge auch und gerade im Unterschied zu den übrigen, unter § 103 Abs. 1 InsO fallenden Verträgen zutreffen. Diejenigen nachteiligen Folgen der Verfahrenseröffnung, welche regelmäßig auch bei diesen übrigen Verträgen eintreten, können daher vorliegend nicht berücksichtigt werden. Hierzu gehören beispielsweise das nochmalige Anfallen von Transaktionskosten oder die Tatsache, dass der Leistungsaustausch nicht mehr mit dem eigentlichen Vertragspartner durchgeführt wird.[546] Als Fixpunkt für die Abgrenzung sollen typisierend bezüglich der Nutzungsüberlassung der Kauf- und bezüglich des Dienstvertrages der Werkvertrag dienen, da diese diejenigen punktuellen Austauschverträge sind, die prototypisch die Nutzungsmöglichkeit einer Sache bzw. eine bestimmte Tätigkeit betreffen. Hierdurch wird angesichts der Vielgestaltigkeit des Werkvertrages die Frage aufgeworfen, inwiefern eine typisierende Betrachtung überhaupt möglich ist, zumal in bestimmten Konstellationen die beiden Vertragstypen bekanntermaßen ohnehin nahe beieinander liegen.[547] Hinzu kommt, dass gerade im Kontext von Dauerschuldverhältnissen die Unterscheidung zwischen Dienst- und Werkverträgen besonders schwierig erscheint, da die Bindung über einen Zeitraum an sich, die sich in der Verpflichtung zu einer wiederkehrenden Leistung äußert, problemlos auch im werkvertraglichen Kontext denkbar ist.[548] Nimmt man an, dass § 108 Abs. 1 S. 1 InsO eine besondere, für Dauerschuldverhältnisse typische Interessenlage adressiert,[549] liegt es nahe, für die Herausarbeitung der Unterschiede zwischen § 103 Abs. 1 und § 108 Abs. 1 S. 1 InsO eine werkvertragliche Konstellation zu wählen, die sich zumindest in dieser Hinsicht deutlich von typischen Dienstverträgen unterscheidet. Daher wird im Folgenden auf einen Werkvertrag abgestellt, der die Erbringung nur einer einzelnen Werkleistung vorsieht. Die unter § 108 Abs. 1 S. 1 InsO fallenden Mietverträge müssen indes nicht nur gegenüber Kaufverträgen, sondern, da nur Mietverträge über unbewegliche Gegenstände und Räume privilegiert sind, auch gegenüber sonstigen Mietverträgen abgegrenzt werden.

c) Bedeutung der Regelungsmethode der Typisierung

Schließlich sind noch einmal die hier angewandte Methode der Typisierung und ihre Folgen für die vorzunehmende Betrachtung zu vergegenwärtigen. Eine typisierende Regelung nimmt stets nicht den Einzelfall, sondern den typischen Fall in den Blick. Es

546 Siehe auch oben S. 33 f.

547 Paradigmatisch die Ausführungen des BGH, vgl. NJW 2010, 1449.

548 BGH NJW 2020, 605, 606 Rn. 23. Dies zeigt sich auch daran, dass seit jeher darum gerungen wird, ob der Werkvertrag zu den Dauerschuldverhältnissen zu zählen ist, vgl. eingehend *Oetker*, Dauerschuldverhältnis, S. 155 ff.

549 Zum Zusammenhang, der zwischen Dauerschuldverhältnissen und § 108 InsO hergestellt wird, vgl. oben bei S. 49 in Fn. 246.

kann also von vornherein nicht darum gehen, Interessenlagen festzustellen, die bei den geschützten Verträgen immer und bei den übrigen Verträgen nie so vorliegen. Etwaige Unschärfen im Einzelfall sind dann die Folge der gewählten Methode, widerlegen aber nicht automatisch die unter Anwendung der Methode gefundenen Ergebnisse. Das typisierende Vorgehen des Gesetzgebers muss also sowohl hinsichtlich der bei den in § 108 Abs. 1 S. 1 InsO genannten Verträgen festgestellten Interessen an sich als auch hinsichtlich deren Abgrenzung zu § 103 Abs. 1 InsO zu berücksichtigt werden.

d) Fazit

Somit ergibt sich, dass zunächst diejenigen Interessen herauszuarbeiten sind, die privatrechtlich durch Kündigungsfristen und den (mittelbaren) Ausschluss der ordentlichen Kündigung abgebildet werden. Anschließend ist jeweils zu untersuchen, ob ein ermitteltes Interesse auch in Abgrenzung zu punktuellen Austauschverträgen festgestellt werden kann. Hinsichtlich beider Fragen ist eine typisierende Betrachtung anzulegen.

2. Die Kontinuitätsinteressen des Vertragspartners

Es bietet sich an, die ermittelten Interessen zum einen nach Vertragstyp, zum anderen danach aufzuschlüsseln, in welcher Rolle sich der Vertragspartner befindet. Differenziert wird dabei jeweils nach absoluten und relativen Kontinuitätsinteressen. Die einzelnen Aspekte werden dabei stets in Abgrenzung zu den unter § 103 Abs. 1 InsO fallenden Verträgen betrachtet.

a) Kontinuitätsinteressen des Immobiliarmieters

Im Zentrum der Kontinuitätsinteressen des Immobiliarmieters steht dessen Nutzungsbefugnis. Etwaigen daneben bestehenden, die Nutzungsgewährung flankierenden Pflichten, wie die Versorgung mit Strom und Wärme, mag ebenso wie im Einzelfall der Pflicht zur Erhaltung der Mietsache in vertragsgemäßem Zustand große Bedeutung zukommen, wenn die sinnvolle Nutzung gefährdet ist. Deutlich im Vordergrund steht für den Mieter allerdings die Berechtigung, die Sache nutzen und folglich deren Herausgabe verweigern zu dürfen, weshalb hierauf im Weiteren der Fokus liegt.

aa) Absolute Kontinuitätsinteressen

Auf Seiten des Immobiliarmieters sind absolute Kontinuitätsinteressen aus verschiedenen Gründen denkbar.

(1) Fehlende Substituierbarkeit des Leistungsgegenstands

Es leuchtet ein, dass absolute Kontinuitätsinteressen dann entstehen können, wenn der Leistungsgegenstand grundsätzlich nicht ersetzbar ist, weil dann ein Anschlussgeschäft von vornherein nicht möglich ist. Sofern es um die von § 108 Abs. 1 S. 1 InsO geschützte Sachnutzung geht, kann aber nicht typisierend festgestellt werden, dass die

Mietsache typischerweise nicht ersetzbar ist. So wird es für den Mieter einer Produktionshalle oder von Büroräumen in aller Regel nicht entscheidend darauf ankommen, *genau diese* Räumlichkeiten nutzen zu dürfen. Im Einzelfall kann natürlich die Lage des Nutzungsgegenstandes von großer Bedeutung sein, wenn beispielsweise ein Ladenlokal verkehrsgünstig liegen muss, um von Laufkundschaft zu profitieren. Dass die Interessen des Mieters aber von vornherein nur durch die Nutzung genau einer konkreten Mietsache gewahrt werden, stellt wohl eher die Ausnahme dar. Zudem erscheint es im hiesigen Kontext problematisch, darauf abzustellen, inwiefern die Mietsache ersetzbar ist, da diese stets auch Gegenstand eines Kaufvertrages sein kann, der im Ausgangspunkt nicht privilegiert wird. Dennoch ist nicht von der Hand zu weisen, dass es für den Immobiliarmieter große Nachteile haben kann, die Mietgegenstände zu ersetzen. Dies dürfte aber eher daran liegen, dass der Mieter über den in seinem Besitz befindlichen Mietgegenstand disponiert und diesen in seinen Rechtskreis inkorporiert, wie sogleich zu zeigen ist.[550]

(2) Schutz von Dispositionen

Absolute Kontinuitätsinteressen lägen vor, wenn im Laufe der vertraglichen Laufzeit Dispositionen getroffen werden, die durch die Notwendigkeit, ein Anschlussgeschäft schließen zu müssen, entwertet werden. Im Rahmen von nicht ordentlich kündbaren Mietverhältnissen werden regelmäßig bestimmte Dispositionen getätigt, die bei Wegfall des Leistungsaustausches auch ohne entsprechende Vorlaufzeit nicht rückgängig gemacht werden können und somit für den Vertragspartner nun wertlos sind. Sie sind für die absoluten Kontinuitätsinteressen des Vertragspartners entscheidend, weil sie typischerweise für eine sinnvolle Nutzung der Mietsache zwingend vorgenommen werden müssen und der Mieter daher gar nicht verhindern kann, dass daraus Kontinuitätsinteressen resultieren. Entsprechende Beispiele sind aus Sicht des Mieters insbesondere denkbar, wenn die Mietsache im Laufe der Zeit für ihn wertvoller wird. So ist es etwa denkbar, dass ein Grundstück zur landwirtschaftlichen Nutzung für zehn Jahre gepachtet wird und der Bewuchs sich im Laufe der Zeit entwickeln muss. Wenn nach zwei Jahren der Pachtvertrag wegfällt, ist dem Pächter mit einem entsprechenden Vertrag über ein anderes Grundstück wenig geholfen, gingen ihm die beiden ersten Jahre doch verloren, weil er auf einem neuen Grundstück auch mit der Bepflanzung neu beginnen müsste. Auch ist es nicht nur denkbar, sondern oft gar nicht zu verhindern, dass sich der Nutzungsberechtigte im Laufe der Zeit speziell für den konkreten Mietgegenstand eine entsprechende Expertise aneignet. Beispielsweise ist der Pächter eines Waldgrundstücks unter Umständen über längere Zeit damit beschäftigt, sich den Baumbestand, das Wegenetz und die Population bestimmter Tierarten zu erschließen.[551] Der Mieter von Geschäftsräumen wird seine Produktions- bzw. Arbeitsabläufe an den konkreten Räumen ausrichten und muss diese zumindest in gewissem Maße ändern, wenn er neue Räume bezieht.[552] Weiter ist es möglich, dass die durch den Mieter getroffenen Dispositionen zu einer starken Überlappung der Rechtskreise der Vertragspartner füh-

550 Großes Gewicht wird dem Aspekt der fehlenden Substituierbarkeit vor allem im Kontext von Lizenzverträgen beigemessen, vgl. dazu unten S. 254 ff.

551 Vgl. auch die Beispiele bei *Schön*, JZ 2001, 119, 123 unter 2.

552 Zum Interesse an Standortsicherung auch *Böker*, Mietsicherungsdienstbarkeit, S. 18 f.

ren. Eine entsprechende Auflösung dieser Verbindung und die Ausgliederung der Mietsache aus dem Rechtskreis des Mieters sind so nur unter erheblichem Aufwand möglich, weshalb dem Bestand des derzeitigen relativ im Verhältnis zum Abschluss eines anderen Vertrages für den Mieter ein höherer Wert zukommt. Ein Umzug in andere Wohn- oder Geschäftsräume bringt etwa erhebliche Kosten mit sich, vor denen sich ein Mieter, dem nicht ordentlich gekündigt werden kann, während der Laufzeit abgesichert hat.[553]

Es lässt sich also festhalten, dass es im Laufe der Vertragslaufzeit im Rahmen von Mietverträgen zwingend zu bestimmten Dispositionen und Entwicklungen kommt, die gerade den konkreten Leistungsaustausch für den Mieter in gewisser Weise aufwerten, weshalb ein Anschlussgeschäft für ihn keinen (vollwertigen) Ersatz bringen kann. Für die hier vorgenommene Betrachtung stellt sich indes noch die Frage, ob Nutzungsüberlassungen über unbewegliche Gegenstände und Räume in diesem Punkt auch typisierend von Kaufverträgen und übrigen Nutzungsüberlassungen abgegrenzt werden können. Zu erkennen ist zunächst, dass die angesprochenen Dispositionen für den Vertragspartner überhaupt erst möglich sind, sobald er die unmittelbare Sachherrschaft über den Leistungsgegenstand erlangt hat. Insofern ist schon festzustellen, dass auch innerhalb der Mietverträge danach zu unterscheiden ist, ob die Mietsache bereits überlassen worden ist oder nicht, wenngleich § 108 Abs. 1 S. 1 InsO nach seinem Wortlaut nicht danach differenziert.[554] Vor der Überlassung der Mietsache kommt dem Mieter auch nicht der Schutz einer Kündigungsfrist zu. Eindeutig lassen sich die beschriebenen Interessen bei einem Käufer, demgegenüber noch gar nicht erfüllt wurde, nicht feststellen. Hat der Käufer aber bereits den Besitz an der Sache und noch keine insolvenzfeste Rechtsposition erlangt, ergibt sich eine ähnliche Interessenlage, da dieser dann ebenfalls bestimmte Dispositionen trifft bzw. treffen muss. Im Vergleich zu einem Käufer ist zudem zu erkennen, dass die Besitzerlangung hier ebenfalls nicht die vollständige Erfüllung bedeuten muss, wenn nämlich der Verkäufer nur den Besitz, aber noch nicht das Eigentum übertragen und auch keine Vormerkung bewilligt hat. Insofern ergeben sich auch hier vergleichbare Kontinuitätsinteressen, bevor der Schuldner seine Leistungspflicht vollständig erfüllt hat.

Die Bedeutung der Besitzerlangung für die Interessenlage wird unterstrichen, wenn man sich ihre Rolle im Kontext der Unterscheidung zwischen relativen und absoluten Rechten vergegenwärtigt. Geht es um die Verschaffung absoluter Rechte an Sachen, kann durch die Besitzübertragung als konstitutiver Publizitätstatbestand zunächst dem Schutz des Rechtsverkehrs Rechnung getragen werden. Ausgehend von der überkommenen Dichotomie von Schuld- und Sachenrecht ist mit der Besitzerlangung aber auch eine Veränderung der Interessenlage verbunden. Wird das »dynamische« Schuldrecht mit Veränderungsinteressen assoziiert, bildet das »statische« Sachenrecht den *status quo* und die auf dessen Erhaltung gerichteten Interessen ab.[555] Auch im Kontext der »Verdinglichung obligatorischer Rechte« ist die Besitzerlangung regelmäßig für eine

553 Vgl. auch die Äußerungen von *Jickeli*, Der langfristige Vertrag, S. 115 ff., wenngleich dieser sich auf die Wohnraummiete beschränkt.

554 Zur Anwendbarkeit des § 108 Abs. 1 S. 1 InsO vor Überlassung der Mietsache eingehend unten S. 214 ff.

555 Das Gegensatzpaar statisch – dynamisch verwendet beispielsweise *Schlüter*, Rückabwicklung, S. 104 ff.

Verabsolutierung erforderlich[556] und ihre Rolle, wenngleich in unterschiedlicher Ausprägung, nicht nur hinsichtlich der durch sie gewährleisteten Publizität betont worden.[557] Vor diesem Hintergrund sollte man die Bedeutung der Besitzerlangung nicht auf ein für die Verschaffung eines absoluten Rechts notwendiges Verkehrsschutzerfordernis zu reduzieren. Der mit der Besitzerlangung verbundenen Anerkennung von Drittwirkungen einer Rechtsposition liegt auch die Wertung zugrunde, dass das Interesse des Inhabers am Schutz der Rechtsposition gewichtiger geworden ist. Die These, dass mit dem unmittelbaren Besitz an einer Sache, deren Inkorporierung in den eigenen Rechtskreis und den damit einhergehenden Dispositionen über die Sache ein Interesse am Erhalt des *status quo* entsteht, findet also ihre Bestätigung in der allgemeinen vermögensrechtlichen Unterscheidung zwischen relativen und absoluten Rechten.

Ergibt sich aus dem bisher Gesagten also, dass die Interessenlage bei effektuierten Nutzungsüberlassung von unbeweglichen Gegenständen und Räumen sich von der bei Kaufverträgen abgrenzen lässt, sofern der Käufer noch keinen Besitz an der Kaufsache erlangt hat, muss noch ein Blick auf die Nutzungsüberlassung von beweglichen Gegenständen geworfen werden, die ja auch dem Anwendungsbereich von § 103 Abs. 1 InsO unterfällt. Auch über bewegliche Gegenstände muss und wird der Nutzungsberechtigte in irgendeiner Weise disponieren. Absolute Kontinuitätsinteressen sind hier gleichermaßen denkbar: Beispielsweise muss sich der Mieter einer Fräsmaschine den Gebrauch gerade dieser Maschine aneignen, bevor ihr Einsatz für ihn rentabel wird. Ebenso wird auch ein überlassenes bewegliches Nutzungsobjekt typischerweise bereits genutzt. Wenngleich beweglichen Sachen gerade in einem betrieblichen Kontext auch essentielle Bedeutung zukommen kann,[558] lässt sich aber typisierend feststellen, dass mit Grundstücken und Räumen grundsätzlichere Bedürfnisse gestillt werden und diese Nutzungsgegenstände eine zentralere Rolle in der Betriebs- bzw. Lebensführung des Nutzungsberechtigten einnehmen.

(3) Sonderfall Wohnraummiete: Persönlich-ideelle Bedeutung des Leistungsgegenstands

Wie gesehen lässt sich die These, dass bestimmte Dispositionen durch ein Anschlussgeschäft nicht geschützt werden können und deshalb zu absoluten Kontinuitätsinteressen des Nutzungsberechtigten führen, allgemeiner so formulieren, dass der Wert der Nutzung des konkreten Gegenstandes im Laufe der Nutzungsdauer für den Nutzungsberechtigten steigt und auch nicht durch einen anderen Nutzungsgegenstand ersetzt werden kann. Stehen bei den soeben skizzierten Beispielen wirtschaftliche Erwägungen im Vordergrund, kann dieser allgemeine Gedanke aber auch in der Form zu absoluten Kontinuitätsinteressen führen, dass der Nutzungsgegenstand im Laufe der Zeit an

556 Vgl. §§ 986 Abs. 2, 566 BGB, 21 KO und den deliktischen Schutz des berechtigten *Besitzes* (siehe MüKo/*Wagner*, § 823 BGB, Rn. 324 ff.).

557 So für § 566 BGB auch BGH NJW-RR 2016, 982 Rn. 6; *Canaris*, FS Flume Bd. I, S. 371, 393. In der Kommentarliteratur dagegen wird der Blick auf die Tatbestandsvoraussetzung der Besitzerlangung vor allem durch deren Publizitätsfunktion dominiert, vgl. etwa Staudinger/*Emmerich*, § 566 BGB, Rn. 49 f.

558 Vgl. etwa die Erwägungen des Gesetzgebers zu § 112 InsO, der für gemietete wie für (unter Eigentumsvorbehalt) gekaufte Sachen eine ähnliche Interessenlage annimmt.

ideell-persönlicher Bedeutung für den Nutzungsberechtigten gewinnt. Diese Überlegung entstammt dem Wohnraummietrecht und ist hierfür prägend geworden, allerdings auch auf diesen Nutzungszweck beschränkt geblieben. Die folgenden Feststellungen können daher nur für den Wohnraummieter und nicht für sonstige in § 108 Abs. 1 S. 1 InsO adressierte Nutzungsberechtigte Geltung beanspruchen.[559]

Als normativer Anknüpfungspunkt für diesen Gedanken dient die »zentrale Norm des sozialen Mietrechts«,[560] § 573 BGB, der ursprünglich 1971 als § 1 WKSchG[561] eingeführt wurde, um der in Folge einer angespannten, von einem Nachfrageüberhang geprägten Marktsituation stark erhöhten Schutzbedürftigkeit des Wohnraummieters zeitlich befristet Rechnung zu tragen.[562] Zum 01.01.1975 wurde die Vorschrift als § 564b BGB a. F. in das BGB überführt,[563] aber auf dasjenige teleologische Fundament gestellt, auf dem sie bis heute steht und an das auch hier angeknüpft werden soll: Als maßgeblich sah der Gesetzgeber nicht länger eine bestimmte Marktsituation an, sondern die »überragend[e] Bedeutung der Wohnung als Lebensmittelpunkt des menschlichen Daseins«.[564] In der Literatur wurde diese Erwägung als Geltungsgrund der Beschränkung der ordentlichen Kündigung auf Fälle des berechtigten Interesses weiter fundiert: Betont wird dabei die zentrale Bedeutung der Wohnung für die Lebensführung, etwa als Rückzugsort für die Persönlichkeitsentfaltung und, wo es um Familien geht, die Entwicklung des familialen Verbandes, aber auch die zunehmende Gewöhnung an die konkrete Wohnumgebung mit nachbarschaftlichen Kontakten und entsprechender Infrastruktur, in deren Folge eine »emotionale Bindung, eine Identifikation mit dem jeweiligen Wohnquartier« entstehe.[565] Diese teleologische Fundierung des § 573 BGB hat sich seitdem durchgesetzt und ist heute allgemein anerkannt.[566] Um den besonderen Interessen eines Wohnraummieters Rechnung zu tragen und ihm die »vertraut[e] häuslich[e] Umgebung« zu erhalten, ist die Rechtsprechung sogar bereit, über eine Anbietpflicht Kontrahierungszwänge zu statuieren, was auch in der Literatur verbreitet Billigung findet.[567]

559 Aus hiesiger Sicht unklar, weil nicht zwischen absoluten und relativen Kontinuitätsinteressen unterscheidend *Derleder*, NZM 2004, 568, 569 f.

560 Staudinger/*Rolfs*, § 573 BGB, Rn. 1.

561 BGBl. I 1971, S. 1839 ff.

562 Vgl. den Gesetzentwurf BT-Drucks. 6/1549, S. 7 f., der den Bestandsschutz noch auf »Gebiet[e] besonderen Wohnungsbedarfs« beschränken wollte (§ 1 Abs. 1 von Artikel 2 des Entwurfs). Auf diese Einschränkung wurde in Folge des Ausschussberichtes verzichtet, vgl. BT-Drucks 6/2421, S. 3; vgl. insgesamt auch *Wolter*, Bestandsschutz, S. 200 ff., 251 ff.

563 BGBl. I 1974, S. 3603 ff.

564 BT-Drucks. 7/2011, S. 7.

565 Vgl. *Paschke*, Wohnraummiete, S. 166 ff., 330 ff.

566 Staudinger/*Rolfs*, § 573 BGB, Rn. 6 f.

567 Etwa BGH NJW 2017, 547 und die Rechtsprechungsnachweise im zweiten Leitsatz; vgl. *Weller*, JZ 2012, 881, S. 883, der die Brücke schlägt zur »personalen Dimension« der Wohnraummiete, aus der Literatur beispielsweise Staudinger/*Rolfs*, § 573 BGB, Rn. 131 ff. Neben der Vermeidung des hier skizzierten schweren Eingriffs in die Lebensführung kann mit einer Anbietpflicht natürlich auch sämtlichen relativen Kontinuitätsinteressen Rechnung getragen werden. Die Rechtsprechung sieht den Zweck der Anbietpflicht indes nicht darin, dem Mieter die Wohnungssuche abzunehmen, sondern ihm die – eben schon erwähnte – »vertraut[e] häuslich[e] Umgebung« zu erhalten, BGH NJW 2003, 2604.

Insbesondere die Beschränkung der Vermieterkündigung auf Fälle des berechtigten Eigeninteresses zeigt, dass die Interessen eines Wohnungsmieters am Fortbestand des Vertrages nicht nur rein wirtschaftlicher Natur sind, sondern aus den genannten Gründen der Überlassung zur Wohnraumnutzung eine Sonderstellung zukommt. Somit besteht für den Wohnraummieter typischerweise ein absolutes Kontinuitätsinteresse, das durch einen insolvenzbedingten Wegfall des Vertrages beeinträchtigt würde.[568]

In dieser Hinsicht lassen sich Wohnraummietverträge auch gegenüber einem entsprechenden Kaufvertrag abgrenzen: Das beschriebene Interesse am Behaltendürfen von Wohnräumen setzt seiner Natur nach voraus, dass der Nutzungsberechtigte schon eine gewisse Zeit über den Nutzungsgegenstand verfügt. Es liegt daher typischerweise noch nicht vor, wenn der Käufer noch nicht den Besitz an der gekauften Wohnung erlangt hat. Ersichtlich ist ein solches Interesse auch bei der Miete beweglicher Gegenstände nicht gegeben, weil derartigen Gegenständen in aller Regel kein vergleichbares Gewicht für die Lebensführung zukommt.[569] Nach den dem BGB zu entnehmenden, typisierten Parteivereinbarungen ist ein solches Gewicht des konkreten Mietgegenstandes auch bei der Gewerberaummiete nicht gegeben, die in Abwesenheit einer anderslautenden Vereinbarung auch grundlos gekündigt werden kann.

bb) Relative Kontinuitätsinteressen

Auf Seiten des Mieters entstehen regelmäßig auch relative Kontinuitätsinteressen.

(1) Wegfall eines Leistungsgegenstandes von essentieller Bedeutung

Hat der Mieter die Mietsache bereits überlassen bekommen, führt die abrupte Beendigung des Leistungsaustauschs dazu, dass ihm die Nutzung der Mietsache vorenthalten bleibt, obwohl sie ihm privatrechtlich zusteht. Für den entsprechenden Zeitraum kann er die Nutzung auch nicht nachholen. Typischerweise wird zudem im Rahmen der unter § 108 Abs. 1 S. 1 InsO fallenden Mietverhältnisse der Leistungsgegenstand eine essentielle Bedeutung für den Mieter haben. Steht ein Gewerbetreibender plötzlich ohne Geschäftsräume oder ein Mieter von einem Tag auf den anderen ohne Wohnung da, erleiden beide erhebliche Nachteile: Sie müssen nicht nur ihr gesamtes Inventar irgendwo zwischenlagern, der Geschäftsbetrieb des Gewerbetreibenden kommt sogar zum Erliegen und der Mieter muss sich kurzfristig mit erheblichem finanziellem Aufwand eine vorübergehende Unterkunft beschaffen. Das Ausbleiben der Leistung hat für den Vertragspartner also erhebliche Nachteile.[570] Berücksichtigt man, dass die

568 Vgl. auch *Paschke*, Wohnraummiete, S. 166 ff., 330 f.; ob *Reuter*, 25 Jahre Bundesarbeitsgericht, S. 405, 407 dies anders sieht, wie *Paschke* meint (S. 331, Fn. 336), hängt wohl davon ab, ob *Reuter* diesen Aspekt adressiert, wenn er schreibt: »Das existentielle Interesse des Mieters an der Fortsetzung des Mietverhältnisses steht und fällt mit dem Fehlen eines adäquaten Ersatzwohnangebotes.«

569 So finden denn auch selbst auf Wohnwagen und ähnliche zum Wohnen geeignete bewegliche Sachen schon die Vorschriften des BGB zur Wohnraummiete keine Anwendung, MüKo/*Bieber*, § 549 BGB, Rn. 3.

570 Ohne Rücksicht auf die hier vorgenommene Unterscheidung zwischen relativen und absoluten Kontinuitätsinteressen *Wimmer*, ZIP 2012, 545, 547.

skizzierte Interessenlage bei nahezu jeder Wohn- oder Gewerberaummiete vorliegt, kann diese Feststellung typisierend für die Nutzungsüberlassung unbeweglicher Gegenstände und Räume insgesamt getroffen werden, mögen die Interessen je nach der Vertragsgestaltung auch unterschiedlich ausgeprägt sein.[571] Im Gegensatz zu der oben diskutierten – und als maßgebliches Interesse letztlich abgelehnten – Substituierbarkeit geht es dabei nicht um die Frage, ob der Gegenstand schlechthin ersetzt werden kann, sondern nur um die zeitliche Dauer, bis ein Ersatz gefunden wird.

Eine solche profunde Bedeutung des Leistungsgegenstandes für den Nutzungsberechtigten kann nicht typisierend für bewegliche Sachen festgestellt werden. Dem entspricht auch die Differenzierung bei den Kündigungsfristen in § 580a BGB, wonach bei der Miete von beweglichen Sachen eine maximale Kündigungsfrist von lediglich drei Tagen vorgesehen ist. Schwieriger gestaltet sich die Abgrenzung von entsprechenden Kaufverträgen, die sich ebenfalls auf Leistungsgegenstände essentieller Bedeutung beziehen können. Hier wurde auf die Gefahr abgestellt, dass der Vertragspartner von einem Tag auf den anderen ohne Wohn- bzw. Gewerberäume dasteht. Auch bei einem Kaufvertrag ist der Käufer unter Umständen in Folge des kurzfristigen Wegfalls des Leistungsaustausches der Gefahr ausgesetzt, kein rechtzeitiges Anschlussgeschäft mehr tätigen zu können. Kann ein konkret vereinbarter Termin zur Übergabe nicht eingehalten werden, kann auch der Käufer die verpasste Nutzung nicht nachholen. Aus Kostengründen werden die Planungen des Käufers typischerweise nur geringe oder keine zeitlichen Spielräume vorsehen, sodass auch für ihn die Möglichkeit im Raum steht, zeitweise keine entsprechenden Räumlichkeiten zur Verfügung zu haben. Indes tritt die oben aufgezeigte Folge für einen Mieter, der den Mietgegenstand bereits nutzt, immer ein, da er mit der Verfahrenseröffnung damit rechnen muss, dass der Verwalter die absolute Rechtsposition des Vermieters durchsetzt.[572] Ein Käufer hat dagegen, wenn sich zwischen Vertragsschluss und Leistungsaustausch eine zeitliche Lücke auftut, zumindest noch einen gewissen Zeitraum für einen neuen Vertragsschluss. In dieser Hinsicht ähnelt auch ein Mieter, der die Sache noch nicht überlassen bekommen hat, eher einem Käufer, demgegenüber noch nicht erfüllt worden ist. Nimmt man allein die Kontinuitätsinteressen in den Blick, besteht somit die hieraus folgende typisierende Unterscheidung nicht zwischen Kauf und Miete insgesamt, sondern vielmehr zwischen dem Käufer, der weder Eigentum noch Besitz erlangt hat und dem Mieter, dem die Mietsache bereits überlassen wurde.

(2) Schutz von Dispositionen

Neben dem bloßen Verlust der Nutzung, der den bereits besitzenden Mieter immer treffen wird, drohen bei einem abrupten Ende aber auch bestimmte Dispositionen entwertet zu werden, die im Rahmen eines Anschlussgeschäftes geschützt werden könnten.

571 Beachte die Differenzierungen bei der Kündigungsfrist gem. §§ 580a Abs. 1 und 2, 573c Abs. 1 S. 1, Abs. 3 BGB je nach dem Nutzungszweck und der Bemessung des Mietzinses. Die besonders lange Kündigungsfrist bei der Gewerberaummiete dürfte weniger der essentiellen Bedeutung des Leistungsgegenstandes, als vielmehr der Tatsache geschuldet sein, dass im Rahmen von Gewerberaummietverträgen typischerweise für den Mieter ein herausgehobenes Bedürfnis nach Dispositionsschutz besteht, dazu sogleich.

572 Vgl. dazu oben S. 100.

Auch die Kündigungsfristen bewerkstelligen insoweit einen gewissen Dispositionsschutz. Ist ein entsprechend terminiertes Anschlussgeschäft nicht möglich, wovon hier auszugehen ist, muss der nutzungsberechtigte Vertragspartner faktisch eine Zeit lang ohne einen Nutzungsgegenstand auskommen, mit dem er schon aktiv wirtschaftet und auf dessen Verfügbarkeit er privatrechtlich vertrauen durfte. Die Nachteile liegen auf der Hand: So hat etwa der Mieter von Gewerberäumen seinen Geschäftsbetrieb in der Regel auf genau diese Räume ausgerichtet. Muss er diese nun abrupt verlassen, so wird dies nicht nur, wie eben schon erwähnt, vorübergehend seinen Betrieb stilllegen. Von den konkreten Geschäftsräumen hängt zudem aufgrund deren profunder Bedeutung für den Geschäftsbetrieb ganz wesentlich die betriebliche Organisation ab, die schlecht von einem auf den anderen Tag geändert werden kann, beispielsweise welche und wie viele Aufträge angenommen, wie viele Angestellte beschäftigt oder wo ortsgebundene Werbeanzeigen geschaltet werden.[573] Im nichtgewerblichen Bereich kann man etwa daran denken, dass von der konkreten Lage der Wohnung abhängt, auf welche Schule die Kinder des Mieters gehen oder mit welchem Fitnessstudio ein Vertrag geschlossen wird.

Auch wenn der Vermieter grundsätzlich kündigen kann, geraten also Dispositionen des Mieters durch einen abrupten Abbruch der Leistungsbeziehung in Gefahr, wobei hier darauf abzustellen ist, dass der Vertragspartner nicht rechtzeitig für Ersatz sorgen kann. Im Gegensatz zu den oben beschriebenen Dispositionen, die auch bei erfolgreicher Tätigung eines Anschlussgeschäfts für den Vertragspartner verloren gehen, mag der durch Kündigungsfristen gewährte Dispositionsschutz weniger grundlegend sein. Es ist aber zu erkennen, dass er im Gegensatz zu dem oben beschriebenen Dispositionsschutz durch Befristung oder Ausschluss der ordentlichen Kündigung nahezu jede Form der Nutzung betrifft, da die Nutzung einer Sache an und für sich in einem Zeitraum erfolgt und hierbei jede Unterbrechung in gewisser Weise Dispositionen des Mieters zunichtemacht. Innerhalb der Gruppe der unter § 108 Abs. 1 S. 1 InsO fallenden Mietverträge ist hinsichtlich des Dispositionsschutzes zumindest nach dem BGB den Gewerberaummietverhältnissen eine Sonderstellung einzuräumen, da hier das Bedürfnis nach Dispositionsschutz besonders ausgeprägt ist.[574]

Die Abgrenzung zu Kaufverträgen liegt nach dem oben zu absoluten Kontinuitätsinteressen des Mieters Gesagten auf der Hand, wenn der Käufer den Besitz der Sache noch nicht erlangt hat: Entscheidend für Kontinuitätsinteressen wegen entsprechender Dispositionen ist die faktische Dispositionsmöglichkeit, die bei einem Käufer in dieser Situation noch gar nicht bestand. Die Abgrenzung zu Nutzungsüberlassungen von beweglichen Sachen knüpft ebenfalls an die obigen Feststellungen an: Aufgrund der typischerweise weniger zentralen Bedeutung des Nutzungsgegenstandes wird über bewegliche Sachen auch nicht derart disponiert wie es bei Grundstücken und Räumen der Fall ist.

573 Vgl. auch die Erwägungen des Gesetzgebers, BT-Drucks. 12/3339, S. 4. Für Nutzungsüberlassungen generell ohne Rücksicht auf den Leistungsgegenstand und nicht explizit nur für relative Kontinuitätsinteressen *von Wilmowsky*, NZI 2013, 377, 382 f.

574 So wurde die Einführung der faktisch fast halbjährigen Kündigungsfrist (§ 580a Abs. 2 BGB) ganz wesentlich mit den »zahlreiche[n] Vorkehrungen und Maßnahmen« begründet, die der Mieter bei einem Wechsel seines Standorts zu treffen habe, BT-Drucks. 12/3339, S. 4.

(3) Sonderfall Wohnraummiete: Die Erschwerung des Anschlussgeschäfts im Laufe der Zeit

Die Tatsache, dass bei Nutzungsüberlassungen von Grundstücken und Räumen mit der Zeit der konkrete Leistungsgegenstand an Bedeutung gewinnen und daraus ein absolutes Kontinuitätsinteresse resultieren kann, ist oben für die Wohnraummiete schon erörtert worden.[575] Hieraus können aber auch bestimmte relative Kontinuitätsinteressen erwachsen, da die Verwachsung des Mieters mit dem Nutzungsgegenstand dazu führt, dass sich der Kreis der möglichen Ersatzobjekte stark verringert und es deshalb schwieriger wird, ein entsprechendes Anschlussgeschäft zu tätigen.[576] Hiervon zeugen die sich im Laufe der Zeit verlängernden Kündigungsfristen, die für die ordentliche Kündigung bei der Wohnraummiete gelten, vgl. § 573c Abs. 1 S. 2 BGB.[577] Dies ist indes nach dem BGB, wie oben, auch hier nur für die Wohn- und nicht für die Gewerberaummiete feststellbar.[578] Ersichtlich unterscheidet sich ein Wohnraummieter, dem der Wohnraum bereits überlassen wurde, hierin von einem Käufer, der noch nicht einmal Besitz an der Wohnung erlangt hat, und von dem Mieter einer beweglichen Sache. Der Topos der Verwachsung bleibt aber auch auf den Mieter beschränkt, der die Mietsache bereits überlassen bekommen hat.

575 Siehe oben S. 113 ff.

576 Der Übergang zwischen absoluten Kontinuitätsinteressen, die nur durch den Bestand des Vertrages, und relativen Kontinuitätsinteressen, die auch durch ein spezifischere Anforderungen erfüllendes Anschlussgeschäft gewahrt werden können, dürfte dabei ein fließender sein. So kann beispielsweise die unmittelbare, vertraute Wohnumgebung im eng verstandenen Sinne, also etwa in Form der konkreten Wohnräume, nicht durch ein Anschlussgeschäft ersetzt werden, was für ein absolutes Kontinuitätsinteresse spricht. Allerdings bleibt durch das Anmieten einer neuen Wohnung in ähnlicher Lage etwa der vertraute Schulweg und die bereits bekannte erweiterte Nachbarschaft (zumindest teilweise) erhalten. Für die hiesigen Belange ist aber eine starre Grenzziehung auch nicht erforderlich, da die Einteilung nur der deskriptiven Systematisierung dient und aus ihr keine zwingenden Schlüsse gezogen werden sollen.

577 So auch der nicht in der Drucksache abgedruckte Ausschussbericht zu BT-Drucks. 3/1850, S. 10 zur Einführung je nach ab der Überlassung des Wohnraumes vergangener Zeit gestaffelter Kündigungsfristen, vgl. auch die Beschlüsse des Ausschusses in BT-Drucks 3/1850, S. 49 und den ursprünglichen Gesetzesentwurf, BT-Drucks 3/1234, S. 73. Dass diesen die Erwägung zugrunde liegt, dass es für den Wohnraummieter mit zunehmender Gebrauchsdauer schwieriger wird, eine für ihn gleichwertige Wohnung zu finden, ist unstreitig, vgl. Staudinger/*Rolfs,* § 573c BGB, Rn. 5 f. Vgl. auch zu ähnlichen Erwägungen aus Sicht des Dienstverpflichteten unten S. 124 ff. bei Fn. 596.

578 Bei Einführung der besonderen Kündigungsfristen für die Gewerberaummiete (BGBl. 1993 I, S. 1838) war eine Verlängerung der Kündigungsfrist nach fünf Jahren seit der Überlassung um sechs Monate zunächst aus ähnlichen Gründen wie bei der Wohnraummiete im Gesetzesentwurf vorgesehen, BT-Drucks. 12/3339, S. 3 f. Sie wurde aber, um den »veränderungsbereite[n] Geschäftsraummieter« nicht einzuschränken, im Rechtsausschuss gestrichen, vgl. BT-Drucks. 12/5715, S. 5.

b) Kontinuitätsinteressen des Vermieters

aa) Absolute Kontinuitätsinteressen

Da der Vermieter nicht in vergleichbarer Weise wie ein Mieter über den Leistungsgegenstand disponiert, sind von vornherein weniger Anknüpfungspunkte für absolute Kontinuitätsinteressen erkennbar. Die ihm versprochene vertragliche Leistung ist ohne weiteres ersetzbar. Auch ist nicht ersichtlich, dass der Vermieter den Leistungsgegenstand überhaupt nicht anderweitig absetzen kann oder der Leistungsaustausch für ihn im Laufe der Zeit an Wert gewinnt. Absolute Kontinuitätsinteressen sind allenfalls denkbar, wenn der Ausschluss der ordentlichen Kündigung die Kalkulationsgrundlage für die Amortisation von Investitionen, etwa der Fremdfinanzierung des Nutzungsobjektes, verbessert. Dass infolge der Insolvenz eines Vertragspartners aber überhaupt ein Anschlussgeschäft getätigt werden muss und etwa erneut Transaktionskosten anfallen, ist bei allen Verträgen so und kann daher hier nicht relevant sein. Insgesamt ist daher davon auszugehen, dass in der Regel keine Interessen des Vermieters dadurch gefährdet werden, dass er überhaupt ein Anschlussgeschäft tätigen muss.

bb) Relative Kontinuitätsinteressen

Anders verhält es sich dagegen mit dem relativen Dispositionsschutz, der durch eine Kündigungsfrist bewerkstelligt wird. Profitiert der Vermieter nicht von einer Kündigungsfrist, gehen ihm typischerweise Mieteinnahmen verloren. Er hat also ein Interesse an der zeitweisen Fortdauer des Leistungsaustausches, das allerdings rein wirtschaftlicher Natur ist.[579] Dieses Interesse hängt nicht davon ab, zu welchem Nutzungszweck die Sache vermietet wird.[580] Fraglich ist hier vor allem, ob der Wegfall des Mietzinses für den Vermieter typischerweise schwerer wiegt als die Nachteile, welche ein Verkäufer dadurch erleidet, dass er einen neuen Kaufvertrag schließen muss und den Kaufpreis daher später erhält. Von der Situation des Mieters unterscheidet sich die Lage, in die der Vermieter durch die Verfahrenseröffnung gerät, schon dadurch, dass er nicht einen Gegenstand nutzt, über den er für die Vertragslaufzeit disponieren kann, sondern wiederkehrende Zahlungen erhält.[581] Insofern kann hier auch nicht analog zum Mieter die Parallele zu einem Verkäufer gezogen werden, der den Kaufpreis

579 Vgl. *Paschke*, Wohnraummiete, S. 162 ff.

580 Zwar gilt etwa bei der Gewerberaummiete auch für den Mieter die lange Kündigungsfrist des § 580a Abs. 2 BGB, die Gesetzesbegründung zeugt indes davon, dass diese ganz zuvorderst eingeführt wurde, um den Mieter zu schützen, da man sich bezüglich der Kündigung des Mieters nicht gefragt hat, ob der Vermieter eine entsprechende Frist benötigt, sondern ob *der Mieter* durch die Kündigung unverhältnismäßig belastet wird, vgl. BT-Drucks. 12/3339, S. 4. Ebenso verlängern sich auch die Kündigungsfristen für den Wohnraummieter nicht im Laufe der Zeit, § 573c Abs. 1 S. 2 BGB. Hier wurden angesichts der unterschiedlich ausgeprägten relativen Kontinuitätsinteressen also asymmetrische Kündigungsfristen in Kauf genommen, die auch keine Verletzung von Art. 3 Abs. 1 GG darstellen, vgl. Staudinger/*Rolfs*, § 573c BGB, Rn. 6.

581 Dies führt auch nach der Konzeption des BGB zu geringeren relativen Kontinuitätsinteressen des Vermieters, was sich etwa an den asymmetrisch geregelten Kündigungsfristen zeigt, vgl. § 573 c Abs. 1 S. 2 BGB.

schon vollständig erhalten hat. Da die in der Vergangenheit liegenden Leistungen hier nicht interessieren, befindet sich der Vermieter nach Aufnahme des Leistungsaustauschs durchaus in einer ähnlichen Lage wie ein Verkäufer, demgegenüber noch nicht vollständig erfüllt worden ist: Beide haben Zahlungsansprüche, deren Durchsetzbarkeit von der vertragsgemäßen Erbringung ihrer Sachleistungspflichten abhängt. Dennoch bestehen Anhaltspunkte für erhöhte Kontinuitätsinteressen eines Vermieters:

Zum einen entgehen einem Vermieter, der bereits Mietzahlungen erhält, faktisch Einnahmen, die er zumindest vorerst nicht nachholen kann. Natürlich mögen die Mieteinnahmen nicht unwiederbringlich verloren sein, da aufgrund der ausbleibenden Abnutzung der Mietsache diese theoretisch auch entsprechend länger nutzbar ist. Dennoch entsteht für den Vermieter eine Liquiditätslücke, die er erst schließen kann, wenn die Sache sich der vollständigen Abnutzung nähert. Ein Verkäufer, der ein Anschlussgeschäft tätigen konnte, steht mit dessen Abwicklung hinsichtlich seiner Zahlungsansprüche dagegen sofort so, wie er bei Durchführung des ursprünglichen Vertrages gestanden hätte, ihm entgehen allenfalls die Zinsen, die er bis zur Durchführung des Anschlussgeschäftes hätte ziehen können. Auch wenn der vorübergehende Ausfall der Kaufpreiszahlung typischerweise eine größere Summe betreffen wird, hat der Verkäufer deshalb keine Interessen, die denen des Vermieters gleichzusetzen wären. Für den Vermieter einer beweglichen Sache gestaltet sich die Situation dagegen ähnlich wie bei Vermietung einer Immobilie. Auch ihm entgehen Mieteinnahmen, die er mittelfristig nicht nachholen kann. Hinzu kommt, dass für ihn Kosten anfallen können, weil er die Mietsache selbst zwischenlagern muss. Zu beachten sind allerdings die unterschiedlichen Kündigungsfristen in § 580a BGB, die davon zeugen, dass die relativen Kontinuitätsinteressen beider Vertragspartner bei der Mobiliarmiete weniger stark ausgeprägt sind.

Zum anderen ließe sich erwägen, dass der Ausfall von Mietzahlungen für den Vermieter dann gravierendere Folgen als der Wegfall des Vertragspartners für den Verkäufer zeichnet, wenn das Mietobjekt fremdfinanziert wurde und die Einnahmen aus dem Geschäft jeweils der Kredittilgung dienen sollen. Die ratenweisen Zahlungen an den Kreditgebern werden bei einem vermieteten Objekt typischerweise unmittelbar durch die Mietzahlungen finanziert.[582] Demgegenüber dient der Verkauf eines Gebäudes typischerweise nicht der Finanzierung laufender Zahlungsverpflichtungen, sondern hat die Kreditablösung zum Zweck. Vergleicht man diese Fälle, benötigt der Vermieter die Mietzahlungen, um jeweils fällige Verbindlichkeiten zu befriedigen, wohingegen bei Ablösung des Kredites regelmäßig die Valuta insgesamt noch nicht fällig ist und der Verkäufer – sofern er sich ansonsten nicht in der Krise befindet – durch einen temporären Ausfall der Einnahmen aus dem Geschäft nicht Gefahr läuft, mit Zahlungspflichten in Verzug zu geraten. Freilich liegt dieses spezielle Interesse nur vor, wenn der Mietgegenstand fremdfinanziert wurde und die Entschuldungsphase noch andauert, was im Tatbestand des § 108 Abs. 1 S. 1 InsO kein Kriterium ist. Für Wohnraum scheint *Paschke* von dieser Prämisse auszugehen.[583]

Die vorgebrachten Erwägungen treffen allerdings auch auf einen Verkäufer zu, der mit dem Käufer eine Ratenzahlung vereinbart hat. In der Praxis wird dies zwar nur selten der Fall sein, da sich in aller Regel der Käufer kreditieren lässt und dann durch

582 *Paschke*, Wohnraummiete, S. 162 ff.
583 *Paschke*, Wohnraummiete, S. 164.

Ratenzahlungen seinen Kredit tilgt. Dennoch lassen sich hier entgegen der typisierenden Einteilung der §§ 103 Abs. 1, 108 Abs. 1 S. 1 InsO auf abstrakter Ebene ähnliche Kontinuitätsinteressen feststellen.

c) Kontinuitätsinteressen des Dienstberechtigten

aa) Absolute Kontinuitätsinteressen

Ein Interesse an einem durch einen (mittelbaren) Ausschluss der ordentlichen Kündigung abgebildeten absoluten Dispositionsschutz kann seitens des Dienstberechtigten dann entstehen, wenn die Erbringung der Dienstleistung gerade durch diesen Vertragspartner für ihn im Laufe der Zeit an Wert gewinnt. Die Entstehung solcher Kontinuitätsinteressen setzt wiederum voraus, dass der Leistungsaustausch bereits zu laufen begonnen hat und dann wegfällt. In diesem Rahmen werden absolute Kontinuitätsinteressen vor allem entstehen, wenn die dienstverpflichtete Vertragsseite sich im Laufe der Zeit eine Expertise erarbeitet und der Dienstberechtigte sich durch einen Ausschluss der ordentlichen Kündigung davor schützen möchte, während der Vertragslaufzeit mit einem neuen Vertragspartner kontrahieren zu müssen, der diese Expertise erst aufbauen muss.[584] Wenn etwa ein Start-up-Unternehmen die Betreuung des kompletten Internet-Auftritts auf einen externen Dienstleister auslagert und den Vertrag auf drei Jahre befristet, damit der Dienstleister im Laufe der Zeit das Unternehmen und seine »Philosophie« kennen lernen kann oder damit sich Kommunikation und Arbeitsabläufe einspielen können, dann besteht ein großes Interesse daran, für den Zeitraum der Befristung auch keinen anderen Geschäftspartner suchen zu müssen, der sich neu einarbeiten muss. Dies ist auch denkbar, wenn die zu erbringende Dienstleistung stark mit der Person des Dienstberechtigten verknüpft ist, wie etwa bei Unterrichts- oder Behandlungsleistungen. In diesen Fällen erscheint es zudem naheliegend, dass die Erbringung der Dienstleistung mit der Zeit zu einem besonderen Vertrauensverhältnis zwischen den Vertragsparteien führt, das mit einem neuen Vertragspartner natürlich erst wieder entstehen muss. Unter Umständen tätigt der Dienstberechtigte sogar gezielt Investitionen in die Expertise des Dienstverpflichteten oder dessen Erfüllungsgehilfen, die wertlos werden, wenn er sich einen neuen Vertragspartner suchen muss.

Als Vergleichsmaßstab für die aufgezeigten Interessen des Dienstberechtigten soll hier prototypisch der Besteller im Rahmen eines Werkvertrages dienen. Zur Aneignung von Expertise ist zu bemerken, dass auch im Rahmen eines Werkvertrages unter Umständen zunächst eine Phase erfolgt, in welcher der Werkunternehmer sich in die Besonderheiten und Umstände gerade der konkret geschuldeten Werkleistung einarbeitet. Insbesondere aber ein langfristiger Aufbau von Expertise, wie er oben in den Blick genommen wurde, erfolgt bei Werkverträgen, die zu einer einzelnen Leistung verpflichten, typischerweise nicht. Natürlich können auch werkvertragliche Konstellationen langfristig angelegt sein, wenn etwa ein größeres Bauprojekt[585] realisiert wer-

584 Dass die »Eingliederungsleistung« des Arbeitnehmers (dazu sogleich) dem Arbeitgeber zugutekommt meint auch *Dorndorf*, Sozialplan, S. 14.

585 Die Einführung der §§ 650a ff. BGB hat nichts daran geändert, dass es sich bei Bauverträgen, was die für die Einteilung nach dem BGB maßgebliche Risikoordnung betrifft, grundsätzlich um Werkverträge handelt, vgl. MüKo/*Busche*, § 650a BGB, Rn. 1 ff.

den soll. Kennzeichnend für Dienstverträge ist indes, dass die Erbringung der Dienstleistung an und für sich im Laufe der Zeit besser, da reibungsloser funktioniert. Dies ist typischerweise dann der Fall, wenn nicht eine einzelne, zeitaufwändige, weil komplexe Leistung erbracht wird, sondern wenn wiederkehrende Leistungen oder ein und dieselbe Leistung kontinuierlich über einen Zeitraum erbracht werden. Das Potential für eine langfristig wertvolle Einarbeitung ist hier deshalb ungleich höher. Zudem ist es im Rahmen von Werkverträgen weniger üblich, dass auch seitens des Bestellers in die Expertise des Werkunternehmers investiert wird. Vielmehr entspricht es der werkvertraglichen Risikoverteilung, dass eine etwaige Einarbeitungsphase nicht selbstständig vergütet wird. In der hier prototypisch betrachteten Konstellation einer einmaligen Werkleistung findet ohnehin kein langfristiger Aufbau von Expertise stattfindet.

bb) Relative Kontinuitätsinteressen

Relative Kontinuitätsinteressen sind denkbar, wenn ein Dienstberechtigter auf die ständige Verfügbarkeit der Dienstleistung vertraut und darauf aufbauend seinen Geschäftsbetrieb bzw. seine private Lebensführung organisiert. Im Gegensatz zu einem Mieter, der die Mietsache in seinen Betrieb inkorporiert, verfügt ein Dienstberechtigter zwar nicht faktisch über die versprochenen Dienste. Dennoch sind sie ein stets vorhandener Teil des betrieblichen bzw. privaten Normalzustandes. Der Dienstberechtigte verlässt sich bei der Ausrichtung seines (betrieblichen bzw. privaten) Rechtskreises dann darauf, dass er sich die versprochenen Dienste auch nicht anderweitig besorgen muss. Brechen die versprochenen Dienste weg, so wird dies nachteilige Folgen für den Geschäftsbetrieb des Dienstberechtigten haben. Mit Blick auf die dort beschäftigten Arbeitnehmer liegt das auf der Hand, ist der Betrieb doch in aller Regel auf diese angewiesen. Aber auch von den Diensten externer Dienstleister kann eine vergleichbare Abhängigkeit bestehen. Setzt etwa ein Unternehmen eine bestimmte Software ein, ohne die der Geschäftsbetrieb stillsteht, und hat es einen Dienstleister mit der ständigen Wartung der Software beauftragt,[586] so ist der Geschäftsbetrieb auch darauf ausgerichtet, sich die entsprechende Dienstleistung nicht extern verschaffen zu müssen. Der Wegfall der Leistungsbeziehung verursacht so eine temporäre Versorgungslücke, die nicht geschlossen werden kann. Ebenso kann ein Unternehmen, das mit einem Dienstleister einen Kommissionsvertrag[587] geschlossen hat, unter Umständen plötzlich keine Produkte mehr absetzen, was wiederum Liquiditätsschwierigkeiten zur Folge haben kann. Dass die Dienste im beschriebenen Sinne wegfallen und ersetzt werden müssen, ist jedenfalls dann der Fall, wenn der Leistungsaustausch bereits aufgenommen wurde. Vor Antritt des Dienstverhältnisses gehört die Verfügbarkeit der Dienste zumindest faktisch noch nicht zum Normalzustand. Ähnlich wie oben bei der Abgrenzung von Miet- und Kaufverträgen besteht hier auch noch die Möglichkeit, ein Anschlussgeschäft zu schließen, während sich bei bereits laufendem Leistungsaustausch die Versorgungslücke faktisch nicht vermeiden lässt.

Hinsichtlich dieser Dispositionen können die Kontinuitätsinteressen des Dienstberechtigten ebenfalls gegenüber den Interessen eines Bestellers abgegrenzt werden: Wird etwa ein IT-Unternehmen mit der einmaligen Behebung eines Software-Problems beauftragt,[588]

586 Zum dienstvertraglichen Charakter eines solchen Vertrages BGH NJW 2010, 1449, 1450 f.
587 Zur Einordnung RGZ 110, 119, 121 ff.
588 BGH NJW 2010, 1449, 1451.

so wird eine Verzögerung dieser Leistung in Folge der Insolvenz des Unternehmens und eines dadurch notwendig gewordenen Anschlussgeschäfts natürlich nachteilig für den Besteller sein. Unter Umständen ist auch für ihn die kurzfristige Erbringung der Werkleistung von hoher Bedeutung. Der Unterschied besteht jedoch darin, dass durch einen Werkvertrag, der nur eine einzelne Werkleistung zum Gegenstand hat, typischerweise ein anlassbezogenes Interesse befriedigt wird. Entscheidend erscheint dies weniger deswegen, weil ein dauerhaft zu stillendes Interesse von Natur aus schwerwiegender ist als eines, dass nur akut entstanden ist. Gerade zur Behebung eines Notfalls, wie etwa eines die Büroräume unbenutzbar machenden Wasserrohrbruchs, werden Werkverträge abgeschlossen, die sich dann durch ein ganz erhebliches Interesse des Bestellers an der termingerechten Erbringung der Werkleistung auszeichnen. Maßgeblich ist vielmehr, dass durch den Wegfall eines Werkvertrages bei der Insolvenz der Gegenseite ein Interesse in Rede steht, das der Besteller grundsätzlich nur befriedigen kann, indem er – ggf. kurzfristig – einen entsprechenden Werkvertrag schließt. Es ist also für den Besteller der Normalfall, dass er sein Bedürfnis an der versprochenen Leistung nicht aus dem laufenden Betrieb heraus stillen kann. Die Insolvenz seines Vertragspartners, so nachteilig sie für ihn sein mag, versetzt ihn und seinen Rechtskreis hinsichtlich der versprochenen Leistung nur in den Normalzustand, der die Verfügbarkeit dieser Leistung nicht vorsieht. Ein Dienstberechtigter hat dagegen – privatrechtlich in dem Maß, in dem der Vertrag ihm Bestandsschutz gewährt, zu Recht – seinen Rechtskreis so konfiguriert, dass er für den Erhalt der Dienstleistung einen neuen Vertrag eben nicht schließen muss. Insofern verursacht der Wegfall des Leistungsaustauschs für ihn eine schwieriger zu füllende Versorgungslücke als es beim Besteller der Fall ist. Muss der Dienstberechtigte (unter Umständen kurzfristig) einen neuen Vertrag schließen, kann dies seinen Geschäftsbetrieb daher erheblich stärker beeinträchtigen als es bei einem Besteller der Fall ist.

d) Kontinuitätsinteressen des Dienstverpflichteten

aa) Absolute Kontinuitätsinteressen

Aus Sicht des Dienstverpflichteten können absolute Kontinuitätsinteressen entstehen, wenn der Leistungsaustausch für ihn im Laufe der Zeit an Wert gewinnt. In Betracht kommt dies insbesondere im Rahmen von Arbeitsverträgen. So gehen mit einer neuen Anstellung etwa Vorteile beim Kündigungsschutz verloren, die von der Dauer der Betriebszugehörigkeit abhängen, vgl. §§ 622 Abs. 2 BGB, § 1 Abs. 3 KSchG.[589] Auch muss ein Arbeitnehmer nach längerer Betriebszugehörigkeit typischerweise davon ausgehen, im Rahmen einer neuen Anstellung zunächst schlechter zu stehen, als es bei

589 Freilich genießt nicht jeder Arbeitnehmer Kündigungsschutz nach dem KSchG, vgl. insb. § 23 Abs. 1 S. 2 KSchG. Dies liegt aber nicht daran, dass hier die Interessen des Arbeitnehmers anders gelagert sind, sondern dass Kleinbetriebe in besonderer Weise durch eine enge persönliche Zusammenarbeit, oft bei persönlicher Mitarbeit des Arbeitgebers im Betrieb, geprägt sind und der Arbeitgeber in dieser Konstellation ein höheres Interesse an betrieblicher Flexibilität aufweist, vgl. BVerfG NZA 1998, 470, 473 (Verfassungsmäßigkeit der Kleinbetriebsklausel). So wird auch außerhalb des KSchG Kündigungsschutz bewerkstelligt, vgl. eingehend *Urban*, Kündigungsschutz, passim.

Fortdauer des Arbeitsverhältnisses der Fall gewesen wäre, etwa weil »arbeitsplatzspezifische[s] Erfahrungswisse[n]« verloren geht.[590] Zudem gewinnt das Arbeitsverhältnis für den Arbeitnehmer auf Dauer unter Umständen eine ähnliche Bedeutung wie die eigene Wohnung für den Wohnraummieter, weshalb der Verlust des Arbeitsplatzes nicht vollständig durch einen anderen Arbeitsvertrag ausgeglichen werden kann. Es ist allgemein anerkannt, dass das Interesse des Arbeitnehmers nicht allein wirtschaftlicher Natur ist, sondern sich auch auf den Erhalt des konkreten Arbeitsplatzes richtet. So sah der Gesetzgeber bei Erlass des KSchG »den Arbeitsplatz und die Betriebszugehörigkeit des Arbeitnehmers [...], die die Grundlagen seiner wirtschaftlichen und sozialen Existenz bilden«, als das geschützte Rechtsgut an.[591] Auch in der Literatur hat sich der Gedanke etabliert, dass der Arbeitsplatz als solcher unabhängig von dem damit verbundenen Einkommen für den Arbeitnehmer einen Wert besitzt.[592] Die Entstehung solcher absoluter Kontinuitätsinteressen setzt freilich ihrer Natur nach voraus, dass das Arbeitsverhältnis bereits aufgenommen wurde.

Vergleichsmaßstab für die Wertung des § 103 Abs. 1 InsO wäre hier ein Werkunternehmer, der eine einzelne Werkleistung erbringen muss und in Folge der Insolvenz des Bestellers die Vergütung für das Werk nicht mehr erhalten wird. Werkunternehmer und Dienstverpflichteter haben gemein, dass sie beide Zahlungsansprüche haben, deren Durchsetzbarkeit noch von der Erbringung ihrer Gegenleitung abhängt. Steht aber nur die Erbringung einer einzelnen Werkleistung in Rede, liegt auf der Hand, dass auf Seiten eines Werkunternehmers keine entsprechenden absoluten Kontinuitätsinteressen entstehen, weil die Bedeutung der Vertragsbeziehung sich für ihn in dieser wirtschaftlichen Dimension erschöpft und kein Bezug zur sozialen Existenz besteht.

bb) Relative Kontinuitätsinteressen

In Folge der Verfahrenseröffnung wird ein Dienstverpflichteter zumindest nach Antritt des Dienstverhältnisses wie gesehen regelmäßig einen Vergütungsausfall erleiden, da er in der Regel nicht sofort ein Anschlussgeschäft schließen kann. Er bekommt also vorübergehend weniger Vergütung als geplant, weil er nicht seinen eigentlichen Dispositionen entsprechend ausgelastet ist. Dies ist vor allem deshalb nachteilig, weil die fehlenden Einnahmen in Zukunft nicht nachgeholt werden können. Dieser Aspekt wird häufig im Kontext arbeitsrechtlichen Bestandsschutzes betont,[593] ist aber für sich ge-

590 ErfK/*Oetker*, § 1 KSchG, Rn. 3; *Dorndorf*, Sozialplan, S. 12 f.; *ders.*, FS Merz, S. 31, 41; *Preis*, Prinzipien, S. 421 f.; *Jickeli*, Der langfristige Vertrag, S. 120 ff.

591 BT-Drucks. 1/2090, S. 11.

592 Vgl. *Herschel*, RdA 1975, 28, 31 f. mit Verweis auf BAG AP Nr. 16 zu § 620 BGB Befristeter Arbeitsvertrag; *Dorndorf*, Sozialplan, S. 12 ff.; *Benda*, Industrielle Herrschaft, S. 531 f. streicht heraus, dass der Arbeitnehmer nicht nur wirtschaftliche Interessen hat, »sondern zugleich [...] durch den Ausschluß aus dem Sozialgebilde Betrieb auch dann beeinträchtigt würde, wenn ihm dafür eine volle Entschädigung so gezahlt würde, daß ein finanzieller Verlust nicht entstehen könnte.« ErfK/*Oetker*, § 1 KSchG, Rn. 3 stellt auch auf die sozialen Kontakte ab, die bei einer Kündigung verloren gehen, ebenso *Dorndorf*, Sozialplan, S. 13. Vgl. auch *Richardi*, Sozialplan, S. 12 ff., der ebenfalls aus einer langjährigen Betriebsangehörigkeit ein gesteigertes Interesse am Erhalt des Arbeitsplatzes herleitet, vgl. schließlich auch *Lobinger*, FS Kirchhof, S. 577 ff., Rn. 14.

593 Etwa *Stebut*, Sozialer Schutz, S. 20.

nommen nicht entscheidend für die relativen Kontinuitätsinteressen des Dienstverpflichteten. Wie gravierend sich der Vergütungsausfall für ihn auswirkt, hängt vielmehr davon ab, wie groß die in Folge der Verfahrenseröffnung ungenutzten Kapazitäten sind. Besonders drastisch wirkt sich die Insolvenz eines Dienstberechtigten für seinen Vertragspartner also dann aus, wenn dieser keine weiteren Dienstverträge geschlossen hat und somit seine Kapazitäten zur Erbringung von Diensten vollständig ungenutzt bleiben, da er dann vorübergehend gar keine Vergütung mehr erhält. Dies wird insbesondere auf Arbeitnehmer zutreffen, was verbreitet damit beschrieben wird, dass diese ihre Einnahmequellen nicht diversifizieren können.[594] Dem Leistungsaustausch kommt daher hier typischerweise essentielle Bedeutung für die wirtschaftliche Situation des Vertragspartners zu.[595] Ein nicht nachholbarer Wegfall des Entgelts wird, wie auch oben schon aufgezeigt, den Dienstverpflichteten stets treffen, wenn der Leistungsaustausch bereits läuft. Hat der Dienstverpflichtete seine Tätigkeit noch nicht aufgenommen, wird er zwar entsprechend planen, aber typischerweise (eher) noch die Möglichkeit haben, seine Planungen anzupassen.

Hinzu kommt, dass es sich für den Dienstberechtigten unter Umständen schwer gestaltet, ein entsprechendes Anschlussgeschäft zu tätigen, um die Zeit, in der er nicht entsprechend ausgelastet ist, möglichst gering zu halten. Auch dies wird vor allem bei Arbeitsverträgen der Fall sein. Nach einer längeren Betriebszugehörigkeit kommt es typischerweise dazu, weil die Arbeitnehmer sich stark an ihr Arbeitsverhältnis angepasst und insoweit an Flexibilität und Marktgängigkeit verloren haben. Dies erschwert die Suche nach einer neuen Anstellung,[596] was auch die Regelungen der §§ 622 Abs. 2 BGB, 1 Abs. 3 KSchG belegen.[597]

594 Vgl. *von Wilmowsky*, Kreditsicherungsrecht, S. 267; *J. F. Hoffmann*, Prioritätsgrundsatz, S. 352 ff. m. w. N. Die Verfasser der Konkursordnung führten zu § 19 KO a. F. aus, dieser setze ein »die Erwerbstätigkeit des Vergütungsberechtigten vollständig oder hauptsächlich in Anspruch nehmendes Dienstverhältnis« voraus, vgl. *Hahn*, Materialien IV, S. 99. Unter Geltung der Konkursordnung war dies allerdings nicht als Voraussetzung angesehen, Jaeger/*Henckel*, § 22 KO, Rn. 2; zu diesem Aspekt auch unten S. 244 ff.

595 Mit dieser Akzentuierung auch *Molitor*, Das Wesen des Arbeitsvertrages, S.75 ff., der die Differenzierung nach Dienst- und Werkvertrag aber durchaus kritisch sieht, vgl. S. 93 ff.; *ders.*, Kündigung, S. 218. Insofern ähnelt diese Konstellation der des Nutzungsberechtigten, wenn der Leistungsgegenstand essentielle Bedeutung für den Vertragspartner hat.

596 Etwa *Lobinger*, FS Kirchhof, S. 577 ff., Rn. 14. Dieses Phänomen wird im Arbeitsrecht auch mit dem verbreiteten Topos der »Eingliederung« beschrieben, vgl. *Dorndorf*, Sozialplan, S. 12 f., der hierin auch die Rechtfertigung für § 22 KO sah, *ders.*, Sozialplan, S. 48; in der Tendenz auch von *Wilmowsky*, Kreditsicherungsrecht, S. 267.

597 Die geringere Flexibilität betont etwa BeckOKArbR/*Rolfs*, § 1 KSchG, Rn. 482. Ansonsten wird auch pauschal von erhöhter Schutzbedürftigkeit gesprochen, Staudinger/*Temming*, § 622 BGB, Rn. 9; BeckOKArbR/*Gotthardt*, § 622 BGB, Rn. 2 oder der Gedanke vorgebracht, man wolle die Betriebstreue belohnen, etwa MüKo/*Hergenröder*, § 1 KSchG, Rn. 433; BeckOKArbR/*Rolfs*, § 1 KSchG, Rn. 482; ErfK/*Müller-Glöge*, § 622 BGB, Rn. 9; ErfK/*Oetker*, § 1 KSchG, Rn. 331; vgl. zudem *Reuter*, 25 Jahre Bundesarbeitsgericht, S. 405, 411; bei der Dauer der Betriebszugehörigkeit sieht *Preis*, Prinzipien, S. 372 ff. indes einen besonderen Vertrauensschutz verwirklicht; allgemein eine erhöhte Schutzbedürftigkeit in Folge einer längeren Dauer des Vertragsverhältnisses will auch *Molitor*, Das Wesen des Arbeitsvertrages, S. 88 ff. erkennen, der hiervon auf eine stärkere Unterordnung schließt, die ein Grund für eine höhere Abhängigkeit, also Schutzbedürftigkeit sei, vgl. S. 74 f.

Was das bloße Ausbleiben der Vergütung betrifft, ist zweierlei zu bemerken: Erstens wird ein Vertrag über eine einzelne Werkleistung wird für den Werkunternehmer typischerweise nicht die einzige Vergütungsquelle sein. Ein Handwerker etwa hat regelmäßig mehrere Kunden gleichzeitig. Der Wegfall eines Kunden kann, wenn die Erbringung der Werkleistung bereits begonnen hat oder kurz bevorsteht, bei potentiell vollen Auftragsbüchern zwar auch für ihn in diesem Sinne nicht nachholbar sein. Im Vordergrund steht hier allerdings die Absicherung von Vorleistungen, für die sich im dispositiven Werkvertragsrecht mit den Abschlagszahlungen, § 632a BGB, und den spezifischen Sicherungsrechten, vgl. §§ 647, 647a, 650e BGB, eigene Instrumente entwickelt haben. Den Ausfall der Vergütung, die künftig erst erwirtschaftet werden soll, kann der Werkunternehmer besser kompensieren als insbesondere der Arbeitnehmer. Darüber hinaus ist zweitens der Betrieb des hier prototypischen Werkunternehmers anders als ein Dienstverpflichteter darauf eingestellt, regelmäßig neue Geschäftsabschlüsse zu tätigen.[598] Auch das Phänomen, dass sich im Laufe der Zeit die Marktgängigkeit der Arbeitskraft verringert, tritt bei kurzfristigen Werkverträgen nicht auf. Daher trifft die Notwendigkeit, ein neues Geschäft abzuschließen, den Werkunternehmer nicht im selben Maß wie einen Dienstverpflichteten.

e) Fazit

Die induktive Untersuchung der einzelnen Konstellationen führt zu folgenden Fazits: Bei Nutzungsüberlassungen von unbeweglichen Gegenständen und Räumen entstehen typischerweise auf Seiten des Nutzungsberechtigten absolute Kontinuitätsinteressen, da dieser regelmäßig entweder derart über den Leistungsgegenstand disponiert, dass der Wert des Leistungsaustauschs relativ zu entsprechenden Anschlussgeschäften steigt und bzw. oder den Leistungsgegenstand faktisch in seinen Rechtskreis inkorporiert, sodass eine Auflösung der Leistungsbeziehung erhebliche Kosten verursacht. Eine Sonderstellung kommt der Wohnraummiete zu, da der Leistungsgegenstand hier einen ideellen Wert für den Nutzungsberechtigten besitzt, der so in der Form durch kein Anschlussgeschäft ersetzt werden kann. Diese absoluten Kontinuitätsinteressen setzen allerdings voraus, dass der Leistungsaustausch bereits begonnen hat. Relative Kontinuitätsinteressen hat der Nutzungsberechtigte, weil ihn ein Ausbleiben gerade dieses Leistungsgegenstandes ohne angemessene Zeit für ein Anschlussgeschäft aufgrund der typischerweise existentiellen Bedeutung des Gegenstandes in seiner Betriebs- bzw. Lebensführung besonders heftig treffen würde und auf Grundlage der Verfügbarkeit des Leistungsgegenstands regelmäßig andere Dispositionen getroffen werden. Auch hier lässt sich für die Wohnraummiete eine Besonderheit feststellen, da es mit der steigenden Dauer der Nutzung schwieriger wird, einen probaten Ersatz zu finden. Auch diese Interessen ergeben sich typischerweise erst in dem Maß, wenn die Nutzungsüberlassung bereits begonnen hat.

Der zur Nutzungsüberlassung Verpflichtete hat lediglich ein relatives Kontinuitätsinteresse, das darin besteht, keinen mittelfristig nicht nachholbaren Ausfall von Entgeltzahlungen zu erleiden. Das unterscheidet ihn von einem Verkäufer insbesondere, wenn der Leistungsaustausch bereits begonnen hat.

598 Eine ähnliche Überlegung wurde schon oben zu Dienstberechtigten im Vergleich mit Bestellern angestellt, vgl. S. 122 ff.

Ein Dienstberechtigter hat absolute Kontinuitätsinteressen, da der Dienstverpflichtete unter Umständen im Laufe der Zeit an Expertise gewinnt und der Dienstberechtigte möglicherweise sogar in diese investiert. Relative Kontinuitätsinteressen entstehen, wenn die Organisation eines Betriebes oder privaten Lebensbereiches auf Grundlage der ständigen Verfügbarkeit der versprochenen Dienste vorgenommen wird. Wenn der Leistungsaustausch bereits läuft, kann zum einen der Wegfall des Leistungsaustausches dann die normalen, eingespielten Abläufe stören und zum anderen ist der Dienstberechtigte nicht (mehr) darauf ausgerichtet, sich die versprochenen Dienste *ad hoc* durch einen neuen Vertragsschluss zu verschaffen.

Ein Dienstverpflichteter hat vor allem als Arbeitnehmer absolute Kontinuitätsinteressen, da ihm bei einem Wechsel des Arbeitgebers regelmäßig monetäre wie rechtliche Vorteile und sein gewohntes Arbeitsumfeld verloren gehen. Relative Kontinuitätsinteressen bestehen, soweit der Dienstverpflichtete sonst einen Vergütungsausfall verzeichnen muss, den er nicht ausgleichen kann und der wiederum Arbeitnehmer besonders heftig trifft, da diese in der Regel nur eine Einkommensquelle haben. Die relativen Kontinuitätsinteressen von Arbeitnehmern können sich zudem im Laufe der Zeit verstärken, wenn sie an Marktgängigkeit einbüßen. Vor Antritt des Dienst- bzw. Arbeitsverhältnisses sind entsprechende Dispositionen denkbar, aber typischerweise noch besser anzupassen.

f) Abgleich mit der Diskussion um Dauerschuldverhältnisse

Die hier vorgenommene induktive Betrachtung wurde gewählt, weil eine an dem Begriff des Dauerschuldverhältnisses ansetzende Vorgehensweise wegen des unklaren Bedeutungsgehaltes des Begriffs als nicht zielführend angesehen wurde.[599] Wie schon oben angedeutet, beruht dieses Vorgehen nicht auf der Annahme, dass die Befunde aus der Diskussion um Dauerschuldverhältnisse keinerlei Aussagekraft hätten und daher gar nicht zur Kenntnis genommen werden müssten. Vielmehr soll auch diesen Befunden Rechnung getragen und nunmehr ein Blick auf die Feststellungen geworfen werden, die zu Dauerschuldverhältnissen im Allgemeinen gemacht worden sind. Es zeigt sich, dass die hier herausgearbeiteten Aspekte teils auch in der Diskussion um Dauerschuldverhältnisse insgesamt beschrieben werden. Die schon oben zur Darlegung der Interessenlage bemühten Verdinglichungstendenzen im Bereich der Nutzungsüberlassungen finden sich bei *von Gierke* allgemeiner formuliert in der Bemerkung wieder, dass Dauerschuldverhältnisse »ständige Machtverhältnisse« begründeten und erhielten, weshalb sie nach Aufnahme des Leistungsaustausches im Bereich der Nutzungsbefugnisse gewissermaßen »zwischen« Schuld- und Sachenrecht einzuordnen seien.[600] In eine ähnliche Richtung geht die These, dass bei Dauerschuldverhältnissen ein Zustand begründet und erhalten wird.[601] Wie im Vertrauen auf den Bestand von langfristigen

599 Eingehend oben S. 66 ff.

600 *Gierke*, JherJb. 64 (1914), 355, 406 ff.; *Weller*, JZ 2012, 881, 885; noch weiter *Engel*, Wohnraummietverhältnis, S. 39, 190 ff., 203 ff.; kritisch hierzu *Weller*, ebd. und *Oetker*, Dauerschuldverhältnis, S. 214 ff; vgl. auch *Nehm*, Die kündbaren Rechtsverhältnisse, S. 94 ff.

601 Siehe die Nachweise oben bei S. 63 ff. in Fn. 346 und dazu *Oetker*, Dauerschuldverhältnis, S. 83 f.; vgl. auch die Ausführungen des Konkursgesetzgebers zur Vorgängerregelung des § 108 InsO, *Hahn*, Materialien IV, S. 92 f. und *Nehm*, Die kündbaren Rechtsverhältnisse, S. 94 ff.

Vertragsbeziehungen Dispositionen getätigt werden, deren Wert von der Durchführung des Leistungsaustauschs abhängt, hat jüngst *Doralt* aus institutionenökonomischer Perspektive nachgezeichnet.[602] Ebenso ist natürlich auch die Funktion von Kündigungsfristen als Instrument zum Dispositionsschutz generell für Dauerschuldverhältnisse betont worden.[603] Mit der hier für die Wohnraummiete unter den Nutzungsüberlassungen als Alleinstellungsmerkmal herausgearbeiteten persönlich-ideellen Bedeutung des Leistungsgegenstandes bzw. der persönlichen Bedeutung des konkreten Arbeitsplatzes findet sich in den induktiv ermittelten Interessen zudem die »personale Dimension« wieder, welche teilweise Dauerschuldverhältnissen insgesamt attestiert und teilweise sogar als Definitionskriterium bemüht wird.[604] Auch die für den Arbeitnehmer und den Wohnraummieter existentielle Bedeutung des Leistungsaustausches wird mit Dauerschuldverhältnissen assoziiert.[605] Die oben schon erwähnten Topoi der sich auf Seiten des Nutzungsberechtigten einstellenden »Verwachsung« und der Überlappung der Rechtskreise wiederum zeigen sich beispielsweise in dem Versuch *Eduard Nehms* wieder, einen allgemeinen Tatbestand des Bestandsschutzes herauszuarbeiten: Diesen »Tatbestand der Verknüpfung« sieht *Nehm* in der »Eingliederung in einen nichteigenen Machtbereich zu einer Wirtschaftseinheit mit der Folge der wirtschaftlichen Abhängigkeit von dieser Einheit«.[606] Keine Relevanz kommt im hiesigen Kontext indes dem Aspekt des besonderen Vertrauensverhältnisses zu, das oft mit Dauerschuldverhältnissen in Verbindung gebracht wird:[607] Ein solches mag zwar unter Umständen entstehen und in der Folge auch zu bestimmten Nebenpflichten führen. Es ist aber zum einen nur schwer typisierend feststellbar und zum anderen wird nicht ersichtlich, warum

602 *Doralt*, Langzeitverträge, S. 162 ff., 207 f. unter Betonung der sogenannten vertragsspezifischen Investitionen, der hierin auch einen Anlass für die Parteien sieht, Vertragsstrafen zu vereinbaren, vgl. S. 448. Demnach steigt das Maß an vertragsspezifischen, also solchen Investitionen, die nicht mehr zu retten sind, mit der Länge der fest vereinbarten Vertragsdauer an, was absolute Kontinuitätsinteressen entstehen lässt, vgl. auch *Jickeli*, Der langfristige Vertrag, S. 55 ff. Ebenso ist nach *Doralt*, Langzeitverträge, S. 164 f. eine längere Vertrags- und Amortisationsdauer für beide Parteien eine günstigere Kalkulationsgrundlage, die bei einem Wegfall des Leistungsaustausches verloren ginge, dazu mit Skepsis oben S. 119 ff. Zu den Investitionen der Vertragspartner auch *Oetker*, Dauerschuldverhältnis, S. 43 f.; eher nebenbei erwähnt *ders.*, Dauerschuldverhältnis, S. 27 die »oftmals von den Vertragsparteien mit Dritten abgeschlossenen Folgeverträge«; auch *Haarmann*, Geschäftsgrundlage, S. 122 führt nicht näher aus, worin genau das von ihm ausgemachte »planerisch[e] Element« bestehen soll; vgl. auch *Gutzler*, Lösung, S. 6 (»Der Gläubiger [...] disponiert oft auf lange Zeit im Voraus«).

603 *Oetker*, Dauerschuldverhältnis, S. 588 f., 279 ff.

604 Vgl. die Stimmen oben bei S. 62 ff. in Fn. 333. *Oetker*, Dauerschuldverhältnis, S. 202 ff. hat herausgearbeitet, dass hiermit unterschiedliche Aspekte gemeint sein können; vorliegend geht es um die besondere Bedeutung des Leistungsaustausches für die Persönlichkeitsentfaltung, die *Oetker* nur bestimmten Vertragstypen attestiert.

605 Etwa *Horn*, Gutachten, S. 551, 565; *Paschke*, Wohnraummiete, S. 137; *Schneider*, Vertragsanpassung, S. 82 f.; *Gutzler*, Lösung, S. 7.

606 *Nehm*, Die kündbaren Rechtsverhältnisse, S. 95 ff., 115; kritisch dazu *Molitor*, Kündigung, S. 199 ff.; ansonsten auch ErfK/*Oetker*, § 1 KSchG, Rn. 331: »Bei einem Dauerschuldverhältnis werden die Rechtsbeziehungen mit zunehmendem Zeitablauf immer enger.«

607 Auch *Nehm*, Die kündbaren Rechtsverhältnisse, S. 35; *Haarmann*, Geschäftsgrundlage, S. 121 ff.; *Gutzler*, Lösung, S. 6.

der Leistungsaustausch gerade deshalb besonders wichtig für den Vertragspartner ist.[608] Ebenso bleibt unklar, was jenseits allgemein nachteiliger Folgen des Leistungswegfalls gemeint ist, wenn von der »besonderen Abhängigkeit« zwischen den Vertragspartnern[609] oder einer herausgehobenen Bedeutung der Vertragstreue[610] die Rede ist, die bei Dauerschuldverhältnissen zwischen den Vertragsparteien bestehen soll.[611]

3. Die Stimmigkeit der Typisierung

Die induktive Untersuchung der sich bei den in § 108 Abs. 1 S. 1 InsO adressierten Vertragsverhältnissen ergebenden Interessenlage hat gezeigt, dass vor allem durch die Aufnahme des Leistungsaustauschs spezifische Kontinuitätsinteressen entstehen, die sich teilweise sogar erst im Laufe der Zeit verfestigen. Indes differenziert die Vorschrift im Gegensatz zu ihren Vorgängerregelungen[612] gerade nicht danach, ob die Mietsache bereits überlassen bzw. ein Dienstverhältnis bei Verfahrenseröffnung schon angetreten worden ist. Daher steht in dieser Hinsicht die Stimmigkeit der durch § 108 Abs. 1 S. 1 InsO vorgenommenen Typisierung in Frage, womit ein wichtiger Befund für die Diskussion der entsprechenden Streitfragen zur Anwendung der *lex lata* gewonnen ist.[613]

Ebenso hat sich ergeben, dass die an den Vertragstypen des BGB orientierte Typisierung des § 108 Abs. 1 S. 1 InsO, welche Miet- und Dienstverträge pauschal erfasst und von den hier zum Abgrenzungskriterium gemachten Kauf- und Werkverträgen unterscheidet, die Ungleichbehandlung bestimmter Konstellationen, gemessen am Kriterium der Kontinuitätsinteressen, nicht recht erklären kann. Was die Differenzierung zwischen Dienst- und Werkverträgen betrifft, kann auf diesen Befund ebenfalls bei der entsprechenden Streitfrage zur *lex lata* zurückgegriffen werden.[614] Vor dem Hintergrund der §§ 108 Abs. 1 S. 1, 111 InsO stellt sich die Unterscheidung von Miet- und Kaufverträgen hingegen bei näherer Betrachtung auch hinsichtlich der betroffenen Kontinuitätsinteressen als stimmig heraus. Konkret geht es um die unterschiedliche Behandlung von Kaufverträgen, bei denen der Käufer bereits im Besitz der Kaufsache, aber noch nicht Eigentümer ist, bzw. bei denen der Verkäufer Ratenzahlungen erhält, und Mietverträgen nach Überlassung der Mietsache. Dabei konnten sowohl auf Seiten des Käufers als auch auf Seiten des Mieters absolute wie relative Kontinuitätsinteressen

608 Schon der Konkursgesetzgeber hat kein grundsätzliches Interesse des Vertragspartners anerkannt, den Leistungsaustausch nicht gegenüber der Masse durchzuführen, vgl. *Hahn*, Materialien IV, S. 86.

609 *Oetker*, Dauerschuldverhältnis, S. 26 f.; *Haarmann*, Geschäftsgrundlage, S. 122; *Nehm*, Die kündbaren Rechtsverhältnisse, S. 35.

610 *Doralt*, Langzeitverträge, S. 246 ff.; *Gutzler*, Lösung, S. 6; *Haarmann*, Geschäftsgrundlage, S. 122; *Schneider*, Vertragsanpassung, S. 82 f.; *Weller*, Vertragstreue, S. 202 ff.

611 Vgl. auch ganz allgemein *Gutzler*, Lösung, S. 6: »Regelwidrige Abwicklung eines Dauerschuldverhältnisses wird daher stets in die Interessen der Beteiligten viel schwerer eingreifen als eine Vertragsverletzung bei einem vorübergehenden Schuldverhältnis.«

612 Vgl. §§ 19 S. 1, 21 Abs. 1, 22 Abs. 1 S. 1 KO.

613 Siehe unten S. 214 ff., 247 ff.

614 Siehe unten S. 241 ff.

festgestellt werden, während Verkäufer und Vermieter in der Regel nur relative Kontinuitätsinteressen aufweisen.

Insofern in den Konstellationen relative Kontinuitätsinteressen angesprochen sind, ist die Typisierung jedenfalls dann unproblematisch, wenn der Käufer schon *inter partes* mangels entsprechender Vereinbarung nicht zur Nutzung berechtigt ist. Der Schutz relativer Kontinuitätsinteressen kommt nämlich dann von vornherein nicht in Betracht, wenn die Vereinbarungen der Parteien sich ausschließlich auf die endgültige Übertragung eines Vermögensgegenstandes in das Vermögen des Vertragspartners richten. Relative Kontinuitätsinteressen sind dann hier auch privatrechtlich nicht geschützt, da es keine Mechanismen gibt, die in dem Sinne den Verlust des Leistungsaustauschs während einer gewissen Frist aufschieben. Etwaige Rücktrittsfristen bezwecken nicht den Fortbestand des Vertrages, sondern sollen dem Vertragspartner die Möglichkeit geben, sich vertragstreu zu verhalten. Es wäre also ohnehin keine Option, dem Vertragspartner als Käufer den Besitz der Sache bzw. als Verkäufer die laufenden Ratenzahlungen vorübergehend zu erhalten, weil man die Masse damit kurzerhand vom Verkäufer zum Vermieter bzw. vom Käufer zum Mieter machen würde.[615] Der Insolvenzverwalter kann den Bindungswillen des Schuldners aber weiter geltend machen[616] und muss sich eine solche Vertragsänderung nicht aufzwingen lassen. Es käme hier also allenfalls eine vollumfängliche Durchsetzung des Kaufvertrages in Betracht, um den Käufer zu schützen. Die relativen Kontinuitätsinteressen des Käufers erfahren schon privatrechtlich keinen Schutz, weshalb es auch keinen Bruch im Vergleich zur Miete darstellt, wenn sie, anders als die relativen Kontinuitätsinteressen des Mieters, nicht geschützt werden.

Ebenfalls unproblematisch ist die Typisierung, nimmt man lediglich die, wie gesehen, sowohl bei einem Käufer als auch bei einem Mieter vorhandenen absoluten Kontinuitätsinteressen in den Blick. Diese werden nämlich auf Seiten des Mieters durch § 108 Abs. 1 S. 1 InsO letzten Endes gar nicht geschützt, da der Mieter durch das Sonderkündigungsrecht des Erwerbers gem. § 111 InsO den Vertrag in der Sache nicht vollumfänglich gegen die Masse durchsetzen kann.[617]

Man mag sich allerdings fragen, warum die relativen Kontinuitätsinteressen eines Käufers, der die Mietsache auf Grundlage einer entsprechenden, nicht ihrerseits als Mietvertrag zu qualifizierenden Vereinbarung mit dem Verkäufer bereits nutzt, keinen Schutz erfahren. In diesem Fall kann nicht auf die soeben skizzierte Argumentation zurückgegriffen werden, dass relative Kontinuitätsinteressen schon *inter partes* nicht geschützt sind. Ebenso fällt auf, dass ein Mieter, der sich infolge einer Befristung oder eines Kündigungsausschlusses primär auf absolute Kontinuitätsinteressen beruft, da seine relativen Kontinuitätsinteressen *inter partes* gar nicht durch eine gesonderte Ver-

615 Mit ähnlicher Argumentation zur Differenzierung zwischen Finanzierungsleasing und Kaufvertrag mit Ratenzahlung im Rahmen der §§ 103, 108 InsO MüKo/*J. F. Hoffmann*, § 108 InsO, Rn. 57.

616 Siehe oben S. 33 f.

617 Auch in der Insolvenz des Mieters besteht gem. § 109 Abs. 1 S. 1 InsO eine Kündigungsmöglichkeit. Da im Rahmen der obigen Untersuchung keine absoluten Kontinuitätsinteressen des Vermieters festgestellt werden konnten, ist dies für ihn ohnehin nicht so problematisch.

einbarung geschützt sind, dennoch auch von einer Kündigungsfrist profitiert,[618] während ein Käufer die Kaufsache sofort herausgeben muss. Dass jeweils (immerhin) die relativen Kontinuitätsinteressen des Mieters, nicht jedoch die des Käufers geschützt werden, erscheint aber stimmig, blickt man auf die unterschiedlichen Rechtsstellungen, die den Mieter und den Käufer nicht in gleicher Weise als schutzbedürftig erscheinen lassen:

Ein Käufer strebt, ebenso wie jeder, dem ein absolutes Substanzrecht versprochen wurde, den Erwerb einer Rechtsposition an, die ihn, wenn er sie einmal innehat, vollumfänglich, also auch hinsichtlich etwaiger absoluter Kontinuitätsinteressen, vor der Insolvenz seines Vertragspartners schützt. Diese Möglichkeit steht einem Mieter, demgegenüber durch die Überlassung der Mietsache nicht vollständig erfüllt wurde, *de lege lata* von vornherein nicht offen, da er stets die Insolvenz seines Vertragspartners und in der Folge den Verlust der Nutzungsmöglichkeit fürchten muss. Ein Käufer, der noch nicht Eigentum erworben hat, befindet sich also in einem notwendigen Zwischenstadium auf dem Weg zu einer Rechtsstellung, die ein Mieter nie erreichen kann. Ist die Absicherung absoluter Kontinuitätsinteressen dem Mieter aber von vornherein nicht möglich, kann ihm, anders als dem Käufer, auch nicht entgegengehalten werden, die eigentlich angestrebte Rechtsstellung noch nicht erlangt zu haben. Faktisch mögen sie sich in einer vergleichbaren Situation befinden, aber fragt man nach der Kohärenz der typisierenden Einteilung der §§ 103 Abs. 1, 108 Abs. 1 S. 1 InsO unter dem Brennglas der Kontinuitätsinteressen des Vertragspartners, muss auch die Rechtsstellung des Vertragspartners insgesamt in den Blick genommen werden. In dieser Hinsicht befindet sich der Mieter aber in einer deutlich schlechteren Position, da er nicht die Möglichkeit hat, eine vollumfänglich insolvenzfeste Rechtsposition zu erreichen. Vor diesem Hintergrund erscheint es gerechtfertigt, stets zumindest die relativen Kontinuitätsinteressen des Mieters zu schützen, wenngleich privatrechtlich (primär) lediglich absolute Kontinuitätsinteressen in Rede stehen bzw. relative Kontinuitätsinteressen des Käufers auch dann nicht zu schützen, wenn sie *inter partes* Schutz genießen. Die §§ 108 Abs. 1 S. 1, 109, 111 InsO erweisen sich also auch hinsichtlich der Unterscheidung zwischen Kauf- und Mietverträgen in den angesprochenen Konstellationen und mit Blick auf den Schutz absoluter und relativer Kontinuitätsinteressen als stimmig.[619]

II. Gesamtfazit

In Dauerschuldverhältnissen entstehen spezifische Kontinuitätsinteressen, die sich typisierend für punktuelle Austauschverträge nicht feststellen lassen. Diese werden privatrechtlich durch den (mittelbaren) Ausschluss der ordentlichen Kündigung sowie die Kündigungsfristen abgebildet. Sie lassen sich einteilen in absolute und relative Kontinuitätsinteressen.

618 Zwar können auch hier relative Kontinuitätsinteressen privatrechtlich geschützt sein, vgl. etwa BeckOGK/*Klumpp*, § 622 BGB, Rn. 19, zwingend ist dies freilich nicht.

619 Zu der Frage, ob sich die unterschiedliche Behandlung von Miet- und Kaufverträgen in diesen Konstellationen aus gleichbehandlungsspezifischer Sicht rechtfertigen lässt, siehe unten S. 193 ff.

Absolute Kontinuitätsinteressen sind darauf gerichtet, dass der Leistungsaustausch bis zum Ende der vereinbarten Laufzeit bzw. der Mindestlaufzeit fortdauert. Sie entstehen, wenn der Leistungsaustausch im Laufe der Zeit (relativ zur Alternative eines Anschlussgeschäftes) wertvoller wird und setzen ihrer Natur nach voraus, dass das Dauerschuldverhältnis bereits effektuiert wurde. Eine Sonderstellung nehmen insoweit Wohnraummiet- und Arbeitsverhältnisse aus Sicht des Mieters bzw. Arbeitnehmers ein, da der konkrete Leistungsaustausch hier eine persönlich-ideelle Bedeutung hat.

Relative Kontinuitätsinteressen sind darauf gerichtet, dass der Leistungsaustausch nicht plötzlich abbricht. Sie entstehen in jedem bereits effektuierten Dauerschuldverhältnis, da die Parteien bei einem abrupten Wegfall des Leistungsaustauschs ohne die ihnen versprochene Leistung auskommen müssen, obwohl sie ihren Rechtskreis auf Grundlage deren Verfügbarkeit konfiguriert haben. Starke relative Kontinuitätsinteressen entstehen daher, wenn der Gegenleistung essentielle Bedeutung zukommt, was typisierend für den Immobiliarmieter und den Arbeitnehmer festgestellt werden kann. Diese relativen Kontinuitätsinteressen setzen die Aufnahme des Leistungsaustauschs nicht zwingend voraus, sind aber davor typischerweise weniger gewichtig ausgeprägt. Auch hinsichtlich der relativen Kontinuitätsinteressen kommt Wohnraummiet- und Arbeitsverhältnissen eine Sonderstellung zu, da sich hier typischerweise im Laufe der Zeit der Abschluss eines Anschlussgeschäftes für den Mieter bzw. Arbeitnehmer schwieriger gestaltet.

3. Kapitel Die §§ 108 ff. InsO und der Gläubigergleichbehandlungsgrundsatz

Will man die Umsetzung der beschriebenen, im Kontext von Dauerschuldverhältnissen entstehenden Kontinuitätsinteressen betrachten, ist es unerlässlich, neben den Kontinuitätsinteressen und der Privatautonomie die dritte Komponente zu beleuchten, die für die §§ 108 ff. InsO entscheidende Bedeutung hat. Es handelt sich um den Grundsatz der Gläubigergleichbehandlung. § 108 Abs. 1 S. 1 InsO sieht für den Vertragspartner des Schuldners eine Abweichung von der quotenmäßigen Befriedigung vor. Hiermit ist die Frage aufgeworfen, wie sich § 108 Abs. 1 S. 1 InsO zum Gläubigergleichbehandlungsgrundsatz verhält. Abweichungen von einem Prinzip müssen in ihrer Rechtfertigung am Geltungsgrund des Prinzips gemessen werden. Es ist daher zunächst die Legitimation des Gläubigergleichbehandlungsgrundsatzes darzulegen, bevor erörtert werden kann, wie sich § 108 Abs. 1 S. 1 InsO dazu verhält.

A. Der Gläubigergleichbehandlungsgrundsatz und seine Legitimation

I. Inhalt des Gläubigergleichbehandlungsgrundsatzes

Es besteht Einigkeit darüber, dass der Gläubigergleichbehandlungsgrundsatz die gleich- und anteilsmäßige Befriedigung der Gläubiger des Schuldners gebietet und somit im Grundsatz die materielle Verteilung des Schuldnervermögens regelt.[620] Im Anschluss an *Häsemeyer*[621] wollen insbesondere *Piotr Wiórek* und *Stefan Weiland* die dadurch geregelte Verteilungsfrage jedoch nur als »zweite Schicht« des Gläubigergleichbehandlungsgrundsatzes begreifen. In der »ersten Schicht« stelle der Grundsatz die Chancengleichheit der Gläubiger her und nehme die Friedensfunktion des Insolvenzverfahrens wahr, indem das Prinzip der Einzelzwangsvollstreckung von dem der Gesamtvollstreckung abgelöst werde.[622] Im hiesigen Kontext ist jedoch ausschließlich die Verteilungsfrage relevant, weshalb eine nähere Diskussion des letztgenannten Aspektes unterbleiben kann.[623] Die Tatsache, dass der Teil des schuldnerischen Vermö-

620 Allgemein MüKo/*Ehricke/Brehme*, § 38 InsO, Rn. 5; *J. F. Hoffmann*, Prioritätsgrundsatz, S. 4 f.; HK/*Sternal*, § 1 InsO, Rn. 3 f.

621 *Häsemeyer*, ZZP 107 (1994), 111, 116.

622 *Wiórek*, Gläubigergleichbehandlung, S. 75 ff.; *Weiland*, Gleichbehandlungsgrundsatz, S. 11 ff.; ähnlich *Pluta*, Insolvenzaufrechnung, S. 129 ff. Beachte zudem *C. Berger*, ZZP 121 (2008), 407, 413, laut dem die Gläubigergleichbehandlung neben gleichen Befriedigungsaussichten auch gleiche Teilhaberechte am Verfahren garantiere.

623 Es ist jedenfalls unklar, warum die Frage des geordneten Verfahrens mit dem Grundsatz der Gläubigergleichbehandlung verknüpft werden sollte, da ein geordnetes Verfahren unabhängig von der Frage der Verteilungsgerechtigkeit gewährleistet werden muss und kann, vgl. *Guski*, Sittenwidrigkeit, S. 118; *J. F. Hoffmann*, Prioritätsgrundsatz, S. 47 f., 194 f.

gens, der nach dem Prinzip der Gläubigergleichbehandlung verteilt wird, faktisch mitunter gering ausfällt, ändert an der grundsätzlichen Geltung des Prinzips *de lege lata* und insbesondere an der Notwendigkeit einer Begründung nichts. Denklogisch macht die Geltung eines Prinzips in erster Linie Abweichungen begründungsbedürftig. Über die numerische Verteilung von Grundsatz und Ausnahme ist damit nichts ausgesagt.[624]

II. Begründung des Gläubigergleichbehandlungsgrundsatzes

Der Gläubigergleichbehandlungsgrundsatz beantwortet *de lege lata* die Frage, wie das Vermögen eines Privatrechtssubjekts zu verteilen ist, wenn es zur Befriedigung aller Verbindlichkeiten desselben nicht ausreicht. Dies ist eine genuin privatrechtliche[625] und materiell-rechtliche Fragestellung.[626] Im Laufe der Zeit sind zahlreiche Ansätze zur Begründung des Gläubigergleichbehandlungsgrundsatzes vorgebracht worden. Die Debatte ist dabei sehr von dem Gegensatz zwischen diesem »oberste[n], geheiligte[n] Prinzip«[627] und dem Prioritätsgrundsatz geprägt, der im Verfügungs- und Einzelzwangsvollstreckungsrecht gilt. Dies ist vor dem Hintergrund des herrschenden Verständnisses des Prioritätsprinzips auch konsequent: Danach verwirklicht sich im ver-

624 Unklar ist daher auch, warum *Guski*, Sittenwidrigkeit, S. 118 f. die Deutung des Gläubigergleichbehandlungsgrundsatzes als »proratarische[r] Verteilungsschlüssel« mit dem Hinweis auf den faktisch kleinen Anwendungsbereich des § 61 Nr. 6 KO bzw. die »Möglichkeit dinglicher Vorzugsrechte« ablehnt. Eine ausnahmslose Gleichbehandlung wird wohl niemand fordern, weshalb nicht deutlich wird, worin der Unterschied zu der von *ders.*, Sittenwidrigkeit, S. 125 ff. angenommenen »situationsbedingte[n], insuffizienzabhängige[n] Zuordnungsregel« besteht, die auch nur in Abwesenheit von (wie auch immer zu bestimmenden) Differenzierungskriterien gelten soll. Unklar auch *Knospe*, ZInsO 2014, 861, 863 ff., der meint, angesichts der wenigen Fälle, in denen es zu einer quotalen Befriedigung komme, lasse sich aus dieser kein »allgemeingültiger Grundsatz der Gleichbehandlung« ableiten.

625 So dezidiert auch *Eismann*, Bereicherungsanspruch, S. 115 f.; *J. F. Hoffmann*, Prioritätsgrundsatz, S. 208 ff. Im Anschluss an *Häsemeyer* ist oft der Gegensatz zwischen *justitia distributiva* und *justitia commutativa* betont worden (siehe unten S. 138 ff.). Soweit die Zuordnung der Frage der Verteilungsgerechtigkeit zur *justitia commutativa*, etwa bei *Häsemeyer*, KTS 1982, 509, 516 ff.; *Dorndorf*, Kreditsicherungsrecht, S. 45; *Eismann*, Bereicherungsanspruch, S. 128 und *Windel*, JURA 2002, 230, 231 ihren privatrechtlichen Charakter (vgl. auch *Schlüter*, Rückabwicklung, S. 98) betonen soll, sieht sich die Arbeit hiermit in Einklang.

626 *J. F. Hoffmann*, Prioritätsgrundsatz, S. 208; grundlegend etwa *Henckel*, Prozessrecht, S. 19 ff.: Der Gläubigergleichbehandlungsgrundsatz regelt kein »menschliches Verhalten in einem auf ein Rechtspflegeziel ausgerichteten Verfahren«. Auch hat der Insolvenzverwalter *hinsichtlich der numerischen Verteilung des Schuldnervermögens* nicht die Aufgabe, als »zu einem Rechtspflegeakt angerufene[s] Rechtspflegeorga[n]« zwischen dem Schuldner und seinen Gläubigern bzw. den Gläubigern untereinander zu vermitteln, vgl. zum Insolvenzverwalter als Rechtspflegeorgan auch *Marotzke*, ZInsO 2009, 1929 ff.

627 *Wilburg*, JBl 1949, 29, 30. Kritisch aus jüngerer Zeit *Knospe*, ZInsO 2014, 861, 864 (»unverbindliche programmatische Leitidee«). *Paulus*, FS 50 Jahre BGH, S. 765 ff. zufolge wird der Gläubigergleichbehandlungsgrundsatz den Bedürfnissen der Wirtschaft nicht (mehr?) gerecht.

fügungsrechtlichen bzw. einzelzwangsvollstreckungsrechtlichen Prioritätsprinzip die Privatautonomie des Schuldners bzw. der Gläubiger.[628] Da das Verfügungs- und das Einzelzwangsvollstreckungsrecht die Rechtslage *erga omnes* determinieren, wird so die Frage der Verteilung des schuldnerischen Vermögens außerhalb der materiellen Insolvenz mit dem privatautonomen Willen der beteiligten Akteure gerechtfertigt. In einer Privatrechtsordnung ist die argumentative Kraft diese Gedankens nicht von der Hand zu weisen: *stat pro ratione voluntas*.[629] Auf Grundlage dieser Prämisse hat der Gläubigergleichbehandlungsgrundsatz Ausnahmecharakter; seine Geltung bedarf der positiven Begründung. Plastisch formuliert etwa *Christian Berger*: »Legitimiert werden muss Gleichbehandlung, nicht Priorität«.[630] Diese These bildet, wo sie ausdrücklich formuliert[631] oder zumindest nicht widerlegt wird, den Ausgangspunkt für die Begründung des Gläubigergleichbehandlungsgrundsatzes. Vor diesem Hintergrund sind (nahezu) alle im Folgenden darzustellenden Begründungsversuche zu sehen.

1. Verfahrensrechtliches Prinzip

C. Berger sieht im Grundsatz der Gläubigergleichbehandlung ein rein verfahrensrechtliches Prinzip. Da der grundrechtsgebundene Staat bei der Gesamtvollstreckung im Gegensatz zur Einzelzwangsvollstreckung in Positionen der Gläubiger eingreife, was § 89 InsO belege, sei er zur Gleichbehandlung aller Gläubiger verpflichtet. Ein »materiell-rechtliches Vorbild« gebe es nicht.[632] Dass es sich hierbei um ein nur verfahrensrechtliches Prinzip handeln soll, zeige sich auch daran, dass außerhalb des Insolvenzverfahrens bei Verteilungsfragen, die sich im Rahmen der Nachhaftung oder bei Nichteröffnung mangels Massearmut oder Insolvenzantrags stellten, keine Gleichbehandlung etwa durch materiell-rechtliche Ausgleichsansprüche hergestellt werde.[633]

Zunächst verwundert es, dass *C. Berger* die Gleichbehandlung der Gläubiger in der Sache mit der Grundrechtsbindung des Staates begründet, ohne hierin eine materiellrechtliche Begründung zu sehen. Es erfolgt auch keine Abgrenzung zu den Stimmen,

628 Vgl. hierzu unten S. 145 ff.

629 *Flume*, Allgemeiner Teil, § 1, 5 (S. 6).

630 *C. Berger*, ZZP 121 (2008), 407, 413. Beachte aber auch *Gleichenstein*, NZI 2015, 49, 51 ff., demzufolge Gläubigergleichbehandlungsgrundsatz und Prioritätsprinzip zwei Seiten ein- und derselben Medaille seien und in ihrer »Zeitpunktbezogenheit« übereinstimmten. Aus dem Prioritätsprinzip folge: »Wer zuerst kommt, mahlt zuerst«. Der Gläubigergleichbehandlungsgrundsatz sehe analog dazu vor, dass, wer gleichzeitig komme, gleichzeitig mahle. Warum allerdings zu dem Zeitpunkt, zu dem die Haftungsmasse nicht zur Befriedigung aller Gläubiger ausreicht, ein »gleichzeitige Kommen« aller (ungesicherten) Gläubiger vorliegen soll, wird nicht bzw. nur zirkulär begründet.

631 Etwa bei *Guski*, Sittenwidrigkeit, S. 128; *Adam*, DZWiR 2009, 441, 442; *Klockenbrink*, Gläubigerstellung, S. 31; *Gassert-Schumacher*, Privilegien, S. 323 f.; *Baur/Stürner*, Insolvenzrecht, Rn. 6.2; *Füßmann*, Gläubigergleichbehandlung, S. 35; *Häsemeyer*, Insolvenzrecht, Rn. 2.21 ff.

632 *C. Berger*, ZZP 121 (2008), 407, 414 f.

633 *C. Berger*, ZZP 121 (2008), 407, 414 f.

die den Gläubigergleichbehandlungsgrundsatz (ausdrücklich) in Art. 3 GG verankern, ihn jedoch nicht als verfahrensrechtliches Prinzip verstehen.[634] Einzuwenden ist gegen den Ansatz *C. Bergers* sodann, dass die Frage der Verteilung des Schuldnervermögens ihrer Natur nach eine materiell-rechtliche ist, die nicht durch ein verfahrensrechtliches Prinzip beantwortet werden kann. Dies gilt erst recht, wenn mit dem Prioritätsprinzip ein unbestreitbar materiell-rechtliches Verteilungsprinzip vorhanden wäre.[635] Es mag zwar zutreffen, dass der Gläubigergleichbehandlungsgrundsatz im materiellen Recht nicht ähnlich prominent zutage tritt wie das Prioritätsprinzip, hieraus folgt aber nicht zwingend, dass sich eine »materiell-rechtliche Anbindung nicht ausfindig machen« lässt.[636]

2. Art. 14 GG

Joachim Bauer begründet den Gläubigergleichbehandlungsgrundsatz aus Art. 14 GG und dem Gebot des effektiven Rechtsschutzes. Eine Fortgeltung des Prioritätsprinzips verletze das Eigentumsrecht und das Recht auf effektiven Rechtsschutz der zu spät kommenden Gläubiger, sobald die Haftungsmasse insgesamt nicht mehr zur Befriedigung aller Verbindlichkeiten des Schuldners ausreiche. Das hinsichtlich der Rangfolge zufällige Prioritätsprinzip führe dazu, dass diese Rechte von der Individualentscheidung des zuerst vollstreckenden Gläubigers abhängig seien, was *Bauer* »grundsätzlich« für unmöglich hält.[637]

Unabhängig davon, ob man durch das Prioritätsprinzip die Eigentumsfreiheit der übrigen Gläubiger verletzt sieht, führt der Ansatz *Bauers* bei der Suche nach dem Geltungsgrund des Gläubigergleichbehandlungsgrundsatzes nicht weiter, weil er die Höherwertigkeit der Eigentumsrechte der nicht vom Prioritätsprinzip profitierenden Gläubiger schlicht postuliert. So ließe sich ebenso gut behaupten, der Gläubigergleichbehandlungsgrundsatz greife ungerechtfertigt in das Eigentumsrecht des zuerst vollstreckenden Gläubigers ein.[638]

634 Zu dieser Ansicht sogleich.

635 *J. F. Hoffmann*, Prioritätsgrundsatz, S. 207.

636 So aber *C. Berger*, ZZP 121 (2008), 407, 413 und dem folgend *Würdinger*, Insolvenzanfechtung, S. 367. Der Zuckerrüben-Fall des Reichsgerichts (RGZ 84, 125) spielt in *C. Bergers* Augen »vor einem anderen Hintergrund«.

637 *Bauer*, Ungleichbehandlung, S. 72 ff.; *ders.*, DZWiR 2007, 188, 189 f.; der diese Überlegungen zudem mit dem Ansatz *Häsemeyers* (dazu sogleich) sowie den Überlegungen *Berges'* kombiniert, die Gläubiger würden dem Schuldner gewissermaßen Fremdkapital zur Verfügung stellen und dabei die Vorausabrede treffen, an einem etwaigen Verlust anteilig zu partizipieren, vgl., FS 100 Jahre KO, S. 363, 370 ff. Ebenfalls (zumindest unter anderem) auf Art. 14 GG rekurriert *Adam*, DZWiR 2009, 441, 442. Anders die Sicht bei *Hofmann*, Der Schutz von Dritten, S. 31 f., wonach dieser Ansicht zufolge das Eigentumsrecht nicht durch die Geltung des Prioritätsprinzips, sondern durch die (tatsächliche) Aushöhlung des Schuldnervermögens beeinträchtigt werde, woran *Hofmann* kritisiert, dass die Bonität einer Forderung gar nicht von Art. 14 GG geschützt sei.

638 Vgl. auch *J. F. Hoffmann*, Prioritätsgrundsatz, S. 200 f.

3. Art. 3 Abs. 1 GG

Verbreitet wird der Gläubigergleichbehandlungsgrundsatz unter Rückgriff auf Art. 3 Abs. 1 GG legitimiert.[639] Hierbei scheint die Regelungsintention von Art. 3 Abs. 1 GG, nämlich Gleiches gleich und Ungleiches ungleich zu behandeln,[640] an und für sich in der Lage zu sein, den Gläubigergleichbehandlungsgrundsatz und die Ausnahmen hiervon stimmig zu systematisieren, was auch die Beliebtheit dieses Ansatzes erklären dürfte. Zudem scheint in der Diskussion der Gleichbehandlung allgemein ein unbestreitbarer Gerechtigkeitsgehalt beigemessen zu werden;[641] ein Gedanke, der sich in eine Rechtfertigung des Gläubigergleichbehandlungsgrundsatzes über Art. 3 Abs. 1 GG naturgemäß gut implementieren lässt.[642] Zunächst ist dabei jedoch zu erkennen, dass mit dem Postulat, Gleiches gleich und Ungleiches ungleich zu behandeln, wenig gewonnen ist: So ist wohl unbestritten, dass bei der Verteilung des Schuldnervermögens weder die ausnahmslose formale Gleichbehandlung aller Gläubiger noch eine bis ins letzte Detail abgestufte Verteilungsordnung in Betracht kommt. Eine irgendwie geartete Differenzierung, die Gleiches gleich und Ungleiches ungleich behandelt, nimmt also ohnehin vor, wer keine offensichtlich willkürliche, sich an keinerlei Sachgründen orientierende Verteilung des Schuldnervermögens fordert. Legitimiert man den Gläubigergleichbehandlungsgrundsatz über Art. 3 Abs. 1 GG, muss man also spätestens bei den tauglichen Differenzierungskriterien Farbe bekennen, was nun »gleich« und was »ungleich« sein soll.[643] In der Sache ist aber jedenfalls unklar, warum die privatrechtliche Frage der Verteilung einer unzureichenden Haftungsmasse unter Rückgriff auf eine öffentlich-rechtliche Norm beantwortet werden sollte, insbesondere, wenn das Privatrecht mit dem Prioritätsprinzip die Verteilungsfrage bereits beantwortet haben soll.[644]

639 *Gassert-Schumacher*, Privilegien, S. 326; *Jeremias*, Insolvenzaufrechnung, S. 119; *Grünberger*, Personale Gleichheit, S. 464; *Hofmann*, Der Schutz von Dritten, S. 37 f.; *Hueck*, Grundsatz, S. 73 ff.; *Raiser*, ZHR 111 (1948), 75, 80; unter anderem auf Art. 3 Abs. 1 GG abstellend *Adam*, DZWiR 2009, 441, 442 (auch Art. 14 GG); *Baur/Stürner*, Insolvenzrecht, Rn. 6.2 (auch Sozialstaatsprinzip); *Eichberger*, Konkursanfechtung, S. 14 f. (auch Billigkeitserwägungen) Mit anderer Sicht auf das Verhältnis von Gläubigergleichbehandlungsgrundsatz und Prioritätsprinzip auch *Gleichenstein*, NZI 2015, 49, 52.

640 Bei *Baur/Stürner*, Insolvenzrecht, Rn. 5.37 ist von dem »für den Gleichheitssatz typische[n] Grundwiderspruch« zwischen formaler Gleichheit und Differenzierungsgebot die Rede.

641 Plakativ *Knütel*, FS Kreft, S. 3: »Kern der Gerechtigkeit ist die Gleichheit.«.

642 Vgl. die Nachweise bei S. 142 ff. in Fn. 677.

643 So auch *Pluta*, Insolvenzaufrechnung, S. 141.

644 *J. F. Hoffmann*, Prioritätsgrundsatz, S. 200; *Lobinger*, Vertragsfreiheit und Diskriminierung, S. 99, 114 ff. m. w. N. Diesen Einwand kann *Hofmann*, Der Schutz von Dritten, S. 38, Fn. 79 auch nicht dadurch ausräumen, dass er die »Vermögensverteilung durch den Staat […] rein formal-deskriptiv« versteht, da er so allenfalls die formal-verfahrensrechtliche, nicht aber die *materielle* Gleichbehandlung erklären könnte, die er in der Folge aber auch an Art. 3 Abs. 1 GG misst, vgl. *ders.*, Der Schutz von Dritten, S. 41 ff.

4. Rechts- bzw. Interessengemeinschaft

In unterschiedlichen Spielarten ist versucht worden, die Gleichbehandlung der Gläubiger darauf zu gründen, dass diese ab Verfahrenseröffnung eine Rechts- bzw. Interessengemeinschaft[645] bildeten. Die Gemeinschaft im Sinne einer *communio incidens* ergebe sich aus dem ab Verfahrenseröffnung bestehenden Recht aller Gläubiger auf Befriedigung aus dem unzureichenden Haftungsvorrat[646] bzw. aus dem gleichgerichteten Interesse auf gleichmäßige Befriedigung.[647]

Ansätze, die auf eine etwaige Gemeinschaft der Gläubiger rekurrieren, können den Gläubigergleichbehandlungsgrundsatz indes nicht begründen. Soweit von einer Rechtsgemeinschaft die Rede ist, die sich aus einem gemeinsamen Befriedigungsrecht ergeben soll, ist oft dargelegt worden, dass diese Argumentation einen Zirkelschluss darstellt.[648] Was das Interesse an einer gemeinsamen, anteilsmäßigen Befriedigung anbelangt, muss indes stark bezweifelt werden, dass dieses überhaupt vorliegt: Mit ihrem jeweiligen Interesse an einer möglichst weitgehenden Befriedigung widersprechen sich die Gläubiger untereinander.[649]

5. Ausgleichshaftung der Gläubiger untereinander

Ein vielbeachteter Begründungsversuch des Gläubigergleichbehandlungsgrundsatzes stammt von *Häsemeyer*. Ein zentraler Kritikpunkt *Häsemeyers* an der (damaligen) Diskussion um die Gleichbehandlung war, dass durch den zu dieser Zeit aus seiner Sicht herrschend zweiseitigen Blick auf den Gläubigergleichbehandlungsgrundsatz dieser lediglich als Verteilungsgrundsatz gesehen wurde. *Häsemeyer* sieht die Verteilungsfrage in der Insolvenz dadurch der sogenannten *justitia distributiva*, der austeilenden Gerechtigkeit, zugeordnet, die dem Verhältnis zwischen Bürger und Staat vorzubehalten sei.[650] Anstoß nahm *Häsemeyer* vor allem daran, dass durch diese Sicht einerseits

645 Vgl. auch *Eismann*, Bereicherungsanspruch, S. 120 ff., der bei seiner Darstellung deutlich zwischen Interessen- und Rechtsgemeinschaft differenziert.

646 Insb. *Berges*, KTS 1957, 49, 51 ff.; beachte aber auch dessen abweichende Darstellung in *ders.*, FS 100 Jahre KO, S. 363 ff.; diesen Ansatz entwickelt *Würdinger*, Insolvenzanfechtung, S. 368 zu einem Solidaritätsmodell fort. Vgl. zudem die Äußerungen des Konkursgesetzgebers *Hahn*, Materialien IV, S. 47, aber auch S. 115.

647 *Gottwald*, FS Giger, S. 195, 196; entsprechende Anleihen nehmen auch *Wiringer-Seiler*, Anfechtungsrecht, S. 96 und *Wiórek*, Gläubigergleichbehandlung, S. 89; beachte auch *R. Schmidt*, Ökonomische Analyse, S. 48 ff., der neben einem hypothetischen Gläubigerwillen *under the veil of ignorance* (dazu sogleich) auch auf die gleichgerichteten Interessen der Gläubiger abstellt, aber offenbar davon ausgeht, dass die Gleichbehandlung nicht auf diesen beruht, sondern deren Herstellung bezweckt.

648 Etwa *Klockenbrink*, Gläubigerstellung, S. 32; *Eismann*, Bereicherungsanspruch, S. 122; *Windel*, JURA 2002, 230, 231 f.

649 Pointiert zur Vorstellung einer Interessengemeinschaft *J. F. Hoffmann*, Prioritätsgrundsatz, S. 206 (»nicht einmal zirkulär, sondern unrichtig«); auch *Eichberger*, Konkursanfechtung S. 13; *Windel*, JURA 2002, 230, 232; *Koziol*, Grundlagen, S. 15; die Argumentation dagegen als zirkulär ablehnend *Füßmann*, Gläubigergleichbehandlung, S. 39 und *Klinck*, Insolvenzanfechtung, S. 55 f.

650 *Häsemeyer*, KTS 1982, 509, 516.

bestimmte konkursrechtliche Spezifika wie die besondere Konkursanfechtung nicht erklärt werden könnten und andererseits die Verteilungsfrage für die letztlich willkürliche Begründung verschiedenster Privilegien geöffnet würde.[651] Ausgehend von dem Gedanken, das Verhältnis der Konkursgläubiger untereinander in den Blick zu nehmen, entwickelt *Häsemeyer* eine Konzeption des Gläubigergleichbehandlungsgrundsatzes, wonach sich hierin eine – in der Diktion *Häsemeyers* der *justitia commutativa* zuzuordnende – Ausgleichshaftung unter den Gläubigern verwirkliche. Diese hätten allein durch ihre Gläubigerstellung Einfluss auf das Schuldnervermögen genommen und trügen daher »im weitesten Sinne [...] wechselseiti[g] ‚Verantwortung' [...] für die nicht vollständige Tilgung aller Konkursforderungen«. Ihren Einfluss auf das Schuldnervermögen könnten die Gläubiger sich gegenseitig vorhalten.[652] Er richte sich in der Intensität nach der Höhe der Forderung und sei nicht rückrechenbar, weshalb die Gläubigergleichbehandlung als »das den wechselseitigen Gläubigereinfluß auf die Rechtsverhältnisse des Gemeinschuldners ausgleichende Gerechtigkeitsprinzip« erscheine.[653] In der Folge seien die Gläubiger untereinander zur Gleichbehandlung verpflichtet. Diese Verpflichtung realisiere sich dergestalt, dass die Konkursgläubiger einander mit ihren Konkursforderungen hafteten. Sie würden daher primär durch die Masse und sekundär durch eine gegenständliche beschränkte Haftung der Konkursforderungen ihrer Mitgläubiger befriedigt. Eine Enthaftung aus dieser Ausgleichshaftung sei nur möglich, wenn »ein besonderer konkursrechtlicher Enthaftungsgrund« vorliege.[654]

Der Ansatz *Häsemeyers* prägt die Diskussion um den Gläubigergleichbehandlungsgrundsatz bis heute. Er ist dabei teilweise mit Zustimmung aufgegriffen worden,[655] hat aber auch wiederholt Kritik erfahren. Oft wurde ihm vorgeworfen, es sei unklar, worin genau die Verantwortung der Gläubiger bestehe, weshalb dieses Konstrukt letztlich konturenlos sei.[656] Auch könne *Häsemeyer* nicht begründen, weshalb eine Rückrechnung der Einflussnahme nicht möglich sei.[657] Zuletzt wurde oft moniert, dass Häsemeyer mit seinem Ansatz einerseits die Gleichbehandlung der unfreiwilligen Gläubiger nicht erklären[658] und andererseits verschiedene Privilegien, insbesondere die Kreditsicherheiten und die Lohnforderungen von Arbeitnehmern, nicht legitimieren

651 *Häsemeyer*, KTS 1982, 509, 515 f.; aus jüngerer Zeit zu den Vorzügen eines allseitigen Verständnisses des Gläubigergleichbehandlungsgrundsatzes siehe *Brinkmann*, Kreditsicherheiten, S. 245 ff.

652 *Häsemeyer*, KTS 1982, 509, 516 ff.

653 *Häsemeyer*, KTS 1982, 509, 517.

654 *Häsemeyer*, KTS 1982, 509, 529.

655 Etwa *Brinkmann*, Kreditsicherheiten, S. 245 ff.; *Huber*, Erfüllungshaftung, S. 288; *Windel*, JURA 2002, 230, 232.

656 *Dorndorf*, Kreditsicherungsrecht, S. 43 f.; *Eismann*, Bereicherungsanspruch, S. 128; *Guski*, Sittenwidrigkeit, S. 122; *J. F. Hoffmann*, Prioritätsgrundsatz, S. 196 f.; *von Wilmowsky*, Kreditsicherungsrecht, S. 143; *Klinck*, Insolvenzanfechtung, S. 59 f.; *Würdinger*, Insolvenzanfechtung, S. 367 f.

657 *J. F. Hoffmann*, Prioritätsgrundsatz, S. 197; *Eismann*, Bereicherungsanspruch, S. 129 f.

658 Etwa *Klockenbrink*, Gläubigerstellung, S. 33; *J. F. Hoffmann*, Prioritätsgrundsatz, S. 197 f.; *Eismann*, Bereicherungsanspruch, S. 129. Schadensersatzgläubiger wegen Körperverletzungen will *Häsemeyer*, KTS 1982, 509, 570 zwar konsequenterweise privilegieren, es bleibt aber die Frage offen, warum nur diese unfreiwilligen Gläubiger ein Privileg erhalten sollen, vgl. *J. F. Hoffmann*, Prioritätsgrundsatz, S. 198 Fn. 24.

könne.[659] Die Feststellung, dass eine Theorie mit der *lex lata* unvereinbar ist, spricht freilich nicht zwingend gegen deren Annahmen. Es wäre wohl vermessen, angesichts der Vielzahl von Privilegien jeden Begründungsversuch des Gläubigergleichbehandlungsgrundsatzes zu verwerfen, auf dessen Grundlage nicht alle Privilegien legitimiert werden können. Dennoch muss sich eine Theorie zum geltenden Recht auch daran messen lassen, ob und wie bruchlos sie das geltende Recht erklären kann.[660] Daher und insbesondere wegen der Konturenlosigkeit der von *Häsemeyer* bemühten Gläubigerverantwortung kann seine Theorie keine Zustimmung erfahren. Zu Recht wird ihm jedoch zugutegehalten, die Notwendigkeit einer rein privatrechtlichen Rechtfertigung des Gläubigergleichbehandlungsgrundsatzes klar benannt zu haben.[661]

6. Privatautonomie der (betroffenen) Gläubiger

Eine solche Rechtfertigung unternimmt im Ansatz, wer den Gläubigergleichbehandlungsgrundsatz durch eine privatautonome Vereinbarung unter den Gläubigern legitimiert sieht. Der Gedanke, der Gläubigergleichbehandlungsgrundsatz habe einen rechtsgeschäftlichen Geltungsgrund, ist in verschiedenen Spielarten geäußert worden, die sich vor allem darin unterscheiden, dass sie die entsprechende Abrede zu unterschiedlichen Zeitpunkten bzw. aus unterschiedlichen Perspektiven konstituieren. Großer Beliebtheit erfreut sich dabei der Gedanke, dass die Gleichbehandlung der (ungesicherten) Gläubiger deren hypothetischen Willen im konkreten Verteilungskonflikt entspricht, da sie ihnen Kosten einspart.[662] Das gesetzlich angeordnete Insolvenzverfahren ersetzt in dieser Konzeption lediglich eine Vereinbarung, die die Gläubiger ohnehin getroffen

659 Etwa *Brehm*, FS Jelinek, S. 15, 25; *Eismann*, Bereicherungsanspruch, S. 131; *Wiórek*, Gläubigergleichbehandlung, S. 86; *Klinck*, Insolvenzanfechtung, S. 61 f.; *Koziol*, Grundlagen, S. 16.

660 Vgl. auch *J. F. Hoffmann*, Prioritätsgrundsatz, S. 196, der zwar auf das legitime Ziel *Häsemeyers* verweist, die »überpositiven Grundlagen« freizulegen, um rechtfertigungsbedürftige Ausnahmen zu identifizieren, aber auch die »Kehrseite der Medaille« betont (»Freilich muss sich [...] ein solcher Ansatz [...] in die überkommenen Wertungen und Strukturen des Privatrechts einfügen bzw. diese schlüssig weiterentwickeln [...].«); ähnlich *Brinkmann*, Kreditsicherheiten, S. 249, der meint, dass sich aus der Anerkennung der dinglichen Sicherheiten – wohl wegen deren enormer praktischer Relevanz – immer ein gewichtiger Einwand gegen *Häsemeyers* Theorie von der Ausgleichshaftung ergebe, weil der »Zwec[k] einer juristischen Theorie die widerspruchsfreie Erklärung einer möglichst großen Zahl einzelner Rechtssätze« sei (mit Verweis auf *Rühters/Fischer*, Rechtstheorie § 1 Rn. 19 und *Canaris*, JZ 1993, 377, 379).

661 So bei *Eismann*, Bereicherungsanspruch, S. 128; *J. F. Hoffmann*, Prioritätsgrundsatz, S. 195, 228; *Dorndorf*, Kreditsicherungsrecht, S. 45; kritisch freilich *Gassert-Schumacher*, Privilegien, S. 326.

662 *Eidenmüller*, Unternehmenssanierung, S. 19 ff.; *von Wilmowsky*, Kreditsicherungsrecht, S. 261; *Thole*, Gläubigerschutz, S. 64; *Wiringer-Seiler*, Anfechtungsrecht, S. 94 ff., die aber den angesichts der Unabdingbarkeit des Gläubigergleichbehandlungsgrundsatzes in dieser Konzeption erhaltenen Kontrahierungszwang erkennt und über § 242 BGB rechtfertigen möchte, weshalb sie letztlich auch vom Gläubigergleichbehandlungsgrundsatz als »Ausprägung des § 242 BGB« spricht. Zu dem Ansatz, der Gläubigergleichbehandlungsgrundsatz entspreche dem hypothetischen Gläubigerwillen bei der Forderungsbegründung siehe *J. F. Hoffmann*, Prioritätsgrundsatz, S. 201 f.

hätten (»*creditors' bargain*«). Ein Rückgriff auf die Privatautonomie der Gläubiger zur Rechtfertigung ihrer Gleichbehandlung ist naheliegend: Wenn sich die Gläubigerautonomie in der verfügungs- und einzelzwangsvollstreckungsrechtlich determinierten absoluten Zuordnung verwirklicht, können die Gläubiger auch durch Konsens von einer Verteilungsordnung nach dem Prioritätsprinzip abweichen.[663] Auch wenn es sich hierbei um einen privatrechtlichen Rechtfertigungstopos handelt, muss diesem Ansatz die Zustimmung verwehrt bleiben. Unabhängig davon, ob ein entsprechender Konsens tatsächlich den (typisierten) hypothetischen Willen der Gläubiger abbildet, hinge ein solcher Konsens im Einzelfall stets noch davon ab, dass kein Gläubiger (ausdrücklich) erklärt, die Gleichbehandlung der Gläubiger entspreche nicht seinem Willen. Diesen Schwierigkeiten mit einem Kontrahierungszwang zu begegnen, bezeugt lediglich, dass die Geltung des Gläubigergleichbehandlungsgrundsatzes nicht auf einen privatautonomen Willen der einzelnen Gläubiger zurückgeführt werden kann.[664]

Schon im Ansatz zu kritisieren ist der Versuch, einen hypothetischen Gläubigerwillen *under the veil of ignorance* zu konstruieren. Hierbei wird den Gläubigern unterstellt, dass sie sich ohne das Wissen um ihre Gläubigerstellung und ihre Position im Verteilungskonflikt gegenüber den anderen Gläubigern auf eine Gleichbehandlung geeinigt hätten, um sich gegen das Verteilungsrisiko abzusichern und durch das Prioritätsprinzip entstehende reale Kosten einzusparen.[665] Unabhängig davon, ob ökonomische Erwägungen – wenn man, wie offenbar verbreitet angenommen, davon ausgeht, die Gläubiger ließen sich (ausschließlich) von solchen leiten – überhaupt zu einer Gläubigergleichbehandlung führen würden,[666] ist festzustellen, dass mit diesem Modell ohnehin keine privatautonome Legitimation mehr vorgenommen wird, da es sich im Kern um die Rechtfertigung einer heteronomen Regelung handelt.[667]

7. *Dorndorf*: Wirtschaftliches Leistungsprinzip

Eberhard Dorndorf schließt sich mit seiner Konzeption des Gläubigergleichbehandlungsgrundsatzes *Häsemeyer* insofern an, als dass er die Frage der Gläubigergleichbehandlung ebenfalls der *justitia commutativa* zurechnet.[668] Allerdings will er nicht auf die Kategorie der Verantwortung abstellen, sondern auf das in seinen Augen das Wirtschaftsrecht prägende Leistungsprinzip. Dieses besage: »Jedem nach seinem produkti-

663 Die Privatautonomie des Schuldners spielt zwar beim herrschenden Verständnis des Prioritätsprinzips eine Rolle, findet in den genannten Ansätzen aber wohl auch deshalb keine Berücksichtigung, weil die Annahme verbreitet ist, dass diese im Insolvenzfalle ohnehin ihre Legitimationskraft einbüße, vgl. beispielsweise *Klinck*, Insolvenzanfechtung, S. 68 ff.; *Guski*, Sittenwidrigkeit, S. 123; gegen diese Argumentation *J. F. Hoffmann*, Prioritätsgrundsatz, S. 44 ff.

664 Bezeichnend *Füßmann*, Gläubigergleichbehandlung, S. 42: »Mit der Rechtsfigur einer fiktiven Zustimmung zur Gleichbehandlung wird man deshalb allenfalls arbeiten können, wenn man nicht die Freiwilligkeit des Einverständnisses voraussetzt.«. Vgl. auch *J. F. Hoffmann*, Prioritätsgrundsatz, S. 203; und ebenfalls kritisch (»Kunstgriff«) *Würdinger*, Insolvenzanfechtung, S. 367.

665 *R. Schmidt*, Ökonomische Analyse, S. 44 ff.

666 Skeptisch etwa *Guski*, Sittenwidrigkeit, S. 125; *Klockenbrink*, Gläubigerstellung, S. 32 f.

667 *J. F. Hoffmann*, Prioritätsgrundsatz, S. 204.

668 *Dorndorf*, Kreditsicherungsrecht, S. 45.

ven Beitrag«.[669] Die Gläubiger müssten also eine Befriedigung erfahren, die sich nach dem Wert bemisst, den ihre Leistungen für die Gläubigergesamtheit haben. Dieser Wert könne aber – zumindest angesichts der *lex lata*, an der *Dorndorf* seine Thesen misst – nicht *ex post* bestimmt werden. Es müsse vielmehr aus einer Perspektive *ex ante* darauf ankommen, welchen Wert Schuldner und Gläubiger der Leistung des Gläubigers beigemessen haben, also auf den Wert der vertraglich vereinbarten Leistung, die der Schuldner zu erbringen hat. Auf dieser Grundlage erfolge mit der anteiligen Befriedigung eine formale Gleichbehandlung.[670]

Geht man davon aus, dass *Dorndorf* hier einen Begründungsansatz für den Gläubigergleichbehandlungsgrundsatz präsentiert[671], ist zunächst festzustellen, dass seine Grundannahme, das Leistungsprinzip sei »[f]ür das Wirtschaftsrecht [...] das wichtigste Kriterium (ausgleichender) Gerechtigkeit«[672] nicht weiter begründet wird. Auch die Behauptung, die Leistung bemesse sich nach dem vereinbarten Äquivalenzverhältnis, bleibt ein Postulat. Will man den Gläubigergleichbehandlungsgrundsatz mit der Leistung der Gläubiger begründen, muss angesichts der herrschenden Sicht auf das Prioritätsprinzip keine Bemessung einer Leistung aus einer Perspektive *ex post* widerlegt werden, sondern in erster Linie die Annahme, die Leistung eines Gläubigers realisiere sich in einem prioritären Zugriff auf das Schuldnervermögen. Zudem löst es angesichts der *lex lata* erhebliche Bedenken aus, dass die Konzeption, wie *Dorndorf* auch offen einräumt,[673] große Schwierigkeiten hat, die Gläubigerstellung der unfreiwilligen Gläubiger stimmig zu erklären.[674] Daher kann ihr nicht gefolgt werden.

8. Gläubigergleichbehandlung als Billigkeits- oder Auffanggrundsatz

Zahlreiche Stimmen führen den Gläubigergleichbehandlungsgrundsatz auf grundlegende Gerechtigkeitserwägungen zurück und sehen ihn, mit Unterschieden hinsichtlich derjenigen Kriterien, die eine Privilegierung rechtfertigen können, als Ausfluss eines allgemeinen Billigkeitsprinzips.[675] Ähnliche Überlegungen dürften in der Sache

669 *Dorndorf*, Kreditsicherungsrecht, S. 42.

670 *Dorndorf*, Kreditsicherungsrecht, S. 45 ff.

671 Anders offenbar *J. F. Hoffmann*, Prioritätsgrundsatz, S. 295 f.

672 *Dorndorf*, Kreditsicherungsrecht, S. 42.

673 *Dorndorf*, Kreditsicherungsrecht, S. 41, 44.

674 *J. F. Hoffmann*, Prioritätsgrundsatz, S. 295 f.; *Brinkmann*, Kreditsicherheiten, S. 245; der *Dorndorf* einen »unzulässige[n] Schluss vom Ist- auf den Sollzustand« attestiert; zustimmend hingegen von *Wilmowsky*, Kreditsicherungsrecht, S. 143.

675 *Guski*, Sittenwidrigkeit, S. 125 ff.; *Füßmann*, Gläubigergleichbehandlung, S. 45 f. (die sich aber bemerkenswerterweise gegen eine Anbindung an § 242 BGB ausspricht, vgl. S. 43); *Killinger*, Insolvenzanfechtung, S. 62; *Eismann*, Bereicherungsanspruch, S. 132 f.; *Klockenbrink*, Gläubigerstellung, S. 33 f.; *Knospe*, ZInsO 2014, 861, 864 f.; *Wiórek*, Gläubigergleichbehandlung, S. 88 f.; auch auf § 242 BGB greift *Wiringer-Seiler*, Anfechtungsrecht, S. 91 ff. zurück, freilich um den (immerhin auch als solchen benannten) Kontrahierungszwang ihrer Konzeption eines *creditors' bargain* zu rechtfertigen. Polemisch gegen Billigkeitserwägungen als Grundlage des Gläubigergleichbehandlungsgrundsatzes *Berges*, KTS 1957, 49, 50 (»Die ketzerischste Antwort auf die [...] aufgeworfene Frage [...].«); ebenfalls kritisch *Würdinger*, Insolvenzanfechtung S. 367 (»zu vage«). *Hofmann*, Der Schutz von Dritten, S. 17 f. spricht dieser Begründung gar jeden »normativen Gehal[t]« ab, wohl in der Annahme, Privilegien seien dann beliebig begründbar, dagegen unten S. 152 ff.

zugrunde liegen, wenn der Gläubigergleichbehandlungsgrundsatz als Auffangprinzip verstanden wird, das zum Tragen kommt, wenn materiell keine andere Verteilung der Haftungsmasse angezeigt ist.[676] Insofern, als dass sie einer Gleichbehandlung einen grundsätzlichen Gerechtigkeitsgehalt zusprechen, ähneln diese Ansätze einer Begründung des Gläubigergleichbehandlungsgrundsatzes über Art. 3 Abs. 1 GG.[677] Nun mag man meinen, den hiergegen vorgebrachten Einwand, eine privatrechtliche Frage könne nicht durch eine öffentlich-rechtliche Norm gelöst werden, dadurch überwinden zu können, dass den Billigkeitserwägungen privatrechtlicher Charakter attestiert wird.[678] Geht man davon aus, dass das Prioritätsprinzip als Verteilungsmaßstab die Privatautonomie des Schuldners und bzw. oder der Gläubiger verwirklicht, sehen sich allerdings auch allgemeine Billigkeitserwägungen stets der Frage ausgesetzt, warum die privatautonom legitimierten Ergebnisse des Prioritätsprinzips unbillig und daher korrekturbedürftig sein sollen, wenn seine Geltung Relevanz für die materielle Verteilung entfaltet. Es ist wohl keiner Privatrechtsordnung fremd, die Selbstbestimmungsfreiheit der auf ihrer Grundlage agierenden Privatrechtssubjekte einzuschränken, um »unbillige« Ergebnisse zu verhindern. Geht man aber davon aus, dass die durch das Prioritätsprinzip determinierte absolute Zuordnung von Vermögensgegenständen, die *de lege lata* außerhalb der Insolvenz und vorbehaltlich der Insolvenzanfechtung für Verteilungskonflikte maßgeblich ist, ein Produkt der Privatautonomie der beteiligten Akteure darstellt, dann legt man die Frage der Verteilungsgerechtigkeit (ein Stück weit) in die Hände dieser Akteure. Will man diese Entscheidung für den Insolvenzfall revidieren, steht man naturgemäß unter einer Begründungslast, warum man die Frage der Vertei-

676 *Behr*, Wertverfolgung, S. 518; *Klinck*, Insolvenzanfechtung, S. 64; ähnlich, aber offenbar auch unter Rückgriff auf den verfassungsrechtlichen Gleichheitssatz und die Vermeidung eines »unwirtschaftlichen und zu höchst unliebsamen Nebenerscheinungen führenden *Wettlauf* ungesicherter Gläubiger« *Koziol*, FS Wesener, S. 267, 269 und *ders.*, Grundlagen, S. 16 f.; *Wilburg*, JBl 1949, 29, 30 (»Verlegenheitsregel, die in Ermangelung eines stärkeren Prinzips gilt«); *Brehm*, FS Jelinek, S. 15, 24, der im Charakter als Auffangregel aber anscheinend keine »direkte Begründung« sieht; auch *J. F. Hoffmann*, Prioritätsgrundsatz, S. 208 f., der jedoch das Prioritätsprinzip grundsätzlich anders versteht, dazu sogleich.

677 Dies zeigt sich auch an den Formulierungen, die naturgemäß changieren, aber doch in dieselbe Richtung gehen: zu Art. 3 Abs. 1 GG etwa »elementarer Verfassungsgrundsatz […], welcher Grundnorm für die gesamte Rechtsordnung ist« (*Eichberger*, Konkursanfechtung, S. 15); *Hueck*, Grundsatz, S. 173 sieht darin einen »allgemeinen Gerechtigkeitsgedanken« verwirklicht; auch *Gassert-Schumacher*, Privilegien, S. 326 (»Gerechtigkeitsprinzip […], das der Gleichheitssatz verkörpert«); zum Gläubigergleichbehandlungsgrundsatz als Billigkeitsgrundsatz etwa *Guski*, Sittenwidrigkeit, S. 126 f., 125 (Gläubigergleichbehandlung entspreche »einem fundamentalen Billigkeits- und Gerechtigkeitsdenken« und beinhalte einen »rechtsethischen Kerngehalt« bzw. Gedanken »genuiner Gerechtigkeit«); *Klockenbrink*, Gläubigerstellung, S. 33 spricht von einem »übergeordneten ausgleichenden Gerechtigkeitsprinzips« (in wohl unzutreffendem Anschluss an *Häsemeyer*); auch *J. F. Hoffmann*, Prioritätsgrundsatz, S. 209 (»urwüchsig[e] Form der Verteilungsgerechtigkeit«). Teilweise werden diejenigen Stimmen, die sich auf Art. 3 Abs. 1 GG beziehen, auch mit solchen Ansätzen zusammengefasst, die im Gläubigergleichbehandlungsgrundsatz einen Billigkeitsgrundsatz erblicken, etwa bei *Wiórek*, Gläubigergleichbehandlung, S. 80 f.; vgl. auch *Füßmann*, Gläubigergleichbehandlung, S. 46.

678 So offenbar *Eismann*, Bereicherungsanspruch, S. 118, 132; auch *Füßmann*, Gläubigergleichbehandlung, S. 43.

lung schuldnerischen Vermögens gerade dann anders beantworten will, wenn sie virulent wird bzw. warum man sie überhaupt zuvor der privatautonomen Gestaltung der Akteure überlassen hat. Dieser Begründungslast kann mit bloßen Billigkeitserwägungen nicht beigekommen werden.[679] Auch müsste ein Auffangprinzip in einem privatrechtlichen System einer privatautonom legitimierten Verteilungsordnung weichen.

9. Zwischenbefund

Aus der eingangs formulierten Prämisse, dass der Gläubigergleichbehandlungsgrundsatz eine materiell-privatrechtliche Frage beantworten soll, folgt, dass Ansätzen, denen kein privatrechtlicher bzw. kein materiell-rechtlicher Geltungsgrund des Gläubigergleichbehandlungsgrundsatzes zugrunde liegt, vor dem Hintergrund eines privatautonom legitimierten Prioritätsprinzips grundsätzlich mit Skepsis begegnet werden muss. Es bleibt in den genannten Ansichten unklar, wie unter Rückgriff auf Art. 3 Abs. 1 GG oder auf den schon an und für sich nicht weiterführenden Art. 14 GG das Prioritätsprinzip durch den Gläubigergleichbehandlungsgrundsatz verdrängt werden soll. Dem gleichen Einwand sehen sich jene Ansätze ausgesetzt, die den Gläubigergleichbehandlungsgrundsatz als Regelung *under the veil of ignorance* oder als verfahrensrechtliches Prinzip begreifen: In Anwesenheit eines privatautonom legitimierten Verteilungsmodus kann die materiell-rechtliche Frage der Verteilungsgerechtigkeit nicht ohne Weiteres heteronom oder verfahrensrechtlich beantwortet werden. Es ist daher im Grundsatz begrüßenswert, wenn versucht wird, den Gläubigergleichbehandlungsgrundsatz materiell-privatrechtlich zu legitimieren. Hierzu wurde allerdings gezeigt, dass Ansätze, die auf einen Konsens unter den Gläubigern zurückgreifen, sich ebenso wenig begründen lassen wie eine Rechts- oder Interessengemeinschaft der Gläubiger.[680] Einen genuin privatrechtlichen Gehalt besitzt mit der Einschränkung von Freiheit durch einen Rückgriff auf die Kategorien von Verursachung und Verantwortung auch die Konzeption *Häsemeyers*.[681] Indes ist auch diese Einwänden ausgesetzt, die sie nicht überwinden kann.[682] So bleiben schließlich diejenigen Ansätze, die im Gläubigergleichbehandlungsgrundsatz einen Billigkeits- oder Auffanggrundsatz sehen.[683] Angesichts des ausweislich des Schrifttums unbestreitbaren Gerechtigkeitsgehaltes des Gläubigergleichbehandlungsgrundsatzes – niemand nimmt ihn als unbillig bzw. ungerecht wahr[684] – und der Schwierigkeiten, die die übrigen Begründungen haben, ist der Gedanke naheliegend, dem Gläubigergleichbehandlungsgrundsatz gleichsam axiomatischen Charakter zu verleihen. Dennoch können auch derart grundlegende Überlegungen den die Diskussion prägenden Widerspruch nicht auflösen, warum die Verteilung schuldnerischen Vermögens gerade dann nicht nach einem privatautonom legitimierten Prioritätsprinzip erfolgen soll, wenn der Verteilungsmodus wegen der Unzulänglichkeit der

679 Anders *Foerste*, ZZP 130 (2017), 511, 516.

680 Vgl. oben S. 138 f. und 140 ff.

681 Daraus resultiert auch die meiste Zustimmung, die *Häsemeyer* erfährt, vgl. die Nachweise oben bei S. 138 ff. in Fn. 655 und insbesondere 661.

682 Siehe oben S. 139 ff.

683 Siehe S. 142 ff.

684 Vgl. auch die Nachweise bei *Guski*, Sittenwidrigkeit, S. 127 f.

Haftungsmasse tatsächlich Auswirkungen auf das Verteilungsergebnis hat.[685] Vor diesem Hintergrund gibt es zwei mögliche Schlussfolgerungen: Einerseits könnte der Gläubigergleichbehandlungsgrundsatz eine privatrechtswidrige Erscheinung sein, die Gläubiger- und Schuldnerautonomie zu Gunsten heteronomer Gerechtigkeitserwägungen (zu Unrecht) missachtet. Bevor über das »Kernstück des Konkurses«[686] ein solch gravierendes Urteil gefällt wird, soll der anderen möglichen Schlussfolgerung auf den Grund gegangen werden: Es könnte auch andererseits die Prämisse falsch sein, dass durch die Abkehr vom Prioritätsprinzip bei der Verteilung schuldnerischen Vermögens überhaupt eine Missachtung der Privatautonomie gerechtfertigt werden muss, weil einer solchen Verteilung ohnehin kein privatautonomer Gehalt zukommt.

III. Das Prioritätsprinzip als privatautonom legitimierter Verteilungsmaßstab?

Das Prioritätsprinzip resultiert aus der Entscheidung des deutschen bürgerlichen Rechts, für Veränderungen der absoluten Zuordnung *erga omnes* die Begründung einer Obligation *inter partes*, ob autonom oder heteronom, nicht ausreichen zu lassen, sondern ein zusätzliches Vollzugserfordernis aufzustellen und für die absolute Zuordnung eines Vermögensgegenstandes an die zeitliche Priorität des Vollzuges anzuknüpfen. Grundsätzlich obliegt es dem Schuldner, eine entsprechende Verfügung vorzunehmen. Unterlässt es der Schuldner entgegen seiner Verpflichtung *inter partes*, die Obligation zu vollziehen, haben die Gläubiger die Möglichkeit, im Wege der Einzelzwangsvollstreckung den Vollzug zwangsweise durchzusetzen. Die Rechtslage *erga omnes* und diejenige *inter partes* werden dadurch voneinander entkoppelt.[687] Ob der absoluten Zuordnung nach dem Prioritätsprinzip ein privatautonomer Gehalt zukommt, entscheidet sich danach, ob diese Entkoppelung um der Gläubiger- und bzw. oder Schuldnerautonomie willen vorgenommen wird. Diese Frage ist zu verneinen, wobei es sich empfiehlt, zunächst die Funktion des verfügungsrechtlichen und dann die Bedeutung des einzelzwangsvollstreckungsrechtlichen Prioritätsprinzips näher zu betrachten.

1. Das verfügungsrechtliche Prioritätsprinzip

Das Vollzugserfordernis trägt im Verfügungsrecht dem Bedürfnis der Privatrechtsordnung nach Verkehrsschutz Rechnung.[688] Dies zeigt ein Blick auf die verfügungs- und sachenrechtlichen Prinzipien, in denen der materielle Grund des Vollzugserfordernisses zu suchen ist: Dass überhaupt zwischen der dinglichen und der schuldrechtlichen Lage differenziert wird und die Begründung einer Verpflichtung und die Verfügung

685 Den Befund, dass es nicht möglich ist, den Gläubigergleichbehandlungsgrundsatz gegenüber einem privatautonom aufgeladenen Prioritätsprinzip als höherwertigen Verteilungsmaßstab zu begründen, hat so erstmals *J. F. Hoffmann* formuliert, vgl. eingehend *J. F. Hoffmann*, Prioritätsgrundsatz, S. 193 ff.

686 So die viel zitierte Wendung bei Jaeger[8]/*Lent*, Einl. III.I., die sich auch der BGH zu eigen gemacht hat, vgl. BGHZ 41, 98, 101.

687 So die Wortwahl bei *J. F. Hoffmann*, Prioritätsgrundsatz, S. 12 ff.

688 *J. F. Hoffmann*, Prioritätsgrundsatz, S. 12 ff.; *Schlüter*, Rückabwicklung, S. 128 f.

unterschiedliche Rechtsakte sind, beschreibt dabei das Trennungsprinzip.[689] Die Verfügung ist hierbei klar auf den Schutz des Rechtsverkehrs zugeschnitten: Einerseits wird sie durch das Abstraktionsprinzip, wonach die Wirksamkeit der Verpflichtung und jene der Verfügung getrennt voneinander zu beurteilen sind, gegen die Unwirksamkeit der *causa* immunisiert. Der Rechtsverkehr soll sich nicht mit der Wirksamkeit der Obligation, sondern lediglich mit der für ihn leichter zu überblickenden absoluten Rechtslage befassen müssen.[690] Andererseits verlangen die Prinzipien der Publizität, der Spezialität und der Bestimmtheit, dass sich die absolute Zuordnung nach einem einfach nachzuvollziehenden Rechtsakt richtet, was darauf abzielt, dass die absolute Rechtslage für den Rechtsverkehr auch tatsächlich leichter zu überblicken ist.[691] Trotz dieses unbestritten verkehrsschützenden Charakters des Vollzugserfordernisses wird der absoluten Zuordnung *erga omnes* verbreitet ein privatautonomer Gehalt attestiert.[692] In erster Linie wird dabei auf die Privatautonomie des Schuldners rekurriert, wobei vor allem bei der Tatsache angesetzt wird, dass *de lege lata* mit dem dinglichen Vertrag eine rechtsgeschäftliche Einigung notwendig ist.[693] Dies wird als Ausfluss des »systemprägenden Grundsatzes der Privatautonomie« wahrgenommen.[694] Indes hat zuletzt *Philipp Schlüter* einen solchen normativen Gehalt des dinglichen Vertrages in Abrede gestellt. Die Verfügung dient dem Verkehrsschutz, der nicht der Parteidisposition unterliegt, sondern durch eine heteronome Entscheidung des Gesetzgebers ausgestaltet wird.[695] Dementsprechend wird auch vielfach die zwingende Notwendigkeit einer dinglichen Einigung als (denk)notwendige Voraussetzung einer abstrakten Verfügung verneint.[696] *Schlüter* hat dem dinglichen Vertrag sogar *de lege lata* den rechtsgeschäftlichen Charakter abgesprochen und diesen funktional konsequent als Einschränkung eben desjenigen Verkehrsschutzes verstanden, der durch das Abstraktionsprinzip gewährleistet werden soll, weil die absolute Rechtslage durch das Wirksamkeitserfordernis einer Einigung doch wieder anfällig wird für rechtsgeschäftliche Mängel.[697] Es ist unklar, wie diese Einwände entkräftet werden sollen. Auch das Monitum *Ulrich Foerstes*,[698] ein Schuldner verfüge regelmäßig auch, um eigene Ansprüche durchsetzen zu können und verwirkliche zumindest so durch die Verfügung seine Freiheit, überzeugt nicht: Der Privatautonomie des Schuldners entspräche es, seine

689 Im Anschluss an *Habermeier*, AcP 195 (1995), 283 ff.; ebenso *Schlüter*, Rückabwicklung, S. 135 f.

690 Wilhelm, Rn. 24 ff., 28; *J. F. Hoffmann*, Prioritätsgrundsatz, S. 23 f.

691 Eingehend *J. F. Hoffmann*, Prioritätsgrundsatz, S. 12 ff.

692 *C. Berger*, ZZP 121 (2008), 407, 411 f.; *Brinkmann*, Kreditsicherheiten, S. 234 f.; *Häsemeyer*, Insolvenzrecht, Rn. 2.21; *Hirte/Knof*, JZ 2011, 889, 899; *Hofmann*, Der Schutz von Dritten, S. 34; *Klinck*, Insolvenzanfechtung, S. 68 ff.; *Knospe*, ZInsO 2014, 861, 866; *Lieder*, Sukzession, S. 231 f.; *Pluta*, Insolvenzaufrechnung, S. 140; vgl. auch *Würdinger*, Insolvenzanfechtung, S. 374 ff.

693 Zum privatautonomen Gehalt eines etwaigen »Auswahlrechtes« des Schuldners bei unbestimmtem Inhalt seiner Obligation vgl. *J. F. Hoffmann*, Prioritätsgrundsatz, S. 20 ff.

694 Etwa *Lieder*, Sukzession, S. 232.

695 *Schlüter*, Rückabwicklung, S. 141 ff.

696 *Habermeier*, AcP 195 (1995), 283, 284 ff.; *J. F. Hoffmann*, Prioritätsgrundsatz, S. 25 f.; *Schlüter*, Rückabwicklung, S. 136 m. w. N.

697 *Schlüter*, Rückabwicklung, S. 135 ff. m. w. N.

698 *Foerste*, ZZP 130 (2017), 511, 517.

Ansprüche gar nicht erst durchsetzen zu müssen.[699] Unbestritten ist, dass das durch die Verfügung des Schuldners herbeigeführte *Ergebnis* zumindest mit der sich zuvor im Vertragsschluss realisierten Privatautonomie der beteiligten Akteure im Einklang steht, sofern es sich nicht um eine mangelhafte Leistung handelt. Dass dieses Ergebnis aber überhaupt erst *mittels einer Verfügung herbeigeführt* werden muss, lässt sich mit der Privatautonomie der beteiligten Parteien nicht begründen. Somit ist davon auszugehen, dass der Vollzug einer Obligation nicht um der schuldnerischen Privatautonomie, sondern um des Verkehrsschutzes willen in die Hände des Schuldners gelegt wird, der »in Anbetracht der bestehenden Verbindlichkeit eher als gebundener Verwalter«[700] tätig ist. Insoweit das verfügungsrechtliche Prioritätsprinzip mit der Privatautonomie der Gläubiger legitimiert wird,[701] ist dem zu entgegnen, dass ein Verkehrsschutz zwar auch der Freiheit der Verkehrsteilnehmer dient, indem er ihnen ein eigenverantwortliches Agieren ermöglicht. Allerdings würde dies nur für den absolut erforderlichen Mindeststandard gelten und ein darüber hinausgehendes Maß an Verkehrsschutz ansonsten keinen privatautonomen Gehalt aufweisen.[702]

2. Das einzelzwangsvollstreckungsrechtliche Prioritätsprinzip

Auch das einzelzwangsvollstreckungsrechtliche Prioritätsprinzip und die hierdurch determinierte absolute Zuordnung von Vermögensgegenständen werden vielfach als privatautonom legitimierter Verteilungsmaßstab angesehen. Hierbei wird ebenfalls sowohl auf die Privatautonomie des Schuldners[703] als auch auf jene des Gläubigers zurückgegriffen.[704] Der Kerngedanke der Argumentation rekurriert jeweils – insofern naheliegend – auf die dienende Funktion der Einzelzwangsvollstreckung, zur zwangsweisen Durchsetzung des materiellen Rechts die Schuldnerhandlung zu substituieren. Daraus folgt die These, dass die Zwangsvollstreckung sich nach dem materiellen Recht zu richten habe. Daher entspreche die Wirkung der Zwangsvollstreckung normativ der einer Verfügung, in der sich das Recht des Schuldners, seine Verhältnisse privatautonom zu gestalten, bzw. das Recht des Gläubigers, sich einen Vorrang zu sichern, manifestiere.[705] Insoweit ist dem soeben Gesagten nichts hinzuzufügen: Die Legitimation des verfügungsrechtlichen Prioritätsprinzips ist im Verkehrsschutz zu suchen, nicht in der Privatautonomie des Schuldners oder des Gläubigers.[706] Daher kann aus dem verfügungsrechtlichen Prioritätsprinzip auch kein privatautonomer Gehalt des einzelzwangsvollstreckungsrechtlichen Prioritätsprinzips deduziert werden.

699 Vgl. zu einem schuldrechtlichen Prioritätsprinzip *J. F. Hoffmann*, Prioritätsgrundsatz, S. 31.

700 *J. F. Hoffmann*, Prioritätsgrundsatz, S. 30.

701 Etwa *Welbers*, Prioritätsprinzip, S. 177.

702 *J. F. Hoffmann*, Prioritätsgrundsatz, S. 33.

703 Etwa *C. Berger*, ZZP 121 (2008), 407, 411 f.

704 Etwa *Stamm*, Prinzipien, S. 174; *Würdinger*, Insolvenzanfechtung, S. 359 f.

705 *C. Berger*, ZZP 121 (2008), 407, 411 f.; *Stamm*, Prinzipien, S. 150 f.; *Welbers*, Prioritätsprinzip, S. 164 ff. und 174 ff.; anders offenbar *Dorndorf*, Kreditsicherungsrecht, S. 39 f.

706 Zu dem Einwand, ein die Gläubigerautonomie verwirklichendes, Wachsamkeit belohnendes Prioritätsprinzip sei im Einzelzwangsvollstreckungsrecht ohnehin nur unzureichend verwirklicht, vgl. *J. F. Hoffmann*, Prioritätsgrundsatz, S. 110 ff.

IV. Abschließende Stellungnahme

Die Erkenntnis, dass die durch das Prioritätsprinzip determinierte absolute Zuordnung nicht durch die Privatautonomie der handelnden Privatrechtssubjekte legitimiert ist, sondern ein Ergebnis der verkehrsschutzbedingten Entkoppelung der absoluten Zuordnung von der relativen Bindung darstellt, führt zu einer anderen Ausgangslage in der Diskussion um die Rechtfertigung des Gläubigergleichbehandlungsgrundsatzes. Es muss nicht dessen Höherwertigkeit gegenüber dem Prioritätsprinzip nachgewiesen werden. Insofern ist der Weg frei für die schon oben angedeuteten grundlegenden Gerechtigkeitsüberlegungen, die den unter dem herrschenden Verständnis bestehenden Widerspruch zum Prioritätsprinzip nicht auflösen konnten. Dass der Gläubigergleichbehandlungsgrundsatz dem Prioritätsprinzip jenseits einer (unzulässigen) privatautonomen Aufladung hinsichtlich des Verteilungsgerechtigkeitsgehaltes überlegen ist, ist *de lege lata* schon angesichts der besonderen Insolvenzanfechtung nicht zu bestreiten, deren Sachgerechtigkeit insgesamt nicht in Zweifel gezogen wird. Auch andere Verteilungsmaßstäbe, wie etwa das Losprinzip, stellen den Gläubigergleichbehandlungsgrundsatz nicht in Frage.[707] Der Gläubigergleichbehandlungsgrundsatz ergibt sich dann in der Tat »zwanglos« als Auffangprinzip, wonach eine unzureichende Haftungsmasse gleich- und anteilsmäßig zu verteilen ist, sofern eine andere Verteilung materiell-privatrechtlich nicht angezeigt ist.[708] Unter welchen Umständen dies der Fall sein kann und was dies für das Privileg des § 108 Abs. 1 S. 1 InsO bedeutet, soll nun im Folgenden betrachtet werden.

B. Geltungsbereich des Gläubigergleichbehandlungsgrundsatzes: Grundsatz und Ausnahmen

Ein Gläubiger erhält dann eine nur quotale Befriedigung, wenn kumulativ für ihn der Gläubigergleichbehandlungsgrundsatz gilt und ihm kein Privileg zugute kommt. Erhält ein Gläubiger, wie die in § 108 Abs. 1 S. 1 InsO genannten, keine quotale Befriedigung, kann dies folglich daran liegen, dass er entweder von den Wirkungen der Gläubigergleichbehandlung nicht betroffen oder dass er ein privilegierter Gläubiger ist. Im Folgenden soll dargelegt werden, wann dies jeweils der Fall sein kann und welche teleologischen Erwägungen sich dahinter verbergen, damit im nächsten Abschnitt die einzelnen von § 108 Abs. 1 S. 1 InsO adressierten Konstellationen näher betrachtet werden können.

I. Die Aussonderung als Rechtsbehelf für nicht vom Gläubigergleichbehandlungsgrundsatz betroffene Gläubiger

Die prominenteste Konstellation, in der der Inhaber einer Rechtsposition gegenüber der Masse von vornherein nicht dem Gläubigergleichbehandlungsgrundsatz unterworfen ist, ist die Aussonderung.

707 *J. F. Hoffmann*, Prioritätsgrundsatz, S. 209.
708 Im Anschluss an *J. F. Hoffmann*, Prioritätsgrundsatz, S. 208 f.

1. Teleologie der Aussonderung

Mit der Aussonderung wird nach dem Wortlaut des § 47 S. 1 InsO geltend gemacht, dass ein Gegenstand nicht zur Insolvenzmasse, also nicht zum schuldnerischen Vermögen (§ 35 Abs. 1 InsO) gehört und daher den Gläubigern nicht zur Befriedigung ihrer Forderungen zur Verfügung steht.[709] Die Aussonderung resultiert also letztlich denklogisch aus der Tatsache, dass für die Verbindlichkeiten des Schuldners nur dessen pfändbares Vermögen haftet und dieses von anderen Vermögensmassen abzugrenzen ist. Grundlage der Aussonderung ist dabei stets ein entsprechender negatorischer Anspruch,[710] weshalb eine Aussonderung nur aufgrund einer absolut zugewiesenen Rechtsposition in Betracht kommt.[711] Die Absolutheit der Rechtsposition ist aber, wie ein Blick auf die ebenfalls absoluten, aber streng von den Aussonderungsrechten zu unterscheidenden Absonderungsrechte zeigt, nur notwendige Voraussetzung für eine Aussonderung. Der Inhaber einer absoluten Rechtsposition kann das ihm zugeordnete Gut in der Insolvenz nur dann aussondern, wenn es ihm ohne Zweckbindung zugewiesen ist, die Durchsetzung der Rechtsposition also »um ihrer selbst willen« erfolgt.[712] Absonderungsrechte ermöglichen dem Inhaber demgegenüber lediglich einen privilegierten Zugriff auf den Wert des zugewiesenen Gutes, um die Befriedigung seiner Forderung abzusichern.[713] Die Daseinsberechtigung eines Absonderungsrechtes erschöpft sich in der Absicherung der durch sie gesicherten Forderung, wohingegen der Inhaber eines Aussonderungsrechtes mit dem ihm zugeordneten Gut »nach Belieben verfahren« darf, wie es § 903 S. 1 BGB für das in dieser Hinsicht paradigmatische Eigentum formuliert. Der Aussonderungsberechtigte macht also im Gegensatz zum Absonderungsberechtigten gegenüber der Masse nicht die Vermögenshaftung des Schuldners geltend und unterliegt dementsprechend auch nicht dem Gläubigergleichbehandlungsgrundsatz.[714] Um es mit *J. F. Hoffmann* auf den Punkt zu bringen: Der Aussonderungsberechtigte tritt nicht als Gläubiger an den Schuldner heran, der Absonderungsberechtigte schon.[715]

709 Statt vieler MüKo/*Ganter,* § 47 InsO, Rn. 5 ff.

710 *K. Schmidt*, ZZP 90 (1977), 38, 49 ff.; *Picker*, FS Schröder, S. 517, 519 ff., 545; *J. F. Hoffmann*, Prioritätsgrundsatz, S. 234 und jüngst grundlegend zur Ordnungsfunktion der Aussonderung *ders.*, KTS 2022, 315, 326 ff.

711 Im insolvenzrechtlichen Kontext ist die Dichotomie zwischen absoluten und relativen Rechtspositionen verbreitet durch die Kategorie der sogenannten haftungsrechtlichen Zuordnung überlagert worden, vgl. nur etwa *Hofmann*, Der Schutz von Dritten, S. 48 ff.; Uhlenbruck/*Brinkmann,* § 47 InsO, Rn. 1 ff.; Jaeger/*Henckel,* § 47 InsO, Rn. 5; dagegen *J. F. Hoffmann*, Prioritätsgrundsatz, S. 233. Schauplatz dieser Debatte sind vor allem die hier nicht interessierenden Treuhandverhältnisse, weshalb vorliegend problemlos an die überkommene Kategorie der absoluten Rechte angeknüpft werden kann. Zur Aussonderung aufgrund obligatorischer Herausgabeansprüche und der Unterscheidung absoluter und relativer Rechte *Picker*, FS Schröder, S. 517 ff.

712 *J. F. Hoffmann*, Prioritätsgrundsatz, S. 236 f.

713 *Häsemeyer*, Insolvenzrecht, Rn. 18.03; *J. F. Hoffmann*, Prioritätsgrundsatz, S. 235 ff.

714 *Piekenbrock*, ZZP 122 (2009), 63, 105.

715 *J. F. Hoffmann*, Prioritätsgrundsatz, S. 235; anders etwa *Gleichenstein*, NZI 2015, 49, 54. Vgl. auch *Häsemeyer*, Insolvenzrecht, Rn. 11.02 ff. Wenn etwa *Hofmann*, Der Schutz von Dritten, S. 49 ff. Aus- und Absonderung (wenn auch ausdrücklich lediglich im Kontext

2. Aussonderung im Kontext vertraglicher Schuldverhältnisse

Im hier relevanten Kontext vertraglicher Schuldverhältnisse wird das Institut der Aussonderung in erster Linie dann relevant, wenn eine vertraglich begründete Forderung auf die Überführung eines Gegenstandes in das Vermögen des Gläubigers gerichtet ist.

Wie bereits dargelegt, reicht für eine Veränderung der absoluten Zuordnung die Begründung einer Obligation nicht aus, es bedarf vielmehr zusätzlich noch eines gesonderten Vollzugsaktes.[716] Die Anforderungen an diesen Vollzugsakt können dabei hinsichtlich der verschiedenen Vermögensgegenstände (bewegliche Sachen, Immobilien, unkörperliche Gegenstände) durchaus divergieren, sind aber grundsätzlich für die jeweiligen Vermögensgegenstände einheitlich aufzustellen.[717] Bis die durch den Gesetzgeber aufgestellten Vollzugserfordernisse erfüllt sind, macht der Vertragspartner also lediglich die Vermögenshaftung des Schuldners geltend. Hat der Vertragspartner indes die Trennung des Gutes vom Schuldnervermögen auf absoluter Ebene vollzogen, hat also etwa der Käufer Eigentum an der Kaufsache erlangt, ist er in diesem Sinne kein Gläubiger des Schuldners mehr und kann sich, vorbehaltlich der Insolvenzanfechtung, darauf berufen, dass der Gegenstand ihm absolut zugewiesen ist bzw. nicht (mehr) zur Insolvenzmasse gehört.[718] Mit dem Vollzug geht ein grundlegender Wechsel der gleichbehandlungsspezifischen Perspektive einher: Eben war der Inhaber einer vertraglichen Forderung noch ein »echter Gläubiger« und unterlag als solcher dem Gläubigergleichbehandlungsgrundsatz, der für eine nicht nur quotale Befriedigung eine hohe Rechtfertigungslast aufstellt.[719] Mit dem Vollzug der Obligation aber verlässt er diese haftungsrechtlichen Niederungen und wird von einer Sekunde auf die andere zu einem Aussonderungsberechtigten, der die Insolvenz bzw. die Gläubigergleichbehandlung nicht (mehr) fürchten muss. Es mag zwar auf den ersten Blick verwundern, dass man auf diese Weise der für Privilegien bestehenden Rechtfertigungslast entkommt. Dennoch ist dies mit Blick auf die Teleologie der Aussonderung sachgerecht, wenn nicht sogar zwingend: In der Insolvenzsituation muss das haftende Vermögen festgestellt werden können. Bei Obligationen, die auf die Überführung eines Vermögensgegenstandes in das Vermögen eines anderen gerichtet sind, kommt jedoch früher oder später der Moment, in dem sich die absolute Zuordnung dieses Vermögensgegenstands ändert. Dem Vollzugserfordernis kommt deshalb entscheidende Bedeutung zu: Ist ihm Genüge getan, steht ein Gläubiger nicht mehr unter der Rechtfertigungslast des Gläubigergleichbehandlungsgrundsatzes.

seiner Arbeit) anhand der Frage abgrenzen möchte, ob ein Erlösüberschuss der Masse zufließt oder nicht, so ist dies zirkulär: Die Erlösbeteiligung der Masse setzt ihrerseits voraus, dass der Gegenstand grundsätzlich für die Verbindlichkeiten des Schuldners haftet und somit nicht ausgesondert werden kann.

716 Siehe oben S. 145 ff.

717 *J. F. Hoffmann*, Prioritätsgrundsatz, S. 14 ff., 238.

718 *J. F. Hoffmann*, Prioritätsgrundsatz, S. 238; *ders.*, JZ 2019, 960, 966.

719 Zur Rechtfertigung von Privilegien sogleich.

3. Aussonderung im Kontext der §§ 103 ff. InsO

Vorliegend stellt sich natürlich die Frage, ob § 108 Abs. 1 S. 1 InsO (in der Sache) so verstanden werden kann, dass er den Vertragspartner zur Aussonderung berechtigt. Dieser Gedanke mag angesichts der herrschenden Meinung überraschen, dass § 108 Abs. 1 S. 1 InsO die vertraglichen Forderungen des Vertragspartners zu Masseverbindlichkeiten mache. Indes ist zu erkennen, dass der systematische Standort einer Norm innerhalb der §§ 103 ff. InsO nicht ausschließt, dass der adressierte Vertragspartner aussondern kann und nicht lediglich eine Masseverbindlichkeit erhält. Dies belegen schon §§ 106 Abs. 1 S. 1, 107 InsO Abs. 1 S. 1, die herrschend so verstanden werden, dass sie den Vormerkungsinhaber bzw. den Vorbehaltskäufer zur Aussonderung berechtigen.[720] Zudem ist gezeigt worden, dass die absolute Rechtslage im Ausgangspunkt unabhängig von den §§ 103 ff. InsO zu bestimmen ist, die allenfalls Aufschluss über den gesetzgeberischen Willen zur Schaffung insolvenzfester Rechtspositionen geben können.[721] Insbesondere wenn die Rechtsposition auch bei Masseunzulänglichkeit gegen die Masse durchgesetzt werden kann, gibt es keinen Grund, von einer Privilegierung mittels Masseverbindlichkeit und nicht von einer Aussonderung zu sprechen, weil es sich dann der Sache nach um eine solche handelt.[722] Ist im Kontext des § 108 Abs. 1 S. 1 InsO demnach von der Konstruktion einer »masseunzulänglichkeitsfesten Masseverbindlichkeit« in erster Linie aus Gründen der Methodenehrlichkeit abzusehen,[723] so kann es umgekehrt eine Aussonderung, die unter dem Vorbehalt der Masseunzulänglichkeit steht, nicht geben: Ob die Trennung eines Gutes vom Schuldnervermögen auf absoluter Ebene vollzogen ist oder nicht, kann nicht davon abhängen, als wie prekär sich der Verteilungskonflikt erweist. Stellt man im Kontext von § 108 Abs. 1 S. 1 InsO die Frage, ob ein Vertragspartner des Schuldners aussondern kann, ist schließlich klarzustellen, dass sich die Aussonderung mitnichten auf »den Vertrag« richten würde, da eine solche von vornherein nur an einzelnen Vermögensgegenständen möglich ist und nur sofern an diesen ein Aussonderungsrecht bestehen kann.[724] Hier belegen wiederum §§ 106 Abs. 1 S. 2, 107 Abs. 1 S. 2 InsO, dass daneben noch

720 MüKo/*Ganter,* § 47 InsO, Rn. 76 ff., 333; BGHZ 216, 136, 141 ff., Rn. 25, 30.

721 Vgl. oben S. 89 ff.

722 Anders aber Schmidt/*Ringstmeier,* § 106 InsO, Rn. 32, 40; Schmidt/*ders.,* § 107 InsO, Rn. 13, 20, wonach die Forderung des Vormerkungsinhabers bzw. Vorbehaltskäufers eine Masseverbindlichkeit und bei Masseunzulänglichkeit stets eine Neumasseverbindlichkeit sein soll. Unklar bleibt freilich, warum mit der Deutung als Aussonderungsrecht »dogmatisch eine eigene Kategorie« geschaffen würde, wie *Ringstmeier* meint.

723 Im Kontext lauterkeitsrechtlicher Unterlassungsansprüche wird freilich vor dieser Konstruktion nicht zurückgeschreckt, vgl. BGHZ 185, 11, 21, Rn. 28 (im Anschluss an Jaeger/*Henckel*, § 55 InsO, Rn. 19); *K. Schmidt*, FS Schilken, S. 789, 794 ff. Die Konstruktion ist (zumindest bei *K. Schmidt*) wohl vor allem der Tatsache geschuldet, dass die Unterlassungsansprüche nach dem UWG nach herrschender Meinung nicht Ausfluss eines absoluten, zur Aussonderung berechtigenden Substanzrechts sind, sondern objektives Recht darstellen, statt vieler MüKo/*Sosnitza*, § 1 UWG, Rn. 3 ff. und *Jänich*, Geistiges Eigentum, S. 191 f. Wer das UWG als Teil der Privatrechtsordnung und diese als Rechtszuweisungsordnung versteht, wird hingegen auf das Vorhandensein eines entsprechenden Substanzrechts schließen, siehe *J. F. Hoffmann*, Zession, S. 37.

724 Einen Überblick gibt beispielsweise MüKo/*Ganter,* § 47 InsO, Rn. 15 ff.

bestehende Leistungspflichten lediglich bei der Abwicklung des Vertrags entsprechend berücksichtigt werden müssen.[725]

4. Vorgehensweise

Wird untersucht, ob eine Rechtsposition zur Aussonderung berechtigt bzw. ob die *lex lata* so gedeutet werden kann, ist also zunächst die Frage zu beantworten, auf welches Substrat sie gerichtet ist, also etwa auf eine Sache oder deren Nutzung, die Fruchtziehung, Geld etc. und ob eine Aussonderung dieses Gutes generell möglich ist. Im hiesigen Kontext ist zudem festzustellen, auf welchen Zeitraum sich das Substanzrecht bezieht. Sodann ist die *lex lata* daraufhin zu überprüfen, ob sie sich allgemein mit der Dogmatik der Aussonderungsrechte in Einklang bringen lässt. Entscheidend ist schließlich, ob ein entsprechender gesetzgeberischer Wille vorliegt, ein solches Aussonderungsrecht zu schaffen.[726] Wenn sich ein entsprechender, expliziter Wille – wie es für § 108 Abs. 1 S. 1 InsO zu erwarten ist – nicht feststellen lässt, muss gefragt werden, ob er sich im Wege der Auslegung identifizieren lässt.

II. Privilegien und ihre Rechtfertigung

Berechtigt eine Rechtsposition ihren Inhaber nicht zur Aussonderung, so greift dieser bei deren Geltendmachung gegenüber dem Schuldner auf dessen Haftungsmasse zu und ist somit grundsätzlich von den Wirkungen des Gläubigergleichbehandlungsgrundsatzes erfasst.[727] Er erhält folglich nur dann keine quotale Befriedigung, wenn er *de lege lata* ein Privileg geltend machen kann. Mit der bloßen Existenz einer entsprechenden Regelung kann indes deren Verhältnis zum Gläubigergleichbehandlungsgrundsatz nicht als abschließend geklärt angesehen werden. Entscheidend ist im Sinne einer aufgeklärten Rechtsanwendung vielmehr die Frage, ob sich ein solches Privileg unter gleichbehandlungsspezifischen Gesichtspunkten auch legitimieren lässt. Schließlich ist für die Auslegung und Anwendung einer Rechtsnorm deren theoretische Durchdringung unerlässlich. Somit stellt sich im Kontext der insolvenzrechtlichen Privilegien die Frage, aus welchen Gründen einem die Vermögenshaftung des insolventen Schuldners geltend machenden Gläubiger eine mehr als nur quotale Befriedigung zugesprochen werden kann. Diese Frage kann hier zwar angesichts der Vielzahl der Privilegien nicht abstrakt und abschließend beantwortet werden, zumal auch innerhalb der jeweiligen Ansichten zum Geltungsgrund des Gläubigergleichbehandlungsgrundsatzes die Stimmen hinsichtlich der tauglichen Rechtfertigungstopoi divergieren.[728] Allerdings ist das Themenfeld des § 108 Abs. 1 S. 1 InsO eng genug, um schon an dieser Stelle bestimmte Rechtfertigungstopoi herauszugreifen und abstrakt zu erörtern, bevor dann die einzelnen Konstellationen jeweils für sich betrachtet werden. Auf

725 Vgl. *J. F. Hoffmann*, KTS 2018, 343, 378 f.

726 Zur Befugnis des Gesetzgebers, absolute Rechte zu schaffen, siehe oben S. 39 ff.

727 Vgl. zur externen Insolvenzsicherung, bei der der Gläubiger auf eine andere Haftungsmasse zugreift, *J. F. Hoffmann*, Prioritätsgrundsatz, S. 252 ff.

728 Beachte nur die Nachweise zu den Stimmen, die den Gläubigergleichbehandlungsgrundsatz mit Art. 3 Abs. 1 GG legitimieren, oben bei S. 137 in Fn. 639.

Basis des bisher Gesagten steht jedenfalls fest, dass es sich um materiell-privatrechtliche Kriterien handeln muss.[729] Schon an dieser Stelle kann daher festgestellt werden, dass Insolvenzprivilegien nicht mit Allgemeinwohlbelangen legitimiert werden können. Anderenfalls würden Allgemeinwohlziele durch die Insolvenzgläubiger finanziert werden, ohne dass gerechtfertigt werden könnte, dass gerade diese Privatrechtssubjekte hierfür in Anspruch genommen werden.[730] Treffend formuliert *Häsemeyer*: »Wer öffentliche Zwecke verfolgen will, muss öffentliche Mittel einsetzen.«.[731] Ebenfalls kann schon hier konstatiert werden, dass die Konstruktion eines Privilegs für dessen Legitimierbarkeit irrelevant ist. Insolvenzprivilegien können unterschiedlich konstruiert sein:[732] Zu unterscheiden sind zum einen Spezial- von Generalprivilegien, je nachdem, ob sich das Privileg lediglich auf einen bestimmten Gegenstand oder auf die gesamte Haftungsmasse bezieht. Spezialprivilegien sind etwa die Absonderungsrechte, Generalprivilegien die Masseverbindlichkeiten. Zum anderen können Privilegien vorinsolvenzlich oder insolvenzspezifisch konstruiert sein, je nachdem, ob das

729 Insbesondere führt das Verständnis des Gläubigergleichbehandlungsgrundsatzes als grundlegendes Gerechtigkeits- bzw. Billigkeitsprinzip nicht dazu, dass aus jedweden Gründen Privilegien legitimiert werden können, wovon etwa Gassert-Schumacher, Privilegien, S. 328; *Hofmann*, Der Schutz von Dritten, S. 18; *Knospe*, ZInsO 2014, 861, 869 und *Pluta*, Insolvenzaufrechnung, S. 141 auszugehen scheinen.

730 *Adam*, DZWiR 2009, 441, 443 (»trotz« Fundierung des Gläubigergleichbehandlungsgrundsatzes mit Art. 3 Abs. 1 GG); *Brehm*, FS Jelinek, S. 15, 28; *J. F. Hoffmann*, Prioritätsgrundsatz, S. 210 ff.; *Häsemeyer*, Insolvenzrecht, Rn. 2.18 ff.; *Bauer*, Ungleichbehandlung, S. 83; *Eismann*, Bereicherungsanspruch, S. 116; *Marotzke*, ZInsO 2010, 2163, 2180; *Meyer/Rein*, NZI 2004, 367, 369; *Thole*, Gläubigerschutz, S. 57; *Windel*, JURA 2002, 230, 231; auch skeptisch gegenüber Gemeinwohlerwägungen BT-Drucks. 12/2443, S. 75 ff.; nach BGHZ 156, 350, 358 ist die Privilegierung einzelner Gläubigergruppen wegen derer sozialen Schutzbedürftigkeit »der InsO fremd«. Anders *Gassert-Schumacher*, Privilegien, S. 328, 338, die sogar eine »Kapitulation des Zivilrechts« befürchtet, aber den Gläubigergleichbehandlungsgrundsatz auch mit Art. 3 Abs. 1 GG legitimiert; auf derselben Basis, aber zumindest hinsichtlich sozialpolitischer Erwägungen im Kontext des Drittschutzes bei Insolvenz des Versicherungsnehmers deutlich enger *Hofmann*, Der Schutz von Dritten, S. 44 ff. (»grundsätzlich kritisch zu sehen«, aber wohl möglich, »wenn aus sachlichen Gründen gerade die Inanspruchnahme der Insolvenzgläubiger für diesen Schutz angezeigt ist.«). Aufgeschlossen gegenüber Umverteilungsgedanken auch *Gottwald*, FS Giger, S. 195, 207 f.; ebenfalls keine grundsätzlichen Bedenken hat offenbar *von Wilmowsky*, Kreditsicherungsrecht, S. 261 ff. Privilegien zur Schaffung der »insolvenzrechtlichen Rahmenbedingungen für volkswirtschaftlich nützliche Finanztransaktionen« hält *Piekenbrock*, ZZP 122 (2009), 63, 106 für möglich.

731 *Häsemeyer*, Insolvenzrecht, Rn. 2.19. Von der insolvenzbedingten Inanspruchnahme Privater für öffentliche Zwecke sind öffentlich-rechtliche Pflichten der Masse zu unterscheiden, die insolvenzunabhängig bestehen können. Ein prominentes Beispiel hierfür sind die Altlastenfälle, dazu *ders.*, FS Uhlenbruck, S. 97 ff. Für Sozialplanansprüche, die gem. § 123 Abs. 2 S. 1 InsO Masseverbindlichkeiten sein sollen, ist dieser Gedanke vorgetragen worden, vgl. Richardi/*Annuß*, § 112 BetrVG, Rn. 55; *Willemsen*, Arbeitnehmerschutz, S. 210 ff. Hier hilft er freilich nicht weiter, da man den Arbeits- bzw. Mietvertrag an sich hierfür schon (auch außerinsolvenzlich) als öffentlich-rechtliches Instrument der Daseinsvorsorge qualifizieren müsste.

732 Zu den Konstruktionsfragen *J. F. Hoffmann*, Prioritätsgrundsatz, S. 263 ff.; *ders.*, KTS 2017, 17, 20 f.

Privileg auch außerhalb der Insolvenz als Rechtsposition anerkannt ist oder nur anlässlich der Insolvenz in dieser Form besteht. So wären etwa die Kreditsicherheiten vorinsolvenzliche Spezialprivilegien und die Masseverbindlichkeiten insolvenzspezifische Generalprivilegien. Die Konstruktion kann dabei keine Rolle für die Legitimierbarkeit spielen, da man den Gläubigergleichbehandlungsgrundsatz ansonsten »zur Disposition der Konstruktionsfreudigkeit des zivilrechtlichen Normsetzers« stellte, wie *J. F. Hoffmann* treffend feststellt, da jedes Privileg vorinsolvenzlich-dinglich oder insolvenzspezifisch konstruierbar ist.[733] Das verbreitete Postulat, dass sich alle vorinsolvenzlich begründeten, dinglichen Rechte zwingend im Insolvenzverfahren durchsetzen,[734] ist daher, auch insoweit hiermit deren konstruktive Einkleidung angesprochen ist, abzulehnen.[735] Ebenso ist demnach der im hiesigen Kontext deutlich relevanteren, wenngleich für §§ 108 Abs. 1 S. 1, 55 Abs. 1 Nr. 2 Alt. 2 InsO nicht vorgetragenen, wohl als Umkehrschluss zu dieser These gedachten Annahme entgegenzutreten, dass insolvenzspezifische Privilegien, die sich auf vorinsolvenzliche Rechtspositionen beziehen, nicht legitimierbar seien.[736] Insoweit bestimmte Konstruktionen mit unterschiedlichen Publizitätsgraden assoziiert[737] und Legitimationsfragen hiermit verknüpft werden, ist festzustellen, dass auch die Erkennbarkeit eines Privilegs keinen Bezug zum Gläubigergleichbehandlungsgrundsatz aufweist. Publizitätserwägungen betreffen lediglich die Frage, in welchem Maß Verkehrsschutz gewährt wird, wobei der Gesetzgeber einen Gestaltungsspielraum genießt.[738] Über die Frage der Legitimierbarkeit des Privilegs vor dem Gläubigergleichbehandlungsgrundsatz hingegen ist damit nichts ausge-

733 *J. F. Hoffmann*, KTS 2017, 17, 22; *ders.*, Prioritätsgrundsatz, S. 270 f.

734 Vgl. etwa *Gassert-Schumacher*, Privilegien, S. 321 f.; *von Wilmowsky*, Kreditsicherungsrecht, S. 260; *ders.*, NZG 1998, 481, 482; im Ergebnis auch *Hahn*, Materialien IV, S. 185 f. Differenzierter, aber dennoch die Konstruktion der Privilegien in dieser Tendenz berücksichtigend *Bauer*, Ungleichbehandlung, S. 84 ff.

735 Was die materielle Qualität der Rechtsposition anbelangt, ist die Argumentation, wie gesehen, ohnehin zirkulär, vgl. oben S. 40 ff. Der Topos der Dinglichkeit liegt für § 108 Abs. 1 S. 1 InsO nicht unbedingt nahe, wird aber etwa von *Bauer*, Ungleichbehandlung, S. 43 insinuiert, der meint, die Masse sei mit den oktroyierten Masseverbindlichkeiten bereits »latent belastet«, wobei aber unklar bleibt, warum er an anderer Stelle die sogenannten »unechten Masseverbindlichkeiten« konstruktionsbedingt für nicht legitimierbar hält, dazu sogleich in der folgenden Fußnote.

736 Jedenfalls dürfte, wenn die sogenannten »unechten Masseverbindlichkeiten« und insbesondere § 123 Abs. 2 InsO für nicht legitimierbar befunden werden, weil scheinbar nur anlässlich der Insolvenz die Privilegierung einer Forderung stattfindet, die Argumentation darauf hinauslaufen, dass eine etwaige »Dinglichkeit« nicht gegeben sein könne, weil sie nicht schon vorinsolvenzlich-privatrechtlich sichtbar war, vgl. *Adam*, DZWiR 2009, 441, 443; *Bauer*, Ungleichbehandlung, S. 99 f.; *Weiland*, Gleichbehandlungsgrundsatz, S. 95 ff. Freilich fehlt diesem Umkehrschluss mit der Irrelevanz der Konstruktion für die Legitimierbarkeit nicht nur die Grundlage, er ist ohnehin nicht logisch zwingend: Wenn aus A B folgt, dann folgt nicht ohne Weiteres aus nicht A nicht B.

737 Gegen einen generellen Publizitätsvorsprung von Spezialprivilegien aber *J. F. Hoffmann*, Prioritätsgrundsatz, S. 273.

738 *J. F. Hoffmann*, Prioritätsgrundsatz, S. 272 f.; zur Erkennbarkeit etwa der Arbeitnehmerprivilegien *Hahn*, Materialien IV, S. 248.

sagt.[739] Schließlich ist festzuhalten, dass eine der Masse im Austausch mit der Privilegierung zustehende Gegenleistung die Rechtfertigungslast vor dem Gläubigergleichbehandlungsgrundsatz nicht verringern kann. Ohnehin ist der tatsächliche Zufluss einer Gegenleistung zur Masse nicht Voraussetzung für eine Anwendung des § 108 Abs. 1 S. 1 InsO: Hat der Vertragspartner als Geldleistungsschuldner vorinsolvenzlich vorgeleistet, ist die Masse zur Leistung verpflichtet, ohne dass ihr unmittelbar eine Gegenleistung zufließt. Vor allem aber handelt es sich hierbei um ein formales Kriterium, mit dem die Befriedigungsaussichten der Gläubigergesamtheit nicht vor vom Schuldner getätigten schlechten Geschäften geschützt werden können[740] und das letzten Endes kaum mehr eine Begrenzung von Privilegien zulässt.[741]

Das dieser Arbeit zugrunde gelegte Verständnis des Gläubigergleichbehandlungsgrundsatzes führt dazu, dass Privilegien nur in verhältnismäßig engen Grenzen legitimierbar sind. An dieser Stelle ist daher nochmals[742] darauf hinzuweisen, dass die Betrachtung eines Insolvenzprivilegs aus dem Blickwinkel der Gläubigergleichbehandlung nur eine bestimmte Perspektive bieten kann. Den – nach hiesiger Auffassung – engen Grenzen der Legitimierbarkeit steht dabei die Vielfalt der Zwecke gegenüber, die der Gesetzgeber auch mit Insolvenzprivilegien verfolgen kann. Daraus folgt ohne Weiteres, dass es Insolvenzprivilegien geben kann, die gleichbehandlungsspezifisch nicht legitimiert werden können, aber trotzdem nach dem gesetzgeberischen Willen einen bestimmten Zweck verfolgen, den es zu respektieren gilt. Geht man beispielsweise davon aus, dass Fiskusprivilegien, beispielsweise § 55 Abs. 4 InsO, *gleichbehandlungsspezifisch* illegitim seien,[743] so wäre trotzdem der gesetzgeberische Wille und der Zweck des Privilegs, die Staatskassen zu füllen, zu respektieren, weil die Regelung natürlich nicht (ohne Weiteres) verfassungswidrig ist.

1. Sozialer Schutz

Verbreitet wird die Privilegierung insbesondere der Arbeitnehmer mit dem sozialen Schutzbedürfnis dieser Gläubiger begründet.[744] Ein solches ergebe sich vor allem daraus, dass der Leistungsgegenstand in diesen Fällen zur Existenzgrundlage gehö-

739 *J. F. Hoffmann*, Prioritätsgrundsatz, S. 272 f. Anders die Motive zur Konkursordnung, vgl. *Hahn*, Materialien IV, S. 185 f., wonach für ein Absonderungsrecht (nur) zwei Voraussetzungen gegeben sein müssen: »Die rechtliche Trennung des Gegenstandes von der Konkursmasse muß unabhängig von dem Konkursverfahren begründet und Jedermann erkennbar gewesen sein.«

740 Eine Korrektur des § 108 Abs. 1 S. 1 InsO bei nicht marktgerechten Gegenleistungen ist zudem nur in engen Grenzen möglich, vgl. unten S. 230 ff.

741 Vgl. etwa *Huber*, Erfüllungshaftung, S. 287 ff.; kritisch dazu auch *J. F. Hoffmann*, Prioritätsgrundsatz, S. 297 ff.

742 Vgl. schon oben S. 42.

743 So etwa *J. F. Hoffmann*, Prioritätsgrundsatz, S. 344 ff.

744 Pauschal etwa *Gassert-Schumacher*, Privilegien, S. 339 ff.; beachte zudem die Stimmen, die § 108 Abs. 1 S. 1 InsO zumindest eine entsprechende Zwecksetzung zuschreiben, vgl. oben S. 52 f. *Willemsen*, Arbeitnehmerschutz, S. 265 f. erklärt gar den Gläubigergleichbehandlungsgrundsatz für Forderungen von Arbeitnehmern aufgrund der »existentiellen Bedeutung des Arbeitsplatzverlustes« von vornherein für unanwendbar.

re.[745] Für den Arbeitnehmer wird zudem vorgebracht, dass er sein Insolvenzrisiko diesbezüglich nicht streuen könne,[746] was freilich für den Mieter eines Grundstücks oder von Räumen ebenfalls gelten wird. Zunächst muss konstatiert werden, dass das Privileg des § 108 Abs. 1 S. 1 InsO nach herrschender Lesart die Vertragserfüllung nicht von Existenznöten des Vertragspartners abhängig macht und auch nicht auf die Garantie eines Existenzminimums beschränkt ist.[747] So nachvollziehbar und unbestritten die soziale Schutzbedürftigkeit bestimmter Gläubigergruppen ist, handelt es sich hierbei nicht um eine materiell-privatrechtliche Argumentation. Auf Basis der bisherigen Ausführungen können Insolvenzprivilegien nicht mit Allgemeinwohlbelangen begründet werden.

2. Unfreiwillige Gläubiger

Zur Rechtfertigung von Insolvenzprivilegien wird auch auf den Gedanken rekurriert, dass unfreiwillige Gläubiger schutzwürdiger seien als solche, die das Insolvenzrisiko des Schuldners autonom in Kauf genommen haben.[748] Schreibt man dem Topos der unfreiwilligen Gläubigerstellung Legitimationskraft zu, liegt der Gedanke nahe, zumindest das Privileg des Arbeitnehmers und des Mieters dergestalt zu begründen, dass deren Gläubigerstellung auch im weiteren Sinne »unfreiwillig« ist, da sie aufgrund ihrer typischerweise schwächeren Verhandlungsposition nicht die Möglichkeit haben, mit einer anderen Person zu kontrahieren bzw. sich eine Sicherheit bestellen zu lassen.[749] In eine ähnliche Richtung geht die auch zur Begründung einer sozialen Schutzbedürftigkeit vorgebrachte Erwägung, dass diese Gläubiger ihre Insolvenzrisiken nicht streuen können.[750] Diese Argumentation müsste aber konsequenterweise die Gleichstellung unfreiwilliger Gläubiger mit den gesicherten Gläubigern postulieren. Diese Gleichstellung würde indes einerseits zu einer Entwertung der Kreditsicherheiten führen, die wesentlich einfacher durch deren Abschaffung erreicht werden könnte und ist andererseits hochproblematisch.[751] Eine wie auch immer zu definierende Unfreiwilligkeit der Gläubigerstellung kann somit kein Privileg rechtfertigen.

745 Für den Arbeitnehmer *von Wilmowsky*, Kreditsicherungsrecht, S. 267; *Wiórek*, Gläubigergleichbehandlung, S. 172, 189, 320 f.

746 *von Wilmowsky*, Kreditsicherungsrecht, S. 267; *Wiórek*, Gläubigergleichbehandlung, S. 172, 189, 320 f.

747 Diesen Gedanken bringt *J. F. Hoffmann*, Prioritätsgrundsatz, S. 352 auch gegen entsprechende Versuche in Stellung, § 123 InsO mit der Schutzbedürftigkeit der Arbeitnehmer zu legitimieren.

748 *Henckel*, FS Weber, S. 237, 248 ff.; *Koziol*, FS Wesener, S. 267, 272 ff.; *von Wilmowsky*, Kreditsicherungsrecht, S. 271.

749 So für den Arbeitnehmer *Gassert-Schumacher*, Privilegien, S. 339 f. sowie *Henckel* und *Koziol*, a.a.O.; für die »Dienstleute« auch schon *Hahn*, Materialien IV, S. 248.

750 Vgl. die Nachweise oben bei S. 156 in Fn. 746.

751 *J. F. Hoffmann*, Prioritätsgrundsatz, S. 277 ff., 303. Zu § 108 Abs. 1 S. 1 als Kreditsicherheit siehe unten S. 165 ff.

3. Wertverfolgung

Im hiesigen Kontext relevant ist auch der Topos der Werterhöhung, der insbesondere für die Privilegierung von Bereicherungsgläubigern bemüht wird.[752] Aber auch zur Rechtfertigung von Arbeitnehmerprivilegien wird vorgetragen, die Arbeitsleistungen der Arbeitnehmer kämen allen Gläubigern zugute, weshalb ein bevorrechtigter Zugriff auf die Haftungsmasse gerechtfertigt sei.[753] Die Topoi der Werterhöhung oder nützlichen Verwendung sind indes schon grundsätzlich problematisch, da man letzten Endes nicht zwischen nützlichen und weniger nützlichen Beiträgen zur Haftungsmasse wird unterscheiden können.[754] Die Privilegierung der von § 108 Abs. 1 S. 1 InsO erfassten Vertragspartner kann so auch nicht gerechtfertigt werden, da es hier um die Zahlungsansprüche für die Zeit ab Verfahrenseröffnung geht, für die die werterhöhende Leistung der Arbeitnehmer indes noch gar nicht erbracht wurde. Man müsste schon davon ausgehen, dass in der Vergangenheit Leistungen erbracht worden sind, die nicht über das Entgelt abgegolten wurden und die nun über die Fortdauer des Leistungsaustauschs vergütet werden.[755] Dieser Gedanke kann § 108 Abs. 1 S. 1 InsO aber angesichts des § 108 Abs. 3 InsO ersichtlich nicht zugrunde liegen.

4. Legitimität kraft Bestandsschutzes

J. F. Hoffmann hält die Legitimität der oktroyierten Masseverbindlichkeiten zwar für »prekär«, greift aber zur Legitimation des § 108 Abs. 1 S. 1 InsO den im Kontext von Dauerschuldverhältnissen verbreiteten und oben schon erwähnten[756] Topos des Bestandsschutzes auf. Er sieht darin einen »[privatrechtlichen] Rechtfertigungstopos«. Der Bestandsschutz habe die »Kündigungsfreiheit in Dauerschuldverhältnissen [...] in erheblichem Ausmaß« verdrängt.[757] Seine Übertragung in die Insolvenz sei zwar nicht zwingend, aber da, wo sie vorgenommen würde, sei sie, die Legitimität des privatrechtlichen Bestandsschutzes vorausgesetzt, ihrerseits legitim.[758] Das Verhältnis des Bestandsschutzes in Dauerschuldverhältnissen zu der Legitimation ihrer insolvenzrechtlichen Privilegierung soll im Folgenden betrachtet werden.

a) Die Legitimation des Bestandsschutzes in Dauerschuldverhältnissen *inter partes*

Bei der induktiven Untersuchung der Interessenlage konnte festgestellt werden, dass die Kontinuitätsinteressen der Parteien durch den nach hiesigem Verständnis die Laufzeit regulierenden Bestandsschutz abgebildet werden.[759] Nicht näher betrachtet, da für die obige, rechtsfaktische Analyse der Interessenlage nicht relevant, wurde die privat-

752 Etwa Jaeger/*Henckel*, § 55 InsO, Rn. 5 zu § 55 Abs. 1 Nr. 3 InsO.
753 *Gassert-Schumacher*, Privilegien, S. 341; *Hahn*, Materialien IV, S. 248.
754 *J. F. Hoffmann*, Prioritätsgrundsatz, S. 352.
755 So *Richardi*, Sozialplan, S. 13 f., 21.
756 Siehe oben S. 531 ff.
757 *J. F. Hoffmann*, Prioritätsgrundsatz, S. 337 mit Verweis auf *Oetker*, Dauerschuldverhältnis, S. 279 ff.
758 *J. F. Hoffmann*, Prioritätsgrundsatz, S. 337.
759 Siehe oben S. 110 ff.

rechtliche Legitimation des Bestandsschutzes *inter partes*. Ob der Topos des Bestandsschutzes auch aus gleichbehandlungsspezifischer Sicht § 108 Abs. 1 S. 1 InsO als Insolvenzprivileg legitimieren kann, kann aber nicht beantwortet werden, ohne dessen Legitimation *inter partes* zu untersuchen. Hierauf und insbesondere auf die Legitimation der ordentlichen Kündigungsrechte zielt *J. F. Hoffmann* auch ab, wenn er den Begriff des Bestandsschutzes in Verbindung mit der sogenannten Kündigungsfreiheit bringt. Im Zentrum der Begründung der ordentlichen Kündigungsrechte steht die Frage, wie im Kontext von Dauerschuldverhältnissen mit dem Grundsatz *pacta sunt servanda* umzugehen ist. Die Geltung dieses in den Rang einer »unverzichtbaren Funktionsvoraussetzung für eine freiheitlich verfaßte und auf der Vertragsfreiheit aufbauende Privatrechtsordnung«[760] erhobenen Grundsatzes ist zwar unbestritten, jedoch wird er im Kontext von Dauerschuldverhältnissen unterschiedlich verstanden. Dies führt zu einem uneinheitlichen Verständnis der Regelungen zur ordentlichen Kündigung im dispositiven Gesetzesrecht.

aa) Die ordentliche Kündigung als Instrument zum Schutz der Vertragsparteien vor einer ewigen Bindung

Herrschend wird davon ausgegangen, dass der Grundsatz *pacta sunt servanda*, würde er »unreflektiert und pauschal« auf Dauerschuldverhältnisse übertragen, zur Folge hätte, dass die Parteien, wenn sie die Laufzeit des Dauerschuldverhältnisses nicht im Vorhinein festlegen, einer Bindung unterlägen, die sie nur durch eine entsprechende Vereinbarung untereinander wieder aufheben könnten, wenn ihnen nicht die kodifizierten einseitigen Beendigungstatbestände zur Verfügung stünden.[761] Dies wird aber mit dem für die Privatrechtsordnung tragenden Prinzip der Selbstbestimmung für unvereinbar gehalten, weil die Parteien sich so ihrer Selbstbestimmung für die gesamte Zukunft und daher in nicht zu überblickender Weise begeben. Um die Selbstbestimmungsfreiheit der Parteien zu wahren, sei es deswegen erforderlich, ihnen im Rahmen unbefristeter Dauerschuldverhältnisse die einseitige Lösung vom Vertrag zu ermöglichen. Die Privatautonomie der Parteien beinhalte daher nicht nur die Vertragsfreiheit und impliziere den für deren Gebrauch unerlässlichen Grundsatz der Vertragstreue, sondern als »unentbehrliche[s] Gegengewicht gegenüber der fortwährenden Bindungskraft«[762] von Dauerschuldverhältnissen auch die sogenannte Kündigungs- oder Vertragsbeendigungsfreiheit.[763] Das Recht zur ordentlichen, »willkürlichen«[764] Kündigung

760 *Oetker*, Dauerschuldverhältnis, S. 248.

761 *Oetker*, Dauerschuldverhältnis, S. 249 ff., 258 ff.; *Schneider*, Vertragsanpassung, S. 84 ff.; *Urban*, Kündigungsschutz, S. 39 ff.; *Weller*, Vertragstreue, S. 289 f.; *ders.*, JZ 2012, 881, 887; nicht ausdrücklich, aber wohl auch *Bettermann*, JZ 1954, 461 ff.; *Paschke*, Wohnraummiete, S. 144 ff., 264 f. und *Ulmer*, FS Möhring, S. 298, 304.

762 *Gierke*, JherJb. 64 (1914), 355, 380.

763 *Oetker*, Dauerschuldverhältnis, S. 258 ff.; *Paschke*, Wohnraummiete, S. 139 ff., 264 ff.; *Schneider*, Vertragsanpassung, S. 84 ff.; *Ulmer*, FS Möhring, S. 298, 303 f.; *Weller*, Vertragstreue, S. 289 f.; *ders.*, JZ 2012, 881, 887; in Ansätzen auch schon *Gschnitzer*, JherJb. 76 (1926), 317, 347 ff.; *Molitor*, Kündigung, S. 64.

764 *Molitor*, Kündigung, S. 199; *Paschke*, Wohnraummiete, S. 140; *Gschnitzer*, JherJb. 76 (1926), 317, 349.

wird vor diesem Hintergrund als Ergebnis einer (gesetzgeberischen) Abwägung zwischen dem aus der Vertragstreue folgenden Bestandsinteresse[765] einerseits und dem Beendigungsinteresse andererseits gesehen, das eine vollumfängliche Geltung des Grundsatzes *pacta sunt servanda* nicht zulasse. Laut *Oetker* ist die Kündigungsfreiheit insbesondere bei Wohnraummiet- und Arbeitsverhältnissen nur »eingeschränkt verwirklicht« und von einem »spezifischen Bestandsschutz« abgelöst worden, womit er insbesondere die Bindung der ordentlichen Kündigung an einen Kündigungsgrund meint.[766] Im Ergebnis bedeutet es keinen Unterschied, ob man hierin eine »Abweichung« vom Grundsatz *pacta sunt servanda* erblickt[767] oder davon ausgeht, dieser Grundsatz reiche von vornherein bei Dauerschuldverhältnissen nicht weiter als bis zu den durch die ordentliche Kündigung gezogenen Grenzen.[768]

bb) Die ordentliche Kündigung als Instrument zur Umsetzung eines in zeitlicher Hinsicht begrenzten Bindungswillens

Diesem Verständnis der ordentlichen Kündigung ist nicht zu folgen. Es beruht auf der unzutreffenden Prämisse, dass die Parteien eines Dauerschuldverhältnisses, wenn sie nicht ausdrücklich eine Vereinbarung zur Kündbarkeit oder Befristung treffen, eine ewige Bindung eingehen. Es erschließt sich nicht, warum sich dies aus dem Grundsatz *pacta sunt servanda* ergeben soll. Bezeichnet man mit dieser Phrase das Prinzip, dass privatautonome Versprechen zu durchsetzbaren Rechtspflichten zwischen Privatrechtssubjekten führen, muss klar sein, dass dessen Geltungsanspruch unmittelbar an den Parteiwillen zu koppeln ist. Der Parteiwille wird aber in aller Regel nicht auf eine ewige Bindung gerichtet sein, vor der die Parteien dann – im Namen der eigenen Selbstbestimmung! – wieder bewahrt werden müssten.[769] Dass auch in Abwesenheit ausdrücklicher Vereinbarungen also keine Ewigkeitsbindung gewollt ist und daher auch nicht besteht, wird deutlich, wenn man sich die Funktionsäquivalenz dispositiven Gesetzesrechts mit ausdrücklichen Vereinbarungen vergegenwärtigt.[770] Die dispositiven

765 Dieses ist generell und unabhängig von etwaigen Lösungsrechten auf die Fortdauer des Vertrages gerichtet und ist daher von den oben erörterten Kontinuitätsinteressen zu unterscheiden, die auf die Fortdauer des Vertrages nach den vertraglichen Vereinbarungen gerichtet sind.

766 *Oetker*, Dauerschuldverhältnis, S. 282.

767 So *Schneider*, Vertragsanpassung, S. 86; auch *Weller*, Vertragstreue, S. 289 (»Ausnahme«).

768 So *Oetker*, Dauerschuldverhältnis, S. 248 ff.; *Urban*, Kündigungsschutz, S. 41 f.; auch *Fastrich*, FS Wiedemann, S. 251, 256 f. und *Raab*, FS Birk, S. 659, 665. Im Ergebnis wird sich aber diese Formulierung als die sachnähere erweisen, dazu sogleich.

769 Läge tatsächlich einmal ein solcher Parteiwille vor, mag man dessen Beachtlichkeit in Frage stellen. Methodisch wären diese Erwägungen dann im Bereich der §§ 134, 138 BGB zu verorten, vgl. *Schlüter*, Rückabwicklung, S. 216, Fn. 205. In aller Regel ist dies aber gar nicht notwendig, da die Parteien sich selbst vor dem »Verlust« ihrer Selbstbestimmungsfreiheit schützen; vgl. auch BGH GRUR 1959, 384 ff., wonach im Einzelfall im Wege der ergänzenden Vertragsauslegung ein Kündigungsrecht gegeben sein kann, kritisch dagegen *Oetker*, Dauerschuldverhältnis, S. 275 f.

770 Siehe oben *Cziupka*, Dispositives Vertragsrecht, S. 44 ff.; *Mossler*, ZIP 2002, 1831, 1835; *J. F. Hoffmann*, KTS 2018, 343, 363.

Regelungen zur ordentlichen Kündigung gehen ebenso wie eine (zwingend ausdrückliche) Befristung oder explizit vereinbarte ordentliche Kündbarkeit auf den (typisierten) Parteiwillen zurück und begrenzen so die Bindung der Parteien in zeitlicher Hinsicht. Es ist nicht ersichtlich, warum aus dem Grundsatz *pacta sunt servanda* eine darüber hinausgehende Verpflichtung erwachsen sollte.[771] Ordentliche Kündigungsrechte sind keine »spezifische Reaktion der Privatrechtsordnung«,[772] die die Parteien vor einer ewigen Bindung bewahren will, sondern bestehen, weil die Parteien sich von vornherein nicht ewig binden wollten.[773] Der kategoriale Unterschied, den *Oetker*[774] im Anschluss an *Karl August Bettermann775* zwischen einer ordentlichen Kündigung, die auf dispositives Gesetzesrecht und daher »nur mittelbar« auf dem Parteiwillen zurückgeht, und einem Aufhebungsvertrag erkennen will, besteht also nur hinsichtlich des Zeitpunktes der Willensübereinkunft der Parteien. Die sogenannte Kündigungsfreiheit entpuppt sich daher schlicht als die Freiheit zur Ausübung der Lösungsmöglichkeiten, die die Parteien sich gegenseitig bei Vertragsschluss zugestanden haben, weil ihr Bindungswille in zeitlicher Hinsicht begrenzt ist.

cc) Zwischenergebnis

Der Rückgriff auf den die Kündigungsfreiheit einschränkenden Bestandsschutz rekurriert damit in der Sache auf diejenigen vertraglichen Bestimmungen, die *inter partes* den zeitlich begrenzten Bindungswillen der Parteien abbilden.[776] Hierzu gehören insbesondere die Befristung bzw. der insoweit funktionsäquivalente Ausschluss des ordentlichen Kündigungsrechts einerseits und die Frist für die ordentliche Kündigung andererseits.[777] Die »Verdrängung der Kündigungsfreiheit« durch den Bestandsschutz kann also nur das Phänomen bezeichnen, dass die Lösungsmöglichkeiten nur in (sehr)

771 Insofern ist der Ansicht *Oetkers*, der Grundsatz der Vertragstreue gelte nur in den Grenzen der ordentlichen Kündigung (vgl. soeben in Fn. 768) zuzugestehen, dass zumindest im Ergebnis die Reichweite der Vertragstreue zutreffend bestimmt wird. Warum der Grundsatz *pacta sunt servanda* durch die ordentliche Kündigung eine »Durchbrechung« erfahren soll, bleibt gänzlich unklar. Umso mehr erschließt sich nicht, warum *Oetker* die außerordentliche Kündigung wiederum auf eine durch Unzumutbarkeitserwägungen gerechtfertigte Durchbrechung der Vertragstreue zurückführt.

772 *Paschke*, Wohnraummiete, S. 139, der – auf dieser Grundlage folgerichtig – davon ausgeht, in Abwesenheit konkreter Vereinbarungen sei »eine rechtsgeschäftliche Vereinbarung über die Beendigung [...] nicht zustande gekommen«, *ders.*, Wohnraummiete, S. 264.

773 *J. F. Hoffmann*, Zession, S. 214 f.; *Schlüter*, Rückabwicklung, S. 215 ff., insb. Fn. 205 und 224; entsprechend für Rücktrittsrechte *J. F. Hoffmann*, Zession, S. 204 ff. und *Lobinger*, Grenzen, S. 319 f.

774 *Oetker*, Dauerschuldverhältnis, S. 258 f.

775 *Bettermann*, JZ 1954, 461 f.

776 Der inhaltlich begrenzte Bindungswille, der durch die außerordentliche Kündigung abgebildet wird, ist dagegen auch im hiesigen Kontext irrelevant, da bei Vertragsuntreue auch *inter partes* kein Bestandsschutz gewährt wird, vgl. auch oben S. 106 bei Fn. 536.

777 Soll der Bestandsschutz der maßgebliche Anknüpfungspunkt für die Legitimation des § 108 Abs. 1 S. 1 InsO sein, ist die oben auf S. 106 getroffene begriffliche Festlegung, dass Kündigungsfristen hierunter zu fassen sind, natürlich zwingend, da auch grundlos ordentlich kündbare Vertragsverhältnisse von § 108 Abs. 1 S. 1 InsO geschützt sind.

engen Grenzen von den Parteien festgelegt werden. Diese vertraglichen Vereinbarungen werden *inter partes* unmittelbar durch die Privatautonomie der Parteien legitimiert. Ein Dauerschuldverhältnis ist gar nicht, für eine bestimmte Zeit nicht, nur eingeschränkt (bei Vorliegen eines Kündigungsgrundes und bzw. oder unter Einhaltung einer Kündigungsfrist) oder jederzeit fristlos kündbar, weil die Parteien es so wollten. Dies ergibt sich zwar, wie gesehen, nicht ohne weiteres für zwingendes Gesetzesrecht und tarifvertragliche Vereinbarungen. Auch diese werden hier aber autonom-privatrechtlich verstanden,[778] sind also ebenfalls als im Kern privatautonome Vereinbarungen zu sehen, weshalb die durch sie begründete Bindung *inter partes* keine andere Qualität hat als die (ausdrücklicher) Parteivereinbarungen. Zudem kann dies für die Legitimation des § 108 Abs. 1 S. 1 InsO ohnehin nicht relevant sein, da die Privilegierung nicht davon abhängt, ob der Bestandsschutz (ausdrücklich) individualvertraglich oder tarifvertraglich vereinbart wurde oder aus zwingendem Gesetzesrecht resultiert.

b) Stellungnahme: Die unzureichende Legitimationskraft des Bestandsschutzes im Verteilungskonflikt *erga omnes*

Eine Legitimation des § 108 Abs. 1 S. 1 InsO als Insolvenzprivileg unter Rückgriff auf den Topos des Bestandsschutzes muss auf dieser Basis ausscheiden. Letzten Endes greift man hierbei lediglich auf das Forderungsrecht an sich zurück. Der Gläubigergleichbehandlungsgrundsatz gebietet indes, nicht anhand einer bloßen Interessenlage zwischen vorinsolvenzlich durch den Schuldner begründeten Obligationen zu unterscheiden, wenn nicht der Insolvenzverwalter selbst die Obligation gegenüber der Masse legitimiert.[779] Dies erfordert die Insolvenzsituation als schärfster denkbarer Verteilungskonflikt. Zudem würden anderenfalls die dogmatischen Grenzen, denen die Aussonderung unterliegt, unterlaufen.

aa) Der Rückgriff auf den Bestandsschutz als Rückgriff auf das Forderungsrecht an sich

Der Bestandsschutz *inter partes* resultiert denklogisch zunächst schlicht aus der Tatsache, dass sich bestimmte Forderungen ihrem Inhalt nach auf dauernde oder wiederkehrende Leistungen richten und so auf einen Zeitraum beziehen. Für diese Forderungsrechte muss der Zeitraum, während dessen der Gläubiger die Leistung verlangen können soll, in irgendeiner Weise definiert werden. Die Bestimmung dieses Zeitraums ist Sache der Vertragsparteien und erfolgt, wie gesehen, über entsprechende Vereinbarungen zur zeitlichen Begrenzung der vertraglichen Bindung. Der Bestandsschutz erweist sich vor diesem Hintergrund lediglich als durch die Vertragsparteien vorgenommene Regulierung des zeitlichen Leistungsumfangs, die überhaupt erst dazu führt, dass privatrechtlich legitime Interessen entstehen, die durch den faktischen Abbruch der Leistungsbeziehung beeinträchtigt werden – ohne einen gewissen Bestandsschutz müsste der Vertragspartner ohnehin jederzeit den Verlust bzw. die insolvenzbedingte Entwertung seiner Rechtsposition fürchten, weil ihm der Forderungsinhalt (in gewissem

778 Siehe oben S. 108 f.
779 Dazu auch unten S. 169.

Umfang) nicht einmal relativ endgültig zugewiesen wäre.[780] Durch den Bestandsschutz wird also überhaupt eine Grundkonstellation hergestellt, die bei punktuellen Austauschverträgen ohne weiteres besteht, da die Vertragspartner hier ihre gegenseitigen Forderungsrechte vorbehaltlich etwaiger Leistungsstörungen nicht einseitig beseitigen können.

Aus dem Gesagten folgt, dass man mit dem Ansatz, das Privileg des § 108 Abs. 1 S. 1 InsO unter Verweis auf den privatrechtlichen, außerhalb der Insolvenz anerkannten Bestandsschutz zu rechtfertigen, letzten Endes auf die vorinsolvenzlich bestehende Rechtsposition des Gläubigers zurückgreift. Folglich wird hier die Obligation an sich im Verteilungskonflikt der Insolvenz aufgrund einer besonderen Interessenlage verabsolutiert.

bb) Der entgegenstehende Geltungsanspruch des Gläubigergleichbehandlungsgrundsatzes

Greift man mit dem Bestandsschutz also auf die inhaltliche Ausgestaltung der Forderungsrechte durch die Parteien und damit auf das Forderungsrecht an sich zurück, werden durch die Legitimation unter Rückgriff auf den Bestandsschutz letztlich Obligationen postuliert, die aus sich heraus insolvenzfest sind. Hiermit kann der durch den Gläubigergleichbehandlungsgrundsatz aufgestellten Rechtfertigungslast indes nicht Rechnung getragen werden. Vielmehr würde man so im Ergebnis die dem Institut der Aussonderung immanenten Grenzen unterlaufen.

(1) Die Sonderstellung der Insolvenzfestigkeit unter den Absolutheitsmerkmalen

Die Insolvenzsituation unterscheidet sich materiell erheblich von den anderen beiden Konstellationen, in denen sich die Wirkung eines absoluten Rechts zeigt, da die Gewährung von Individualschutz mit gravierenderen Nachteilen für den Rechtsverkehr in Gestalt der übrigen Gläubiger einhergeht. Dies lässt sich am Beispiel der hier besonders relevanten Nutzungsrechte verdeutlichen: Wird ein Nutzungsrecht *erga omnes* vor Rechtsverletzungen geschützt und beschädigt ein Dritter den Nutzungsgegenstand, kann der Nutzungsberechtigte von diesem den Nutzungsschaden ersetzt verlangen.[781] Er muss dafür freilich weiter das Entgelt entrichten und wird daher wirtschaftlich im Ergebnis so gestellt, wie wenn der Vertrag ohne das schädigende Ereignis durchgeführt worden wäre. Erfährt ein Nutzungsrecht dagegen keinen Schutz *erga omnes* und beeinträchtigt ein Dritter die Nutzung, kann der Nutzungsberechtigte sich gegenüber seinem Vertragspartner durch Gewährleistungsrechte oder die vertragliche Risikoordnung (§§ 275, 326 BGB) in der Regel schadlos halten und der Vollrechtsinhaber[782] gegenüber dem Rechtsverletzer seine finanziellen Einbußen gegenüber dem Nutzungsberechtigten liquidieren (§§ 249, 252 BGB). Der Rechtsverletzer haftet also für den von ihm schuldhaft verursachten Schaden und *inter partes* steht der Nutzungsberechtigte

780 Zum Zusammenhang zwischen Bestandsschutz und Kontinuitätsinteressen eingehend oben S. 105 ff.

781 MüKo/*Wagner*, § 823 BGB, Rn. 325.

782 Der Einfachheit halber wird hier davon ausgegangen, dass der zur Nutzungsüberlassung Verpflichtete auch Vollrechtsinhaber ist.

allenfalls insofern schlechter, als dass ihm ein entgangener Gewinn nicht ersetzt wird.[783] Für den Sukzessionsschutz liegen die Dinge ähnlich: Im Falle einer Veräußerung des Vollrechts wird ein sukzessionsgeschütztes Nutzungsrecht den Erlös mindern, weil der Nutzungsberechtigte gegenüber dem Erwerber seine Rechtsposition geltend machen kann und so hinsichtlich der Nutzung die Naturalerfüllung des Vertrages erhält.[784] Ein nicht sukzessionsgeschütztes Nutzungsrecht wird dem Veräußerer zwar einen höheren Erlös bescheren, der aber im Ergebnis durch die Sekundäransprüche seines nutzungsberechtigten Vertragspartners gemindert werden wird, die diesem sein positives Interesse garantieren. Auch hier ändert die Rechtsnatur des Nutzungsrechtes also nichts daran, dass der Nutzungsberechtigte wirtschaftlich die Durchführung des Vertrages verlangen kann und der Dritte in beiden Fällen wirtschaftlich gleichermaßen hiervon betroffen ist. Unterschiede ergeben sich in den aufgezeigten Konstellationen lediglich in der Verteilung der Insolvenzrisiken und beim Sukzessionsschutz hinsichtlich der Frage, wem die tatsächliche Nutzung zugeordnet wird[785] und wer nur einen finanziellen Ausgleich erhält.[786]

In der Insolvenzsituation hingegen ist die Belastung der Dritten in Gestalt der übrigen Gläubiger für diese gravierender, da etwaige vermögensmäßige Nachteile, die die Gläubiger durch die Gewährung von Individualschutz erleiden, nicht ausgeglichen werden können: Ist der der Masse aufgezwungene Leistungsaustausch nicht die optimale Verwertungsmöglichkeit, mindert die Bindung der Masse unmittelbar die Insolvenzquote. Auf die besondere Schärfe, die der Verteilungskonflikt der Insolvenz aufweist, reagiert der Gläubigergleichbehandlungsgrundsatz, indem die unvermeidbaren Verluste unter den beteiligten Privatrechtssubjekten gleichmäßig verteilt werden. Um dieses Postulat nicht zu entwerten, müssen aber auch schärfere Anforderungen an einen etwaigen Individualschutz gestellt werden.

Liegt dem Schutz gegenüber einem Rechtsnachfolger oder vor Rechtsverletzungen Dritter lediglich eine Abwägung von Verkehrs- und Individualinteressen zugrunde, führt der Geltungsanspruch des Gläubigergleichbehandlungsgrundsatzes demgegen-

783 Man mag erwägen, dem Nutzungsberechtigten den entgangenen Gewinn im Rahmen einer Drittschadensliquidation zu gewähren, vgl. BeckOGK/*Brand*, § 249 BGB, Rn. 344. Funktional käme dies indes ohnehin einer Verabsolutierung gleich.

784 Keine Rolle spielt dabei, ob der Erwerber wie bei § 566 BGB in den Vertrag eintritt oder wie bei § 986 Abs. 2 BGB nur nicht Herausgabe des Nutzungsgegenstands verlangen kann. Wirtschaftlich ist dies nur für die Frage relevant, wie stark das sukzessionsgeschützte Nutzungsrecht den Erlös drückt.

785 Diese wird im Falle der Rechtsverletzung ohnehin typischerweise nicht möglich sein.

786 Dies kann für die Beteiligten natürlich ein erheblicher Unterschied sein, weswegen man bei gegenständlich begrenzten Verteilungskonflikten den Aspekt der Gleichbehandlung nicht vorschnell außer Acht lassen sollte, vgl. *J. F. Hoffmann*, Prioritätsgrundsatz, S. 384 ff. und insbesondere S. 399. Auch Sukzessionsschutzmechanismen lösen in gewisser Hinsicht einen solchen Verteilungskonflikt auf, vgl. *ders.*, Prioritätsgrundsatz, S. 401, Fn. 65; MüKo/*ders.*, § 108 InsO, Rn. 6, weswegen man durchaus die Frage aufwerfen kann, ob in diesem Kontext bestehende »Privilegien« nicht auch an einem Gleichbehandlungsgrundsatz zu messen sein sollten. Letzten Endes befindet aber auch *ders.*, Prioritätsgrundsatz, S. 391 ff., 401 eine Anwendung der §§ 130 f. InsO bei gegenständlich begrenzten Verteilungskonflikten nicht für zwingend, weil dem (materiell zu Unrecht übergangenen) Gläubiger Leistungsstörungsrechtsbehelfe zustehen.

über dazu, dass sich die Drittwirkung in der Insolvenzsituation nicht allein aus einer solchen Interessenabwägung ergibt. Für das Verhältnis der Absolutheitsmerkmale untereinander ist daher nicht nur der verbreitete Zirkelschluss abzulehnen, dass eine sukzessions- oder vor Rechtsverletzungen Dritter geschützte Rechtsposition auch insolvenzfest sein müsse,[787] sondern davon auszugehen, dass *alleine* aufgrund einer den Sukzessionsschutz bzw. den Schutz vor Rechtsverletzungen rechtfertigenden Interessenabwägung nur ein Aussonderungsrecht, jedoch keine Privilegierung in der Insolvenz vorgenommen werden *darf*.[788] Allein der Verweis auf besondere Interessen, die sich bei bestimmten Obligationen feststellen lassen, reicht hierfür folglich nicht aus. Lediglich das unbestreitbar vorhandene privatrechtliche Interesse der Sicherungsnehmer würde etwa auch nicht ausreichen, um die Insolvenzfestigkeit von Kreditsicherheiten[789] zu begründen. Diesen Anforderungen kann der Bestandsschutz nicht genügen. Er stellt wie gesehen nur die inhaltliche Ausgestaltung der Forderungsrechte der Parteien dar, die dazu führt, dass eine lediglich relative Wirkung der Forderungsrechte überhaupt privatrechtlich geschützte Interessen tangiert. Dies ist allerdings stets der Fall, wenn Inhaber relativer Rechte in einen Konflikt mit Dritten geraten. Der besonderen Rechtfertigungslast, die der Gläubigergleichbehandlungsgrundsatz für Insolvenzprivilegien aufstellt, kann man hiermit nicht gerecht werden.

(2) Die Aussonderung als maßgebliche Kategorie insolvenzfester Ansprüche

Der Geltungsanspruch des Gläubigergleichbehandlungsgrundsatzes bezieht sich von vornherein nur auf das haftende Vermögen und wird somit durch die Aussonderungsrechte begrenzt. Die Privilegierung nur durch den Schuldner vorinsolvenzlich begründeter Obligationen stellt auch die Anforderungen, die im Kontext eines Vermögenstransfers an Aussonderungsrechte gestellt werden, und somit diese Grenzen in Frage. Wie gesehen müssen Aussonderungsrechte nicht vor dem Gläubigergleichbehandlungsgrundsatz gerechtfertigt werden. Hier sind allein Zweckmäßigkeits-, vor allem Verkehrsschutzgesichtspunkte maßgeblich, die insbesondere erfordern, dass für dieselben Vermögensgüter einheitliche Anforderungen an den für den Wechsel der absoluten Zuordnung erforderlichen Vollzugsakt zu stellen sind.[790] Es mag auf den ersten Blick verwundern, dass die Maßstäbe für Rechtspositionen, die gemein haben, dass ihre Inhaber nicht von den Wirkungen des Gläubigergleichbehandlungsgrundsatzes betroffen sind, so unterschiedlich sind. Aussonderungsrechte und Insolvenzprivilegien adressieren aber schlicht unterschiedliche Sachfragen: Die Frage, ab wann ein bestimmtes Gut nicht mehr zum haftenden Vermögen gehört, ist eine andere als diejenige, wie das haftende Vermögen zu verteilen ist. Die Verabsolutierung der in § 108 Abs. 1 S. 1 InsO genannten Rechtspositionen allein aufgrund eines besonderen (privatrechtlichen) Interesses stellt die Anforderungen an eine zur Aussonderung berechti-

787 Vgl. oben S. 42 f.
788 So wohl auch *Häsemeyer*, Insolvenzrecht, Rn. 14.04, 20.52, der § 108 Abs. 1 S. 1 InsO insbesondere für Arbeitsverhältnisse sehr kritisch sieht, den Schutz des Immobiliarmieters gem. § 108 Abs. 1 S. 1 InsO demgegenüber aber für »eher berechtigt« hält; ihm folgend etwa *Böker*, Mietsicherungsdienstbarkeit, S. 33.
789 Dazu auch noch sogleich S. 165 ff.
790 Siehe oben S. 145 ff.

gende Rechtsposition in Frage, da ohne Rücksicht auf den Forderungsgegenstand und etwaige Vollzugserfordernisse insolvenzfeste Ansprüche geschaffen werden. Zwar unterscheiden sich Masseverbindlichkeiten von Aussonderungsrechten dadurch, dass erstere bei Masseunzulänglichkeit nur quotal befriedigt werden. Solange keine Masseunzulänglichkeit eintritt, stehen die in § 108 Abs. 1 S. 1 InsO angesprochenen Vertragspartner aber, abgesehen von dem Vollstreckungsverbot gem. § 90 InsO, ebenso wie Aussonderungsberechtigte. Vertragspartner des Schuldners ohne Mitwirkung des Insolvenzverwalters mittels Masseverbindlichkeit zu privilegieren, würde also den Geltungsanspruch der der Aussonderung immanenten Grenzen auf den Fall der Masseunzulänglichkeit beschränken. Bei der Durchsetzung der Vermögenshaftung des Schuldners dürfen einzelne Vertragspartner daher nicht allein unter Rückgriff auf die Obligation privilegiert werden.[791]

cc) Fazit

Somit kann die Privilegierung von Dauerschuldverhältnissen nicht damit gerechtfertigt werden, dass der außerinsolvenzlich legitime, *inter partes* gegebene Bestandsschutz in gewissem Rahmen in der Insolvenz abgebildet wird. Es ist zwar unbestreitbar, dass die zeitliche Dimension der Forderungsrechte in Dauerschuldverhältnissen ab Aufnahme des Leistungsaustauschs zu einer besonderen Interessenlage führt, die außerhalb der Insolvenz zu Verabsolutierungen führt. Den Anforderungen, die der Gläubigergleichbehandlungsgrundsatz für Insolvenzprivilegien aufstellt, kann hiermit aber nicht Rechnung getragen werden.

5. § 108 Abs. 1 S. 1 InsO als Kreditsicherheit

Die prominenteste Gruppe der Insolvenzprivilegien ist wohl die der Kreditsicherheiten. Natürlich ist auch hier zu erkennen, dass die »Dinglichkeit« bzw. die »Vorinsolvenzlichkeit« einer Kreditsicherheit die Privilegierung des Sicherungsnehmers nicht legitimieren kann.[792] Im Ergebnis besteht aber jedenfalls Einigkeit darüber, dass die Privilegierung von Kreditsicherheiten *de lege lata* grundsätzlich legitim ist, was nicht zuletzt dadurch belegt wird, dass sogar Theorien zum Gläubigergleichbehandlungsgrundsatz daran gemessen werden, ob sie in der Lage sind, diese konkrete Ausnahme schlüssig zu begründen.[793] Angesichts der verbreitet geäußerten These, § 108 Abs. 1 S. 1 InsO sichere vorleistungspflichtige Vertragspartner ab, mag man auch an eine entsprechende

791 An anderer Stelle, etwa der Beachtlichkeit des begrenzten Bindungswillens des Vertragspartners (dazu oben S. 29 ff.) mag zwar im insolvenzrechtlichen Kontext anhand der Obligation an sich differenziert werden. So kann der Vertragspartner eines synallagmatischen Vertrages sich beispielsweise in der Insolvenz weiter auf § 320 BGB berufen, während § 273 Abs. 1 BGB nach herrschender Ansicht nicht insolvenzfest ist (a. A. jüngst *Stamm*, KTS 2021, 467 ff. mit zahlreichen Nachweisen zum Meinungsstand). Auf dieser Basis kann der Vertragspartner aber noch nicht die Vermögenshaftung des Schuldners durchsetzen, da es hierzu einer Erfüllungswahl bedarf. Hierbei wird handelt es sich aber um ein auch qualitativ anders Kriterium, vgl. sogleich S. 168 ff.

792 Vgl. oben S. 154 bei und in den Fn. 734 f.

793 Siehe oben S. 140 bei und in Fn. 660.

gleichbehandlungsspezifische Legitimation denken.[794] Insbesondere die Legitimation der Kreditsicherheiten wie sie *J. F. Hoffmann* vornimmt, lässt aber zumindest den Gedanken zu: Hiernach kann sich der Sicherungsnehmer darauf berufen, dass er nur aufgrund der Kreditsicherheit eine Gläubigerstellung anzunehmen bereit war und daher potentiell außerhalb des Verteilungskonfliktes steht. Dieser sei ohne das Privileg des Kreditgebers gar nicht darstellbar, weshalb alles andere als eine Privilegierung die Selbstbestimmungsfreiheit des Kreditgebers verletze.[795] Es erscheint nicht von vornherein undenkbar, dass der Vertragspartner § 108 Abs. 1 S. 1 InsO in ähnlicher Weise zur Grundlage seiner Entscheidung macht, weshalb sich die Frage aufwerfen lässt, ob § 108 Abs. 1 S. 1 InsO unter Rückgriff auf diese Legitimation von Kreditsicherheiten seinerseits gegenüber dem Gläubigergleichbehandlungsgrundsatz gerechtfertigt werden kann. Dass nicht schon außerhalb der Insolvenz eine Rechtsposition sichtbar wäre, wie es bei den Pfandrechten üblich ist, spricht nicht gegen diesen Gedanken, da es für diese Legitimation eines Privilegs als Kreditsicherheit auf den Sicherungszweck ankommt und nicht auf die konstruktive Einkleidung.[796] Weiterhin kann nicht eingewendet werden, dass die Vertragsparteien die Bevorzugung gem. § 108 Abs. 1 S. 1 InsO in der Insolvenz nicht ausdrücklich vereinbaren müssen. § 108 Abs. 1 S. 1 InsO wäre schlicht als kodifizierte Kreditsicherheit zu sehen, die nach dem Vorbild dispositiven Gesetzesrechts den hypothetischen Parteiwillen abbildet und somit ebenso zu bewerten ist wie eine ausdrücklich eingeräumte Kreditsicherheit.[797] In der Folge müsste man es den Parteien aber jedenfalls *prima facie* zugestehen, § 108 Abs. 1 S. 1 InsO abzubedingen, womit man sich zu § 119 InsO zu verhalten hätte. Eine von § 108 Abs. 1 S. 1 InsO zugunsten der Masse abweichende Vereinbarung wäre freilich unbedenklich. Auch die Tatsache, dass im Falle der Insolvenz des Vermieters bzw. des Dienstverpflichteten § 108 Abs. 1 S. 1 InsO nicht zu einer Geldleistung verpflichtet, muss nicht zwingend dagegen sprechen, ließe sich doch zumindest davon sprechen, dass die Gewährleistungsansprüche als Masseverbindlichkeiten das Wertinteresse an der Naturalleistung sichern und der Masse lediglich die Möglichkeit gegeben wird, die Naturalerfüllung zu wählen. Dass Masseverbindlichkeiten ihrer Natur nach einen bevorzugten Zugriff auf das gesamte Vermögen vermitteln und § 108 Abs. 1 S. 1 InsO daher bei dieser Deutung in der Sache einer Generalhypothek gleichkäme,[798] deren Kodifikation der Gesetzgeber aus Verkehrsschutzgründen abgelehnt hat,[799] wäre lediglich hinsichtlich des Spezialitätsgrundsatzes problematisch, spricht aber auf der Ebene der Gläubigergleichbehandlung nicht gegen diese Deutung.[800]

Indes ist von einer solchen Deutung des § 108 Abs. 1 S. 1 InsO abzusehen. Zunächst kommt § 108 Abs. 1 S. 1 InsO schon auf den ersten Blick keine kreditsichernde Stoß-

794 Insofern konsequent *Piekenbrock*, ZZP 122 (2009), 63, 77 f., der Arbeitnehmerprivilegien als eine Art Kreditsicherheit begreifen möchte und auch mit deren Vorleistungspflicht argumentiert.

795 *J. F. Hoffmann*, Prioritätsgrundsatz, S. 299 f.

796 Vgl. oben S. 153 f.

797 Zur Funktionsäquivalenz von dispositivem Gesetzesrecht und ausdrücklichen vertraglichen Vereinbarungen *Cziupka*, Dispositives Vertragsrecht, S. 44 ff.; *Mossler*, ZIP 2002, 1831, 1835; *J. F. Hoffmann*, KTS 2018, 343, 363.

798 *J. F. Hoffmann*, Prioritätsgrundsatz, S. 270; MüKo/*ders.*, § 108 InsO, Rn. 6.

799 *Hahn*, Materialien IV, S. 39; *Mugdan*, Motive III, S. 333 f.

800 Siehe schon oben S. 152 ff. bei Fn. 738.

richtung zu. Bei den Kreditsicherheiten steht typischerweise das Interesse eines Kreditgebers im Vordergrund, in Bezug auf ein bestimmtes Wertinteresse nicht das Insolvenzrisiko seines Schuldners tragen zu müssen. Im Insolvenzfall soll es dem Gläubiger möglich sein, sich rasch (in der Regel aus einem bestimmten Vermögensgegenstand) möglichst vollumfänglich zu befriedigen und die vertragliche Beziehung zum Schuldner so in der Regel vorzeitig ohne Vermögensverlust zu beenden. Für die in § 108 Abs. 1 S. 1 InsO adressierten Verträge ist aber schon unklar, worin überhaupt die Kreditierung besteht. Der Gedanke einer notwendigen Vorleistung wurde bereits oben abgelehnt.[801] Die Absicherung einer freiwilligen Vorleistung würde aber tatsächlich eine solche voraussetzen. Kann diese etwa bei einem Vermieter je nach den Zahlungs- und Kündigungsmodalitäten[802] vorliegen und liegt sie typischerweise (vgl. § 543 Abs. 2 S. 1 Nr. 3 BGB) auch vor, hängt § 108 Abs. 1 S. 1 InsO dennoch nicht hiervon ab.

Schließlich ist es mehr als zweifelshaft, dass eine entsprechende Willensübereinkunft zwischen den Parteien typisierend angenommen werden könnte: Der Mieter verfügt typischerweise nicht über die entsprechende Verhandlungsmacht. Für die Insolvenz des Dienstverpflichteten, die unter Geltung der Konkursordnung noch gar nicht privilegiert behandelt wurde, sind keine Sicherungsmittel bekannt, die sich aber hätten herausbilden müssen, wenn ein entsprechendes Sicherungsbedürfnis bestünde. Die Verhandlungsmacht von Dienstverpflichteten sollte man zwar zumindest auf tarifvertraglicher Ebene nicht vorschnell unterschätzen. Dennoch wäre, wie im Übrigen auch für den Vermieter, höchst fraglich, warum man eine derart unzureichende Absicherung wählen sollte: Forderungen für die Zeit bis zur Verfahrenseröffnung sind ohnehin nicht abgesichert (§ 108 Abs. 2 InsO), die Fortdauer des Leistungsaustauschs wird durch die Sonderkündigungsrechte gem. §§ 111, 113 InsO eingeschränkt und im Fall der Masseunzulänglichkeit steht der Vertragspartner wie jeder andere Altmassegläubiger.

Alles in allem kann daher nicht davon ausgegangen werden, dass § 108 Abs. 1 S. 1 InsO eine kreditsichernde Funktion erfüllt, weswegen auch hinsichtlich der Legitimation nicht auf die Topoi der Kreditsicherung zurückgegriffen werden kann.

6. Interesse der Gläubigergesamtheit

Unstreitig können Privilegien jedenfalls mit dem Interesse der Gläubigergesamtheit gerechtfertigt werden. Dies ist wohl über alle Meinungsgrenzen hinweg unbestritten und auch konsequent, da die Haftungsmasse den Gläubigern zu ihrer Befriedigung zugewiesen ist.[803] Für § 108 Abs. 1 S. 1 InsO ist dieser Legitimationstopos allerdings bisher nicht oder jedenfalls nicht ausdrücklich erwogen worden.[804] Geht man wie hier

801 Siehe S. 51 ff.

802 Vgl. S. 51 bei Fn. 255.

803 *Henckel*, FS Weber, S. 237, 252.

804 MüKo/*J. F. Hoffmann*, § 108 InsO, Rn. 161; *ders.*, Prioritätsgrundsatz, S. 336. Beachte aber die Nachweise oben in Fn. 236 bei S. 47, die den Zweck der §§ 108 Abs. 1 S. 1, 109, 113 InsO auch darin sehen, Sanierungschancen zu wahren, sich aber nicht explizit zur Legitimierbarkeit des Privilegs äußern. Möglicherweise würde jedoch *von Wilmowsky* auf Basis seiner Thesen zu § 112 InsO (*von Wilmowsky*, ZInsO 2004, 882 ff.) zu einer Legitimierbarkeit des Vermieterprivilegs mit dem Interesse der Gläubigergesamtheit kommen, dazu unten S. 202 in Fn. 963.

davon aus, dass § 108 Abs. 1 S. 1 InsO an und für sich nicht den Schutz von Masseinteressen bezweckt,[805] scheint dies auch eher fernzuliegen: Ist ein Privileg weder erforderlich, um dem Insolvenzverwalter eine flexible Handhabung der Laufzeit eines Dauerschuldverhältnisses zu ermöglichen, noch, um den Vertragspartner an einer Kündigung zu hindern, da dies auch mit Kündigungssperren erreicht werden kann, scheint ein solches aus Sicht der Insolvenzgläubiger schlicht entbehrlich. Die Systematik der im Interesse der Insolvenzgläubiger privilegierten Masseverbindlichkeiten und der materielle Gehalt der Kündigungssperren lassen aber auch an der Entbehrlichkeit des Privilegs aus Massesicht zweifeln.

a) Die Legitimation von Masseverbindlichkeiten im Interesse der Insolvenzgläubiger

Das Interesse der Gläubigergesamtheit spielt für die Legitimation der in §§ 53 ff. InsO adressierten Masseverbindlichkeiten eine zentrale Rolle. Insbesondere die gem. §§ 53 f., 55 Abs. 1 Nr. 1, Nr. 2 Alt. 1 und Abs. 2 bzw. analog § 55 Abs. 2[806] InsO privilegierten Masseverbindlichkeiten werden mit dem Interesse der Insolvenzgläubiger gerechtfertigt. Dem liegt der Gedanke zugrunde, dass das Insolvenzverfahren im Interesse der Insolvenzgläubiger durchgeführt wird, für die Durchführung die Privilegierung bestimmter Gläubiger erforderlich ist und daher diese Privilegierung durch das Interesse der Insolvenzgläubiger legitimiert ist.[807] Am deutlichsten tritt dies bei den Verfahrenskosten gem. §§ 53 f. InsO zutage, da ohne deren Deckung ein Verfahren gar nicht durchgeführt werden kann.[808] Im Interesse der Insolvenzgläubiger ist es auch, dass ein Insolvenzverwalter eingesetzt und mit der Rechtsmacht ausgestattet wird, zum Zwecke der Verwertung des Schuldnervermögens für die Insolvenzmasse am Rechtsverkehr teilzunehmen.[809] Im Vordergrund steht dabei der Gedanke, dem Insolvenzverwalter insbesondere die Verwaltung und Verwertung des schuldnerischen Vermögens zu ermöglichen und hierfür Rechtsgeschäfte abzuschließen bzw. die Erfüllung von Verträgen zu wählen, die der Schuldner vorinsolvenzlich geschlossen

805 Siehe oben S. 48 ff.

806 Der vorläufige Insolvenzverwalter ohne Verwaltungs- und Verfügungsbefugnis mit Einzelermächtigung (sogenannter »halbstarker« vorläufiger Insolvenzverwalter) steht in deren Regelungsbereich einem vorläufigen Insolvenzverwalter, auf den die Verwaltungs- und Verfügungsbefugnis übergegangen ist (sog »starker« vorläufiger Insolvenzverwalter) gleich und kann analog § 55 Abs. 2 InsO Masseverbindlichkeiten begründen, MüKo/*Hefermehl,* § 55 InsO, Rn. 226.

807 Etwa *Bauer*, Ungleichbehandlung, S. 18, 99; *Gassert-Schumacher*, Privilegien, S. 336; *J. F. Hoffmann*, Prioritätsgrundsatz, S. 331 ff., 340 ff.

808 Anders offenbar *Knospe*, ZInsO 2014, 861, 864, der durch die Privilegierung der Verfahrenskostengläubiger tatsächlich »gläubigerfremd[e] Zweck[e]« verfolgt sieht.

809 Vgl. auch *Hahn*, Materialien IV, S. 231, wonach die Masseverbindlichkeiten aus gegenseitigen Verträgen kein »sachlich nothwendiger Kostenaufwand« seien. Die damit verbundenen Risiken der Gläubiger werden auch durch die Verwalterhaftung gem. §§ 60 f. (im Fall eines vorläufigen Insolvenzverwalters i. V. m. § 21 Abs. 2 S. 1 Nr. 1 InsO) abgefedert, MüKo/*Schoppmeyer,* § 60 InsO, Rn. 1, wobei hier keine Aussage darüber getroffen werden kann, ob diese zweckmäßig ausgestaltet ist.

hat.[810] Die Haftung der Masse bei durch den Insolvenzverwalter begangenen Rechtsverletzungen, also die Privilegierung von Schadensersatzansprüchen, erscheint vor diesem Hintergrund aus privatrechtlicher Sicht (Freiheit und Verantwortung) aber geradezu zwingend.[811] Auch die Privilegierung von Bereicherungsforderungen gem. § 55 Abs. 1 Nr. 3 InsO lässt sich darauf zurückführen, dass der Insolvenzverwalter im Masseinteresse am Rechtsverkehr teilnimmt: Es gibt schlicht keinen Grund, die Bereicherungshaftung, der im Rechtsverkehr jedes Privatrechtssubjekt unterliegt, hinsichtlich der vom Insolvenzverwalter selbst vereinnahmten Vermögensmehrungen und der durch ihn getroffenen, schuldrechtlichen Abreden zu suspendieren.[812] Die Insolvenzgläubiger tragen also die Kosten für die Maßnahmen, die in ihrem Interesse ergriffen werden, wobei § 55 Abs. 2 InsO (analog) diesen Gedanken auf das Eröffnungsverfahren und den vorläufigen starken bzw. halbstarken Insolvenzverwalter erweitert.[813]

Obgleich teilweise sogar die These formuliert wird, dass »die gesetzliche Privilegierung von Masseverbindlichkeiten« generell der Durchführung des Verfahrens diene,[814] kann die Privilegierung der Dauerschuldverhältnisse gem. §§ 108 Abs. 1 S. 1, 55 Abs. 1 Nr. 2 Alt. 2 InsO[815] nicht pauschal auf dieser Basis legitimiert werden. Die Fortführung des Leistungsaustauschs sämtlicher in § 108 Abs. 1 S. 1 InsO adressierter Vertragsverhältnisse ist wie die Erfüllung aller durch den Schuldner geschlossenen Verträge nicht per se für die Durchführung des Insolvenzverfahrens notwendig.[816] Es handelt sich nicht um eine Maßnahme der (rechtsgeschäftlichen) Verwertung oder Verwaltung des Schuldnervermögens und § 108 Abs. 1 S. 1 InsO beruht auch nicht auf einer gesetzlichen Haftung, die die Insolvenzgläubiger als Preis für einen für sie im Rechtsverkehr tätigen Insolvenzverwalter in Kauf nehmen müssten. Dies unterscheidet die aus §§ 108 Abs. 1 S. 1, 55 Abs. 1 Nr. 2 Alt. 2 InsO resultierenden Masseverbindlichkeiten aus gleichbehandlungsspezifischer Sicht fundamental von den sonstigen in

810 Der Abschluss eines neuen Vertrages und die Erfüllungswahl sind insofern funktionsäquivalent, vgl. oben S. Dass der Vertrag den Insolvenzgläubiger auch wirklich einen Vorteil bei der Verwertung des Vermögens bringt, wird dabei nur typischerweise der Fall sein, ist aber keine Voraussetzung für die Privilegierung. Vor negativen Folgen wird man die Masse nur in engen Grenzen über das Institut der Insolvenzzweckwidrigkeit schützen können, BGHZ 150, 353, 360 ff.; BGH NJW 2009, 1414, 1415; MüKo/*Hefermehl,* § 55 InsO, Rn. 25 ff., 120, wobei die Erfüllungswahl als Willenserklärung natürlich anfechtbar sein kann, siehe statt vieler KPBJ/*Tintelnot,* § 103 InsO, Rn. 225.

811 *J. F. Hoffmann*, Prioritätsgrundsatz, S. 334. Laut *Häsemeyer*, Insolvenzrecht, Rn. 14.07 sind die Masseverbindlichkeiten gem. § 55 Abs. 1 Nr. 1 InsO »zweckhaft oder zwangsläufig« mit der Vermögensabwicklung verbunden.

812 Eingehend *J. F. Hoffmann*, Prioritätsgrundsatz, S. 338 ff.

813 § 55 Abs. 2 erfasst grundsätzlich alle Verbindlichkeiten, die im eröffneten Verfahren gem. § 55 Abs. 1 Nr. 1 InsO Masseverbindlichkeiten wären, MüKo/*Hefermehl,* § 55 InsO, Rn. 227 f.

814 Etwa MüKo/*ders.,* § 53 InsO, Rn. 1; vgl. auch die Ausführungen bei *von Wilmowsky*, ZInsO 2004, 882, 885 ff. *Bauer*, Ungleichbehandlung, S. 99 sieht die Masseverbindlichkeiten als Preis für die Vermögensabwicklung.

815 § 55 Abs. 1 Nr. 2 Alt. 2 InsO nimmt insbesondere auf § 108 Abs. 1 S. 1 InsO Bezug, MüKo/*Hefermehl,* § 55 InsO, Rn. 146 ff.

816 Es drohen vielmehr Nachteile durch die aus §§ 108 Abs. 1 S. 1, 55 Abs. 1 Nr. 2 Alt. 2 resultierende Belastung der Masse, vgl. MüKo/*ders.,* § 55 InsO, Rn. 147.

§ 55 Abs. 1–3 InsO genannten Masseverbindlichkeiten, da diese keinen qualitativ vergleichbaren Konflikt *erga omnes* adressieren – die Wirkung gegenüber den Dritten, den übrigen Insolvenzgläubigern, wurde ja, jedenfalls mittelbar, durch eben jene Dritte legitimiert.

b) § 108 Abs. 1 S. 1 InsO als (privatrechtlich) notwendiger Ausgleich für Kündigungssperren

Für den Fall, dass ein privilegierter Vertragspartner aber durch eine Kündigungssperre daran gehindert ist, sich vom Vertrag zu lösen, lässt dies indes außer Acht, dass Kündigungssperren aus privatrechtlicher Sicht ein hochproblematisches Instrument sind. Kündigungsrechte des Vertragspartners sind Ausdruck seines auch in der Insolvenz der anderen Vertragspartei beachtlichen[817] begrenzten Bindungswillens.[818] Wird ihm nun versagt, sich vom Vertrag zu lösen, muss er nicht nur den Vertrag mit dem (vorläufigen) Insolvenzverwalter fortsetzen, was typischerweise nicht seinem Willen entsprechen wird.[819] Er erleidet unter Umständen auch Vermögensverluste, wenn er infolge der Kündigungssperre daran gehindert ist, mit dem Leistungsgegenstand ordnungsgemäß zu wirtschaften. Erhält er hierfür keinen Ausgleich aus der Insolvenzmasse, wird er nicht nur gegen seinen Willen festgehalten, er trägt sogar die Kosten dafür, dass der Insolvenzverwalter weiter die Möglichkeit hat, den Vertrag für die Masse zu nutzen. Noch stärker fällt die Belastung aus, wenn sich schon die Kündigungssperre, wie etwa § 112 InsO, auf Kündigungen wegen bereits eingetretener Zahlungspflichtverletzungen bezieht.[820] Dies widerspricht aber der aufgezeigten Systematik, dass die Insolvenzgläubiger grundsätzlich selbst diejenigen Maßnahmen finanzieren, die in ihrem Interesse für die (optimale) Verwaltung und Verwertung des Schuldnervermögens erforderlich sind: Kündigungssperren werden im Interesse der Gläubigergesamtheit statuiert,

817 Freilich halten diejenigen Stimmen, die den Rücktritt wegen ausbleibender Zahlungen vor der Erfüllungswahl »bereits nach allgemeinen Regeln« nicht für möglich halten, eine Rücktrittssperre wegen Zahlungspflichtverletzungen nicht für erforderlich, vgl. etwa Jaeger/*Jacoby*, § 107 InsO, Rn. 67 f.; dagegen aber schon oben S. 30 bei Fn. 164.

818 Siehe oben S. 29 ff.

819 MüKo/*J. F. Hoffmann*, § 112 InsO, Rn. 6. Vor dem Hintergrund der oben getätigten Annahme, dass allein die Tatsache, dass der Vertragspartner den Leistungsaustausch nun mit einem Insolvenzverwalter durchführen muss, nicht zur Lösung vom Vertrag berechtigen soll (vgl. oben S. 33 in Fn. 178) ist dieser Eingriff in die Entscheidungsfreiheit möglicherweise aber noch zu verschmerzen.

820 Daher hat insbesondere § 112 InsO die Kritik der Literatur auf sich gezogen, die teilweise sogar verfassungsrechtliche Bedenken hegt, insbesondere HK/*G. Schmidt*, § 112 InsO, Rn. 21, 27 f.; auch *Eckert*, ZIP 1996, 897, 898 und *von Wilmowsky*, ZInsO 2004, 882, 886. So weit möchte MüKo/*J. F. Hoffmann*, § 112 InsO, Rn. 10 trotz aller Bedenken nicht gehen. Der BGH hält § 112 InsO hingegen mit Verweis auf die Möglichkeiten des Vermieters, Mietausfälle in den Mietzins einzupreisen und sich anderweitig abzusichern, für verfassungsrechtlich unbedenklich, vgl. BGHZ 151, 353, 369 f., 374; dem folgt Jaeger/*Jacoby*, § 112 InsO, Rn. 4. Eine Anordnung gem. § 21 Abs. 2 S. 1 Nr. 5 InsO hat laut *Pape*, NZI 2007, 425, 430 »enteignende Wirkung«, wenn der Aussonderungsberechtigte keine Gegenleistung erhält; keine Bedenken haben wiederum BGH NZI 2010, 95, 97 f. und *Heublein*, ZIP 2009, 11, 16 f.

um die Möglichkeit einer Betriebsfortführung aufrechtzuerhalten und so die Befriedigungsaussichten der Insolvenzgläubiger zu verbessern bzw. nicht zu gefährden.[821] Es gibt daher im Ausgangspunkt keinen Grund, warum dies nicht auch durch alle (ungesicherten) Gläubiger, sondern durch ein Sonderopfer eines einzelnen Vertragspartners des Schuldners finanziert werden sollte. Solche Sonderopfer sind vielmehr, soweit dies möglich ist, zu vermeiden und die anfallenden Kosten auf die Gläubigergesamtheit umzulegen, indem der Vertragspartner privilegiert wird.[822] Ähnlich wie etwa die Privilegierung von Verbindlichkeiten, die aus einer durch den Insolvenzverwalter begangenen Integritätsverletzung resultieren (§ 55 Abs. 1 Nr. 1 InsO), ist die Privilegierung zwar nicht als solche im Interesse der Gläubigergesamtheit. Sie ist aber aus privatrechtlicher Sicht erforderlich, um das Insolvenzverfahren (in der vom Gesetzgeber vorgesehenen Form) durchzuführen und daher auf dieser Basis vor dem Gläubigergleichbehandlungsgrundsatz legitimierbar.

Vor diesem Hintergrund können die Feststellung, dass ein Vertragspartner am Vertrag festgehalten und gleichzeitig privilegiert wird, aus gleichbehandlungsspezifischer Sicht nicht unverbunden nebeneinanderstehen. Wird durch das Privileg den Gläubigern nur derjenige Aufwand abverlangt, den sie privatrechtlich ohnehin hätten betreiben müssen, um die Folgen der privatrechtswidrigen Kündigungssperre zu legitimieren, ist das Privileg gleichbehandlungsspezifisch legitim. Allgemein lässt sich daher festhalten, dass § 108 Abs. 1 S. 1 InsO also, wenngleich die Regelung als solche nicht den Schutz von Masseinteressen bezweckt,[823] als Insolvenzprivileg insoweit mit dem

821 Die Betriebsfortführung muss auch nach herrschender Meinung den Befriedigungsaussichten der Insolvenzgläubiger dienen, vgl. Mohrbutter/Ringstmeier/Meyer/*Voigt-Salus,* Kap. 23, Rn. 39. Die Möglichkeit einer Betriebsfortführung will auch der Gesetzgeber durch die grundsätzlich bestehende Fortführungspflicht des (vorläufigen) Insolvenzverwalters absichern, vgl. §§ 22 Abs. 1 S. 2 Nr. 2, 157 f. InsO und dazu BT-Drucks. 12/2443, S. 116 f., 173 f.

822 Zu § 112 InsO insbesondere *von Wilmowsky*, ZInsO 2004, 882, 885 ff.; demgegenüber möchte HK/*G. Schmidt,* § 112 InsO, Rn. 27 die Anwendung des § 112 InsO auf solche Zeiträume beschränken, in denen der Vermieter *de lege lata* Massegläubiger ist; mit beiden sympathisierend MüKo/*J. F. Hoffmann,* § 112 InsO, Rn. 9. Keine Bedenken haben dagegen die Rechtsprechung, vgl. BGH NZI 2002, 543, 544 ff., und etwa KPBJ/*Tintelnot,* § 112 InsO, Rn. 28. Zu § 21 Abs. 2 S. 1 Nr. 5 InsO etwa *Pape*, NZI 2007, 425, 429 f. im Anschluss insbesondere an *Kirchhof*, ZInsO 2007, 227 ff.; anders wiederum die Rechtsprechung, vgl. BGH NZI 2010, 95, 97 f., der sich beispielsweise *Heublein*, ZIP 2009, 11, 15 f. anschließt. Im Kontext des § 107 Abs. 2, in dessen unmittelbarem Anwendungsbereich die Konstellation auch etwas anders gelagert ist, da der Vorbehaltsverkäufer originär keine Nutzungsentgeltforderungen hat, sollen dagegen nur gezogene Nutzungen vergütet werden, vgl. etwa HK/*Marotzke*, § 107 InsO, Rn. 34; *J. F. Hoffmann*, KTS 2018, 343, 351, Fn. 33; anders wiederum KPBJ/*Tintelnot,* § 107 InsO, Rn. 79.

823 Selbst wenn man mit *Larenz*, Methodenlehre, S. 333 ff. davon ausginge, dass es für die Auslegung einer Norm nach, wie er formuliert, »objektiv-teleologische[n]« Kriterien nicht darauf ankommt, dass der Gesetzgeber sich dieser bewusst gewesen ist (kritisch dazu und insgesamt zur objektiven Auslegungstheorie *Rüthers/Fischer/Birk*, Rechtstheorie, Rn. 720 ff., 797 ff.), liegt es angesichts der Entwicklungsgeschichte des § 108 Abs. 1 S. 1 InsO bzw. der §§ 19, 21, 22 KO, die sich unabhängig von der *de lege lata* einzigen Kündigungssperre (§ 112 InsO) vollzogen hat, nicht nahe, der Norm auch den Schutz von Masseinteressen teleologisch zugrunde zu legen. Zum Umgang mit den hiesigen Befunden zu Zweck und Legitimierbarkeit bei der Auslegung des § 108 Abs. 1 S. 1 InsO siehe unten zu Beginn des 4. Kapitels.

Interesse der Gläubigergesamtheit gerechtfertigt werden kann, als die Verpflichtung der Masse sich mit demjenigen Ausgleich deckt, der dem Vertragspartner für die Belastung durch eine Kündigungssperre privatrechtlich zustehen muss. Die Legitimierbarkeit kann im Weiteren nur anhand der konkreten Kündigungssperre untersucht werden. *De lege lata* kommt dies natürlich nur für die Privilegierung des Vermieters in der Mieterinsolvenz in Betracht, vgl. § 112 InsO, die wie die anderen Konstellationen im nächsten Abschnitt betrachtet wird.

III. Gesamtfazit

§ 108 Abs. 1 S. 1 InsO lässt sich daher mit dem Gläubigergleichbehandlungsgrundsatz nur in Einklang bringen, wenn man die Rechtspositionen der Vertragspartner als Aussonderungsrechte versteht oder diese als Ausgleich für eine Kündigungssperre über das Interesse der Gläubigergesamtheit gerechtfertigt werden können.

C. Die gleichbehandlungsspezifische Legitimierbarkeit des § 108 Abs. 1 S. 1 InsO

Nachdem die grundlegenden Maßgaben des Gläubigergleichbehandlungsgrundsatzes dargelegt worden sind, soll nun die Regelung des § 108 Abs. 1 S. 1 InsO unter gleichbehandlungsspezifischen Gesichtspunkten näher betrachtet werden. Hierbei ist auf die vier Konstellationen einzugehen, die von § 108 Abs. 1 S. 1 InsO umfasst sind, also die Stellung des Mieters, des Vermieters, des Dienstverpflichteten und des Dienstberechtigten in der Insolvenz ihrer jeweiligen Vertragspartner. Dabei soll entsprechend der beiden soeben aufgezeigten gedanklichen Schritte zunächst untersucht werden, ob die in Rede stehende Rechtsposition jeweils den Wirkungen des Gläubigergleichbehandlungsgrundsatzes unterworfen ist, sich also als »echtes« Privileg erweist, und, wenn diese Frage zu bejahen sein sollte, ob das Privileg gerechtfertigt werden kann.

I. Legitimierbarkeit des § 108 Abs. 1 S. 1 InsO in der Insolvenz des Vermieters

Da der Mieter in der Insolvenz des Vermieters nicht an der Kündigung gehindert ist, kann seine Rechtsposition vor dem Gläubigergleichbehandlungsgrundsatz nur als Aussonderungsrecht legitimiert werden.

1. Möglichkeit der Aussonderung

a) Sachnutzung

Aussonderungsfähig ist zunächst die Nutzung der Mietsache. Dass die Nutzung einer Sache auf absoluter Ebene einer anderen Person als dem Eigentümer zugewiesen sein kann, zeigt etwa der Nießbrauch, der als beschränkt dingliches Recht die Aussonderung der Sachnutzung ermöglicht.[824]

b) Weitere Vermieter-, insbesondere Erhaltungspflichten

Schwieriger zu beurteilen ist dagegen die Frage, ob auch die über die bloße Nutzung hinausgehende Gebrauchsgewährung, die etwa bei der Raummiete die Versorgung mit (Warm)Wasser und Heizwärme umfassen kann,[825] und die Erhaltung der Mietsache Gegenstand eines Aussonderungsrechts sein können. Vor dem Hintergrund der oben skizzierten Unterscheidung zwischen Vermögensaufstockung und Störungsbeseitigung mutet es undenkbar an, dass in der Erfüllung von Erhaltungspflichten ein Rückzug aus dem Rechtskreis des Berechtigten liegen soll.[826] Für den Bereich der Dienstbarkeiten,[827] die ihre Inhaber zur Aussonderung berechtigen,[828] scheint dies auch das Dogma *servitus in faciendo consistere nequit* zu bestätigen, wonach das Recht auf ein Tun nicht Inhalt einer Dienstbarkeit sein kann.[829] Vor diesem Hintergrund verwundert es indes, dass insbesondere im Kontext der Grunddienstbarkeit, des Nießbrauchs und des Dauerwohnrechts heftig um die Möglichkeit gerungen wird, bestimmte Pflichten des Eigentümers in dem nach herrschender Meinung durch das dingliche Recht entstehenden

824 MüKo/*Ganter,* § 47 InsO, Rn. 328.
825 Vgl. etwa MüKo/*Häublein,* § 535 BGB, Rn. 92 ff.
826 Vgl. auch MüKo/*J. F. Hoffmann,* § 108 InsO, Rn. 6.
827 Neben der Grunddienstbarkeit gem. §§ 1018 ff. BGB, dem Nießbrauch gem. §§ 1030 ff. BGB und der beschränkten persönlichen Dienstbarkeit gem. §§ 1090 ff. BGB ist auch das Dauerwohnrecht gem. § 31 Abs. 1 WEG hierzu zu zählen, vgl. zu dessen Rechtsnatur als Dienstbarkeit *Lehmann*, RNotZ 2011, 1, 3 ff.; MüKo/*Krafka,* § 31 WEG, Rn. 6; Staudinger/*Spiegelberger,* § 31 WEG, Rn. 7 ff.; OLG München, ZWE 2013, 323. Das Dauernutzungsrecht i. S. d. § 31 Abs. 2 WEG weist demgegenüber keine Besonderheiten auf, vgl. nebst § 31 Abs. 3 WEG MüKo/*Krafka,* § 31 WEG, Rn. 5, und kann daher hier unbeachtet bleiben.
828 Uhlenbruck/*Brinkmann,* § 47 InsO, Rn. 55; MüKo/*Ganter,* § 47 InsO, Rn. 328; *J. F. Hoffmann*, Prioritätsgrundsatz, S. 240 f.; für das Dauerwohnrecht Bärmann/*Schneider,* § 31 WEG, Rn. 100; BeckOKWEG/*Munzig,* § 31 WEG, Rn. 85 und wenngleich unpräzise *Lehmann*, RNotZ 2011, 1, 31 (»In der Insolvenz des Eigentümers gilt ein [...] Dauerwohnrecht fort.«). Verwundern muss vor diesem Hintergrund, dass die genannten Rechtspositionen verbreitet als Rechte an einem Grundstück i. S. d. § 10 Abs. 1 Nr. 4 ZVG gesehen und somit als Absonderungsrechte eingeordnet werden, vgl. z. B. Stöber/*Achenbach,* § 10 ZVG, Rn. 81; BeckOKZVG/*Fischinger,* § 10 ZVG, Rn. 99; für den Nießbrauch auch MüKo/*Ganter,* § 49 InsO, Rn. 75. Insoweit ist zu differenzieren: An und für sich erfüllen Dienstbarkeiten keine Sicherungsfunktion, sondern weisen auf absoluter Ebene die Nutzung einer (unbeweglichen) Sache in bestimmter (Grunddienstbarkeit, beschränkte persönliche Dienstbarkeit) oder umfassender (Nießbrauch) Hinsicht zu. Die Rechtsstellung des Berechtigten ändert sich aber, wenn die Dienstbarkeit gem. § 91 Abs. 1 ZVG erlischt und gem. § 92 Abs. 1 ZVG zu einem Absonderungsrecht am Versteigerungserlös wird, vgl. insofern präzise Uhlenbruck/*Brinkmann,* § 49 InsO, Rn. 64; treffend zu § 92 Abs. 1 ZVG *Eickmann/Böttcher*, Zwangsversteigerung, S. 75 (»inhaltsverändernde Surrogation«).
829 Vgl. *Ulshöfer*, Begleitschuldverhältnis, S. 70 und *Schön*, Nießbrauch, S. 320 ff. jeweils m. w. N.

sogenannten Begleitschuldverhältnis[830] festzulegen und so zum »Inhalt des dinglichen Rechts« zu machen.[831] Lässt § 1021 Abs. 1 S. 1 BGB dies zumindest für die Unterhaltung einer zur Ausübung der Grunddienstbarkeit gehörenden Anlage auf dem belasteten Grundstück[832] ohne Weiteres zu, ist etwa auch beim Nießbrauch umstritten, inwieweit in Abweichung von § 1041 S. 1 BGB bestimmte Erhaltungspflichten »auf dinglicher Ebene« dem Eigentümer auferlegt werden können.[833] Den deutlichsten Befund für die Möglichkeit dinglicher Erhaltungspflichten liefert § 33 Abs. 4 Nr. 2 WEG, wonach das Dauerwohnrecht auch Erhaltungspflichten des Eigentümers umfassen kann.[834] Die Diskussion ist bei Grunddienstbarkeit und Nießbrauch vor allem von der Frage geprägt, inwieweit *numerus clausus* und Typenzwang der Vereinbarung von Leistungspflichten auf dinglicher Ebene entgegenstehen,[835] hält diese aber, zumindest als Ausnahme von dem soeben erwähnten Grundsatz, nicht generell für ausgeschlossen. Allerdings ist insoweit zu differenzieren: Etwaige, verdinglichte Erhaltungspflichten werden nicht im Sinne der Störungsbeseitigung ausgesondert, sondern sichern dem Inhaber der Dienstbarkeit allenfalls[836] das Wertinteresse an der Erhaltung über ein Absonderungsrecht an dem Grundstück ab. Für § 1021 Abs. 1 S. 1 BGB ergibt sich dies unmittelbar aus dem Verweis in § 1021 Abs. 2 BGB auf die Vorschriften der Reallast,[837] aber auch für weitere Nebenpflichten bei der Grunddienstbarkeit und den Nießbrauch wird, hält man § 1041 S. 1 BGB insoweit für dispositiv, wenn überhaupt[838] nur

830 Nach *Heß*, AcP 198 (1998), 489, 502 ff. auch (verdinglichtes) Binnenverhältnis; hierzu bei Dienstbarkeiten allgemein Staudinger/*Weber*, § 1018 BGB, Rn. 134 ff., bei der Grunddienstbarkeit *Ulshöfer*, Begleitschuldverhältnis, passim, beim Nießbrauch Staudinger/*Heinze*, Vor §§ 1030 ff. BGB, Rn. 6 ff., beim Dauerwohnrecht BeckOKWEG/*Munzig*, § 31 WEG, Rn. 40.

831 Nach heute herrschender Meinung ist der Inhalt des Begleitschuldverhältnisses auch Inhalt des dinglichen Rechts, vgl. *Amann*, DNotZ 1989, 531, 534; *Heß*, AcP 198 (1998), 489, 502; *Schön*, Nießbrauch, S. 260; *Trömer*, RNotZ 2016, 421, 422; Staudinger/*Weber*, § 1018 BGB, Rn. 6 ff.

832 Uneinheitlich wird lediglich beurteilt, ob über eine analoge Anwendung des § 1021 Abs. 1 S. 1 BGB auch andere Nebenpflichten des Eigentümers festgelegt werden können, dafür etwa *Amann*, DNotZ 1989, 531 ff.; Staudinger/*Weber*, § 1021 BGB, Rn. 10; Staudinger/*ders.*, § 1018 BGB, Rn. 142 ff.; unter Anwendung einer Inhaltskontrolle auch *Heß*, AcP 198 (1998), 489, 510 ff.; strikt dagegen etwa MüKo/*Mohr*, § 1018 BGB, Rn. 11.

833 Dagegen etwa KG DNotZ 2006, 470; Staudinger/*Heinze*, § 1041 BGB, Rn. 8; zumindest skeptisch *Trömer*, RNotZ 2016, 421, 437 f., dafür in gewissen Grenzen BeckOGK/*Servatius*, § 1041 BGB, Rn. 21; *Heß*, AcP 198 (1998), 489, 502 ff.; *Schön*, Nießbrauch, S. 322 f.

834 *Lehmann*, RNotZ 2011, 1, 22 f.; Staudinger/*Spiegelberger*, § 31 WEG, Rn. 2. Eine Problematisierung dieser Norm vor dem Hintergrund des erwähnten Dogmas *servitus in faciendo consistere nequit* findet soweit ersichtlich nicht statt.

835 Etwa Staudinger/*Heinze*, § 1041 BGB, Rn. 8; *Heß*, AcP 198 (1998), 489, 502 ff.

836 Dazu sogleich Fn. 838.

837 *Amann*, DNotZ 1982, 396, 402 ff. spricht treffend von einer »unselbständige[n] Reallast«; zutreffend im insolvenzrechtlichen Kontext daher MüKo/*Ganter*, § 49 InsO, Rn. 75 und Uhlenbruck/*Brinkmann*, § 49 InsO, Rn. 62 (Absonderungsrecht).

838 Differenzierend *Amann*, DNotZ 1982, 396, 408 ff., der jenseits von § 1021 Abs. 1 S. 1, Abs. 2 BGB kein Verwertungsrecht, sondern lediglich eine schuldrechtliche Verpflichtung annehmen will, die aber Sukzessionsschutz genießen soll.

eine reallastähnliche Haftung in Betracht kommen.[839] Soweit ersichtlich wurde bisher nicht diskutiert, ob die haftungsrechtliche Qualität gem. § 33 Abs. 4 Nr. 2 WEG vereinbarter Erhaltungspflichten von derjenigen des Dauerwohnrechts an sich abweicht.[840] Vor dem beschriebenen Hintergrund und der Rechtsnatur des Dauerwohnrechts erscheint es aber nur konsequent, dass der Berechtigte hier Absonderung verlangen kann. Aus insolvenzrechtlicher Sicht wird die Problematik mit der Frage, ob Erhaltungspflichten »Teil des dinglichen Rechts« sein können, jedenfalls nur unzureichend erfasst, weil hierbei nicht zwischen Aus- und Absonderung differenziert, sondern ausschließlich ein mit der Vereinbarung einhergehender Sukzessionsschutz thematisiert wird.

Der Seitenblick in das Recht der Dienstbarkeiten bestätigt also einerseits, dass die Erhaltung der Mietsache als solche nicht ausgesondert, sondern nur durch ein Absonderungsrecht abgesichert werden kann.[841] Andererseits führt er zu der Feststellung, dass Erhaltungspflichten Teil einer Rechtsposition sein können, die an und für sich zur Aussonderung berechtigt. Aus gleichbehandlungsspezifischer Sicht ist dies kein einfacher Befund, da auf den ersten Blick mit ein und derselben Rechtsposition sowohl die Vermögenshaftung des Schuldners als auch die rechtsverwirklichende und daher gleichbehandlungsneutrale Beseitigung einer Störung geltend gemacht wird. Der Berechtigte stünde so einerseits außerhalb des Gläubigergleichbehandlungsgrundsatzes und wäre zugleich dessen Geltungsanspruch unterworfen.

Allerdings ist zu vergegenwärtigen, dass die Unterscheidung zwischen Vermögenstransfer und Rechtsverwirklichung nicht ausschließt, dass auch im Rahmen letzterer dem Störer ein Aufwand abverlangt werden kann, der über den bloßen faktischen Rückzug aus dem Rechtskreis hinausgeht. Dies zeigt sich insbesondere an der Kostenlast, die im Rahmen des negatorischen Schutzes absoluter Rechte der Störer zu tragen hat.[842] Ist dieser insolvent, macht der Berechtigte also die Aussonderung geltend, kann er nach herrschender Meinung auch hinsichtlich der Kosten nicht auf die Quote verwiesen werden. Die Kosten der Aussonderung fallen vielmehr, wie im Anschluss an den BGH gängig formuliert wird, »der Masse zur Last«,[843] wenngleich sie natürlich nicht als solche ausgesondert werden.[844] Dies setzt aber die (zumindest implizite) Annahme voraus, dass der Berechtigte nicht die Vermögenshaftung des Schuldners geltend macht.[845]

839 Staudinger/*Heinze,* § 1041 BGB, Rn. 8; *Trömer*, RNotZ 2016, 421, 422; für das dingliche Wohnungsrecht auch Staudinger/*Reymann,* § 1093 BGB, Rn. 45; ebenfalls an §§ 1021, 1022 BGB orientiert sich offenbar *Schön*, Nießbrauch, S. 322 f.

840 Die Nachweise zur Aussonderung des Dauerwohnrechts bei S. 173 in Fn. 828 thematisieren dies zumindest nicht ausdrücklich.

841 So auch MüKo/*J. F. Hoffmann,* § 108 InsO, Rn. 6.

842 Zur Kostentragung im Kontext des § 1004 BGB statt vieler Staudinger/*Thole,* § 1004 BGB, Rn. 392 m. w. N.; aus den Materialien *Mugdan*, Motive III, S. 237 f.

843 BGHZ 104, 304, 306 ff.

844 KPBJ/*Prütting,* § 47 InsO, Rn. 85; HK/*Lohmann,* § 47 InsO, Rn. 31; Jaeger/*Henckel,* § 47 InsO, Rn. 160; *J. F. Hoffmann*, JZ 2019, 960, 961; grundsätzlich auch MüKo/*Ganter,* § 47 InsO, Rn. 470 m. w. N., der aber in der Sache »nur« eine Masseverbindlichkeit anerkennt; a. A. *Häsemeyer*, Insolvenzrecht, Rn. 11.27 und *C. Berger*, FS Kreft, S. 191, 201 f.

845 Im bürgerlich-rechtlichen Kontext *J. F. Hoffmann*, Zession, S. 65 Rn. 160, der in der Kostentragung die Beseitigung eines eigenen Schadens des Störers sieht; zudem *Picker*, FS 50 Jahre BGH, S. 693, 706 ff. und *Lobinger*, JuS 1997, 981, 983; anders etwa *K. Schmidt*, Aktionsberechtigung, S. 96.

Im Ergebnis wird man sich daher, unabhängig von der Begründung,[846] der Erkenntnis nicht entziehen können, dass der Gesetzgeber den rechtsverwirklichenden Schutz absoluter Rechtspositionen ein Stück weit über die bloße faktische Störungsbeseitigung hinaus ausgestalten kann. Diese darf daher nicht dergestalt zu bildlich gedacht werden, dass sie stets lediglich ein irgendwie geartetes Unterlassen verlangt. Die Herstellung einer störungsfreien Rechtssphäre kann vielmehr auch einen darüberhinausgehenden Aufwand umfassen, ohne dass der Berechtigte dann in dieser Hinsicht dem Geltungsanspruchs des Gläubigergleichbehandlungsgrundsatzes unterfiele.

Diese Feststellungen ermöglichen eine Auflösung des oben skizzierten gleichbehandlungsspezifischen Widerspruchs: Ist die Nutzung einer Sache auf absoluter Ebene und gleichbehandlungsneutral zugewiesen und beinhaltet dieselbe Rechtsposition (wertmäßig) verabsolutierte Erhaltungspflichten, entziehen sich auch diese dem Geltungsanspruch des Gläubigergleichbehandlungsgrundsatzes, wenn der Gesetzgeber die Rechtsposition vollumfänglich insolvenzfest ausgestaltet. Für die Beurteilung verdinglichter Erhaltungspflichten aus gleichbehandlungsspezifischer Sicht erweist sich das Instrument der Absonderung gegenüber diesen materiell-rechtlichen Erwägungen somit als nachrangig.[847] Ist demnach die Geltendmachung von Erhaltungspflichten auf der Basis der Aussonderung nicht grundsätzlich unvereinbar mit dem Gläubigergleichbehandlungsgrundsatz, ist noch klarzustellen, dass der entwickelte Legitimationsansatz keine unbegrenzte Verpflichtung der Masse rechtfertigen kann. Konsequenterweise kann das Privileg nur insoweit gerechtfertigt werden, als auch die sich an den Rechtsfolgen der Reallast orientierende Haftung für verdinglichte Erhaltungspflichten dem Berechtigten in der Insolvenz des Eigentümers Befriedigung verspricht. Die persönliche Haftung des Eigentümers gem. § 1108 BGB[848] läuft in dessen Insolvenz natürlich leer. Das dingliche Verwertungsrecht[849] ist sodann auf das belastete Grundstück beschränkt, weshalb die Haftung der Masse wertmäßig nur in Höhe dessen Wertes legitimierbar ist.[850]

Folglich ist davon auszugehen, dass auch die Erhaltung der Mietsache dem Mieter gleichbehandlungsneutral in Höhe des Grundstückswertes auf absoluter Ebene zugeordnet werden kann, wenngleich dies rechtlich nicht mit einem Aussonderungsrecht bewerkstellig wird, sondern auf die Konstruktion eines Absonderungsrechts zurückgegriffen werden muss.

846 Während insbesondere *Picker*, FS 50 Jahre BGH, S. 693, 706 ff.; *Wilhelm*, Sachenrecht, Rn. 1390 und *Lobinger*, JuS 1997, 981, 983 Zweckmäßigkeitserwägungen anführen (letzterer zudem unter Rückgriff auf § 897 BGB), sieht *J. F. Hoffmann*, Zession, S. 65 Fn. 160; *ders.*, JZ 2019, 960, 961 hierin allein eine dezisionistische Entscheidung des Gesetzgebers.

847 Wie die Rechtsposition des Aussonderungsberechtigten hinsichtlich der Kostentragung insolvenzrechtlich zu klassifizieren ist, bleibt zumeist unerörtert. Allein MüKo/*Ganter*, § 47 InsO, Rn. 470 nimmt implizit eine Masseverbindlichkeit an. Allerdings wird der Insolvenzverwalter auch bei Masseunzulänglichkeit die Kostentragung durch die Masse nicht unter Berufung auf § 209 Abs. 1 Nr. 3 InsO verweigern können, es kann allenfalls sein, dass sie faktisch unmöglich ist.

848 Hierzu MüKo/*Mohr*, § 1108 BGB, Rn. 1 ff.

849 Dazu MüKo/*ders.*, § 1105 BGB, Rn. 5 ff.

850 Zu den Folgen bei der Anwendung der *lex lata* siehe unten S. 210 ff.

2. Maßgeblicher Zeitraum – Bedeutung des § 111 InsO

Will man die Rechtsposition des Mieters als Aussonderungsrecht denken, stellt sich zwangsläufig die Frage, auf welchen Zeitraum sich die Aussonderung beziehen soll. Die §§ 108 ff. InsO geben darauf eine auf den ersten Blick eindeutige Antwort: Unmittelbar gegenüber der Masse ist *de lege lata* die vertragsgemäße Dauer maßgeblich, da Vereinbarungen zur Vertragslaufzeit bzw. Kündigungsrechten gegenüber der Masse wirksam sind[851] und insbesondere dem Insolvenzverwalter kein Sonderkündigungsrecht zusteht. Fraglich ist allerdings, welche Bedeutung dem im Falle einer Veräußerung des Mietgegenstandes dem Erwerber gem. § 111 S. 1 InsO zustehenden Sonderkündigungsrecht vor diesem Hintergrund zukommt. Dieses hat nämlich zur Folge, dass der Mieter gegenüber einem Erwerber schlechter steht als gegenüber der Masse. Unabhängig davon, wie man dogmatisch die Rechtsposition des Mieters einordnet, erschließt sich nicht sofort, warum der Mieter seine Rechtsposition in einem größeren Umfang gegenüber der Masse durchsetzen kann, als gegenüber einem Rechtsnachfolger des Schuldners. Wollte man von einem Aussonderungsrecht des Mieters ausgehen, käme man zu dem Ergebnis, dass das Sonderkündigungsrecht entweder in die eigentumsähnliche Position des Mieters eingreift oder eigentlich auch der Masse ein Sonderkündigungsrecht zustehen müsste und § 108 Abs. 1 S. 1 InsO insofern überschießend ist. In jedem Fall drängt sich daher die Frage auf, warum dem Erwerber, nicht aber dem Insolvenzverwalter ein Sonderkündigungsrecht zusteht. Ist dies geklärt, kann die Frage gestellt werden, wie die Wirkungen des Sonderkündigungsrechts sich in ein Verständnis der Rechtsposition des Mieters als Aussonderungsrecht einpflegen ließen.

a) Das Sonderkündigungsrecht gem. § 111 S. 1 InsO nur für den Erwerber?

Der Gesetzgeber der Konkursordnung ging davon aus, dass Miet- und Pachtverhältnisse nicht unmittelbar mit der Verfahrenseröffnung keine Wirkung mehr entfalteten, dass das Gesetz aber bestimmen müsse, wie lange der Vertrag noch fortdauere.[852] Grundsätzlich sahen die Verfasser für die Vermieterinsolvenz kein Bedürfnis, der Masse die Möglichkeit zu geben, sich vom Vertrag zu lösen und orientierten sich daher an »allgemeinen Rechtsgrundsätzen«, nach denen »[Veränderungen] in der Person des Verpächters oder Vermiethers« den Fortbestand eines Miet- bzw. Pachtverhältnisses nicht berührten, da der Vermieter bzw. Verpächter »zu dem Gebrauch und der Nutzung der Sache während der Fortdauer des Vertragsverhältnisses in keiner unmittelbaren Beziehung« stünden.[853] Mit Rücksicht auf die Verwertungsinteressen der übrigen Gläubiger wurde dies aber für den Fall einer Veräußerung durch den Konkursverwalter eingeschränkt, da eine solche den »Charakter eines Zwangsverkaufs« habe.[854] Für die Vermieterinsolvenz sah § 17 Nr. 2 KO a. F. daher für sämtliche Miet- und Pachtverhältnisse vor, dass »eine freiwillige Veräußerung der Sache durch den Konkursverwalter [sich] auf die Zulässigkeit der Kündigung sowie auf die Dauer des Vertrages wie eine Zwangsversteigerung« auswirkt, wobei zu berücksichtigen ist, dass die Konkursord-

851 MüKo/*J. F. Hoffmann*, § 108 InsO, Rn. 80.
852 Siehe dazu oben S. 43 ff.
853 *Hahn*, Materialien IV, S. 97.
854 *Hahn*, Materialien IV, S. 97 f.

nung noch auf unterschiedliche Regelungen zu den Wirkungen einer Zwangsversteigerung Rücksicht nehmen musste. Schon hier kann man allerdings die Frage stellen, warum eine den Verwertungsinteressen der Gläubiger in höherem Maß entsprechende Verwendung der Mietsache nicht durch ein Sonderkündigungsrecht der Masse ermöglicht wurde. Es erscheint jedenfalls unstimmig, wenn der Gesetzgeber »kein[e] Bedenken« gegen den Fortbestand eines Mietverhältnisses in der Vermieterinsolvenz auszumachen vermag, sich aber im nächsten Atemzug zu einer Einschränkung dieses Fortbestandes zugunsten der Gläubigerinteressen gezwungen sieht.

Mit Einführung des ZVG wurden die Rechtsfolgen einer Zwangsversteigerung von Grundstücken vereinheitlicht: Dem Erwerber steht bis heute nach § 57a ZVG (zunächst § 57 S. 2 und 3 ZVG) das Recht zu, den Vertrag unter Einhaltung der gesetzlichen Frist zu kündigen. Begründet wurde dieses Sonderkündigungsrecht – insofern analog zu dem Verweis der Konkursordnung auf die Wirkungen der Zwangsversteigerung – als »billige Ausgleichung« zwischen den Interessen des Mieters bzw. Pächters und des Vollstreckungsgläubigers.[855] Jenseits der Veräußerung folgt[856] das ZVG dem Vorbild der Konkursordnung, dass nur der Erwerber das Vertragsverhältnis kündigen kann: Für den Fall der Zwangsverwaltung sieht der bis heute unveränderte § 152 Abs. 2 ZVG kein Sonderkündigungsrecht des Verwalters vor. Auch für das ZVG wurde die unterschiedliche Behandlung von Miet- bzw. Pachtverhältnissen im Rahmen der beiden Verwertungsarten nicht begründet.[857] Die Insolvenzordnung hat mit § 111 InsO die Regelung des § 21 Abs. 4 KO in lediglich redaktionell veränderter Form übernommen, wobei der Gesetzgeber auf eine systematische Erläuterung verzichtete.[858] Die historische Entwicklung der §§ 57a ZVG, 21 Abs. 4 KO, 111 InsO liefert also keine Erklärung dafür, dass nur dem Erwerber, nicht aber dem Zwangs- bzw. Insolvenzverwalter ein Sonderkündigungsrecht zusteht.

Auch von der Literatur wird diese Frage, soweit ersichtlich, nicht aufgegriffen. Möglicherweise gab es für ein solches Sonderkündigungsrecht auch nie ein praktisches Bedürfnis. Mutet man dem Mieter im Zweifel zu, zugunsten Befriedigungsaussichten der Gläubiger die Sachnutzung zu verlieren, lässt sich jedenfalls nur schwerlich begründen, warum eine optimale Verwertung der Mietsache möglich sein soll, wenn diese in einer Veräußerung des Grundstücks im aktuellen Zustand besteht, nicht aber, wenn »nur« ein Mietinteressent einen höheren Mietzins zu entrichten bereit wäre oder etwa der Insolvenzverwalter durch eine Kündigung und eine darauf folgende Renovierung einen größeren Gewinn für die Masse erreichen könnte. Faktisch wird durch die *lex lata* die Masse jedenfalls in die Lage versetzt, nach den Verwertungsinteressen der Gläubiger den Vertrag entweder gegen sich gelten zu lassen oder sich durch die Veräußerung der Mietsache, zumindest unter Beachtung einer Kündigungsfrist,[859] auch

855 *Hahn*, Materialien V, S. 48.

856 Vgl. die Bezugnahme der Begründung des Gesetzes betreffend Änderungen der Konkursordnung zu § 21 KO auf § 152 Abs. 2 ZVG, *Hahn*, Materialien VII, S. 238.

857 *Hahn*, Materialien V, S. 62, 129.

858 BT-Drucks., 12/2443, S. 147 f.

859 Das Sonderkündigungsrecht wird die Verwertung zwar erleichtern. Will der Erwerber sich aber dann vom Mietvertrag lösen, wird er durch das Fortbestehen des Mietvertrages während der Kündigungsfrist bedingte finanzielle Nachteile natürlich auf den Kaufpreis umlegen, weshalb wirtschaftlich die Masse mit der Nutzungsgewährung während der Kündigungsfrist belastet wird.

vom Vertrag zu lösen. Dies aber lässt es zu, das Sonderkündigungsrecht des § 111 InsO in eine Reihe mit den §§ 109 Abs. 1 S. 1 und 2, 113 S. 1 InsO zu stellen, die dem Insolvenzverwalter zwar in Abweichung von § 103 Abs. 1 InsO kein vollumfängliches Wahlrecht einräumen, aber der Masse im Ergebnis die Erfüllung des Vertrages nur während der ordentlichen Kündigungsfrist aufbürden.

Dass die vollumfängliche Geltung des Mietvertrages gegenüber der Masse nicht die Intention des Gesetzes sein kann, zeigt sich sodann auch an der Diskussion um die Rechtsfolgen der Ausübung des Sonderkündigungsrechts durch den Erwerber: Wäre die Masse tatsächlich zur Gebrauchsgewährung entsprechend der vertraglichen Dauer verpflichtet, müsste sie, da der Erwerber ausweislich der §§ 57a ZVG, 111 InsO hierfür ja nicht einstehen soll, im Falle der Kündigung dem Mieter zum Ersatz verpflichtet sein. Eine etwaige Ersatzforderung des Mieters wäre als Masseverbindlichkeit einzuordnen.[860] Dies wiederum würde dem Zweck des Sonderkündigungsrechts offensichtlich widersprechen, weshalb ein Ersatzanspruch in Anlehnung an §§ 109 Abs. 1 S. 3, Abs. 2 S. 2, 113 S. 3 InsO mit der herrschenden Meinung als Insolvenzforderung einzuordnen ist.[861] Stimmig in diese Sichtweise auf das Sonderkündigungsrecht des Erwerbers fügt sich schließlich auch die Bestrebung ein, der Masse in analoger Anwendung des § 111 InsO ein Sonderkündigungsrecht einzuräumen, wenn die Mietsache freigegeben wird. Wertungsmäßig liegt dem die Erwägung zugrunde, dass der Zweck des § 111 InsO eine unmittelbare Entlastung der Masse trägt, wenn der Umweg über

860 Insofern konsequent *Eckert*, ZIP 1983, 770, 771 f., der aus § 21 Abs. 1 KO ableitet, dass die Masse zur vollständigen Erfüllung des Mietvertrages verpflichtet ist; auch Uhlenbruck/*D. Wegener*, § 111 InsO, Rn. 13.

861 *Böker*, Mietsicherungsdienstbarkeit, S. 45 ff.; *Marotzke*, Gegenseitige Verträge, Rn. 6.21 ff.; MüKo/*J. F. Hoffmann*, § 111 InsO, Rn. 27 f.; im Ergebnis auch Jaeger/*Jacoby*, § 111 InsO, Rn. 42 ff.; KPBJ/*Tintelnot*, § 111 InsO, Rn. 36 f.; unter Geltung der Konkursordnung wurde dies freilich mit § 26 Abs. 2 S. 2 KO begründet, vgl. Jaeger/*Henckel*, § 21 KO, Rn. 25 und zu der Konstellation, dass der Verwalter des insolventen Zwischenvermieters das Hauptmietverhältnis vertraglich aufhebt RGZ 67, 372 ff., wobei das Reichsgericht außer Acht lässt, dass die Vertragsaufhebung hinsichtlich einer etwaigen Kündigungsfrist keine solche i. S. d. § 26 Abs. 2 S. 2 KO sein kann, ebenso BGHZ 17, 127 ff. Demgegenüber will *Paulus*, FS Kübler, S. 499, 504 ff. dem Mieter gar keinen Ersatzanspruch zugestehen, wobei er sich neben dem – insofern natürlich gegen jede Analogie sprechenden – Schweigen des Gesetzes vor allem darauf beruft, dass bei § 57a ZVG kein derartiger Schadensersatzanspruch des Mieters bestehe. Diese von *Paulus* auch nicht näher begründete Prämisse ist aber unzutreffend: Es würde dem mieterschützenden Zweck des § 566 BGB widersprechen, wenn anlässlich der Zwangsversteigerung der Mietsache nicht nur die Verabsolutierung des Nutzungsrechtes eingeschränkt, sondern dem Mieter nicht einmal das – im Falle eines nur relativen Nutzungsrechtes ja unstreitig zu ersetzende – positive Interesse gewährt würde. Dies wäre dann in der Tat ein »schwer erklärbare[r] Vorteil« (*ders.*, FS Kübler, S. 499, 503). Aus § 566 Abs. 2 S. 1 BGB kann sich, entgegen dem Berufungsgericht in RGZ 63, 66 ff. (*Marotzke*, Gegenseitige Verträge, Rn. 6.28 und Jaeger/*Jacoby*, § 111 InsO, Rn. 38 zitieren KG OLGE 11, 145 ff.), auf das sich auch *Paulus* beruft, nichts anderes ergeben, weil die bürgengleiche Haftung der Masse überhaupt nur insoweit besteht, als die vertraglichen Pflichten tatsächlich auf den Erwerber übergehen, was, wenn dieser kündigt, nur im Rahmen der Kündigungsfrist der Fall ist, vgl. RGZ 63, 66, 68 und im Anschluss daran etwa OLG Köln, ZMR 2002, 749 ff.; *Marotzke*, Gegenseitige Verträge, Rn. 6.29; BeckOKZVG/*Gietl*, § 57a ZVG, Rn. 7.

eine Veräußerung nicht möglich ist.[862] Teleologisch lässt sich daher festhalten, dass die Sonderkündigungsrechte gem. §§ 57a ZVG, 111 InsO im Zusammenspiel mit § 566 BGB in der Sache hinsichtlich der Nutzung nicht den Sukzessionsschutz, sondern die Zwangsvollstreckungsfestigkeit der Miete regulieren.[863]

Nach alledem ist die Besonderheit der Konstellation weniger in dem Sonderkündigungsrecht des Erwerbers, sondern eher darin zu sehen, dass die Masse *kein* Sonderkündigungsrecht hat.[864] Vor diesem Hintergrund sollte man die Bedeutung des Umstandes, dass nach der *lex lata* in der Vermieterinsolvenz nur dem Erwerber der Mietsache, nicht aber der Masse selbst ein Sonderkündigungsrecht zusteht, jedenfalls nicht überbewerten. Die Schlechterstellung des Mieters gegenüber einem Erwerber beruht offenbar nicht auf einer bewussten gesetzgeberischen Entscheidung. Für ein Verständnis der Rechtsposition des Mieters als Aussonderungsrecht kann jedenfalls davon ausgegangen werden, dass eine vollumfängliche Geltendmachung des Mietvertrages gegenüber der Masse gesetzlich nicht intendiert ist.

b) Die Wirkungen des Sonderkündigungsrechts

Da sich der Vertragsübergang auch in den Fällen der §§ 57a ZVG, 111 InsO grundsätzlich nach den §§ 566 ff. BGB richtet, wonach im Ergebnis unstreitig die vertragliche Bindung zwischen Mieter und Erwerber inhaltlich derjenigen zwischen Mieter und Veräußerer entspricht, stehen dem Erwerber ohnehin die Kündigungsmöglichkeiten zu, die für den Vermieter vertraglich vorgesehen sind.[865] Inwieweit dem Sonderkündigungsrecht eine eigenständige Wirkung zukommt, hängt daher von den vertraglichen Bestimmungen zur Dauer des Mietverhältnisses ab. Bei grundlos ordentlich kündbaren Mietverhältnissen beschränkt sich die Wirkung des Sonderkündigungsrechts darauf, längere als die gesetzlichen Kündigungsfristen gegenüber dem Erwerber auszuschließen. Ist ein Mietverhältnis nicht ordentlich kündbar, so fällt die Befristung bzw. der Ausschluss der ordentlichen Kündigung dem Sonderkündigungsrecht zum Opfer. Ob eine Vereinbarung, die *inter partes* die ordentliche Kündigung an das Vorliegen eines Kündigungsgrundes bindet, gegenüber dem Erwerber wirkt, ist dem Wortlaut der §§ 57a ZVG, 111 InsO nicht zu entnehmen. Der verwertungserleichternde Zweck würde zwar dafürsprechen, das Sonderkündigungsrecht nicht an *inter partes* vereinbarte

862 KPBJ/*Tintelnot,* § 111 InsO, Rn. 51 f.; ihm folgend MüKo/*J. F. Hoffmann,* § 108 InsO, Rn. 92; a. A. *Marotzke*, ZInsO 2007, 1, 8 f. und MüKo³/*Eckert,* § 108 InsO, Rn. 56; zur Freigabe auch unten S. 231 ff.

863 Vgl. auch zur Einschränkung des Sukzessionsschutzes des Mobiliarmieters aus § 986 Abs. 2 BGB aufgrund der – vorrangigen bzw. allein relevanten – insolvenzrechtlichen Wertung des Gesetzgebers MüKo/*J. F. Hoffmann,* § 108 InsO, Rn. 9. Vor diesem Hintergrund ist auch der Kritik *von Wilmowskys* zu widersprechen, es ließe sich »kaum begründen«, warum die Veräußerung einer vermieteten Immobilie in der Vermieterinsolvenz leichter sein soll als außerhalb derselben (*von Wilmowsky*, ZInsO 2011, 1473, 1485): Dass Rechtspositionen in unterschiedlichen Konstellationen unterschiedlich weit Wirkung *erga omnes* entfalten, ist nicht zu beanstanden.

864 Zur Frage, ob dem Insolvenzverwalter *de lege ferenda* ein Sonderkündigungsrecht zustehen sollte unten S. 262 ff.

865 Staudinger/*Emmerich,* § 566 BGB, Rn. 4 f. mit Nachweisen zum Streit um die rechtliche Konstruktion.

Kündigungsgründe zu binden. Für die Wohnraummiete ist indes nach der aktuellen, insoweit von der Literatur soweit ersichtlich auch nicht beanstandeten und vom Gesetzeber gebilligten Rechtsprechung der Kündigungsschutz, insbesondere das notwendige berechtigte Interesse an der Beendigung des Mietverhältnisses, auch im Rahmen des Sonderkündigungsrechtes gem. §§ 57a ZVG, 111 InsO zu beachten.[866] Für etwaige Kündigungsgründe, die nicht auf zwingendes oder dispositives Gesetzesrecht zurückgehen, wurde dies bisher nicht gerichtlich entschieden, zumindest die Kommentarliteratur scheint aber davon auszugehen, dass das Sonderkündigungsrecht dadurch nicht eingeschränkt werden kann.[867] Zur Wohnraummiete hat jüngst auch der BGH entschieden, dass ein vollständiger Ausschluss des ordentlichen Kündigungsrechts dem Erwerber nicht entgegengehalten werden kann.[868] Unzweifelhaft ist demgegenüber, dass das Sonderkündigungsrecht stets nur für den ersten Termin ausgeübt werden kann, vgl. §§ 57a S. 2 ZVG, 111 S. 2 InsO.

Die Sonderkündigungsrechte gem. §§ 57a ZVG, 111 InsO beschränken also den Bestandsschutz des Mietverhältnisses auf dasjenige Maß, das ordentlich kündbaren Mietverhältnissen nach der gesetzlichen Typisierung zukommt, wobei einheitlich die gesetzliche Frist für die außerordentliche Kündigung maßgeblich ist.[869] Daher ist im Grundsatz nur die gesetzliche Frist zu beachten und ggf. zusätzlich noch ein Kündigungsgrund erforderlich.

c) Folgerung: Aussonderung im Rahmen der Kündigungsfrist

Vor diesem Hintergrund eröffnet sich, wie eine Deutung des § 108 Abs. 1 S. 1 InsO in der Vermieterinsolvenz auf dem Boden der *lex lata* als Aussonderungsrecht aussehen könnte: Die Rechtsposition des Mieters berechtigt nur insoweit zur Aussonderung, als nach der gesetzlichen Typisierung durch etwaige Kündigungsgründe für die ordentliche Kündigung sowie die gesetzliche Frist für die außerordentliche Kündigung Bestandsschutz gewährt wird. Die §§ 57 f. ZVG, 108 Abs. 1 S. 1, 111 InsO wären so zu verstehen, dass die Parteien durch den Mietvertrag die Nutzung und Erhaltung der Mietsache innerhalb der Grenzen der Sonderkündigungsrechte auf absoluter Ebene, also einzelzwangsvollstreckungs- und insolvenzfest, dem Mieter zuweisen. Insoweit die Rechtsposition über die gesetzliche Kündigungsfrist hinausgeht, ist sie hiervon nicht erfasst und kann daher in der Insolvenz nur insoweit gegen die Masse durchgesetzt werden, als dass sie durch ein Unterlassen der Veräußerung der Masse zugerechnet

866 Für § 57a ZVG BGHZ 84, 90, 100 f.; sich für § 111 InsO hierauf berufend BT-Drucks. 12/2443, S. 148; aus der Literatur BeckOKZVG/*Gietl,* § 57a ZVG, Rn. 5; Jaeger/*Jacoby,* § 111 InsO, Rn. 30 f.; MüKo/*J. F. Hoffmann,* § 111 InsO, Rn. 19. In der Literatur wird bei Landpachtverträgen verbreitet auch für die Beachtlichkeit des § 595 BGB plädiert, vgl. Jaeger/*Jacoby,* § 111 InsO, Rn. 32; MüKo/*J. F. Hoffmann,* § 111 InsO, Rn. 23.

867 BeckOKZVG/*Gietl,* § 57a ZVG, Rn. 3 mit Verweis auf BGH NJW 2019, 990, Rn. 18.

868 BGH NZM 2021, 845 ff.

869 Laut Staudinger/*Rolfs,* § 580a BGB, Rn. 44 können die Parteien die Fristen für die außerordentliche Kündigung gem. § 580a Abs. 4 BGB anderweitig festlegen, wenn sich nicht aus dem konkreten Sonderkündigungsrecht ergibt, dass die gesetzlichen Kündigungsfristen zwingend zu beachten sind. Dies kann bei den §§ 57a S. 1 ZVG, 111 S. 1 InsO freilich nicht zu bezweifeln sein.

werden kann. Dies geht nicht unmittelbar aus den gesetzlichen Regelungen hervor, die der Masse nicht selbst die Lösung vom Vertrag ermöglichen. Gesetzgebungsgeschichte und Teleologie der §§ 57a ZVG, 111 InsO belegen aber, dass der Masse im Ergebnis eine Lösung vom Vertrag möglich sein soll. Dass hiervon abweichende vertragliche Vereinbarungen, die die Kündigung erschweren oder sogar ausschließen, gegenüber dem Erwerber keine Beachtung finden können, ist vor dem Hintergrund des sachenrechtlichen Kontextes, in dem man sich bewegt, stimmig: Hier gebietet nämlich der verkehrsschützende Grundsatz des *numerus clausus* eine nur eingeschränkte Disponibilität der Rechtspositionen, mit denen sich Dritte befassen müssen.[870] Die unterschiedlich langen Kündigungsfristen sind daher als Ergebnis der gesetzgeberischen Ausgestaltung der in diesem Umfang *erga omnes* zu beachtenden Rechtsposition des Mieters nicht zu beanstanden. Dass der Erwerber genötigt wird, die Kündigung wenn dann zum ersten Termin auszusprechen, stellt auch keine grundlegende Abweichung vom Modus der §§ 103 ff. InsO dar, die auch darauf abzielen, den Vertragspartnern des Schuldners eine zeitnahe Klärung der vertraglichen Bindung zu ermöglichen, vgl. § 103 Abs. 2 S. 2 InsO.

3. Verkehrsschutz: Der Besitz als tauglicher Publizitätstatbestand für ein Aussonderungsrecht des Immobiliarmieters

Ein weiterer für die Deutung der Rechtsposition des Mieters als Aussonderungsrecht relevanter Aspekt ist die Publizität. Wie gesehen ist für die Trennung eines Vermögensgegenstandes vom schuldnerischen Vermögen auf absoluter Ebene aus Verkehrsschutzgründen ein gesonderter Vollzugsakt erforderlich.[871] Die Anforderungen an diesen Vollzugsakt können dabei unter den Vermögensgegenständen (bewegliche Sachen, Immobilien, unkörperliche Gegenstände) durchaus divergieren, sind aber grundsätzlich für die jeweiligen Vermögensgegenstände einheitlich aufzustellen.[872] Im Liegenschaftsrecht wird, anders als bei beweglichen Sachen, dem Publizitätsbedürfnis des Rechtsverkehrs nicht durch die Verschaffung des Besitzes, sondern über eine Grundbucheintragung Rechnung getragen, § 873 Abs. 1 BGB. Das Publizitätsniveau ist daher bei unbeweglichen Sachen deutlich höher als bei Mobilien, was aber teleologisch nicht unstimmig ist.[873] Da eine Grundbucheintragung für die Miete nicht vorgesehen ist, müsste man folglich die Möglichkeit der Aussonderung im Rahmen des § 108 Abs. 1 S. 1 InsO

870 Auf dieser Basis unzutreffend wäre daher die Begründung des BGH zur Unwirksamkeit eines Ausschlusses der Eigenbedarfskündigung gegenüber dem Erwerber, die eine Überlagerung des Zivilrechts durch die »öffentlich-rechtlichen Vorschriften« des ZVG bemüht, BGH NZM 2021, 845, Rn. 31. Dass im Rahmen des § 566 BGB eine weitergehende Drittwirkung angeordnet ist, ist nicht zu beanstanden, da der Sukzessionsschutz einer Rechtsposition weiter gehen kann als deren Vollstreckungsfestigkeit.

871 Siehe oben S. 145 ff.

872 *J. F. Hoffmann*, Prioritätsgrundsatz, S. 14 ff., 238.

873 Dass der Besitz in dieser Hinsicht deutlich hinter einer Grundbucheintragung zurückbleibt, war auch dem historischen Gesetzgeber bewusst, vgl. *Mugdan*, Motive III, S. 185. *Stadler*, Abstraktion, S. 124 weist in diesem Zusammenhang wohl zu Recht auf den »hohe[n] soziale[n] und wirtschaftliche[n] Wert von Grundstücken« hin. Grundlegend skeptisch zur Publizitätswirkung des Besitzes *Schlüter*, Rückabwicklung, S. 365 ff.

ablehnen. Andererseits hat der Gesetzgeber den Sukzessionsschutz gem. § 566 BGB auch nicht von einer Grundbucheintragung abhängig gemacht. Dem Publizitätsbedürfnis wird hier dadurch Rechnung getragen, dass die Sache dem Mieter bereits überlassen worden sein muss.[874] Die Überlassung der Mietsache ist zwar nach dem Wortlaut des § 108 Abs. 1 S. 1 InsO keine Voraussetzung der Norm in der Vermieterinsolvenz, eine entsprechende Auslegung ist aber möglich und von der Rechtsprechung auch praktiziert.[875] Fraglich ist also zunächst, ob aus heutiger Sicht mit der Überlassung der Mietsache dem Publizitätsbedürfnis des Rechtsverkehrs ausreichend Rechnung getragen werden kann, dass ein Aussonderungsrecht des Mieters zumindest nicht aus Gründen fehlender bzw. zu geringer Publizität scheitern muss. Der bei § 566 BGB bemühte Hinweis, dass die Miete eben nicht eintragungsfähig sei und deswegen auch ohne Eintragung Wirkung *erga omnes* entfalten können müsse,[876] erscheint für die Beantwortung dieser Frage nicht weiterführend. Einerseits lässt sich aus der fehlenden Eintragungsmöglichkeit doch auch der Schluss ziehen, dass Drittwirkungen eben nicht anzuerkennen seien; andererseits läuft man mit dieser Argumentation Gefahr, den Eintragungsgrundsatz zu untergraben. Hier soll sich der Problematik daher erst aus rechtshistorisch-systematischer und dann aus teleologischer Sicht genähert werden, bevor abschließend zum Gestaltungsspielraum des Gesetzgebers Stellung bezogen wird. Zunächst ist aber zu klären, worauf sich die Publizität beziehen muss.

a) Gegenstand der Publizität

Zunächst mag man die Frage aufwerfen, ob bei Nutzungsrechten die Nutzungsdauer publik sein muss. Für bewegliche Sachen ist dies nicht der Fall, kann doch auch für eine bewegliche Sache ein Nießbrauch bestellt werden, vgl. § 1032 BGB. Selbst wenn man davon ausginge, dass bei Nutzungsrechten an Liegenschaften die Nutzungsdauer publik sein müsste,[877] würden sich im vorliegenden Kontext daraus keine Probleme ergeben. Nach hiesiger Konzeption ist nicht die vertragliche Laufzeit maßgeblich, sondern die jeweilige gesetzliche Kündigungsfrist, jenseits derer eine Aussonderung sowieso nicht stimmig mit der *lex lata* in Einklang zu bringen ist. Dabei fällt auf, dass das BGB hier zwischen bestimmten Nutzungsarten unterscheidet, wobei es bei der außerordentlichen Kündigung mit der gesetzlichen Frist nicht auf die Bemessung der

874 Staudinger/*Emmerich,* § 566 BGB, Rn. 49. *Schön*, JZ 2001, 119, 121 f. sieht hierin den »eigentliche[n] Ausnahmecharakter« des § 566 Abs. 1 BGB.

875 BGHZ 173, 116, 120 ff. Zu der Rolle der Besitzerlangung im Rahmen des § 108 Abs. 1 S. 1 siehe unten S. 214 ff.

876 BeckOGK/*Harke,* § 566 BGB, R n. 8 (die Drittwirkung ohne Grundbucheintragung werde – offenbar: allein – durch die »schuldrechtlich[e] Konstruktion [gerechtfertigt]«); so wohl auch *Canaris*, FS Flume Bd. I, S. 371, 394. *Wieling*, GS Sonnenschein, S. 201, 216 meint gar, der Gesetzgeber habe mit § 566 BGB eine Ausnahme von dem Eintragungsgrundsatz gem. § 873 Abs. 1 BGB a. E. gemacht, betrachtet aber auch in erster Linie den Sukzessionsschutz und nicht die Insolvenz.

877 Der Gesetzgeber wollte sicherstellen, dass insbesondere lange Laufzeiten für etwaige Erwerber erkennbar sind, vgl. *Mugdan*, Motive III, S. 94.

Miete ankommt.[878] Spricht man dem Besitz des Mieters eine Publizitätswirkung zu, liegt es aber nahe, die unterschiedlichen Kündigungsfristen in dieser Hinsicht nicht zu problematisieren. Insbesondere bei denjenigen Nutzungsverhältnissen, die nicht gem. §§ 580a Abs. 4, Abs. 1 Nr. 3 Hs. 1, 573d Abs. 2 S. 1 Hs. 1, 575a Abs. 3 S. 1 Hs. 1 BGB mit einer drei- bis viermonatigen Frist gekündigt werden können, sollte die Art der Nutzung erkennbar sein. Zumindest ist es nicht zu beanstanden, wenn der Gesetzgeber seinen Gestaltungsspielraum dergestalt nutzt, dass er von einer entsprechenden Erkennbarkeit ausgeht.

Sodann ist fraglich, wie hinsichtlich etwaiger Erhaltungspflichten mit der Publizität umzugehen ist. Über die Duldung der Nutzung hinausgehende Pflichten bei Dienstbarkeiten müssen ebenso wie die durch die Reallast gesicherten, wiederkehrenden Leistungen zumindest in gewissem Maße aus dem Grundbuch ersichtlich sein.[879] Gleichwohl wird insbesondere unter Hinweis auf den Schutz des Erwerbers eine Beschränkung der Sukzessionswirkung postuliert.[880] Selbst wenn man aber das Bestehen von Drittrechten an sich durch den Besitz als hinreichend publik ansieht, sind jedoch daneben vereinbarte Pflichten für den Rechtsverkehr allein durch den Besitz an sich gar nicht erkennbar. Diese Problematik besteht jedoch in ähnlicher Weise wiederum auch bei § 566 BGB, der den Erwerber ebenfalls nicht nur zur Duldung der Nutzung verpflichtet, sondern dessen vollumfänglichen Eintritt in den Mietvertrag vorsieht. Welche Vertragspflichten im Einzelnen auf den Erwerber übergehen, ist indes Gegenstand einer kontroversen Diskussion, die bezeichnenderweise, was den Schutz des Erwerbers betrifft, insbesondere von Erkennbarkeitstopoi geprägt ist.[881] Die typischer-

878 Staudinger/*Rolfs,* § 580a BGB, Rn. 41 ff. Lässt man die drei Karenztage außen vor, beträgt die Kündigungsfrist bei Pacht- und Landpachtverträgen zwischen sechs und 18 Monaten, §§ 584 Abs. 2, 594a Abs. 2 BGB, bei Geschäftsraummietverträgen zwischen sechs und neun Monaten, § 580a Abs. 4, Abs. 2, bei Mietverträgen über gewerblich genutzte, unbebaute Grundstücke zwischen drei und sechs Monaten, § 580a Abs. 4, Abs. 1 Nr. 3 Hs. 2 BGB, bei sonstigen Mietverhältnissen über Grundstücke und über Räume, die keine Geschäftsräume sind sowie Wohnraummietverhältnissen zwischen drei und vier Monaten, §§ 580a Abs. 4, Abs. 1 Nr. 3 Hs. 1, 573d Abs. 2 S. 1 Hs. 1, 575a Abs. 3 S. 1 Hs. 1 BGB und schließlich für Wohnraummietverhältnisse gem. § 549 Abs. 2 BGB zwischen vier und sechs Wochen, §§ 573d Abs. 2 S. 1 Hs. 2, 575a Abs. 3 S. 1 Hs. 2 BGB.

879 MüKo/*Mohr,* § 1105 BGB, Rn. 27 und 64 f.; *Heß*, AcP 198 (1998), 489, 507 f.

880 *Schön*, Nießbrauch, S. 251 f.; auch *Heß*, AcP 198 (1998), 489, 509 ff., der die Schutzbedürftigkeit des Erwerbers aber nicht (ausdrücklich) damit begründet, dass er die ihn treffenden Abreden nicht erkennen kann, sondern damit, dass er sich hinsichtlich dieser Abreden nicht selbst gebunden habe, was freilich bei einer privatautonomen Erwerbsentscheidung nur dann der Fall ist, wenn die Folgen der Sukzession nicht erkennbar sind.

881 So deuten MüKo/*Häublein,* § 566 BGB, Rn. 42 und Staudinger/*Emmerich,* § 566 BGB, Rn. 57 die Rechtsprechung, die darauf abstellt, ob Vermieterpflichten »untrennbar« mit dem Mietvertrag verbunden sind (etwa BGH NJW 2012, 3032, Rn. 26) bzw. typischerweise vereinbart werden (OLG Düsseldorf NZM 2008, 893, 894); kritisch hierzu unter Verweis auf das bereits vorhandene Publizitätserfordernis der Überlassung neben *Emmerich* auch BeckOGK/*Harke,* § 566 BGB, Rn. 47; aufgeschlossener MüKo/*Häublein,* § 566 BGB, Rn. 43; zustimmend *Streyl*, NJW 2017, 256 f. Nicht unähnlich zu den bei § 108 Abs. 1 S. 1 InsO auf die Masse übergehenden Pflichten MüKo[3]/*Eckert,* § 108 InsO, Rn. 61 (»sofern die Rechte und Pflichten unlösbar mit dem Mietverhältnis zusammenhängen«) und MüKo/*J. F. Hoffmann,* § 108 InsO, Rn. 81 (Pflichten mit »Nutzungsbezug«).

weise bestehenden Erhaltungspflichten werden hierbei aber zu Recht nicht problematisiert. Geht man davon aus, dass das Bestehen eines Mietvertrages am Besitz des Mieters erkennbar ist, kann auch angenommen werden, dass zumindest die typisierten Pflichten nach § 535 BGB Abs. 1 S. 2 Alt. 2 BGB dem Rechtsverkehr nicht verborgen bleiben. Zudem ist die Verpflichtung der Masse, wie gesehen, wertmäßig zu begrenzen. Somit stehen der Verabsolutierung von Erhaltungspflichten gem. § 108 Abs. 1 S. 1 InsO auch Publizitätsgesichtspunkte nicht zwingend entgegen.

b) Rechtshistorische Betrachtung: Entwicklungsgeschichte des heutigen § 566 BGB

Drängt sich § 566 BGB als Anknüpfungspunkt für den Besitz als tauglichen Publizitätstatbestand auf, lohnt sich ein Blick auf die Entstehungsgeschichte dieser Regelung.

Bei der Verfassung des BGB wurde um die dogmatische Einordnung und die damit verbundene Eintragungsfähigkeit der Immobiliarmiete heftig gerungen.[882] Kristallisationspunkt der Problematik war insbesondere die Frage, ob das Recht des Immobiliarmieters Sukzessionsschutz genießen sollte, wobei sich das Modell des römischen und dasjenige des preußischen Rechts gegenüberstanden. Ersteres sah die Miete als rein obligatorisches Recht und gewährte keinen Sukzessionsschutz, wohingegen letzteres der Miete bei einem »freiwilligen Verkauf«[883] Wirksamkeit gegenüber einem Erwerber verlieh, wenn der Mieter den Besitz erlangt hatte.[884] wobei die Eintragung zwar möglich, aber hierfür nicht erforderlich war.[885] Zunächst stand der laut *Hans Wieling* am römischen Recht orientierte Vorschlag im Raum, den Parteien die Eintragung offen zu lassen und Sukzessionsschutz nur zu gewähren, wenn von der Möglichkeit einer Eintragung Gebrauch gemacht wurde.[886] Hatte die erste Kommission zwischenzeitlich einen Antrag, auch ohne Eintragung Sukzessionsschutz zu gewähren, abgelehnt,[887] sah der (noch) »stärker romanistischen Vorstellungen verhaftet[e]«[888] erste Entwurf[889]

882 Vgl. zum Folgenden insgesamt *Wieling*, GS Sonnenschein, S. 201, 205 ff.

883 ALR I 21 § 358; bei einer »nothwendigen gerichtlichen Veräußerung« wurde dem Mieter dagegen nur eine Räumungsfrist gewährt, wobei ihm die Möglichkeit offenstand, sich durch Eintragung etwaige Ersatzforderungen hypothekarisch abzusichern, ALR I 21 § 356.

884 Vgl. ALR I 2 § 135, ALR I 21 §§ 2, 358. Zum preußischen Recht auch *Otte*, FS Wieacker, S. 463, 470 ff.

885 *Otte*, FS Wieacker, S. 463, 471 Fn. 49 entnimmt dies ALR I 21 § 4. Jedenfalls für die Absicherung von Entschädigungszahlungen infolge der Kündigung des Erstehers bei »notwendiger Veräußerung« (ALR I 21 §§ 350 ff.) ergibt sich dies auch aus ALR I 21 § 356. Nach dem Inkrafttreten des preußischen Eigentumserwerbsgesetzes von 1872 war diese Möglichkeit jedoch umstritten, vgl. *Mugdan*, Motive II, S. 212.

886 Vgl. § 28 Abs. 1 des Teilentwurfs zum Sachenrecht abgedruckt bei *Schubert*, Sachenrecht I, S. 19 und den Vorentwurf von *von Kübel*, abgedruckt bei *ders.*, Schuldrecht II, S. 242 sowie die Erläuterung bei *ders.*, Sachenrecht I, S. 386 ff. *Wieling*, GS Sonnenschein, S. 201, 205 f. moniert, dass man sich aufgrund der klareren Trennung zwischen Schuld- und Sachenrecht für das Modell des römischen Rechts entschied (*Schubert*, Sachenrecht I, S. 132), dann aber mit der Eintragungsmöglichkeit einen »juristischen Wechselbalg« schuf.

887 *Jakobs/Schubert*, Schuldrecht II, S. 572 ff.

888 *Otte*, FS Wieacker, S. 463, 470.

889 Die verschiedenen Fassungen des späteren § 566 BGB n. F. (§ 571 BGB a. F.) ab dem Vorschlag der ersten Kommission finden sich bei *Mugdan*, Motive II, S. LXIX f.

schließlich weder die Möglichkeit der Eintragung noch einen über eine Räumungsfrist hinausgehenden Sukzessionsschutz vor.[890] Der Mieter wurde auf die Möglichkeit verwiesen, sich sein Wertinteresse mittels einer Hypothek abzusichern.[891] Nachdem dieses Modell auf heftige Kritik gestoßen war,[892] entschied sich die zweite Kommission dazu, dem Immobiliarmieter doch Sukzessionsschutz angedeihen zu lassen, hielt aber an der grundsätzlichen Ausgestaltung als relatives Nutzungsrecht fest.[893] Obwohl zwischenzeitlich noch einmal die Eintragungsmöglichkeit diskutiert wurde,[894] blieb es dabei, dass die Immobiliarmiete nicht eintragungsfähig sein sollte;[895] die Besitzerlangung auf Seiten des Mieters sollte ausreichen, um einen potentiellen Erwerber zu schützen.[896] Hinsichtlich der Eintragungsfähigkeit und des Sukzessionsschutzes besteht diese Regelung bis heute. Diese wechselhafte Entstehungsgeschichte insbesondere des heutigen § 566 BGB hat dazu beigetragen, dass bis in die jüngere Zeit um die dogmatische Einordnung der Immobiliarmiete gerungen wird. Eine eingehende Diskussion der Materialien und insbesondere der Frage, ob die Verfasser des BGB sich mehr aus weltanschaulichen denn aus sachlichen Gründen für eine Einordnung der Miete als obligatorisches Recht entschieden,[897] soll hier nicht unternommen werden. Für den hiesigen Kontext ist allein relevant, wie aus heutiger Sicht vor dem Hintergrund der Gesetzgebungsgeschichte damit umzugehen ist, dass die Immobiliarmiete nicht eintragungsfähig ist: So lässt sich einerseits ein entsprechender gesetzgeberischer Wille klar feststellen. Andererseits hat der Gesetzgeber ein praktisches Bedürfnis gesehen, die Immobiliarmiete mit absoluter Wirkung auszustatten und die damals prominenteste Konstellation der Drittwirkung zugunsten des Mieters entschie-

890 *Jakobs/Schubert*, Schuldrecht II, S. 580 ff. und *Mugdan*, Motive II, S. 213 ff.

891 Vgl. *Jakobs/Schubert*, Schuldrecht II, S. 581 f. *Mugdan*, Motive II, S. 214. Nicht zu Unrecht bemerkt *Wieling*, GS Sonnenschein, S. 201, 208, dass die Gründe, aus denen die Eintragungsmöglichkeit der Miete gestrichen wurde, auch dagegen sprechen, den Mieterschutz über eine notwendig einzutragende Hypothek zu bewerkstelligen.

892 *Mugdan*, Motive II, S. 815 f., 1253, wonach der Grundsatz »Kauf bricht Miete« einen »schwere[n] Eingriff in das herrschende Rechtsbewusstsein« dargestellt hätte bzw. in den Augen der Bevölkerung als »Verletzung des Rechtsgefühles und als entschiedener Rückschritt« wahrgenommen worden wäre. Vgl. auch *Crome*, JherJb. 37 (1897), 1, 3 (»einstimmig[es] […] Verlangen«, in Fn. 6) und 10 (»nahezu allgemein[e], stürmisch[e] Reaktion der Kritik«) sowie 20 ff.

893 Die Konstruktion eines Vertragsübergangs wird sogar als »Anomalie« bezeichnet, die man aber hinzunehmen habe, um die Rechtsfolge »Kauf bricht nicht Miete« herbeizuführen, vgl. *Mugdan*, Motive II, S. 816.

894 *Jakobs/Schubert*, Schuldrecht II, S. 586 ff.

895 Die Eintragungsmöglichkeit wurde aber bereits auf der Basis diskutiert, dass der Mieter unabhängig von einer Eintragung Sukzessionsschutz genießen sollte (dies scheint *Schön*, JZ 2001, 119, 123 außer Acht zu lassen), weshalb es nur darum ging, ob der Mieter sich in der Zeit bis zur Überlassung gegen anderweitige Verfügungen oder gegen den Verlust der Mietsache in der Zwangsvollstreckung absichern können soll. Beide Erwägungen wurden mit Rücksicht auf die Interessen des Rechtsverkehrs, insbesondere des Realkredits, verworfen, vgl. *Mugdan*, Motive III, S. 837 ff. = *Achilles*, Protokolle II, S. 169 ff.

896 *Mugdan*, Motive II, S. 1254.

897 So die Kritik bei *Wieling*, GS Sonnenschein, S. 201, 202 f., 208 ff.

den.[898] Die Entstehungsgeschichte des § 566 BGB zeigt also, dass es eine gezielte Entscheidung war, für die Immobiliarmiete keine Eintragungsmöglichkeit zu schaffen,[899] lässt aber durchaus daran zweifeln, dass der Gesetzgeber mit der Frage der Eintragungsfähigkeit auch die Drittschutzkonstellationen entschieden wissen wollte.

c) Teleologie der Publizität bei zur Aussonderung berechtigenden Nutzungsrechten

Steht die Systematik der *lex lata* dem Besitz als Publizitätstatbestand für ein Aussonderungsrecht des Immobiliarmieters nicht zwingend entgegen, stellt sich die Frage, ob die Teleologie des Publizitätsprinzips damit in Einklagung zu bringen ist.

Das Publizitätsprinzip bezweckt den Schutz des Rechtsverkehrs ausweislich der Motive in erster Linie dergestalt, dass derjenige, der ein Recht an einer Sache erwerben möchte, erkennen kann, mit welchen Drittrechten diese belastet ist.[900] Wenn kein Drittrecht erkennbar ist, soll ein solches dem Erwerber nicht entgegengehalten werden können. Teilweise wird zwar auch vertreten, dass die fehlende Publizität von Sicherungsgeschäften einen potentiellen Kreditgeber (Vertragspartner) über die Kreditwürdigkeit eines (möglichen) Schuldners täuschen kann,[901] das Publizitätsprinzip also auch den Zweck hat, dem Rechtsverkehr einen Überblick über die Vermögensverhältnisse eines bestimmten Verkehrsteilnehmers zu verschaffen.[902] Allerdings kann man durchaus bezweifeln, dass dem Publizitätsprinzip diese Funktion zukommt; zumindest ist unklar, ob das Publizitätsprinzip *de lege lata* diese Funktion überhaupt erfüllen

898 Dass der Gesetzgeber die Insolvenzfestigkeit der Immobiliarmiete gem. § 19 bzw. § 21 KO (zur Entwicklungsgeschichte oben S. 7 ff.) vor dem Hintergrund der fehlenden Eintragungsmöglichkeit nicht als problematisch ansah, ist nicht besonders aussagekräftig, wenn man bedenkt, dass die Dogmatik der absoluten Rechte zu dieser Zeit noch nicht so ausgereift war wie heute und bei der »Dinglichkeit« eines Rechts vor allem der Sukzessionsschutz im Vordergrund stand. Zudem sah der Konkursgesetzgeber sich mit seiner Regelung zu Miet- und Dienstverträgen ohnehin nicht auf dem Gebiet der dinglichen Rechte, sondern glaubte, Besonderheiten bei der Erfüllung dieser Schuldverhältnisse regeln zu müssen, vgl. oben S. 43 ff.

899 Es würde daher die Aussagekraft des § 566 BGB deutlich überspannen, wie *Wieling*, GS Sonnenschein, S. 201, 216 f. davon auszugehen, mit dieser Vorschrift sei gesetzlich »ein anderes« vorgeschrieben i. S. d. § 873 Abs. 1 a. E. BGB. Wie hier etwa *Löning*, Grundstücksmiete, S. 159 f. und zustimmend *Weiß*, Grundstücksmiete, S. 22, die nur darauf schließen, dass die fehlende Eintragungsmöglichkeit nicht zwingend gegen die Anerkennung eins dinglichen Rechts spricht.

900 Zum Eintragungsgrundsatz *Mugdan*, Motive III, S. 76, 89 ff.; zum Traditionsprinzip bei beweglichen Sachen *ders.*, Motive III, S. 185 aus der Literatur etwa *Stadler*, Abstraktion, S. 125 f.; *Wilhelm*, Sachenrecht, Rn. 36; *McGuire*, Lizenz, S. 286 f.

901 Z. B. *Dorndorf*, Kreditsicherungsrecht, S. 63 ff.; Staudinger/*Fischinger*, § 138 BGB, Rn. 490; etwas vorsichtiger *Koller*, JZ 1985, 1013, 1020; aus der Rechtsprechung z. B. BGHZ 138, 291, 300; zahlreiche weitere Nachweise bei *Guski*, Sittenwidrigkeit, S. 263.

902 So die Einordnung dieser Stimmen jedenfalls bei *Guski*, Sittenwidrigkeit, S. 263. Ausdrücklich in diese Richtung etwa *Merkt*, Unternehmenspublizität, S. 18 und der Gesetzgeber der Konkursordnung, vgl. *Hahn*, Materialien IV, S. 186, dem *Guski*, Sittenwidrigkeit, S. 259 in Fn. 122 »rechtspolitisch[e] Realitätsferne« attestiert; anders dagegen schon der Gesetzgeber des BGB, vgl. *Mugdan*, Motive III, S. 626 f. = *Achilles*, Protokolle III, S. 200 f.

kann: Da Forderungen keiner Publizität unterliegen und somit durch das sachenrechtliche Publizitätsprinzip *de lege lata* von den Aktiva lediglich die körperlichen Gegenstände und die Passiva gar nicht bzw. nur eingeschränkt[903] erkennbar sind, ergibt sich in der Regel nur ein bruchstückhaftes Bild der Vermögensverhältnisse. Zudem hängen die übernommenen Risiken maßgeblich von den zukünftigen Dispositionen des Schuldners ab, über die die publike Vermögenslage zum Zeitpunkt des Vertragsschlusses naturgemäß keine Auskunft geben kann.[904] Muss der Vorstellung, dass aufgrund der publik gemachten Vermögenslage Insolvenzrisiken übernommen werden, daher mit Skepsis begegnet werden,[905] ist demgegenüber unbestreitbar, dass die Publizität den Rechtsverkehr davor schützt, mit im Moment des Erwerbs nicht erkennbaren Drittrechten konfrontiert zu werden.[906] In der Einzelzwangsvollstreckung findet der Rechtserwerb des betreibenden Gläubigers ohnehin nur zu Befriedigungszwecken statt. Hier wird man den Zweck der Publizität darin erblicken müssen, dem vollstreckenden Gläubiger zu ermöglichen, sofort auf einen Gegenstand zuzugreifen, dessen Verwertung nicht durch Dritte verhindert werden kann bzw. ihm bestmögliche Befriedigung verspricht. Ebenso wie für einen (potentiellen) Erwerber oder einen in der Einzelzwangsvollstreckung zugreifenden Gläubiger stellt sich auch für die Gläubiger in der Insolvenzsituation die Frage, ob sie sich Drittrechte entgegenhalten lassen müssen. Die Interessenlagen sind aber nicht deckungsgleich:

Einerseits ist der Verteilungskonflikt, wie schon gesehen,[907] schärfer, da er nicht gegenständlich begrenzt ist.[908] Die Insolvenzgläubiger, die für einen bestimmten Zeitraum nicht auf die Nutzung einer Sache zugreifen können, sind gezwungen, eine etwaige Kürzung ihrer Quote hinzunehmen, wenn nicht der Mietvertrag die beste Verwertungsoption darstellt. In der Insolvenzsituation hat die Gewährung absoluter bzw. verabsolutierter Rechtspositionen daher gravierendere Folgen als die Begründung eines sukzessionsgeschützten Rechts.

Andererseits kann man durchaus die Frage aufwerfen, worin genau das Publizitätsbedürfnis der in der Insolvenz zugreifenden Gläubiger besteht: Hier macht nicht ein (potentieller) Gläubiger seine Entscheidung davon abhängig, ob an einem bestimmten Vermögensgegenstand Drittrechte bestehen bzw. dieser dem (potentiellen) Schuldner gehört. Es greifen vielmehr alle Gläubiger gleichzeitig auf alle (pfändbaren) Vermögensgegenstände des Schuldners zu. Da die Entscheidung, ob und worauf zugegriffen wird, in diesem Moment nicht von bestehenden Drittrechten abhängt, ergibt sich zumindest nicht zwanglos, dass die zugreifenden Gläubiger in diesem Moment in dem-

903 Bei der Eintragung von Grundpfandrechten wird zwar auch die Forderungshöhe, typischerweise aber nicht jede Tilgung eingetragen, sodass sich aus dem Grundbuch auch hier kein gesichertes Bild von der Vermögenssituation des Schuldners ergibt. Erst recht gilt dies freilich für Briefgrundpfandrechte.

904 *Guski*, Sittenwidrigkeit, S. 261; skeptisch auch *Kieninger*, Mobiliarsicherheiten, S. 170 f.

905 Im Anschluss insbesondere an *Guski*, Sittenwidrigkeit, S. 258 ff.; kritisch auch *Stürner*, ZZP 94 (1981), 263, 269 f.

906 Skeptisch, ob der Besitz in dieser Hinsicht überhaupt leistungsfähig ist, zeigt sich *Schlüter*, Rückabwicklung, S. 365 ff.

907 Vgl. oben S. 162 ff.

908 Hierauf weist auch MüKo/*J. F. Hoffmann*, § 108 InsO, Rn. 6 hin, der im Ergebnis aber darauf abstellt, dass ein Aussonderungsrecht »wohl nicht intendiert« war.

selben Maß schutzbedürftig sind wie die Verkehrsteilnehmer in den anderen Konstellationen, insbesondere wie ein Erwerber im Rahmen des § 566 BGB.[909] Nicht in Abrede gestellt werden kann indes, dass die Publizität von Drittrechten, wo sie verwirklicht ist, im Insolvenzverfahren dergestalt für die Insolvenzgläubiger von Vorteil ist, dass für den Insolvenzverwalter sofort erkennbar wird, welche Drittrechte er bei der Verwertung beachten muss, um so gesetzliche Haftungstatbestände zu vermeiden.

Ist damit auch in der Insolvenzsituation ein Publizitätsbedürfnis der zugreifenden Gläubiger zu erkennen, das aber nicht so stark ausgeprägt ist wie das des Rechtsverkehrs in anderen Konstellationen, lässt sich die Problematik der Publizität speziell für die hiesige Konzeption noch präzisieren und so teilweise weiter entschärfen. Der BGB-Gesetzgeber hatte bei den persönlichen Dienstbarkeiten das Publizitätsbedürfnis des Rechtsverkehrs insbesondere damit begründet, dass ein Erwerber sich ohne Eintragung das Nutzungsrecht möglicherweise »auf viele Jahre« entgegenhalten lassen müsse.[910] Erwägt man wie hier eine Verabsolutierung der Nutzung nur innerhalb der Kündigungsfrist, ist die Lage aus Sicht des Rechtsverkehrs natürlich wesentlich entspannter, da es hier von vornherein um einen begrenzten und, mit Ausnahme vielleicht der Kündigungsfrist bei Pacht- und Landpachtverträgen, um einen relativ überschaubaren Zeitraum geht.

Die Konstellationen des Sukzessionsschutzes und der Insolvenzfestigkeit sind also hinsichtlich der Publizität teleologisch verschieden gelagert. Aus § 566 BGB ergibt sich daher weder, dass der Besitz als Publizitätstatbestand ausreicht, noch, dass dies nicht der Fall ist. Festzustellen ist aber, dass in der Insolvenzsituation, sei sie auch wirtschaftlich prekärer, das Publizitätsbedürfnis des Rechtsverkehrs weniger klar ist und dass insbesondere die Kündigungsfristen als Bezugspunkt der Publizität das Ausmaß der Drittwirkung ein Stück weit entschärfen.

d) Stellungnahme: Gestaltungsspielraum des Gesetzgebers vor dem Hintergrund der erhobenen Befunde

Vor dem Hintergrund der getätigten Feststellungen ist davon auszugehen, dass die fehlende Eintragungsmöglichkeit einem Aussonderungsrecht des Mieters nach dem hier skizzierten Modell nicht zwingend entgegensteht, sondern dem Publizitätsbedürfnis des Rechtsverkehrs auch über den Besitz ausreichend Rechnung getragen werden kann.

Zunächst kann der hierfür erforderliche Gestaltungsspielraum des Gesetzgebers anhand des Substrats, das dem Immobiliarmieter durch ein Aussonderungsrecht absolut zugewiesen würde, konkretisiert und so systematisch weiter eingehegt werden. Die für die Miete notwendige Ausnahme vom Eintragungsgrundsatz erweist sich nämlich vor dem Hintergrund der hiesigen Befunde als weniger gravierend, als man auf den ersten Blick denken mag. Gegenüber dem Kauf von oder dem Erwerb dinglicher Nutzungsrechte an unbeweglichen Gegenständen oder Räumen lässt sich die Rechtsposition des Immobiliarmieters insbesondere dadurch abgrenzen, dass diese von vornherein nicht auf den endgültigen, wenngleich im Falle dinglicher Nutzungsrechte nicht auf ewig

909 So auch MüKo/*J. F. Hoffmann*, § 108 InsO, Rn. 68.
910 *Mugdan*, Motive III, S. 94.

angelegten Verbleib des Substrates im Vermögen des Vertragspartners gerichtet ist. Nach Maßgabe der §§ 108 Abs. 1 S. 1, 111 InsO wird demgegenüber dem Immobiliarmieter nur der Schutz relativer Kontinuitätsinteressen gewährt, ein bestehender Zustand also nur vorübergehend aufrechterhalten. Für die Absicherung absoluter Kontinuitätsinteressen bleibt der Erwerb des Eigentums oder eines dinglichen Nutzungsrechts die einzige Option, weshalb die hierfür erforderliche Eintragung auch weiterhin ihre Bedeutung behält. Da ein Aussonderungsrecht des Immobiliarmieters nach Maßgabe der §§ 108 Abs. 1 S. 1, 111 InsO daher den systematisch-funktionalen Unterschied zu dinglichen Nutzungsrechten nicht vollständig nivelliert, kann insbesondere der gegen die hiesige Konzeption zu erwartende Einwand entkräftet werden, dass dem Immobiliarmieter ohne Eintragung gewährt würde, wofür an anderer Stelle eine Eintragung erforderlich ist.[911]

Muss für eine Aussonderung des Immobiliarmieters auf Basis der *lex lata* gleichwohl in gewissem Umfang vom Eintragungsgrundsatz abgerückt werden, erscheint es aber zumindest nicht ohne Weiteres zwingend, hinsichtlich des Gestaltungsspielraums des Gesetzgebers auf die über 100 Jahre alte Systematik des BGB zu verweisen, die zur vorliegenden Frage ohnehin keine eindeutigen Befunde zulässt. Angesichts der wechselhaften Entstehungsgeschichte insbesondere des § 566 BGB kann man nicht davon ausgehen, dass der Gesetzgeber sich die Anerkennung von Drittwirkungen ohne Eintragung bei der Miete auch in anderen Fällen als dem Sukzessionsschutz selbst abschneiden wollte. Was den wie soeben gesehen ohnehin nicht durchgreifenden Verweis auf die übrigen Nutzungsrechte anbelangt, ist aus rechtspraktischer Sicht zu vergegenwärtigen, dass der Mietvertrag für die Nutzung einer Sache im Rechtsverkehr zum Mittel der Wahl geworden ist. Inwieweit dies daran liegt, dass wegen §§ 57 f. ZVG, 21 KO bzw. 108 Abs. 1 S. 1, 111 S. 1 InsO auch ein Mietvertrag stets einen umfassenden Sukzessionsschutz und eine gewisse Zwangsvollstreckungsfestigkeit versprochen hat und der Mietvertrag mangels Eintragungserfordernis weniger kostenintensiv war und ist, kann hier zwar nicht beurteilt werden. Trotzdem gestaltet der Gesetzgeber den privatrechtlichen Betätigungsrahmen auch mit Rücksicht auf die tatsächlichen heutigen Verhältnisse aus, zumal wenn sich diese im Laufe der Zeit geändert haben.[912] Es erscheint mehr als denkbar, dass der Gesetzgeber zu der Einschätzung gelangt, dass eine absolute Zuweisung der Nutzung an den Mieter im Umfang der gesetzlichen Kündigungsfrist auch bei Masseunzulänglichkeit zweckmäßig, angemessen oder sogar erforderlich ist. Es ließe sich gut argumentieren, dass den Privatrechtssubjekten die Option offenstehen soll, allein relative Kontinuitätsinteressen des Mieters auch ohne eine kostenintensive Eintragung bei Masseunzulänglichkeit zu

911 So verweist etwa *Schön*, JZ 2001, 119, 123 f. – wie gesehen zu Recht – darauf, dass der Gesetzgeber die Möglichkeit, die Miete einzutragen, weniger wegen des später ohnehin gewährten Sukzessionsschutzes scheute, sondern wegen der Vollstreckungsfestigkeit. In der Tat lassen die Protokolle der 1. Kommission erahnen, dass man einer Annäherung der Miete an den Nießbrauch durchaus skeptisch gegenüberstand, vgl. *Jakobs/Schubert*, Schuldrecht II, S. 582.

912 Beachte nur beispielhaft die Ausführungen bei *Mugdan*, Motive II, S. 815, wonach die »überwiegende Zahl der Miethen […] regelmäßig nicht auf eine längere Dauer geschlossen« werde.

schützen,[913] erscheint es doch ohne Weiteres vorstellbar, dass der Nutzungsberechtigte bereit ist, hinsichtlich seiner absoluten Kontinuitätsinteressen das Insolvenzrisiko seines Vertragspartners auf sich zu nehmen, sofern seine relativen Kontinuitätsinteressen stets geschützt bleiben. Orientierte man sich hierbei zwingend an den – ohnehin nicht so eindeutigen – Festlegungen, die bei Kodifikation des BGB getroffen wurden, müsste hierfür zunächst die Eintragungspraxis geändert werden. Dies würde angesichts der Dominanz der Mietverträge wohl nicht nur auf heftigen Widerstand aus der Praxis treffen, sondern aufgrund der zahlreichen Folgefragen einen erheblichen Regelungsaufwand verursachen.

Teleologisch ist schließlich zu bedenken, dass sich in der Insolvenzsituation ein ähnlich hohes Publizitätsbedürfnis wie bei Erwerbsvorgängen zumindest nicht aufdrängt, da es hier nur darum geht, dass die Gläubiger sich die Rechtsposition während der Kündigungsfrist entgegenhalten lassen müssen. Wenngleich der Verteilungskonflikt in der Insolvenz prekärer ist als bei Fragen des Sukzessionsschutzes, kann bezüglich des hiesigen Modells nicht von einem erhöhten Publizitätsbedürfnis gesprochen werden.

Es ist daher im Ergebnis ein Aussonderungsrecht des Mieters nicht deshalb von vornherein abzulehnen, weil *de lege lata* als Publizitätstatbestand nur die Überlassung der Mietsache, nicht aber eine Grundbucheintragung in Betracht kommt.[914]

4. Friktion zu anderen Nutzungsrechten

Problematisch ist schließlich, ob die Vorstellung, der Vertragspartner des Schuldners könnte im Rahmen der §§ 108 Abs. 1 S. 1, 111 InsO mit der Erlangung des Besitzes zur Aussonderung berechtigt sein, mit dem auf die Immobiliarmiete beschränkten Anwendungsbereich des § 108 Abs. 1 S. 1 InsO in Einklang gebracht werden kann oder ob auf Basis dieser Annahme nicht andere Nutzungsrechte konsequenterweise auch zur Aussonderung berechtigen müssten. Diese Frage stellt sich einerseits für Nutzungsrechte an solchen Vermögensgegenständen, für die von vornherein die Besitzerlangung und nicht die Grundbucheintragung der maßgebliche Publizitätstatbestand ist, insbesondere die Mobiliarmiete. Andererseits ist zu klären, ob die Rechtsposition des Immobiliarmieters ohne Rücksicht auf die Obligation von anderen Nutzungsberechtigungen an unbeweglichen Gegenständen oder Räumen abgegrenzt werden kann, die ohne Grundbucheintragung nicht zur Aussonderung berechtigen.

a) Bewegliche Sachen – Mobiliarmiete

Aus einer Deutung der *lex lata* als Aussonderungsrecht in der Vermieterinsolvenz würde insbesondere folgen, dass der Mobiliarmieter im Gegensatz zum Immobiliarmieter nicht aussondern kann, obwohl auch bei § 108 Abs. 1 S. 1 InsO nur der Besitz erlangt werden muss. Zwar besteht auch beim Sukzessionsschutz kein vollständiger Gleichlauf, vgl. § 566 Abs. 1 BGB und § 986 Abs. 2 BGB. Allerdings handelt es sich

913 Ähnlich wird auch gegen konstitutive Publizitätserfordernisse im Immaterialgüterrecht argumentiert, vgl. *McGuire*, Lizenz, S. 287.

914 Vgl. auch MüKo/*J. F. Hoffmann*, § 108 InsO, Rn. 6, dessen Bedenken hinsichtlich der Publizität auch darauf hinauslaufen, dass eine so weitreichende Verdinglichung »gesetzlich wohl nicht intendiert« gewesen sei.

hier mehr um einen konstruktiven Unterschied, in der Sache hat der Mieter unabhängig von der Art der Mietsache nicht zu befürchten, diese infolge einer Veräußerung an den Erwerber herausgeben zu müssen. Die Herausnahme der beweglichen Sachen aus dem Anwendungsbereich des Mieterprivilegs hat aber dazu geführt, dass der Mieter einer beweglichen Sache auf Verlangen des Insolvenzverwalters die Sache sofort herausgeben muss, da er sich auf sein nur schuldrechtliches Nutzungsrecht gegenüber den übrigen Gläubigern nicht berufen kann.[915] Zwischen der Mobiliar- und der Immobiliarmiete besteht *de lege lata* also eine echte Friktion. Möchte man aber davon ausgehen, dass der gem. § 108 Abs. 1 S. 1 InsO geschützte Mieter allein mit dem Besitz auch eine Aussonderungsberechtigung erlangt, lässt sich nur schwer erklären, warum dies für den Mieter einer beweglichen Sache nicht der Fall sein soll: Es ist zwar unbestritten, dass hinsichtlich bestimmter Güter, etwa der Nutzung einer Sache, Rechtspositionen in unterschiedlicher Qualität bestehen können. Ebenso folgt aus den unter Umständen unterschiedlichen Anforderungen an den Vollzugsakt, dass die Möglichkeiten, absolute Rechtspositionen zuzuweisen, nicht notwendigerweise für alle Vermögensgüter gleich sein müssen. Unter Geltung der Konkursordnung gab es etwa mangels einer Vorgängerregelung des § 107 Abs. 1 InsO nach herrschender Meinung keine Möglichkeit, die Erwerbsaussicht des Käufers einer beweglichen Sache insolvenzfest auszugestalten. Das Aussonderungsrecht eines Käufers, der die Eintragung einer Vormerkung durchsetzen konnte,[916] hat dies zu Recht nicht in Frage gestellt. Dem Mieter einer Immobilie mit Besitzerlangung ein Aussonderungsrecht zuzusprechen, während der Mieter einer beweglichen Sache seine Nutzungsberechtigung ab Verfahrenseröffnung nicht mehr durchsetzen kann, hieße aber nichts anderes, als den Käufer eines Grundstücks bei Besitzerlangung auch ohne Vormerkung zur Aussonderung zu berechtigen, einem Eigentumsvorbehalt aber Aussonderungskraft abzusprechen. Verwirklichte man auf Basis der *lex lata* ein Aussonderungsrecht des Immobiliarmieters, bestünde tatsächlich eine dogmatisch nicht zu erklärende Friktion zur Mobiliarmiete.[917] Beheben ließe sich diese Friktion freilich, wenn man auch die Rechtsposition des Mobiliarmieters entsprechend verabsolutieren, also unter Einschaltung eines Sonderkündigungsrechts insolvenzfest ausgestalten würde. Starke Einschränkungen bei der Verwertung der Sache müssten die Gläubiger angesichts der nur drei Tage langen Frist gem. § 580a Abs. 4, Abs. 3 S. 1 Nr. 2 BGB nicht hinnehmen.[918]

915 Siehe oben S. 100 ff.

916 Nicht ausdrücklich, aber in der Sache Jaeger/*Henckel,* § 24 KO, Rn. 2, 22 f.

917 Freilich profitiert *de lege lata* auch der Immobiliarmieter von einer Verabsolutierung, die unter Publizitätsgesichtspunkten nur an den Besitz gekoppelt werden kann (vgl. unten S. 214 ff.) und so gesehen ebenfalls dem Mobiliarmieter zustehen müsste.

918 Unter Geltung der KO war die Insolvenzfestigkeit der Mobiliarmiete nicht durch ein Sonderkündigungsrecht eingeschränkt. Dies wurde durchaus kritisch gesehen, allerdings weniger aus dem Streben nach dogmatischer Kohärenz, sondern vielmehr, weil man im Gegensatz zum Gesetzgeber auch hier das praktische Bedürfnis sah, dem Verwertungsinteresse der Gläubiger den Vorrang einzuräumen, in diese Richtung Jaeger/*Henckel,* § 21 KO, Rn. 9. Diese Erwägung lag sodann auch der Herausnahme der Mobiliarmiete aus dem Anwendungsbereich der Privilegierung zugrunde, BT-Drucks. 12 /2443, S. 146 f.

b) Unkörperliche Gegenstände – Lizenzen

Aufgrund der vermögensrechtlichen Parallelen zwischen Sachen und unkörperlichen Gegenständen[919] sind bei Kohärenzfragen zudem entsprechende Nutzungsrechte, also die Lizenzen, zu berücksichtigen. Ist die insolvenzrechtliche Behandlung von Lizenzen auch sehr umstritten, so wird doch einhellig beurteilt, dass sie nicht von § 108 Abs. 1 S. 1 InsO (analog) erfasst werden und auch nicht per se zur Aussonderung berechtigen.[920] Hierdurch entstehen aber keine vergleichbaren Friktionen, da der Gesetzgeber für diese Güter schon bei Erwerbsvorgängen keine konstitutiven Publizitätserfordernisse aufgestellt hat.[921] Selbst wenn man Verabsolutierungen von Nutzungsrechten an unkörperlichen Vermögensgegenständen hierdurch nicht für ausgeschlossen hält,[922] erscheinen diese nicht zwingend, nur weil entsprechende, publike Nutzungsrechte an Sachen verabsolutiert werden.

c) Andere Nutzungsberechtigungen an unbeweglichen Gegenständen und Räumen

Schließlich ist zu klären, ob ein Aussonderungsrecht sich auf die Miete und Pacht der in § 108 Abs. 1 S. 1 InsO genannten Vermögensgegenstände beschränken lässt. *De lege lata* ist etwa ein Käufer oder auch der Erwerber eines beschränkten dinglichen Rechts, der die Sache – *inter partes* vereinbarungsgemäß – bereits vor Eintragung der Rechtsänderung im Grundbuch nutzt, nicht zur Aussonderung berechtigt und wäre es auch nicht gem. § 108 Abs. 1 S. 1 InsO, wenn die Vereinbarung als solche nicht als Mietvertrag auszulegen wäre. Ginge man davon aus, dass der Mieter seine Rechtsposition gleichbehandlungsneutral und somit ohne Rücksicht auf die Obligation gegen die Masse durchsetzen kann, stellt sich die Frage, ob dann nicht auch in dieser Konstellation die Aussonderung möglich sein muss.

Indes ist hier kein Rückgriff auf die Obligation als solche erforderlich, weil sich schon die Vermögenswerte, auf die sich die Rechtspositionen jeweils beziehen, voneinander unterscheiden lassen. Es ist bereits dargelegt worden, dass die Rechtsstellungen des Mieters und des (schon vor Eigentumserwerb *inter partes* nutzungsberechtigten) Käufers zwar faktisch vergleichbar sind, sich aber, was ihre jeweiligen Kontinuitätsinteressen anbelangt, doch grundsätzlich dahingehend unterscheiden, dass es dem Käufer möglich ist, eine Rechtsposition zu erlangen, die in der Insolvenz des Verkäufers vollumfänglich geschützt ist. Das Nutzungsrecht eines Käufers wurde also in Bezug auf die Schutzwürdigkeit entsprechender Kontinuitätsinteressen im Zusammenhang mit dem angestrebten Erwerb betrachtet. Dieser Ansatz ist auch im hiesigen Kontext weiterführend: Der Käufer eines Grundstücks nutzt dieses nur vor dem Eigentumsübergang bzw. der Eintragung einer Vormerkung,[923] weil die Parteien davon ausgehen, dass es

919 *Wilhelm*, Sachenrecht, Rn. 231 ff.; *Jänich*, Geistiges Eigentum, S. 187 ff.
920 Vgl. S. 256 ff.
921 *Quadbeck*, Publizitätsprinzip, S. 12 ff.; *Jänich*, Geistiges Eigentum, S. 204 ff.
922 So *McGuire*, Lizenz, S. 286 ff., 531; anders z. B. mit dem Argument fehlender Publizität gegen einen Sukzessionsschutz bei einer einfachen Patentlizenz (bevor dieser in § 15 Abs. 3 PatG kodifiziert wurde) BGHZ 83, 251, 258.
923 § 106 Abs. 1 S. 1 berechtigt den Vormerkungsinhaber zur Aussonderung, MüKo/*Ganter*, § 47 InsO, Rn. 333.

früher oder später hierzu kommen wird. Die Nutzung soll nur die angestrebte Veränderung der absoluten Vermögenslage faktisch vorwegnehmen. Die Rechtsposition des Käufers bezieht sich also auch schon in diesem Stadium auf den späteren Erwerb des Eigentums an dem Grundstück und kann nicht unabhängig von dieser betrachtet werden. Die Rechtsposition eines Mieters ist dagegen davon geprägt, dass ein bestehender Zustand (vorübergehend) weiter aufrechterhalten werden soll, um relative Kontinuitätsinteressen zu schützen. Sie bezieht sich gerade nicht auf die Vorwegnahme einer Rechtsänderung und damit im Ergebnis auf den Gegenstand dieser Vermögensverschiebung. Der Vermögenswert, auf den sie sich bezieht, ist daher allein die zeitweise Fortdauer des ohnehin nicht auf alle Ewigkeit angelegten *status quo*. Natürlich betreffen die Rechtspositionen jeweils Substrate, die dem Eintragungsgrundsatz unterliegen. Dennoch lässt sich mit der bloßen Nutzung über eine gewisse Dauer ein spezifischer Vermögenswert identifizieren, auf den sich § 108 Abs. 1 S. 1 InsO bezieht und der sich von den nur hinsichtlich einer späteren Vermögensverschiebung gewährten Nutzungsberechtigungen unterscheidet. Dass insofern die fehlende Eintragungsfähigkeit nicht zwingend gegen die Anerkennung von Drittwirkungen spricht, wurde bereits mit Blick auf die Entwicklungsgeschichte des § 566 BGB bejaht.

5. Aussonderungsrecht nach gesetzgeberischem Willen

Hier wird davon ausgegangen, dass es Aufgabe des Privatrechtsgesetzgebers ist, durch Abwägung von Verkehrs- und Individualinteressen und unter Berücksichtigung von Zweckmäßigkeitserwägungen einen Betätigungsrahmen für die Privatrechtssubjekte zu schaffen.[924] Daher ist für ein Aussonderungsrecht des Mieters neben der Frage dogmatischer Kohärenz vor allem relevant, ob der gesetzgeberische Wille vorliegt, dem Mieter ein solches zuzugestehen oder zumindest die Rechtsposition des Mieters auch bei Masseunzulänglichkeit in den Grenzen des § 111 InsO zu schützen.[925] In der Sache geht es also um die Frage, ob nach dem gesetzgeberischen Willen bei Masseunzulänglichkeit der Insolvenzverwalter bzw. ein Erwerber[926] von dem gem. § 108 Abs. 1 S. 1 InsO geschützten Mieter ohne Kündigungsfrist Räumung verlangen kann.

Der Gesetzgeber der Konkursordnung hatte seinerzeit erwogen, die Miete als »dingliches Verhältnis« anzuerkennen, dies dann aber verworfen und sich für das noch heute geltende Regelungsmodell entschieden.[927] Wenngleich hier ein Ab- und kein Aussonderungsrecht des Mieters im Raum stand, ist dies natürlich ein Indiz dafür, dass mit § 21 KO keine (vollständige) Verabsolutierung bezweckt war. Gleichwohl ist der Befund aus heutiger Sicht zweischneidig, da es durchaus als fraglich gelten darf, wie bewusst die Verfasser der Konkursordnung mit dem Instrument der Verabsolutierung umgegangen sind, einem Phänomen, das in der Privatrechtswissenschaft erst rund

924 Vgl. oben S. 39 ff.

925 Sind Masseverbindlichkeiten im Rahmen der §§ 103 ff. InsO ungeachtet der §§ 208 f. InsO bei Masseunzulänglichkeit zu erfüllen, handelt es sich in der Sache um Aussonderungsrechte, vgl. S. 151 bei Fn. 722.

926 Kann der Mieter seine Rechtsposition dem Insolvenzverwalter nicht entgegenhalten, kommt dies auch gegenüber dem Erwerber nicht in Betracht, vgl. S. 180 bei und in Fn. 863.

927 *Hahn*, Materialien IV, S. 93.

100 Jahre später von *Canaris* erstmals beschrieben worden ist. Daneben muss man sich vergegenwärtigen, dass der Gesetzgeber sich vor allem durch (vermeintliche) Besonderheiten bei der Erfüllung der adressierten Dauerschuldverhältnisse zu einer Sonderregelung gezwungen sah.[928] Der BGB-Gesetzgeber zeigte sich zwar offen für absolute Wirkungen des Nutzungsrechts auch ohne Eintragung,[929] ging aber im Grundsatz von einem nur relativen Nutzungsrecht aus. Verstärkt werden die Zweifel an einem gesetzgeberischen Willen allerdings durch die Insolvenzrechtsreform. Hier wurde mit § 209 Abs. 1 Nr. 2, Abs. 2 Nr. 2 und 3 eine Regelung geschaffen, deren allein am Wortlaut orientierte Anwendung dazu führt, dass auch der gem. § 108 Abs. 1 S. 1 InsO geschützte Mieter bei Masseunzulänglichkeit sein Nutzungsrecht nicht mehr gegen die Masse durchsetzen kann.[930] Vor diesem Hintergrund muss davon ausgegangen werden, dass sich ein (ausdrücklicher) Wille des Gesetzgebers, mit § 108 Abs. 1 S. 1 InsO eine masseunzulänglichkeitsfeste Verabsolutierung der Rechtsposition des Mieters zu schaffen, nicht feststellen lässt.

An allgemeinen Bekundungen aus der Literatur, dass auch die Immobiliarmiete nur ein relatives Nutzungsrecht gewähre, mangelt es nicht.[931] Verabsolutierungen des Nutzungsrechts wurden zumeist auch nicht im insolvenzrechtlichen Kontext besprochen.[932] Dies kann angesichts der §§ 21 KO, 108 Abs. 1 S. 1 InsO und deren bisher nicht wie im vorliegenden Rahmen problematisierten Legitimation insofern nicht überraschen, als sich die Frage der Aussonderungsbefugnis des Immobiliarmieters für die Literatur ohnehin nur insoweit gestellt hat, als dessen Stellung bei Masseunzulänglichkeit fraglich sein konnte. Unter Geltung der KO wurde dies nie auf breiter Front diskutiert.[933] Heute wird die Frage für die Immobiliarmiete vor allem angesichts der §§ 208 f. InsO thematisiert, wobei der ganz überwiegende Teil der Literatur zu dem Ergebnis kommt, dass der Immobiliarmieter bei Masseunzulänglichkeit keinen Schutz

928 Siehe oben S. 43 ff.
929 Dazu soeben S. 185 ff.
930 Siehe v.a. die Nachweise sogleich in Fn. 934.
931 Statt vieler MüKo/*Häublein,* Vor § 535 BGB, Rn. 6 f.; Staudinger/*Emmerich,* Vorbemerkungen zu § 535 BGB, Rn. 21 ff., jeweils m. w. N. Man beruft sich v. a. auf die auch hier erhobenen rechtshistorischen Befunde und darauf, dass § 566 BGB nur eine Ausnahme darstelle, vgl. etwa MüKo/*Häublein,* § 566 BGB, Rn. 1 ff.
932 Aus Sicht des Sukzessionsschutzes vor allem *Cosack*, Lehrbuch, S. 280 ff.; hiergegen *Crome*, JherJb. 37 (1897), 1, 20 ff. *Wieling*, GS Sonnenschein, S. 201, 210 ff. sieht das wichtigste Kriterium der Dinglichkeit im »Rechtsschutz gegen Dritte«, wie ihn der § 1007 BGB dem Mobiliarmieter gewährt und meint, diesen Rechtsschutz auch für die Immobiliarmiete feststellen zu können, wobei er teilweise an *Cosack* anknüpft, aber auch auf die Entwicklung einerseits der Rechtsprechung, insbesondere die Anerkennung des Mieterschutzes im Rahmen der Zwangsversteigerung eines vermieteten Grundstücks (§§ 57a ff. ZVG) und die Anwendung des Deliktsrechts auf den Mietbesitz, andererseits der Gesetzgebung (§ 565 BGB) verweist.
933 Im Ergebnis ein Aussonderungsrecht ab Besitzerlangung bejahend *Kühne*, AcP 140 (1935), 1, 57 ff.; lediglich für relative Besitzrechte an beweglichen Sachen *Wolff*, FS Koch, S. 150, 159; dagegen *Canaris*, FS Flume Bd. I, S. 371, 397, der aber davon spricht, dass § 21 Abs. 1 KO diesbezüglich »[e]ine Ausnahme« sei.

genieße.[934] Die Herausnahme der Mobiliarmiete aus dem Anwendungsbereich der Privilegierung hat aber dazu geführt, dass sich die Frage nach der rechtlichen Qualität der Miete mit neuer Schärfe gestellt hat. Soweit ersichtlich, hat in jüngerer Zeit indes lediglich *von Wilmowsky* die Ansicht geäußert, dass bereits die *lex lata* den Mieter unabhängig von der Art des Mietgegenstandes und damit der Anwendbarkeit von § 103 Abs. 1 S. 1 oder § 108 Abs. 1 S. 1 InsO zur Aussonderung berechtige.[935] Allerdings nimmt *von Wilmowsky* die Absolutheit des Nutzungsrechts stillschweigend an und setzt sich nicht mit dem seiner Konzeption diametral entgegenstehenden Befund auseinander, dass die Miete jenseits der §§ 108 Abs. 1 S. 1, 111 InsO als relatives Recht ausgestaltet wurde. Angesichts der erhobenen Befunde ist zumindest bis zum Beweis des Gegenteils von lediglich relativen Wirkungen auszugehen; den Nachweis, dass das Nutzungsrecht der Miete im insolvenzrechtlichen Kontext absolute Wirkung entfaltet, bleibt *von Wilmowsky* aber schuldig.[936]

Zu konstatieren ist, dass bei der Frage der Aussonderungsmöglichkeit des Mieters trotz der oft beschworenen Parallele zur Drittwiderspruchsklage gem. § 771 ZPO keine Rückkopplung hiermit erfolgt. In der einzelzwangsvollstreckungsrechtlichen Literatur finden sich indes durchaus Stimmen, die die Interventionsberechtigung des Mieters gem. § 771 ZPO (in der Sache) bejahen. Angesprochen ist damit die Diskussion, inwiefern der (unmittelbare) Besitz ein Interventionsrecht sein kann, wobei inzwischen wohl überwiegend davon ausgegangen wird, dass allenfalls ein Recht zum Besitz zur Drittwiderspruchsklage berechtigen kann.[937] Die Bedeutung der Frage ist wohl auch deshalb nicht zu überschätzen, weil sich der vollstreckungsrechtliche Zugriff auf die Nutzung der Sache sowohl für die Vollstreckung in bewegliche wie unbewegliche Sachen an anderer Stelle entscheidet: Bei der Vollstreckung in dem Schuldner gehörende, bewegliche Sachen, die sich im Besitz eines Mieters befinden, muss sich wegen des Gewahrsamsschutzes gem. § 809 ZPO das Nutzungsrecht ohnehin nicht sofort gegenüber dem vollstreckenden Gläubiger bewähren. Der Gläubiger kann nur gem. §§ 846 f. ZPO in den Herausgabeanspruch des vermietenden Schuldners vollstrecken, wobei sich dann auf Ebene der Einziehungsklage entscheiden muss, ob er sich das

934 HK/*G. Schmidt,* § 108 InsO, Rn. 30; *Ringstmeier*, ZInsO 2004, 169, 173 f. (entgegen dem Untertitel handelt es sich bei dem Aufsatz *Ringstmeiers* aber nicht zugleich um eine Anmerkung zu BGH, Urt. v. 3.4.2003 – IX ZR 163/02, ZInsO 2003, 412, sondern zu dem Urteil vom gleichen Tag mit dem Aktenzeichen IX ZR 101/02, vgl. NZI 2003, 369); Schmidt/*ders.*, § 108 InsO, Rn. 14; *Ganter*, ZIP 2019, 97, 98; für die Markenlizenz *L. Berger*, Insolvenzschutz, S. 139 f. Ausdrücklich ein Aussonderungsrecht ablehnend nur MüKo/*J. F. Hoffmann,* § 108 InsO, Rn. 6.

935 *von Wilmowsky*, ZInsO 2011, 1473, 1476; für Lizenzen ebenfalls *ders.*, NZI 2013, 377, 380 f.; für eine eingehende Darstellung der Argumentation siehe oben S. 77 ff. *Wieling*, GS Sonnenschein, S. 201 ff. geht zwar davon aus, dass die Immobiliarmiete ein dingliches Recht sei, vernachlässigt aber bis auf einen kurzen Hinweis auf § 57a ZVG (S. 214 f.) die vollstreckungsrechtliche Perspektive.

936 Eingehend gegen die Ansicht *von Wilmowskys* oben S. 87 ff.

937 MüKo/*K. Schmidt/Brinkmann,* § 771 ZPO, Rn. 39; BeckOKZPO/*Preuß,* § 771 ZPO, Rn. 27 ff.; im Rahmen des § 986 Abs. 2 BGB ein Interventionsrecht ausdrücklich bejahend *Canaris*, FS Flume Bd. I, S. 371, 396 und *Kühne*, AcP 140 (1935), 1, 56 f., wobei letzterer davon spricht, »der Besitz« sei ein die Veräußerung hinderndes Recht.

Nutzungsrecht entgegenhalten lassen muss.[938] Geht man hiervon aus, können Gläubiger in der Einzelzwangsvollstreckung im Ergebnis nicht auf die Nutzung des Mietgegenstandes während der vertraglichen Laufzeit zugreifen, was zumindest nahelegt, dass diese auch nicht von der Vermögenshaftung erfasst sind.[939] Bei einer Vollstreckung in das unbewegliche Vermögen wird der Konflikt zwischen Nutzungsrechten und dem vollstreckenden Gläubiger ohnehin dergestalt gelöst, dass sich der Ersteher bzw. Zwangsverwalter zwangsvollstreckungsfeste Nutzungsrechte entgegenhalten lassen muss, vgl. §§ 57, 93 Abs. 1, 152 Abs. 2 ZVG,[940] weshalb in der Regel allein durch die Vollstreckung kein für die Drittwiderspruchsklage erforderlicher Eingriff in diese Rechte gegeben ist.[941] Dennoch hat § 57 ZVG zur Folge, dass die Nutzungen des Grundstücks bei einer Veräußerung[942] im Rahmen des § 57a ZVG nur in Form eines noch zu erbringenden vertraglichen Nutzungsentgelts für die Verbindlichkeiten des Schuldners haften. Bestünde daher aus einzelzwangsvollstreckungsrechtlicher Perspektive durchaus Anlass, die Legitimation des Mieterprivilegs gem. § 108 Abs. 1 S. 1 InsO hinsichtlich der Nutzung (innerhalb der Kündigungsfrist) in deren absoluter Zuweisung an den Mieter zu suchen, kann es zumindest für die Mobiliarmiete nicht überraschen, dass hierauf nicht zurückgegriffen wird, da deren Herausnahme aus dem Anwendungsbereich des § 108 Abs. 1 S. 1 InsO die insolvenzrechtliche Behandlung insoweit geklärt hat.[943]

Die Rechtsprechung hat zwar das Nutzungsrecht des Mieters in verschiedener Hinsicht verabsolutiert,[944] musste sich soweit ersichtlich aber noch nicht mit der Frage beschäftigen, ob der Mieter in den Grenzen des § 111 InsO aussondern bzw. (auch) bei

938 So *Kühne*, AcP 140 (1935), 1, 57; wohl auch *Stamm*, ZZP 124 (2011), 317, 318 ff.; *Rellermeyer*, Forderungspfändung, Rn. G.16 und *Pohle*, ZZP 68 (1955), 260, 265, die auf die materielle Rechtslage abstellen wollen, aber nicht näher erörtern, ob diese den Mieter auch gegenüber einem Gläubiger des Vermieters schützt; dies ausdrücklich bejahend Staudinger/*Thole*, § 986 BGB, Rn. 149, dies verneinend *Diederichsen*, Recht zum Besitz, S. 144 f.

939 *Pohle*, ZZP 68 (1955), 260, 265 ff., wobei *Stamm*, ZZP 124 (2011), 317, 320 f. nicht zu Unrecht anmerkt, dass die Initiativlast für den Streit anders als bei § 771 ZPO beim Gläubiger liegt.

940 Zur Zwangsverwaltung bei eingetragenen Nutzungsrechten Böttcher/*Keller*, § 146 ZVG, Rn. 47 ff.

941 Stein/Jonas/*Kern*, § 771 ZPO, Rn. 27 und 38. *Stamm*, ZZP 124 (2011), 317, 323 ff. sieht in § 57 ZVG ein »Interventionsrecht«, das aber nicht mittels Drittwiderspruchs-, sondern durch eine Vollstreckungsabwehrklage geltend zu machen ist.

942 Zum fehlenden Sonderkündigungsrecht im Rahmen der Zwangsverwaltung siehe oben 177 ff.

943 Vgl. dazu oben S. 89 ff.

944 Der berechtigte Besitz ist ein sonstiges Recht i. S. d. § 823 Abs. 1 BGB, RGZ 59, 326, 328; BGH NJW 2019, 1669 Rn. 13 und tauglicher Gegenstand einer Eingriffskondiktion, BGH NJW 1987, 771, 772. Jeweils umstritten ist, ob der Schutz sich aus dem Besitz als solchem, dem obligatorischen, aber verdinglichten Recht zum Besitz oder aus einer Kombination ergibt, vgl. dazu *Sosnitza*, Besitz, S. 232 ff., 273 ff. Für die hiesigen Zwecke kann dies aber dahinstehen, da zumindest der sich im Besitz befindliche Mieter danach Rechtsschutz *erga omnes* genießt, auf den es hier ankommt.

Masseunzulänglichkeit seine Rechtsposition gegen die Masse durchsetzen kann.[945] Sollte hierüber aber einmal judiziert werden müssen und das Gericht hinsichtlich der *lex lata* zu den hier gezogenen Schlüssen kommen, würde sich indes die Frage stellen, ob im Zuge richterlicher Rechtsfortbildung ein Aussonderungsrecht des Mieters statuiert werden könnte. Hierbei wäre methodisch zunächst zu klären, ob eine gesetzesimmanente Rechtsfortbildung in Form der Analogie oder teleologischen Reduktion zulässig ist oder ob auf eine gesetzesübersteigende Rechtsfortbildung zurückgegriffen werden müsste.[946] Diese in erster Linie rechtsmethodischen Aspekte könnten hier indes ohnehin nur unzureichend erörtert werden und sollen daher außen vor bleiben.[947] Entscheidend dürfte am Ende sein, zu welcher Einschätzung das Gericht hinsichtlich der Frage kommt, wie Verkehrs- und Individualinteressen bezüglich der Immobiliarmiete bei Masseunzulänglichkeit in der Vermieterinsolvenz abzuwägen sind. Nach dem hiesigen Befund, dass eine Aussonderung ohnehin nur in den Grenzen des § 111 InsO ermöglicht würde und vor dem Hintergrund der ausgesprochen gewichtigen relativen wie absoluten Kontinuitätsinteressen des Mieters von unbeweglichen Gegenständen und Räumen, erscheint es für diese Konstellation durchaus gangbar, den Mieter nicht mit Eintritt der Masseunzulänglichkeit vor die Tür zu setzen, sondern die Nutzung der Mietsache als ihm absolut zugewiesen anzuerkennen. Ob die Rechtsprechung bereit wäre, den hier identifizierten Einwand der dogmatischen Friktion zur Mobiliarmiete für dieses Ergebnis in Kauf zu nehmen, kann sie freilich nur selbst beantworten.

6. Fazit

Ein Verständnis der Rechtsposition des Mieters gem. § 108 Abs. 1 S. 1 InsO als Aussonderungsrecht ist dogmatisch mit der *lex lata* nur mit gewissen Anstrengungen in Einklang zu bringen. Weitgehend erscheinen diese aber zumindest vertretbar. An einer dogmatisch sauberen Deutung des § 108 Abs. 1 S. 1 InsO als Aussonderungsrecht des Immobiliarmieters hindert vor allem die durch die §§ 103 Abs. 1, 108 Abs. 1 S. 1 InsO vorgenommene Differenzierung zwischen Mobiliar- und Immobiliarmiete. Die praktischen Konsequenzen, insbesondere hinsichtlich der Stellung des Mieters bei Masseunzulänglichkeit, sind dagegen gut zu rechtfertigen, wenn nicht sogar sachgerecht. Ein (ausdrücklicher) gesetzgeberischer Wille lässt sich indes aktuell nicht identifizieren und auch eine entsprechende Rechtsfortbildung wurde (bis jetzt) nicht vorgenommen. Für ein Aussonderungsrecht des Mieters nach Maßgabe der §§ 108 Abs. 1 S. 1, 111 InsO ist daher ein Tätigwerden des privatrechtlichen Normsetzers erforderlich, der sich dabei aber weitgehend auf die *lex lata* stützen mag.

945 In dem von *Ringstmeier*, ZInsO 2004, 169 ff. besprochenen, die Insolvenz eines Zwischenvermieters betreffenden Urteil BGH NZI 2003, 369 ff. stand das Mietverhältnis, das die Schuldnerin als Mieterin abgeschlossen hatte, im Vordergrund.

946 *Larenz*, Methodenlehre, S. 366 ff.

947 Zumindest laut *Larenz*, Methodenlehre, S. 366 f. verschärfen sich aber die Anforderungen an eine Lösung jenseits der bloßen Gesetzesauslegung, wenn es um eine gesetzesübersteigende Rechtsfortbildung geht, da der Richter sich hierfür »nur entschließen wird, wenn sehr schwerwiegende Gründe eine solche verlangen.«.

II. Legitimierbarkeit des § 108 Abs. 1 S. 1 InsO in der Insolvenz des Mieters

Eine Aussonderung des Mietzinses kommt nicht in Betracht. Selbst wenn man eine Aussonderung von Geld unter Rückgriff auf Unterscheidbarkeitskriterien für möglich hält,[948] sind diese für § 108 Abs. 1 S. 1 InsO irrelevant und werden auch nie erfüllt sein. § 108 Abs. 1 S. 1 InsO muss also in der Mieterinsolvenz als Privileg des Vermieters verstanden werden. In Betracht kommt nach dem oben Gesagten einzig eine Rechtfertigung auf der Basis, dass dem Vermieter gem. § 112 InsO bestimmte Kündigungsrechte genommen werden. Hierbei handelt es sich, wie gesehen, um eine Maßnahme, die im Interesse der Insolvenzgläubiger angeordnet wird, weswegen diese auch die privatrechtlich angezeigten Kosten tragen müssen. Um diese spezifizieren zu können, ist zunächst ein Blick auf die Funktionsweise des § 112 InsO erforderlich. Da § 108 Abs. 1 S. 1 InsO nur insoweit legitimiert werden kann, als dass § 112 InsO dem Vermieter eine Bindung auferlegt, der er privatrechtlich nicht ohnehin unterliegt, sind die Rechtsfolgen des § 112 InsO dann mit der Situation abzugleichen, in der sich der Vermieter (ohnehin) gem. § 103 InsO befindet. Diese wurde oben[949] eingehend erörtert: Der Vermieter muss erst die vertragliche Bindung durch eine Kündigung beseitigen, bevor er Herausgabe der Mietsache verlangen kann, er kann sich hierfür aber auf sämtliche, auch vorinsolvenzliche Zahlungspflichtverletzungen des Mieters stützen. Insofern § 112 InsO davon abweichende Rechtsfolgen zeitigt, liegt eine zwangsweise Bindung an den Vertrag vor, sodass es dem Vermieter nicht möglich ist, ordnungsgemäß mit der Mietsache zu wirtschaften. Das adäquate Instrument zur Beseitigung dieser nicht von ihm zu tragenden Belastung ist die Privilegierung seiner Mietzinsforderung.[950]

Zu konstatieren ist aber, dass § 108 Abs. 1 S. 1 InsO mit dem hiesigen Ansatz nur legitimiert werden kann, soweit sich dessen Anwendungsbereich mit demjenigen des § 112 InsO deckt. Daher kann schon hier festgestellt werden kann, dass insbesondere die Privilegierung des Vermieters von Wohnraum nicht gerechtfertigt werden kann, da wegen des fehlendes Massebeschlags richtigerweise § 112 InsO hierauf nicht anzuwenden ist.[951] Demgegenüber ist es für die Legitimation unschädlich, dass die Insolvenzgläubiger auch den Fortbestand solcher Mietverträge finanzieren, an deren Fortführung sie kein Interesse haben, etwa weil der Mietgegenstand nicht für eine Unternehmensfortführung benötigt wird oder weil eine solche gar nicht im Raum steht. Die Anwendung des § 112 InsO auf solche Verträge wird zwar kritisch gesehen,[952] im Ergebnis aber nicht bezweifelt und die Entscheidungsfreiheit des Vermieters ist aus

948 Vgl. MüKo/*Ganter,* § 47 InsO, Rn. 19 f.

949 Siehe oben S. 94 ff.

950 Vgl. auch *von Wilmowsky*, ZInsO 2004, 882, 885 ff.

951 *Marotzke*, KTS 1999, 269, 283 f., 288; HK/*G. Schmidt,* § 109 InsO, Rn. 22; MüKo/*J. F. Hoffmann,* § 112 InsO, Rn. 12; a. A. etwa BeckOKInsR/*Berberich,* § 112 InsO, Rn. 11 und *Dahl/Vallender*, NZI 2000, 246, 248, deren bloßer Verweis auf den Wortlaut aber zu kurz greift; aus der Rechtsprechung z. B. AG Hamburg, NZI 2007, 598 f., die Frage offenlassend BGH NJW 2007, 1591, 1592. Zur Behandlung der Wohnraummiete in der Mieterinsolvenz nach der *lex lata* siehe unten S. 232 ff.

952 MüKo/*J. F. Hoffmann,* § 112 InsO, Rn. 12.

privatrechtlicher Perspektive auch nicht weniger achtenswert, weil es um ein Mietverhältnis ohne betrieblichen Bezug geht.

1. Funktionsweise des § 112 InsO

§ 112 InsO hat den Zweck, Massebesitz zu schützen, um die Möglichkeit einer Betriebsfortführung aufrechtzuerhalten.[953] Hierfür werden ab dem Moment der Stellung des Insolvenzantrags bestimmte, auf die Zahlungspflicht des Mieters bezogene Kündigungsgründe insoweit kassiert, als dass diese tatbestandlich schon bei der Antragstellung vorlagen. So wird eine Zäsur bewirkt, da der Vermieter sich nicht mehr auf die bisherige Sachlage berufen darf, sondern abwarten muss, ob der (vorläufige) Insolvenzverwalter den Zahlungspflichten nachkommt.[954] Dabei werden sowohl gesetzlich geregelte als auch vertraglich vereinbarte Kündigungsgründe erfasst.[955] § 112 InsO bezieht sich einerseits auf Kündigungen wegen eines vor Antragstellung eingetretenen Zahlungsverzuges (Nr. 1). Der zur Kündigung erforderliche Zahlungsverzug, im Falle des § 543 Abs. 2 S. 1 Nr. 3 b) BGB also etwa in Höhe von zwei Monatsmieten, muss daher vollständig unter der Ägide des (vorläufigen) Insolvenzverwalters eintreten, damit der Vermieter während der Dauer der Kündigungssperre kündigen kann. Je nachdem, ob und in welcher Höhe der Mieter schon bei Antragstellung mit den Mietzahlungen in Verzug war, muss dieser also erneut eintreten. Andererseits werden in § 112 Nr. 2 InsO Klauseln adressiert, die bereits bei einer bloßen Vermögensverschlechterung, also bei einer die termingerechte Zahlung des Mieters nur gefährdenden Entwicklung, eine Kündigung des Vermieters zulassen. Diese werden dem Vermieter sogar in der Weise abgeschnitten, als dass er eine (weitere) nach dem Eröffnungsantrag eintretende Vermögensverschlechterung nicht zum Gegenstand einer Kündigung machen darf, sondern auch hier abwarten muss, bis sich eine etwaige Vermögensverschlechterung in dem Zahlungsverzug des Mieters bzw. dann des (vorläufigen) Insolvenzverwalters kristallisiert. So wird die Regelungsintention des § 112 Nr. 1 InsO abgesichert und durch § 112 InsO im Ergebnis erreicht, dass der Vermieter hinsichtlich der Gegenleistungspflicht des Mieters den Vertrag nur bei einem nach dem Eröffnungsantrag eintretenden Zahlungsverzug kündigen kann.[956] Die mit dem Eröffnungsantrag bewirkte Zäsur tritt jedoch nicht mit der Verfahrenseröffnung erneut ein.[957] Die Kündigungssperre muss aber ihre Wirkung verlieren, wenn der Insolvenzverwalter sich gegen die weitere Durchführung des Mietvertrages entscheidet, da dann der massebesitzschützende Zweck des § 112 InsO entfällt.[958] Nicht von der Kündigungssperre

953 BT-Drucks. 12/2443, S. 148; *Marotzke*, FS Zöllner, S. 1193 f.; *J. F. Hoffmann*, KTS 2018, 343, 351 ff.

954 Jaeger/*Jacoby*, § 112 InsO, Rn. 3; MüKo/*J. F. Hoffmann*, § 112 InsO, Rn. 1 f.

955 Zu deren Funktionsäquivalenz *Cziupka*, Dispositives Vertragsrecht, S. 44 ff.; *Mossler*, ZIP 2002, 1831, 1835; *J. F. Hoffmann*, KTS 2018, 343, 363.

956 KPBJ/*Tintelnot*, § 112 InsO, Rn. 47 m. w. N.

957 Dies sieht im Ergebnis freilich anders, wer ohnehin davon ausgeht, eine Kündigung könne nicht auf die Nichterfüllung einer Insolvenzforderung gestützt werden, vgl. etwa Jaeger/*Jacoby*, § 112 InsO, Rn. 41.

958 Im Rahmen des § 108 Abs. 1 S. 1 InsO bleibt der Vermieter aber im Umfang der Kündigungsfrist privilegiert, wenn er nicht selbst den Vertrag vorher kündigt.

erfasst ist insbesondere die ordentliche Kündigung, die also jederzeit weiterhin möglich ist. Hier bleibt der Vertragspartner aber regelmäßig noch während einer Kündigungsfrist privatrechtswidrig an den Vertrag gebunden.

2. Legitimation des Vermieterprivilegs gem. § 108 Abs. 1 S. 1 InsO im Kontext des § 112 InsO

Inwiefern § 112 InsO dazu führt, dass der Vermieter ein Kündigungsrecht nicht ausüben kann, welches ihm im Rahmen des § 103 InsO zustünde, hängt also stark davon ab, ob bzw. in welcher Höhe bei der Antragstellung bereits ein Zahlungsrückstand vorlag und wie die Kündigungsmodalitäten vertraglich ausgestaltet sind. Inwiefern dies den durch § 108 Abs. 1 S. 1 InsO adressierten Zeitraum ab Verfahrenseröffnung tangiert, ist wiederum davon abhängig, wie lange das Eröffnungsverfahren dauert und ob und wann sich der Verwalter gegen die Fortführung des Mietvertrages entscheidet. Es erscheint daher ratsam, die möglichen Konstellationen hinsichtlich der Lösungsmöglichkeiten des Vermieters für die Zeit nach Verfahrenseröffnung[959] getrennt zu betrachten.

a) Privilegierung für die Zeit während der Kündigungssperre

Unproblematisch ist nach dem oben Gesagten die Privilegierung des Vermieters, wenn er noch im eröffneten Verfahren infolge der Kündigungssperre am Vertrag festgehalten wird, obwohl er bereits kündigen könnte. Denkbar ist dies insbesondere, wenn eine (nicht nach allgemeinen Grundsätzen ohnehin unwirksame) Lösungsklausel von § 112 Nr. 2 InsO gesperrt wird oder wenn bei der Stellung des Eröffnungsantrags bereits ein den Vermieter zur Kündigung berechtigender Zahlungsverzug (nahezu) erreicht war.[960] Der Bindungswille des Vermieters hat sich dann bereits (nahezu) erschöpft, weshalb die darüber hinausgehenden Vermögensverluste, die infolge der Kündigungssperre eintreten, dem Vermieter privatrechtlich nicht aufgebürdet werden dürfen. Die Kosten der Kündigungssperre sind daher von der Masse zu tragen. Zwar wird teilweise dem gem. § 112 InsO an der Kündigung gehinderten, nicht privilegierten Vermieter ein Ausgleich gem. § 55 Abs. 1 Nr. 3 InsO zugesprochen, wenn der Insolvenzverwalter die Mietsache während der Dauer der Kündigungssperre für die Masse nutzt.[961] Dies ist für den Vermieter freilich nur ein schwacher Trost, mit dem er sich auch privatrechtlich nicht zufriedengeben muss, da die Missachtung seines Bindungswillens nicht davon abhängt, ob die Sache genutzt wird und es keinen Grund gibt, ihn von vornher-

959 § 112 InsO sperrt zwar bereits im Eröffnungsverfahren die adressierten Lösungsmöglichkeiten des Vermieters. Da § 108 Abs. 1 S. 1 InsO erst ab Verfahrenseröffnung wirkt, kann § 112 InsO hier aber ohnehin nicht ausgeglichen werden und daher die entsprechenden Konstellationen außer Betracht bleiben. Für die Zeit vor Verfahrenseröffnung möchte etwa *von Wilmowsky*, ZInsO 2004, 882, 887 die Mietzinsforderungen des Vermieters (in Analogie zum »gesamten § 55 InsO«) vollumfänglich privilegieren.

960 Beachte auch *von Wilmowsky*, ZInsO 2004, 882, der annimmt, dass die Verfahrenseröffnung den Vermieter immer zur außerordentlichen fristlosen Kündigung berechtigt.

961 *J. F. Hoffmann*, KTS 2018, 343, 352, Fn. 46; im Ergebnis über §§ 546a BGB, 55 Abs. 1 Nr. 1 InsO auch Jaeger/*Jacoby*, § 103 InsO, Rn. 285.

ein auf die Vergütung lediglich der gezogenen Nutzungen zu verweisen: Anders als in der Konstellation, dass der Vermieter (noch) nicht kündigen kann,[962] wird er hier nicht zunächst zu Recht am Vertrag festgehalten.[963]

Insoweit daher Vermögensverluste in Folge der Kündigungssperre auf die Zeit nach Verfahrenseröffnung fallen, ist das Privileg legitimierbar. Konnte beispielsweise ein Vermieter bei Verfahrenseröffnung bereits kündigen und dauert das Eröffnungsverfahren einen Monat, ist die Privilegierung des Vermieters bis zu dem einen Monat nach Verfahrenseröffnung stattfindenden Berichtstermin gerechtfertigt, wenn zur Kündigung des Vermieters ein Zahlungsrückstand in Höhe von zwei Monatsmieten erforderlich ist.

b) Privilegierung für die Zeit nach der Entscheidung des Insolvenzverwalters

Im Ergebnis ähnlich zu beurteilen ist die Privilegierung eines zunächst am Vertrag gem. § 112 InsO festgehaltenen Vermieters für die Zeit, nachdem der Insolvenzverwalter entschieden hat, den Mietvertrag für das weitere Verfahren nicht zu benötigen. Die Konstellation unterscheidet sich aber insofern, als dass die Rechtfertigung für die Kündigungssperre mit der Entscheidung des Insolvenzverwalters entfällt und der Vertragspartner wieder sämtliche Kündigungsrechte ausüben kann, also nicht mehr am Vertrag festgehalten wird. Dennoch wird der Vermieter gem. §§ 108 Abs. 1 S. 1, 109 Abs. 1 S. 1 InsO noch während einer dreimonatigen Kündigungsfrist mit seinen Mietzinsforderungen privilegiert. Fraglich ist daher, ob die Privilegierung während der Kündigungsfrist von der Masse zu tragen ist, da für diese Zeit ja gerade kein Aufwand mehr betrieben werden muss, um den Vermieter am Vertrag festzuhalten. Jedoch ist die Privilegierung auch während der Kündigungsfrist legitimierbar: Der Vermieter weiß während der Dauer der Kündigungssperre nicht, wie sich der Insolvenzverwalter hinsichtlich der Fortführung entscheiden wird. Wird er daher nur solange mit seinen Mietzinsforderungen privilegiert, wie auch die Kündigungssperre dauert, wäre er faktisch an einen Mietvertrag gebunden, den die Gegenseite jederzeit und ohne Kündigungsfrist beenden könnte. Auf den Schutz relativer Kontinuitätsinteressen hätte der Vermieter indes niemals verzichtet, eine solche Bindung widerspräche also seiner Entscheidungsfreiheit.[964] Die Bindung des Vertragspartners während der Dauer der Kündigungssperre lässt sich also nur dann rechtfertigen, wenn die Masse auch den – aus dieser zeitlichen Perspektive prospektiven – Aufwand trägt, den Vertragspartner auch

962 Dazu oben S. 97 ff.: Kann der Vermieter noch nicht kündigen, kann er nur nachträglich die gezogenen Nutzungen gem. § 55 Abs. 1 Nr. 3 InsO herausverlangen.

963 Vollständig entschärft wird die Problematik einzig in der Konzeption *von Wilmowskys*, da dieser den Vermieter für die gesamte Zeit, während der er an der Kündigung gehindert ist und unabhängig davon, ob der (vorläufige) Insolvenzverwalter Nutzungen zieht, zum Masségläubiger machen möchte. Da *von Wilmowsky* davon ausgeht, dass der Vermieter ab Verfahrenseröffnung kündigen dürfe und § 112 InsO ihn hieran hindere, konstruiert er letzten Endes für den Zeitraum bis zur Erfüllungsablehnung ein dem § 108 Abs. 1 S. 1 InsO nicht unähnliches Privileg für den Mobiliarvermieter, *von Wilmowsky*, ZInsO 2004, 882, 885 ff. Nicht zu Unrecht befindet *J. F. Hoffmann*, KTS 2018, 343, 352, Fn. 46 dies indes für rechtsfortbildend.

964 Zu relativen Kontinuitätsinteressen siehe oben S. 119 ff.

während einer Kündigungsfrist zu privilegieren. Was die Dauer der Kündigungsfrist anbelangt, wäre die Privilegierung an der vertraglichen Frist für die ordentliche Kündigung zu messen. Ist eine solche nicht vorhanden, wäre ihm Wege der ergänzenden Vertragsauslegung zu fragen, auf was für eine Frist sich die Parteien geeinigt hätten, wobei es nahezuliegen scheint, sich an § 580a BGB zu orientieren.[965]

c) Privilegierung für die Zeit nach nochmaligem Anlaufen des Zahlungsrückstandes

Anders gelagert ist die Konstellation, dass der zunächst an der Kündigung gehinderte Vermieter mittlerweile wieder kündigen kann, weil sich der zur Kündigung erforderliche Zahlungsverzug vollständig nach der Stellung des Eröffnungsantrags (ggf. erneut) eingestellt hat. Für gem. § 108 Abs. 1 S. 1 InsO privilegierte Vermieter kommt dies freilich vor allem in Betracht, insofern der gesamte Zahlungsrückstand im Eröffnungsverfahren aufläuft. Da der Vermieter hier nicht mehr am Vertrag festgehalten wird, erzeugt § 112 InsO keine Rechtsfolgen, die durch § 108 Abs. 1 S. 1 InsO privatrechtlich legitimiert werden müssten. Auf Basis der bisher erarbeiteten ausgleichenden Funktion des Vermieterprivilegs kann dieses hier daher nicht mehr gerechtfertigt werden. Dennoch erscheint es legitimierbar: Wenn der Verwalter noch nicht entschieden hat, den Mietgegenstand im weiteren Verfahren nicht zu benötigen und es grundsätzlich eine Kündigungssperre gibt, dann ist es noch im Masseinteresse, dass der Vermieter nicht kündigt. Der Grund dafür, dass der Vermieter nicht mehr durch § 112 InsO an dem Vertrag festgehalten wird, liegt dann weniger darin, dass dies nicht (mehr) im Masseinteresse ist, sondern mehr darin, dass die Möglichkeiten des jenseits aller Privilegierungen nicht unproblematischen gesetzgeberischen Vorgehens schlichtweg ausgeschöpft sind. § 107 Abs. 2 InsO belegt, dass für den Gesetzgeber beim Schutz von Massebesitz zumindest auch der Berichtstermin der maßgebliche zeitliche Horizont ist.[966] Bis hierhin ist es also im Masseinteresse, dass der Vertragspartner sich nicht vom Vertrag löst. Wollte der Gesetzgeber offenbar nicht so weit gehen, den Vertragspartner bis zu diesem Zeitpunkt zwangsweise an den Vertrag zu binden, sind die Möglichkeiten, den Massebesitz mittels Kündigungssperre zu schützen, ausgeschöpft. Dann aber kann zur Legitimation der Privilegierung auf den zuvor angesichts der Kündigungssperre verworfenen Anreizgedanken zurückgegriffen werden. Ist die Massebesitz schützende Wirkung der Kündigungssperre erschöpft, kann § 108 Abs. 1 S. 1 InsO also über die Ausgleichs- zusätzlich eine Komplementärfunktion zu der Kündigungssperre zukommen, die mit Anreizen arbeitet, wo der Gesetzgeber mit Mitteln des Zwangs nicht weiterkommt oder weiterzukommen meint.[967]

965 Insofern ist die dreimonatige Kündigungsfrist des § 109 Abs. 1 S. 1 (nahezu) unproblematisch, da die entsprechenden in § 580a Abs. 1 und 2 BGB vorgesehenen Kündigungsfristen, abgesehen von den Karenztagen, darüber hinausgehen.

966 BT-Drucks. 12/2443, S. 146; aus praktischer Sicht Mohrbutter/Ringstmeier/Meyer/*Voigt-Salus,* Kap. 23, Rn. 60 ff. Beachte auch OLG Köln, NZI 2003, 149 f., wonach eine Entscheidung über die Fortführung des schuldnerischen Unternehmens nach dem Berichtstermin immer noch »unverzüglich« i.S.d. § 103 Abs. 2 S. 2 InsO sein soll.

967 Die Wirksamkeit solcher Anreize mag man zwar in Frage stellen, dazu schon oben S. 48 bei Fn. 240. Kündigt der Vermieter, schmälert seine Privilegierung aber auch nicht mehr die Insolvenzmasse.

d) Privilegierung bei noch bestehender vertraglicher Bindung

Unter gleichbehandlungsspezifischen Gesichtspunkten problematischer ist die Privilegierung eines Vermieters, der zu keinem Zeitpunkt durch § 112 InsO an der Kündigung des Vertrages gehindert wird. Dies ist insbesondere dann der Fall, wenn der Vertrag keine unter § 112 Nr. 2 InsO fallende Klausel enthält und insofern, als dass sich der Zahlungsverzug nach der Verfahrenseröffnung erstmals einstellen muss, damit eine Kündigung privatrechtlich möglich ist. Ist der Mieter bei Stellung des Eröffnungsantrags mit den Mietzahlungen nicht in Verzug und stellt sich auch während des Eröffnungsverfahrens kein Verzug ein, muss der Vermieter im eröffneten Verfahren Ausfälle bei den Mietzinszahlungen zunächst hinnehmen, wenn nicht die Verfahrenseröffnung selbst ihn nach den vertraglichen Vereinbarungen zur Kündigung berechtigen würde.[968] Bis sich der Vermieter vom Vertrag lösen kann, läuft die Masse also nicht Gefahr, der Möglichkeit, den Mietvertrag fortzuführen, verlustig zu gehen. § 112 InsO führt hier zunächst nicht zu Rechtsfolgen, die nicht auch im Rahmen des § 103 InsO eintreten, da sich die Bindung des Vermieters allein aus dem Vertrag ergibt, bis sich ein zur Kündigung berechtigender Zahlungsverzug eingestellt hat und diese Kündigung dann auch durch § 112 InsO nicht verhindert wird. Das Privileg ließe sich also jedenfalls nicht als Ausgleich zu § 112 InsO rechtfertigen. Denkbar ist allein, dass § 108 Abs. 1 S. 1 InsO auch hier unter Anreizgesichtspunkten eine Komplementärfunktion zu § 112 InsO zukommt, da der Vermieter ja ab einem gewissen Zeitpunkt wieder kündigen kann und sich hiervon allenfalls wird abhalten lassen, wenn er von der Verfahrenseröffnung an und auch während einer Kündigungsfrist vollumfänglich privilegiert wird. Im Einzelfall droht aber eine hieran gemessen überschießende Wirkung des § 108 Abs. 1 S. 1 InsO, etwa wenn schon kurze Zeit nach Verfahrenseröffnung feststeht, dass die Mietsache nicht weiter benötigt wird, der Vermieter nie hätte kündigen können und dann aber noch während der dreimonatigen Kündigungsfrist mit der Mietzinsforderung privilegiert wird.

3. Fazit

Wird der Vermieter im Laufe des Eröffnungs- und des eröffneten Verfahrens gem. § 112 InsO privatrechtswidrig am Vertrag festgehalten, ist die Privilegierung nach Maßgabe der §§ 108 Abs. 1 S. 1, 109 Abs. 1 S. 1 InsO bis zur Kündigung und während der dreimonatigen Kündigungsfrist in vielen Fällen als Ausgleich für die Belastung, die dem Vermieter im Interesse der Gläubigergesamtheit auferlegt wird, legitimierbar. Kann der Vermieter trotz des § 112 InsO »wieder« kündigen, kann sein Privileg zudem als Anreiz mit dem Interesse der Insolvenzgläubiger gerechtfertigt werden. Allerdings sind auch Konstellationen denkbar, in denen § 112 InsO keinen Ausgleich verlangt und sich auch eine Anreizfunktion nicht aufdrängt, das Privileg des § 108 Abs. 1 S. 1 InsO also nicht legitimiert werden kann. Bedenkt man indes, dass dies nur in Betracht kommt, sofern keine unter § 112 Nr. 2 InsO fallende Klausel vereinbart wurde und vor allem der Fall sein wird, wenn der Vermieter bis zur Stellung des Eröffnungsantrags keinerlei Zahlungsausfälle erlitten hat, kann im Rahmen einer

968 Siehe oben S. 97 ff. Gezogene Nutzungen sind zwar gem. § 55 Abs. 1 Nr. 3 InsO auszukehren, worauf sich freilich § 108 Abs. 1 S. 1 InsO nicht beschränkt.

typisierenden Betrachtung das Privileg des Vermieters als im Interesse der Insolvenzgläubiger betrachtet und so vor dem Gläubigergleichbehandlungsgrundsatz legitimiert werden, soweit der Mietvertrag auch unter § 112 InsO fällt. Nicht legitimierbar ist hingegen das Privileg des Vermieters von Wohnraum, da er zu keinem Zeitpunkt an der Kündigung gehindert wird.

III. Legitimierbarkeit des § 108 Abs. 1 S. 1 InsO in der Insolvenz des Dienstverpflichteten

In der Insolvenz des Dienstverpflichteten gilt § 108 Abs. 1 S. 1 InsO ohnehin nur, wenn der Schuldner nicht zu höchstpersönlichen Leistungen verpflichtet ist.[969] Mit dem Gläubigergleichbehandlungsgrundsatz ist § 108 Abs. 1 S. 1 InsO aber nicht in Einklang zu bringen: Eine Aussonderung kommt hier nicht in Betracht. § 108 Abs. 1 S. 1 InsO ist somit für den Dienstberechtigten ein Privileg. Dieses kann aber nicht mit dem Interesse der Gläubigergesamtheit gerechtfertigt werden. Man mag zwar erwägen, dass bestehende Absatzmöglichkeiten im Rahmen einer potentiellen Betriebsfortführung benötigt werden. Ein dienstberechtigter Vertragspartner ist indes nicht an der Kündigung gehindert, weshalb dem Privileg des Dienstberechtigten nicht wie demjenigen des Vermieters eine Ausgleichsfunktion zukommen kann. Gegen eine Legitimierbarkeit im Masseinteresse auf basis der *lex lata* spricht auch, dass diese kein Sonderkündigungsrecht des Insolvenzverwalters vorsieht, der die Laufzeit des Vertrages daher auch nicht an den Befriedigungsaussichten der Gläubiger ausrichten kann. Zudem ist die Belastung der Masse mit Forderungen, die nicht lediglich auf Geld gerichtet sind und für deren Erfüllung unter Umständen weitere Masseverbindlichkeiten begründet werden müssen, auch an sich problematisch. So besteht die Gefahr, dass der Vertragspartner bei Pflichtverletzungen Schadensersatz geltend macht, was für die Masse schwer kalkulierbare Haftungsrisiken birgt. Dies hat auch den BGH veranlasst, § 108 Abs. 1 S. 1 InsO in der Insolvenz des Dienstverpflichteten nicht anzuwenden, wenn die Vertragserfüllung »erhebliche Aufwendungen« aus der Masse erfordern würde,[970] während in der Literatur sogar gefordert wird, § 108 Abs. 1 S. 1 InsO in dieser Konstellation insgesamt teleologisch zu reduzieren.[971]

IV. Legitimierbarkeit des § 108 Abs. 1 S. 1 InsO in der Insolvenz des Dienstberechtigten

Nach dem oben Gesagten ist die Legitimation des Privilegs des Dienstverpflichteten prekär. Da dieser nicht wie der Vermieter in der Mieterinsolvenz durch eine Kündigungssperre zwangsweise am Vertrag festgehalten wird, gibt es keinen Ansatzpunkt, die Belastung der Masse durch § 108 Abs. 1 S. 1 InsO als Ausgleich für eine im Interesse der Insolvenzgläubiger ergriffene Maßnahme zu legitimieren. Zugleich zeugen

969 Dies ist herrschend, statt vieler KPBJ/*Tintelnot,* § 103 InsO, Rn. 121; anders aber offenbar Schmidt/*Ringstmeier,* § 108 InsO, Rn. 29.

970 BGH NZI 2011, 936.

971 Etwa KPBJ/*Tintelnot,* § 108 InsO, Rn. 136 ff.

die §§ 108 Abs. 1 S. 1, 113 InsO auch nicht davon, dass der Gesetzgeber nicht auf das Instrument der Kündigungssperre zurückgreifen wollte, da § 113 S. 1 InsO dem Dienstverpflichteten sogar seinerseits die Kündigung ermöglicht.[972] In der Literatur wird dies verbreitet mit dessen Interesse begründet, sich dienstvertraglich neu zu binden,[973] was wohl auch der Intention des Gesetzgebers entspricht.[974] Verstärkt wird dieser Eindruck im Kontext von Arbeitsverhältnissen schließlich von den §§ 120 ff. InsO, die vor allem dem Insolvenzverwalter die Kündigung von Arbeitsverhältnissen erleichtern und die Durchsetzung von Betriebsänderungen beschleunigen.[975] Insgesamt herrscht hier das Verständnis vor, dass das Interesse der Masse eher auf die Entlastung von Lohnzahlungen gerichtet ist und durch die Regelungen der Insolvenzordnung in einen Ausgleich mit den Arbeitnehmerinteressen gebracht werden müssen.[976]

Diese Skepsis gegenüber einer Legitimation des Dienstverpflichtetenprivilegs mit dem Interesse der Insolvenzgläubiger wird bestätigt, wenn man die Bedeutung der vom Schuldner abgeschlossenen Dienstverträge für eine etwaige Betriebsfortführung betrachtet. Zunächst fällt hier eine Typisierung um einiges schwerer als bei der Immobiliarmiete, da die versprochenen »Dienste« deutlich vielgestaltiger sind.[977] Vor allem aber ist die numerische Ausgangslage eine andere als bei der Miete: Typischerweise wird die Gesamtheit der Arbeitsverhältnisse eines insolventen Betriebes, auf die § 108 Abs. 1 S. 1 InsO ja anwendbar ist, anfälliger für Fehlkalkulationen sein als die angemieteten Räumlichkeiten. Ein Gastronomiebetrieb kann beispielsweise kleiner oder größer sein, also mit drei Mitarbeitern auskommen oder dreißig Mitarbeiter benötigen, in beiden Fällen wird ein Ladenlokal und somit auch ein entsprechender Mietvertrag vorhanden, ausreichend und für eine Betriebsfortführung unverzichtbar sein. Eventuell erforderliche Umstrukturierungen werden also typischerweise eher das Personal als

972 Dies ist natürlich nur relevant, sofern der Dienstverpflichtete nicht oder nur mit längerer Kündigungsfrist kündigen kann. Auch Arbeitsverhältnisse müssen aber für den Arbeitnehmer nicht zwingend ordentlich kündbar sein, vgl. § 15 Abs. 3 und 4 TzBfG.

973 KPBJ/*Moll,* § 113 InsO, Rn. 7; BeckOKInsR/*Gossak,* § 113 InsO, Rn. 2; Graf-Schlicker/*Kubusch,* § 113 InsO, Rn. 1 sowie Jaeger/*Giesen,* § 113 InsO, Rn. 6, der dies immerhin noch privatautonom fundiert und auf die »Kappung der Vertragslaufzeiten« hinweist, vgl. zum Verhältnis der Sonderkündigungsrechte des Insolvenzverwalters zum Bindungswillen des Vertragspartners unten S. 238 ff., 248 ff.

974 Vgl. BT-Drucks. 12/2443, S. 148 f. In der Gesetzesbegründung zu § 19 KO a. F. (§ 22 KO) hatte eine ausdrückliche Begründung gefehlt. Orientiert man sich an § 17 KO a. F. (§ 19 KO), wäre auf die besondere Bedeutung der Person des Schuldners für den Vertragspartner abzustellen, *Hahn,* Materialien IV, S. 95 f., 100.

975 Überblicksweise MüKo/*Caspers,* Vor §§ 113–128 InsO, Rn. 1 ff.

976 So MüKo/*Caspers,* Vor §§ 113-128 InsO, Rn. 1 ff.; Jaeger/*Giesen,* § 113 InsO, Rn. 4 und 7 ff.; KPBJ/*Moll,* § 113 InsO, Rn. 6 ff.; Braun/*Beck,* § 113 InsO, Rn. 1 ff.; HambKomm-InsR/*Ahrendt,* § 113 InsO, Rn. 10; auch BAG AP InsO § 113 Nr. 18 (»Die Erleichterungen der §§ 113 ff. InsO dienen jedoch vor allem einer Einstellung des Betriebes.«) und BAG AP InsO § 113 Nr. 24. Vor allem von Skepsis gegenüber langen Kündigungsfristen zeugen auch die Ausführungen des Rechtsausschusses zum Entwurf der Insolvenzordnung, siehe BT-Drucks. 12/7302, S. 169. Nur die Interessen des Vertragspartners verwirklicht sieht auch *Dorndorf,* Sozialplan, S. 48.

977 Bezeichnend der Versuch von Staudinger Staudinger/*Latzel,* § 611 BGB, Rn. 77, »Dienste« positiv zu definieren.

geschlossene Mietverträge über unbewegliche Gegenstände und Räume betreffen.[978] Zwar mag man davon ausgehen, dass sich im Einzelfall durchaus ein unverzichtbarer Kernbestand der Arbeitnehmer identifizieren ließe.[979] Ein generelles Interesse der Masse, Dienstverpflichtete und insbesondere Arbeitnehmer von der Kündigung des Vertrages abzuhalten, welches das Bedürfnis überwiegt, die Masse von Vergütungs- bzw. Lohnzahlungen zu entlasten, ist aber nicht erkennbar.

Eine Kündigungssperre ist daher aus Massesicht auch nicht erforderlich. Mithin ist die *lex lata* nicht mit Masseinteressen zu erklären und das Dienstverpflichtetenprivileg auch nicht mit dem Interesse der Insolvenzgläubiger legitimierbar.

V. Gesamtfazit

Nach dem Gesagten ergibt sich für das Verhältnis des § 108 Abs. 1 S. 1 InsO zum Gläubigergleichbehandlungsgrundsatz ein äußerst disparates Bild:

Die Rechtsposition des Mieters ist mit dem Gläubigergleichbehandlungsgrundsatz nur dann in Einklang zu bringen, wenn man davon ausgeht, dass diese ihren Inhaber zur Aussonderung berechtigt. Dass der Immobiliarmieter bei Masseunzulänglichkeit die Mietsache zunächst weiter nutzen darf, ist der *lex lata* zwar nicht zu entnehmen, wäre aber unter Inkaufnahme gewisser dogmatischer Brüche mit ihr zu vereinbaren.

Die Privilegierung des Vermieters in der Mieterinsolvenz kann typisierend als privatrechtlich von der Masse zu tragender Ausgleich für die Kündigungssperre des § 112 InsO mit dem Interesse der Gläubigergesamtheit gerechtfertigt werden, sofern es nicht um Wohnraummietverhältnisse geht.

Die Privilegierung des Dienstberechtigten in der Insolvenz des Dienstverpflichteten ist *de lege lata* nicht legitimierbar.

Ebenso kann die Privilegierung des Dienstverpflichteten in der Insolvenz des Dienstberechtigten nicht legitimiert werden.

Aus gleichbehandlungsspezifischer Perspektive handelt es sich daher bei § 108 Abs. 1 S. 1 InsO um eine ausgesprochen heterogene Vorschrift. Ein gemeinsamer Legitimationstopos konnte hier nicht ausgemacht werden. Dieser Befund steht in einem Spannungsverhältnis zu den ohne Zweifel vorhandenen Kontinuitätsinteressen der Vertragspartner, deren Schutz im Grundsatz auch durch § 108 Abs. 1 S. 1 InsO bezweckt ist. Wie mit diesem Spannungsverhältnis bei der Anwendung der §§ 108 ff. InsO umzugehen ist, soll im nächsten Kapitel untersucht werden.

978 KPBJ/*Moll,* § 113 InsO, Rn. 6; Buth/Hermanns/*Zander,* § 31, Rn. 14 ff.; Mohrbutter/Ringstmeier/Meyer/*Voigt-Salus,* Kap. 23, Rn. 149 ff.; Graf-Schlicker/*Kubusch,* § 113 InsO, Rn. 1.

979 Diesbezüglich wäre aber sogar zweifelhaft, ob die *lex lata* unter Anreizgesichtspunkten im Masseinteresse ist, da durch die pauschale, alle Arbeitsverhältnisse erfassende Regelung des § 108 Abs. 1 S. 1 und die Kündigungsmöglichkeit der Arbeitnehmer gem. § 113 InsO eher zu befürchten wäre, dass die Leistungsträger das sinkende Schiff verlassen, während weniger gut qualifizierte Kräfte an Bord bleiben, deren Lohnforderungen dann die Masse belasten, vgl. beispielsweise MAH/*Henn-Anschütz,* § 35, Rn. 329, der dem Arbeitnehmer sogar eine Kündigung nahelegt.

4. Kapitel Die Anwendung der §§ 108 ff. InsO im Lichte der Ergebnisse

Die bisherige Untersuchung zu den normativen Grundlagen des § 108 Abs. 1 S. 1 InsO hat zu äußerst disparaten Ergebnissen geführt. Zwar konnte für § 108 Abs. 1 S. 1 InsO mit den – wenngleich teilweise sehr unterschiedlich stark ausgeprägten – Kontinuitätsinteressen des Vertragspartners ein gemeinsames teleologisches Fundament identifiziert werden. Hinsichtlich ihrer Legitimierbarkeit lassen sich die adressierten Konstellationen allerdings nicht auf einen gemeinsamen Nenner bringen. Im vierten und letzten Kapitel soll der Versuch unternommen werden, diese Befunde für die Anwendung der §§ 108 Abs. 1 S. 1, 109, 111, 113 InsO fruchtbar zu machen. Mit dem aufgezeigten Spannungsfeld aus unterschiedlich stark ausgeprägten Kontinuitätsinteressen und teils prekärer gleichbehandlungsspezifischer Legitimation ist dabei wie folgt umzugehen: Im Ausgangspunkt hat sich die folgende Betrachtung am Regelungszweck der §§ 108 Abs. 1 S. 1, 109, 113 InsO zu orientieren. Bei allen gleichbehandlungsspezifischen Bedenken ist zunächst die gesetzgeberische Entscheidung zu respektieren, bestimmte Interessen im Insolvenzfall nach Maßgabe der §§ 108 Abs. 1 S. 1, 109, 111, 113 InsO zu schützen.[980] Somit sind die Kontinuitätsinteressen des Vertragspartners, unbeschadet ihrer mangelnden Legitimationskraft, das maßgebliche Kriterium für Anwendungsfragen im Kontext der §§ 108 Abs. 1 S. 1, 109, 111, 113 InsO. Wo der Schutz des Vertragspartners mit dem Gläubigergleichbehandlungsgrundsatz in Einklang gebracht werden kann, ergibt sich hieraus keine weitere Maßgabe. Bestehen allerdings Zweifel an der Legitimierbarkeit, spricht nichts dagegen, diese bei der Auslegung zu berücksichtigen. Indes können gleichbehandlungsspezifische Bedenken bei einer Anwendung der §§ 108 Abs. 1 S. 1, 109, 111, 113 InsO nur je nach Ausprägung der Kontinuitätsinteressen Berücksichtigung finden. Je weniger stark in einer konkreten Konstellation die Kontinuitätsinteressen ausgeprägt sind, desto eher ist folglich die gleichbehandlungsspezifische Perspektive bei der Auslegung der §§ 108 Abs. 1 S. 1, 109, 111, 113 InsO zu berücksichtigen, wo dann je erheblicher die Zweifel an der Legitimierbarkeit sind, desto eher diese das Postulat einer engen Auslegung begründen können.

Auf dieser Basis sollen einerseits einzelne Probleme der *lex lata* näher betrachtet werden, wobei eine umfassende Abhandlung aller umstrittenen Einzelfragen freilich nicht geleistet werden kann. Im Grundsatz sollen besonders prominente Fragen diskutiert werden, bei denen sich die gefundenen Ergebnisse gut verwerten lassen und möglichst sogar eine neue Perspektive eröffnen. Andererseits soll ein Blick auf mögliche Änderungen *de lege ferenda* geworfen werden. Ob eine bestimmte Lösung durch Auslegung oder nur *de lege ferenda* bewerkstelligt werden kann, mag im Einzelfall streitig sein. Die Einteilung der diskutierten Einzelfragen ist daher nicht zwingend. Im Wesentlichen orientiert sie sich daran, ob bestimmte Fragen auf Basis der *lex lata* disku-

980 Vgl. dazu auch oben S. 42 f. Aus ähnlicher Perspektive zu Aufrechnungslagen auch *Paulus*, FS 50 Jahre BGH, S. 765 ff.

tiert werden oder nicht. Im Vordergrund sollen aber die entsprechenden Sachfragen stehen.[981]

A. Einzelfragen *de lege lata*

I. Die Insolvenz des Vermieters

1. Vermieterpflichten

Unstreitig hat § 108 Abs. 1 S. 1 InsO in der Vermieterinsolvenz zur Folge, dass der Mieter der Masse gegenüber zur Nutzung berechtigt ist und die Mietsache nicht herausgeben muss. Die Nutzungsberechtigung an sich steht auch im Zentrum der Kontinuitätsinteressen des Mieters.[982] Die bloße Duldung der Nutzung ist für die Masse auch in der Regel problemlos möglich, wenn sie entsprechend absolut berechtigt ist. Da nach den hiesigen Befunden die Verabsolutierung der Nutzung unter gleichbehandlungsspezifischen Gesichtspunkten nicht unproblematisch, aber denkbar ist, kann sich aus diesen nichts Anderes ergeben. Die übrigen Vermieterpflichten, insbesondere die Pflicht zur Erhaltung des vertragsgemäßen Zustandes der Mietsache und, soweit sie durch den Vermieter übernommen worden ist, die Pflicht zur Versorgung des Mieters mit Wasser, Wärme und Elektrizität, sind zwar ebenfalls als Teil einer zur Aussonderung berechtigenden Rechtsposition denkbar,[983] weshalb ihre Privilegierung nicht zwingend gleichbehandlungswidrig ist. Dennoch bedürfen sie im Weiteren einer näheren Betrachtung.

a) Meinungsstand

Entsprechend dem verbreiteten Grundsatz, dass die Rechtsfolgen des § 108 Abs. 1 S. 1 InsO denen einer Erfüllungswahl entsprächen,[984] wird in Rechtsprechung und Literatur einhellig davon ausgegangen, dass die Masse den Vertrag grundsätzlich so wie der Vermieter zu erfüllen habe, also insbesondere nutzungsbezogenen Versorgungs- und Erhaltungspflichten nachkommen müsse.[985] Teilweise werden aber Einschränkungen insbesondere der Erhaltungspflichten vorgeschlagen, wenn der Masse eine übermäßige

981 Die sich aus dem Abschnitt zur *lex lata* ergebenden Folgerungen *de lege ferenda* finden sich gebündelt in der Zusammenfassung auf S. 278.

982 Siehe oben S. 110 ff.

983 Siehe oben S. 173 ff.

984 Siehe oben S. 35 ff.

985 BeckOKInsR/*Berberich,* § 108 InsO, Rn. 38; Jaeger/*Jacoby,* § 108 InsO, Rn. 109; KPBJ/*Tintelnot,* § 108 InsO, Rn. 109; etwas enger MüKo/*J. F. Hoffmann,* § 108 InsO, Rn. 81 (nur Vertragspflichten mit »Nutzungsbezug«, der bei Versorgungs- und Erhaltungspflichten natürlich vorliegen dürfte); ähnlich wohl MüKo³/*Eckert,* § 108 InsO, Rn. 61 (»sofern die Rechte und Pflichten unlösbar mit dem Mietverhältnis zusammenhängen«).

Belastung droht, wobei oft auf § 275 Abs. 2 InsO zurückgegriffen wird.[986] Umstritten ist darüber hinaus, ob die Masse zur Mängelbeseitigung verpflichtet ist, wenn die Mietsache schon vor Verfahrenseröffnung mangelhaft geworden ist, was nach dem BGH und der herrschenden Meinung aber der Fall sein soll.[987]

b) Stellungnahme

Für die Nutzung der Mietsache an sich ist die Versorgung mit Wärme, Strom und Wasser in aller Regel unumgänglich. Zwar wird es für den Mieter nicht darauf ankommen, dass gerade der Vermieter ihm diese Leistungen erbringt. Zugleich wird es für den Mieter in aller Regel kein Problem sein und auch nur vergleichsweise wenig nachteilhaft sein, ein Anschlussgeschäft zu tätigen. Gleichwohl muss die Masse zur Erfüllung entsprechender Versorgungspflichten in der Regel nur ihrerseits die Leistungen beziehen. Dies ist eine verhältnismäßig geringfügige und vor allem rein monetäre Belastung, die der Masse zugunsten des Mieters zugemutet werden kann, weshalb auf Basis einer an den Kontinuitätsinteressen des Vertragspartners orientierten Auslegung der ganz herrschenden Ansicht zu folgen ist.

Bei den Erhaltungspflichten liegen die Dinge schon grundsätzlich anders. Leistungspflichten, die auf ein Substrat gerichtet sind, das nur verschafft oder übergeben werden muss, sind in der Regel für die Masse ohne Weiteres erfüllbar und nur dann nachteilhaft, wenn die Masse an ein schlechtes Geschäft gebunden bleibt. Wird die Masse mit einer Zahlungspflicht belastet, mindert dies, wiederum in Abhängigkeit von einer etwaigen Gegenleistung, die Masse und so die Insolvenzquote. Die Verpflichtung zu einer Tathandlung kann für die Masse aber schwerwiegende Nachteile mit sich bringen. Typischerweise ist sie für die Masse schwieriger zu erfüllen, weil der Insolvenzverwalter in der Regel nicht selbst tätig werden kann und daher, ggf. in Absprache mit dem Schuldner, weitere Massemittel eingesetzt werden müssen. Zudem drohen im Fall der Nichterfüllung schwer kalkulierbare Schadensersatzpflichten. Sodann ist das Interesse des Mieters an einer Privilegierung der Erhaltungspflichten schwer zu typisieren: Ein einzelnes klemmendes Fenster stellt mitunter gar keine Einschränkung der Nutzbarkeit dar, während durch einen Wasserrohrbruch möglicherweise eine ganze Wohnung nicht mehr nutzbar ist und bei Schimmelschäden sogar Gesundheitsgefahren drohen. Eine differenzierende Lösung erscheint indes nicht praktikabel. Da sich die Kontinuitätsinteressen im Grundsatz auf die Nutzung der Mietsache in vertragsgemäßem Zustand beziehen[988] und auch der Gesetzgeber nicht hat erkennen lassen, diese Pflichten der Masse nicht auferlegen zu wollen, ist grundsätzlich der herrschenden Meinung zu folgen, dass die Erhaltungspflichten auch von § 108 Abs. 1 S. 1 InsO er-

986 So etwa Jaeger/*Jacoby,* § 108 InsO, Rn. 110 f.; MüKo^3/*Eckert,* § 108 InsO, Rn. 76; *B. Wegener*, ZInsO 2005, 1259, 1263.

987 BGH NZI 2003, 373 f.; MüKo^3/*Eckert,* § 108 InsO, Rn. 71; MüKo/*J. F. Hoffmann,* § 108 InsO, Rn. 82; Jaeger/*Jacoby,* § 108 InsO, Rn. 111; KPBJ/*Tintelnot,* § 108 InsO, Rn. 109; a. A. *Gundlach/Frenzel*, NZI 2003, 374 f.

988 Es bleibt unklar, warum, wie *Gundlach/Frenzel*, NZI 2003, 374 meinen, die Erhaltungspflicht keine »charakteristische [...] Hauptpflicht des Vermieters« sein soll.

fasst werden.[989] Zudem muss hiernach die Masse auch dann zur Mangelbeseitigung verpflichtet sein, wenn die Mietsache schon vor Verfahrenseröffnung mangelhaft geworden ist. Geschützt werden die Leistungsabschnitte für die Zeit nach Verfahrenseröffnung und diese richten sich ebenso auf die Nutzung wie auf die Erhaltung der Mietsache.[990] Einschränkungen der Erhaltungspflichten über § 275 Abs. 2 InsO sind kritisch zu sehen: Die vertragliche Risikoordnung wird in erster Linie durch den Parteiwillen festgelegt und dieser ist grundsätzlich im Rahmen der §§ 103 ff. InsO zu beachten.[991] Ein Zugriff auf Risikoordnung mag weniger prekär erscheinen als die Missachtung des begrenzten Bindungswillens des Vertragspartners, methodenehrlicher wäre allerdings eine einschränkende Auslegung des § 108 Abs. 1 S. 1 InsO mit Verweis auf die – bei Erhaltungspflichten wie gesehen durchaus denkbare – zu starke Massebelastung.

Bislang keine Beachtung hat die Frage gefunden, inwiefern eine einschränkende Auslegung des § 108 Abs. 1 S. 1 InsO hinsichtlich der Erhaltungspflichten auch gegenüber einem möglichen Erwerber berücksichtigt werden muss, der gem. § 566 Abs. 1 InsO in das Mietverhältnis eintritt. Wie gesehen regulieren die §§ 108 Abs. 1 S. 1, 111 InsO im Zusammenspiel mit § 566 InsO, inwiefern sich die übrigen Gläubiger in der Insolvenz die Rechtsposition des Mieters entgegenhalten lassen müssen. Kann der Mieter aber hiernach etwas nicht gegenüber der Masse geltend machen, sollte diese Wertung nicht dadurch umgangen werden, dass ein Erwerber hieran gebunden ist und diese Belastung gegenüber der Masse einpreist. So würde die Masse wertmäßig nämlich wieder für die Erhaltung der Mietsache haften. Wenn die Interessenabwägung im Rahmen des § 108 Abs. 1 S. 1 InsO ergibt, dass die Masse nicht zur Erhaltung der Sache verpflichtet ist, kann dies auch der Erwerber nicht sein, der dann freilich auch nur eine geminderte Miete erhält. Anders liegen die Dinge, wenn der Erwerber sein Sonderkündigungsrecht nicht ausübt. Hieraus wäre zu schließen, dass er sich für den vertragsgemäßen Leistungsaustausch mit dem Mieter entschieden hat. Wenn der Erwerber nicht kündigen kann, weil der zu beachtende[992] Kündigungsschutz insbesondere gem. § 573 InsO ihn daran hindert, ist diesbezüglich dennoch der erste (theoretisch) mögliche Kündigungstermin maßgeblich. Mit der Entscheidung, die Mietsache zu erwerben, hat der Erwerber auch das Risiko übernommen, dass er sein Sonderkündigungsrecht unter Umständen nicht ausüben kann.

Unter gleichbehandlungsspezifischen Gesichtspunkten ist die Verabsolutierung der Versorgungs- und Erhaltungspflichten wie auch die Nutzung, zwar nicht unproblematisch, aber denkbar. Zu beachten ist aber, dass die Haftung der Masse nicht vollumfänglich, sondern nur insoweit legitimiert werden kann, als dass der Wert der Mietsa-

989 Dies ist keineswegs zwingend: Ein Regelungsmodell, welches das Nutzungsrecht insolvenzfest ausgestaltet, aber entsprechende Erhaltungspflichten nicht vollumfänglich privilegiert, ist durchaus denkbar und wurde im deutschen Recht für Lizenzen erwogen, vgl. BT-Drucks. 16/7416, S. 8; siehe zudem die rechtsvergleichenden Nachweise bei MüKo/*J. F. Hoffmann,* § 108 InsO, Rn. 5, Fn. 13.

990 Anders wiederum *Gundlach/Frenzel*, NZI 2003, 374, die den Charakter der Erhaltungspflicht verkennen. Diese besteht zu jedem Zeitpunkt und ist gerade kein Anspruch auf einmalige Vornahme einer bestimmten Handlung.

991 MüKo/*J. F. Hoffmann,* § 108 InsO, Rn. 82.

992 Siehe oben S. 181 bei Fn. 866.

che zur Deckung ausreicht.[993] Insbesondere gegen die Belastung der Masse mit den einen unmittelbaren Nutzungsbezug aufweisenden Versorgungspflichten, hinsichtlich derer zudem regelmäßig starke Kontinuitätsinteressen des Mieters bestehen, ergeben sich daher keine Bedenken: Es erscheint äußerst unwahrscheinlich, dass der Wert der Mietsache nicht zur Deckung der Kosten ausreicht. Potentiell relevant wird die aus den obigen Feststellungen folgende Begrenzung der Massebelastung aber bei den Erhaltungspflichten, die ebenfalls für die Kontinuitätsinteressen des Mieters von mitunter großer, im Einzelfall sogar herausragender Bedeutung sein können. Im Gegensatz zur in der Regel ohne Weiteres möglichen Nutzungsgewährung können sich diese Pflichten für die Masse im Einzelfall auch als gravierende Belastung erweisen. Die herrschende Meinung, die die Erhaltungspflichten von § 108 Abs. 1 S. 1 InsO erfasst sieht, im Einzelfall aber Ausnahmen macht, um die Masse vor zu starken Belastungen zu schützen, findet in den hier gewonnenen Erkenntnissen eine weitere Stütze. Jedenfalls wenn die Belastung mit einer Erhaltungspflicht nicht durch eine Veräußerung der Mietsache kompensiert werden kann, ist aus gleichbehandlungsspezifischer Sicht eine einschränkende Auslegung des § 108 Abs. 1 S. 1 InsO angezeigt.

Kommt man im Einzelfall dazu, die Masse mit bestimmten Erhaltungspflichten nicht zu belasten, ist nach dem Modell der §§ 106 Abs. 1 S. 2, 107 Abs. 1 S. 2 InsO vorzugehen: Die entsprechende Pflicht kann nicht gegen die Masse durchgesetzt werden, der Verwalter hat aber die Möglichkeit, mittels einer Erfüllungswahl den ganzen Vertrag gegenüber der Masse zu legitimieren. Ist die Sache mangelhaft, kann der Mieter unabhängig von der haftungsrechtlichen Qualifikation der Erhaltungspflichten nicht mehr zur Entrichtung der vollen Miete verpflichtet sein. Dies ergibt sich auch schon aus dem vertraglichen Konsens, der für diese Fälle eine geminderte Miete vorsieht. Zudem wird der Mieter, je nachdem, wie heftig die Gebrauchsbeeinträchtigung ist, zur außerordentlichen Kündigung gem. § 543 Abs. 1 S. 2 InsO berechtigt sein, wobei ihm analog § 103 Abs. 2 S. 2 InsO die Möglichkeit einzuräumen ist, zügig zu klären, ob er mit der Beseitigung des Mangels rechnen darf, um gegebenenfalls früher kündigen zu können.

2. Schadensersatz, insbesondere gem. § 536a Abs. 1 Var. 1 InsO

Begrenzt man den Anwendungsbereich des § 108 Abs. 1 S. 1 InsO in der Insolvenz des Vermieters dahingehend, dass die Mietsache bereits überlassen worden sein muss,[994] wird eine Schadensersatzhaftung der Masse vor allem hinsichtlich der Beseitigung von Mängeln relevant. Wird die Masse im Rahmen des § 108 Abs. 1 S. 1 InsO mit Erhaltungspflichten belastet, ist es folgerichtig, dass sie bei einer ihr zurechenbaren Verletzung dieser Pflichten auf Schadensersatz haftet.[995] Dennoch ist umstritten, inwieweit die Masse der verschuldensunabhängigen Schadensersatzpflicht gem. § 536a Abs. 1 Var. 1 InsO ausgesetzt sein kann. Soweit diese Frage in der Kommentarliteratur thematisiert wird, wird sie mit unterschiedlichen Begründungen im Ergebnis einhellig verneint:[996] Nach *Tintelnot* soll sich ein vorinsolvenzliches Risiko ver-

993 Dazu siehe oben S. 176.
994 Siehe dazu sogleich S. 214 ff.
995 So die ganz herrschende Meinung, statt vieler Jaeger/*Jacoby*, § 108 InsO, Rn. 115.
996 Skeptisch schon MüKo^3/*Eckert*, § 108 InsO, Rn. 73.

wirklichen und § 108 Abs. 3 InsO einschlägig sein,[997] *Florian Jacoby* hält den der Garantiehaftung zugrundeliegenden Vorwurf für nicht gegeben,[998] *J. F. Hoffmann* sieht die Haftung nicht von der § 108 Abs. 1 S. 1 InsO zugrunde liegenden Interessenabwägung gedeckt.[999] Zwar muss der Mieter das Risiko einer anfänglich mangelhaften Mietsache bei strikter Anwendung der §§ 536a Abs. 1 Var. 1 InsO, 108 Abs. 1 S. 1 InsO gerade nicht tragen. Ebenso kommt es bei einer Garantiehaftung nicht auf die Formulierung eines Vorwurfes an. Zutreffender Ansatzpunkt muss daher auch hier die Abwägung von Masse- und Kontinuitätsinteressen sein. Mag die Garantiehaftung, so sie denn nicht abbedungen wurde, für den Mieter auch große Vorteile bringen, ist vor diesem Hintergrund der herrschenden Meinung zuzustimmen. Schon unter rein materiell-privatrechtlichen Gesichtspunkten ist der Geltungsgrund der Garantiehaftung unklar,[1000] weshalb entsprechende Interessen des Mieters nicht als derart schützenswert erscheinen. Die für die Masse nicht zu überblickende verschuldensunabhängige Haftung für anfängliche Mängel lässt sich nicht zulasten der Gläubigergesamtheit rechtfertigen. Aus der hiesigen gleichbehandlungsspezifischen Perspektive ergibt sich hierzu nichts anderes. Orientiert man sich an der dinglichen Haftung des Eigentümers eines mit einer Reallast belasteten Grundstücks, muss eine Schadensersatzhaftung ohnehin ausscheiden.[1001] Somit findet die herrschende Meinung in den hiesigen Befunden eine weitere Stütze, die Masse nicht der Garantiehaftung des § 536a Abs. 1 Var. 1 InsO auszusetzen.

3. Anwendbarkeit des § 108 Abs. 1 S. 1 InsO vor Überlassung der Mietsache und bei zwischenzeitlicher Besitzaufgabe

Eine viel diskutierte Frage ist die, ob § 108 Abs. 1 S. 1 InsO in der Vermieterinsolvenz nur Anwendung findet, wenn sich der Mieter in dem Besitz der Mietsache befindet. Im Vordergrund steht dabei die Problematik, ob die Mietsache bei Verfahrenseröffnung bereits erstmalig überlassen worden sein muss. Die Frage ist mit Einführung der Insolvenzordnung virulent geworden, weil § 21 KO noch die Überlassung der Mietsache zur Voraussetzung hatte, während dies nach dem Wortlaut des § 108 Abs. 1 S. 1 InsO nicht mehr der Fall zu sein schien. Daneben wird auch diskutiert, ob § 108 Abs. 1 S. 1 InsO bei zwischenzeitlicher oder vorzeitiger Rückgabe der Mietsache angewendet werden soll.

997 KPBJ/*Tintelnot,* § 108 InsO, Rn. 110.
998 Jaeger/*Jacoby,* § 108 InsO, Rn. 115.
999 MüKo/*J. F. Hoffmann,* § 108 InsO, Rn. 84.
1000 So wird dieser im allgemeinen Teil des Mietrechts (!) kodifizierten Haftung verbreitet die typisierte Interessengerechtigkeit abgesprochen, etwa *Eckert*, NZM 2001, 409, 411; *Hau*, JuS 2003, 130, 132; MüKo/*Häublein,* Vor § 536 BGB, Rn. 12; *Reese*, JA 2003, 162, 167 f.; *Riesenhuber*, ZfPW 2016, 448, 464 f., so auch die Rechtsprechung, die § 536a Abs. 1 Var. 1 BGB in AGB für abdingbar hält, BGH NJW-RR 1991, 74 f. Der Gesetzgeber hat freilich im Rahmen der Mietrechtsreform unter Verweis auf den Mieterschutz an ihr festgehalten, BT-Drucks. 14/6857, S. 66.
1001 MüKo/*Mohr,* § 1107 BGB, Rn. 5 ff.

a) Meinungsstand in der Rechtsprechung

Der BGH hat sich im Jahr 2007 eingehend mit der Anwendbarkeit des § 108 Abs. 1 S. 1 InsO vor der (erstmaligen) Überlassung der Mietsache auseinandergesetzt und diese mit Blick auf die Interessen des Mieters und die der Masse in dieser Konstellation verneint: Was die Situation des Mieters anbelangt, beruft sich der BGH zum einen auf die Ausführung des Gesetzgebers der Konkursordnung, wonach der Mieter vor Überlassung noch keine »verdinglichte« Rechtstellung innehabe und auch entsprechend stark ausgeprägte Kontinuitätsinteressen noch nicht vorhanden seien.[1002] Auch aus heutiger Sicht vermag der BGH kein gegenüber anderen Vertragspartnern erhöhtes Schutzbedürfnis des Mieters auszumachen, wenn dieser noch nicht im Besitz der Mietsache ist.[1003] Ausführlich beleuchtet der BGH die Interessen der Masse in dem Fall, dass die Mietsache sogar erst noch hergestellt werden muss. Wäre die Masse auch hier zur Gebrauchsgewährung verpflichtet, sei sie der Gefahr übermäßiger Belastungen ausgesetzt, weil der Insolvenzverwalter die Herstellung dann aus Massemitteln vorfinanzieren müsse. Insbesondere weil sich entsprechende Investitionen nur langfristig amortisierten, das Insolvenzverfahren aber auf eine rasche Abwicklung ausgerichtet sei, könnten diese Belastungen der Masse nicht aufgebürdet werden.[1004] Methodisch rechtfertigt der BGH die vor dem Hintergrund der anderslautenden Vorgängerregelung evident begründungsbedürftige teleologische Reduktion damit, dass der Gesetzgeber eine Besserstellung des noch nicht besitzenden Mieters im Ergebnis nicht intendiert habe, wobei er sich darauf stützt, dass der Gesetzgeber bei der Schaffung der Insolvenzordnung nach eigener Aussage »im Grundsatz dem geltenden Recht« folgen wollte und die Erweiterung des § 21 KO auf noch nicht vollzogene Mietverhältnisse in den Materialien nicht ausdrücklich thematisiert wird.[1005]

2014 hatte der BGH dann über die Frage zu judizieren, ob die Masse in der Vermieterinsolvenz an ein Mietverhältnis gebunden ist, wenn der Mieter für die Sanierung des Wohngebäudes zwischenzeitlich auszieht und das Insolvenzverfahren über das Vermögen des Vermieters eröffnet wird, bevor er seine Wohnung wieder bezogen hat. Auch für diese Konstellation führt der BGH in Orientierung an der soeben skizzierten Entscheidung aus, dass die Kontinuitätsinteressen des Mieters weniger ausgeprägt und angesichts der drohenden Massebelastungen nicht schützenswert seien.[1006] Zudem betont er das Publizitätsbedürfnis des Rechtsverkehrs, dem bei einer zwischenzeitlichen Rückgabe der Mietsache nicht ausreichend Rechnung getragen sei, womit sich der BGH an seiner Rechtsprechung zu § 566 InsO orientiert.[1007] Nach der Rechtsprechung muss also für die Anwendung des § 108 Abs. 1 S. 1 InsO der Mieter den Besitz bereits

1002 BGHZ 173, 116, 122, Rn. 20.
1003 BGHZ 173, 116, 124, Rn. 24.
1004 BGHZ 173, 116, 123, Rn. 22 f.
1005 BGHZ 173, 116, 124, Rn. 25 ff.; vgl. BT-Drucks. 12/2443, S. 146 f. mit ausdrücklichem Verweis auf die »§§ 19 bis 22 KO«.
1006 BGHZ 204, 1, 6 ff., Rn. 17 ff.
1007 BGHZ 204, 1, 9 f., Rn. 25 f.; zu § 566 BGB in dieser Konstellation BGH NJW 2010, 1068, Rn. 21.

erlangt und auch bei Verfahrenseröffnung noch innehaben, wobei anscheinend mittelbarer Besitz reichen soll.[1008]

b) Meinungsstand in der Literatur

In der Literatur wird die Lösung des BGH breit diskutiert und inzwischen[1009] überwiegend befürwortet.[1010] Teilweise wird aber auch argumentiert, das Kriterium der Überlassung könne die hier im Kern bezweckte Vermeidung von übermäßigen Massebelastungen nur unzureichend erfassen, weshalb darauf abzustellen sei, ob die Mietsache bei Verfahrenseröffnung bereits im Vermögen des Schuldners vorhanden ist, da die Masse auch so vor Herstellungs- bzw. Beschaffungspflichten bewahrt werden könne.[1011] Jenseits davon bezieht sich die am Urteil geäußerte Kritik dagegen, soweit ersichtlich, ausschließlich auf das methodische Vorgehen des BGH. Gegen die Zulässigkeit einer teleologischen Reduktion wird argumentiert, angesichts des klaren Wortlauts des § 108 Abs. 1 S. 1 InsO und der Vorgängerregelung könne dem Gesetzgeber nicht unterstellt werden, diese Frage übersehen zu haben,[1012] zumal er an anderer Stelle innerhalb der §§ 108 ff. mit einem Überlassungserfordernis gearbeitet habe.[1013]

1008 BGHZ 204, 1, 4 ff., Rn. 13 ff.

1009 Der BGH sah sein Judikat noch im Widerspruch zu einer »nahezu einhellige[n] Ansicht«, BGHZ 173, 116, 120, Rn. 14 mit Nachweisen; so auch *Preuß*, JR 2008, 418 und *Marotzke*, JZ 2008, 206, 207.

1010 *Gundlach*, NJW 2007, 3719; Jaeger/*Jacoby,* § 108 InsO, Rn. 85, der das Urteil aber auch »rechtsschöpferisch« nennt; *Marotzke*, JZ 2008, 206 ff.; HK/*G. Schmidt,* § 108 InsO, Rn. 17; KPBJ/*Tintelnot,* § 108 InsO, Rn. 64 ff.; *Dahl/Jauch/Linnenbrink*, Mietrecht, S. 72; auch MüKo/*J. F. Hoffmann,* § 108 InsO, Rn. 69 und *Lohmann*, FS Fischer, S. 333, 344 f., allerdings jeweils mit anderer Begründung für den Fall der bereits hergestellten Mietsache, dazu sogleich; im Ergebnis auch *Derleder*, NZM 2004, 568, 569 f., der aber zum Schutz der Masse § 109 Abs. 2 InsO analog anwenden möchte; nur für noch herzustellende Mietgegenstände MüKo³/*Eckert,* § 108 InsO, Rn. 12a; zuvor schon *ders.*, ZIP 1996, 897, 906 f.; generell für die Anwendbarkeit des § 108 Abs. 1 S. 1 InsO in dieser Konstellation FK-InsO/*B. Wegener,* § 108 InsO, Rn. 8; ebenso, aber offenbar ohne die Entwicklung in der Rechtsprechung zu berücksichtigen, Nerlich/Römermann/*Balthasar,* § 108 InsO, Rn. 9.

1011 *Eckert*, EWiR 2007, 729; MüKo³/*ders.*, § 108 InsO, Rn. 12a; *Böker*, Mietsicherungsdienstbarkeit, S. 38 f.; *Kalkschmid*, Immobilienleasing, Rn. 280, 293 ff.; mit methodischen Bedenken auch *Preuß*, JR 2008, 418 ff. Beachte auch MüKo/*J. F. Hoffmann,* § 108 InsO, Rn. 69 und *Lohmann*, FS Fischer, S. 333, 344 f., die die Konstellation der bereits existenten, aber noch nicht überlassenen Mietsache aber aus anderen Gründen fehlender Publizität bzw. wegen Abgrenzungsschwierigkeiten nicht von § 108 Abs. 1 S. 1 InsO erfasst wissen wollen.

1012 Nerlich/Römermann/*Balthasar,* § 108 InsO, Rn. 9; FK-InsO/*B. Wegener,* § 108 InsO, Rn. 8; *Bartels*, WuB VI. A. § 108 InsO 1.08, der die teleologische Reduktion aber mit anderer Begründung für möglich hält.

1013 Bezüglich § 109 InsO FK-InsO/*B. Wegener,* § 108 InsO, Rn. 8 und *Dahl/Schmitz*, NZI 2007, 716 f., die die Masse aber über eine »freigabeähnliche Erklärung« oder eine analoge Anwendung des § 111 InsO schützen möchten; *K. Schmidt*, JuS 2008, 185 f. bezüglich § 108 Abs. 2 InsO.

Die nicht ganz so breit rezipierte Entscheidung über die Konstellation der zwischenzeitlichen Besitzaufgabe fand demgegenüber weniger Zustimmung.[1014] Kritisiert wird, dass dem in Folge der Entscheidung mehr in das Blickfeld geratene Publizitätsbedürfnis des Rechtsverkehrs auch bei zwischenzeitlicher Besitzaufgabe Genüge getan sei.[1015] Zudem wird bezweifelt, dass die Kontinuitätsinteressen des Mieters bei einer vorübergehenden Besitzaufgabe tatsächlich so viel geringer ausfallen.[1016]

c) Stellungnahme

Da der Wortlaut des § 108 Abs. 1 S. 1 InsO eindeutig auch bei Verfahrenseröffnung noch nicht vollzogene Mietverhältnisse erfasst, kann die Nichtanwendbarkeit des § 108 Abs. 1 S. 1 InsO auf diese Konstellation nur im Wege der teleologischen Reduktion bewerkstelligt werden. Angesichts der Gesetzesmaterialien lässt sich natürlich trefflich darüber streiten, ob der gesetzgeberische Wille einer solchen entgegensteht, die Befunde lassen indes keinen klaren Schluss zu: Einerseits geben die Motive, die sich zu dieser Frage ausschweigen und nach denen die neue Rechtslage im Grundsatz der bisherigen entsprechen soll, keinen Anlass zu der Vermutung, der Gesetzgeber habe die Änderung beabsichtigt. Andererseits erscheint es zumindest unwahrscheinlich, dass der Gesetzgeber versehentlich den Anwendungsbereich des § 108 Abs. 1 S. 1 InsO in so grundlegender und für die Vorgängerregelung äußerst relevanter Hinsicht[1017] geändert hat. Im Sinne einer an den Sachfragen orientierten Rechtsanwendung soll hier aber davon ausgegangen werden, dass eine teleologische Reduktion nicht zwingend ausscheiden muss. Die Kontinuitätsinteressen eines Mieters sind typischerweise deutlich geringer, wenn er noch keinen Besitz an der Mietsache erlangt hat. Die für eine sinnvolle Mietnutzung typischen und unvermeidbaren Dispositionen, die zentral für das Entstehen von Kontinuitätsinteressen sind, setzen die Überlassung der Mietsache voraus.[1018] Zudem drohen unter Umständen hohe Massebelastungen durch Herstellungspflichten. Diese können sich zwar nicht zwangsläufig nur langfristig amortisieren, da dem Insolvenzverwalter die Veräußerung der fertigen Mietsache unbenommen bleibt, allerdings beschneidet dies die Entscheidungsfreiheit des Insolvenzverwalters hinsichtlich der Verwertung des Grundstücks ganz erheblich. Auf Grundlage einer typisierten Abwägung der Kontinuitätsinteressen des Vertragspartners mit den Verwertungsinteressen der Masse ist es daher stimmig, § 108 Abs. 1 S. 1 InsO nicht anzuwenden, wenn die Mietsache vor Verfahrenseröffnung nicht überlassen worden ist. Stehen wie hier seitens des Vertragspartners schon geringere Kontinuitätsinteressen zur Rede, ist mehr Raum für eine an den Ergebnissen zum Gläubigergleichbehandlungsgrundsatz orientierte Auslegung. Auf Basis der hier gefundenen Ergebnis-

1014 Dem BGH folgend KPBJ/*Tintelnot,* § 108 InsO, Rn. 69 f.; i. E. die Entscheidung billigend *Dahl/Linnenbrink*, NZI 2015, 126 f.

1015 MüKo³/*Eckert,* § 108 InsO, Rn. 12b; MüKo/*J. F. Hoffmann,* § 108 InsO, Rn. 66, 69, der aber Einschränkungen wegen zu hoher Massebelastungen für möglich hält.

1016 *Dahl/Linnenbrink*, NZI 2015, 126; *Schönfelder*, WuB VI. A. § 108 InsO 1.15.

1017 Die Verfasser der Konkursordnung begründeten die Sonderregelung zur Miete maßgeblich mit den Wirkungen, die durch die Überlassung der Mietsasche eintreten, siehe oben S. 43 ff.

1018 Vgl. oben S. 110 ff.

se ergibt sich die fehlende Insolvenzfestigkeit eines noch nicht vollzogenen Mietverhältnisses unproblematisch daraus, dass der Mieter vor Besitzerlangung den für eine absolute Zuweisung der Nutzung unbedingt notwendigen Vollzug der Obligation noch nicht erreicht hat. Eine Anwendung des § 108 Abs. 1 S. 1 InsO ist also vor Überlassung der Mietsache gleichbehandlungswidrig und wegen der geringer ausgeprägten Kontinuitätsinteressen des Vertragspartners abzulehnen.

Kann der Mieter nach einer zwischenzeitlichen Besitzaufgabe die Mietsache nicht wieder in Besitz nehmen, sind zwar keine relativen Kontinuitätsinteressen in Gefahr, solange ihm genug Zeit bleibt, ein Anschlussgeschäft zu tätigen. Allerdings wird der Mieter in aller Regel seiner absoluten Kontinuitätsinteressen wegen wieder dieselbe Mietsache nutzen wollen wie zuvor.[1019] Seine Kontinuitätsinteressen sind also bei einer zwischenzeitlichen Besitzaufgabe zwar nicht in demselben Maß ausgeprägt wie wenn er den unmittelbaren Besitz innehat, aber doch höher als vor der (erstmaligen) Überlassung der Mietsache. Bewerkstelligt man den Schutz der Masse vor hohen Sanierungskosten unter Umständen durch eine teleologische Reduktion des § 108 Abs. 1 S. 1 InsO oder eine analoge Anwendung der §§ 106 Abs. 1 S. 2, 107 Abs. 1 S. 2 InsO,[1020] lässt sich die Anwendung des § 108 Abs. 1 S. 1 InsO gut rechtfertigen. Die geringer ausgeprägten Kontinuitätsinteressen des Mieters erlauben jedenfalls einen Blick aus der gleichbehandlungsspezifischen Perspektive: Auf Basis der Annahme einer absolut zugewiesenen Nutzungsbefugnis wäre die Besserstellung des Mieters dagegen konsequenterweise als gleichbehandlungswidrig zu verneinen, da hier hinsichtlich der Publizität strengere Maßstäbe gelten.[1021] Dies wirft die Frage auf, ob es, wovon der BGH auszugehen scheint, ausreicht, wenn der Mieter mittelbarer Besitzer der Sache bleibt. Unter Publizitätsgesichtspunkten ist der mittelbare Besitz natürlich seinerseits problematisch. Hat ein Dritter den unmittelbaren Besitz inne, erscheint es vor dem Hintergrund der im sachenrechtlichen Kontext verbreiteten Gleichstellung mittelbaren und unmittelbaren Besitzes[1022] zwar noch naheliegend, eine Anwendung des § 108 Abs. 1 S. 1 InsO zumindest nicht aus Gründen zu geringer Publizität abzulehnen,[1023] wenngleich man sich hiermit von einer an den Kontinuitätsinteressen des Mieters orientierten Auslegung freilich weit entfernt.[1024] Eine Gleichstellung des mittelbaren mit dem unmittelbaren Besitz dürfte aber ausscheiden, wenn der Vermieter den unmittelbaren Besitz an der Mietsache innehat, da hiermit dem Publizitätserfordernis schlicht nicht sinnvoll Rechnung getragen werden kann. Es ist nicht ersichtlich, wie diesbezüglich teleologisch sinnvoll zwischen einem unmittelbar besitzenden und einem vorübergehend als Besitzmittler des Mieters mittelbar besitzenden Vermieter unterschieden werden können soll. Auch ein Sukzessionsschutz ist in dieser Konstellation schwer vorstellbar: Bei beweglichen Sachen erfolgt die Veräußerung schlicht nach § 929 S. 1 InsO. Im Rahmen des § 566 InsO stellt sich so gesehen die Frage nach dem Sukzessionsschutz

1019 Zu absoluten Kontinuitätsinteressen des Mieters siehe oben S. 111 ff.

1020 *Piekenbrock*, LMK 2015, 367511.

1021 Vgl. S. 145 ff. und 152 ff.

1022 Staudinger/*Gutzeit,* § 868 BGB, Rn. 5.

1023 Zu § 566 bei Überlassung an einen Untermieter BeckOGK/*Harke,* § 566 BGB, Rn. 30.

1024 Beachte MüKo/*J. F. Hoffmann,* § 108 InsO, Rn. 66, der zu Recht bemerkt, dass der mittelbare Besitz des Mieters in »keinem erkennbaren teleologischen Zusammenhang« zu den Kontinuitätsinteressen steht.

nur, weil der Vermieter die Mietsache nicht durch die Verschaffung des unmittelbaren Besitzes veräußern kann. Das generell höhere und nur punktuell herabgesenkte Publizitätsniveau im Immobiliarsachenrecht kann aber nicht mittelbar zu einer Wirkung *erga omnes* führen, wo mobiliarsachenrechtlich eine solche ausgeschlossen ist. Hat der Vermieter den unmittelbaren Besitz an der Mietsache inne, kann der Mieter also ungeachtet eines etwaigen Besitzmittlungsverhältnisses keine absolute Zuweisung der Nutzung an ihn geltend machen und eine Anwendung des § 108 Abs. 1 S. 1 InsO muss aus Gründen der Gleichbehandlung ausscheiden.

4. Unberechtigte Vermietung und § 108 InsO

Vor allem in der Literatur wird diskutiert, ob § 108 Abs. 1 S. 1 InsO in der Vermieterinsolvenz auch dann angewendet werden soll, wenn die Mietsache nicht zur Masse gehört und der Vermieter auch sonst nicht zur Vermietung berechtigt war. Die Problematik berührt auch die Frage, ob ein Mieter gegen die Masse die verschuldensunabhängige Schadensersatzhaftung gem. § 536a Abs. 1 Var. 1 InsO geltend machen kann[1025] und ist zudem eng verbunden mit dem Problemkreis der Insolvenz des Zwischenvermieters, der nur gem. § 109 Abs. 1 InsO gegenüber dem Hauptvermieter, mangels Sonderkündigungsrechts aber nicht gegenüber dem Untermieter kündigen kann.[1026]

a) Meinungsstand

Gegen eine Anwendung des § 108 Abs. 1 S. 1 InsO auf die unberechtigte Untervermietung wird vor allem angeführt, dass die Masse dann Gefahr laufe, einer Schadensersatzpflicht gem. § 536a Abs. 1 InsO ausgesetzt zu sein, wenn der (zumindest hinsichtlich der Nutzung) wahre Berechtigte von dem Mieter die Herausgabe der Sache verlangt und der Mieter sich hiergegen nicht wehren kann.[1027] Auch wird darauf hingewiesen, dass die Masse mit einer Beschaffungspflicht belastet würde, wenn der Insolvenzverwalter dem Mieter die Nutzung einer nicht zur Masse gehörenden Sache ermöglichen müsste.[1028] Mit Verweis auf das Bestandsinteresse des Mieters wird aber auch für eine Anwendung des § 108 Abs. 1 S. 1 InsO in der Konstellation der unberechtigten Vermietung gestritten.[1029]

b) Stellungnahme

Im Rahmen einer typisierenden Interessenabwägung spricht die drohende Belastung der Masse mit Beschaffungspflichten für eine teleologische Reduktion des § 108 Abs. 1 S. 1 InsO in dieser Konstellation. Eine Anwendung von § 536a Abs. 1 Var. 1 InsO zulasten der Masse muss ohnehin ausscheiden.[1030] Die relativen wie absoluten

1025 Dazu soeben S. 213 ff.
1026 Dazu sogleich S. 221 ff.
1027 *Marotzke*, ZInsO 2007, 1, 4; *ders.*, Kölner Schrift, S. 672, 675 ff.; unter Geltung der KO Jaeger/*Henckel*, § 21 KO, Rn. 7.
1028 MüKo/*J. F. Hoffmann*, § 108 InsO, Rn. 72.
1029 MüKo^3/*Eckert*, § 108 InsO, Rn. 26a; Uhlenbruck/*D. Wegener*, § 108 InsO, Rn. 17.
1030 Siehe oben S. 213 ff.

Kontinuitätsinteressen des Mieters sind zwar ausgeprägt, stehen allerdings bei einer Miete vom Unberechtigten auch privatrechtlich stets unter dem Vorbehalt des Herausgabeverlangens des wahren Berechtigten. Insofern ist § 108 Abs. 1 S. 1 InsO nicht anzuwenden, wenn der Vermieter weder dinglich noch schuldrechtlich zur Vermietung berechtigt ist.

Kommt man schon auf Basis der privatrechtlichen Kontinuitätsinteressen des Mieters nicht zu einer Anwendung von § 108 Abs. 1 S. 1 in diesem Fall, stellt sich allenfalls die Frage, ob die Annahme, die Nutzung sei dem Mieter in gewissem Rahmen absolut zugewiesen, hier zu anderen Ergebnissen führt. Dies entscheidet sich daran, ob man in diesem Rahmen einen gutgläubigen Erwerb des Nutzungsrechts für möglich hält. Die Möglichkeit eines gutgläubigen Erwerbs des Mietrechts ist umstritten, wird herrschend aber abgelehnt.[1031] Dies ist insofern aber eine allgemeine zivilrechtliche Problematik, für die sich aus den hiesigen Befunden keine Schlüsse ziehen lassen. Auch die Annahme einer zur Aussonderung berechtigenden Rechtsposition führt nicht dazu, dass beim Erwerb der Rechtsposition Gutglaubensschutz gewährt werden *muss*. Dies zeigt sich jedenfalls dann, wenn für den Erwerb kein Publizitätstatbestand konstitutiv ist, wie es für Forderungen oder im Immaterialgüterrecht der Fall ist.[1032] Geht es wie bei Sachen um Güter, an denen Rechte zu erwerben einen Publizitätstatbestand voraussetzt, liegt die Möglichkeit eines gutgläubigen Erwerbs zwar näher. Da bei dem Erwerb vom Nichtberechtigten aber weniger die Legitimation einer absoluten Rechtstellung als vielmehr die Rechtfertigung der Enteignung[1033] des wahren Berechtigten im Vordergrund steht, erscheint es stimmig, dass mit der Verabsolutierung einer Rechtsposition nicht zwingend die Möglichkeit deren gutgläubigen Erwerbs einhergeht. Wenn von dieser Möglichkeit ausgegangen wird, könnte der Mieter während der Kündigungsfrist sein Nutzungsrecht auch dem wahren Berechtigten entgegenhalten.

1031 Einigkeit besteht dahingehend, dass der Besitz nicht Bezugspunkt des guten Glaubens sein kann, wenn es um den Erwerb eines Rechts an einem Grundstück geht. Umstritten ist aber, ob bei der Miete von einem Buchberechtigten § 892 BGB zur Anwendung kommen kann, obwohl die Miete als solche nicht in das Grundbuch eingetragen wird. Dagegen Staudinger/*Picker,* § 893 BGB, Rn. 24; *Diederichsen*, Recht zum Besitz, S. 141 ff.; im Kontext von § 566 BGB auch BeckOGK/*Harke,* § 566 BGB, Rn. 26; im Kontext von § 108 InsO MüKo/*J. F. Hoffmann,* § 108 InsO, Rn. 36; dafür *Canaris*, FS Flume Bd. I, S. 371, 403; *Kühne*, AcP 140 (1935), 1, 50 ff.; *Wieling*, GS Sonnenschein, S. 201, 217; auch *Otte*, GS Sonnenschein, S. 181, 189 ff. und *Wacke*, FS Gernhuber, S. 489, 516 ff., die dem Eigentümer aber analog § 1056 Abs. 2 BGB ein Sonderkündigungsrecht zugestehen und so auch hier die Verabsolutierung auf die gesetzliche Frist zur außerordentlichen Kündigung reduzieren (wobei *Wacke* sogar den Wohnraummieterschutz außer Acht lassen möchte). Auf Basis des hiesigen Befundes, dass Erhaltungspflichten mittels Absonderungsrechten verabsolutiert werden können, wäre jedenfalls die überwiegende Ansicht zu überdenken, dass allenfalls das Nutzungsrecht gutgläubig erworben werden kann (so *Kühne*, AcP 140 (1935), 1, 51; *Canaris*, FS Flume Bd. I, S. 371, 403; MüKo/*J. F. Hoffmann,* § 108 InsO, Rn. 36; a. A. wohl für typische Vermieterpflichten *Otte*, GS Sonnenschein, S. 181, 190 f.).

1032 Ein gutgläubiger Forderungserwerb ist außerhalb des § 405 BGB ebenso wenig möglich wie nach herrschender Meinung der gutgläubige Erwerb immaterialgüterrechtlicher Rechtspositionen, vgl. dazu *Jänich*, Geistiges Eigentum, S. 278 ff.

1033 Mit dieser Formulierung *Wilhelm*, Sachenrecht, Rn. 36.

Die enteignende Wirkung des Gutglaubenserwerbs würde so gesehen dazu führen, dass der Schuldner trotz seiner fehlenden Berechtigung dem Mieter das Nutzungsrecht verschaffen konnte und die Masse daher auch nicht mit Beschaffungspflichten belastet, sondern lediglich Ausgleichsansprüchen des Berechtigten gem. § 816 Abs. 1 S. 1 BGB ausgesetzt ist, die bei einer vorinsolvenzlichen Vermietung freilich nur zur Tabelle anzumelden wären.

5. Zwischenmiete und § 108 InsO

Eng mit der unberechtigten Vermietung verbunden sind die Probleme, die sich in der Insolvenz des Zwischenvermieters[1034] stellen. Hier werden, wenn der Vertrag unter § 108 Abs. 1 S. 1 InsO fällt, zunächst sowohl der Haupt- als auch der Untermietvertrag weiter erfüllt. Es stellt sich aber die Frage, inwiefern die eigentlich vollumfänglich an den Untermietvertrag gebundene Masse gegenüber dem Untermieter schadensersatzpflichtig sein kann, wenn das Hauptmietverhältnis beendet wird und der Untermieter in der Folge sein Nutzungsrecht dem Hauptvermieter nicht mehr entgegenhalten kann. Sofern nicht zugunsten des Untermieters § 565 InsO Anwendung findet, ist dies insbesondere der Fall, wenn der Insolvenzverwalter gem. § 109 Abs. 1 S. 1 InsO den Hauptmietvertrag kündigt, kommt aber auch in Betracht, wenn er mit dem Hauptvermieter einen Aufhebungsvertrag schließt oder die Miete nicht zahlt und der Hauptvermieter deswegen selbst die Kündigung ausspricht. Problematisch ist, ob und wenn ja wie sich die verschiedenen Arten der Beendigung des Hauptmietverhältnisses jeweils auf die Haftung der Masse gegenüber dem Untermieter auswirken.

a) Meinungsstand

Überwiegend wird hier vertreten, dass die Masse sich das grundsätzlich gem. § 108 Abs. 1 S. 1 InsO geschützte Nutzungsrecht des Untermieters nicht vollumfänglich entgegenhalten lassen muss. Unterschiedlich beurteilt wird innerhalb dieser Ansicht lediglich, wie der Fall zu beurteilen ist, dass der Verwalter selbst den Wegfall des Hauptmietverhältnisses aktiv herbeiführt. So wird einerseits vertreten, dass die Masse generell mit Wegfall des Hauptmietverhältnisses sofort auch dem Untermieter nicht mehr zur Gebrauchsgewährung verpflichtet ist, unabhängig davon, wie das Hauptmietverhältnis sein Ende findet.[1035] Verwiesen wird darauf, dass der Untermieter das Risiko, die Sache wegen Beendigung des Hauptmietverhältnisses herausgeben zu müssen, vorinsolvenzlich übernommen habe,[1036] dass das der Entlastung dienende Kündi-

1034 Im Weiteren wird von den Beteiligten als Hauptvermieter, Zwischenvermieter und Untermieter die Rede sein.

1035 *Dahl/Jauch/Linnenbrink*, Mietrecht, S. 133; *Dahl*, FS Vallender, S. 89, 101 f.; MüKo/*Hefermehl*, § 55 InsO, Rn. 167; KPBJ/*Tintelnot*, § 108 InsO, Rn. 126 f.; *zur Nieden*, NZI 2018, 465, 469 f.; wohl auch MüKo/*J. F. Hoffmann*, § 108 InsO, Rn. 94 f. (vgl. dazu sogleich in Fn. 1038); unter Rückgriff auf § 26 S. 2 KO noch Jaeger/*Henckel*, § 21 KO, Rn. 5, der für den Fall einer Kündigung des Hauptvermieters offenbar gar keine Ersatzpflicht der Masse sieht.

1036 *Dahl*, FS Vallender, S. 89, 101 f.; MüKo/*Hefermehl*, § 55 InsO, Rn. 167; KPBJ/*Tintelnot*, § 108 InsO, Rn. 126 f.; *zur Nieden*, NZI 2018, 465, 469 f.

gungsrecht des § 109 Abs. 1 S. 1 InsO ansonsten leerlaufe[1037] und dass der Masse anderenfalls Beschaffungspflichten drohten.[1038] Zudem wird auch auf den Gedanken des § 111 InsO rekurriert.[1039] Andere Stimmen wollen zwar den Schutz des Untermieters gem. § 108 Abs. 1 S. 1 InsO grundsätzlich auch an den Bestand des Hauptmietverhältnisses knüpfen, hiervon aber eine Ausnahme machen, wenn der Insolvenzverwalter selbst das Ende des Hauptmietverhältnisses aktiv herbeiführt, indem er es gem. § 109 Abs. 1 S. 1 InsO kündigt oder mit dem Hauptvermieter einen Aufhebungsvertrag schließt. Der Verwalter soll hier aber analog § 109 Abs. 1 S. 1 dem Untermieter gegenüber zur Kündigung berechtigt sein, der nicht besser stehen soll als er stünde, hätte er direkt vom Eigentümer gemietet, wo die Masse sich mittelbar durch eine Veräußerung vom Mietvertrag lösen kann.[1040] Ist in diesem Fall infolge des Wegfalls des Hauptmietverhältnisses der Untermieter vor Ablauf der Kündigungsfrist dem Herausgabeverlangen des Hauptvermieters schutzlos ausgesetzt, wären etwaige Ersatzforderungen des Untermieters Masseforderungen.[1041]

Einigkeit besteht zwischen diesen beiden Meinungen also insofern, als dass bei einer Kündigung des Hauptmietvertrages durch den Hauptvermieter keine Masseforderungen in Betracht kommen. Weiterhin kommen die beiden Meinungen zu gleichen Ergebnissen, wenn der Insolvenzverwalter das Hauptmietverhältnis gem. § 109 Abs. 1 S. 1 InsO kündigt, da dann nach der ersten Meinung auch der Untermieter in jedem Fall faktisch von der dreimonatigen Kündigungsfrist des § 109 Abs. 1 S. 1 InsO profitiert – der Insolvenzverwalter wird hier den Untermieter typischerweise vorsorglich informieren. Zu (grundlegend) unterschiedlichen Ergebnissen kommen die Vertreter dieser Meinungsgruppe aber, wenn das Hauptmietverhältnis durch einen Aufhebungsvertrag wegfällt. Bei einer strengen Orientierung an dem Hauptmietverhältnis mit der ersten Meinung geht der Untermieter seiner Stellung dann unter lediglich quotaler Befriedigung seines positiven Interesses verlustig, wohingegen er nach der zweiten Ansicht die Nutzung während der Kündigungsfrist zumindest wertmäßig gegenüber der Masse durchsetzen kann.

Mit Blick auf die nicht vorhandene Lösungsmöglichkeit des Insolvenzverwalters in der Insolvenz des Vermieters und das Fehlen einer Nachfolgeregelung für § 26 S. 2 KO wird dagegen vertreten, dass der Insolvenzverwalter dem Untermieter gegenüber verpflichtet sein soll, den Bestand des Hauptmietverhältnisses nicht zu gefährden und

1037 *zur Nieden*, NZI 2018, 465, 469 f.

1038 MüKo/*J. F. Hoffmann*, § 108 InsO, Rn. 94 f., der zwar nur die Beendigung gem. § 109 Abs. 1 S. 1 InsO thematisiert, dessen Erwägung aber natürlich unabhängig davon gilt, wie genau der Hauptmietvertrag wegfällt; ähnlich KPBJ/*Tintelnot*, § 108 InsO, Rn. 127.

1039 KPBJ/*Tintelnot*, § 108 InsO, Rn. 127, zuvor noch über eine Kündigung durch den Verwalter gegenüber dem Untermieter analog § 111 InsO, vgl. KPBJ/*ders.*, § 108 InsO, Rn. 16b vor der 82. Lieferung aus 10/2019.

1040 So insbesondere *Marotzke*, ZInsO 2007, 1, 6 f.; *ders.*, Kölner Schrift, S. 672, 686 ff.; HK/*G. Schmidt*, § 108 InsO, Rn. 18; auch Jaeger/*Jacoby*, § 108 InsO, Rn. 92, 95; im Ansatz auch Uhlenbruck/*D. Wegener*, § 108 InsO, Rn. 26, dazu sogleich in Fn. 1042.

1041 So offenbar *Marotzke*, ZInsO 2007, 1, 6 f.; vgl. auch Jaeger/*Jacoby*, § 108 InsO, Rn. 95 am Ende.

durch Verletzung dieser Pflicht, gleich wie sie auch immer erfolge, entstehende Schadensersatzforderungen Masseforderungen seien.[1042]

b) Stellungnahme

Orientiert man sich an den betroffenen Masse- bzw. Kontinuitätsinteressen, stehen sich insbesondere das Bestandsinteresse des Untermieters, der *de lege lata* eine Kündigung des Insolvenzverwalters gerade nicht fürchten muss, und das Interesse der Masse, das auf eine Entlastung von der Mietzinszahlung im Hauptmietverhältnis gerichtet sein kann, gegenüber. Vor dem Hintergrund der Tatsache, dass die Masse in der Vermieterinsolvenz sich in der Sache die Nutzung nicht vollumfänglich entgegenhalten lassen muss,[1043] können Schadensersatzansprüche zumindest insofern keine Masseforderungen sein, als dass sie für einen Zeitraum geltend gemacht werden, der die gem. §§ 57a S. 1 ZVG, 111 S. 1 InsO maßgebliche gesetzliche Kündigungsfrist übersteigt. Insofern ist auch ein nur wertmäßiger Schutz absoluter Kontinuitätsinteressen nicht intendiert und es wäre widersprüchlich, wenn die Tatsache, dass der Untermieter nicht vom Eigentümer mietet, diesen so signifikant besserstellen würde. Fällt das Hauptmietverhältnis allerdings vor dem Ablauf dieser Kündigungsfrist weg, stellt sich die Frage, ob die Masse in diesem Rahmen schadensersatzpflichtig sein soll, ob also die nur mittelbare Besitzberechtigung des Untermieters rechtfertigt, dass dieser deutlich schlechter steht als jemand, der vom Eigentümer gemietet hat. Die absoluten wie auch die hier unter Umständen gefährdeten, existentiellen relativen Kontinuitätsinteressen des Mieters hängen zwar nicht davon ab, ob er die Sache »nur« als Untermieter nutzt oder vom Eigentümer gemietet hat.[1044] In der Sache würde die Masse aber in der Tat mit einer Beschaffungspflicht belastet, wobei der Insolvenzverwalter nicht einmal hinsichtlich der Beschaffung Massemittel frei einsetzen könnte, sondern zwingend das Geschäft mit dem Hauptvermieter erfüllen müsste, um Schadensersatzpflichten zu vermeiden. Dies würde die Masseinteressen indes über Gebühr strapazieren und ist daher abzulehnen.[1045] Eine Differenzierung danach, aus welchem Grund das Hauptmietverhältnis wegfällt,[1046] hat kein teleologisches Fundament, da es in der Sache um die Pflicht der Masse gegenüber dem Untermieter geht, das Hauptmietverhältnis aufrechtzuerhalten, die unabhängig davon zurechenbar verletzt wird, ob der Insolvenzverwalter aktiv an dessen Ende mitwirkt oder nur die Miete nicht zahlt und so die Kündigung des Haupt-

1042 MüKo³/*Eckert,* § 108 InsO, Rn. 77 f.; wohl nur für den Fall, dass das Hauptmietverhältnis einvernehmlich aufgehoben oder gem. § 109 Abs. 1 S. 1 InsO gekündigt wird Uhlenbruck/*D. Wegener,* § 108 InsO, Rn. 26, der sich daher von der Ansicht *Marotzkes* nur dahingehend unterscheidet, dass er dem Insolvenzverwalter kein Kündigungsrecht gegenüber dem Untermieter einräumt.

1043 Siehe oben S. 181 ff.

1044 Vgl. auch im Kontext des § 566 BGB BGHZ 215, 236, Rn. 37, aus verfassungsrechtlicher Sicht gegen die Schlechterstellung eines Untermieters BVerfGE 84, 197 ff.

1045 So auch MüKo/*J. F. Hoffmann,* § 108 InsO, Rn. 94 f.

1046 So etwa bei *Marotzke*, ZInsO 2007, 1, 6 f.; Jaeger/*Henckel,* § 21 KO, Rn. 5; Uhlenbruck/*D. Wegener,* § 108 InsO, Rn. 26.

vermieters herausfordert.[1047] Der Untermieter steht also in der Weise schlechter als derjenige Mieter, der direkt vom Eigentümer gemietet hat, dass die infolge der Beseitigung des Hauptmietverhältnisses noch mögliche Nutzung hinter der im Rahmen der §§ 57a S. 1 ZVG, 111 S. 1 InsO garantierten Nutzung zurückbleiben und im Zweifel nicht mittels zu Masseverbindlichkeiten aufgewerteten Schadensersatzansprüchen gegen die Masse durchgesetzt werden kann. Selbst wenn der Insolvenzverwalter gegenüber dem Hauptvermieter sein Sonderkündigungsrecht gem. § 109 Abs. 1 S. 1 InsO ausübt, wird sich hier wegen der in vielen Konstellationen längeren Frist gem. § 580a Abs. 4, Abs. 1 Nr. 3 InsO in der Regel eine Friktion ergeben. Erst recht wird die Stellung des Untermieters beeinträchtigt, wenn durch eine Kündigung des Hauptvermieters oder den Abschluss eines Aufhebungsvertrages das Hauptmietverhältnis wegfällt. Dass der untermietende Gewerbetreibende so aber im Zweifelsfall nicht einmal von einer Kündigungsfrist profitiert und bei Aufhebung des Mietvertrages sofort die gemieteten Räumlichkeiten herausgeben muss, ist auf die generell schwächere Stellung des Untermieters zurückzuführen, dessen Rechtstellung eben nicht nur von dem Verhältnis zum Zwischenvermieter abhängt.[1048] Ist der Hauptvermieter bereit, auf sein Privileg gem. § 108 Abs. 1 S. 1 InsO zu verzichten, besteht zudem kein Grund, die Masse mittelbar an ein unter Umständen nachteiliges Geschäft zu binden. Bei einer Orientierung primär an den Kontinuitätsinteressen des Mieters ist die Anwendbarkeit des § 108 Abs. 1 S. 1 InsO auf das Zwischenmietverhältnis daher streng an den Bestand des Hauptmietverhältnisses gebunden.[1049]

Auf Basis einer absoluten Zuweisung der Nutzung bewegt man sich wieder im Bereich des Erwerbs vom Nichtberechtigten. Insofern muss man sich zunächst vergegenwärtigen, dass der Zwischenvermieter nur insoweit als Berechtigter handelt, als dass er gegenüber dem Hauptvermieter Bestandsschutz genießt bzw. zur Weiterver-

1047 Man wird davon ausgehen müssen, dass der Zwischenvermieter nach der vertraglichen Risikoordnung dazu verpflichtet ist, das Hauptmietverhältnis aufrechtzuerhalten, weshalb insofern eine Berufung auf § 275 BGB nicht in Betracht kommt. Dies ändert sich auch nicht, wenn dem Hauptvermieter ein ordentliches Kündigungsrecht zusteht und der Zwischenvermieter die Beendigung nicht verhindern kann. Typischerweise wird dem Zwischenvermieter dann aber auch ein ordentliches Kündigungsrecht zustehen. Privatrechtlich schützenswerte Kontinuitätsinteressen macht der Untermieter in diesem Fall ohnehin nicht geltend, vgl. dazu oben S. 105 ff.

1048 Mit diesem Argument zumindest gegen die u. U. längere Kündigungsfrist der §§ 57a ZVG, 111 InsO gegenüber dem Untermieter auch *Marotzke*, ZInsO 2007, 1, 7. Auch außerinsolvenzlich ist die Stellung des Untermieters schwächer, weil er vorbehaltlich des § 565 BGB die Beendigung des Hauptmietverhältnisses ebenso fürchten muss wie die Veräußerung der Mietsache, wenn nicht § 566 BGB angewendet wird, vgl. dazu BGHZ 215, 236, Rn. 21 ff.; 231, 338, Rn. 24 ff. und instruktiv MüKo/*Häublein,* § 566 BGB, Rn. 21 ff., wenngleich der Untermieter, der in diesen Fällen keinen Sukzessionsschutz genießt, mit etwaigen Ersatzforderungen gegen seinen Zwischenvermieter natürlich nicht nur quotal befriedigt wird.

1049 Daher bedarf der Insolvenzverwalter auch keines Sonderkündigungsrechts gegenüber dem Untermieter, das ihm Jaeger/*Jacoby,* § 108 InsO, Rn. 95 analog § 109 Abs. 1 S. 1 InsO zusprechen will; mittlerweile wie hier KPBJ/*Tintelnot,* § 108 InsO, Rn. 126 f., der zuvor noch (den aus teleologischer Sicht auch sachnäheren) § 111 InsO analog anwenden wollte, vgl. KPBJ/*ders.,* § 108 InsO, Rn. 16b vor der 82. Lieferung aus 10/2019.

mietung ermächtigt wurde.[1050] Hat der Untermieter ein Nutzungsrecht erworben, dass er dem Hauptvermieter grundsätzlich entgegenhalten kann, stellt sich die Frage, wie sich der Wegfall des Hauptmietverhältnisses auf dieses Nutzungsrecht auswirkt. *J. F. Hoffmann* hat am Beispiel der Unterlizenz gezeigt, dass es hierbei in der Sache darum geht, ob bei der Rückabwicklung des Nutzungsrechts zwischen Hauptvermieter (Hauptlizenzgeber) und Zwischenvermieter (Hauptlizenznehmer) das Nutzungsrecht des Untermieters (Unterlizenznehmers) bestehen bleibt. Es handelt sich daher um eine Frage des Sukzessionsschutzes.[1051] Dieser ist für die Konstellation der Untermiete aber nur im Rahmen des § 565 BGB angeordnet. Im Übrigen hat der Untermieter bei Beendigung des Hauptmietverhältnisses die Sache gem. § 546 Abs. 2 BGB an den Hauptvermieter herauszugeben.[1052] Man mag zwar eine analoge Anwendung von § 565 BGB oder § 566 BGB erwägen, um so rechtsfortbildend einen entsprechenden heteronomen[1053] Sukzessionsschutz zu konstruieren. Dies erscheint aber methodisch höchst fragwürdig, legt doch die Beschränkung des nachträglich eingeführten § 565 BGB gerade den Umkehrschluss nahe, dass außerhalb der dort adressierten Konstellation kein Sukzessionsschutz gewährt werden soll. Denselben Bedenken müssen konsequenterweise an anderer Stelle vorgetragene Bestrebungen begegnen, den Inhaber einer absoluten bzw. verabsolutierten Rechtsposition, die von einem Vertragsverhältnis abhängt, an dem der Inhaber nicht beteiligt ist, zu schützen, indem die Vertragsparteien heteronom an dem Vertrag festgehalten werden.[1054] Ohne gesetzliche Anordnung würde

1050 Zu den Fragen des Gutglaubensschutzes siehe S. 219 ff. bei Fn. 1031.

1051 *J. F. Hoffmann*, ZGE 7 (2015), 245, 270 ff. Anders die herrschende Meinung, die danach fragt, ob das Nutzungsrecht des Untermieters (Unterlizenznehmers) abstrakt oder kausal ausgestaltet ist, etwa *Abel*, NZI 2003, 121, 127; *Frentz/Marrder*, ZUM 2003, 94, 101; *Stier*, Lizenzketten, S. 107 f., 171 f.; *Schwabe*, Filmlizenzen, S. 252 ff. Dessen Bestehenbleiben hängt aber nicht davon ab, ob das Nutzungsrecht des Zwischenvermieters (Hauptlizenznehmers) rück*übertragen* werden muss oder mit Beendigung des Vertrages automatisch an den Hauptvermieter (Hauptlizenzgeber) zurückfällt.

1052 So die ganz h. M., vgl. statt vieler MüKo/*Bieber,* § 546a BGB, Rn. 22 ff.

1053 Zur Legitimation des Bestandsschutzes von Unterlizenzen aus der Privatautonomie des Hauptlizenzgebers *J. F. Hoffmann*, ZGE 7 (2015), 245, 282 ff. Ein solcher Bestandsschutz würde dem Untermieter freilich nur helfen, wenn man entweder davon ausginge, der Hauptvermieter habe sich autonom auch der Möglichkeit eines Aufhebungsvertrages begeben, vgl. *ders.*, ZGE 7 (2015), 245, 284 Fn. 174, der dies zu Recht als »fiktional« bezeichnet, oder nachträglichen Vereinbarungen heteronom die Wirksamkeit versagte, wie es der BGH in der Rechtssache Take Five bei Unterlizenzen getan hat, vgl. BGH GRUR 2012, 914, 915 f.

1054 Entsprechende Fragen können sich beispielsweise stellen, wenn ein Dritter eine Berechtigung an einem Anwartschaftsrecht erwirbt. Die Rechtsprechung verneint etwa nach der Übertragung des Anwartschaftsrechtes auf einen Zweiterwerber die Befugnis der Parteien zur Bedingungserweiterung, vgl. nur BGHZ 75, 221, 225 ff., ebenso *Wilhelm*, Sachenrecht, Rn. 2355 ff., der auch die Aufhebung des Vertrages unter den Vorbehalt der Zustimmung stellen oder dem Zweiterwerber die Möglichkeit zur Ablösung geben möchte; hingegen soll die Aufhebung eines mit einem Pfandrecht belasteten Anwartschaftsrechts nach BGHZ 92, 280, 288 ff., möglich und § 1276 BGB nicht analog anzuwenden sein; demgegenüber skeptisch *ders.*, Sachenrecht, Rn. 2361 ff.

man so das durch die §§ 546 Abs. 2, 565 BGB vorgegebene Ergebnis umgehen.[1055] Muss der Mieter daher auch bei der Annahme einer absoluten Rechtsposition vorbehaltlich des § 565 BGB die Sache herausgeben, wenn das Hauptmietverhältnis wegfällt, müsste die Masse auf der Basis dieser Annahme konsequenterweise ihm gegenüber ersatzpflichtig sein, insoweit die ihm verbleibende Nutzung den mittels § 111 InsO garantierten Umfang unterschreitet.[1056] Die daraus resultierende Belastung der Masse mit einer Beschaffungspflicht ließe sich nur durch einen allgemeinen Sukzessionsschutz nach dem Vorbild des § 565 BGB vermeiden, wobei in der Insolvenz des Zwischenvermieters dem Hauptvermieter zwangsläufig ein Sonderkündigungsrecht zustehen müsste.

6. Die Rechtsposition des Mieters bei Masseunzulänglichkeit

Die Rechtsposition des von § 108 Abs. 1 S. 1 InsO geschützten Mieters wird, wie gesehen, herrschend als nicht masseunzulänglichkeitsfest eingeordnet.[1057] Dies entspricht auch der Sichtweise, dass § 108 Abs. 1 S. 1 InsO dieselben Rechtsfolgen zeitigt wie eine Erfüllungswahl des Insolvenzverwalters, da entsprechende Masseverbindlichkeiten gem. § 209 Abs. 1 Nr. 3 InsO Altmasseverbindlichkeiten sind. Die Kontinuitätsinteressen des Mieters hängen freilich nicht davon ab, wie prekär der Verteilungskonflikt ist. Bei Masseunzulänglichkeit sind dagegen die Masseinteressen typischerweise noch mehr auf die zügige Verwertung des übrigen Schuldnervermögens gerichtet, weshalb insbesondere an den Einsatz von Massemitteln ein strengerer Rechtfertigungsmaßstab angelegt werden muss. Vor diesem Hintergrund sind bei Masseunzulänglichkeit auch unter Berücksichtigung der Kontinuitätsinteressen des Mieters jedenfalls keine Erhaltungspflichten zu seinen Gunsten mehr denkbar. Die Nutzungsgewährung der Sache an sich ist der Masse hingegen ohne Weiteres möglich. Da die Möglichkeit einer Veräußerung bei Masseunzulänglichkeit wohl ohnehin die Verwertungsart der Wahl sein wird, besteht der Vorteil der Gläubigergesamtheit vor allem darin, die Mietsache frei von jeglicher Belastung mit dem Mietvertrag veräußern zu können. Dies dürfte indes vor allem bei der Wohnraummiete von Bedeutung sein, weil ein Erwerber so nicht an den Kündigungsschutz gebunden ist, ansonsten ist ja stets die Ausübung des Sonderkündigungsrechts gem. § 111 S. 1 InsO möglich. Hier allerdings sind die Kontinuitäts-

1055 Eine entsprechende Konstruktion wurde im Referentenentwurf des BMJ für einen neuen § 108a InsO zur Insolvenzfestigkeit von Lizenzen von 2012 für Unterlizenzen erwogen, vgl. den Entwurf, S. 6 f. Dass bei Leistungsketten in der Insolvenz des »Mittelsmanns« der Endabnehmer mittels eines Kontrahierungszwangs geschützt werden kann, möchte auch Jaeger/*Jacoby,* § 108 InsO, Rn. 113 nutzen, indem er in der Insolvenz des Vermieters die Versorgung des Mieters mit Elektrizität und Wärme über § 36 Abs. 1 EnWG sicherzustellen vorschlägt. Für entsprechende Ablösungsrechte ließe sich auch der Grundsatz ins Feld führen, dass ein Vertragspartner in der Insolvenz kein Reurecht haben soll (vgl. oben S. 33 f.).

1056 Vgl. wiederum *Wilhelm*, Sachenrecht, Rn. 2356, der in der (mittelbaren) Einwirkung auf die verabsolutierte Rechtsposition einen Eingriff in diese sieht. Der BGH verneint Schadensersatzansprüche jedenfalls, wenn die Aufhebung eines Anwartschaftsrechtes eine »wirtschaftlich vernünftig[e]« Maßnahme ist, mit der, so scheint er zu argumentieren, im Wirtschaftsverkehr gerechnet werden müsse, vgl. BGHZ 92, 280, 292 ff.

1057 Siehe oben S. 195 ff.

interessen des Mieters besonders stark ausgeprägt. Allein mit Blick auf die Interessenlage kann man also durchaus in Frage stellen, ob der Verlust des Nutzungsrechtes ohne Kündigungsfrist auch bei einer Veräußerung der Mietsache angemessen ist. Eine Rechtsposition, die bei Masseunzulänglichkeit Bestand hat, wäre indes in der Sache als Aussonderungsrecht zu sehen.[1058] Der Ansatz, § 108 Abs. 1 S. 1 InsO als absolute Zuweisung der Nutzung gegenüber der Gläubigergesamtheit zu deuten, entspricht also für den Fall der Masseunzulänglichkeit, vergegenwärtigt man sich den Gestaltungsspielraum des Gesetzgebers, durchaus der Interessenlage zwischen dem Mieter und der Gläubigergesamtheit. Hierzu ist im Grunde alles gesagt:[1059] Eine dahingehende gesetzgeberische Entscheidung ist der *lex lata* zwar nicht zu entnehmen, rechtsfortbildend wäre auf ihrer Basis aber eine masseunzulänglichkeitsfeste Rechtsposition – unter Inkaufnahme gewisser dogmatischer Brüche – denkbar.

7. Anwendungsprobleme bei § 111 InsO

Einigkeit besteht dahingehend, als § 111 InsO keine analoge Anwendung finden soll, wenn der Insolvenzverwalter selbst den Mietvertrag abgeschlossen hat.[1060] Gerade die profunden absoluten Kontinuitätsinteressen des Mieters entstehen und verfestigen sich zwar regelmäßig erst im Laufe der Zeit,[1061] sodass man bei einem Vertragsschluss durch den Insolvenzverwalter auch von einer geringeren Schutzwürdigkeit des Mieters ausgehen könnte. Dennoch ist der herrschenden Ansicht zuzustimmen. Wäre auch in diesem Fall der Erwerber zur Kündigung berechtigt, läge hierin zwar nicht zwangsläufig eine »Möglichkeit des Aushöhlens eigener (!) Versprechungen«[1062], weil man dem Mieter erlauben könnte, eine ihm infolge der Kündigung zustehende Schadensersatzforderung nicht nur zur Tabelle anzumelden,[1063] sondern vollumfänglich als Masseforderung zu liquidieren. Angesichts der Tatsache, dass die Interessen des Mieters sich primär auf die Naturalleistung richten, wäre dies aber auch nur ein schwacher Trost. Es vermag indes insgesamt nicht zu überzeugen, hier ohne Weiteres dem Erwerber ein Sonderkündigungsrecht zuzugestehen: Dieses soll dafür sorgen, dass die Verwertungsinteressen der Gläubiger durch den Mietvertrag nicht zu stark beeinträchtigt werden. Dieser Zweck entfällt, wenn der Insolvenzverwalter selbst die Verwertung in der Vermietung sucht,[1064] zumal er die Möglichkeit hat, eine entsprechende Einigung mit dem

1058 Siehe oben S. 151 bei Fn. 722.

1059 Siehe oben S. 194 ff.

1060 *Dahl/Jauch/Linnenbrink*, Mietrecht, S. 126; *Derleder*, NZM 2004, 568, 575; HK/*G. Schmidt*, § 111 InsO, Rn. 12; Jaeger/*Jacoby*, § 111 InsO, Rn. 8; KPBJ/*Tintelnot*, § 111 InsO, Rn. 9; Jaeger/*Henckel*, § 21 KO, Rn. 28.

1061 Siehe oben insbesondere S. 113 ff., 118 ff.

1062 HK/*G. Schmidt*, § 111 InsO, Rn. 12.

1063 Hierzu siehe oben S. 179 bei und in Fn. 861.

1064 Insofern betont Jaeger/*Jacoby*, § 111 InsO, Rn. 8 zu Recht den Unterschied zwischen gewillkürten und oktroyierten Masseverbindlichkeiten; so auch KPBJ/*Tintelnot*, § 111 InsO, Rn. 9. Allein auf die Stellung als Massegläubiger weist Jaeger/*Henckel*, § 21 KO, Rn. 28 hin. Im einzelzwangsvollstreckungsrechtlichen Kontext soll dagegen dem Erwerber auch dann ein Sonderkündigungsrecht zustehen, wenn der Mietvertrag von einem Zwangsverwalter geschlossen wurde, Stöber/*Gojowczyk*, § 57a ZVG, Rn. 5.

Mieter zu erzielen, wenn er die spätere Verwertung nicht gefährden möchte.[1065] Um dieses Ergebnis nicht zu unterlaufen, muss in dem Fall, dass der Insolvenzverwalter nach der Vermietung gem. § 172 ZVG die Zwangsversteigerung beantragt, zwingend auch das Sonderkündigungsrecht gem. § 57a ZVG abgeschnitten sein.[1066] Auch aus den hiesigen Befunden ergibt sich dazu nichts anderes: Reguliert § 111 InsO die absolute Zuweisung der Nutzung in der Insolvenzsituation, steht es dem Insolvenzverwalter frei, dem Mieter einen höheren Bestandsschutz zu gewähren, der dann auch vollstreckungsrechtlich nicht mehr angetastet werden kann. Wird der Mietgegenstand veräußert, ist die Bindung des Erwerbers eine Frage allein des Sukzessionsschutzes, wobei § 566 InsO eben kein Sonderkündigungsrecht vorsieht.

Umstritten ist dagegen, ob § 111 InsO anwendbar ist, wenn die Mietsache bei Verfahrenseröffnung noch nicht überlassen worden ist. Dies wäre zwingend zu bejahen, wenn man auch § 108 Abs. 1 S. 1 InsO in diesem Fall für anwendbar hält.[1067] Da im Fall der noch nicht überlassenen Mietsache § 108 Abs. 1 S. 1 InsO nach herrschender und auch hier vertretener Meinung keine Anwendung finden soll,[1068] kann es nicht überraschen, dass hiernach auch § 111 InsO entsprechend einzuschränken sei.[1069] Dagegen soll *J. F. Hoffmann* zufolge der Verwalter berechtigt sein, auf den durch das Überlassungserfordernis bewerkstelligten Schutz zu verzichten und einem möglichen Erwerber so das Sonderkündigungsrecht gem. § 111 InsO zu bewahren. So sei auch in der Mieterinsolvenz anerkannt, dass der Verwalter, der nicht gem. § 109 Abs. 2 InsO zurücktritt und die Überlassung der Mietsache verlangt, weiterhin zur Kündigung gem. § 109 Abs. 1 S. 1 InsO berechtigt sei.[1070] Dem ist insbesondere *Tintelnot* entgegengetreten, der moniert, dass in der Mieterinsolvenz der Vermieter vor Überlassung der Mietsache immerhin seinerseits gem. § 109 Abs. 2 InsO zum Rücktritt berechtigt und daher wenn dann freiwillig der Gefahr einer vorzeitigen Beendigung ausgesetzt sei.[1071]

Zur Beurteilung der Problematik ist zunächst klarzustellen: Ein Sonderkündigungsrecht des Erwerbers muss bei noch nicht überlassener Mietsache zumindest dann ausscheiden, wenn der Insolvenzverwalter sein in dieser Konstellation bestehendes Wahlrecht ausübt und Erfüllung des Vertrages verlangt. Dies wird wertungsmäßig zu Recht mit dem Neuabschluss eines Vertrages durch den Verwalter gleichgesetzt,[1072] wo, wie gesehen, einem möglichen Erwerber kein Sonderkündigungsrecht zusteht. Sodann stellt sich die Frage, ob der Mieter im Zweifelsfall die Mietsache übernehmen und sich so sehenden Auges der Gefahr eines kündigenden Erwerbers aussetzen muss. Der Verweis auf § 109 Abs. 2 InsO ist zwar wenig weiterführend, da das Rücktrittsrecht

1065 Hierauf weist KPBJ/*Tintelnot,* § 111 InsO, Rn. 9 zutreffend hin.

1066 Jaeger/*Jacoby,* § 111 InsO, Rn. 8; MüKo/*J. F. Hoffmann,* § 111 InsO, Fn. 17; Jaeger/*Henckel,* § 21 KO, Rn. 28.

1067 *Böker*, Mietsicherungsdienstbarkeit, S. 38 f.; heute noch auf dieser Basis für eine Anwendbarkeit des § 111 InsO Nerlich/Römermann/*Balthasar,* § 111 InsO, Rn. 7.

1068 Dazu oben S. 214 ff.

1069 Jaeger/*Jacoby,* § 111 InsO, Rn. 12; KPBJ/*Tintelnot,* § 111 InsO, Rn. 13 f.; BeckOKInsR/*Berberich,* § 111 InsO, Rn. 7; skeptisch auch schon MüKo³/*Eckert,* § 111 InsO, Rn. 4a.

1070 So MüKo/*J. F. Hoffmann,* § 111 InsO, Rn. 4.

1071 KPBJ/*Tintelnot,* § 111 InsO, Rn. 14.

1072 Siehe oben S. 35 ff.

seinerseits in der Pauschalität problematisch ist.[1073] Allerdings haben die Ausführungen *Tintelnots* ihre Berechtigung, da dem Mieter die Aufnahme des Leistungsaustauschs in der Tat nicht unter allen Umständen aufgezwungen werden kann. Jedoch würde, anders als *Tintelnot* offenbar meint, ein pauschales Rücktrittsrecht die Problematik auch nur überschießend lösen, da es im Kern darum geht, ob der zu respektierende[1074] Bindungswille des Mieters in dieser Konstellation missachtet wird. Hierzu ist festzustellen, dass man als durch §§ 57 ZVG, 566 InsO, § 108 Abs. 1 S. 1 InsO geschützter Mieter stets der Möglichkeit einer Kündigung gem. §§ 57a ZVG, 111 InsO ausgesetzt ist, die der Parteidisposition ja nicht unterliegt. Der Mieter muss also abstrakt kein Risiko tragen, das er nicht ohnehin im Rahmen einer außerhalb des Sonderkündigungsrechts lediglich *inter partes* wirkenden Bindung tragen müsste. Im Übrigen soll im Sinne eines Reurechtsausschlusses die bloße Tatsache, dass der Leistungsaustausch nicht mehr mit dem Schuldner, sondern mit dem Insolvenzverwalter stattfindet, für den Vertragspartner kein Grund sein, vom Vertrag Abstand nehmen zu dürfen.[1075]

Nur wenn darüber hinaus schon Anzeichen bestehen, dass es seitens der Masse zu Leistungsstörungen kommt, kann der Vertragspartner sich in dieser Hinsicht auf seinen begrenzten Bindungswillen berufen. Anders als in der Mieterinsolvenz ist dies aber nur dergestalt möglich, wenn bereits vor der Überlassung erkennbar ist, dass es zur Veräußerung mit anschließender Kündigung durch den Erwerber kommen wird. Dient also beispielsweise das nicht als Erfüllungswahl zu qualifizierende Verlangen des Insolvenzverwalters, den Leistungsaustausch aufzunehmen, lediglich dazu, in der Zeit bis zur Veräußerung der Mietsache an einen zur Kündigung berechtigten und gewillten Erwerber noch Mieteinnahmen zu generieren, wird man dem Mieter ein Leistungsverweigerungs- bzw. Rücktrittsrecht nicht absprechen dürfen. Normativ verankern ließe sich dieses in § 320 Abs. 1 S. 1 bzw. § 323 Abs. 4 InsO, letzteres da der durch das Sonderkündigungsrecht gefährdete Anspruch auf Gebrauchsgewährung natürlich noch nicht fällig ist. Alternativ wäre, streng der Anlehnung am Parteiwillen folgend, an eine ergänzende Vertragsauslegung zu denken. Freilich bleibt es dem Insolvenzverwalter unbenommen, diese Gegenrechte des Mieters auszuschalten, indem er Erfüllung wählt und so den gesamten Leistungsaustausch *erga omnes* legitimiert. Wird der Bindungswille des Mieters durch die Aufnahme des Leistungsaustauschs »trotz« bestehenden Sonderkündigungsrechts hingegen nicht missachtet oder gelingt ihm, was nicht unwahrscheinlich erscheint, der entsprechende Nachweis nicht, gibt es keinen Grund, ihm die Vorteile eines mit dem Insolvenzverwalter geschlossenen Vertrages zu verschaffen und ein Erwerber kann gem. § 111 InsO kündigen. Betrifft diese Frage demnach die Rechtsposition des Mieters ohnehin nur insoweit, als der Bindungswille hinsichtlich der nur *inter partes* versprochenen Nutzung betroffen ist, kann der oben entwickelten Perspektive einer vollstreckungsrechtlich absolut zugewiesenen Nutzung im Rahmen der Kündigungsfrist hierzu keine Aussage entnommen werden.

1073 Dazu unten S. 238 ff.
1074 Siehe oben S. 29 ff.
1075 Siehe oben S. 33 f.

8. § 108 Abs. 1 S. 1 InsO und »Gefälligkeitsmiete«

Umstritten ist auch, ob § 108 Abs. 1 S. 1 InsO Anwendung finden soll, wenn es zwar um eine entgeltliche Gebrauchsüberlassung geht, der Mietzins aber deutlich unter dem Marktwert liegt (»Gefälligkeitsmiete«). In diesem Fall sind die Befriedigungsinteressen der Gläubigergesamtheit natürlich schon allein und daher besonders schwer dadurch beeinträchtigt, dass die Masse die Nutzung gewähren muss. Insbesondere sofern es um Wohnraummietverhältnisse geht, ist die Belastung der Masse mit dem Mietverhältnis für die übrigen Gläubiger ausgesprochen misslich, da hier auch für die Kündigung eines potentiellen Erwerbers gem. § 111 S. 1 InsO der Kündigungsschutz insbesondere des § 573 InsO gilt und somit der Kreis der Interessenten auf Akteure beschränkt sein wird, die gem. § 573 Abs. 2 Nr. 2 InsO zur Eigenbedarfskündigung berechtigt sind. Die Gläubiger hätten zwar über § 134 Abs. 1 InsO die Möglichkeit, den Mieter vor die Wahl zu stellen, eine angemessene Miete zu zahlen oder sein Nutzungsrecht zu verlieren.[1076] Diese Handhabe läuft freilich leer, wenn die Überlassung bereits vor mehr als vier Jahren erfolgt ist, weswegen *J. F. Hoffmann* § 108 Abs. 1 S. 1 InsO nicht anwenden möchte, wenn die Miete von vornherein deutlich unter dem Marktwert liegt.[1077] *Jacoby* schließt sich dem unter Verweis auf § 39 Abs. 1 Nr. 4 InsO an, wobei er diesen offensichtlich so deutet, dass die Forderung des Mieters wegen der Teilunentgeltlichkeit insgesamt nachrangig sei.[1078] Im Rahmen des § 39 Abs. 1 Nr. 4 InsO wird dagegen bei gemischten Schenkungen nur der Teil der Forderung als nachrangig angesehen, der unentgeltlich sein soll, was hinsichtlich der Rechtsfolgen wegen § 45 S. 1 InsO in der Regel keine Probleme bereitet.[1079] Hier ist der Gebrauchsüberlassungsanspruch natürlich unteilbar. Dennoch erweist sich § 39 Abs. 1 Nr. 4 InsO als tauglicher Anknüpfungspunkt für eine interessengerechte Lösung, da es gar nicht nötig ist, die Nachrangigkeit automatisch auf die gesamte Forderung zu erstrecken: Es ist nicht ersichtlich, warum hier nicht nach dem Vorbild der Anfechtung gemischter Schenkungen der Mieter die Möglichkeit haben soll, ein insgesamt angemessenes Entgelt zu entrichten und die Gebrauchsüberlassung so vollumfänglich den Wirkungen des § 108 Abs. 1 S. 1 InsO zu unterwerfen.[1080] Kommt er dem nicht nach, ist der Verwalter zur Kündigung berechtigt und kann schließlich die Herausgabe der Mietsache verlangen. Als dasjenige Instrument, was in Betracht kommt, wenn die Verwertung über eine Veräußerung keinen Erfolg verspricht, kommt diesbezüglich wieder eine

1076 Vgl. MüKo/*J. F. Hoffmann,* § 108 InsO, Rn. 49. Dagegen *Derleder*, NZM 2004, 568, 573 f.

1077 MüKo/*J. F. Hoffmann,* § 108 InsO, Rn. 49; so auch MüKo³/*Eckert,* § 108 InsO, Rn. 16.

1078 Jaeger/*Jacoby,* § 108 InsO, Rn. 42.

1079 Jaeger/*Henckel,* § 39 InsO, Rn. 36.

1080 Verträge, die keine gemischten Schenkungen, sondern »nur« schlechte Geschäfte sind, muss sich die Masse dann natürlich weiter entgegenhalten lassen. Wollte man sich damit nicht zufrieden geben, wirtschaftlich nachteilige Verträge aber auch nicht unter § 103 InsO fallen lassen, käme ein Regelungsmodell in Betracht, wie es der Gesetzgeber für Lizenzen erwogen hat: Nach dem (nicht Gesetz gewordenen) Referentenentwurf des Bundesministeriums der Justiz für einen § 108a InsO von 2012, S. 6 hätte ein Lizenznehmer in der Insolvenz des Lizenzgebers die Fortsetzung des Leistungsaustauschs nur zu »angemessenen Bedingungen« verlangen können sollen, womit der Gesetzgeber vor allem auf die Korrektur nicht marktgerechter Vergütungen abzielen wollte, vgl. den genannten Referentenentwurf, S. 38 ff.

analoge Anwendung des § 111 InsO in Betracht. Diese Lösung respektiert zumindest die relativen Kontinuitätsinteressen des Mieters, ermöglicht eine angemessene Verwertung des Grundstücks und droht zudem nicht, am Ablauf einer Frist zu scheitern.

Im Rahmen einer absoluten Zuweisung des Nutzungsrechts käme dieser Lösungsansatz freilich nicht in Frage. Hier müsste man konsequenterweise dem Mieter zumindest für die Dauer der maßgeblichen Kündigungsfrist die Nutzung zum vereinbarten Entgelt vorbehaltlich einer Anfechtung gem. § 134 Abs. 1 InsO gewähren. *De lege lata* muss ein Kündigungsrecht des Insolvenzverwalters wohl ausscheiden, er wäre also auf die Veräußerung der Mietsache verwiesen. Dass in diesem Fall bei der Wohnraummiete die Befriedigungsaussichten der Gläubiger stark beeinträchtigt werden, wäre hinzunehmen, aus gleichbehandlungsspezifischer Sicht aber auch nicht zu beanstanden. So ist es im Kontext der Verschaffung absoluter Rechte auch nicht systemwidrig, dass die Gläubiger des Schuldners die Folgen wirtschaftlich nachteilhafter Geschäfte akzeptieren müssen. Hat beispielsweise der Schuldner mehr als vier Jahre vor Verfahrenseröffnung ein dingliches Nutzungsrecht bestellt und ist hierfür kein oder nur ein sehr geringes Entgelt zu entrichten, ist dies für die Gläubigergesamtheit ähnlich misslich: Auch hier ist die Bestellung des Nutzungsrechts nicht mehr gem. § 134 Abs. 1 InsO anfechtbar. Dieses wirkt absolut und kann daher der Insolvenzmasse entgegengehalten werden, wobei mangels Sonderkündigungsrechts nicht einmal ein Erwerber zur Beseitigung der *causa* berechtigt wäre. § 103 Abs. 1 S. 1 InsO kommt wegen der vollständigen Erfüllung seitens des Schuldners nicht in Betracht und solange der Nutzungsberechtigte das Entgelt erbringt, kann der Insolvenzverwalter auch nicht selbst die *causa* beseitigen und das Nutzungsrecht kondizieren. Das Gesetz bewertet diesen Fall im Kern wie die (teilweise) Schenkung eines Grundstücks, wo, wiederum vorbehaltlich einer Anfechtung, wohl niemand auf die Idee kommt, an der Insolvenzfestigkeit der Verfügung zu zweifeln.[1081]

9. Die Freigabe der Mietsache

Zwar wird ganz herrschend davon ausgegangen, dass eine Freigabe nicht des Mietverhältnisses, aber der Mietsache in der Vermieterinsolvenz möglich ist.[1082] Unterschiedlich beurteilt wird aber, welche Folgen die Freigabe der Mietsache für die Verpflichtung der Masse aus § 108 Abs. 1 S. 1 InsO hat. Teilweise wird davon ausgegangen, dass die Masse weiterhin vollumfänglich an den Mietvertrag gebunden bleibe und gegebenenfalls gem. §§ 280 Abs. 1, 3, 283 BGB, 55 Abs. 1 Nr. 1 InsO auf Schadensersatz hafte.[1083] Herrschend wird dagegen vertreten, dass die Masse zu entlasten sei, wobei dies über eine analoge Anwendung wahlweise des § 566 Abs. 2 S. 2 BGB[1084] oder des

1081 Ebenso müssen es die Gläubiger etwa im Rahmen des § 107 Abs. 1 S. 1 InsO hinnehmen, dass der Vorbehaltsverkäufer ein schlechtes Geschäft getätigt hat, wenn dieses nicht angefochten werden kann, Jaeger/*Jacoby,* § 107 InsO, Rn. 12.

1082 Statt vieler Uhlenbruck/*D. Wegener,* § 108 InsO, Rn. 19.

1083 Schmidt/*Ringstmeier,* § 108 InsO, Rn. 16; Uhlenbruck/*D. Wegener,* § 108 InsO, Rn. 19; MüKo^3/*Eckert,* § 108 InsO, Rn. 56; BeckOKInsR/*Berberich,* § 108 InsO, Rn. 38.1; LG Dortmund, ZInsO 2005, 724.

1084 Jaeger/*Jacoby,* § 108 InsO, Rn. 106; Jaeger/*Henckel,* § 21 KO, Rn. 11; *Mork/Heß*, ZInsO 2005, 1206, 1209, die zusätzlich auf § 109 Abs. 1 S. 2 abstellen wollen.

§ 111 InsO[1085] bewerkstelligt wird. Eine Begrenzung der Masseverpflichtung kann vor dem Hintergrund der Gesetzgebungsgeschichte und der Teleologie des § 111 InsO[1086] nicht abgelehnt werden. Im Zweifel überwiegen demnach die Verwertungsinteressen der Gläubiger die absoluten Kontinuitätsinteressen des Mieters. Ein Rückgriff auf § 566 BGB ist für dieses Ergebnis nicht nötig, die analoge Anwendung des § 111 InsO der richtige Weg. Geht man von einer Verabsolutierung der Nutzung aus, so ist die Masse im Rahmen des Sonderkündigungsrechts zwingend an die Nutzungsgewährung gebunden, darüber hinaus müssen sich aber die Gläubiger das Nutzungsrecht des Mieters auch nicht entgegenhalten lassen.

II. Die Insolvenz des Mieters

1. § 108 Abs. 1 S. 1 InsO bei Wohnraummietverhältnissen des Schuldners

Nach den obigen Befunden ist aus gleichbehandlungsspezifischer Sicht nur die Privilegierung derjenigen Vermieter denkbar, die gem. § 112 InsO (unter Umständen) entgegen ihrem begrenzten Bindungswillen am Vertrag festgehalten werden.[1087] Dies wird zwar nicht immer im Masseinteresse sein, ist aber die Folge der insoweit relativ pauschalen Regelung des § 112 InsO und aus gleichbehandlungsspezifischer Sicht *de lege lata* daher unbedenklich, wenngleich bei einer Anpassung des § 112 InsO auch der Anwendungsbereich des § 108 Abs. 1 S. 1 InsO entsprechend gezogen werden sollte. Auf Wohnraummietverträge des Schuldners ist aber bereits *de lege lata* § 112 InsO nicht anzuwenden,[1088] weshalb die Privilegierung des Vermieters in diesem Fall nicht vor dem Gläubigergleichbehandlungsgrundsatz legitimiert werden kann. Zudem ist die Anwendung des § 108 Abs. 1 S. 1 InsO auf Wohnraummietverhältnisse schon auf Basis des geltenden Rechts umstritten. Sie bedarf daher einer näheren Betrachtung.

a) Meinungsstand

Wortlaut und Systematik der § 108 Abs. 1 S. 1, 109 Abs. 1 S. 1 InsO geben auf den ersten Blick klar vor, dass die Masse bis zum Wirksamwerden der Enthaftungserklärung gem. § 109 Abs. 1 S. 2 InsO zur Begleichung der Mietzinsforderungen verpflichtet ist, §§ 108 Abs. 1 S. 1, 55 Abs. 1 Nr. 2 Alt. 2 InsO. Problematisch ist aber, dass der Masse das Nutzungsrecht faktisch nicht zugute kommt[1089] und die dem Mieter im Rahmen der Pfändungsfreigrenzen beschlagsfrei zustehenden Mittel – zumindest theoretisch – so berechnet sind, dass er hiervon auch für sich und soweit er anderen zum Unterhalt

1085 KPBJ/*Tintelnot,* § 108 InsO, Rn. 114; MüKo/*J. F. Hoffmann,* § 108 InsO, Rn. 92.
1086 Dazu oben S. 177 ff.
1087 Dazu eingehend oben S. 200 ff.
1088 Siehe oben S. 199 bei und in Fn. 951.
1089 Obwohl Streit darüber besteht, ob das Recht zur Nutzung der Wohnung in die Masse fällt (vgl. die Nachweise bei HK/*G. Schmidt,* § 109 InsO, Rn. 12, Fn. 25), ist im Ergebnis unumstritten, dass die Masse vom Schuldner nicht Herausgabe der Wohnung verlangen kann.

verpflichtet ist, Wohnraum finanzieren kann.[1090] Es lassen sich hierzu drei Ansätze unterscheiden:

So wird zunächst vertreten, dass die Masse gegenüber dem Vermieter zur Mietzahlung und in dieser Hinsicht auch gegenüber dem Schuldner zur Kostentragung verpflichtet sei, weshalb sie auch nicht bei diesem Regress nehmen könne. Schließlich sei die Masse immer noch »Vermögen des Schuldners«, dessen Besserstellung aus der Privilegierung der Masseforderungen resultiere.[1091]

Herrschend wird dagegen angenommen, dass der Vermieter seine Mietzinsforderungen zwar bis zum Wirksamwerden der Enthaftungserklärung als Masseforderungen gegen die Masse durchsetzen könne, die Masse ihrerseits aber gegenüber dem Schuldner zum Rückgriff berechtigt sei, wobei die Begründungen des Rückgriffsanspruchs differieren: Teils wird in der Mietzahlung aus der Masse eine Geschäftsführung ohne Auftrag erblickt,[1092] teils ein Anspruch wegen ungerechtfertigter Bereicherung bejaht.[1093] Alternativ wird vorgeschlagen, die beschlagsfreien Mittel des Schuldners pauschal zu kürzen und so die Masse entsprechend anzureichern.[1094] Diese Ansicht stützt sich letztlich auf den Gedanken, dass dem § 109 Abs. 1 S. 2 InsO zwar die Wertung zu entnehmen sei, dass der Schuldner gegenüber der Masse nicht verpflichtet sein soll, die Wohnung zu räumen, dass aber damit nicht die wertmäßige Zuweisung der Nutzung an den Schuldner verbunden sei.[1095] Dem Schuldner stünden ja im Rahmen der Pfändungsfreigrenzen entsprechende Mittel zur Verfügung und ein »doppelter Vorteil« sei zu vermeiden.[1096] Die Tatsache, dass die Masse überhaupt mit der Mietzahlung und damit auch dem Risiko, im Regress gegen den Schuldner auszufallen, belastet sei, sei für die Gläubigergesamtheit ärgerlich, aber hinzunehmen, da § 108 Abs. 1 S. 1 InsO eben auch den Vermieter privilegiere.[1097]

Gegen die Vorstellung, dass die Masse überhaupt zur Finanzierung der Privatwohnung des Schuldners verpflichtet sei, hat sich insbesondere *Marotzke* gewandt. Ausgangspunkt seiner Argumentation ist der Gedanke, dass § 55 Abs. 1 Nr. 2 InsO nur anwendbar sei, soweit ein Vertrag auch »zur Insolvenzmasse« erfüllt werden könne, was bei der Wohnraummiete nicht der Fall sei, da der Vermieter nur gegenüber dem Schuldner erfülle.[1098] Wertungsmäßig untermauert *Marotzke* seine Ansicht damit, dass

1090 Vgl. etwa BT-Drucks. 8/693, S. 45.

1091 *Eckert*, NZM 2006, 803, 804 f., 809; MüKo^3/*ders.*, § 108 InsO, Rn. 92; einen Regressanspruch der Masse nicht thematisierend *Hain*, ZInsO 2007, 192, 195 ff.; *Voigt/Gerke*, ZInsO 2002, 1054, 1063 f.

1092 Jaeger/*Jacoby*, § 108 InsO, Rn. 154 f.; zuvor schon Jaeger/*Henckel*, § 19 KO, Rn. 7, 61.

1093 BGH NJW 1985, 1082; MüKo/*J. F. Hoffmann*, § 108 InsO, Rn. 40, 97.

1094 *Steder*, ZIP 1999, 1874, 1879, die in Anlehnung an die Rechtsprechung (vgl. beispielsweise AG Dortmund, RPfleger 1995, 222) eine Kürzung um 20 % vorschlägt.

1095 MüKo/*J. F. Hoffmann*, § 108 InsO, Rn. 97.

1096 *Steder*, ZIP 1999, 1874, 1879; auch *Grote*, NZI 2000, 66, 68.

1097 MüKo/*J. F. Hoffmann*, § 108 InsO, Rn. 40; *Voigt/Gerke*, ZInsO 2002, 1054, 1063.

1098 Zunächst vor Einführung des § 109 Abs. 1 S. 2 InsO *Marotzke*, KTS 1999, 269, 270 ff., danach in seiner Kommentierung zu § 109 InsO im Heidelberger Kommentar bis zu dessen zehnter Auflage HK^{10}/*ders.*, § 109 InsO, Rn. 11. Nunmehr HK/*G. Schmidt*, § 109 InsO, Rn. 11 ff.; zur grundlegenden Annahme, der Vertrag müsse »zur Insolvenzmasse« zu erfüllen sein *Marotzke*, Gegenseitige Verträge, Rn. 4.11 ff.; zustimmend *Schläger*, ZMR 1999, 522, 525.

die Nutzung der Wohnung für die Masse keine Vorteile bei der Vermögensverwertung bringe.[1099] Methodisch soll diese Lösung über eine teleologische Reduktion der §§ 108 Abs. 1 S. 1, 55 Abs. 1 Nr. 2 Alt. 2 InsO bewerkstelligt werden. Für diese soll auch nach Einführung des § 109 Abs. 1 S. 1 InsO Raum sein, der in erster Linie den Schuldner vor dem Verlust seiner Wohnung infolge einer Kündigung *durch den Insolvenzverwalter* schütze und keine Aussage über die haftungsrechtliche Qualifikation der Mietzinsforderungen treffe.[1100] Diese seien daher auch für die Zeit nach Verfahrenseröffnung als Insolvenzforderungen zur Tabelle anzumelden.[1101] Insbesondere auf diesen methodischen Aspekt konzentriert sich die Kritik der herrschenden Meinung, die § 109 Abs. 1 S. 2 InsO im Wege eines Umkehrschlusses entnimmt, dass die Forderungen des Vermieters für die Zeit bis zum Wirksamwerden der Enthaftungserklärung Masseforderungen sein müssten.[1102]

b) Stellungnahme

Die Frage, wie in der Insolvenz einer natürlichen Person deren Privatwohnung finanziert werden soll, berührt zwei Aspekte der Vermögenshaftung: Im Verhältnis des Schuldners zur Masse geht es um die Berücksichtigung dessen finanziellen Aufwandes für die Bewältigung des täglichen Lebens und im Verhältnis des Vermieters zur Masse geht es um dessen Privilegierung gegenüber den anderen Gläubigern.

Hinsichtlich der erstgenannten Thematik ist zunächst festzuhalten, dass die Sicherung des Existenzminimums, also insbesondere auch die Vermeidung von Obdachlosigkeit, teleologisch bei der Festlegung des beschlagsfreien Vermögens bzw. Einkommens anzusiedeln ist. Hier entscheidet der Gesetzgeber, inwieweit das schuldnerische Vermögen nicht den Gläubigern zu deren Befriedigung, sondern dem Schuldner zur Finanzierung des für sich selbst und im Rahmen seiner Unterhaltspflichten benötigten Wohnraums zur Verfügung stehen soll. Folglich entscheidet sich auch hier, ab wann der Schuldner »über seinen Verhältnissen« lebt. Ist dies der Fall, so ist den Pfändungsfreigrenzen die Wertung zu entnehmen, dass die Wohnkosten des Schuldners nicht in ihrer Gänze zulasten der Gläubiger gehen sollen. Es mag für diese dann immer noch gute Gründe geben, die Wohnkosten aus dem pfändbaren Vermögen zu finanzieren, beispielsweise um den Schuldner zu motivieren, weiter seine Arbeitskraft einzusetzen

1099 *Marotzke*, KTS 1999, 269, 271 ff.

1100 HK/*G. Schmidt,* § 109 InsO, Rn. 13, zuvor an selbiger Stelle HK[10]/*Marotzke,* § 109 InsO, Rn. 13.

1101 Noch weitergehend *Grote*, NZI 2000, 66, 67 f. und AG Duisburg, NZI 2000, 415, die die Forderungen des Vermieters nicht einmal als Insolvenzforderungen qualifizieren möchten, was nach Einführung des § 109 Abs. 1 S. 2 InsO auch HK/*G. Schmidt,* § 109 InsO, Rn. 13 a. E. für unvertretbar hält.

1102 BGH ZIP 2012, 784, Rn. 11 mit Verweis auf die Ausführungen des Gesetzgebers zu § 109 Abs. 1 S. 2 in BT-Drucks. 14/5680, S. 27 (»[…], dass zumindest neu entstehende Mietzinsforderungen nicht mehr die Masse belasten.«); *Eckert*, NZM 2006, 803; 804 f.; MüKo[3]/*ders.*, § 108 InsO, Rn. 40; Jaeger/*Jacoby,* § 108 InsO, Rn. 142, 152; KPBJ/*Tintelnot,* § 108 InsO, Rn. 53; *Hain*, ZInsO 2007, 192, 193; auch *Voigt/Gerke*, ZInsO 2002, 1054, 1063 f., die meinen, der Streit über die Massebefangenheit des Mietvertrages sei durch den Gesetzgeber nicht entschieden worden, der Vermieter werde aber so gestellt, wie er bei Massebefangenheit stünde.

und so (langfristig) die Befriedigungsaussichten zu verbessern. Dies ist aber eine Entscheidung, die den Gläubigern vorbehalten ist, vgl. § 100 InsO. Dass die Gläubiger die Wohnung des Schuldners gezwungenermaßen finanzieren müssen, ist daher abzulehnen.[1103] Sollte § 108 Abs. 1 S. 1 InsO auch auf den Mietvertrag über die Privatwohnung des Schuldners anwendbar sein, muss die Masse folglich bei diesem Regress nehmen können. Dies scheint im Vergleich zu einer pauschalen Kürzung des pfändungsfreien Vermögens bzw. Einkommens[1104] die passgenauere Lösung. Trägt die Masse die Wohnungskosten nach dem Gesagten gegenüber dem Schuldner rechtsgrundlos, liegt ein Rückgriff auf das Bereicherungsrecht in der Tat nahe. Schwierigkeiten würden sich freilich ergeben, wenn der Schuldner ein schlechtes Geschäft getätigt hat und der Mietzins über dem Marktwert der Nutzung liegt, da dann die Masse sich die vertragliche Vereinbarung via §§ 108 Abs. 1 S. 1, 55 Abs. 1 Nr. 2 Alt. 2 InsO entgegenhalten lassen muss, der Schuldner sich aber unter Umständen darauf beruft, nur um den tatsächlichen Wert der Nutzung bereichert zu sein. Scheute man sich, den Schuldner bereicherungsrechtlich gegenüber der Masse am vereinbarten Mietzins festzuhalten, wäre bei allen berechtigten Bedenken[1105] wohl auf das Institut der berechtigten Geschäftsführung ohne Auftrag zu rekurrieren, da so auch der den tatsächlichen Wert der Nutzung übersteigende Teil des Mietzinses ohne weiteres mittels §§ 683 S. 1, 677, 670 BGB beansprucht werden könnte.

Ist demnach klar, dass der Schuldner seine Wohnkosten aus dem pfändungsfreien Vermögen zu bestreiten hat, stellt sich noch die Frage, ob der Vermieter unmittelbar den Schuldner in Anspruch nehmen muss oder ob er sich an die Insolvenzmasse halten kann und diese dann beim Schuldner Regress zu nehmen hat. In der Sache geht es darum, ob das Risiko von aus dem beschlagsfreien Vermögen nicht zu deckenden Mietzinsen dem Vermieter oder der Insolvenzmasse aufgebürdet werden soll. Bedenkt man, dass die diskutierte Konstellation tatbestandlich problemlos von § 108 Abs. 1 S. 1 InsO erfasst wird und auch der Gesetzgeber selbst davon ausging, dass der Mietzins bis zum Wirksamwerden der Enthaftungserklärung aus der Masse zu zahlen sei,[1106] muss zumindest die Begründungslast bei denjenigen Stimmen liegen, die § 108 Abs. 1 S. 1 InsO teleologisch reduzieren wollen. Geht man sodann davon aus, dass § 108 Abs. 1 S. 1 InsO die auch seitens des Vermieters vorhandenen Kontinuitätsinteressen zu Recht schützen soll, wäre dessen masseschmälernde Privilegierung für die übrigen Gläubiger ärgerlich, aber hinzunehmen. Allerdings sind, wie gesehen, die Kontinuitätsinteressen des Vermieters, wenngleich vorhanden, so doch nicht besonders

1103 Wenn *Eckert*, NZM 2006, 803, 809 dagegen meint, die Besserstellung des Schuldners vor dem Wirksamwerden der Enthaftungserklärung sei »Folge der von den Gläubigern zeitlich begrenzt hinzunehmenden Privilegierung von Masseverbindlichkeiten«, schließt er damit von der Privilegierung des Vermieters (dazu sogleich) auf die davon zu unterscheidende Frage der Lastenverteilung zwischen Masse und Schuldner hinsichtlich der Mietkosten. Dass die Masse »Vermögen des Schuldners« sei, mag formal zutreffen, materiell ist das Vermögen aber vollumfänglich den Gläubigern zu ihrer Befriedigung zugewiesen; so auch Jaeger/*Jacoby*, § 108 InsO, Rn. 153.

1104 So *Steder*, ZIP 1999, 1874, 1879.

1105 MüKo/*J. F. Hoffmann*, § 108 InsO, Rn. 97, Fn. 286, der einen Aufwendungsersatzanspruch »nur unter Manipulation an den Tatbestandserfordernissen« für möglich hält.

1106 BT-Drucks. 14/5680, S. 27.

stark ausgeprägt. Steht man auf Basis der hiesigen Befunde dem Topos der Kontinuitätsinteressen unter gleichbehandlungsspezifischen Aspekten kritisch gegenüber, hat die Lösung *Marotzkes* einiges für sich. Angesichts der *lex lata* erscheint eine entsprechende Auslegung allerdings mehr als mutig. Wenngleich sie teleologisch stimmig und unter Gesichtspunkten der Gläubigergleichbehandlung wünschenswert wäre, erfordert die Herausnahme des Wohnungsmietvertrages in der Insolvenz des Mieters aus dem Anwendungsbereich des § 108 Abs. 1 S. 1 InsO daher wohl ein Handeln des Gesetzgebers.

2. Lösungsmöglichkeiten in der Mieterinsolvenz

Eine nähere Betrachtung verdient auch die Frage der Vertragsbeendigung in der Mieterinsolvenz.

a) Lösungsmöglichkeiten des Insolvenzverwalters

Ungeachtet jeglicher vertraglichen Vereinbarung kann der Insolvenzverwalter einen gem. § 108 Abs. 1 S. 1 InsO geschützten Mietvertrag gem. § 109 Abs. 1 S. 1 InsO mit einer pauschalen Frist von drei Monaten kündigen. Die Kündigung übernimmt in der Sache die Funktion der Erfüllungsablehnung, ist aber, wie bereits erwähnt, im Vergleich hierzu überschießend, da der Verwalter hier sogar den Vertrag beenden kann.[1107] Dieses Kündigungsrecht entspricht dem Interesse der Gläubigergesamtheit, die Masse von Mietzahlungen zu entlasten, die nicht ihrer Befriedigung dienlich sind. Da die ohnehin vorhandenen vertraglichen Lösungsmöglichkeiten des Mieters auch dem Insolvenzverwalter zur Verfügung stehen, hat das Sonderkündigungsrecht vor allem dann praktische Relevanz, wenn die ordentliche Kündigung infolge einer Befristung oder sonstigen Abrede ausgeschlossen oder an eine besonders lange Kündigungsfrist gebunden ist. Bedenkt man, dass ein Vermieter in aller Regel keine absoluten Kontinuitätsinteressen hat[1108] und seine relativen Kontinuitätsinteressen durch die dreimonatige Kündigungsfrist in gewissem Umfang gewahrt werden, begegnet das Kündigungsrecht der Insolvenzmasse als solches unter dem Gesichtspunkt der Kontinuitätsinteressen des Vertragspartners keinen gravierenderen Bedenken.[1109] Der Insolvenzverwalter geht des Kündigungsrechts aber auch nicht verlustig, wenn er es nicht sofort ausübt. Er kann die Laufzeit des Vertrages somit konkret an die Bedürfnisse der Masse anpassen, mag es auch für den Vermieter misslich sein, dass die Vertragsdurchführung entgegen der vertraglichen Vereinbarung nunmehr unter dem Vorbehalt der Kündigung seitens des Insolvenzverwalters steht.[1110] Je nach Lesart des § 108 Abs. 1 S. 1 InsO in der Mieterinsolvenz ist dies ein »Reflex« einer lediglich die Interessen des Vermieters schützenden

1107 MüKo/*Eckert/J. F. Hoffmann,* § 109 InsO, Rn. 3; dazu auch unten S. 267 ff.
1108 Siehe oben S. 119 ff.
1109 Anders KPBJ/*Tintelnot,* § 109 InsO, Rn. 11.
1110 Dies ist unbestritten, statt vieler KPBJ/*Tintelnot,* § 109 InsO, Rn. 10, 56 f. Im Einzelfall soll eine Kündigung zwar gegen Treu und Glauben verstoßen können, jedoch werden hierfür einhellig hohe Grenzen aufgestellt, vgl. MüKo/*Eckert/J. F. Hoffmann,* § 109 InsO, Rn. 25 f.; Jaeger/*Jacoby,* § 109 InsO, Rn. 21; *Pape*, Kölner Schrift, S. 353, 394 f. Inwieweit der Vermieter dies hinnehmen muss, wird sogleich erörtert.

Regelung[1111] oder Bestandteil eines auch den Masseinteressen dienenden Mechanismus.[1112]

Wird das Insolvenzverfahren eröffnet, ohne dass die Mietsache bereits an den Schuldner überlassen wurde, ist der Insolvenzverwalter gem. § 109 Abs. 2 S. 1 InsO zum Rücktritt berechtigt. Dies entspricht zwar der allgemeinen Dogmatik von Rücktritt und Kündigung im Dauerschuldverhältnis,[1113] auch hier erschließt sich indes nicht, warum dem Verwalter nicht einfach gem. § 103 InsO ein Wahlrecht zusteht.[1114] § 109 Abs. 2 S. 1 InsO übernimmt gerade die Funktion, die Masse vor Belastungen zu schützen.[1115] Dass der Vermieter die Vertragsdurchführung auch nicht vorübergehend gegen die Masse durchsetzen kann, mag für ihn misslich sein, allerdings hat er anders als im Rahmen bereits effektuierter Mietverträge typischerweise noch die Möglichkeit, ein Anschlussgeschäft zu tätigen und daher keine ähnlich ausgeprägten relativen Kontinuitätsinteressen.[1116] Dementsprechend ist bei zwischenzeitlicher Rückgabe der Mietsache dem Verwalter wieder das Rücktrittsrecht zu gewähren, zumal auch hier ein Anschlussgeschäft dem Vermieter einfacher und schneller möglich sein sollte und daher ebenfalls nur geringere Kontinuitätsinteressen bestehen.

Da § 19 S. 1 KO die Möglichkeit zur Kündigung noch von der Überlassung der Mietsache vor Verfahrenseröffnung abhängig gemacht hat, ist zumindest klärungsbedürftig, ob das Sonderkündigungsrecht gem. § 109 Abs. 1 S. 1 InsO auch dann besteht, wenn die Mietsache erst nach Verfahrenseröffnung der Masse überlassen wird. Dies wird ganz überwiegend bejaht.[1117] Eine zeitlich konkret an das Bedürfnis der Masse angepasste Durchführung des Mietvertrages ist so auch bei noch nicht überlassenen Mietgegenständen möglich, mögen diese typischerweise auch weniger essentiell für die Masse sein. *De lege lata* ist dies für den Vermieter schon deswegen nicht von Nachteil, weil er selbst gem. § 109 Abs. 2 S. 2 InsO zurücktreten kann.[1118] Das Rücktrittsrecht des Vermieters ist zwar, wie sich sogleich zeigen wird, durchaus problematisch. Im Ausgangspunkt ist der Argumentation aber insoweit zu folgen, als dass die

1111 So Schmidt/*Ringstmeier,* § 108 InsO, Rn. 3; MüKo/*J. F. Hoffmann,* § 108 InsO, Rn. 161.

1112 Vgl. die Nachweise oben bei S. 47 in Fn. 236.

1113 Hierzu BGHZ 50, 312, 315.

1114 MüKo/*Eckert/J. F. Hoffmann,* § 109 InsO, Rn. 4; dazu auch unten S. 267 ff.

1115 Umstritten ist, ob der Insolvenzverwalter auch bei der Wohnraummiete zurücktreten kann, so etwa KPBJ/*Tintelnot,* § 109 InsO, Rn. 29 oder ob auch hier § 109 Abs. 1 S. 2 InsO vorgeht. Das Regelungsanliegen des § 109 Abs. 1 S. 2 InsO spricht dabei dafür, dass der Verwalter nur die Enthaftungserklärung abgeben kann, MüKo/*Eckert/J. F. Hoffmann,* § 109 InsO, Rn. 69; BeckOKInsR/*Berberich,* § 109 InsO, Rn. 41 ff. *De lege ferenda* wäre es nach hier vertretener Ansicht natürlich wünschenswert, wenn die Masse nicht einmal im Rahmen des § 109 Abs. 1 S. 2 InsO für dann anfallende Mietzinsen haftete.

1116 Siehe oben S. 111 ff.

1117 *Eckert,* ZIP 1996, 897, 900 f.; MüKo/*Eckert/J. F. Hoffmann,* § 109 InsO, Rn. 73; Jaeger/*Jacoby,* § 109 InsO, Rn. 15; KPBJ/*Tintelnot,* § 109 InsO, Rn. 116 f.; BeckOKInsR/*Berberich,* § 109 InsO, Rn. 40; a. A. HK/*G. Schmidt,* § 109 InsO, Rn. 27 f., demzufolge der Verwalter sich eine Kündigung ohne Rücksicht auf die vertragliche Frist bei Überlassung der Mietsache vorbehalten muss, der sich aber nicht dazu äußert, ob dies auch für nicht ordentlich kündbare Mietverhältnissen gelten soll.

1118 Dies betonen etwa Jaeger/*Jacoby,* § 109 InsO, Rn. 16; KPBJ/*Tintelnot,* § 109 InsO, Rn. 12 und auch *Eckert,* ZIP 1996, 897, 900 f., der das Rücktrittsrecht eigentlich ablehnt.

Frage, inwieweit sich der Vermieter einen Leistungsaustausch mit veränderten Kündigungsmodalitäten gefallen lassen muss, über ein ggf. dem Vertragspartner einzuräumendes Lösungsrecht reguliert werden muss.[1119] Die Lösungsmöglichkeiten des Vermieters sollen im Folgenden betrachtet werden.

b) Lösungsmöglichkeiten des Vermieters

Der Vermieter ist im Gegensatz zur Rechtslage unter Geltung der Konkursordnung nicht zur Kündigung berechtigt. Anders als die Verfasser der Konkursordnung es angenommen hatten,[1120] ließen sich viele Vermieter von ihrem Privileg nicht davon abhalten, ihr Kündigungsrecht auszuüben. Da der Gesetzgeber hierin eine Gefährdung der Sanierungschancen und somit der Befriedigungsaussichten aller Gläubiger erblickte, wurde das Sonderkündigungsrecht des Vermieters abgeschafft.[1121] Gleichwohl gesteht § 109 Abs. 2 S. 1 InsO dem Vermieter ein Rücktrittsrecht zu, was verbreitet als unstimmig wahrgenommen wird, weil das Rücktrittsrecht mit dem Kündigungsrecht korrespondiert habe.[1122] In der Ausübung des Rücktrittsrechts wird daher auch teilweise ein Verstoß gegen Treu und Glauben gesehen.[1123] Einzig *Christoph Kalkschmid* befindet das Rücktrittsrecht für »durchaus gerechtfertigt«, da die Wahrscheinlichkeit geringer sei, dass der Verwalter das Mietobjekt benötige und der Vermieter nicht gegen seinen Willen zu einer Vorleistung gezwungen werden könnte.[1124] Zudem ist umstritten, ob der Vermieter auch bei der Wohnraummiete zum Rücktritt berechtigt sein soll.[1125]

Hierzu ist zunächst klarzustellen, dass es für die Möglichkeiten, sich einseitig von einem Vertrag zu lösen, grundsätzlich auf den Parteiwillen ankommt, wobei dispositives

1119 Siehe auch schon oben im Kontext des § 111 InsO S. 228 f.

1120 *Hahn*, Materialien IV, S. 95 f. Der Gesetzgeber erachtete vor allem bei der Pächterinsolvenz ein Kündigungsrecht des Verpächters für erforderlich, gestand wegen befürchteter Abgrenzungsschwierigkeiten aber auch dem Vermieter ein solches zu.

1121 Vgl. *Eckert*, ZIP 1996, 897, 900; Jaeger/*Jacoby*, § 109 InsO, Rn. 8; MüKo/*Eckert/J. F. Hoffmann*, § 109 InsO, Rn. 2 f.; *Tintelnot*, ZIP 1995, 616, 620 f.; KPBJ/*ders.*, § 109 InsO, Rn. 10.

1122 Statt vieler *Tintelnot*, ZIP 1995, 616, 621; MüKo/*Eckert/J. F. Hoffmann*, § 109 InsO, Rn. 6; HK/*G. Schmidt*, § 109 InsO, Rn. 43 f.; beachte auch die Begründung des Gesetzgebers bei *Hahn*, Materialien IV, S. 98 f., wonach »[die] wesentliche Bedeutung der Person [des Pächters oder Miethers], welche […] dahin geführt hat, […] das vorzeitige Kündigungsrecht zu gewähren« das Rücktrittsrecht erfordere.

1123 Dies soll insbesondere der Fall sein, wenn der Vermieter mit der Überlassung vorinsolvenzlich in Verzug gekommen war oder die Überlassung grundlos bzw. nur verweigert, um aus der Insolvenzsituation Vorteile zu ziehen, vgl. eher großzügig MüKo/*Eckert/J. F. Hoffmann*, § 109 InsO, Rn. 69; enger etwa KPBJ/*Tintelnot*, § 109 InsO, Rn. 102; eine Treuwidrigkeit dagegen grundsätzlich ablehnend Uhlenbruck/*D. Wegener*, § 109 InsO, Rn. 35. Unter Geltung der KO wurde das Sonderkündigungsrecht des Vermieters entsprechend eingeschränkt, vgl. mit Rechtsprechungsnachweisen Jaeger/*Henckel*, § 19 KO, Rn. 6.

1124 *Kalkschmid*, Immobilienleasing, Rn. 451; ähnlich zum ersten Aspekt *Minuth/Wolf*, NZM 1999, 289, 290 f.

1125 Dafür etwa KPBJ/*Tintelnot*, § 109 InsO, Rn. 29; anders MüKo/*Eckert/J. F. Hoffmann*, § 109 InsO, Rn. 69; BeckOKInsR/*Berberich*, § 109 InsO, Rn. 41 ff.

Gesetzesrecht insofern mit ausdrücklichen Vereinbarungen funktionsäquivalent ist.[1126] Die Zulässigkeit von Lösungsrechten, die einem Vertragspartner des Schuldners allein anlässlich der Insolvenz zugestanden werden, ist höchst umstritten.[1127] Selbst diejenigen Stimmen, die generell liberaler mit vertraglichen Lösungsklauseln für den Insolvenzfall umgehen wollen, möchten es den Parteien aber nicht erlauben, sich allein deshalb vom Vertrag loszusagen, weil sie den Leistungsaustausch nicht mit dem Insolvenzverwalter der anderen Vertragsseite durchführen wollen.[1128] Wesentlich zentraler sind aber ohnehin solche Lösungsrechte, die darauf reagieren, dass der vertragliche Leistungsaustausch nicht wie vereinbart durchgeführt wird, also beispielsweise das Rücktrittsrecht gem. § 323 BGB und das Recht zur außerordentlichen Kündigung, allgemein normiert in § 314 BGB. Dies muss sich auch der Vertragspartner des Insolvenzschuldners grundsätzlich nicht gefallen lassen.[1129] In der Mieterinsolvenz erfolgt der Leistungsaustausch gem. § 108 Abs. 1 S. 1 InsO zwar im Ausgangspunkt so, wie er vereinbart wurde. Allerdings werden durch das Kündigungsrecht des Insolvenzverwalters gem. § 109 Abs. 1 S. 1 InsO unter Umständen die Kündigungsmodalitäten geändert, wenn die ordentliche Kündigung nach dem vertraglichen Konsens eigentlich nicht möglich oder eine längere Kündigungsfrist als drei Monate einzuhalten ist. Wenngleich in aller Regel auf der Seite des Vermieters die relativen Kontinuitätsinteressen im Vordergrund stehen und der Ausschluss der ordentlichen Kündigung daher typischerweise vorrangig im Interesse des Mieters vereinbart wird,[1130] erscheint es nicht ausgeschlossen, dass ein Vermieter seinen Bindungswillen auf ein nicht ordentlich oder nur mit längerer Kündigungsfrist kündbares Dauerschuldverhältnis begrenzt, woran er ja auch privatrechtlich nicht gehindert ist.[1131] Theoretisch denkbar wäre es auf dieser Grundlage, dass abdingbare[1132] Lösungsrechte des Vertragspartners den typisierten Parteiwillen darstellen und nur systematisch falsch in der Insolvenzordnung und nicht im Besonderen Schuldrecht kodifiziert sind. Dies passt aber nicht zu den engen Grenzen, die Lösungsklauseln im Übrigen gesetzt sind. Bedenkt man zudem, dass das vom Konkursgesetzgeber zur Begründung der Lösungsrechte des Vermieters unter anderem bemühte besondere Vertrauen in die Person des Pächters[1133] ersichtlich auch bei unter § 103 InsO fallenden Verträgen vorliegen kann, erschließt sich aus einer Perspektive der Privatautonomie daher nicht so recht, warum die Möglichkeit der Lossagung vom Vertrag seitens des Vertragspartners in der Mieterinsolvenz nicht wie bei sonstigen Verträgen auch gesondert vereinbart und nicht ausgeschlossen werden muss.

Um die *lex lata* stimmig zu erklären, müssten die vorgetragenen Erwägungen schließlich vor Überlassung der Mietsache einschlägig sein, aber nicht danach. Zwar

1126 *J. F. Hoffmann*, KTS 2018, 343, 363 mit Verweise auf *Mossler*, ZIP 2002, 1831, 1835.
1127 Vgl. zur Diskussion KPBJ/*Tintelnot*, § 119 InsO, Rn. 14 ff.
1128 Vgl. auch oben S. 33 f.
1129 Vgl. oben S. 29 ff.
1130 Vgl. zu den primär relativen Kontinuitätsinteressen des Vermieters oben S. 119 ff.
1131 Anders aber der Mieter hinsichtlich des Sonderkündigungsrechts des Erwerbers gem. § 111 InsO, HK/*G. Schmidt*, § 111 InsO, Rn. 14.
1132 Das Kündigungs- bzw. Rücktrittsrecht war bzw. ist nach einhelliger Meinung dispositiv, Jaeger/*Jacoby*, § 109 InsO, Rn. 10; RGZ 56, 245, 247 f.; Jaeger/*Henckel*, § 19 KO, Rn. 63; Jaeger/*ders.*, § 20 KO, Rn. 9.
1133 *Hahn*, Materialien IV, S. 95.

ist *Kalkschmid* im Ausgangspunkt zuzustimmen, dass der Vermieter nicht gegen seinen Willen zu einer Vorleistung[1134] gezwungen werden kann. Allerdings ist hierfür kein Lösungsrecht nötig, da der Vermieter im Zweifel gem. § 321 BGB die Leistung verweigern kann. Man mag zwar erwägen, dass ein Vermieter, der die Mietsache noch nicht überlassen hat, die Folgen einer vorzeitigen Vertragsbeendigung faktisch noch vermeiden kann, während nach einer Überlassung der Mietsache in aller Regel ohnehin früher oder später ein Mieterwechsel erfolgen und der damit verbundene faktische Aufwand anfallen wird, da es als unwahrscheinlich gelten muss, dass der Insolvenzverwalter von seinem Kündigungsrecht gar keinen Gebrauch macht.[1135] In Bezug auf den Aspekt der Planungssicherheit über einen längeren Zeitraum liegen die Dinge aber unabhängig von einer bereits erfolgten Überlassung so, dass ein Vertrag, der ständig unter dem Vorbehalt einer Kündigung steht, nicht vom Willen des Vermieters gedeckt ist. Es ist daher aus Sicht des Vermieters nicht erkennbar, warum dessen Lösungsmöglichkeiten in der Mieterinsolvenz vor Überlassung der Mietsache andere sein sollen als danach.[1136] Dass die Masse eine bereits überlassene Mietsache in der Regel stärker benötigt als eine noch nicht überlassene, steht mit dem Bindungswillen des Vermieters jedenfalls in keinem teleologischen Zusammenhang.[1137]

Daher sollte das Rücktrittsrecht des Vermieters gem. § 109 Abs. 2 S. 1 InsO *de lege ferenda* abgeschafft werden. Das ändert natürlich nichts daran, dass eine Vertragsdurchführung ohne Kündigungsausschluss bzw. mit verkürzter Kündigungsfrist im Einzelfall mit dem Bindungswillen des Vermieters konfligieren kann.[1138] Hätte der Vermieter den Vertrag nicht als ordentlich kündbaren Mietvertrag bzw. mit einer kürzeren Kündigungsfrist geschlossen, wäre ihm rein privatrechtlich ein Lösungsrecht einzuräumen. Für bereits laufende Mietverhältnisse wird man § 109 Abs. 1 S. 1 InsO aber teleologisch und historisch wohl so auslegen müssen, dass es dem Vermieter dann versagt sein soll, sich auf seinen begrenzten Bindungswillen zu berufen, wie es für den Vertragspartner bei §§ 105 S. 1, 107 Abs. 2 S. 1, 112 InsO der Fall ist. Ob dies *de lege ferenda* auch der Fall sein soll, wenn die Mietsache noch nicht überlassen worden ist, wird entscheidend von der Zwecksetzung des Gesetzgebers abhängen. Hierbei sollte angesichts des geringeren Bedürfnisses der Masse, einen noch nicht überlassenen

1134 Zur Vorleistung des Vermieters, die insbesondere aus der einen Zahlungsrückstand voraussetzenden Vertragsbeendigung resultiert, siehe oben S. 51 ff.

1135 In diese Richtung *Minuth/Wolf*, NZM 1999, 289, 290 f.

1136 Im Ergebnis auch HK/*G. Schmidt,* § 109 InsO, Rn. 44; ebenso KPBJ/*Tintelnot,* § 109 InsO, Rn. 11.

1137 Auch MüKo/*Eckert/J. F. Hoffmann,* § 109 InsO, Rn. 5 am Ende, der im Übrigen vor allem auf die Friktion abhebt, dass der Vermieter bei der Fahrnismiete kein Rücktrittsrecht hat. Ließe sich diese durch eine entsprechende Änderung des Anwendungsbereiches des § 108 Abs. 1 S. 1 InsO noch überwinden (dazu unten S. 263 ff.), blieben die hiesigen Einwände gegen Lösungsrechte des Vermieters aber bestehen.

1138 Bei der Wohnraummiete kommt dies zwar wegen des Vorrangs von § 109 Abs. 1 S. 2 InsO nicht in Betracht, hier wird es aber im Einzelfall darauf ankommen, ob der Vermieter sich schon vor Überlassung auf künftige Zahlungspflichtverletzungen berufen können soll, wobei natürlich insbesondere zu berücksichtigen ist, ob der Insolvenzverwalter die Erklärung gem. § 109 Abs. 1 S. 2 InsO abgibt bzw. *de lege ferenda*, ob die Insolvenz des Wohnraummieters ggf. gänzlich aus dem Anwendungsbereich des § 108 Abs. 1 S. 1 InsO genommen wird, dazu oben S. 232 ff.

Mietgegenstand temporär zu nutzen, die grundsätzlich zu missbilligende Missachtung des Bindungswillens vermieden werden.[1139] Einstweilen bleibt man aber, wie es herrschend auch getan wird, darauf verwiesen, dem Rücktritt des Vermieters im Einzelfall die Wirksamkeit zu versagen.[1140] Nach den hiesigen Befunden bietet sich zur Feststellung der Treuwidrigkeit auch das Kriterium an, inwiefern die jederzeitige Kündbarkeit den Bindungswillen des Vermieters tangiert.[1141]

III. Die Insolvenz des Dienstberechtigten

1. Die erfassten Verträge

Für die Bestimmung der unter § 108 Abs. 1 S. 1 InsO fallenden »Dienstverhältnisse« wird im Ausgangspunkt herrschend auf die Definition des Dienstvertrages nach dem BGB zurückgegriffen.[1142] Unter dem Brennglas der Kontinuitätsinteressen des Vertragspartners erscheint dies indes nicht unproblematisch, hat doch die hiesige Untersuchung ergeben, dass die bürgerlich-rechtliche Typisierung der Verträge anhand der Risikoordnung nicht zwingend mit der in § 108 Abs. 1 S. 1 InsO adressierten Interessenlage einhergeht.[1143] Dies betrifft insbesondere die – auch schon im bürgerlich-rechtlichen Kontext nicht unproblematische – Abgrenzung von Dienst- und Werkverträgen[1144] im Kontext der §§ 103, 108 Abs. 1 S. 1 InsO. Mit Blick auf die Interessenlage mag man zudem die unterschiedliche Behandlung von Dienst- und den unter § 116 InsO fallenden Geschäftsbesorgungsverträgen in Frage stellen. Schließlich stellt sich die Frage, ob die unterschiedlich starke Ausprägung der Kontinuitätsinteressen in Dienstverträgen bei der Auslegung des § 108 Abs. 1 S. 1 InsO Berücksichtigung finden kann und sollte.

a) Die Unterscheidung zwischen Dienst- und Werkverträgen im Kontext des § 108 Abs. 1 S. 1 InsO

Orientiert man sich an der Typologie des BGB, ist es im Rahmen von § 108 Abs. 1 S. 1 InsO erforderlich, aber auch ausreichend, dass vertraglich nur das Erbringen einer

1139 Dieselbe Argumentation spricht auch dagegen, dass der Verwalter seine Entscheidung über den Rücktritt analog § 107 Abs. 2 InsO bis zum Berichtstermin aufschieben können soll, MüKo/*Eckert*/*J. F. Hoffmann,* § 109 InsO, Rn. 63; a. A. KPBJ/*Tintelnot,* § 109 InsO, Rn. 105. Ist der Vermieter tatsächlich zum Rücktritt berechtigt, bliebe es dem Verwalter natürlich unbenommen, durch eine »normale« Erfüllungswahl bzw. ein Verzicht auf das jederzeitige Kündigungsrecht den Vertrag im Einklang mit dem Bindungswillen des Vermieters durchzuführen.

1140 Vgl. die Nachweise oben bei S. 238 in Fn. 1123.

1141 Insofern ist es stimmig, wenn KPBJ/*Tintelnot,* § 109 InsO, Rn. 103 eine Treuwidrigkeit in Betracht zieht, wenn der Verwalter zur Sicherheitsleistung und zum Verzicht auf sein Kündigungsrecht aus § 109 Abs. 1 S. 1 InsO bereit ist.

1142 Statt vieler MüKo/*Caspers,* § 113 InsO, Rn. 6 ff.

1143 Siehe oben S. 129 ff.

1144 Vgl. nur Staudinger/*Latzel,* § 611 BGB, Rn. 114 ff.

Tätigkeit und kein Erfolg geschuldet ist.[1145] Jüngst hat allerdings der BGH entschieden, dass allein die Qualifikation eines Schuldverhältnisses als Dienstvertrag für eine Anwendung des § 108 Abs. 1 S. 1 InsO nicht ausreiche, sondern dass es sich hierbei um ein Dauerschuldverhältnis handeln müsse.[1146] Hierzu beruft er sich auf *J. F. Hoffmann*, der sich mit Verweis auf die teleologisch maßgeblichen Kontinuitätsinteressen für die Anwendbarkeit des § 108 Abs. 1 S. 1 InsO weniger an den Vertragstypen des BGB, sondern vielmehr an »kontinuierlich zu erbringende[n] Tätigkeiten [...] im Rahmen eines Dauerschuldverhältnisses« orientieren möchte.[1147] Diese zeitliche Dimension der Hauptleistung soll zudem nicht für die Anwendung des § 108 Abs. 1 S. 1 InsO auf einen originären Dienstvertrag erforderlich sein, sondern diese auch in bestimmten werkvertraglichen Konstellationen rechtfertigen.[1148]

Die Orientierung an den Vertragstypen des BGB ist mit Blick auf die Interessenlage kritisch zu sehen: Diese Differenzierung betrifft die Risikoordnung des Vertrages und ist in erster Linie relevant für die Frage, welche Anforderungen an die Leistung des Sachleistungsschuldners zu stellen sind. Die Kontinuitätsinteressen der Parteien, auf denen die typisierende Einteilung der §§ 103, 108 Abs. 1 S. 1 InsO beruht, werden hierdurch nur unzureichend erfasst: Nach der oben herausgearbeiteten Interessenlage ist ein abruptes Ende des Leistungsaustauschs für den Dienstverpflichteten deshalb nachteilig, weil er in der Folge nicht nachholbare Einnahmeverluste erleidet und nicht darauf eingestellt ist, seine Dienstleistung kurzfristig abzusetzen. Diese Situation ergibt sich indes auch, wenn ein langfristiger, auf wiederkehrende Leistungen gerichteter Vertrag mit werkvertraglicher Risikoordnung geschlossen wird.[1149] *Vice versa* besteht eine solche Situation »trotz« dienstvertraglicher Risikoordnung nicht, wenn der Vertrag nur eine einmalige Leistung vorsieht. Eine solche Auslegung des § 108 Abs. 1 S. 1 InsO findet sogar eine Stütze in der Gesetzesbegründung zum späteren § 22 KO.[1150] Mögen

1145 MüKo/*Caspers*, § 113 InsO, Rn. 8.

1146 BGHZ 224, 177, Rn. 41. Im Urteil stand die Anwendung des § 108 Abs. 1 S. 1 InsO in der Insolvenz des Dienstverpflichteten zur Rede, der BGH gibt aber nicht zu erkennen, seine Ausführungen hierauf zu beschränken. Dass Dienstverträge keine Dauerschuldverhältnisse sein müssen, hatte der BGH schon früher judiziert, vgl. BGHZ 106, 341.

1147 MüKo/*J. F. Hoffmann*, § 108 InsO, Rn. 116; auch BeckOKInsR/*Berberich*, § 108 InsO, Rn. 18; KPBJ/*Tintelnot*, § 108 InsO, Rn. 131; Jaeger/*Jacoby*, § 108 InsO, Rn. 235.

1148 MüKo/*J. F. Hoffmann*, § 108 InsO, Rn. 116; dagegen KPBJ/*Tintelnot*, § 108 InsO, Rn. 131 und MüKo/*Caspers*, § 113 InsO, Rn. 8, letzterer aber vor dem soeben erwähnten Urteil des BGH.

1149 Ein anschauliches Beispiel bietet ein jüngerer Fall, bei dem ein vertragliches Schuldverhältnis mit werkvertraglicher Risikoordnung vom BGH als Dauerschuldverhältnis eingeordnet wurde (BGH NJW 2020, 605 ff.). In der Insolvenz des Bestellers wäre es zumindest gut denkbar, die privatrechtlichen Kontinuitätsinteressen des zur Reinigung verpflichteten Unternehmens unter den Schutz des § 108 Abs. 1 S. 1 InsO zu stellen.

1150 Dort heißt es: »Dieselbe (die Regelung des damaligen 19 KO, Anm. d. Verf.) [...] umfaßt auch nicht die Verträge zur Verrichtung einer einzelnen oder mehrerer in keinem gewollten Zusammenhang unter einander stehender Dienstleistungen.« (vgl. *Hahn*, Materialien IV, S. 99). Argumentiert wird auch mit dem früheren Titel des § 108 Abs. 1 S. 1 InsO (»Fortbestehend von Dauerschuldverhältnissen«), der nur aus redaktionellen Gründen geändert worden sei, vgl. Jaeger/*Jacoby*, § 108 InsO, Rn. 235 und zur Änderung des Titels BT-Drucks. 16/3227, S. 19; auch Jaeger[8]/*Lent*, § 22 KO, Rn. 1; *Kuhn/Uhlenbruck*, § 22 KO, Rn. 22.

einmalige bzw. wiederkehrende, kontinuierliche Leistungen auch mit Werk- bzw. Dienstverträgen assoziiert sein, gehen sie und die daraus resultierenden Interessenlagen nicht zwingend mit der Qualifikation des Vertrages einher. Es sind daher im Wege der teleologischen Auslegung des § 108 Abs. 1 S. 1 InsO unter »Dienstverhältnissen« solche Verträge zu verstehen, die den Sachleistungsschuldner zur kontinuierlichen, wiederholten Erbringung einer Tätigkeit verpflichten, sei sie auf einen Erfolg im werkvertraglichen Sinn gerichtet oder nicht. Dies mag man so formulieren, dass es sich bei dem »Dienstvertrag« um ein Dauerschuldverhältnis handeln müsse. Obwohl dieser Begriff nicht unproblematisch ist,[1151] kann hier, wie das Urteil des BGH zeigt,[1152] mit den gängigen Kriterien gearbeitet werden. Den Vorwurf der Rechtsunsicherheit wird man gegen diese Lösung jedenfalls nicht erheben können, zumal die Abgrenzung zwischen Dienst- und Werkverträgen allein auf Grundlage des BGB im Einzelfall nicht weniger problematisch sein kann.

b) Geschäftsbesorgungsverträge und § 108 Abs. 1 S. 1 InsO

Es liegt auf der Hand, dass die soeben für die Anwendung des § 108 Abs. 1 S. 1 InsO für maßgeblich befundene Pflicht zur kontinuierlichen bzw. wiederholten Erbringung einer Leistung auch Gegenstand eines Dienst- bzw. Werkvertrages sein kann, der eine Geschäftsbesorgung zum Gegenstand hat und mithin auf den ersten Blick in der Insolvenz des Geschäftsherrn unter § 116 InsO fällt. Somit wäre davon auszugehen, dass ähnliche Kontinuitätsinteressen auch seitens des Geschäftsbesorgers entstehen können. Man mag sich daher fragen, ob die Einteilung der Verträge durch die §§ 108 Abs. 1 S. 1, 116 InsO in dieser Hinsicht teleologisch stimmig oder ähnlich wie für werkvertragliche Konstellationen unter Umständen zu korrigieren ist. Dies wird jedoch zu Recht nicht diskutiert. Der Zweck des § 116 InsO besteht wie der des § 115 InsO darin, die Vermögensverwaltung in den Händen des Insolvenzverwalters zu konzentrieren.[1153] Dass die Vermögensverwaltungskompetenz des Insolvenzverwalters um der Kontinuitätsinteressen eines Vertragspartners willen eingeschränkt wird, erscheint undenkbar. Zwar wird in der Literatur moniert, dass der Zweck des § 116 InsO schon durch den Wegfall der Geschäftsführungsbefugnis zu erreichen wäre und das Erlöschen des Vertrages hierfür nicht erforderlich ist.[1154] Selbst wenn eine entsprechende Auslegung des § 116 InsO es aber denklogisch zuließe, einen etwaigen von der Wahrnehmung der Geschäftsführungsbefugnis unabhängigen, sich auf die Zeit nach Verfahrenseröffnung beziehenden Vergütungsanspruch zur Masseverbindlichkeit zu erheben, wäre hiermit aber der Topos der Kontinuitätsinteressen deutlich überspannt, da die Masse hierfür nicht einmal eine für sie möglicherweise nicht vor- oder sogar nachteilige, sondern gar keine Gegenleistung erhielte. Soweit Kontinuitätsinteressen des Vertrags-

1151 Vgl. eingehend oben S. 66 ff.

1152 BGHZ 224, 177, Rn. 41.

1153 BT-Drucks. 12/2443, S. 151; dies ist in der Literatur unbestritten, statt vieler Jaeger/*Jacoby*, § 116 InsO, Rn. 6. Die Gesetzesbegründung zur Vorgängernorm, § 23 KO, schweigt zwar hierzu, vgl. *Hahn*, Materialien VII, S. 238 f., in Rechtsprechung und Literatur war dies aber ebenfalls unstreitig, vgl. RGZ 81, 332, 336 und hierauf verweisend Jaeger/*Henckel*, § 23 KO, Rn. 3.

1154 Insbesondere *Marotzke*, FS Henckel, S. 579 ff.; auch Jaeger/*Jacoby*, § 116 InsO, Rn. 13 ff.

partners infolge des § 116 InsO nicht geschützt werden können, liegt dies an den zwingenden Voraussetzungen des Insolvenzverfahrens. Man wird lediglich durch eine teleologische Auslegung der ohnehin zentralen Tatbestandsvoraussetzung des Vermögensbezuges[1155] regulieren können, inwiefern der Zweck des § 116 InsO den Schutz der Kontinuitätsinteressen des Vertragspartners nicht zulässt.

c) Verträge mit unerheblicher Bedeutung für die Gesamteinnahmen des Dienstverpflichteten

Die Untersuchung der Kontinuitätsinteressen hat ergeben, dass die Kontinuitätsinteressen des bürgerlich-rechtlich Dienstverpflichteten stark unterschiedlich ausgeprägt sein können. Die Schwere der Folgen des Verdienstausfalls hängt sehr davon ab, wie dieser sich in Relation zu den Gesamteinnahmen des Dienstverpflichteten bemisst,[1156] was bei der Qualifikation des Vertrages als Dienstvertrag freilich keine Rolle spielt. Da daher insbesondere die relativen Kontinuitätsinteressen eines Dienstverpflichteten besonders stark ausgeprägt sind, wenn seine Verdienste gänzlich wegfallen, ist § 108 Abs. 1 S. 1 InsO gerade für Arbeitnehmer von essentieller Bedeutung. Demgegenüber erscheint es fraglich, ob etwa die Verdienstausfälle, die ein Behandelnder infolge der Insolvenz einer seiner Patienten erleidet, hinreichend starke Kontinuitätsinteressen begründen, die eine Privilegierung des § 108 Abs. 1 S. 1 InsO (in der Sache) rechtfertigen.

Wenngleich aus der Begründung zu § 19 KO a. F. deutlich hervorgeht, dass der historische Gesetzgeber zumindest in erster Linie solche Dienstverhältnisse vor Augen hatte,[1157] die für den Dienstverpflichteten die einzige oder wesentliche Einnahmequelle darstellen, wurde dieser Aspekt bei der Anwendung des § 22 KO nicht berücksichtigt.[1158] Heute wird zwar verbreitet betont, dass der Schutz von Arbeitnehmern bei der Anwendung des § 108 Abs. 1 S. 1 InsO in der Insolvenz des Dienstberechtigten im Vordergrund steht,[1159] dennoch plädiert im heutigen Schrifttum, soweit ersichtlich, nur *Achim Ahrendt* für eine entsprechende Beschränkung des Anwendungsbereiches.[1160]

Eine Beschränkung des § 108 Abs. 1 S. 1 InsO auf Arbeitsverträge würde einerseits dazu führen, dass nur noch Dienstverpflichtete privilegiert werden, für die der Leistungsaustausch eine essentielle Bedeutung hat. Es ist zwar nicht unüblich, dass Arbeitnehmer mehr als nur ein Arbeitsverhältnis eingehen. Dennoch wird der Arbeitnehmer in diesen Fällen auch einen nur vorübergehenden Verlust des Entgelts wirtschaftlich kaum, wenn nicht gar nicht verkraften können. Problematisch an einer Beschränkung

1155 Dazu etwa Jaeger/*Jacoby,* § 116 InsO, Rn. 41 ff.
1156 Siehe oben S. 124 ff.
1157 Vgl. *Hahn*, Materialien IV, S. 99.
1158 Jaeger/*Henckel,* § 22 KO, Rn. 2.
1159 Beachte nur HK/*Linck,* § 113 InsO, Rn. 1 und KPBJ/*Tintelnot,* § 108 InsO, Rn. 131 ff.
1160 HambKomm-InsR/*Ahrendt,* § 113 InsO, Rn. 10, der sich aber zu Unrecht auf *Krüger*, ZInsO 2010, 507 und *Wente*, ZIP 2005, 335, 337 beruft, die sich zur Insolvenz des dienst*verpflichteten* Handelsvertreters äußern. Ob er seine Lösung bereits *de lege lata* für möglich hält, bleibt bei *Ahrendt* offen. Auf Basis einer historisch-teleologischen Auslegung erscheint es jedenfalls nicht ausgeschlossen, § 108 Abs. 1 S. 1 InsO entsprechend anzuwenden.

des § 108 Abs. 1 S. 1 InsO auf Arbeitsverhältnisse wäre, dass auch selbstständige Dienstverpflichtete[1161] mitunter ausgeprägte Kontinuitätsinteressen aufweisen, da das für die Unterscheidung zentrale Kriterium der Weisungsgebundenheit des Arbeitnehmers nicht zwingend schon dann erfüllt ist, wenn der Dienstverpflichtete in Vollzeit für einen Dienstberechtigten tätig oder von diesem wirtschaftlich abhängig ist.[1162] Handelt es sich um eine natürliche Person, wird man dieser Problematik zwar über die etablierte Kategorie der arbeitnehmerähnlichen Personen[1163] beikommen können. Fälle, in denen der Dienstverpflichtete keine natürliche Person[1164] und dennoch von dem dienstvertraglichen Leistungsaustausch wirtschaftlich abhängig ist, ließen sich indes nur über naturgemäß vage und dementsprechend rechtsunsichere Erheblichkeitskriterien in den Griff bekommen. Eine Beschränkung des § 108 Abs. 1 S. 1 in der Insolvenz des Dienstberechtigten auf Arbeitnehmer und arbeitnehmerähnliche Personen würde die Privilegierung also auf gewichtigere Kontinuitätsinteressen begrenzen, sie aber auch nicht vollumfänglich an den Kontinuitätsinteressen ausrichten. Da auch selbstständige, im Rahmen eines Dauerschuldverhältnisses Dienstverpflichtete zumindest gewisse Kontinuitätsinteressen aufweisen, erscheint es stimmiger, § 108 Abs. 1 S. 1 InsO auch auf diese anzuwenden, als sich mit einer vermeintlich passgenaueren Regelung mutmaßlich schwierigen Abgrenzungsfragen auszusetzen. § 108 Abs. 1 S. 1 InsO sollte daher weiterhin auf Dienstverhältnisse insgesamt angewendet werden, sofern diese einen kontinuierlichen Leistungsaustausch vorsehen.

2. Kündigungsfrist bei Ausschluss der ordentlichen Kündigung

Uneinheitlich wird beurteilt, welche Kündigungsfrist zugrunde zu legen ist, wenn die ordentliche Kündigung vertraglich ausgeschlossen ist.

a) Meinungsstand

Die Rechtsprechung und weite Teile der Literatur wollen hier die Dreimonatsfrist gem. § 113 S. 2 InsO anwenden. Hierfür soll vor allem sprechen, dass die im Falle eines (bei einer Befristung mittelbaren) Ausschlusses der ordentlichen Kündigung festgelegte Vertragsdauer wie eine Kündigungsfrist zu behandeln sei, die nur insoweit verkürzt werde, als sie selbst die Frist von drei Monaten gem. § 113 S. 2 InsO übersteigt.[1165] Dagegen haben sich einige Literaturstimmen gewandt, denen zufolge in diesem Fall

1161 Herrschend wird von einer dichotomischen Aufteilung der Dienstverträge in selbstständige Dienstverträge und Arbeitsverträge ausgegangen, vgl. etwa MüKo/*Spinner,* § 611 BGB, Rn. 1 ff., wenngleich der Arbeitsvertrag mit § 611a BGB mittlerweile eigenständig gesetzliche geregelt ist.

1162 Staudinger/*Latzel,* § 611 BGB, Rn. 162, 164.

1163 Dazu Staudinger/*Latzel,* § 611 BGB, Rn. 90 f.; MüKo/*Spinner,* § 611 BGB, Rn. 130 ff.

1164 MüKo/*Spinner,* § 611 BGB, Rn. 130 mit Verweis auf OLG Oldenburg AP ArbGG 1953 § 2 Nr. 50; vgl. auch § 12a Abs. 1 Nr. 1 TVG.

1165 BAG NZI 2000, 611 f., dass diese Argumentation zum Wortlaut des § 113 InsO mit Ausführungen zur Systematik, Gesetzgebungsgeschichte und Teleologie der Vorschrift unterfüttert; aus der Literatur HambKomm-InsR/*Ahrendt,* § 113 InsO, Rn. 35; Jaeger/*Giesen,* § 113 InsO, Rn. 87 f. m. w. N.

zunächst die Kündigungsfrist zu ermitteln sei, die gelten würde, ließe man den Ausschluss der ordentlichen Kündigung außer Betracht. Nur wenn diese Kündigungsfrist die Frist des § 113 S. 2 InsO überträfe, sei die dort genannte Frist von drei Monaten maßgeblich.[1166] Diese sogenannte »Zwei-Stufen-Lösung« soll sich aus Wortlaut und Systematik des § 113 InsO ergeben.[1167] Zudem wird vorgebracht, dass der Arbeitnehmer, der keine ordentliche Kündigungsfrist vereinbart, in der Insolvenz seines Arbeitgebers damit rechnen müsse, gekündigt zu werden und ihn diesem Fall nicht besser stehen könne als ein Arbeitnehmer, für den ohnehin eine kürzere Frist als die des § 113 S. 2 InsO gilt.[1168]

b) Stellungnahme

Die erstgenannte Ansicht verdient Zustimmung, wenngleich die Begründung des BAG den entscheidenden Punkt nicht trifft. Es gibt einen kategorialen Unterschied zwischen dem durch eine Kündigungsfrist und dem durch einen Ausschluss der ordentlichen Kündigung bewirkten Bestandsschutz, mag er sich auch gegen Ende der vertraglichen Laufzeit faktisch nivellieren. Es sollte daher nicht davon gesprochen werden, dass es sich bei einem Ausschluss der ordentlichen Kündigung um eine ewige bzw. überlange Kündigungsfrist handelt. Des scheinbaren Kunstgriffs der Rechtsprechung, die vertragliche Dauer als überlange Kündigungsfrist zu verstehen, bedarf es aber auch gar nicht: Ist ein Vertrag ordentlich kündbar, so haben sich die Parteien darauf eingelassen, ggf. während der Dauer der Kündigungsfrist ein Anschlussgeschäft tätigen zu müssen. Ist die vereinbarte Kündigungsfrist kürzer als jene des § 113 S. 2 InsO, legitimiert sich die Kündigungsmöglichkeit des Insolvenzverwalters grundsätzlich aus dem vertraglichen Konsens. Ist indes die ordentliche Kündigung ausgeschlossen, gibt es hinsichtlich einer Kündigungsfrist gar keine Einigung, auf die zurückgegriffen werden könnte. Auch die kodifizierten Kündigungsfristen müssen dadurch legitimiert werden, dass die Vertragsparteien von ihnen, wenngleich nur indem sie keine anderweitige Absprache treffen, Gebrauch machen.[1169] Der Verweis auf die »eigentlich« maßgeblichen Kündigungsfristen geht daher ins Leere. Es ist nicht zu beanstanden, dass die §§ 108 Abs. 1 S. 1, 113 InsO in der Insolvenz des Dienstberechtigten den Schutz absoluter Kontinuitätsinteressen des Dienstverpflichteten nicht vorsehen. Abgesehen davon, dass dies faktisch oft gar nicht möglich sein wird, kommt es im Rahmen der Insolvenz in der Regel zu gravierenden Umstrukturierungen, die die absoluten Kontinuitätsinteressen insbesondere der Arbeitnehmer[1170] ohnehin stark beeinträchtigen werden. Dies darf allerdings nicht dazu führen, dass ein privatrechtlich an und für sich höherer, weil absoluter Bestandsschutz insolvenzbedingt hinter dem nur relativen Bestandsschutz einer langen Kündigungsfrist zurückbleibt.[1171]

1166 KPBJ/*Moll,* § 113 InsO, Rn. 103 ff.; MüKo/*Caspers,* § 113 InsO, Rn. 27; *Berscheid,* ZInsO 1998, 115, 122; aus der Rechtsprechung LAG Hamm, ZInsO 2001, 282.
1167 Insbesondere KPBJ/*Moll,* § 113 InsO, Rn. 106 ff.
1168 MüKo/*Caspers,* § 113 InsO, Rn. 27.
1169 Vgl. auch HambKomm-InsR/*Ahrendt,* § 113 InsO, Rn. 35.
1170 Hierzu oben S. 123 ff.
1171 So auch das BAG NZI 2000, 611, 612 in seinen Ausführungen zu »Sinn und Zweck« des § 113 InsO.

3. Anwendbarkeit des § 108 Abs. 1 S. 1 InsO vor Antritt des Dienstverhältnisses

Nicht abschließend geklärt ist, ob § 108 Abs. 1 S. 1 InsO einschlägig ist, wenn das Dienstverhältnis bei Verfahrenseröffnung noch nicht angetreten wurde. Auch hier liegen die Dinge so, dass § 22 KO dies zur Voraussetzung hatte und nach dem Wortlaut des § 108 Abs. 1 S. 1 InsO die Rechtslage geändert wurde, diese relativ offensichtliche Änderung aber nicht zum Schweigen des Gesetzgebers in den Materialien bzw. der Bemerkung, die neue Rechtslage entspreche »im Grundsatz dem geltenden Recht«, passt.[1172] Ganz überwiegend wird aber davon ausgegangen, dass dem Wortlaut des § 108 Abs. 1 S. 1 InsO zu folgen ist und Dienstverhältnisse in der Insolvenz des Dienstberechtigten schon vor deren Antritt geschützt sind.[1173] Soweit nicht lediglich auf den Wortlaut verwiesen wird, soll hierfür sprechen, dass sich die Kontinuitätsinteressen des Dienstverpflichteten, insbesondere die des Arbeitnehmers, unter Umständen schon vor Antritt des Dienstverhältnisses hinreichend verdichtet haben[1174] und dass der soziale Kündigungsschutz nicht ausgehebelt werden dürfe.[1175] Dagegen wird vorgebracht, dass kein schutzwürdiges Vertrauen bestehe, Massegläubiger zu werden.[1176]

Hinsichtlich eines etwaigen Kündigungsschutzes ist zunächst zu präzisieren: Dieser kann eine Anwendung des § 108 Abs. 1 S. 1 InsO natürlich nur erfordern und rechtfertigen, soweit er auch außerhalb der Insolvenz gewährt wird. Bezüglich derjenigen Dienstverhältnisse, die keine Arbeitsverhältnisse sind, geht der Hinweis folglich generell ins Leere. Auch hinsichtlich des Kündigungsschutzes nach dem KSchG ergibt sich keine zwingende Notwendigkeit, da dieser erst nach einer Wartezeit von sechs Monaten gewährt wird, die ihrerseits erst mit dem Antritt des Arbeitsverhältnisses beginnt.[1177] In der Sache wird hier freilich ebenfalls mit den Kontinuitätsinteressen des Arbeitnehmers argumentiert. Es trifft zu, dass diese sich zwar typischerweise erst im Laufe des Arbeitsverhältnisses verdichten, aber auch schon vor Antritt des Arbeitsverhältnisses vorhanden sind. Gleichwohl drängt sich der Vergleich mit der Situation eines Wohnungsmieters auf, der seinen Rechtskreis auch schon vor Bezug der Wohnung auf diese ausrichtet und dessen Kontinuitätsinteressen herrschend und auch hier der Schutz versagt wird.[1178] Andererseits drohen in der Insolvenz des Vermieters zum einen Beschaffungspflichten und steht zum anderen dem Insolvenzverwalter kein Sonderkündigungsrecht zu, weshalb ein Vollzug des Mietverhältnisses erhebliche Einschränkungen der Verwertungsmöglichkeiten zur Folge haben kann. Da die dienstberechtigte Insolvenzmasse nur zur Geldzahlung verpflichtet wird und zur Kündigung berechtigt ist, § 113 S. 1 InsO, hält sich die Belastung in überschaubaren Grenzen. Mit Blick auf die

1172 BT-Drucks. 12/2443, S. 146; vgl. auch schon oben S. 217 ff. und unten S. 251 ff.

1173 BeckOKInsR/*Berberich,* § 108 InsO, Rn. 20; MüKo/*Caspers,* § 113 InsO, Rn. 12; MüKo/*J. F. Hoffmann,* § 108 InsO, Rn. 117; Jaeger/*Jacoby,* § 108 InsO, Rn. 235; HK/*G. Schmidt,* § 108 InsO, Rn. 11; KPBJ/*Tintelnot,* § 108 InsO, Rn. 134.

1174 MüKo/*J. F. Hoffmann,* § 108 InsO, Rn. 117.

1175 BeckOKInsR/*Berberich,* § 108 InsO, Rn. 20; KPBJ/*Tintelnot,* § 108 InsO, Rn. 134.

1176 Als einziger offenbar Uhlenbruck/*Ries,* § 108 InsO, Rn. 50.

1177 MüKo/*Hergenröder,* § 1 KSchG, Rn. 32. Allerdings gilt etwa auch § 613a BGB unabhängig davon, ob Kündigungsschutz gewährt wird, »obwohl« der Übergang des Vertragsverhältnisses »eine Lücke im Kündigungsschutz schließt«, Staudinger/*Annuß,* § 613a BGB, Rn. 142.

1178 Vgl. dazu oben S. 214 ff.

Kontinuitätsinteressen des Dienstverpflichteten ist daher § 108 Abs. 1 S. 1 InsO auch schon vor Antritt des Dienstverhältnisses anzuwenden. Fraglich ist insoweit lediglich, ob die Kündigungsfrist mit Zugang der Kündigungserklärung oder erst mit Antritt des Arbeitsverhältnisses zu laufen beginnt.[1179] Überwiegend wird auf den Zugang der Kündigungserklärung abgestellt.[1180] Dem ist zu folgen, da die relativen Kontinuitätsinteressen sich in erster Linie darauf beziehen, ein Anschlussgeschäft tätigen zu können und der Dienstverpflichtete ab Zugang der Kündigungserklärung weiß, dass er perspektivisch einen neuen Vertrag schließen muss. Dass die Privilegierung nach hiesiger Ansicht gleichbehandlungswidrig ist, sollte angesichts der durchaus vorhandenen Kontinuitätsinteressen und der überschaubaren Massebelastung hinzunehmen sein und spricht umso mehr dafür, die Kündigungsfrist ab Zugang der Kündigungserklärung laufen zu lassen.

4. Lösungsmöglichkeiten des Dienstverpflichteten

Der Dienstverpflichtete ist gem. § 113 S. 1 InsO ebenfalls zur Kündigung berechtigt, was bei Weitem nicht gleichermaßen kritisiert wird wie seinerzeit das inzwischen abgeschaffte Sonderkündigungsrecht und das heute noch bestehende Rücktrittsrecht des Vermieters in der Mieterinsolvenz. Auch wird nicht vertreten, dass die Ausübung des Sonderkündigungsrechts durch den Dienstverpflichteten treuwidrig sein könnte. Wie auch schon oben bei der Mieterinsolvenz ist zunächst festzustellen, dass sich die Lösungsmöglichkeiten des Vertragspartners nach grundlegend anderen Parametern bemessen als diejenigen des Insolvenzverwalters.[1181] Das pauschale Kündigungsrecht des Dienstverpflichteten ist daher im Ausgangspunkt ebenfalls kritisch zu sehen. Insofern davon gesprochen wird, dass es einen »Ausgleich« für die veränderten Kündigungsmodalitäten darstellt, nach denen der Verwalter nicht an einen Ausschluss der ordentlichen Kündigung bzw. eine längere Kündigungsfrist gebunden ist,[1182] ist auch hier[1183] zu kritisieren, dass das Kündigungsrecht als abdingbares[1184] Lösungsrecht allein über den typisierten Parteiwillen zu rechtfertigen wäre, was sich aber nicht stimmig in den

1179 Auch die Kündigung des Insolvenzverwalters gem. § 113 S. 1 InsO ist in der Sache gegenüber dem Verwalterwahlrecht gem. § 103 InsO überschießend, vgl. dazu auch S. 267 ff.

1180 MüKo/*Caspers,* § 113 InsO, Rn. 30; Jaeger/*Giesen,* § 113 InsO, Rn. 45 ff.; BAGE 158, 214, Rn. 50.

1181 Dazu oben S. 236 ff. Es bleibt unklar, woher genau die von Jaeger/*Giesen,* § 113 InsO, Rn. 65 bemühte »Idee der Gleichbehandlung« kommen soll. Der Vertragspartner kann sich zwar auf seinen Bindungswillen im Grundsatz berufen, muss sich aber auch an diesem festhalten lassen, vgl. 29 ff., 33 f.

1182 Jaeger/*Giesen,* § 113 InsO, Rn. 6.

1183 Vgl. schon oben zu den Lösungsmöglichkeiten des Vermieters S. 238 ff.

1184 Tatsächlich scheint man mit Blick auf § 119 InsO verbreitet davon auszugehen, dass auch die Kündigungsmöglichkeit des Dienstverpflichteten nicht abbedungen werden könne, etwa MüKo/*Caspers,* § 113 InsO, Rn. 14; BeckOKInsR/*Gossak,* § 113 InsO, Rn. 22. Mit § 119 InsO kann dies freilich nicht begründet werden und selbst aus Arbeitnehmerschutzgründen kann das Kündigungsrecht nicht zwingend sein, da der Dienstverpflichtete sich ja bei ausbleibenden Zahlungen stets insolvenzunabhängig vom Vertrag lösen kann. Richtigerweise ist daher auch das Lösungsrecht des Dienstverpflichteten abdingbar, so auch Jaeger/*Henckel,* § 22 KO, Rn. 21.

Umgang mit Lösungsklauseln einfügt, wo selbst liberalere Ansichten zumindest insolvenzbezogene Reurechte verhindern wollen.[1185] Selbst wenn man das Kündigungsrecht für gerechtfertigt hält, erscheint die *lex lata* aber unstimmig, weil sie dem Dienstverpflichteten kein Rücktrittsrecht für den Fall zugesteht, dass das Dienstverhältnis bei Verfahrenseröffnung noch nicht angetreten war. Der lösungswillige Dienstverpflichtete wird in diesem Fall im Zweifel dazu gezwungen, den Leistungsaustausch aufzunehmen, um dann kündigen zu können. Diese Friktion ließe sich zwar durch die auch teilweise vertretene analoge Anwendung des § 109 Abs. 2 S. 1 InsO überwinden,[1186] die generellen Einwände gegen insolvenzbedingte Lösungsrechte des Vertragspartners können hierdurch aber natürlich nicht beseitigt werden. Somit ist das Kündigungsrecht des Dienstverpflichteten *de lege ferenda* abzuschaffen und die Vereinbarung entsprechender Lösungsrechte den Parteien zu überlassen. Hier spricht die Gesetzesentwicklung dann eher dafür, dass der Dienstverpflichtete nicht gehindert sein soll, sich auf seinen wirksam begrenzten Bindungswillen zu berufen. Dass hierdurch die Befriedigungsaussichten der Gläubiger nicht beeinträchtigt werden, folgt nach der oben aufgezeigten Systematik schon daraus, dass der Gesetzgeber hier keine Kündigungssperre für nötig hielt und wird durch den wenig kritischen Umgang mit den Lösungsmöglichkeiten des Dienstverpflichteten insgesamt bestätigt.

IV. Die Insolvenz des Dienstverpflichteten

1. Anwendbarkeit des § 108 Abs. 1 S. 1 InsO

Zur Anwendbarkeit des § 108 Abs. 1 S. 1 InsO in der Insolvenz des Dienstverpflichteten ist zunächst festzustellen, dass eine solche ausscheiden muss, wenn der Insolvenzschuldner aus dem Vertrag zur Erbringung persönlicher Dienste verpflichtet ist. Diese kann die Masse nicht leisten, weshalb sie auch nicht gem. § 108 Abs. 1 S. 1 InsO hierzu verpflichtet werden kann.[1187] Besteht keine Pflicht zur persönlichen Erbringung der Dienste, ist also etwa ein Unternehmen dienstverpflichtet, ist dagegen die Anwendbarkeit des § 108 Abs. 1 S. 1 InsO zwar theoretisch möglich, aber sehr umstritten.

a) Meinungsstand

Für die Anwendbarkeit des § 108 Abs. 1 S. 1 InsO in der Insolvenz des Dienstverpflichteten wird vor allem der insofern eindeutige Wortlaut ins Feld geführt, dem nicht entnommen werden könne, dass es darauf ankommen soll, welche Vertragsseite der Insolvenzschuldner sei. Da die Vorgängernorm des § 22 KO die Insolvenz des Dienstverpflichteten nicht umfasst hat, könne zudem davon ausgegangen werden, dass der

1185 Vgl. dazu S. 33 f.

1186 So HK/*G. Schmidt,* § 109 InsO, Rn. 52 f.; dagegen MüKo/*Eckert*/*J. F. Hoffmann,* § 109 InsO, Rn. 69; KPBJ/*Tintelnot,* § 108 InsO, Rn. 135, der keinen Grund für ein Rücktrittsrecht sieht, wobei unklar bleibt, wie sich dieser Befund zum Kündigungsrecht des Dienstverpflichteten verhält.

1187 Statt vieler Jaeger/*Jacoby,* § 108 InsO, Rn. 240; a. A. offenbar Schmidt/*Ringstmeier,* § 108 InsO, Rn. 29.

Gesetzgeber die Änderung habe herbeiführen wollen.[1188] In inhaltlicher Hinsicht wird darüber hinaus argumentiert, dass die Masse durch die Verpflichtung, den Vertrag weiter zu erfüllen, nicht über Gebühr belastet würde, da die sonstigen gem. § 108 Abs. 1 S. 1 InsO fortbestehenden Dauerschuldverhältnisse dazu führten, dass der Insolvenzverwalter ohnehin regelmäßig die Erfüllung wähle.[1189] Dagegen wird eingewandt, dass der Gesetzgeber gar nicht zu erkennen gegeben habe, den Dienstberechtigten künftig in der Insolvenz seines Vertragspartners schützen zu wollen[1190] und im Übrigen davon ausging, die Neuregelung entspreche »im Grundsatz dem geltenden Recht«.[1191] Daher sei der Weg frei für eine teleologische Reduktion, die angesichts der drohenden erheblichen Massebelastung,[1192] die nicht einmal durch ein Sonderkündigungsrecht begrenzt sei,[1193] und der nur geringen Kontinuitätsinteressen des Vertragspartners,[1194] dem insbesondere regelmäßig ein Anschlussgeschäft möglich sei,[1195] auch erfolgen müsse. Einen Mittelweg beschreitet der BGH, der von der grundsätzlichen Anwendbarkeit des § 108 Abs. 1 S. 1 InsO ausgeht, die Masse aber offenbar einzelfallbezogen vor zu starken Belastungen und insbesondere davor bewahren will, zur Erfüllung des Vertrages weitere Masseverbindlichkeiten eingehen zu müssen.[1196] Dieser Ansatz findet in der Literatur teils Zustimmung,[1197] sieht sich teils aber auch dem Vorwurf der Rechtsunsicherheit ausgesetzt.[1198]

1188 BeckOKInsR/*Berberich,* § 108 InsO, Rn. 18.1; Schmidt/*Ringstmeier,* § 108 InsO, Rn. 29; *Madaus*, KTS 2012, 217, 218 f.

1189 *Madaus*, KTS 2012, 217, 219.

1190 Dies wird vor allem damit begründet, dass nach dem Gesetzgeber der »Fortbestand« des Vertrages mit der Möglichkeit zur Kündigung einhergehen solle, vgl. BT-Drucks. 12/2443, S. 146.

1191 Jaeger/*Jacoby,* § 108 InsO, Rn. 244; *Krüger*, ZInsO 2010, 507, 509; KPBJ/*Tintelnot,* § 108 InsO, Rn. 138; *Wente*, ZIP 2005, 335, 336.

1192 Jaeger/*Jacoby,* § 108 InsO, Rn. 243; KPBJ/*Tintelnot,* § 108 InsO, Rn. 141; *Wente*, ZIP 2005, 335, 336. *Krüger*, ZInsO 2010, 507, 510 sieht konkret die Gefahr, dass der Handlungsspielraum des Insolvenzverwalters zu stark eingeschränkt würde.

1193 KPBJ/*Tintelnot,* § 108 InsO, Rn. 138; *Wente*, ZIP 2005, 335, 337; wohl auch hierauf abstellend MüKo/*Caspers,* § 113 InsO, Rn. 4 f.; keinen zwingenden Einwand hierin sieht Jaeger/*Jacoby,* § 108 InsO, Rn. 244.

1194 *Wente*, ZIP 2005, 335, 337. Auf die fehlende soziale Schutzwürdigkeit, die in der Insolvenz des Arbeitgebers für die Privilegierung der Arbeitnehmer maßgeblich sei, verweisen Jaeger/*Jacoby,* § 108 InsO, Rn. 244; *Krüger*, ZInsO 2010, 507, 509.

1195 Jaeger/*Jacoby,* § 108 InsO, Rn. 245.

1196 BGH ZIP 2012, 2262, Rn. 6. Der BGH hatte in dem bereits erwähnten Urteil BGHZ 224, 177 ff. Gelegenheit, diese Rechtsprechung zu präzisieren, hat aber die Anwendung des § 108 Abs. 1 S. 1 InsO abgelehnt, weil es sich in dem konkreten Fall nicht um ein »Dauerschuldverhältnis« gehandelt habe, dazu soeben für die Insolvenz des Dienstberechtigten S. 241 ff.

1197 *Blum*, WuB VI A. § 96 InsO 1.12; MüKo/*Caspers,* § 113 InsO, Rn. 5, der aber § 108 Abs. 1 S. 1 InsO offenbar insgesamt teleologisch reduzieren will; MüKo/*J. F. Hoffmann,* § 108 InsO, Rn. 124.

1198 BeckOKInsR/*Berberich,* § 108 InsO, Rn. 18.1.

b) Stellungnahme

Über die Frage, ob der Gesetzgeber die frühere Rechtslage wirklich ändern wollte oder ob es sich bei der Erweiterung des Anwendungsbereiches der Privilegierung gleichsam um ein gesetzgeberisches Versehen handelt, lässt sich angesichts der disparaten Befunde natürlich auch hier[1199] trefflich streiten. Auch wenn der Wortlaut des § 108 Abs. 1 S. 1 InsO eindeutig ist, handelt es sich aber bei der Erstreckung der Privilegierung auf die Insolvenz des Dienstverpflichteten um einen so grundlegenden Unterschied zur Vorgängerregelung, dass eine Begründung in den Gesetzesmaterialien zu erwarten gewesen wäre. Jenseits davon ist es aber vor allem die fehlende Kündigungsmöglichkeit auf Seiten des Insolvenzverwalters, die erhebliche Zweifel auslöst, ob der Gesetzgeber die Insolvenz des Dienstverpflichteten wirklich von § 108 Abs. 1 S. 1 InsO umfasst wissen wollte. In den anderen Konstellationen hat die Masse stets die Möglichkeit, sich zumindest mittelbar vom Vertrag zu lösen und so die Masse zu entlasten. Bei wortlautgetreuer Anwendung der *lex lata* müsste sich der Insolvenzverwalter eine lange Kündigungsfrist oder gar den Ausschluss der ordentlichen Kündigung entgegenhalten lassen. Die vollumfängliche Absicherung von absoluten Kontinuitätsinteressen wird in der Sache nicht einmal dem Immobiliarmieter zugestanden, der zumindest die Kündigung eines Erwerbers fürchten muss. Dass der Gesetzgeber den Dienstberechtigten so weitgehend privilegieren wollte, kann nicht ohne Weiteres angenommen werden. Eine teleologische Reduktion erscheint vor diesem Hintergrund zwar nicht zwingend, aber doch keinesfalls ausgeschlossen. Dies lenkt den Blick auf die Interessen des Vertragspartners und der Masse, wobei nach den eingangs angestellten Erwägungen desto mehr die hiesigen Befunde zur Legitimierbarkeit des Privilegs Berücksichtigung finden können, je weniger sich der Schutz der Kontinuitätsinteressen des Vertragspartners aufdrängt.

Die Kontinuitätsinteressen des Dienstberechtigten können unbestreitbar im Einzelfall stark ausgeprägt sein[1200] und würden durch eine teleologische Reduktion des § 108 Abs. 1 S. 1 InsO natürlich gar keinen Schutz erfahren. Zu Recht wird aber auch darauf verwiesen, dass eine existentielle Bedeutung des vertraglichen Leistungsaustauschs für den Dienstberechtigten nicht in demselben Maß typisierend feststellbar ist, wie dies etwa für einen Arbeitnehmer der Fall ist. Auf der anderen Seite stehen die Masseinteressen, die einer wortlautgetreuen Anwendung des § 108 Abs. 1 S. 1 InsO in der Tat diametral entgegenstehen: Gerade wenn es nicht um die Erbringung persönlicher Dienste geht, wird in der Regel die Fortführung der Dienstleistung die Begründung von Masseverbindlichkeiten erfordern, derer gegenüber sich der BGH so skeptisch äußert.[1201] Zudem wird die Masse durch Naturalleistungspflichten, die sie nicht mit bereits vorhandenen Massegegenständen erfüllen kann, typischerweise besonders stark belastet, da hier im Falle der Pflichtverletzung auch nicht mehr zu überblickende Ersatzforderungen drohen. Ob der Verwalter typischerweise »sowieso« die Erfüllung des Vertrages wählt, kann ersichtlich kein Argument dafür sein, in den übrigen Fällen der

1199 Vgl. schon oben S. 217 ff. und S. 247 ff.
1200 Siehe dazu oben S. 121 ff.
1201 BGH ZIP 2012, 2262, Rn. 6.

Masse die Erfüllung aufzuzwingen.[1202] Erweckt eine Betrachtung der jeweiligen Interessen daher schon Zweifel daran, ob die Masse wirklich zugunsten des Dienstberechtigten zur Erbringung von Dienstleistungen verpflichtet werden sollte, kann auch auf das oben gefundene Ergebnis, dass die Privilegierung des Dienstberechtigten gleichbehandlungswidrig ist, zurückgegriffen werden. Ergibt sich nicht eindeutig der gesetzgeberische Wille, ein nicht legitimierbares Privileg zu kodifizieren, ist im Zweifel der Gleichbehandlung der Vorrang einzuräumen. Legen die Interessenlage und der Gläubigergleichbehandlungsgrundsatz eine teleologische Reduktion des § 108 Abs. 1 S. 1 InsO daher schon nahe, muss eine solche jedenfalls auf Basis der *lex lata* erfolgen. Auch diesbezüglich gibt den Ausschlag, dass der Insolvenzverwalter des Dienstverpflichteten den Vertrag nicht unabhängig von den vertraglichen Vereinbarungen kündigen kann.[1203] Macht die Masse sich schadensersatzpflichtig, weil infolge einer Betriebseinstellung oder aus sonstigen Gründen keine Dienste erbracht werden, drohen so unter Umständen immense Schadensersatzforderungen, die konsequenterweise gem. § 55 Abs. 1 Nr. 1 InsO als Masseverbindlichkeiten zu qualifizieren wären. Dieses Ergebnis kann nicht vom Gesetzgeber gewollt sein und lässt sich auch nicht mit der Teleologie des § 108 Abs. 1 S. 1 InsO begründen.

Selbst wenn man die Kontinuitätsinteressen des Dienstberechtigten hingegen für höherwertig als die Masseinteressen und eine Privilegierung auf dieser Basis für legitimierbar hält, müsste daher für den Insolvenzverwalter wohl zumindest als *ultima ratio* eine Kündigung des Vertragsverhältnisses möglich sein, wobei natürlich eine analoge Anwendung des § 113 InsO naheliegt.[1204] Dennoch erscheint es zweifelhaft, ob allein ein Sonderkündigungsrecht die Masse ausreichend vor zu krassen Belastungen schützt. Insofern wäre aber ähnlich wie bei den Erhaltungspflichten in der Vermieterinsolvenz im Zweifel den Schutz der Masse über eine Einschränkung der Rechtsfolgen des § 108 Abs. 1 S. 1 InsO zu bewerkstelligen.[1205] Einheitliche Kriterien erscheinen hierbei, bedenkt man die Vielgestaltigkeit von Dienstverträgen, nur sehr abstrakt denkbar. Man mag sich daran orientieren, ob der Leistungsaustausch grundlegende, essentielle Bedürfnisse betrifft und in welchem Ausmaß die Masse dafür weitere Masseverbindlichkeiten begründen muss. Geht es um ganze Pakete von Dienstleistungen, wie etwa in dem vom BGH entschiedenen Fall einer insolventen Privatschule, kann zudem relevant sein, ob sich der Leistungsaustausch auf einen unverzichtbaren Kernbestand reduzieren lässt, also etwa der Unterricht in den Hauptfächern, wofür dann freilich nur ein reduziertes Entgelt zu entrichten und der dienstberechtigte Vertragspartner ggf. zur Kündigung berechtigt wäre. Der Vorwurf der Rechtsunsicherheit[1206] lässt sich so zwar nicht gänzlich ausräumen, aber zumindest ein Stück weit entschärfen.

1202 Hierauf geht *Madaus*, KTS 2012, 217 ff., genau wie auf die unter Umständen fehlende Kündigungsmöglichkeit, jedoch nicht ein.

1203 Dass § 108 Abs. 1 S. 1 InsO nur dann anwendbar sein soll, wenn die Kündigungsmodalitäten die Masse nicht zu sehr belasten, würde zudem der Systematik der §§ 108 ff. InsO widersprechen.

1204 Eine solche wird aber herrschend abgelehnt, *Blum*, WuB VI A. § 96 InsO 1.12. Laut *Wente*, ZIP 2005, 335, 337 könnten so die Einwände gegen eine Anwendung des § 108 Abs. 1 S. 1 InsO auch nicht beseitigt werden; skeptisch auch *Blum*, WuB VI A. § 96 InsO 1.12.

1205 Vgl. zu diesem Mechanismus oben S. 211 ff.

1206 Diesen erhebt etwa BeckOKInsR/*Berberich,* § 108 InsO, Rn. 18.1.

2. Anwendbarkeit vor Antritt, erfasste Verträge und Lösungsmöglichkeiten

Hält man § 108 Abs. 1 S. 1 InsO in der Insolvenz des Dienstverpflichteten nicht für anwendbar, erübrigen sich natürlich die oben für die Insolvenz des Dienstberechtigten diskutierten Folgefragen. Dennoch seien sie hier kurz skizziert. In jedem Fall wäre, wie gesehen, dem Insolvenzverwalter ein Sonderkündigungsrecht einzuräumen. Da die Kontinuitätsinteressen eines dienstberechtigten Vertragspartners ebenfalls mehr von einer kontinuierlichen Leistungserbringung als der vertraglichen Risikoordnung abhängen, wäre auch hier § 108 Abs. 1 S. 1 InsO entsprechend teleologisch auszulegen. Die Anwendbarkeit des § 108 Abs. 1 S. 1 InsO auf Dienstverträge vor deren Antritt wird für die Insolvenz des Dienstverpflichteten nicht ausdrücklich diskutiert und eher nebenbei bejaht, wenn es um die Insolvenz des Dienstberechtigten geht.[1207] Selbst wer davon ausgeht, dass § 108 Abs. 1 S. 1 InsO in der Insolvenz des Dienstverpflichteten anwendbar ist, müsste dem Insolvenzverwalter angesichts der noch nicht entsprechend verfestigten Kontinuitätsinteressen nach der Logik des § 109 Abs. 2 InsO ein Rücktrittsrecht einräumen.[1208] Im Rahmen der §§ 103 ff. InsO wäre es freilich systematisch stimmiger, schlicht § 103 InsO anzuwenden.[1209] Jedenfalls müsste dem Insolvenzverwalter auch hier der Mittelweg, auf den durch das Rücktrittsrecht gewährten Schutz ohne Verlust des (hier analog § 113 InsO einzuräumenden) Sonderkündigungsrechts zu verzichten, auch hier möglich sein. Lösungsmöglichkeiten gesteht die *lex lata* dem Dienstberechtigten ohnehin nicht zu und wären daher, wie schon hier für die Insolvenz des Mieters und des Dienstberechtigten gefordert, nur nach allgemeinen Regeln bei einem entsprechenden Parteiwillen zuzulassen.

B. Einzelfragen de lege ferenda

De lege ferenda ergeben sich mehrere Postulate bereits aus den bisherigen Befunden. Dies gilt vor allem für die Beschränkung des Anwendungsbereiches des § 108 Abs. 1 S. 1 InsO. Dienstverträge sind gänzlich aus dem Anwendungsbereich herauszunehmen. Angesichts der zu erwartenden politischen und gesellschaftlichen Reaktionen müsste dies wohl mit entsprechenden sozialen Schutzmechanismen für Arbeitnehmer verbunden werden. Könnte der Gesetzgeber sich hierzu nicht durchringen, wäre zumindest die Begrenzung auf den Schutz von Arbeitnehmern wünschenswert. Ebenso sollte § 108 Abs. 1 S. 1 InsO nur noch diejenigen Vermieter privilegieren, die gem. § 112 InsO (potentiell) daran gehindert werden, sich vom Vertrag zu lösen, namentlich sind also insbesondere Wohnraummietverhältnisse aus dem Anwendungsbereich des § 108 Abs. 1 S. 1 InsO herauszunehmen. Zu streichen sind die Lösungsrechte des Vertragspartners gem. §§ 109 Abs. 2 S. 1, 113 S. 1 InsO. Im Übrigen ergeben sich *de lege ferenda* folgende Fragen:

1207 Siehe dazu oben die Verweise bei S. 247 in Fn. 1173.
1208 Im Rahmen der §§ 103 ff. InsO wäre es systematisch.
1209 Dazu *de lege ferenda* unten S. 267 ff.

I. Lizenzen und Lizenzverträge

Zu den im Kontext der §§ 103, 108 Abs. 1 S. 1 InsO am heftigsten diskutierten Fragen gehört die Behandlung von Lizenzen bzw. Lizenzverträgen[1210] in der Insolvenz. Dies betrifft einerseits die Rechtsfolgen der Insolvenz einer Vertragspartei auf Basis der *lex lata* und vor diesem Hintergrund die Frage, ob die Rechtslage *de lege ferenda* anders ausgestaltet werden sollte. Eine umfassende Diskussion der Problematik kann hier nicht geleistet werden, da die Literatur hierzu ohnehin ein kaum mehr zu überblickendes Ausmaß angenommen hat. Nach einem kurzen Blick auf die Interessenlage soll daher erst knapp die Rechtslage *de lege lata* referiert werden, die sich ohnehin in weiten Teilen aus dem bereits oben Gesagten ergibt. Sodann soll sich der Frage zugewandt werden, welche Schlüsse konkret aus den hiesigen Befunden für die Lizenz in der Insolvenz *de lege ferenda* zu ziehen sind.

1. Die Interessenlage

a) Kontinuitätsinteressen des Lizenznehmers

In ähnlicher Weise wie bei sonstigen Nutzungsberechtigten können sich auf Seiten eines Lizenznehmers absolute Kontinuitätsinteressen daraus ergeben, dass der Leistungsaustausch für ihn im Laufe der Zeit wertvoller wird, weil sich etwa gerade für diese Nutzung eine Expertise auf Seiten des Lizenznehmers bildet.[1211] Wenngleich es nicht um einen körperlichen Gegenstand geht, der in diesem Sinn faktisch in den Rechtskreis des Lizenznehmers inkorporiert wird, werden Arbeits- oder Produktionsabläufe natürlich auf die Nutzung des lizenzierten Immaterialgüterrechts ausgerichtet. Ein Anschlussgeschäft hat für den Lizenznehmer daher weniger den Nachteil, dass der Prozess der Ausgliederung aus dem und der Neueingliederung eines anderen Nutzungsgegenstandes in den Rechtskreis an sich besonderen Aufwand verursacht. Wenn ein gleichwertiges immaterialgüterrechtliches Nutzungsrecht erlangt werden kann, mögen sich die Nachteile in Grenzen halten. Die Gefahr bei Wegfall des Nutzungsrechts liegt für den Lizenznehmer eher darin, kein gleichwertiges, sondern allenfalls ein vergleichbares Anschlussgeschäft tätigen zu können, das ihn nicht davor bewahrt, grundlegendere Anpassungen in seinem Rechtskreis vornehmen zu müssen. Dies führt zu dem Topos der Substituierbarkeit, der in der Diskussion um die insolvenzrechtliche Behandlung von Lizenzverträgen auch für zentral befunden wird.[1212] Hinzu komme, so wird argumentiert, dass der Lizenznehmer in der Regel zu Beginn der Vertragslaufzeit im Vertrauen auf den Bestand der Nutzungsbefugnis große Investitionen tätige, die sich im Laufe der Zeit amortisieren sollen. Gerade weil die für den Lizenznehmer besonders lukrative Phase der Lizenzierung in der Regel am Ende der Vertragslaufzeit eintritt, wiege ein Wegfall des Nutzungsrechts besonders schwer.[1213] Ist für die von § 108 Abs. 1 S. 1 InsO geschützten Nutzungsberechtigungen dem Topos der fehlenden

1210 Zur Terminologie *McGuire*, Lizenz, S. 23 ff.

1211 Vgl. oben S. 111 ff.

1212 Etwa *Wimmer*, ZIP 2012, 545, 548; *McGuire*, GRUR 2012, 657, 658; *Kellenter*, FS Tilmann, S. 807 f.; *Fischer*, WM 2013, 821, 822; *C. Berger*, GRUR 2004, 20.

1213 *McGuire*, GRUR 2012, 657, 658; *Wimmer*, ZIP 2012, 545, 547.

Substituierbarkeit skeptisch begegnet worden,[1214] sind die Dinge bei Lizenzen in der Tat anders gelagert. So wird ein Pharma-Unternehmen, das zur Herstellung eines bestimmten Medikaments ein spezielles Schutzrecht benötigt, die Produktion auf dieses Schutzrecht ausrichten.[1215] Selbst wenn die Produktion auch möglich wäre, indem man sich das Immaterialgüterrecht eines Konkurrenten lizenzieren lässt, ist geradezu ausgeschlossen, dass die Produktionsabläufe nicht erheblich geändert werden müssen. Typischerweise sind insbesondere in technisch geprägten Bereichen die Produktions- und Arbeitsabläufe spezifischer auf das konkrete Nutzungsrecht ausgerichtet, weshalb an ein Anschlussgeschäft höhere Anforderungen zu stellen sind, wenn es gleichwertig sein soll. Zudem liegt es, anders als bei der Immobiliarmiete, ein Stück weit in der Natur der Sache, dass vollständig gleichwertige Nutzungsrechte nicht möglich sind, weil schon die entsprechenden Vollrechte sich immer in gewisser Weise unterscheiden werden.[1216] Man mag natürlich in Frage stellen, ob eine erschwerte Substituierbarkeit so pauschal für alle Lizenzen festgestellt werden kann.[1217] Im Rahmen einer typisierten Betrachtung der Interessenlage kann aber davon ausgegangen werden, dass die Kontinuitätsinteressen des Lizenznehmers sich auch daraus speisen, dass der Nutzungsgegenstand schon an und für sich für ihn, wenn nicht unersetzbar, so doch wesentlich schwieriger zu substituieren ist. Hinsichtlich relativer Kontinuitätsinteressen unterscheidet sich der Lizenznehmer dagegen nicht wesentlich von anderen Nutzungsberechtigten. Wird an der Substituierbarkeit des Nutzungsrechts gezweifelt, mag man auch in Frage stellen, dass es überhaupt relative Kontinuitätsinteressen geben kann. Bei Arbeits- und Wohnraummietverträgen führt ein schwieriger zu tätigendes Anschlussgeschäft aber sogar zu einer längeren Kündigungsfrist.[1218] Zudem wäre es für den Lizenznehmer auch wichtig, sich auf den unter Umständen endgültigen Wegfall seines Nutzungsrechts vorbereiten zu können.

b) Kontinuitätsinteressen des Lizenzgebers

Absolute Kontinuitätsinteressen bezüglich periodischer Geldzahlungen sind auch seitens des Lizenzgebers nur schwer denkbar.[1219] Relative Kontinuitätsinteressen ergeben sich natürlich daraus, dass der Lizenzgeber keine kurzfristig nicht nachholbaren Zahlungsausfälle erleiden will.[1220] Hier ist indes zu beachten, dass ein Anschlussgeschäft für einen Lizenzgeber in der Regel leichter ist als für einen Vermieter, da hier keine faktische Aus- und Eingliederung des Nutzungsgegenstandes notwendig ist.[1221] Besonderheiten können sich gegenüber Miete und Pacht daraus ergeben, dass der Lizenzgeber unter Umständen ein Interesse daran hat, dass der Lizenznehmer von dem Nut-

1214 Vgl. oben S. 110 ff.
1215 Dieses Beispiel findet sich etwa bei *Wimmer*, ZIP 2012, 545 und *McGuire*, GRUR 2012, 657, 658.
1216 Vgl. §§ 1, 3 PatG; 9 Abs. 1 MarkenG.
1217 Zweifelnd etwa MüKo/*J. F. Hoffmann,* § 108 InsO, Rn. 183.
1218 Vgl. oben S. 118 ff. und 124 ff.
1219 Vgl. oben zu den hier nicht festgestellten absoluten Kontinuitätsinteressen des Vermieters S. 119.
1220 Vgl. oben S. 119 ff.
1221 MüKo/*J. F. Hoffmann,* § 108 InsO, Rn. 189.

zungsrecht auch tatsächlich Gebrauch macht oder gewisse Qualitätsstandards einhält.[1222] Hat dieses Interesse lizenzvertraglich in Ausübungs- bzw. Qualitätssicherungspflichten Niederschlag gefunden, macht der Lizenzgeber ein privatrechtlich legitimes Interesse geltend. Allerdings ergeben sich hieraus weder spezifische absolute noch relative Kontinuitätsinteressen, da die Ausübung bzw. Qualitätssicherung durch einen anderen Vertragspartner in der Regel gleichwertig ist und es hierbei um längerfristige Interessen geht, die durch ein kurzfristig notwendiges Anschlussgeschäft nicht wesentlich beeinträchtigt werden. Diesen Interessen ist daher bei Beachtung der entsprechenden lizenzvertraglichen Bindungsgrenzen zur Genüge Rechnung getragen.[1223]

2. Rechtslage *de lege lata*: Anwendung des § 103 InsO

Nach ganz herrschender Meinung findet auf den Lizenzvertrag nicht § 108 Abs. 1 S. 1 InsO, sondern § 103 InsO Anwendung. Unter Geltung der Konkursordnung wurden zwar §§ 19, 21 KO angewandt,[1224] die Herausnahme der Mobiliarmiete aus dem Anwendungsbereich der Privilegierung soll aber dazu führen, dass eine Anwendung des § 108 Abs. 1 S. 1 InsO nicht in Betracht kommt.[1225] Wenngleich die Gesetzesbegründung keinen ausdrücklichen Aufschluss darüber gibt, dass auch Lizenzverträge künftig dem Verwalterwahlrecht unterliegen sollen und § 108 Abs. 1 S. 1 InsO mit dem Argument, der Gesetzgeber habe eine Änderung der Rechtslage nicht beabsichtigt, an anderer Stelle durchaus gegen seinen Wortlaut ausgelegt wird,[1226] wird auch eine analoge Anwendung des § 108 Abs. 1 S. 1 InsO auf Lizenzverträge ganz herrschend abgelehnt.[1227] Unabhängig davon, ob man dem Gesetzgeber in Bezug auf die Behandlung von Lizenzverträgen einen Missgriff unterstellen will, wird man jedenfalls mit Verweis auf die beiden gescheiterten Gesetzesvorhaben zur Insolvenzfestigkeit von Lizenzverträgen[1228] aus heutiger Sicht davon ausgehen müssen, dass Lizenzverträge *de lege lata* § 103 InsO unterfallen. Für eine knappe Betrachtung der Rechtsfolgen bietet es sich an, danach zu differenzieren, welche Vertragsseite insolvent geht.

a) Insolvenz des Lizenzgebers

In der Insolvenz des Lizenzgebers kommt nach Effektuierung der Qualität der Lizenz entscheidende Bedeutung zu.[1229] Handelt es sich um eine absolute Lizenz, hat der

1222 *McGuire*, Lizenz, S. 708 ff.; *Ingerl/Rohnke,* § 30 MarkenG, Rn. 41 ff.

1223 Vgl. zu diesen MüKo/*J. F. Hoffmann,* § 108 InsO, Rn. 195 ff.

1224 Jaeger/*Henckel,* § 19 KO, Rn. 23 f.; Jaeger/*ders.,* § 21 KO, Rn. 6.

1225 Statt vieler KPBJ/*Tintelnot,* § 103 InsO, Rn. 62 m. w. N.

1226 Vgl. oben S. 217 ff., 247 ff., 251 ff.

1227 Implizit BGH NZI 2016, 97 Rn. 43; aus der Literatur etwa BeckOKInsR/*Berberich,* § 108 InsO, Rn. 72; *Brinkmann*, NZI 2012, 735, 739; *Kellenter*, FS Tilmann, S. 807, 808; HK/*G. Schmidt,* § 108 InsO, Rn. 71; *Wiedemann*, Lizenzen, Rn. 1125; anders etwa *Fezer*, WRP 2004, 793, 799 ff.; *Koehler/Ludwig*, NZI 2007, 79 ff.

1228 Dazu oben S. 10 ff.

1229 Siehe hierzu eingehend oben S. 79 ff. Die Rechtsnatur der Lizenz ist stark umstritten. Herrschend wird davon ausgegangen, dass ausschließliche Lizenzen absolute und einfache Lizenzen relative Rechtspositionen sind, vgl. im Insolvenzkontext etwa *Jungclaus*, ZInsO 2012, 724; anders (»verdinglichte Obligation«) *McGuire*, Lizenz, S. 529 ff.

Lizenznehmer, wenn er die Lizenz bereits nutzt, die erforderliche Trennung vom schuldnerischen Vermögen bereits vollzogen und kann die Rechtsposition im Wege der Aussonderung gegenüber der Masse durchsetzen.[1230] Ob ein Wahlrecht gem. § 103 Abs. 1 S. 1 InsO besteht und wie es ausgeübt wird, wirkt sich nur darauf aus, inwiefern der Lizenznehmer daneben bestehende vertragliche Pflichten des Lizenzgebers, die nicht Teil der absoluten Rechtsposition sind, gegen die Masse durchsetzen kann und ob er zur Entrichtung der vollen oder nur einer herabgesetzten Lizenzgebühr verpflichtet ist. Besteht kein Wahlrecht, etwa weil der Lizenznehmer die gesamte Lizenzgebühr bereits entrichtet hat, oder wird die Erfüllung abgelehnt, ist hinsichtlich nicht absolut geschützter, vertraglicher Pflichten nach dem Modell der §§ 106 Abs. 1 S. 2, 107 Abs. 1 S. 2 InsO vorzugehen. Es erfolgt eine Vertragsspaltung und der Lizenznehmer kann sich, wenn der insolvenzfeste Teil allein nicht von seinem Bindungswillen gedeckt ist, vom Vertrag lösen. Geht es um eine lediglich relativ wirkende Lizenz, entsprechen die Rechtsfolgen denen, die das bestehende bzw. ausgeübte Wahlrecht auf die Mobiliarmiete entfaltet:[1231] Der Lizenznehmer muss unmittelbar mit Verfahrenseröffnung auf Verlangen des Insolvenzverwalters die Nutzung einstellen und darf diese nur wieder aufnehmen, wenn ein Wahlrecht besteht und der Insolvenzverwalter die Erfüllung wählt.

b) Insolvenz des Lizenznehmers

In der Insolvenz des Lizenznehmers kommt es nach Effektuierung nicht auf die Insolvenzfestigkeit des Nutzungsrechts an, sondern darauf, ob dieses abstrakt oder kausal ausgestaltet ist.[1232] Geht man von einer abstrakten Rechtsnatur aus, hat der Lizenzgeber vollständig erfüllt und der Insolvenzverwalter kann die Lizenz für die Masse nutzen, ohne die Gegenleistung entrichten zu müssen. Es läge eine Vorleistung seitens des Lizenzgebers vor, die in der Masse bleibt, weil die Gläubiger sich nicht mit der *causa* auseinandersetzen müssen sollen. Ist das Nutzungsrecht kausal ausgestaltet oder wird zulässigerweise ein entsprechender Bedingungszusammenhang vereinbart,[1233] liegt auch nach Effektuierung keine vollständige Erfüllung vor und der Insolvenzverwalter des Lizenznehmers muss die Gegenleistung erbringen, weil ansonsten der Lizenzgeber die *causa* beseitigt und in der Folge die Nutzung auf absoluter Ebene untersagen kann. Die Geltung des Abstraktionsprinzips im Immaterialgüterrecht ist stark umstritten.[1234] Dies ist aber die entscheidende Sachfrage. Die Nachteile, die dies für den Lizenzgeber zur Folge hat, können nur vermieden werden, wenn man das Abstraktionsprinzip nicht zur Anwendung bringt bzw. es für disponibel hält. Geht man davon aus, dass der Lizenzgeber die Nutzung nicht ohne Gegenleistung dulden muss, nimmt man also an, dass die Lizenz kausal sei bzw. die Parteien zulässigerweise die Lizenz kausal ausgestaltet haben.[1235]

1230 Anders aber LG Mannheim, ZIP 2004, 576 ff.
1231 Hierzu oben S. 100 ff.
1232 Hierzu und zum folgenden siehe oben S. 82 ff., 94 ff.
1233 Vgl. oben S. 79 ff. in Fn. 458.
1234 Eingehend *J. F. Hoffmann*, ZGE 7 (2015), 245, 249 ff.
1235 Hierzu *J. F. Hoffmann*, ZGE 7 (2015), 245, 265 ff.

3. Die aktuelle Rechtsprechung

Ein etwaiger Reformbedarf des § 108 Abs. 1 S. 1 InsO zu Lizenzen in der Insolvenz ist auch an der aktuellen Rechtsprechung in dieser Hinsicht zu messen.

a) Insolvenz des Lizenzgebers

Für die Insolvenz des Lizenzgebers gibt in erster Linie gibt die Ecosoil-Entscheidung des BGH Aufschluss über die Rechtsposition des Lizenznehmers.[1236] Hier geht der BGH davon aus, dass ein Lizenzgeber im Rahmen eines »Lizenzkaufs« mit Einräumung der Lizenz den Vertrag bereits vollständig erfüllt habe.[1237] Dies sei auch anzunehmen, wenn sich innerhalb eines Konzerns eine Konzerngesellschaft zur Lizenzierung einer Marke und demgegenüber andere Konzerngesellschaften zur Nutzung dieser Marke verpflichteten. In der Folge sei § 103 InsO unanwendbar und der Lizenznehmer auch in der Insolvenz des Lizenzgebers weiter zur Nutzung berechtigt. Es konnte bereits oben gezeigt werden, dass die vollständige Erfüllung im Sinne des § 103 InsO durch den zur Nutzungsüberlassung Verpflichteten lediglich möglich ist, sofern ein absolut wirkendes Nutzungsrecht in Rede steht.[1238] Der BGH hat in diesem Fall also der Lizenz hinsichtlich der Nutzung[1239] absolute Wirkung beigemessen. Inwieweit diese Entscheidung verallgemeinert werden kann, ist naturgemäß unklar.

b) Insolvenz des Lizenznehmers

Zu betrachten ist für die Insolvenz des Lizenznehmers insbesondere die M2Trade-Entscheidung des BGH.[1240] Fraglich war hier, wie sich die Kündigung eines Lizenzvertrages durch den (Haupt)Lizenzgeber wegen Zahlungspflichtverletzungen des (Haupt)Lizenznehmers auf dessen urheberrechtliches Nutzungsrecht und von ihm eingeräumte Unterlizenzen auswirkt. Der BGH nahm an, dass das Nutzungsrecht des Lizenznehmers *ipso iure* an den (Haupt)Lizenzgeber zurückfällt, Unterlizenzen aber bestehen bleiben.[1241] Verbreitet wurde hierin eine Absage an ein urheberrechtliches Abstraktionsprinzip gesehen.[1242] *J. F. Hoffmann* hat indes zu Recht darauf hingewiesen, dass der automatische Rückfall eines eingeräumten Nutzungsrechts über Bedingungszusammenhänge auch unter Geltung des Abstraktionsprinzips denkbar ist.[1243] Der Bestand der Unterlizenz hingegen ist im Kern eine sukzessionsschutzrechtliche Fragestellung.[1244] Kann demnach auch dem M2Trade-Urteil nicht entnommen werden,

1236 BGH NZI 2016, 97 ff.
1237 BGH NZI 2016, 97, Rn. 44 f.
1238 Vgl. oben S. 85 ff., 92 ff.
1239 Etwaige neben der Nutzungsgewährung bestehende Leistungspflichten standen nicht in Rede, vgl. BGH NZI 2016, 97, Rn. 45.
1240 BGHZ 194, 136 ff.
1241 BGHZ 194, 136, Rn. 16 ff., 21 ff.
1242 Etwa *Jotzo*, JZ 2013, 797 ff.
1243 *J. F. Hoffmann*, ZGE 7 (2015), 245, 264 ff.
1244 Diese hatte der BGH schon zuvor zugunsten des Unterlizenznehmers entschieden, vgl. BGHZ 180, 344 ff. und BGH GRUR 2012, 914 ff.

dass im Immaterialgüterrecht das Abstraktionsprinzip nicht gilt, kann dennoch zumindest im Ergebnis davon ausgegangen werden, dass der Lizenzgeber nach einer Kündigung vindizieren darf und nicht kondizieren muss und somit in der Insolvenz des Lizenznehmers nicht lediglich quotale Befriedigung einer Rückabwicklungsforderung, sondern Störungsbeseitigung verlangen kann.

4. Reformbedarf des § 108 Abs. 1 S. 1 InsO?

Vor dem Hintergrund dieser Rechtslage fordern zahlreiche Stimmen, Lizenzverträge insbesondere für die Insolvenz des Lizenzgebers insolvenzfest auszugestalten,[1245] wenngleich die *Ecosoil*-Entscheidung augenscheinlich den Leidensdruck etwas gelindert hat.[1246] Die Frage, inwieweit Rechtspositionen insolvenzfest sind, muss der zivilrechtliche Normsetzer beantworten. Ihm obliegt es, den Betätigungsrahmen auszugestalten, in dem sich die Privatrechtssubjekte bewegen.[1247] Hierbei steht im Vordergrund, wie Individual- und Verkehrsinteressen zweckmäßigerweise abzuwägen sind.[1248] Im Insolvenzkontext stellt der Gläubigergleichbehandlungsgrundsatz eine zusätzliche Legitimationslast auf, der nur Aussonderungsrechte nicht unterliegen. § 108 Abs. 1 S. 1 InsO zeigt zwar, dass der Gesetzgeber hierdurch nicht an der Privilegierung gehindert ist,[1249] gegen den Gläubigergleichbehandlungsgrundsatz verstoßenden Wirkungen *erga omnes* ist aber daher mit besonderer Skepsis zu begegnen. Ob Reformbedarf besteht, lässt sich insbesondere wegen der sich noch im Fluss befindenden Rechtsprechung nicht eindeutig feststellen.

a) Insolvenz des Lizenzgebers

Aus gleichbehandlungsspezifischer Perspektive ist eine absolute Wirkung einer Lizenz in der Insolvenz als Aussonderungsrecht hinsichtlich der Nutzung unproblematisch möglich, da die Nutzung ein aussonderungsfähiges Vermögensgut betrifft und das Gesetz ohnehin keine konstitutiven Publizitätserfordernisse aufstellt.[1250] Auf dieser Basis gibt es keine zwingenden Gründe für oder gegen die insolvenzfeste Ausgestaltung der Nutzungsbefugnis bei Lizenzen.[1251] Die oftmals vorgetragene Relevanz dieser

1245 *Scherenberg*, Lizenzverträge, S. 127 ff.; *Brandt*, NZI 2001, 337 ff.; *McGuire*, GRUR 2009, 13 ff.; McGuire 2009, 13 ff.; *Pahlow*, WM 2008, 2041 ff.

1246 Weiter bestehende Rechtsunsicherheit hinsichtlich periodisch vergüteter Lizenzen beklagt aber etwa *Koòs*, MMR 2017, 13 ff.

1247 Daher führt der Hinweis auf kautelarjuristische Gestaltungsmöglichkeiten (Beachtung gefunden hat etwa die Idee eines Lizenzsicherungsnießbrauchs, vgl. *C. Berger*, GRUR 2004, 20 ff.) auf Basis der *lex lata* nur begrenzt weiter, da entsprechende Vereinbarungen voraussetzen, dass sie überhaupt in der von den Parteien beabsichtigten Weise getroffen werden dürfen.

1248 Zu dieser Grundannahme oben S. 39 ff.

1249 Vgl. oben S. 42.

1250 Vgl. oben S. 193 f.; anders *Pannen* und *Leithaus* im Rechtsausschuss des Bundestages, Protokoll Nr. 97, 16. Legislaturperiode, S. 14 f. und 20 f.; zudem auch *Marotzke*, JZ 2008, 206, 208.

1251 So auch MüKo/*J. F. Hoffmann*, § 108 InsO, Rn. 182.

Frage für den Wirtschaftsstandort Deutschland[1252] sollte aus privatrechtlicher Sicht nicht entscheidend sein.[1253] Maßgeblich ist, ob der Gesetzgeber die Ausgestaltung der Rechtsposition des Lizenznehmers als absolut für zweckmäßig hält, was freilich dem Wirtschaftsstandort hierzulande zuträglich sein kann. Es ist nicht von der Hand zu weisen, dass die Kontinuitätsinteressen seitens des Lizenznehmers auch bei nur relativ wirkenden Lizenzen sehr stark ausgeprägt sind und ein sofortiger Verlust der Nutzungsbefugnis bei Verfahrenseröffnung gravierende, mitunter für das Geschäftsmodell ruinöse Wirkung haben kann. Gegen eine Insolvenzfestigkeit des Nutzungsrechts spricht jedenfalls nicht, dass der Lizenznehmer bei Masseunzulänglichkeit nicht geschützt wäre,[1254] da der Gesetzgeber dies entsprechend regeln könnte und aus hiesiger Sicht im Sinne der dogmatischen Kohärenz auch sollte.[1255] Liegt es daher nahe, den Lizenznehmer aus Zweckmäßigkeitsgesichtspunkten zumindest vor dem abrupten Verlust der Nutzungsbefugnis zu schützen, drängt sich ein Reformbedarf hinsichtlich der Nutzung nur für *de lege lata* relativ wirkende Lizenzen auf, da im Fall einer absoluten Lizenz die Nutzungsbefugnis unabhängig davon geschützt ist, ob der Lizenzvertrag unter § 103 InsO oder § 108 Abs. 1 S. 1 InsO fällt. Daher hängt die Frage, ob der Gesetzgeber tätig werden sollte, stark davon ab, welche Bedeutung man dem *Ecosoil*-Urteil beimisst. Mit dem Argument, dass die Rechtsprechung die Insolvenzfestigkeit von Lizenzen bereits etabliert hat oder über kurz oder lang etablieren wird, mag man hinsichtlich der Verabsolutierung der Nutzung jeden Reformbedarf in Abrede stellen. Jedenfalls würde eine Lösung durch den Gesetzgeber die Rechtssicherheit für den Rechtsverkehr erhöhen und böte zudem den Vorteil, eine differenzierte Regelung treffen zu können.

Hinsichtlich der übrigen Leistungspflichten ist die Lage noch unklarer. Für die Kontinuitätsinteressen des Lizenznehmers sind sie typischerweise weniger zentral.[1256] Vorbehaltlich einer anderweitigen Entscheidung durch die Rechtsprechung ist davon auszugehen, dass sie nach der *lex lata* nicht privilegiert sind. Aus Gründen der Rechtssicherheit wäre ein Tätigwerden des Gesetzgebers daher ratsam, soll der Lizenznehmer diese Pflichten gänzlich oder teilweise gegen die Masse durchsetzen können.

b) Insolvenz des Lizenznehmers

Da auch Lizenzverträge nach einhelliger Auffassung in der Insolvenz des Lizenznehmers unter § 112 InsO fallen,[1257] wäre eine Privilegierung des Lizenznehmers aus gleichbehandlungsspezifischer Sicht nicht grundsätzlich zu beanstanden.[1258] Auf Seiten des Lizenzgebers sind typischerweise keine überragenden, aber doch gewisse Kontinuitätsinteressen vorhanden, sodass eine Privilegierung nicht sachwidrig erscheint.

1252 Etwa *Wimmer*, ZIP 2012, 545, 548 und auch der Gesetzgeber zur Begründung des letzten Endes nicht eingeführten § 108a InsO im Jahr 2007, vgl. BT-Drucks. 16/7416, S. 29 ff.
1253 Vgl. oben S. 39 f. sowie S. 152 ff. bei und in Fn. 730.
1254 So *Marotzke* in der öffentlichen Anhörung des Rechtsausschusses zum Regierungsentwurf eines § 108a InsO, Protokoll Nr. 97, 16. Legislaturperiode, S. 17.
1255 Vgl. dazu S. 198.
1256 Vgl. oben S. 254 ff.
1257 Statt vieler Uhlenbruck/*D. Wegener*, § 112 InsO, Rn. 3.
1258 Dazu oben S. 199 ff.

Über die Problematik, die sich bei abstrakten Nutzungsrechten stellt, hilft eine Privilegierung nach dem Vorbild des § 108 Abs. 1 S. 1 InsO freilich nicht hinweg, da die Abwicklungsansprüche nicht im Synallagma stehen und daher auch nicht privilegiert werden.[1259] Aus hiesiger Sicht ist für die Insolvenz des Lizenznehmers eine Änderung der Rechtslage daher alles in allem nicht zwingend erforderlich, wobei der Gesetzgeber natürlich eine Änderung zum Anlass nehmen könnte klarzustellen, dass der Lizenzgeber nach einer Kündigung des Vertrages auch vom Insolvenzverwalter Unterlassung der Nutzung verlangen kann.

5. Möglichkeiten zur Erweiterung des § 108 Abs. 1 S. 1 InsO für die Insolvenz des Lizenzgebers

Sollte sich der Gesetzgeber der Problematik annehmen, stellte sich zunächst die Frage, in welchem Umfang Lizenzen insolvenzfest sein sollten. Zu entscheiden wäre, ob die komplette Nutzungsdauer absolut geschützt sein soll oder nach dem Vorbild der *lex lata* zur Immobiliarmiete (in der Sache) nur die Nutzung während einer wie auch immer zu bemessenden Kündigungsfrist – beides ließe sich nach den hiesigen Befunden als Aussonderungsrecht fassen. Die absolute Zuweisung der Nutzung während der gesamten vereinbarten Dauer bei allen Lizenzen würde natürlich umfassenden Schutz gewähren, die Insolvenzmasse müsste sich diese Verfügungen des Schuldners, vorbehaltlich deren Anfechtbarkeit, dann aber vollumfänglich entgegenhalten lassen. Möchte man nur relative Kontinuitätsinteressen des Lizenznehmers schützen, würde sich die Frage stellen, ob das *ultima-ratio*-Modell der *lex lata* Anwendung finden oder ob schlicht der Insolvenzverwalter zur Kündigung berechtigt sein soll, die natürlich auch nur für den ersten Termin möglich wäre. Kann der Lizenznehmer bei diesem Modell (im Zweifel) seine absoluten Kontinuitätsinteressen nicht durchsetzen, besteht für ihn immerhin die Möglichkeit, für den Abschluss eines Anschlussgeschäfts vom Dispositionsschutz einer Kündigungsfrist zu profitieren. Hinsichtlich der übrigen Leistungspflichten des Lizenzgebers hat der Gesetzgeber die Möglichkeit, diese nach dem Modell der §§ 106 Abs. 1 S. 2, 107 Abs. 1 S. 2 InsO gar nicht, nach dem Vorbild des § 108 Abs. 1 S. 1 InsO vollumfänglich oder nach dem Vorbild des 2007 nicht Gesetz gewordenen § 108a InsO-RegE nur insoweit zu privilegieren, als dass sie zur Ausübung der Nutzung zwingend erforderlich sind.

6. Fazit

Eine Erweiterung des § 108 Abs. 1 S. 1 InsO für die Insolvenz des Lizenzgebers erscheint zwar nicht zwingend erforderlich, ist aber wegen der stark ausgeprägten Kontinuitätsinteressen des Lizenznehmers und vor allem aus Gründen der Rechtssicherheit zu befürworten. Es kann der Rechtsordnung nicht schaden, wenn der Gesetzgeber mit seinen Möglichkeiten, keine, nur relative oder auch absolute Kontinuitätsinteressen eines Nutzungsberechtigten in der Insolvenz seines Vertragspartners zu schützen, etwas gezielter umgehen würde, als dies in der Vergangenheit bei Miete und Pacht teilweise der Fall war. Da es ausgeschlossen erscheint, dass den Verkehrsteilnehmern mit

1259 Vgl. oben S. 36 ff. bei und in Fn. 185.

genau einer Lösung optimal geholfen ist, erschließt sich nicht recht, warum man vor einer differenzierten Regelung zurückschrecken sollte. Auf Basis der herrschenden Differenzierung zwischen ausschließlichen und einfachen Lizenzen ließe sich der auch heute schon für absolut wirkende Lizenzen im Rahmen der §§ 103 ff. InsO anerkannte Schutz rechtssicher feststellen. *De lege lata* nur relativ wirkende Lizenzen wären im Umfang einer Kündigungsfrist zu verabsolutieren. Um Sonderregeln für nicht veräußerliche Immaterialgüterrechte zu vermeiden, liegt es nahe, das die Insolvenzfestigkeit regulierende Sonderkündigungsrecht unmittelbar dem Verwalter zuzugestehen. Die nicht ganz so stark ausgeprägten Kontinuitätsinteressen des Lizenznehmers sprechen dafür, die übrigen Leistungspflichten nach dem Vorbild der §§ 106 Abs. 1 S. 2, 107 Abs. 1 S. 2 InsO zu behandeln. Da eine umfassende Privilegierung, wie sie § 108 Abs. 1 S. 1 InsO für den Mieter vornimmt, den Rechtsanwender im Einzelfall wiederum zu Einschränkungen zwingen würde, sollten allenfalls die zur Ausübung der Nutzung zwingend erforderlichen Leistungspflichten privilegiert werden, wie es in dem Gesetzesentwurf von 2007 auch vorgesehen war und beispielsweise im US-Recht der Fall ist.[1260]

II. Sonderkündigungsrecht für den Insolvenzverwalter in der Vermieterinsolvenz

Die vorliegende Untersuchung hat gezeigt, dass die §§ 57 f. ZVG, 111 InsO die Zwangsvollstreckungsfestigkeit der Miete regulieren, indem sie sie durch ein Sonderkündigungsrecht des Erwerbers auf die Dauer der entsprechenden Kündigungsfrist beschränken.[1261] Dieser Mechanismus schützt zwar letzten Endes die stark ausgeprägten absoluten Kontinuitätsinteressen des Immobiliarmieters nicht, gibt dieser aber auch nicht unmittelbar mit der Verfahrenseröffnung einer Kündigung durch den Insolvenzverwalter preis. Schon oben wurde aufgezeigt, dass sich auf den ersten Blick nicht so recht erschließt, warum die Verwertungsaussichten der Gläubiger davon abhängen sollen, dass sich ein Kaufinteressent finden lässt, der die Mietsache im derzeitigen Zustand erwerben und in die aktuellen Mietverträge eintreten will.[1262] Zudem ist festzustellen, dass auch schon auf Basis der *lex lata* in einigen Konstellationen dem Insolvenzverwalter des Vermieters selbst die Gelegenheit gegeben wird, den Vertrag zu beenden bzw. die Masse zu entlasten, konkret bei der Zwischenmiete, nach hiesiger Ansicht auch bei der Gefälligkeitsmiete, nach herrschender und auch hier vertretener Meinung zudem bei der Freigabe der Mietsache.[1263] Dies wirft die Frage auf, ob *de lege ferenda* der Insolvenzverwalter – bzw. der Zwangsverwalter im Rahmen des § 152 Abs. 2 ZVG – selbst zur Kündigung des Mietverhältnisses berechtigt sein sollte.

Im Bereich der Wohnraummiete wäre ein solches Kündigungsrecht indes gegenstandslos, wollte man nicht den Schutz des Wohnraummieters in der Insolvenz seines Vertragspartners dramatisch absenken: Um dem Insolvenzverwalter die Lösung vom Vertrag zu ermöglichen, müsste man schon auf das *de lege lata* bestehende Erfordernis

1260 BT-Drucks. 16/7416, S. 8 sowie 11 USC § 365(n)(1)(B).
1261 Siehe oben S. 181 f.
1262 Siehe oben S. 177 f.
1263 Vgl. oben S. 231 ff. und zudem die dort in Fn. 1013 zitierten Ausführungen von *Dahl/Schmitz*, NZI 2007, 716, 717.

des Eigenbedarfs verzichten, da dieser bei der Masse nie bestehen kann.[1264] Aufgrund der hohen persönlich-ideellen Bedeutung der Wohnung für den Mieter muss dies daher ausscheiden. In den übrigen Fällen de Immobiliarmiete würde ein Sonderkündigungsrecht der Masse aber in der Tat einige Anwendungsprobleme des § 108 Abs. 1 S. 1 InsO in der Vermieterinsolvenz lösen. Allerdings erscheint die *lex lata* auch nicht unstimmig, da sie und die genannten Einzelfragen sich so verstehen lassen, dass die Beendigung des Mietvertrages im Interesse der Gläubiger die *ultima ratio* sein soll. Auch außerhalb der Wohnraummiete weisen Immobiliarmieter regelmäßig hohe bis herausragende absolute Kontinuitätsinteressen auf.[1265] Gerade die Nutzungsgewährung ist zudem für die Masse regelmäßig problemlos möglich und für die Befriedigungsaussichten nur dann nachteilig, wenn der Mietzins nicht marktgerecht ist. Genauso wie der Masse die Kündigung vom Vertrag ermöglicht werden muss, wenn mit einer Veräußerung den Gläubigerinteressen nicht Genüge getan werden kann,[1266] ist eine unnötige Gefährdung der absoluten Kontinuitätsinteressen des Mieters zu vermeiden, solange eine Veräußerung die Masseinteressen wahrt. Bedenkt man, dass die Regelung nun schon über 100 Jahre so besteht und eine zu geringe Gewichtung der Gläubigerinteressen, soweit ersichtlich, noch nie moniert wurde, ist auch davon auszugehen, dass die Tatsache, dass dem Verwalter kein Sonderkündigungsrecht zusteht, die Befriedigungschancen eben nicht über Gebühr belastet. Das Fehlen eines Sonderkündigungsrechts für den Insolvenzverwalter in der Insolvenz des Vermieters muss folglich nicht als Bruch wahrgenommen werden. Die Erkenntnis, dass § 111 InsO nicht ausschließlich einem Erwerber die Möglichkeit zur Kündigung gibt, sondern als *ultima ratio* eine Beschränkung der Insolvenzfestigkeit der Miete auf die entsprechende Kündigungsfrist erlaubt, sollte freilich bei der Anwendung der §§ 108 Abs. 1 S. 1 in der Vermieterinsolvenz berücksichtigt werden.

III. Behandlung der Mobiliarmiete

Dass schon vollzogene Mietverträge über bewegliche Sachen *de lege lata* dem Verwalterwahlrecht unterfallen, ruft verbreitet Kritik hervor.[1267] Eine Geltung des § 108 Abs. 1 S. 1 InsO für die Mobiliarmiete kommt aber allenfalls *de lege ferenda* in Betracht.

1. Vermieterinsolvenz

In der Vermieterinsolvenz stehen sich die insbesondere auf Nutzung gerichteten Kontinuitätsinteressen des Mieters und das Interesse der Gläubigergesamtheit an einer möglichst raschen, gewinnbringenden Verwertung gegenüber. Wollte der Gesetzgeber

1264 MüKo/*J. F. Hoffmann,* § 108 InsO, Rn. 80.
1265 Siehe oben S. 111 ff.
1266 Siehe oben S. 221 ff. sowie S. 230 bei und in Fn. 1080.
1267 Insbesondere zu den nicht unkomplizierten Fragen, die mit der Schwebephase verbunden sind (dazu oben S. 94 ff., 100 ff.) *Eckert,* NZM 2007, 829 ff.; auch KPBJ/*Tintelnot,* § 108 InsO, Rn. 9 ff.

die im Vergleich zur Konkursordnung verbesserten Verwertungsmöglichkeiten beweglicher Sachen aufrechterhalten,[1268] müsste konsequenterweise auch ein Sonderkündigungsrecht des Erwerbers kodifiziert werden.[1269] Angesichts der deutlich geringeren Kontinuitätsinteressen des Mieters einer beweglichen Sache und da momentan der Insolvenzverwalter des Vermieters sogar unmittelbar mit der Verfahrenseröffnung Herausgabe verlangen kann, könnte man auch erwägen, vom *ultima-ratio*-Prinzip der §§ 57 f. ZVG, 111 InsO abzuweichen und der Masse selbst ein Sonderkündigungsrecht zuzugestehen. Maßgeblich wäre auch hier, um diesbezüglich einen Gleichlauf mit der Immobiliarmiete herzustellen, die gesetzliche Kündigungsfrist, also im Falle beweglicher Sachen drei Tage gem. § 580a Abs. 4, Abs. 3 Nr. 2 BGB. Aus Sicht der Gläubigergleichbehandlung wäre dies insbesondere dann nicht zu beanstanden, wenn der Schutz nur greift, sofern die Mietsache bereits überlassen ist[1270] und die Nutzung innerhalb der Kündigungsfrist auch bei Masseunzulänglichkeit geschützt würde, da dann inhaltlich und dogmatisch nichts mehr dagegen spricht, ein Aussonderungsrecht des Mieters anzunehmen.[1271] Da es für den Gesetzgeber hier in der Sache um die Ausgestaltung eines Betätigungsrahmens geht, würde sich in erster Linie die Frage stellen, ob eine solche auf die Kündigungsfrist begrenzte Insolvenzfestigkeit auch bei der Mobiliarmiete zweckmäßig ist. Schon im Rahmen des § 103 InsO wird das – auf dem Boden der *lex lata* zwingende – Ergebnis, dass der Insolvenzverwalter unabhängig davon, ob der Mieter die Miete bereits vollständig entrichtet hat, unmittelbar mit der Verfahrenseröffnung Herausgabe der Sache verlangen kann, kritisiert und zu vermeiden versucht.[1272] Auch die für den Mieter ungünstige Schwebephase, in der er die Sache nicht nutzen darf und auf ein entsprechendes Verlangen sogar herausgeben muss, aber nicht weiß, ob der Verwalter möglicherweise doch noch Erfüllung wählt,[1273] würde so vermieden. Wenn dem Insolvenzverwalter selbst ein Sonderkündigungsrecht zusteht, mag man auch argumentieren, dass die Masse selbst ein Interesse daran hat, dass der Vertrag zunächst weiterläuft.[1274] Bedenkt man, dass eine Kündigungsfrist von drei Tagen die Verwertungsmöglichkeiten kaum einschränkt und dennoch dem Mieter die Möglichkeit gibt, ein Anschlussgeschäft zu tätigen, erscheint die Hereinnahme der Mobiliarmiete für die Vermieterinsolvenz in den Anwendungsbereich des § 108 Abs. 1 S. 1 InsO in der Tat sinnvoll.

1268 Damit hatte der Gesetzgeber die Herausnahme der Mobiliarmiete aus dem Anwendungsbereich des § 108 Abs. 1 S. 1 InsO begründet, vgl. BT-Drucks. 12/2443, 146 f.

1269 Auf diese Möglichkeit weisen auch MüKo/*J. F. Hoffmann,* § 108 InsO, Rn. 9 und *Eckert*, NZM 2007, 829, Fn. 4 hin.

1270 Ist die Mietsache noch nicht überlassen, wäre dem Insolvenzverwalter das Wahlrecht gem. § 103 Abs. 1 InsO oder, wenn man sich an der Systematik des derzeitigen § 109 Abs. 1 S. 1 InsO orientieren wollte, ein Rücktrittsrecht einzuräumen.

1271 Siehe oben S. 151 bei Fn. 722.

1272 Vgl. oben S. 94 ff. die Nachweise in Fn. 489.

1273 Vgl. oben S. 100 ff.

1274 So *Eckert*, NZM 2007, 829, 831.

2. Mieterinsolvenz

Da § 112 InsO auch auf die Mobiliarmiete Anwendung findet,[1275] begegnet eine Privilegierung des Vermieters keinen schwerwiegenden gleichbehandlungsspezifischen Bedenken. Hinzu kommt aus Massesicht, dass der Verwalter im Rahmen des § 103 InsO nicht die Möglichkeit hat, die Dauer der Nutzung an die konkreten Bedürfnisse der Masse anzupassen.[1276] Somit kann der Verwalter nur höchst selten die Erfüllung eines auf längere Zeit geschlossenen Vertrages wählen. Zwar könnte man der Masse auch im Rahmen des § 103 InsO ein Sonderkündigungsrecht für Mietverträge einräumen, deren Erfüllung der Verwalter in der Mieterinsolvenz wählt.[1277] Es erscheint dann aber stimmiger, nicht im Rahmen des § 103 InsO eine Sonderkonstellation zu kodifizieren, sondern die Mobiliarmiete auch in der Insolvenz des Mieters wieder nach dem klassischen Modell einer die Verfahrenseröffnung überdauernden Erfüllung und eines Sonderkündigungsrechts zu schützen, zumal die Massebelastung relativ gering ausfallen würde: Zu beachten wäre nämlich, dass sich mit der pauschalen Kündigungsfrist von drei Monaten, die § 109 Abs. 1 S. 1 InsO vorsieht, eine auffällige Friktion zur Frist der außerordentlichen Kündigung gem. § 580 Abs. 4 BGB drohen würde, die bis 2007 auch für § 109 Abs. 1 S. 1 InsO maßgeblich war, dann aber mit der Begründung abgeschafft wurde, dass in Einzelfällen eine überlange Bindung der Masse drohe.[1278] Da diese Begründung bei der gesetzlichen, dreitägigen Frist, die für die Mobiliarmiete gilt, nicht trägt, könnte wieder hierauf verwiesen werden. Ist die Mietsache bei Verfahrenseröffnung noch nicht überlassen, kann sinnvollerweise nur eine Anwendung des § 103 InsO bzw., in der Logik der §§ 108 Abs. 1 S. 1, 109, 111, 113 InsO, ein Rücktrittsrecht des Verwalters in Betracht kommen, wohingegen für ein Lösungsrecht des Vermieters auch hier keine Veranlassung besteht.[1279]

3. Fazit

Sowohl für die Mieter- wie auch für die Vermieterinsolvenz erscheint daher die Aufnahme der Mobiliarmiete in den Anwendungsbereich des § 108 Abs. 1 S. 1 InsO zweckmäßig und unter Gleichbehandlungsgesichtspunkten gangbar. In der Mieterinsolvenz wäre das Kündigungsrecht des § 109 Abs. 1 S. 1 InsO auf die gesetzliche Frist von drei Tagen anzupassen. In der Vermieterinsolvenz wäre nach der Logik der *lex lata* ein Sonderkündigungsrecht des Erwerbers nach dem Vorbild des § 111 InsO zu kodifizieren, wobei hier ein Kündigungsrecht unmittelbar für die Masse der praktikablere Weg erscheint.

1275 BT-Drucks. 12/2443, S. 148.

1276 Kritisch dazu auch KPBJ/*Tintelnot,* § 108 InsO, Rn. 11.

1277 So schon auf Basis der *lex lata* (analoge Anwendung des § 109 Abs. 1 S. 1 InsO) KPBJ/*Tintelnot,* § 103 InsO, Rn. 278. *De lege ferenda* hierzu S. 268.

1278 Vgl. BT-Drucks. 16/3227, S. 6, 19 f.

1279 Vgl. oben zur Immobiliarmiete S. 238 ff. HK/*G. Schmidt*, § 109 InsO, Rn. 44 erwägt schon *de lege lata* bei der Mobiliarmiete ein Rücktrittsrecht des Mieters analog § 109 Abs. 2 InsO.

IV. Lösungsmöglichkeit durch vorläufigen Insolvenzverwalter

De lege lata kann ein vorläufiger Insolvenzverwalter über die Privilegien gem. § 108 Abs. 1 S. 1 InsO nicht disponieren, da ihm die Kündigungsmöglichkeiten gem. §§ 109, 113 InsO jedenfalls nach ganz herrschender Meinung nicht zustehen.[1280] Dies erscheint zwar insofern stimmig, als dass die Aufgabe des vorläufigen Insolvenzverwalters auch nicht darin gesehen wird, endgültige Dispositionen über den schuldnerischen Betrieb zu treffen.[1281] Für den Fall, dass der vorläufige Insolvenzverwalter gem. § 22 Abs. 1 S. 2 Nr. 2 InsO mit Zustimmung des Insolvenzgerichts schon im Eröffnungsverfahren einen Betrieb stilllegen möchte, wäre es aber *de lege ferenda* denkbar, einem vorläufigen Insolvenzverwalter die Möglichkeit zu geben, die Masse von der Belastung mit dem Privileg zu befreien. Naheliegend wäre ein Kündigungsrecht nach dem Vorbild der §§ 109, 113 InsO, wie es etwa für die Mieterinsolvenz *Hans-Georg Eckert* vorgeschlagen hat.[1282] Dies ist aber abzulehnen. Sofern schon vorinsolvenzlich die Möglichkeit gegeben wird, ungeachtet der vertraglichen Vereinbarungen die vertragliche Bindung aufzuheben, würde es sich in der Sache um ein Lösungsrecht handeln, das konsequenterweise unabhängig von den vertraglichen Vereinbarungen ausgeübt werden können müsste. Solange das Insolvenzverfahren noch nicht eröffnet ist, kann indes ein solcher Bruch mit der zu diesem Zeitpunkt noch maßgeblichen Rechtslage *inter partes* nicht gerechtfertigt werden. In der Folge ist der vorläufige Insolvenzverwalter in der Tat auch dann nur im Rahmen der vertraglichen Vereinbarungen zur Kündigung der Betriebsräume oder sonstiger Dauerschuldverhältnisse berechtigt, wenn er gem. § 22 Abs. 1 S. 2 Nr. 2 InsO den Betrieb stilllegt. Dies ist aber, anders als *Eckert* meint, nicht »kaum begreiflich«,[1283] alles andere liefe vielmehr darauf hinaus, dem vorläufigen Insolvenzverwalter ein echtes Erfüllungswahlrecht einzuräumen. So gesehen wäre es ebenso wenig »begreiflich«, dass der vorläufige Insolvenzverwalter sich nicht dagegen wehren kann, dass beispielsweise ein Lieferant Abnahme und Zahlung seiner Ware verlangt. Dies hält aber offenbar *Walter Gerhardt* für möglich, da der vorläufige Insolvenzverwalter verwaltungs- und verfügungsbefugt sei.[1284] Allerdings ist der Schuldner hinsichtlich seiner Freiheit zur Nichtleistung[1285] eben seinerseits nicht mehr

1280 Jaeger/*Gerhardt,* § 22 InsO, Rn. 46; Jaeger/*Giesen,* § 113 InsO, Rn. 62; MüKo/*Haarmeyer/Schildt,* § 22 InsO, Rn. 59, 63. Er kann daher nur die vertraglichen Kündigungsrechte ausüben. Ist die ordentliche Kündigung ausgeschlossen, kann der vorläufige Insolvenzverwalter die Masse also nicht vor der Privilegierung der Mietzinsforderungen im eröffneten Verfahren bewahren.

1281 BT-Drucks. 12/2443, S. 116 f.; MüKo/*Haarmeyer/Schildt,* § 22 InsO, Rn. 2.

1282 MüKo^3/*Eckert,* § 112 InsO, Rn. 44, der freilich nicht auf Basis der obigen Legitimation zu diesem Gedanken kommt. Beachte auch LAG Hessen, 2014, 917 f., das ausführt, die Beschränkung der Kündigungsfrist gem. § 113 InsO auf drei Monate sei »nicht als ein Sonderrecht des Insolvenzverwalters konzipiert«, der maßgebliche Interessenausgleich sei vielmehr auch dann gewahrt, wenn der Schuldner kündige. Abgesehen davon, dass es hier nur um Arbeitsverträge und nur um die Kürzung der Kündigungsfrist geht, ist die Entscheidung auf einer generellen Ebene deshalb nicht verwertbar, da es sich um ein »Chapter-11-Verfahren« gehandelt hat, das keinen Insolvenzverwalter vorsieht.

1283 MüKo/*Eckert,* § 112 InsO, Rn. 44.

1284 Jaeger/*Gerhardt,* § 22 InsO, Rn. 47.

1285 *J. F. Hoffmann,* Zession, S. 95 ff.

»verwaltungs- und verfügungsbefugt«, weshalb der vorläufige Insolvenzverwalter an die Obligationen gebunden bleibt. Er bleibt insofern darauf verwiesen, die Leistung aus dem Dauerschuldverhältnis nicht in Anspruch zu nehmen (vgl. § 55 Abs. 2 S. 2 InsO) und so bald wie möglich die Eröffnung des Insolvenzverfahrens herbeizuführen, damit dann die Kündigung gem. §§ 109, 113 InsO erfolgen kann. Dem vorläufigen Insolvenzverwalter sollten also auch *de lege ferenda* keine Sonderkündigungsrechte eingeräumt werden.

V. Vertragsbeendigende Wirkung gem. §§ 109 Abs. 1 S. 1, Abs. 2 S. 1, 113 S. 1 InsO

Es wurde bereits festgestellt, dass die Wirkung der Kündigungsrechte des Insolvenzverwalters gem. §§ 109 Abs. 1 S. 1, 113 S. 1 InsO bzw. dessen Rücktrittsrecht gem. § 109 Abs. 2 S. 1 InsO gegenüber § 103 InsO überschießend ist, da der Verwalter nach allgemeinen Grundsätzen eben nicht den Vertrag beenden kann.[1286] Dies ist natürlich nicht zwingend: Im österreichischen Insolvenzrecht hat der Verwalter kein »Recht zur Erfüllungsablehnung«, sondern darf generell vom Vertrag zurücktreten, vgl. § 21 Abs. 1 der österreichischen Insolvenzordnung. Gleichwohl erscheint es im deutschen Insolvenzrecht systematisch unstimmig, dass besonders geschützte Verträge sogar aufgelöst werden können, wohingegen im Rahmen des § 103 InsO nur der Vertragspartner den Vertrag beenden kann, wenn er nicht Ersatzansprüche zur Tabelle anmelden oder seinen Primäranspruch im Rahmen der Nachhaftung geltend machen möchte. Es ist durchaus erstaunlich, dass gegen das Verständnis der Erfüllungsablehnung als Gestaltungsrecht scharf Stellung bezogen wurde,[1287] ohne die rechtsgestaltende Wirkung der Kündigungsrechte zu problematisieren. Weitgehend entschärft wird diese Unstimmigkeit allerdings durch die Ersatzansprüche des Vertragspartners, die diesem auch bei der Vertragsbeendigung gem. §§ 109 Abs. 1 S. 3, 109 Abs. 2 S. 2, 113 S. 3 InsO zustehen. Zwar ist die Rechtsnatur dieser Ersatzansprüche ebenso wie die des § 103 Abs. 2 S. 1 InsO umstritten,[1288] in aller Regel werden aber sämtliche Ersatzansprüche gleich berechnet, weshalb sich diesbezüglich keine Unterschiede ergeben. Unterschiede können sich freilich im Rahmen einer möglichen Nachhaftung ergeben, da hier gekündigte Vertragsverhältnisse nicht mehr geltend gemacht werden. Virulent wird dies daher nur, wenn der Schuldner eine natürliche Person ist. Dann aber spricht aus Massesicht nichts dagegen, dem Insolvenzverwalter schlicht die Möglichkeit zu geben, die Masse mit Ablauf der maßgeblichen Kündigungsfrist von der Haftung für die Forderungen des Vertragspartners zu befreien und einfach zeitlich versetzt die Folgen herbeizuführen, die die Verfahrenseröffnung auf ihn gehabt hätte[1289] und die durch die Erfüllungsablehnung nur bestätigt werden.[1290] Die praktische Relevanz dieser Möglichkeit erscheint zwar auf den ersten Blick gering, da der Vertragspartner typischer-

1286 Hierauf hat erstmals MüKo/*J. F. Hoffmann,* § 108 InsO, Rn. 7 hingewiesen.

1287 Zu dem Theorienstreit um das Verwalterwahlrecht und insbesondere die Erfüllungsablehnung siehe eingehend oben S. 15 ff.

1288 Zum Streit etwa Jaeger/*Jacoby,* § 103 InsO, Rn. 241 ff.; HK/*Marotzke,* § 103 InsO, Rn. 96 ff.

1289 Dazu oben S. 26 ff.

1290 Dazu oben S. 35 f.

weise mit der Mietsache bzw. seinen Kapazitäten hinsichtlich der Erbringung von Dienstleistungen, bei Arbeitsverhältnissen also seiner Arbeitskraft, dauerhaft anderweitig wirtschaften möchte. Er wird sich daher in aller Regel vom Vertrag lösen und nicht die Aufhebung des Verfahrens und die Möglichkeit der Nachhaftung abwarten. Da aber auf Basis der Prämisse, dass der Insolvenzverwalter den Vertrag nicht auflösen können soll, nichts gegen diese Lösung spricht, erscheint es im Sinne systematischer Stringenz vorzugswürdig, die Wirkungen der Lösungsrechte der Masse mit denen der Verfahrenseröffnung bzw. der Erfüllungsablehnung *de lege ferenda* anzugleichen.[1291]

VI. Sonderkündigungsrecht im Rahmen des § 103 InsO

Bereits angeklungen ist zudem, dass die bei den §§ 108 Abs. 1 S. 1, 109 Abs. 1 S. 1, 113 S. 1 InsO vorteilhafte Möglichkeit für die Masse, die Laufzeit des Vertrages an die Bedürfnisse der Masse anzupassen, im Rahmen des § 103 InsO nicht gegeben ist. Ein solches könnte aber selbstverständlich auch allgemein für Dauerschuldverhältnisse im Rahmen des § 103 InsO kodifiziert werden. Die obige Untersuchung hat gezeigt, dass die Sonderkündigungsrechte der Masse aus Sicht des Vertragspartners nicht unproblematisch sind und durchaus mit dessen Bindungswillen konfligieren können.[1292] Angesichts der §§ 105, 107 Abs. 2, 112 InsO wäre es für den Gesetzgeber aber durchaus eine Möglichkeit, dem Vertragspartner die Berufung auf seinen begrenzten Bindungswillen zu versagen. Im Vergleich zu diesen Vorschriften wäre auch die Belastung des Vertragspartners durch ein Sonderkündigungsrecht im Rahmen des § 103 InsO als eher gering zu bewerten. Aus privatrechtlicher Sicht wäre dies natürlich abzulehnen. Da sich aber auch im Rahmen kodifizierter Sonderkündigungsrechte, wie gesehen, Konflikte mit der Entscheidungsfreiheit des Vertragspartners vermeiden lassen, indem diesem im Zweifel eine Lösungsmöglichkeit zugestanden wird, spricht nichts gegen ein solches Sonderkündigungsrecht. Kodifiziert werden könnte dies sogar für Dauerschuldverhältnisse insgesamt. In einem so konkreten Kontext ist eine teleologische Auslegung dieses Begriffes problemlos möglich.

1291 Diese Lösung kommt möglicherweise auch *de lege lata* in Betracht. Insbesondere scheint dies für das Rücktrittsrecht gem. § 109 Abs. 2 S. 1 InsO möglich, da unter Geltung der Konkursordnung in diesem Fall § 17 KO anwendbar war und somit auch die historische Auslegung hierfür bemüht werden könnte.

1292 Vgl. oben etwa S. 1129 ff. und 248 ff.

Zusammenfassung in Thesen

1. Kapitel

1. Im Rahmen der §§ 103 ff. InsO sind die privatautonomen Entscheidungen des Vertragspartners grundsätzlich zu respektieren. Dies ist in zweierlei Hinsicht relevant: Einerseits kann der Vertragspartner nicht gegen seinen Willen am Vertrag festgehalten werden und muss sich keinen Leistungsaustausch gefallen lassen, zu dem er sich nicht gegenüber dem Schuldner verpflichtet hat. Andererseits muss er sich die vertragliche Bindung entgegenhalten lassen, solange diese nicht beseitigt wurde.[1293]
2. Da die Forderungen der Vertragspartner aus synallagmatischen Verträgen nach allgemeinen Grundsätzen Insolvenzforderungen sind, können diese nicht ohne Weiteres gegen die Masse durchgesetzt werden, §§ 87, 38 InsO. Dies führt bei vorinsolvenzlich beiderseits nicht vollständig erfüllten synallagmatischen Verträgen zu einer Pattsituation. Der Zweck des § 103 InsO besteht darin, die Entscheidung über deren Auflösung in die Hände des Insolvenzverwalters zu legen und diesem so eine flexible und an das Interesse der Masse angepasste Entscheidung zu ermöglichen.[1294]
3. Die Erfüllungswahl privilegiert den Vertragspartner und macht seine vertragliche Forderung zu einer Masseforderung. Sie wirkt wie ein neuer Vertragsschluss durch den Insolvenzverwalter. Die Erfüllungsablehnung bestätigt die durch die Verfahrenseröffnung eingetretenen Folgen und überlässt die Auflösung der Pattsituation dem Vertragspartner, der die Wahl hat, sich vom Vertrag zu lösen, mit seinem Ersatzanspruch gem. § 103 Abs. 2 S. 1 InsO am Verfahren teilzunehmen oder den vertraglichen Leistungsaustausch im Rahmen der Nachhaftung weiterzuverfolgen.[1295]
4. § 108 Abs. 1 S. 1 bezweckt im Zusammenspiel mit den §§ 109 Abs. 1 S. 1, Abs. 2 S. 1, 111, 113 InsO den Schutz spezifischer, in Dauerschuldverhältnissen entstehender Kontinuitätsinteressen des Vertragspartners. Der Schutz von notwendig vorleistenden Vertragspartnern kann nicht Zweck der §§ 108 Abs. 1 S. 1, 109, 111, 113 InsO sein, da unklar ist, worin die »notwendige« Vorleistung bestehen soll und deren Schutz im Übrigen durch die §§ 108 Abs. 1 S. 1, 109, 111, 113 InsO nur sehr unstimmig verwirklicht würde. Die Absicherung von Vorleistungen ist Aufgabe des Kreditsicherungsrechts. Insbesondere die §§ 108 Abs. 1 S. 2, Abs. 2, 110 InsO stehen mit den §§ 108 Abs. 1 S. 1, 109, 111, 113 InsO und dem Schutz von Kontinuitätsinteressen in keinem teleologischen Zusammenhang.[1296]

1293 S. 29 ff., 33 f.
1294 S. 31 ff., 34 ff.
1295 S. 35 f.
1296 S. 49 ff., 53 ff.

5. Der Schutz von Masseinteressen ist kein genuiner Zweck der §§ 108 Abs. 1 S. 1, 109 Abs. 1 S. 1, 111, 113 InsO. Die Befriedigungsaussichten der Gläubigergesamtheit werden lediglich im Rahmen der diesen Vorschriften zugrunde liegenden Interessenabwägung berücksichtigt. Der Gefährdung von Masseinteressen wirkt der Gläubigergesamtheit im Kontext der §§ 108 ff. InsO mit Kündigungssperren entgegen, wie er es *de lege lata* in Form des § 112 InsO getan hat.[1297]
6. Der Begriff des Dauerschuldverhältnisses hat keinen normativen Gehalt. Seine Funktion ist unklar. Die zur Abgrenzung der Dauerschuldverhältnisse von den übrigen Verträgen herangezogenen Kriterien sind in aller Regel rein phänomenologisch. Daher können aus diesem Begriff keine normativen Schlüsse gezogen werden. Die zeitliche Bindung zweier Vertragspartner durch dauernde oder wiederkehrende Leistungspflichten führt aber zu für Dauerschuldverhältnisse typischen Problemfeldern, weshalb der Begriff im allgemeinen juristischen Sprachgebrauch seine Berechtigung hat.[1298]

2. Kapitel

1. Die vollständige Erfüllung ist im Rahmen des § 103 InsO unabhängig von § 362 BGB und für die Leistungspflicht des Schuldners und die des Vertragspartners unterschiedlich zu bestimmen, da hierdurch unterschiedliche Wertungen getroffen werden.[1299]
   a) Die vollständige Erfüllung seitens des Schuldners betrifft die Frage, ob der Insolvenzverwalter noch über die Durchführung des Vertrages disponieren kann oder ob dieser allenfalls noch von der Vertragstreue des Vertragspartners abhängt. Der Schuldner hat vorinsolvenzlich eine Leistungspflicht vollständig erfüllt, wenn er seinem Vertragspartner eine absolute, zumindest insolvenzfeste Rechtsposition verschafft hat. Ob es sich um eine abstrakte oder kausale Rechtsposition handelt, ist hierfür irrelevant, da es für den Insolvenzverwalter außerhalb einer Doppelinsolvenz nicht darauf ankommt, ob er gegenüber dem Vertragspartner kondiziert oder vindiziert.
   b) Die vollständige Erfüllung seitens des Vertragspartners betrifft die Frage, ob dieser in Vorleistung gegangen ist. Der Vertragspartner hat vorinsolvenzlich eine Leistungspflicht vollständig erfüllt, wenn er dem Schuldner eine abstrakte Rechtsposition verschafft hat. Ob es sich um eine absolute oder relative Rechtsposition handelt, ist hierfür irrelevant, da der Insolvenzverwalter den Vertragspartner außerhalb der Doppelinsolvenz ohnehin am Bestand der Rechtsposition festhalten kann und dieser nur in Rede steht, wenn es um eine kausale Rechtsposition geht.

1297 S. 46 ff.
1298 S. 66 ff.
1299 S. 79 ff.

2. Die herrschende Meinung zur vollständigen Erfüllung bei Nutzungsüberlassungen im Rahmen des § 103 InsO ist für die Erfüllung seitens des Vermieters bei der Mobiliarmiete im Ergebnis zutreffend, da diese *de lege lata* ein nur relatives Nutzungsrecht ist. Im Übrigen ist die phänomenologische Argumentation unter Rückgriff auf den »Belassungsanspruch« des Mobiliarmieters aber unbefriedigend, da das entscheidende Kriterium nicht benannt wird. Die Ansicht *von Wilmowskys* nimmt – gegen den gesetzgeberischen Willen – ein absolutes Nutzungsrecht eines jeden Nutzungsberechtigten an.[1300]
3. Das bisherige einhellige Verständnis der vollständigen Erfüllung im Rahmen des § 103 InsO verschleiert, dass die Verfahrenseröffnung und die Erfüllungsablehnung die Rechtslage *erga omnes* unangetastet lassen und die Insolvenzfestigkeit einer Rechtsposition im Ausgangspunkt nicht von der Anwendbarkeit des § 103 Abs. 1 S. 1 InsO auf den Vertrag abhängt. Die §§ 103 ff. InsO sind hinsichtlich der Insolvenzfestigkeit nur dergestalt relevant, dass ihnen der gesetzgeberische Wille entnommen werden kann, ob eine Rechtsposition insolvenzfest sein soll oder nicht. Eine insolvenzfeste Rechtsposition bleibt insolvenzfest, auch wenn § 103 InsO für anwendbar erklärt wird.[1301]
4. Hat der Schuldner vorinsolvenzlich vollständig erfüllt, kommt es in der Regel zu einem regulären Leistungsaustausch mit dem Vertragspartner, sofern dieser sich vertragstreu verhält. Hat der Vertragspartner vorinsolvenzlich vollständig erfüllt, bricht der Leistungsaustausch unmittelbar mit Verfahrenseröffnung ab. Dies hat besonders dann gravierende Folgen, wenn der Vertragspartner dem Schuldner vorinsolvenzlich ein abstraktes Nutzungsrecht gegen periodische Zahlung verschafft hat, da dieses dann bestehen bleibt, ohne dass die weiteren Zahlungspflichten erfüllt werden.[1302]
5. Ist eine Nutzungsüberlassung bzw. ein Dienstverhältnis bei Verfahrenseröffnung beiderseits nicht vollständig erfüllt, wirkt die Verfahrenseröffnung faktisch wie die sofortige Vertragsbeendigung. Konkret gilt für Nutzungsüberlassungen:
   a) In der Insolvenz des Nutzungsberechtigten muss sich der Vertragspartner ein etwaiges Besitzrecht zunächst und auch nach Erfüllungsablehnung entgegenhalten lassen und kann zudem im Gegenzug Nutzungsentgelte nur als Insolvenzforderung oder im Rahmen der Nachhaftung geltend machen. Er bleibt insofern darauf verwiesen, den Vertrag zu kündigen und dann sein absolutes Recht im Wege der Aussonderung durchzusetzen. Nach der Kündigung kann er für die gezogenen Nutzungen gem. §§ 346 Abs. 1, Abs. 2 S. 1 Nr. 1 BGB, 55 Abs. 1 Nr. 3 InsO Wertersatz als Masseforderung verlangen.[1303]
   b) In der Insolvenz des zur Nutzungsüberlassung Verpflichteten kann der Insolvenzverwalter unmittelbar ab Verfahrenseröffnung die absolute Rechtsposition des Schuldners durchsetzen. Nach Verfahrenseröffnung gezogene Nut-

1300 S. 86 ff.
1301 S. 89 ff.
1302 S. 91 ff.
1303 S. 94 ff.

zungen sind bereicherungsrechtlich oder gem. § 546a BGB auszukehren. Die Erfüllungsablehnung ändert an dieser Rechtslage nichts.[1304]

6. Im Kontext der Insolvenz relevant sind von vornherein nur privatrechtliche Kontinuitätsinteressen des Vertragspartners. Diese ergeben sich hinsichtlich der durch die Verfahrenseröffnung eintretenden faktischen sofortigen Vertragsbeendigung aus den *inter partes* bestehenden Abreden zur Laufzeit, insbesondere also aus dem (mittelbaren) Ausschluss der ordentlichen Kündigung und den Kündigungsfristen. Typisierend lassen sich relative und absolute Kontinuitätsinteressen unterscheiden. Erstere sind darauf gerichtet, dass das Dauerschuldverhältnis nicht ohne Vorlaufzeit endet. Letztere sind darauf gerichtet, dass das Dauerschuldverhältnis während der vereinbarten Laufzeit gar nicht endet.[1305]

7. In den einzelnen Konstellationen lassen sich in unterschiedlicher Ausprägung Kontinuitätsinteressen feststellen, wenn der Leistungsaustausch bereits aufgenommen wurde.

   a) Bei Nutzungsüberlassungen von unbeweglichen Gegenständen und Räumen können auf Seiten des Nutzungsberechtigten absolute Kontinuitätsinteressen entstehen, wenn dieser entweder derart über den Leistungsgegenstand disponiert, dass der Wert des Leistungsaustauschs relativ zu entsprechenden Anschlussgeschäften steigt oder den Leistungsgegenstand faktisch in seinen Rechtskreis inkorporiert, sodass eine Auflösung der Leistungsbeziehung erhebliche Kosten verursacht. Eine Sonderstellung kommt der Wohnraummiete zu, da der Leistungsgegenstand hier einen ideellen Wert für den Nutzungsberechtigten besitzt, der so in der Form durch kein Anschlussgeschäft ersetzt werden kann.[1306] Relative Kontinuitätsinteressen hat der Nutzungsberechtigte, weil ihn ein Ausbleiben gerade dieses Leistungsgegenstandes aufgrund dessen typischerweise existentieller Bedeutung in seiner Betriebs- bzw. Lebensführung besonders heftig treffen würde und auf Grundlage der Verfügbarkeit des Leistungsgegenstands regelmäßig andere Dispositionen getroffen werden. Auch hier lässt sich für die Wohnraummiete eine Besonderheit feststellen, da es mit der steigenden Dauer der Nutzung schwieriger wird, einen probaten Ersatz zu finden.[1307]

   b) Der zur Nutzungsüberlassung Verpflichtete hat lediglich ein relatives Kontinuitätsinteresse, das darin besteht, keinen mittelfristig nicht nachholbaren Ausfall von Entgeltzahlungen zu erleiden.[1308]

   c) Ein Dienstberechtigter hat absolute Kontinuitätsinteressen, da der Dienstverpflichtete unter Umständen im Laufe der Zeit an Expertise gewinnt und der Dienstberechtigte möglicherweise sogar in diese investiert. Relative Bestandsschutzinteressen entstehen, wenn die Organisation eines Betriebes oder privaten Lebensbereiches auf Grundlage der ständigen Verfügbarkeit der ver-

1304 S. 100 ff.
1305 S. 105 ff.
1306 S. 110 ff.
1307 S. 115 ff.
1308 S. 119 ff.

sprochenen Dienste vorgenommen wird. Zum einen wird der Wegfall des Leistungsaustausches dann die normalen, eingespielten Abläufe stören und zum anderen ist der Dienstberechtigte nicht (mehr) darauf ausgerichtet, sich die versprochenen Dienste *ad hoc* durch einen neuen Vertragsschluss zu verschaffen.[1309]

d) Ein Dienstverpflichteter hat vor allem als Arbeitnehmer absolute Kontinuitätsinteressen, da ihm bei einem Wechsel des Arbeitgebers regelmäßig monetäre wie rechtliche Vorteile und sein gewohntes Arbeitsumfeld verloren gehen. Relative Kontinuitätsinteressen bestehen, da der Dienstverpflichtete sonst einen Vergütungsausfall verzeichnen muss, den er nicht ausgleichen kann und der wiederum Arbeitnehmer besonders heftig trifft, da diese in der Regel nur eine Einkommensquelle haben. Die relativen Kontinuitätsinteressen von Arbeitnehmern können sich zudem im Laufe der Zeit verstärken, da sie an Marktgängigkeit einbüßen.[1310]

8. Hinsichtlich der Interessenlage lassen sich die privilegierten Konstellationen auch typisierend von unter § 103 InsO fallenden Verträgen unterscheiden. Was die Unterscheidung von Dienst- und Werkverträgen und die Differenzierung danach anbelangt, ob der Leistungsaustausch schon aufgenommen wurde, sind die Unstimmigkeiten in der typisierenden Einteilung der §§ 103, 108 Abs. 1 S. 1 InsO durch Auslegung zu beheben. Schließlich lässt sich auch rechtfertigen, dass die relativen Kontinuitätsinteressen eines Mieters immer, diejenigen eines Käufers insolvenzrechtlich aber nicht einmal dann geschützt sind, wenn dieser sich privatrechtlich *inter partes* auf sie berufen kann. Dies erscheint jedenfalls vor dem Hintergrund stimmig, dass ein Käufer stets noch eine vollumfänglich insolvenzfeste Rechtsposition erreichen kann, wohingegen ein Mieter ohne insolvenzrechtliche Schutz während der gesamt Dauer des Vertrages der Gefahr ausgesetzt wäre, die Mietsache herausgeben zu müssen, ohne von einer Kündigungsfrist zu profitieren.[1311]

3. Kapitel

1. Dem verfügungs- und einzelzwangsvollstreckungsrechtlichen Prioritätsprinzip kommt kein materieller Gerechtigkeitsgehalt zu. Der Gläubigergleichbehandlungsgrundsatz ist der letztendlich maßgebliche Verteilungsmaßstab, sofern keine andere Verteilung des Schuldnervermögens materiell-privatrechtlich angezeigt ist.[1312]

2. Eine Rechtsposition berechtigt zur Aussonderung, wenn ihr Inhaber dergestalt negatorischen Rechtsschutz geltend machen kann, dass das ihm zugeordnete Vermögensgut nicht zur haftenden Vermögensmasse gehört. Aussonderungsrechte bedürfen daher keiner gleichbehandlungsspezifischer Legitimation. Hat im Rahmen

1309 S. 121 ff.
1310 S. 123 ff.
1311 S. 129 ff.
1312 S. 133 ff.

eines vertraglichen Schuldverhältnisses der Vertragspartner hinsichtlich des ihm durch den Schuldner versprochenen Gutes die Trennung vom Schuldnervermögen auf absoluter Ebene vollzogen, ist er nicht mehr den Wirkungen des Gläubigergleichbehandlungsgrundsatzes unterworfen.[1313]

3. Die Rechtspositionen der in § 108 Abs. 1 S. 1 InsO adressierten Vertragspartner können als Insolvenzprivilegien nicht unter Rückgriff auf den für Dauerschuldverhältnisse typischen Bestandsschutz gerechtfertigt werden.

   a) Durch den Bestandsschutz verwirklichen die Vertragsparteien in einem Dauerschuldverhältnis ihren zeitlich begrenzten Bindungswillen und nehmen zugleich die notwendige Ausgestaltung der Forderungsrechte in zeitlicher Hinsicht vor. Das Institut der Kündigungsfreiheit erweist sich als nichts anderes als die Beschreibung des Umstandes, dass den Parteien regelmäßig Lösungsrechte zustehen, wenn nicht die Laufzeit des Vertrages *ex ante* begrenzt wurde.[1314]

   b) Daraus ergibt sich, dass das Insolvenzprivileg des § 108 Abs. 1 S. 1 InsO nicht durch den Bestandsschutz legitimiert werden kann, da sich diese Argumentation als Rückgriff lediglich auf das Forderungsrecht an sich erweist. Dem steht indes der Geltungsanspruch des Gläubigergleichbehandlungsgrundsatzes entgegen, der sich aus einer Sonderstellung der Insolvenzfestigkeit unter den Absolutheitsmerkmalen ergibt. Eine Privilegierung von Forderungen aus sich heraus würde insbesondere die Anforderungen an eine zur Aussonderung berechtigende Rechtsposition unterlaufen und so deren Geltung auf den Fall der Masseunzulänglichkeit beschränken.[1315]

4. Als Privilegierung kann die Stellung der Vertragspartner in § 108 Abs. 1 S. 1 InsO nur unter Rückgriff auf das Interesse der Gläubigergesamtheit und nur dann gerechtfertigt werden, wenn der Vertragspartner im Wege der Kündigungssperre am Vertrag festgehalten wird. Dies ergibt sich aus der Systematik der Legitimation von Insolvenzprivilegien im Interesse der Gläubigergesamtheit und der im Grunde privatrechtswidrigen Wirkungsweise von Kündigungssperren.[1316]

   a) Masseverbindlichkeiten können gleichbehandlungsspezifisch im Interesse der Gläubigergesamtheit legitimiert werden, wenn sie der Masse denjenigen Aufwand auferlegen, den sie privatrechtlich tragen muss, um das Insolvenzverfahren in der gesetzlich vorgesehenen und grundsätzlich am Befriedigungsinteresse der Gläubiger ausgerichteten Form durchzuführen.[1317]

   b) Kündigungssperren halten den Vertragspartner privatrechtswidrig an einem Vertrag fest, der nicht von seinem begrenzten Bindungswillen gedeckt ist. Da sich die Missachtung seines Bindungswillens regelmäßig in vermögensmäßigen Nachteilen niederschlägt, wird so dem Vertragspartner ein Sonderopfer

1313 S. 148 ff.
1314 S. 157 ff.
1315 S. 161 ff.
1316 S. 167 ff.
1317 S. 168 ff.

abverlangt. Diesen wirtschaftlichen Aufwand müssen privatrechtlich die Insolvenzgläubiger tragen. Wird er durch die Privilegierung eines Vertragspartners der Masse auferlegt, ist diese im Interesse der Gläubigergesamtheit legitimierbar.[1318]

5. Die Rechtsposition des Mieters lässt sich nur als Aussonderungsrecht mit dem Gläubigergleichbehandlungsgrundsatz vereinbaren.
   a) Auf Basis der *lex lata* kommt eine Aussonderung sowohl hinsichtlich der Nutzung als auch hinsichtlich etwaiger Erhaltungspflichten in Betracht. Sind diese Teil der verabsolutierten Rechtsposition und gestaltet der Gesetzgeber diese vollumfänglich als insolvenzfest aus, ist die (wertmäßige) Verabsolutierung der Erhaltungspflichten bis zum Wert des Substrats ebenso wie die Nutzung als gleichbehandlungsneutral legitimierbar.[1319]
   b) Ein Aussonderungsrecht des Immobiliarmieters wäre nach Maßgabe des § 111 S. 1 InsO auf die Durchsetzung der Rechtsposition innerhalb der Kündigungsfrist zu beschränken, der über das Sonderkündigungsrecht eines Erwerbers in der Sache die Insolvenzfestigkeit reguliert.[1320]
   c) Zwar lässt sich insbesondere aus der Entwicklungsgeschichte des § 566 BGB ableiten, dass sich das Publizitätsdefizit der fehlenden Grundbucheintragung unter Verweis auf den gesetzgeberischen Gestaltungsspielraum und das in der Insolvenz geringere Publizitätsbedürfnis des Rechtsverkehrs rechtfertigen lässt. Unbestreitbar würde aber die unterschiedliche Behandlung von Mobiliar- und Immobiliarmiete eine dogmatisch nicht zu erklärende Friktion bedeuten, die allerdings weniger deutlich bereits nach der *lex lata* besteht.[1321]
   d) Ein gesetzgeberischer Wille, ein Aussonderungsrecht des Mieters zu schaffen, kann *de lege lata* nicht identifiziert werden. Der Schutz des Immobiliarmieters im Rahmen der Kündigungsfrist auch bei Masseunzulänglichkeit erscheint aber dogmatisch gangbar und unter Zweckmäßigkeitsgesichtspunkten gerechtfertigt.[1322]
6. Die Privilegierung des Immobiliarvermieters in der Insolvenz des Mieters kann als Ausgleich für die Kündigungssperre des § 112 InsO gerechtfertigt werden. Dessen Anwendungsbereich entsprechend kommt eine Legitimation nur in Betracht, sofern es nicht um Wohnraummietverhältnisse geht. Die Notwendigkeit des Privilegs hängt stark von den Umständen des Einzelfalls ab. Es lässt sich aber feststellen, dass der Vermieter regelmäßig zur Kündigung berechtigt und ohne Privileg der Gefahr von Vermögensnachteilen ausgesetzt sein wird, die er privatrechtlich nicht tragen muss. Ist die Wirkung der Kündigungssperre erschöpft, kann zur Rechtfertigung des Privilegs zudem auf Anreizgesichtspunkte zurückgegriffen werden. Wenngleich es auch zu Fällen kommt, in denen der Vermieter gewisse

1318 S. 170 ff.
1319 S. 172 ff.
1320 S. 177 ff.
1321 S. 182 ff.
1322 S. 191 ff.

Mietausfälle privatrechtlich hinnehmen müsste, ist das Privileg des Vermieters daher typisierend im Interesse der Gläubiger legitimierbar.[1323]

7. Die Privilegierung des Dienstberechtigten in der Insolvenz des Dienstverpflichteten, kann, soweit § 108 Abs. 1 S. 1 InsO hier überhaupt Anwendung findet, nicht gerechtfertigt werden, da der Dienstberechtigte nicht an der Kündigung gehindert ist. Hierfür spricht auch, dass der Masse hier *de lege lata* kein Sonderkündigungsrecht zusteht.[1324]
8. Die Privilegierung des Dienstverpflichteten in der Insolvenz des Dienstberechtigten kann ebenfalls mangels Kündigungssperre nicht gerechtfertigt werden. Dies wird durch das herrschende Verständnis der §§ 108 Abs. 1 S. 1, 113, 120 ff. InsO bestätigt, wonach die Masse regelmäßig an der Beendigung von Dienstverhältnissen interessiert ist.[1325]

4. Kapitel

1. Auf Ebene der Rechtsanwendung ist ungeachtet der Befunde zur Legitimierbarkeit im Ausgangspunkt die gesetzgeberische Entscheidung zu respektieren, durch § 108 Abs. 1 S. 1 InsO Kontinuitätsinteressen des Vertragspartners zu schützen. Je weniger stark diese ausgeprägt sind und je prekärer die gleichbehandlungsspezifische Legitimation ist, desto eher kommt im Rahmen der Auslegung die gleichbehandlungsspezifische Perspektive zum Tragen.[1326]
2. Für die Insolvenz des Vermieters ergibt sich *de lege lata*:
   a) Die Masse ist grundsätzlich zur Erbringung sämtlicher vertraglich geschuldeter Leistungen verpflichtet, muss aber im Einzelfall vor zu starken Massebelastungen durch Erhaltungspflichten geschützt werden.[1327]
   b) Die Schadensersatzhaftung gem. § 536a Abs. 1 Var. 1 BGB kann der Masse nicht aufgebürdet werden.[1328]
   c) § 108 Abs. 1 S. 1 InsO ist vor Überlassung der Mietsache und bei zwischenzeitlicher Besitzaufgabe durch den Mieter nicht anzuwenden.[1329]
   d) § 108 Abs. 1 S. 1 InsO ist nicht anzuwenden, wenn der Vermieter nicht zur Vermietung der Sache berechtigt war.[1330]
   e) In der Insolvenz des Zwischenvermieters ist die Belastung der Masse mit dem Mietverhältnis an den Bestand des Hauptmietverhältnisses zu koppeln. Ob

1323 S. 199 ff.
1324 S. 205 f.
1325 S. 205 ff.
1326 S. 209 f.
1327 S. 210 ff.
1328 S. 213 ff.
1329 S. 214 ff.
1330 S. 219 ff.

das Hauptmietverhältnis durch eine Kündigung des Hauptvermieters oder des Insolvenzverwalters oder einen Aufhebungsvertrag erlischt, ist hierfür irrelevant.[1331]

f) Ob die Rechtsposition des Mieters bei Masseunzulänglichkeit Schutz genießt, hängt davon ab, ob der Gesetzgeber oder der rechtsfortbildende Richter dies für zweckmäßig erachtet und bereit ist, die damit verbundenen dogmatischen Brüche hinzunehmen oder zu beseitigen. Unter Zweckmäßigkeitsgesichtspunkten wäre eine Lösung zugunsten des Immobiliarmieters zu begrüßen.[1332]

g) Schließt der Insolvenzverwalter selbst einen Immobiliarmietvertrag nach Verfahrenseröffnung ab, findet § 111 InsO keine Anwendung, wenn der Insolvenzverwalter die Mietsache anschließend veräußert. Dem Erwerber steht aber ein Sonderkündigungsrecht gem. § 111 InsO zu, wenn der Verwalter einen vor Verfahrenseröffnung durch den Schuldner geschlossenen Mietvertrag vollzieht. Die Gefahr eines kündigenden Erwerbers berechtigt den Mieter nicht generell dazu, sich vom Vertrag zu lösen, sondern nur, wenn bereits bei Überlassung erkennbar ist, dass sich diese realisieren wird. Im Gegenzug könnte der Insolvenzverwalter aber unter Verzicht auf § 111 InsO den Vollzug des Vertrages verlangen.[1333]

h) Auf Basis der *lex lata* kann der Insolvenzverwalter bei einer »Gefälligkeitsmiete« einen marktgerechten Mietzins verlangen, wobei es dem Vertragspartner freisteht, sich stattdessen vom Vertrag zu lösen.[1334]

i) Wird die Mietsache freigegeben, ist die Masse dem Mieter gegenüber nur in den Grenzen des § 111 InsO verpflichtet.[1335]

3. Für die Insolvenz des Mieters ergibt sich *de lege lata*:

   a) Bei Wohnraummietverhältnissen muss die Masse in den Grenzen des § 109 Abs. 1 S. 2 InsO den Mietzins entrichten, kann aber beim Schuldner Regress nehmen, wobei der vereinbarte Mietzins maßgeblich ist.[1336]

   b) Hätte der Vermieter den Mietvertrag nicht als ordentlich kündbares Mietverhältnis abgeschlossen, droht ihm in der Mieterinsolvenz ein Vertrag, der von seinem Bindungswillen nicht gedeckt ist. Der Gesetzgebungsgeschichte des § 109 InsO ist aber zu entnehmen, dass der Vermieter sich insoweit auf seinen begrenzten Bindungswillen nicht berufen darf.[1337]

4. Für die Insolvenz des Dienstberechtigten ergibt sich *de lege lata*:

   a) § 108 Abs. 1 S. 1 InsO ist so auszulegen, dass auch der zu wiederkehrenden Werkleistungen verpflichtete Vertragspartner von § 108 Abs. 1 S. 1 InsO ge-

1331 S. 221 ff.
1332 S. 226 f.
1333 S. 227 ff.
1334 S. 230 ff.
1335 S. 231 f.
1336 S. 232 ff.
1337 S. 238 ff.

schützt ist und der nur zu einer einmaligen Dienstleistung verpflichtete Vertragspartner keinen Schutz genießt. Eine Beschränkung auf Dienstverhältnisse mit essentieller Bedeutung für den Dienstverpflichteten erscheint unzweckmäßig.[1338]

b) Ist bei Dienstverhältnissen die ordentliche Kündigung ausgeschlossen, ist in der Insolvenz des Dienstberechtigten die dreimonatige Kündigungsfrist des § 113 S. 2 InsO maßgeblich.[1339]

c) Auch Dienstverhältnisse, die noch nicht angetreten sind, sind angesichts der schon zu diesem Zeitpunkt bestehenden Kontinuitätsinteressen des Dienstverpflichteten gem. § 108 Abs. 1 S. 1 InsO geschützt. Die Kündigung ist aber schon vor Antritt möglich, wobei die Kündigungsfrist mit Zugang der Kündigungserklärung zu laufen beginnt.[1340]

5. In der Insolvenz des Dienstverpflichteten sollte schon *de lege lata* § 108 Abs. 1 S. 1 InsO insgesamt teleologisch reduziert werden.[1341]

6. *De lege ferenda* sollten die §§ 103 ff. InsO in hinsichtlich mehrerer Punkte geändert werden:

a) Für die Insolvenz des Mieters sollten Wohnraummietverhältnisse aus dem Anwendungsbereich des § 108 Abs. 1 S. 1 InsO gestrichen werden. Die Privilegierung von Dienstberechtigten bzw. Dienstverpflichteten sollte gänzlich beseitigt werden, freilich unter anderweitiger Absicherung der existentiellen Interessen insbesondere der Arbeitnehmer. Zu streichen sind zudem die Lösungsrechte des Vertragspartners gem. §§ 109 Abs. 2 S. 1, 113 S. 1 InsO.[1342]

b) Die (ausdrückliche) Verabsolutierung von Lizenzen ist nicht zwingend, aber im Sinne der Rechtsklarheit wünschenswert. Erwägenswert erscheint für die Insolvenz des Lizenzgebers ein abgestuftes Modell, in dem einfache Nutzungsrechte nur im Rahmen einer Kündigungsfrist und ausschließliche Nutzungsrechte vollumfänglich geschützt werden. Für die Insolvenz des Lizenznehmers sollte klargestellt werden, dass es sich um kausale Nutzungsrechte handelt.[1343]

c) Es erscheint nicht zwingend, für die Vermieterinsolvenz ein Sonderkündigungsrecht des Insolvenzverwalters zu kodifizieren. Die hohen absoluten Kontinuitätsinteressen des Immobiliarmieters sprechen dafür, es bei dem Sonderkündigungsrecht nur für den Erwerber zu belassen.[1344]

d) Die Mobiliarmiete sollte in den Anwendungsbereich des § 108 Abs. 1 S. 1 InsO aufgenommen werden. Zusätzlich wäre ein Sonderkündigungsrecht der

1338 S. 241 ff., 244 ff.
1339 S. 245 f.
1340 S. 247 ff.
1341 S. 249 ff.
1342 S. 232 ff., 205 ff., 249 ff., 238 ff., 248 ff.
1343 S. 259 ff.
1344 S. 262 ff.

Masse zu kodifizieren, das sowohl in der Insolvenz des Mieters als auch in der des Vermieters besteht.[1345]

e) Eine Lösungs- bzw. Entlastungsmöglichkeit für den vorläufigen Insolvenzverwalter muss auch *de lege ferenda* ausscheiden.[1346]

f) Es ist systemwidrig, dass der Insolvenzverwalter gem. §§ 109 Abs. 1 S. 1, Abs. 2 S. 1, 113 S. 1 InsO den Vertrag sogar beenden kann. Die Wirkung dieser Befugnisse sollte darauf beschränkt werden, dass der Insolvenzverwalter die Nichtdurchsetzbarkeit der gegenseitigen Forderungen herbeiführt, wie sie für unter § 103 InsO fallende Verträge *de lege lata* besteht.[1347]

g) Für den Fall, dass der Insolvenzverwalter die Erfüllung eines unter § 103 InsO fallenden Dauerschuldverhältnisses wählt, sollte ein Sonderkündigungsrecht kodifiziert werden. Dem Vertragspartner wäre im Einzelfall ein Lösungsrecht einzuräumen, wenn er den Vertrag nicht als ordentlich oder nur mit einer längeren Kündigungsfrist kündbares Dauerschuldverhältnis geschlossen hätte.[1348]

1345 S. 263 ff.
1346 S. 266 ff.
1347 S. 267 f.
1348 S. 268.

Abkürzungen

a. A.	anderer Ansicht
a. a. O.	am anderen Ort
Abs.	Absatz
a. E.	am Ende
a. F.	alter Fassung
AcP	Archiv für die civilistische Praxis
AG	Amtsgericht
AGBG	Allgemeines Bürgerliches Gesetzbuch
Alt.	Alternative
Anm.	Anmerkung
Art.	Artikel
Aufl.	Auflage
BAG	Bundesarbeitsgericht
BB	Betriebs-Berater
Bd.	Band
Begr.	Begründer
BetrVG	Betriebsverfassungsgesetz
BGB	Bürgerliches Gesetzbuch
BGBl.	Bundesgesetzblatt
BGH	Bundesgerichtshof
BGHZ	Entscheidungen des Bundesgerichtshofs in Zivilsachen
BMJ	Bundesministerium für Justiz und Verbraucherschutz
BT-Drucks.	Bundestagsdrucksache
BVerfG	Bundesverfassungsgericht
BVerfGE	Entscheidungen des Bundesverfassungsgerichts
bzw.	Beziehungsweise
ders.	derselbe
d. h.	das heißt
DZWiR	Deutsche Zeitschrift für Wirtschafts- und Insolvenzrecht
Einl.	Einleitung
EnWG	Energiewirtschaftsgesetz
EWiR	Entscheidungen zum Wirtschaftsrecht
f.	folgende(r/s)
ff.	Folgende
Fn.	Fußnote
FS	Festschrift
gem.	gemäß
GG	Grundgesetz
ggf.	gegebenenfalls
GRUR	Gewerblicher Rechtsschutz und Urheberrecht (Zeitschrift)

h. M.	vorherrschende Meinung
Hrsg.	Herausgeber(in)
i. d. F.	in der Fassung
i. E.	im Ergebnis
insb.	insbesondere
i. S. d.	im Sinne des/der
i. S. v.	im Sinne von
InsO	Insolvenzordnung
InsR	Insolvenzrecht
i.V.m.	in Verbindung mit
JA	Juristische Arbeitsblätter (Zeitschrift)
JBl	Juristische Blätter (Zeitschrift)
JherJb	Jherings Jahrbuch
JURA	Juristische Ausbildung
JuS	Juristische Schulung (Zeitschrift)
JZ	JuristenZeitung
KO	Konkursordnung
KSchG	Kündigungsschutzgesetz
KTS	Konkurs, Treuhand, Sanierung. Zeitschrift für Insolvenzrecht
LAG	Landesarbeitsgericht
Lfg.	Lieferung
LG	Landgericht
lit.	Litera
LMK	Leitsätze mit Kommentierung
LZ	Leipziger Zeitschrift für deutsches Recht
MarkenG	Markengeset
MMR	Zeitschrift für das Recht der Digitalisierung – Digitalwirtschaft und IT
MüKo	Münchener Kommentar
m. w. N.	mit weiteren Nachweisen
n. F.	neue Fassung
NJW	Neue Juristische Wochenschrift
NJW-RR	Neue Juristische Wochenschrift – Rechtsprechungsreport
Nr.	Nummer(n)
NZG	Neue Zeitschrift für Gesellschaftsrecht
NZI	Neue Zeitschrift für Insolvenz- und Sanierungsrecht
NZM	Neue Zeitschrift für Miet und Wohnungsrecht
o. g.	oben genannt
OLG	Oberlandesgericht
PatG	Patentgesetz
RdA	Recht der Arbeit (Zeitschrift)
RefE	Referentenentwurf
RGZ	Entscheidungen des Reichsgericht in Zivilsachen

Rn.	Randnummer(n)
RNotZ	Rheinische Notar-Zeitschrift
r. Sp.	rechts Spalte
Rz.	Randziffer
S.	Seite/Satz
s.	siehe
Urt.	Urteil
Var.	Variante
Verf.	Verfasser(in)
vgl.	vergleiche
WKSchG	Wohnraumkünfigungsschutzgesetz
WM	Wertpapier-Mitteilungen
WuB	Entscheidungsanmerkungen zum Wirtschafts- und Bankrecht
z. B.	zum Beispiel
ZfPW	Zeitschrift für die gesamte Privatrechtswissenschaft
ZGE	Zeitschrift für geistiges Eigentum
ZHR	Zeitschrift für das gesamte Handelsrecht und Wirtschaftsrecht
zit.	zitiert
ZInsO	Zeitschrift für das gesamte Insolvenzrecht
ZIP	Zeitschrift für Wirtschaftsrecht
ZPO	Zivilprozessordnung
ZZP	Zeitschrift für Zivilprozess

Literatur

Abel, Paul	Filmlizenzen in der Insolvenz des Lizenzgebers und Lizenznehmers, NZI 2003, 121.
Achilles, Alexander Georg	Protokolle der Komission für die zweite Lesung des Entwurfs des Bürgerlichen Gesetzbuchs – Band II – Recht der Schuldverhältnisse – Abschn. II, Tit. 2–20, Abschn. III, IV, 1898 (zit.: *Achilles*, Protokolle II).
Achilles, Alexander Georg	Protokolle der Komission für die zweite Lesung des Entwurfs des Bürgerlichen Gesetzbuchs – Band III – Sachenrecht, 1899 (zit.: *Achilles*, Protokolle III).
Adam, Roman F.	Insolvenzrecht und Grundgesetz, DZWiR 2009, 441.
Amann, Hermann	Zur dinglichen Sicherung von Nebenleistungspflichten bei Wohnungsrechten und anderen Dienstbarkeiten, DNotZ 1982, 396.
Amann, Hermann	Leistungspflichten und Leistungsansprüche aus Dienstbarkeiten. Ein Beitrag zur Lehre vom Begleitschuldverhältnis, DNotZ 1989, 531.
Bärenz, Christian	Von der Erlöschenstheorie zur Theorie der insolvenzrechtlichen Modifizierung - zur Dogmatik der neuen BGH-Rechtsprechung zu § 103 InsO, NZI 2006, 72.
Bärmann, Johannes (Begr.), Armbrüster, Christian/ Becker, Matthias/ Dötsch, Wolfgang/ Göbel, Alfred/ Merle, Werner/ Schneider, Wolfgang/ Suilmann, Martin (Hrsg.)	WEG. Gesetz über das Wohnungseigentum und das Dauerwohnrecht (Wohnungseigentumsgesetz), 15. Aufl. 2023 (zit.: Bärmann/*Bearbeiter*).
Barta, Heinz/ Call, Gottfried	Der Sukzessivlieferungsvertrag. Ein Beitrag zur Lehre vom Ziel- und Dauerschuldverhältnis, JBl 1971, 76.
Bartels, Klaus	Masseschützende Begrenzung der Privilegierung der Dauerschuldverhältnisse nach § 108 Abs. 1 InsO. Anmerkung zum Urteil des BGH vom 05.07.2007 – IX ZR 185/06, WuB VI. A. § 108 InsO 1.08.
Bauer, Joachim	Ungleichbehandlung der Gläubiger im geltenden Insolvenzrecht, DZWiR 2007, 188.

Bauer, Joachim Ungleichbehandlung der Gläubiger im geltenden Insolvenzrecht. Zugleich zur Dogmatik gesetzlich geschaffener Gläubigerprivilegien am Beispiel des § 32 DepotG, § 13c UStG und des Entwurfs der (vorigen) Bundesregierung eines Gesetzes zum Pfändungsschutz der Altersvorsorge und zur Anpassung des Rechts der Insolvenzanfechtung vom 10. August 2005, 2007 (zit.: *Bauer*, Ungleichbehandlung).

Bauer, Jobst-Hubertus/ Diller, Martin Nachvertragliche Wettbewerbsverbote: Änderungen durch die Schuldrechtsreform, NJW 2002, 1609.

Bauknecht Das Anwartschaftsrecht aus der bedingten Übereignung im Konkurse, NJW 1956, 1177.

Baur, Fritz »Steckengebliebene« Insolvenzverfahren, in: Bökelmann, Erhard; Henckel, Wolfram; Jahr, Günther (Hrsg.), Festschrift für Friedrich Weber zum 70. Geburtstag am 19. Mai 1975 (1975), S. 41 (zit.: *Baur*, FS Weber).

Baur, Fritz/ Stürner, Rolf Zwangsvollstreckungs-, Konkurs- und Vergleichsrecht, Band II: Insolvenzrecht, 12. Aufl. 1990 (zit.: Baur/Stürner, *Insolvenzrecht*).

Baur, Jürgen F/ Stürner, Rolf Sachenrecht, 18. Aufl. 2009 (zit.: *Baur/Stürner*, Sachenrecht).

beck-online. GROSSKOMMENTAR. BGB Gsell, Beate; Krüger, Wolfgang; Lorenz, Stephan; Reymann, Christoph (Hrsg.), Stand: 01.07.2023 (zit.: BeckOGK/ *Bearbeiter*).

Beck'scher Online-Kommentar Arbeitsrecht Rolfs, Christian; Giesen, Richard; Meßling, Miriam; Udsching, Peter (Hrsg.), 69. Edition, Stand: 01.09.2023 (zit.: BeckOKArbR/*Bearbeiter*).

Beck'scher Online-Kommentar BGB Hau, Wolfgang; Poseck, Roman (Hrsg.), 67. Edition, Stand: 01.08.2023 (zit.: BeckOKBGB/*Bearbeiter*).

Beck'scher Online-Kommentar Insolvenzrecht. InsO EGInsO, COVInsAG, InsVV, EuInsVO, Spezialthemen und Länderberichte, Fridgen, Alexander; Geiwitz, Arndt; Göpfert, Burkard (Hrsg.), 32. Edition, Stand: 15.07.2023 (zit.: BeckOKInsR/*Bearbeiter*).

Beck'scher Online-Kommentar WEG Hogenschurz, Johannes (Hrsg.), 53. Edition, Stand: 03.07.2023 (zit.: BeckOKWEG/*Bearbeiter*).

Beck'scher Online-Kommentar ZPO Vorwerk, Volkert; Wolf, Christian (Hrsg.), 50. Edition, Stand: 01.09.2023 (zit.: BeckOKZPO/*Bearbeiter*).

Beck'scher Online-Kommentar ZVG Löhnig, Martin; Gietl, Andreas (Hrsg.), 11. Edition, Stand: 01.07.2023 (zit.: BeckOKZVG/*Bearbeiter*).

Beckhaus, Gesa Kim Die Rechtsnatur der Erfüllung. Eine kritische Betrachtung der Erfüllungstheorien unter besonderer Berücksichtigung der Schuldrechtsmodernisierung, 2013 (zit.: *Beckhaus*, Erfüllung).

Behr, Volker Wertverfolgung. Rechtsvergleichende Überlegungen zur Abgrenzung kollidierender Gläubigerinteressen, 1986 (zit.: *Behr*, Wertverfolgung).

Beitzke, Günther — Nichtigkeit, Auflösung und Umgestaltung von Dauerrechtsverhältnissen, 1948 (zit.: *Beitzke*, Nichtigkeit).

Benda, Ernst — Industrielle Herrschaft und sozialer Staat. Wirtschaftsmacht von Großunternehmen als gesellschaftspolitisches Problem, 1966 (zit.: *Benda*, Industrielle Herrschaft).

Berger, Christian — Der Lizenzsicherungsnießbrauch – Lizenzerhaltung in der Insolvenz des Lizenzgebers?, GRUR 2004, 20.

Berger, Christian — Zur Aussonderung aufgrund obligatorischer Herausgabeansprüche, in: Haarmeyer, Hans (Hrsg.), Verschuldung, Haftung, Vollstreckung, Insolvenz. Festschrift für Gerhart Kreft zum 65. Geburtstag (2004), S. 191 (zit.: *Berger*, FS Kreft).

Berger, Christian — Haftungsrechtliche Verteilungsprinzipien an der Schnittstelle von Einzelzwangsvollstreckung und Insolvenz, ZZP 121 (2008), 407.

Berger, Klaus Peter — Zur Wirksamkeit von Lösungsklauseln für den Konkursfall. Anmerkungen zur Entscheidung des BGH vom 11. November 1993, ZIP 1994, 40, ZIP 1994, 173.

Berger, Klaus Peter — Lösungsklauseln für den Insolvenzfall, in: Wrobel-Sachs, Hildegard (Hrsg.), Kölner Schrift zur Insolvenzordnung (2009), S. 325 (zit.: *Berger*, Kölner Schrift).

Berger, Lucina — Insolvenzschutz für Markenlizenzen, 2006 (zit.: *Berger*, Insolvenzschutz).

Berges, August Maria — Die rechtlichen Grundlagen der Gläubigergleichbehandlung im Konkurs, KTS 1957, 49.

Berges, August Maria — Vergleich und Konkurs in der Evolution der Marktwirtschaft, in: Uhlenbruck, Wilhelm; Klasmeyer, Bernd; Kübler, Bruno M. (Hrsg.), Einhundert Jahre Konkursordnung, 1877–1977 (1977), S. 363 (zit.: *Berges*, FS 100 Jahre KO).

Berscheid, Ernst-Dieter — Die Kündigung von Arbeitsverhältnissen nach § 113 InsO (Teil I), ZInsO 1998, 115.

Bettermann, Karl August — Mieterschutz und Vertragsfreiheit, JZ 1954, 461.

Beuthien, Volker — Zweckerreichung und Zweckstörung im Schuldverhältnis, 1969 (zit.: *Beuthien*, Zweckerreichung).

Blaum, Katharina — Zurückbehaltungsrechte in der Insolvenz, 1. Aufl. 2008 (zit.: *Blaum*, Zurückbehaltungsrechte).

Blum, Stefan — Keine Aufrechnung von Insolvenzforderungen gegen mit Mitteln der Masse erdiente Forderungen. Anmerkung zum Urteil des BGH vom 20.10.2011 – IX ZR 10/11, WuB VI A. § 96 InsO 1.12.

Böker, Hans-Gerd — Die Mietsicherungs- oder Mieterdienstbarkeit. Verhinderung des Sonderkündigungsrechts nach § 111 InsO/57a ZVG, 2008 (zit.: *Böker*, Mietsicherungsdienstbarkeit).

Bork, Reinhard — Zur Dogmatik des § 17 KO, in: Bettermann, Karl August (Hrsg.), Festschrift für Albrecht Zeuner zum siebzigsten Geburtstag (1994), S. 297 (zit.: *Bork*, FS Zeuner).

Bork, Reinhard — Anmerkung zu BGH, Urteil v. 4.5.1995 – IX ZR 256/93 (OLG Celle), JZ 1996, 51.

Bork, Reinhard — Vorleistungen des Schuldners in der Insolvenz, in: Flitsch, Michael; Hagebusch, Alfred; Oberle, Thomas (Hrsg.), Festschrift für Jobst Wellensiek zum 80. Geburtstag (2011), S. 201 (zit.: *Bork*, FS Wellensiek).

Bork, Reinhard — Einführung in das Insolvenzrecht, 10. Aufl. 2021 (zit.: Bork, *Einführung*).

Böttcher, Roland (Hrsg.) — ZVG. Gesetz über die Zwangsversteigerung und die Zwangsverwaltung, Kommentar, 7. Aufl. 2022 (zit.: Böttcher/*Bearbeiter*).

Brachmann, H. A. — Die Rechtsgeschäfte des Gemeinschuldners unter besonderer Berücksichtigung der §§ 15 bis 21, 13 und 44 der Reichskonkursordnung, 1883 (zit.: *Brachmann*, Rechtsgeschäfte).

Brandt, Sven — Softwarelizenzen in der Insolvenz. unter besonderer Berücksichtigung der Insolvenz des Lizenzgebers, NZI 2001, 337.

Braun, Eberhard (Hrsg.) — Insolvenzordnung (InsO). InsO mit EuInsVO (2015), Kommentar, 9. Aufl. 2022 (zit.: Braun/*Bearbeiter*).

Brehm, Wolfgang — Der Bereicherungsanspruch im Insolvenzverfahren, in: Simotta, Daphne-Ariane (Hrsg.), Der Zivilprozess zu Beginn des 21. Jahrhunderts. Vergangenheit, Gegenwart und Perspektiven: Festschrift für Wolfgang Jelinek zum 60. Geburtstag (2002), S. 15 (zit.: *Brehm*, FS Jelinek).

Brinkmann, Moritz — Kreditsicherheiten an beweglichen Sachen und Forderungen. Eine materiell-, insolvenz- und kollisionsrechtliche Studie des Rechts der Mobiliarsicherheiten vor dem Hintergrund internationaler und europäischer Entwicklungen, 2012 (zit.: *Brinkmann*, Kreditsicherheiten).

Brinkmann, Moritz — Schiedsverfahren über Lizenzen in der Insolvenz des Lizenzgebers – eine Gleichung mit drei Unbekannten, NZI 2012, 735.

Brinkmann, Moritz/ Steinhauser, Friederike — Change of Control-Klauseln in der Insolvenzpraxis, in: Bork, Reinhard; Kayser, Godehard; Kebekus, Frank (Hrsg.), Festschrift für Bruno M. Kübler zum 70. Geburtstag (2015), S. 87 (zit.: *Brinkmann*, FS Kübler).

Bruns, Alexander — Das Wahlrecht des Insolvenzverwalters und vertragliche Lösungsrechte, ZZP 110 (1997), 305.

Buth, Andrea K/ Hermanns, Michael (Hrsg.) — Restrukturierung, Sanierung, Insolvenz, 5. Aufl. 2022 (zit.: Buth/Hermanns/*Bearbeiter*).

Bydlinski, Franz — Die Einrede des nicht erfüllten Vertrages in Dauerschuldverhältnissen, in: Baltl, Herrmann (Hrsg.), Festschrift Artur Steinwenter zum 70. Geburtstag (1958), S. 140 (zit.: *Bydlinski*, FS Steinwenter).

Canaris, Claus-Wilhelm — Die Verdinglichung obligatorischer Rechte, in: Ballerstedt, Kurt; Mann, F.A.; Jakobs, Horst Heinrich; Knobbe-Keuk, Brigitte; Picker, Eduard; Wilhelm, Jan (Hrsg.), Festschrift für Werner Flume zum 70. Geburtstag, Band I (1978), S. 371 (zit.: *Canaris*, FS Flume).

Christdoulou, Phoebus — Vom Zeitelement im Schuldrecht. Vorstudien aus der Sicht des Dauerschuldverhältnisses, 1968 (zit.: *Phoebus*, Zeitelement).

Cosack, Konrad — Lehrbuch des Deutschen bürgerlichen Rechts auf der Grundlage des bürgerlichen Gesetzbuchs für das Deutsche Reich. Zweiter Band, erste Abteilung: Das Sachenrecht, 1. Aufl. 1899 (zit.: *Cosack*, Lehrbuch).

Crome, Carl — Die juristische Natur der Miethe nach dem Deutschen Bürgerlichen Gesetzbuch, JherJb. 37 (1897), 1.

Cziupka, Johannes — Dispositives Vertragsrecht. Funktionsweise und Qualitätsmerkmale gesetzlicher Regelungsmuster, 2010 (zit.: *Cziupka*, Dispositives Vertragsrecht).

Dahl, Michael — Zwischenmiete in der Insolvenz, in: Graf-Schlicker, Marie Luise; Prütting, Hanns; Uhlenbruck, Wilhelm (Hrsg.), Festschrift für Heinz Vallender zum 65. Geburtstag (2015), S. 89 (zit.: *Dahl*, FS Vallender).

Dahl, Michael/ Jauch, Hans-Gerd H/ Linnenbrink, Frank — Mietrecht in Krise und Insolvenz, 3. Aufl. 2022 (zit.: *Dahl/ Jauch/Linnenbrink*, Mietrecht).

Dahl, Michael/ Linnenbrink, Frank — Anmerkung zum Urteil des BGH vom 11.12.2014 – IX ZR 87/14, NZI 2015, 126.

Dahl, Michael/ Schmitz, Jan — Anmerkung zum Urteil des BGH vom 05.07.2007 – IX ZR 185/06, NZI 2007, 716.

Dahl, Michael/ Vallender, Heinz — Das Mietverhältnis des Schuldners im Verbraucherinsolvenzverfahren, NZI 2000, 246.

Degenkolb, Heinrich — Platzrecht und Miethe. Beiträge zu ihrer Geschichte und Theorie, 1867 (zit.: *Degenkolb*, Platzrecht).

Derleder, Peter — Die Rechtsstellung des Wohn- und Gewerberaummieters in der Insolvenz des Vermieters. Eine praktische Darstellung anhand von 20 Fallbeispielen, NZM 2004, 568.

Diederichsen, Uwe — Das Recht zum Besitz aus Schuldverhältnissen, 1965 (zit.: *Diederichsen*, Recht zum Besitz).

Dilger, Alexander — Besser abwickeln. Ein Vorschlag zur Verbesserung der Abwicklung schwebender Verträge im Insolvenzfall, ZfbF 2000, 661.

Doralt, Walter — Langzeitverträge, 2018 (zit.: *Doralt*, Langzeitverträge).

Dorndorf, Eberhard — Sozialplan im Konkurs. Der Zusammenhang von Betriebsänderung, Kündigung und Sozialplan im Konkurs und der Rang der Abfindungsansprüche, 1. Aufl. 1978 (zit.: *Dorndorf*, Sozialplan).

Dorndorf, Eberhard — Kreditsicherungsrecht und Wirtschaftsordnung. Zur materiell- und konkursrechtl. Dogmatik der Mobiliarsicherungsrechte, 1986 (zit.: *Dorndorf*, Kreditsicherungsrecht).

Dorndorf, Eberhard — Zur Dogmatik des Verfahrenszwecks in einem marktadäquaten Insolvenzrecht, in: Gerhardt, Walter; Henckel, Wolfram; Kilger, Joachim; Kreft, Gerhart (Hrsg.), Festschrift für Franz Merz zum 65. Geburtstag am 3. Februar 1992 (1992), S. 31 (zit.: *Dorndorf*, FS Merz).

Dulckeit, Gerhard — Die Verdinglichung obligatorischer Rechte, 1951 (zit.: *Dulckeit*, Verdinglichung).

Ebhardt, Herrmann — Die Beendigung des Dauerschuldverhältnisses, 1934 (zit.: *Ebhardt*, Beendigung).

Eckert, Hans-Georg — Konkursforderungen und Masseschulden bei Erfüllung und Abwicklung von Mietverhältnissen, ZIP 1983, 770.

Eckert, Hans-Georg — Miete, Pacht und Leasing im neuen Insolvenzrecht, ZIP 1996, 897.

Eckert, Hans-Georg — Bedeutung der Mietrechtsreform für die gewerbliche Miete, NZM 2001, 409.

Eckert, Hans-Georg — Im Überblick: Die Schuldnerwohnung im Verbraucherinsolvenzverfahren, NZM 2006, 803.

Eckert, Hans-Georg — Fortbestand des Mietverhältnisses in der Insolvenz des Vermieters nur bei Überlassung der Mietsache vor Insolvenzeröffnung. Anmerkung zu BGH v. 05.07.2007 IX ZR 185/06, EWiR 2007, 729.

Eckert, Hans-Georg — Mietverträge über bewegliche Sachen in der Schwebephase zwischen Eröffnung des Insolvenzverfahrens und Ausübung des Insolvenzverwalterwahlrechts, NZM 2007, 829.

Egle, Philip — Die »ex tunc«-Nichtigkeit von Dauerschuldverhältnissen nach § 142 Abs. 1 BGB. Eine dogmatische Diskussion der Rechtsfolge des § 142 Abs. 1 BGB anhand der exemplarischen Untersuchung angefochtener Dauerschuldverhältnisse, 2020 (zit.: *Egle*, Nichtigkeit).

Ehrenzweig, Armin — System des österreichischen allgemeinen Privatrechts, Zweiter Band: Erste Hälfte: Das Recht der Schuldverhältnisse, 6. Aufl. 1920 (zit.: *Ehrenzweig*, System).

Eichberger, Christian — Die besondere Konkursanfechtung. Analyse der geltenden Bestimmungen und der Reformentwürfe, 1990 (zit.: *Eichberger*, Konkursanfechtung).

Eichel, Florian — Verjährung in Dauerschuldverhältnissen, NJW 2015, 3265.

Eickmann, Dieter/ Böttcher, Roland — Zwangsversteigerungs- und Zwangsverwaltungsrecht, 3. Aufl. 2013 (zit.: *Eickmann/Böttcher*, Zwangsversteigerung).

Eidenmüller, Horst — Unternehmenssanierung zwischen Markt und Gesetz. Mechanismen der Unternehmensreorganisation und Kooperationspflichten im Reorganisationsrecht, 1999 (zit.: *Eidenmüller*, Unternehmenssanierung).

Eismann, Patrik	Der Bereicherungsanspruch im Insolvenzverfahren. Zum Grundsatz gleichmäßiger Befriedigung in der Insolvenz unter Berücksichtigung des Verhältnisses von Zuordnung und Haftung, 2005 (zit.: *Eismann*, Bereicherungsanspruch).
Endemann, W.	Das deutsche Konkursverfahren, 1889 (zit.: *Endemann*, Konkursverfahren).
Engel, Mathias	Das Wohnraummietverhältnis als privatrechtliches Statusverhältnis, 1987 (zit.: *Engel*, Wohnraummietverhältnis).
Engert, Andreas/ Schmidl, Michael	Verkaufte Darlehen in der Insolvenz des Darlehensgebers, WM 2005, 60.
Erfurter Kommentar zum Arbeitsrecht	Müller-Glöge, Rudi; Preis, Ulrich; Schmidt, Ingrid (Hrsg.), 23. Aufl. 2023 (zit.: ErfK/*Bearbeiter*).
Esser, Josef	Schuldrecht Allgemeiner und Besonderer Teil, 2. Aufl. 1960 (zit.: *Esser*, Schuldrecht^{2}).
Esser, Josef/ Schmidt, Eike	Schuldrecht Band 1 Allgemeiner Teil. Teilband 1. Entstehung, Inhalt und Beendigung von Schuldverhältnissen, 7. Aufl. 1992 (zit.: *Esser/E. Schmidt*, Schuldrecht^{7}).
Esser, Josef/ Schmidt, Eike	Schuldrecht Band 1 Allgemeiner Teil. Teilband 1. Entstehung, Inhalt und Beendigung von Schuldverhältnissen, 8. Aufl. 1995 (zit.: *Esser/E. Schmidt*, Schuldrecht).
Fastrich, Lorenz	Bestandsschutz und Vertragsinhaltsschutz im Arbeitsrecht, in: Wank, Rolf (Hrsg.), Festschrift für Herbert Wiedemann zum 70. Geburtstag (2002), S. 251 (zit.: *Fastrich*, FS Wiedemann).
Fenyves, Attila	Erbenhaftung und Dauerschuldverhältnis. Zur Auflösbarkeit von Dauerschuldverhältnissen anläßlich des Todes einer Vertragspartei, 1982 (zit.: *Fenyves*, Erbenhaftung).
Fezer, Karl-Heinz	Lizenzrechte in der Insolvenz des Lizenzgebers. Zur Insolvenzfestigkeit der Markenlizenz, WRP 2004, 793.
Fischer, Gero	Die Rechtsprechung des Bundesgerichtshofs zum Insolvenzrecht im Jahre 2001, NZI 2002, 281.
Fischer, Gero	Nicht ausschließliche Lizenzen an Immaterialgüterrechten in der Insolvenz des Lizenzgebers, WM 2013, 821.
Fitting, Hermann	Das Reichs-Konkursrecht und Konkursverfahren, 2. Aufl. 1883 (zit.: *Fitting*, Reichs-Konkursrecht^{2}).
Fitting, Hermann	Das Reichs-Konkursrecht und Konkursverfahren, 3. Aufl. 1904 (zit.: *Fitting*, Reichs-Konkursrecht).
Flöther, Lucas F.	Schiedsverfahren und Schiedsabrede unter den Bedingungen der Insolvenz, DZWiR 2001, 89.
Flume, Werner	Allgemeiner Teil des Bürgerlichen Rechts. Zweiter Band: Das Rechtsgeschäft, 4. Aufl. 1992 (zit.: *Flume*, Allgemeiner Teil).
Foerste, Ulrich	Rezension zu Jan Felix J. F. Hoffmann: Prioritätsgrundsatz und Gläubigergleichbehandlung, ZZP 130 (2017), 511.

Frankfurter Kommentar zur Insolvenzordnung mit EuInsVO, InsVV und weiteren Nebengesetzen — Wimmer, Klaus (Hrsg.), 9. Aufl. 2018 (zit.: FK-InsO/*Bearbeiter*).

Frentz, Wolfgang Frhr. Raitz von/ Marrder, Larissa — Insolvenz des Filmrechtehändlers, ZUM 2001, 761.

Frentz, Wolfgang Frhr. Raitz von/ Marrder, Larissa — Filmrechtehandel mit Unternehmen in der Krise, ZUM 2003, 94.

Frieling, Tino — Die Einrede des nicht erfüllten Vertrages nach § 320 im Mietverhältnis, ZfPW 2018, 467.

Füßmann, Helga — Die Auswirkungen des reformierten Insolvenzanfechtungsrechts auf das Prinzip der Gläubigergleichbehandlung, 2001 (zit.: *Füßmann*, Gläubigergleichbehandlung).

Gansauge, Rudolf — Das Dauerschuldverhältnis, 1928 (zit.: *Gansauge*, Dauerschuldverhältnis).

Ganter, Hans Gerhard — Patentlizenzen in der Insolvenz des Lizenzgebers, NZI 2011, 833.

Ganter, Hans Gerhard — Dauerschuldverhältnisse in der Insolvenz – Fortführung, Beendigung, Freigabe, ZIP 2019, 97.

Gassert-Schumacher, Heike — Privilegien in der Insolvenz, 2002 (zit.: *Gassert-Schumacher*, Privilegien).

Gauch, Peter — System der Beendigung von Dauerverträgen, 1968 (zit.: *Gauch*, System).

Gerhardt, Walter — Vorausabtretung und § 17 KO, in: Gerhardt, Walter; Henckel, Wolfram; Kilger, Joachim; Kreft, Gerhart (Hrsg.), Festschrift für Franz Merz zum 65. Geburtstag am 3. Februar 1992 (1992), S. 117 (zit.: *Gerhardt*, FS Merz).

Gerhardt, Walter — Vorausabtretung und Konkurseröffnung, in: Schön, Wolfgang; Flume, Werner; Jakobs, Horst Heinrich; Picker, Eduard; Wilhelm, Jan (Hrsg.), Gedächtnisschrift für Brigitte Knobbe-Keuk (1997), S. 169 (zit.: *Gerhardt*, GS Knobbe-Keuk).

Gerhardt, Walter — Insolvenzrecht und Bürgerliches Gesetzbuch, AcP 200 (2000), 426.

Gernhuber, Joachim — Das Schuldverhältnis. Begründung und Änderung, Pflichten und Strukturen, Drittwirkungen, 1989 (zit.: *Gernhuber*, Schuldverhältnis).

Gernhuber, Joachim — Die Erfüllung und ihre Surrogate sowie das Erlöschen der Schuldverhältnisse aus anderen Gründen, 2. Aufl. 1994 (zit.: *Gernhuber*, Erfüllung).

Gierke, Otto von — Dauernde Schuldverhältnisse, JherJb. 64 (1914), 355.

Gleichenstein, Hans von — Par condicio creditorum: Subsidiäre Verteilungsregel oder abstrakte Ausprägung des verfassungsrechtlichen allgemeinen Gleichheitssatzes?, NZI 2015, 49.

Gottwald, Peter — Die Interessengemeinschaft der Gläubiger eines insolventen Schuldners, in: Habscheid, Walther J. (Hrsg.), Freiheit und Zwang. Rechtliche, wirtschaftliche und gesellschaftliche Aspekte. Festschrift zum 60. Geburtstag von Professor Dr. iur. Dr. phil. Hans Giger (1989), S. 195 (zit.: *Gottwald*, FS Giger).

Graf, Ulrich/ Wunsch, Irene — Gegenseitige Verträge im Insolvenzverfahren. Zugleich Besprechung von BGH, Urt. v. 25.4.2002 – IX ZR 313/99, ZIP 2002, 1093 ff., ZIP 2002, 2117.

Graf-Schlicker, Marie Luise (Hrsg.) — InsO. Kommentar, 6. Aufl. 2022 (zit.: Graf-Schlicker/ *Bearbeiter*).

Grigoleit, Hans Christoph — Dauerschuldverhältnisse und allgemeines Leistungsstörungsrecht, in: Looschelders, Dirk; Rieff, Peter; Wandt, Manfred (Hrsg.), Versicherungsrecht, Haftungs- und Schadensrecht. Festschrift für Egon Lorenz zum 80. Geburtstag (2014), S. 795 (zit.: *Grigoleit*, FS Lorenz).

Grimm, Max — Begründete Vermögensansprüche, 1927 (zit.: *Grimm*, Vermögensansprüche).

Grote, Hugo — Wohnraummiete und Arbeitseinkommen während des eröffneten Verbraucherinsolvenzverfahrens – Steht der private Schuldner mittellos auf der Straße?, NZI 2000, 66.

Grünberger, Michael — Personale Gleichheit. Der Grundsatz der Gleichbehandlung im Zivilrecht, 1. Aufl. 2013 (zit.: *Grünberger*, Personale Gleichheit).

Gschnitzer, Franz — Die Kündigung nach deutschem und österreichischem Recht Teil 1, JherJb. 76 (1926), 317.

Gundlach, Ulf — Anmerkung zum Urteil des BGH vom 05.07.2007 – IX ZR 185/06, NJW 2007, 3719.

Gundlach, Ulf/ Frenzel, Volkhard — Anmerkung zum Urteil des BGH vom 3.4.2003 – IX ZR 163/02, NZI 2003, 374.

Guski, Roman — Sittenwidrigkeit und Gläubigerbenachteiligung. Zu den Schranken von Kreditsicherheiten unter Berücksichtigung gemeinschafts- und kollisionsrechtlicher Bezüge, 2009 (zit.: *Guski*, Sittenwidrigkeit).

Gutzler, Helmut — Lösung von Dauerlieferungsverträgen durch Rücktritt und Kündigung, 1938 (zit.: *Gutzler*, Lösung).

Haak, Carsten — Verträge mit Personenmehrheiten in der Insolvenz, 1. Aufl. 2017 (zit.: *Haak*, Verträge mit Personenmehrheiten).

Haarmann, Wilhelm — Wegfall der Geschäftsgrundlage bei Dauerrechtsverhältnissen, 1979 (zit.: *Haarmann*, Geschäftsgrundlage).

Habermeier, Stefan — Das Trennungsdenken. Ein Beitrag zur europäischen Privatrechtstheorie, AcP 195 (1995), 283.

Hahn, Carl — Die gesammten Materialien zu den Reichs-Justizgesetzen, Vierter Band, Materialien zur Konkursordnung., 1881 (zit.: *Hahn*, Materialien IV).

Hahn, Carl — Die gesammten Materialien zu den Reichs-Justizgesetzen, Fünfter Band, Materialien zum Gesetz über die Zwangsversteigerung und die Zwangsverwaltung und zur Grundbuchordnung., 1897 (zit.: *Hahn*, Materialien V).

Hahn, Carl — Die gesammten Materialien zu den Reichs-Justizgesetzen, Siebenter Band, Materialien zum Gesetz über die Angelegenheiten der freiw. Gerichtsbarkeit. Materialen zum Gesetz, betr. Aenderungen der Konkursordnung nebst Einführungsgesetz., 1898 (zit.: *Hahn*, Materialien VII).

Hain, Ansgar — Das Wohnraummietverhältnis des Insolvenzschuldners unter besonderer Berücksichtigung der Räumungs- und Herausgabeverpflichtung des Insolvenzverwalters/Treuhänders, ZInsO 2007, 192.

Hamburger Kommentar zum Insolvenzrecht. InsO – InsVV – SchVG – Haftungsrecht – Steuerrecht – Strafrecht, Schmidt, Andreas (Hrsg.) — 9. Aufl. 2022 (zit.: HambKomm-InsR/*Bearbeiter*).

Harke, Jan Dirk — Dingliche Rechtsverschaffung und schuldrechtliche Überlassung, ZfPW 2015, 85.

Häsemeyer, Ludwig — Das funktionelle Synallagma im Konkurs- und Vergleichsverfahren, KTS 1973, 2.

Häsemeyer, Ludwig — Die Grenzen der Konkursbeständigkeit vorgemerkter Ansprüche, NJW 1977, 737.

Häsemeyer, Ludwig — Die Gleichbehandlung der Konkursgläubiger, KTS 1982, 509.

Häsemeyer, Ludwig — Rezension zu Eltje Aderhold: Auslandskonkurs im Inland und Cornelia Summ: Anerkennung ausländischer Konkurse in der Bundesrepublik Deutschland, ZZP 107 (1994), 111.

Häsemeyer, Ludwig — Die Altlasten – Ein Prüfstein für wechselseitige Abstimmungen zwischen dem Insolvenzrecht und dem Verwaltungsrecht, in: Prütting, Hanns; Vallender, Heinz (Hrsg.), Insolvenzrecht in Wissenschaft und Praxis. Festschrift für Wilhelm Uhlenbruck zum 70. Geburtstag (2000), S. 97 (zit.: *Häsemeyer*, FS Uhlenbruck).

Häsemeyer, Ludwig — Gegenseitige Verträge im Spannungsfeld zwischen Privatautonomie und Insolvenzrecht, in: Canaris, Claus-Wilhelm; Heldrich, Andreas; Hopt, Klaus J.; Roxin, Claus; Schmidt, Karsten; Widmaier, Gunter (Hrsg.), 50 Jahre Bundesgerichtshof. Festgabe aus der Wissenschaft. Band III. Zivilprozeß, Insolvenz, Öffentliches Recht (2000), S. 725 (zit.: *Häsemeyer*, FS 50 Jahre BGH).

Häsemeyer, Ludwig — Insolvenzrecht, 4. Aufl. 2007 (zit.: *Häsemeyer*, Insolvenzrecht).

Hau, Wolfgang Mietrechtsreform und Schuldrechtsmodernisierung, JuS 2003, 130.

Heilmann, Hans Kein Gestaltungsrecht auf Ablehnung der Erfüllung nach § 17 KO, KTS 1985, 639.

Hellmann, Friedrich Lehrbuch des deutschen Konkursrechts, 1907 (zit.: *Hellmann*, Lehrbuch).

Henckel, Wolfram Prozessrecht und materielles Recht, 1970 (zit.: *Henckel*, Prozessrecht).

Henckel, Wolfram Vom Wert und Unwert juristischer Konstruktionen im Konkursrecht, in: Bökelmann, Erhard; Henckel, Wolfram; Jahr, Günther (Hrsg.), Festschrift für Friedrich Weber zum 70. Geburtstag am 19. Mai 1975 (1975), S. 237 (zit.: *Henckel*, FS Weber).

Henckel, Wolfram Vorausverfügung und Aufrechnung bei der Miete beweglicher Sachen und bei der Rechtspacht im Konkurs des Vermieters und des Verpächters, in: Grunsky, Wolfang; Stürner, Rolf; Walter, Gerhard; Wolf, Manfred (Hrsg.), Festschrift für Fritz Baur (1981), S. 443 (zit.: *Henckel*, FS Baur).

Henckel, Wolfram Gegenseitige Verträge in Konkurs und Vergleich. Zu dem gleichnamigen Buch von Wolfgang Marotzke, ZZP 99 (1986), 419.

Henckel, Wolfram Konstruktion, Funktion, Interessen – zur modifizierten Erlöschenstheorie durch den Bundesgerichtshof, in: Gerhardt, Walter; Haarmeyer, Hans; Kreft, Gerhart (Hrsg.), Insolvenzrecht im Wandel der Zeit. Festschrift für Hans-Peter Kirchhof zum 65. Geburtstag (2003), S. 191 (zit.: *Henckel*, FS Kirchhof).

Henkelmann, Stefan Schwebende Verträge in der Insolvenz. Zum Wahlrecht des Insolvenzverwalters nach § 103 InsO, 2009 (zit.: *Henkelmann*, Schwebende Verträge).

Herschel, Wilhelm Kündigungsschutz und Wettbewerb, RdA 1975, 28.

Heß, Burkhard Dienstbarkeit und Reallast im System dinglicher Nutzungs- und Verwertungsrechte, AcP 198 (1998), 489.

Heublein, Gerrit Die Ausgleichsansprüche des Aussonderungsberechtigten bei Anordnung von Sicherungsmaßnahmen nach § 21 Abs. 2 Satz 1 Nr. 5 InsO, ZIP 2009, 11.

Hirte, Heribert/ Knof, Béla Wem »gehört« die Lizenz? – Plädoyer für eine Dekonstruktion des Haftungsrechts in der Insolvenz, JZ 2011, 889.

Hoffmann, Jan Felix Zession und Rechtszuweisung, 2012 (zit.: *J. F. Hoffmann*, Zession).

Hoffmann, Jan Felix Die so genannte »Leerübertragung« im Immaterialgüterrecht, ZGE/IPJ 6 (2014), 1.

Hoffmann, Jan Felix Der Bestandsschutz von Unterlizenzen. Abstraktionsprinzip und Sukzessionsschutz in neuem (immaterialgüterrechtlichem) Licht, ZGE 7 (2015), 245.

Hoffmann, Jan Felix — Das mobiliarsachenrechtliche Anwartschaftsrecht in der juristischen Ausbildung, JuS 2016, 289.

Hoffmann, Jan Felix — Prioritätsgrundsatz und Gläubigergleichbehandlung, 2016 (zit.: *J. F. Hoffmann*, Prioritätsgrundsatz).

Hoffmann, Jan Felix — Zur Konstruktion und Legitimation von Insolvenzprivilegien im nationalen und Europäischen Insolvenzrecht, KTS 2017, 17.

Hoffmann, Jan Felix — Vertragsbindung kraft Insolvenz? – Lösungsklauseln und Vertragsspaltungen im Kontext der §§ 103 ff. InsO, KTS 2018, 343.

Hoffmann, Jan Felix — »Dateneigentum« und Insolvenz, JZ 2019, 960.

Hoffmann, Jan Felix — Zur funktionalen Begrenzung künftiger Kreditsicherheiten mittels § 91 Abs. 1 InsO, KTS 2021, 327.

Hoffmann, Jan Felix — Ordnungsfunktion und »Gegenstand« der Aussonderung, KTS 2022, 315.

Hoffmann, Jan Felix — Anmerkung zu BGH, Urteil vom 27.10.2022 – IX ZR 213/21, JZ 2023, 464.

Hofmann, Philipp Heiner — Der Schutz von Dritten in der Insolvenz des Versicherungsnehmers. Versuch einer Systembildung, 1. Aufl. 2018 (zit.: *Hofmann*, Der Schutz von Dritten).

Hönn, Günther — Kompensation gestörter Vertragsparität. Ein Beitrag zum inneren System des Vertragsrechts, 1982 (zit.: *Hönn*, Kompensation).

Horn, Norbert — Die Vertragsdauer als schuldrechtliches Regelungsproblem. Empfiehlt sich eine zusammenfassende Regelung der Sonderprobleme von Dauerschuldverhältnissen und langfristigen Verträgen?, in: Bundesminister der Justiz (Hrsg.), Gutachten und Vorschläge zu Überarbeitung des Schuldrechts Band 1 (1981), S. 551 (zit.: *Horn*, Gutachten).

Huber, Stefan — Erfüllungshaftung Vertragsfremder, 2017 (zit.: *Huber*, Erfüllungshaftung).

Huber, Ulrich — Die Stellung des Abnehmers im Konkurs des Lieferanten beim Kauf unter Eigentumsvorbehalt, BB 1964, 731.

Hueck, Alfred — Der Sukzessivlieferungsvertrag, 1918 (zit.: *Hueck*, Sukzessivlieferungsvertrag).

Hueck, Götz — Der Grundsatz der gleichmäßigen Behandlung im Privatrecht, 1958 (zit.: *Hueck*, Grundsatz).

Ingerl, Reinhard, Rohnke Christian (ehem. Verf.)/ Nordemann, Axel/ Nordemann-Schiffel, Anke (Hrsg.) — Markengesetz. Gesetz über den Schutz von Marken und sonstigen Kennzeichen, 4. Aufl. 2023 (zit.: *Ingerl/Rohnke*).

Jaeger, Ernst — Aus der Praxis des Konkursrechts. Verträge auf Lieferung von Wasser, Gas und Elektrizität aus städtischen Werken, LZ 1912, 286.

Jaeger, Ernst (Begr.) Henckel, Wolfram (Hrsg.), Konkursordnung Großkommentar, 9. Aufl. 1997 (zit.: Jaeger/*Bearbeiter*).

Jaeger, Ernst (Hrsg.) Kommentar zur Konkursordnung und den Einführungsgesetzen, 6. und 7. Aufl. 1931 (zit.: *Jaeger*[6/7]).

Jaeger, Ernst (Hrsg.) Kommentar zur Konkursordnung und den Einführungsgesetzen, 1. Aufl. 1902 (zit.: *Jaeger*[1]).

Jaeger, Ernst (Begr.)/ Gerhardt, Walter/ Eckardt, Diederich/ Windel, Peter A. (Hrsg.) Insolvenzordnung, Vierter Band, §§ 103–128, 2. Aufl. 2022; zit.: Jaeger/*Bearbeiter*.

Jaeger, Ernst (Begr.), Henckel, Wolfram/ Gerhardt, Walter (Hrsg.) Insolvenzordnung, Erster Band, §§ 1–55, 1. Aufl. 2004; zit.: Jaeger/*Bearbeiter*.

Jaeger, Ernst (Begr.), Henckel, Wolfram/ Gerhardt, Walter (Hrsg.) Insolvenzordnung, Band 3, §§ 103–128, 1. Aufl. 2014; alle zit.: Jaeger/*Bearbeiter*.

Jahr, Günther Funktionsanalyse von Rechtsfiguren als Grundlage einer Begegnung von Rechtswissenschaft und Wirtschaftswissenschaft, in: Raiser, Ludwig; Sauermann, Heinz; Schneider, Erich (Hrsg.), Das Verhältnis der Wirtschaftswissenschaft zur Rechtswissenschaft, Soziologie und Statistik. Verhandlungen auf der Arbeitstagung des Vereins für Socialpolitik in Würzburg, Oktober 1963 (1964), S. 14 (zit.: *Jahr*, Verhältnis).

Jakobs, Horst Heinrich/ Schubert, Werner Die Beratung des Bürgerlichen Gesetzbuchs in systematischer Zusammenstellung der unveröffentlichten Quellen. Recht der Schuldverhältnisse II – § 433 bis 651, 1980 (zit.: *Jakobs/ Schubert*, Schuldrecht II).

Jänich, Volker Geistiges Eigentum – eine Komplementärerscheinung zum Sacheigentum?, 1. Aufl. 2002 (zit.: *Jänich*, Geistiges Eigentum).

Jauernig, Othmar (Begr.), Stürner, Rolf (Hrsg.) Bürgerliches Gesetzbuch. Mit Rom-I-, Rom-II-VO, EuUnthVO/ HUntProt und EuErbVO. Kommentar, 17. Aufl. 2018 (zit.: Jauernig/*Bearbeiter*).

Jeremias, Christoph Internationale Insolvenzaufrechnung, 2005 (zit.: *Jeremias*, Insolvenzaufrechnung).

Jickeli, Joachim Der langfristige Vertrag. Eine rechtswissenschaftliche Untersuchung auf institutionen-ökonomischer Grundlage, 1. Aufl. 1996 (zit.: *Jickeli*, Der langfristige Vertrag).

Jotzo, Florian Anmerkung zu BGH, Urteil v. 19.7.2012 – I ZR 70/10, JZ 2013, 797.

Jungclaus, Martin Zu einem dogmatischen Grundfehler des § 108a InsO-E in der Fassung des Referentenentwurfs des BMJ v. 18.1.2012, ZInsO 2012, 724.

Kalkschmid, Christoph Immobilienleasing in der Insolvenz, 2003 (zit.: *Kalkschmid*, Immobilienleasing).

Kast, Dietrich	Die Einrede des nichterfüllten Vertrages unter besonderer Berücksichtigung des Miet- und Dienstvertrages, 1973 (zit.: *Kast*, Einrede).
Kayser, Godehard/ Thole, Christoph (Hrsg.)	Insolvenzordnung, 10. Aufl. 2020 (zit.: HK[10]/*Bearbeiter*).
Kayser, Godehard/ Thole, Christoph (Hrsg.)	Insolvenzordnung, 11. Aufl. 2023 (zit.: HK/*Bearbeiter*).
Kellenter, Wolfgang	Schutzrechtslizenzen in der Insolvenz des Lizenzgebers, in: Keller, Eberhard (Hrsg.), Festschrift für Winfried Tilmann zum 65. Geburtstag (2003), S. 807 (zit.: *Kellenter*, FS Tilmann).
Kepplinger, Henriette-Christine	Das Synallagma in der Insolvenz. Das Wahlrecht des Masseverwalters, Ausgleichsschuldners und Insolvenzverwalters, 2000 (zit.: *Kepplinger*, Synallagma).
Kieninger, Eva-Maria	Mobiliarsicherheiten im Europäischen Binnenmarkt. Zum Einfluß der Warenverkehrsfreiheit auf das nationale und internationale Sachenrecht der Mitgliedstaaten, 1996 (zit.: *Kieninger*, Mobiliarsicherheiten).
Killinger, Johann	Insolvenzanfechtung gegen Insider, 1991 (zit.: *Killinger*, Insolvenzanfechtung).
Kirchhof, Hans-Peter	Probleme bei der Einbeziehung von Aussonderungsrechten in das Insolvenzeröffnungsverfahren, ZInsO 2007, 227.
Klang, Heinrich (Begr.)	Bydlinski, Franz; Mayer-Maly, Theo; Wahle, Karl (Hrsg.), Kommentar zum Allgemeinen bürgerlichen Gesetzbuch, Vierter Band, Zweiter Halbband, §§ 1045–1089, 1978 (zit.: Klang/ *Bearbeiter*).
Klinck, Fabian	Die Grundlagen der besonderen Insolvenzanfechtung. Gläubiger und Vertrauensschutz im Übergang vom Prioritäts- zum Gleichbehandlungsgrundsatz, 2011 (zit.: *Klinck*, Insolvenzanfechtung).
Klockenbrink, Ulrich	Die Gläubigerstellung unter dem Einfluss der EuInsVO und des deutschen internationalen Insolvenzrechts, 2008 (zit.: *Klockenbrink*, Gläubigerstellung).
Knospe, Armin	Scharfes Schwert oder harmlose Gerechtigkeitsregel? – Die insolvenzrechtliche Monstranz der Gläubigergleichbehandlung, ZInsO 2014, 861.
Knütel, Rolf	Verteilungsgerechtigkeit, in: Haarmeyer, Hans (Hrsg.), Verschuldung, Haftung, Vollstreckung, Insolvenz. Festschrift für Gerhart Kreft zum 65. Geburtstag (2004), S. 3 (zit.: *Knütel*, FS Kreft).
Koehler, Philipp/ Ludwig, Daniel	Die Behandlung von Lizenzen in der Insolvenz, NZI 2007, 79.
Koller, Ingo	Die Sittenwidrigkeit der Gläubigergefährdung und Gläubigerbenachteiligung, JZ 1985, 1013.
Koòs, Clemens	Lizenzvereinbarungen in der Insolvenz. Möglichkeiten einer insolvenzfesten Gestaltung von Lizenzen nach der jüngsten BGH-Rechtsprechung, MMR 2017, 13.

Koziol, Helmut — Grundlagen und Streitfragen der Gläubigeranfechtung, 1991 (zit.: *Koziol*, Grundlagen).

Koziol, Helmut — Zur Abschwächung des Gleichbehandlungsgrundsatzes im Konkursverfahren, in Klingenberg, Georg (Hrsg.), Vestigia iuris romani. Festschrift für Gunter Wesener zum 60. Geburtstag am 3. Juni 1992 (1992), S. 267 (zit.: *Koziol*, FS Wesener).

Kreft, Gerhart — Die Wende in der Rechtsprechung zu § 17 KO, ZIP 1997, 865.

Kreft, Gerhart — Teilbare Leistungen nach § 105 InsO (unter besonderer Berücksichtigung des Bauvertragsrechts), in: Prütting, Hanns; Vallender, Heinz (Hrsg.), Insolvenzrecht in Wissenschaft und Praxis. Festschrift für Wilhelm Uhlenbruck zum 70. Geburtstag (2000), S. 387 (zit.: *Kreft*, FS Uhlenbruck).

Kreft, Gerhart — Zur Dogmatik des § 103 InsO, in: Bork, Reinhard; Kayser, Godehard; Kebekus, Frank (Hrsg.), Festschrift für Bruno M. Kübler zum 70. Geburtstag (2015), S. 359 (zit.: *Kreft*, FS Kübler).

Krüger, Frank — Die Wirkung der Verfahrenseröffnung bei einem insolventen Handelsvertreter auf seinen Handelsvertretervertrag, ZInsO 2010, 507.

Kübler, Bruno M/ Prütting, Hanns/ Bork, Reinhard/ Jacoby, Florian (Hrsg.) — InsO. Kommentar zur Insolvenzordnung, Stand: 96. Ergänzungslieferung Juni 2023 (zit.: KPBJ/*Bearbeiter*).

Kühne, Eberhard — Versprechen und Gegenstand. Ein Beitrag zum System der Belastung, AcP 140 (1935), 1.

Larenz, Karl — Lehrbuch des Schuldrechts, 14. Aufl. 1987 (zit.: *Larenz*, Schuldrecht I).

Larenz, Karl — Methodenlehre der Rechtswissenschaft, 6. Aufl. 1991 (zit.: *Larenz*, Methodenlehre).

Lehmann, Marc C. — Dauerwohn- und Dauernutzungsrechte nach dem WEG, RNotZ 2011, 1.

Lent, Friedrich (Hrsg.) — Jaeger Konkursordnung mit Einführungsgesetzen, 8. Aufl. 1958 (zit.: Jaeger^{8}/*Bearbeiter*).

Lieder, Jan — Die rechtsgeschäftliche Sukzession. Eine methodenpluralistische Grundlagenuntersuchung zum deutschen Zivilrecht und Zivilprozessrecht sowie zum Internationalen und Europäischen Privatrecht, 1. Aufl. 2015 (zit.: *Lieder*, Sukzession).

Livonius, Barbara — Zum Wahlrecht des Insolvenzverwalters nach § 103 InsO. Die Auswirkungen der Insolvenzeröffnung auf gegenseitige, bei Verfahrenseröffnung von beiden Vertragsparteien nicht vollständig erfüllte Verträge dargestellt am Beispiel von Kredit-, Sicherheiten- und Refinanzierungsverträgen von Kreditinstituten, 1998 (zit.: *Livonius*, Wahlrecht).

Lobinger, Thomas — Schadensersatz für schuldlos verursachte Bodenkontamination? – BGH, NJW 1996, 845, JuS 1997, 981.

Lobinger, Thomas Rechtsgeschäftliche Verpflichtung und autonome Bindung. Zu den Entstehungsgründen vermögensaufstockender Leistungspflichten im Bürgerlichen Recht, 1999 (zit.: *Lobinger*, Verpflichtung).

Lobinger, Thomas Die Grenzen rechtsgeschäftlicher Leistungspflichten. Zugleich ein Beitrag zur Korrekturbedürftigkeit der §§ 275, 311a, 313 BGB n. F., 2004 (zit.: *Lobinger*, Grenzen).

Lobinger, Thomas Vertragsfreiheit und Diskriminierungsverbote, in: Isensee, Josef (Hrsg.), Vertragsfreiheit und Diskriminierung (2007), 99 (zit.: *Lobinger*, Vertragsfreiheit und Diskriminierung).

Lobinger, Thomas Arbeit, in: Kube, Hanno; Mellinghoff, Rudolf; Morgenthaler, Gerd; Palm, Ulrich; Puhl, Thomas; Seiler, Christian (Hrsg.), Leitgedanken des Rechts – Paul Kirchhof zum 70. Geburtstag (2013), 577 (zit.: *Lobinger*, FS Kirchhof).

Lohmann, Ilse Der Fortbestand des Mietverhältnisses über unbewegliche Gegenstände in der Insolvenz des Vermieters, in: Ganter, Hans Gerhard; Gottwald, Peter; Lwowski, Hans-Jürgen (Hrsg.), Haftung und Insolvenz. Festschrift für Gero Fischer zum 65. Geburtstag (2008), S. 333 (zit.: *Lohmann*, FS Fischer).

Löning, George Anton Die Grundstücksmiete als dingliches Recht, 1930 (zit.: *Löning*, Grundstücksmiete).

Luther, Walter Darlehen im Konkurs, 1990 (zit.: *Luther*, Darlehen).

Maas, Wolfgang Stammrecht und Einzelansprüche bei wiederkehrenden Leistungen, insbesondere bei Leibrenten und Unterhaltsansprüchen, 1968 (zit.: *Maas*, Stammrecht).

Madaus, Stephan Anmerkung zum Urteil des BGH vom 20.10.2011 – IX ZR 10/11, KTS 2012, 217.

Markmann, Gustav Die Wirkungen der Erfüllungsablehnung des § 17 KO auf gegenseitige Verträge, 1922 (zit.: *Markmann*, Wirkungen).

Marotzke, Wolfgang Das Anwartschaftsrecht ein Beispiel sinnvoller Rechtsfortbildung? Zugleich ein Beitrag zum Recht der Verfügungen, 1977 (zit.: *Marotzke*, Anwartschaftsrecht).

Marotzke, Wolfgang Das Konkurrenzproblem zwischen § 17 und § 24 KO – ein Scheinproblem, JZ 1977, 552.

Marotzke, Wolfgang Gegenseitige Verträge in Konkurs und Vergleich, 1. Aufl. 1985 (zit.: *Marotzke*, Gegenseitige Verträge^{1})

Marotzke, Wolfgang Kurzkommentar zu BGH, Urteil vom 20.12.1988 – IX ZR 50/88, EWiR 1988, 285.

Marotzke, Wolfgang Vergleichende Anmerkung zu BGHZ 106, 236 und BGHZ 109, 368 über den Einfluß des Konkurses auf die Abtretung von Mietzins-, Leasing- und Kaufpreis-forderungen, JR 1990, 331.

Marotzke, Wolfgang Der Einfluß des Insolvenzverfahrens auf Auftrags- und Geschäftsbesorgungsverhältnisse – Kritische Gedanken zu § 23 KO, in: Gerhardt, Walter; Diederichsen, Uwe; Rimmelspacher, Bruno; Costede, Jürgen (Hrsg.), Festschrift für Wolfram Henckel zum 70. Geburtstag am 21. April 1995 (1995), S. 579 (zit.: *Marotzke*, FS Henckel).

Marotzke, Wolfgang Die insolvenzrechtliche Kündigungssperre (§ 112 InsO), in: Lieb, Manfred; Noack, Ulrich; Westermann, Harm Peter (Hrsg.), Festschrift für Wolfgang Zöllner zum 70. Geburtstag (1998), S. 1193 (zit.: *Marotzke*, FS Zöllner).

Marotzke, Wolfgang Die Wohnraummiete in der Insolvenz des Mieters, KTS 1999, 269.

Marotzke, Wolfgang Gegenseitige Verträge im neuen Insolvenzrecht, 3. Aufl. 2001 (zit.: *Marotzke*, Gegenseitige Verträge).

Marotzke, Wolfgang Anmerkung zu dem Urteil des BGH vom 25.4.2002 – IX ZR 313/99 (BGHZ 150, 353), ZZP 115 (2002), 507.

Marotzke, Wolfgang Insolvenzrechtliche Probleme bei Untermietverträgen über Immobilien. (Fortbestand, Kündigung, Erfüllungsablehnung, Freigabe), ZInsO 2007, 1.

Marotzke, Wolfgang Anmerkung zum Urteil des BGH vom 05.07.2007 – IX ZR 185/06, JZ 2008, 206.

Marotzke, Wolfgang Die Insolvenz des Untervermieters einer Immobilie, in: Wrobel-Sachs, Hildegard (Hrsg.), Kölner Schrift zur Insolvenzordnung (2009), S. 672 (zit.: *Marotzke*, Kölner Schrift).

Marotzke, Wolfgang Die Rechtsstellung des Insolvenzverwalters. Ein Zwischenruf zu einer aktuellen Diskussion, ZInsO 2009, 1929.

Marotzke, Wolfgang Sinn und Unsinn einer insolvenzrechtlichen Privilegierung des Fiskus. Zugleich eine Stellungnahme zu Art. 3 des Haushaltsbegleitgesetzes 2011 i.d.F. des Gesetzesbeschlusses des Deutschen Bundestages v. 28.10.2010, ZInsO 2010, 2163.

Marotzke, Wolfgang Das M2Trade-Urteil des BGH v. 19.7.2012 (ZInsO 2012, 1611): ein Stolperstein auf dem Weg zur gesetzlichen Regelung der Insolvenzfestigkeit von Lizenzen? Zugleich ein Beitrag zum Umfang des immaterialgüterrechtlichen Sukzessionsschutzes bei Lizenzketten, ZInsO 2012, 1737.

Marwedel, Niklas Die Suspensivtheorie zu § 103 InsO - dogmatische Brüche im Richterrecht, ZInsO 2011, 937.

McGuire, Mary-Rose Nutzungsrechte an Computerprogrammen in der Insolvenz. Zugleich eine Stellungnahme zum Gesetzentwurf zur Regelung der Insolvenzfestigkeit von Lizenzen, GRUR 2009, 13.

McGuire, Mary-Rose Die Lizenz. Eine Einordnung in die Systemzusammenhänge des BGB und des Zivilprozessrechts, 2012 (zit.: *McGuirer*, Lizenz).

McGuire, Mary-Rose Lizenzen in der Insolvenz: ein neuer Anlauf zu einer überfälligen Reform, GRUR 2012, 657.

McGuire, Mary-Rose Die Patentlizenz im System des BGB, Mitt. 2013, 207.

Meier, Patrick — Zur Abgrenzung zwischen Dauerschuldverhältnis und Ratenvertrag, ZfPW 2016, 233.

Merkt, Hanno — Unternehmenspublizität. Die Offenlegung von Unternehmensdaten als Korrelat der Marktteilnahme, 1. Aufl. 2001 (zit.: *Merkt*, Unternehmenspublizität).

Merle, Saskia Naomi — Insolvenzzwecke in Deutschland und Frankreich, 2019 (zit.: *Merle*, Insolvenzzwecke).

Meyer, Peter/ Rein, Christian — Das Ende der Gläubigergleichbehandlung im Insolvenzrecht? Anmerkungen zur Umsetzung der Finanzsicherheitenrichtlinie, NZI 2004, 367.

Michalski, Lutz — Zur Rechtsnatur des Dauerschuldverhältnisses, JA 1979, 401.

Minuth, Klaus/ Wolf, Wilhelm — Kündigung und Gestaltung von Mietverträgen im Hinblick auf die Insolvenzordnung, NZM 1999, 289.

Mohrbutter, Harro/ Ringstmeier, Andreas/ Meyer, Stefan (Hrsg.) — Handbuch Insolvenzverwaltung, 10. Aufl. 2022 (zit.: Mohrbutter/Ringstmeier/Meyer/*Bearbeiter*).

Molitor, Erich — Das Wesen des Arbeitsvertrages. Eine Untersuchung über die Begriffe des Dienst- und Werkvertrags, sowie des Vertrags über abhängige Arbeit, 1925 (zit.: *Molitor*, Das Wesen des Arbeitsvertrages).

Molitor, Erich — Die Kündigung unter besonderer Berücksichtigung der Kündigung des Arbeitsvertrages, 2. Aufl. 1951 (zit.: *Molitor*, Kündigung).

Mork, Petra/ Heß, Benjamin — Mieterschutz contra Freigabe. Stellungnahme zum Urt. des LG Dortmund v. 12.5.2005 – 11 S 34/05, ZInsO 2005, 724, ZInsO 2005, 1206.

Mossler, Patrick — Rücktrittsrecht vor Fälligkeit bei solvenzbedingten Zweifeln an der Leistungsfähigkeit des Schuldners (§ 323 Abs. 4 BGB), ZIP 2002, 1831.

Mossler, Patrick — Bereicherung aus Leistung und Gegenleistung. Der nichtige gegenseitige Vertrag und die Insolvenz, 2006 (zit.: *Mossler*, Bereicherung).

Mugdan, Benno — Die gesammten Materialien zum Bürgerlichen Gesetzbuch für das Deutsche Reich, Band 2: Recht der Schuldverhältnisse, 1899 (zit.: *Mugdan*, Motive II).

Mugdan, Benno — Die gesammten Materialien zum Bürgerlichen Gesetzbuch für das Deutsche Reich, Band 3: Sachenrecht, 1899 (zit.: *Mugdan*, Motive III).

Mülbert, Peter O. — Vertragliche Dauerschuldverhältnisse im Allgemeinen Schuldrecht, in: Aderhold, Lutz; Grunewald, Barbara; Klingberg, Dietgard; Paefgen, Walter G. (Hrsg.), Festschrift für Harm Peter Westermann zum 70. Geburtstag (2008), S. 491 (zit.: *Mülbert*, FS Westermann).

Münchener Anwaltshandbuch Insolvenz und Sanierung — Nerlich, Jörg; Kreplin, Georg; Rhode, Holger (Hrsg.) 4. Aufl. 2023 (zit.: MAH/*Bearbeiter*).

Münchener Kommentar zum Bürgerlichen Gesetzbuch	Säcker, Franz Jürgen; Rixecker, Roland; Oetker, Hartmut; Limperg, Bettina (Hrsg.) Band 3, Schuldrecht – Allgemeiner Teil II, 9. Aufl. 2022; zit.: MüKo/*Bearbeiter*.
Münchener Kommentar zum Bürgerlichen Gesetzbuch	Säcker, Franz Jürgen; Rixecker, Roland; Oetker, Hartmut; Limperg, Bettina (Hrsg.) Band 5, Schuldrecht – Besonderer Teil II, §§ 535–630h, BetrKV HeizkostenV,WärmeLV, EFZG, TzBfG, KSchG, MiLoG, 9. Aufl. 2023; zit.: MüKo/*Bearbeiter*.
Münchener Kommentar zum Bürgerlichen Gesetzbuch	Säcker, Franz Jürgen; Rixecker, Roland; Oetker, Hartmut; Limperg, Bettina (Hrsg.) Band 6, Schuldrecht - Besonderer Teil III, §§ 631–704, 9. Aufl. 2023; zit.: MüKo/*Bearbeiter*.
Münchener Kommentar zum Bürgerlichen Gesetzbuch	Säcker, Franz Jürgen; Rixecker, Roland; Oetker, Hartmut; Limperg, Bettina (Hrsg.) Band 7, Schuldrecht – Besonderer Teil IV, §§ 705–853, Partnerschaftsgesellschaftsgesetz, Produkthaftungsgesetz, 8. Aufl. 2020; zit.: MüKo/*Bearbeiter*.
Münchener Kommentar zum Bürgerlichen Gesetzbuch	Säcker, Franz Jürgen; Rixecker, Roland; Oetker, Hartmut; Limperg, Bettina (Hrsg.) Band 8, Sachenrecht, §§ 854–1296, WEG, ErbbauRG, 9. Aufl. 2023; zit.: MüKo/*Bearbeiter*.
Münchener Kommentar zur Insolvenzordnung	Stürner, Rolf; Eidenmüller, Horst; Schoppmeyer, Heinrich (Hrsg.) Band 1, §§ 1–79 InsO, Insolvenzrechtliche Vergütungsverordnung (InsVV), 4. Aufl. 2019; zit.: MüKo/*Bearbeiter*.
Münchener Kommentar zur Insolvenzordnung	Stürner, Rolf; Eidenmüller, Horst; Schoppmeyer, Heinrich (Hrsg.) Band 2, §§ 80–216 InsO, 4. Aufl. 2019; zit.: MüKo/*Bearbeiter*.
Münchener Kommentar zur Insolvenzordnung	Kirchhof, Hans-Peter; Stürner, Rolf; Eidenmüller, Horst (Hrsg.) Band 2, §§ 80–216 InsO, 3. Aufl. 2013 (zit.: MüKo/*Bearbeiter*). zit.: MüKo/*Bearbeiter*.
Münchener Kommentar zum Lauterkeitsrecht	3. Aufl. 2020, Heermann, Peter W; Schlingloff, Jochen (Hrsg.): zit.: MüKo/*Bearbeiter*.
Münchener Kommentar zur Zivilprozessordnung mit Gerichtsverfassungsgesetz und Nebengesetzen	Krüger, Wolfgang; Rauscher, Thomas (Hrsg.) Band 2, §§ 355–945b, 7. Aufl. 2025: zit.: MüKo/*Bearbeiter*
Musielak, Hans-Joachim	Die Erfüllungsablehnung des Konkursverwalters. Zur Auslegung des § 17 Abs. 1 der Konkursordnung, AcP 179 (1979), 189.
Muthorst, Olaf	§ 348 BGB in der Insolvenz – zum Anwendungsbereich von § 103 InsO, KTS 2009, 467.

Nehm, Eduard — Die kündbaren Rechtsverhältnisse im Schuldrecht. Versuch der Herausarbeitung der für die Kündigung massgeblichen Tatbestände, 1933 (zit.: *Nehm*, Die kündbaren Rechtsverhältnisse).

Nerlich, Jörg/ Römermann, Volker (Hrsg.) — Insolvenzordnung. (InsO); Kommentar, Stand: Mai 2023 (zit.: Nerlich/Römermann/*Bearbeiter*).

Nicklisch, Fritz — Empfiehlt sich eine Neukonzeption des Werkvertragsrechts? – unter Berücksichtigung komplexer Langzeitverträge –, JZ 1984, 757.

Nicklisch, Fritz — Vorteile einer Dogmatik für komplexe Langzeitverträge, in: Nicklisch, Fritz (Hrsg.), Der komplexe Langzeitvertrag. Strukturen und internationale Schiedsgerichtsbarkeit (1987), S. 17 (zit.: *Nicklisch*, Langzeitvertrag).

zur Nieden, Wolf — Insolvenz des Mieters und Filialisten: Typische mietrechtliche Problemkreise und Lösungsansätze, NZI 2018, 465.

Nikisch, Arthur — Die Grundformen des Arbeitsvertrags und der Anstellungsvertrag, 1926 (zit.: *Nikisch*, Grundformen).

Nordemann, Wilhelm — Die Rechtsstellung des Lizenznehmers bei vorzeitiger Beendigung des Hauptvertrags im Urheberrecht, GRUR 1970, 174.

Obermüller, Manfred/ Livonius, Barbara — Auswirkungen der Insolvenzrechtsreform auf das Leasinggeschäft, DB 1995, 27.

Oertmann, Paul — Kommentar zum Bürgerlichen Gesetzbuche und seinen Nebengesetzen, Recht der Schuldverhältnisse, 3. und 4. Auflage, 1910 (zit.: *Oertmann*, BGB).

Oetker, Friedrich — Ueber den Einfluss der Eröffnung des Konkursverfahrens auf noch nicht erfüllte zweiseitige Verträge. Bemerkungen zu den §§ 15 ff. der Konkursordnung, ZZP 14 (1892), 1.

Oetker, Hartmut — Das Dauerschuldverhältnis und seine Beendigung – Bestandsaufnahme und kritische Würdigung einer tradierten Figur der Schuldrechtsdogmatik, 1994 (zit.: *Oetker*, Dauerschuldverhältnis).

Oetker, Hartmut — Rezension zu Doralt, Langzeitverträge, 2018, AcP 219 (2019), 943.

Offtermatt, Gernot — Das Wahlrecht des Konkursverwalters nach § 17 Konkursordnung, 1966 (zit.: *Offtermatt*, Wahlrecht).

Otte, Gerhard — Die dingliche Rechtsstellung des Mieters nach ALR und BGB, in: Behrends, Okko (Hrsg.), Festschrift für Franz Wieacker zum 70. Geburtstag (1978), S. 463 (zit.: *Otte*, FS Wieacker).

Otte, Gerhard — Vermietung als Verfügung, in: Jickeli, Joachim; Kreutz, Peter; Reuter, Dieter (Hrsg.), Gedächtnisschrift für Jürgen Sonnenschein (2003), S. 181 (zit.: *Otte*, GS Sonnenschein).

Pahlow, Louis — Lizenz und Lizenzvertrag in der Insolvenz. Von einer unbefriedigenden Rechtslage und einer verbesserungsbedürftigen Reform, WM 2008, 2041.

Pape, Gerhard Änderungen im Eröffnungsverfahren durch das Gesetz zur Vereinfachung des Insolvenzverfahrens, NZI 2007, 425.

Pape, Gerhard Ablehnung und Erfüllung schwebender Rechtsgeschäfte durch den Insolvenzverwalter, in: Wrobel-Sachs, Hildegard (Hrsg.), Kölner Schrift zur Insolvenzordnung (2009), S. 353 (zit.: *Pape*, Kölner Schrift).

Paschke, Marian Das Dauerschuldverhältnis der Wohnraummiete. Grundfragen der privatautonomen Gestaltung des Wohnraummietverhältnisses, 1991 (zit.: *Paschke*, Wohnraummiete).

Paulus, Christoph G. Zur Insolvenzfestigkeit von Aufrechnungsvereinbarungen, in: Canaris, Claus-Wilhelm; Heldrich, Andreas; Hopt, Klaus J.; Roxin, Claus; Schmidt, Karsten; Widmaier, Gunter (Hrsg.), 50 Jahre Bundesgerichtshof. Festgabe aus der Wissenschaft. Band III. Zivilprozeß, Insolvenz, Öffentliches Recht (2000), S. 765 (zit.: *Paulus*, FS 50 Jahre BGH).

Paulus, Christoph G. Veräußerung einer vermieteten Immobilie durch den Insolvenzverwalter, in: Bork, Reinhard; Kayser, Godehard; Kebekus, Frank (Hrsg.), Festschrift für Bruno M. Kübler zum 70. Geburtstag (2015), S. 499 (zit.: *Paulus*, FS Kübler).

Picker, Eduard Der vindikatorische Herausgabeanspruch, in: Canaris, Claus-Wilhelm; Heldrich, Andreas; Hopt, Klaus J.; Roxin, Claus; Schmidt, Karsten; Widmaier, Gunter (Hrsg.), 50 Jahre Bundesgerichtshof. Festgabe aus der Wissenschaft. Band I. Bürgerliches Recht (2000), S. 693 (zit.: *Picker*, FS 50 Jahre BGH).

Picker, Eduard Die insolvenzrechtliche Aussonderung aufgrund obligatorischer Rechte, in: Kiehnle, Arndt; Mertens, Bernd; Schiemann, Gottfried (Hrsg.), Festschrift für Jan Schröder zum 70. Geburtstag am 28. Mai 2013 (2013), S. 517 (zit.: *Picker*, FS Schröder).

Picker, Eduard Privatrechtssystem und negatorischer Rechtsschutz, 2019 (zit.: *Picker*, Privatrechtssystem).

Piekenbrock, Andreas Insolvenzprivilegien im deutschen, ausländischen und europäischen Recht, ZZP 122 (2009), 63.

Piekenbrock, Andreas Anmerkung zum Urteil des BGH vom 11.12.2014 – IX ZR 87/14, LMK 2015, 367511.

Planck, Gottlieb (Mitverf.), Strohal, Emil (Hrsg.) Planck's Kommentar zum Bürgerlichen Gesetzbuch nebst Einführungsgesetz. II. Band 1. Hälfte Recht der Schuldverhältnisse (Allgemeiner Teil) §§ 241–432, 4. Aufl. 1914 (zit.: Planck/*Bearbeiter*).

Plander, Harro Das Wahlrecht des Konkursverwalters und des Vergleichsschuldners nach §§ 17 Abs. 1 KO, 50 Abs. 1 VerglO und die Stellung des Vertragspartners im Falle des § 878 BGB, JZ 1973, 45.

Pletzsch, Michael Die Erfüllungsweigerung des Konkursverwalters. Ein Beitrag zur Dogmatik des § 17 KO unter besonderer Berücksichtigung des Eigentumsvorbehaltskaufs, 1973 (zit.: *Pletzsch*, Erfüllungsverweigerung).

Plonski, Wolfgang — Ansprüche aus gegenseitigen Verträgen beim Konkurse beider Kontrahenten, 1932 (zit.: *Plonski*, Ansprüche).

Pluta, Maximilian — Insolvenzaufrechnung und der Grundsatz der par conditio creditorum, 2009 (zit.: *Pluta*, Insolvenzaufrechnung).

Pohle, Rudolf — Zur Zwangsvollstreckung gegen Ehegatten bei Gütertrennung, ZZP 68 (1955), 260.

Preis, Ulrich — Prinzipien des Kündigungsrechts bei Arbeitsverhältnissen. Eine Untersuchung zum Recht des materiellen Kündigungsschutzes, insbesondere zur Theorie der Kündigungsgründe, 1. Aufl. 1987 (zit.: *Preis*, Prinzipien).

Preuß, Nicola — Anmerkung zum Urteil des BGH vom 05.07.2007 – IX ZR 185/06, JR 2008, 418.

Quadbeck, Maximilian — Das Publizitätsprinzip im Immaterialgütervertragsrecht der Europäischen Union, 2011 (zit.: *Quadbeck*, Publizitätsprinzip).

Raab, Thomas — Änderungskündigung, Widerrufsvorbehalt, Freiwilligkeitsvorbehalt und der Grundsatz »pacta sunt servanda«, in: Konzen, Horst (Hrsg.), Festschrift für Rolf Birk zum siebzigsten Geburtstag (2008), S. 659 (zit.: *Raab*, FS Birk).

Raiser, Ludwig — Der Gleichheitsgrundsatz im Privatrecht, ZHR 111 (1948), 75.

Raiser, Ludwig — Dingliche Anwartschaften, 1961 (zit.: *Raiser*, Anwartschaften).

Rapp, Stefan — Escrowvereinbarungen in der Insolvenz. Ein Beitrag zur Sicherung von IT-Investitionen, 2007 (zit.: *Rapp*, Escrowvereinbarungen).

Reese, Nicole — Konkurrenz zwischen mietrechtlichen und allgemeinen Vorschriften bei anfänglicher auf einem Sachmangel beruhender Unmöglichkeit, JA 2003, 162.

Rellermeyer, Klaus — Forderungspfändung, 17. Aufl. 2020 (zit.: *Rellermeyer*, Forderungspfändung).

Rendtorff, Wulf — Der beiderseits nicht vollständig erfüllte Vertrag in der Insolvenz (§ 17 KO und §§ 103, 105 sowie 107 InsO). Eine Analyse der Rechtsprechung des Reichsgerichts und des Bundesgerichtshofs unter Berücksichtigung der insolvenzrechtlichen Literatur, 2004 (zit.: *Rendtorff*, Der beiderseits nicht vollständig erfüllte Vertrag).

Reuter, Dieter — Die Grundlagen des Kündigungsschutzes - Bestandsaufnahme und Kritik, in: Gamillscheg, Franz; Hueck, Götz; Wiedemann, Herbert (Hrsg.), 25 Jahre Bundesarbeitsgericht (1979), S. 405 (zit.: *Reuter*, 25 Jahre Bundesarbeitsgericht).

Richardi, Reinhard — Sozialplan und Konkurs, 1975 (zit.: *Richardi*, Sozialplan).

Richardi, Reinhard (Hrsg.) — Betriebsverfassungsgesetz mit Wahlordnung, 17. Aufl. 2022 (zit.: Richardi/*Bearbeiter*).

Riehm, Thomas — Erfüllungswahl des Insolvenzverwalters und Allgemeines Leistungsstörungsrecht, KTS 2016, 143.

Ries, Stephan — Freigabe (auch) von Dauerschuldverhältnissen des § 108 InsO aus dem Insolvenzbeschlag beruflich selbstständiger Schuldner. Rückbesinnung auf den Wesenskern formeller Insolvenz, ZInsO 2009, 2030.

Riesenhuber, Karl — Mietrechtsgewährleistung im System des Allgemeinen Leistungsstörungsrechts. Ansätze zu einer Integration, ZfPW 2016, 448.

Ringstmeier, Andreas — Auswirkungen der Erfüllung gegenseitiger Verträge im Konkurs auf Forderungsabtretungen, 1990 (zit.: *Ringstmeier*, Auswirkungen).

Ringstmeier, Andreas — Abwicklung von Mietverhältnissen in masseunzulänglichen Insolvenzverfahren. Zugleich Anmerkung zu BGH, Urt. v. 3.4.2003 – IX ZR 163/02, ZInsO 2003, 412, ZInsO 2004, 169.

Roth, Herbert — Die Fortsetzung des Synallagmas mit insolvenzrechtlichen Mitteln (§ 103 InsO), in: Diederichsen, Uwe; Fischer, Gerfried; Medicus, Dieter; Pirrung, Jörg; Wagenitz, Thomas (Hrsg.), Festschrift für Walter Rolland zum 70. Geburtstag (1999), S. 305 (zit.: *Roth*, FS Rolland).

Rühle, Thomas — Gegenseitige Verträge nach Aufhebung des Insolvenzverfahrens. Ansprüche aus gegenseitigen »schwebenden« Verträgen gem. § 103 InsO nach vollzogener Schlussverteilung (§ 200 Abs. 1 InsO) und rechtskräftig bestätigtem Insolvenzplan (§ 258 Abs. 1 InsO), 2006 (zit.: *Rühle*, Gegenseitige Verträge).

Rumpf, Stefanie — Das Synallagma im Dauerschuldverhältnis. Über die Relevanz von Einzelleistung und Gesamtleistung im Dauerschuldverhältnis, 2003 (zit.: *Rumpf*, Synallagma).

Rüthers, Bernd/ Fischer, Christian/ Birk, Axel — Rechtstheorie. und Juristische Methodenlehre, 12. Aufl. 2022 (zit.: *Rüthers/Fischer/Birk*, Rechtstheorie).

Sandrock, Konrad — Die Behandlung der zweiseitigen Verträge im Konkurse nach § 17 KO unter besonderer Berücksichtigung des Begriffes »Erfüllung«, 1928 (zit.: *Sandrock*, Zweiseitige Verträge).

Savigny, Friedrich Carl von — Das Obligationenrecht als Theil des heutigen römischen Rechts, Band 1, 1851 (zit.: *Savigny*, Obligationenrecht).

Scherenberg, Oliver — Lizenzverträge in der Insolvenz des Lizenzgebers unter besonderer Berücksichtigung des Wahlrechts des Insolvenzverwalters nach § 103 Abs. 1 InsO, 2005 (zit.: *Scherenberg*, Lizenzverträge).

Schläger, Edwin — Verbraucherinsolvenz, Restschuldbefreiung und Wohnraummiete, ZMR 1999, 522.

Schlüter, Philipp — Rückabwicklung und Selbstbestimmung, 1. Aufl. 2021 (zit.: *Schlüter*, Rückabwicklung).

Schmidt, Jürgen — Aktionsberechtigung und Vermögensberechtigung, 1969 (zit.: *J. Schmidt*, Aktionsberechtigung).

Schmidt, Karsten Darlehn, Darlehnsversprechen und Darlehnskrediteröffnung im Konkurs, JZ 1976, 756.

Schmidt, Karsten Unterlassungsanspruch, Unterlassungsklage und deliktische Ersatzansprüche im Konkurs. Eine Untersuchung am Beispiel des Patentverletzungsstreits, ZZP 90 (1977), 38.

Schmidt, Karsten Anmerkung zum Urteil des BGH vom 05.07.2007 – IX ZR 185/06, JuS 2008, 185.

Schmidt, Karsten Unterlassungsansprüche in der Insolvenz: Debatte ohne Ende? Nachlese zu BGHZ 185, 11 und zur Fortsetzung unterbrochener Rechtsstreitigkeiten, in: Haertlein, Lutz; Gaul, Hans Friedhelm; Meller-Hannich, Caroline (Hrsg.), Rechtslage, Rechtserkenntnis, Rechtsdurchsetzung. Festschrift für Eberhard Schilken zum 70. Geburtstag (2015), S. 789 (zit.: *K. Schmidt*, FS Schilken).

Schmidt, Karsten (Hrsg.) Insolvenzordnung. InsO mit EuInsVO, 20. Aufl. 2023 (zit.: Schmidt/*Bearbeiter*).

Schmidt, Reinhard H. Ökonomische Analyse des Insolvenzrechts, 1980 (zit.: *R. Schmidt*, Ökonomische Analyse).

Schmidt-Futterer, Wolfgang (Begr.), Börstinghaus, Ulf P. (Hrsg.) Mietrecht. Großkommentar des Wohn- und Gewerberaummietrechts, 15. Aufl. 2021 (zit.: Schmidt/Futterer/*Bearbeiter*).

Schneider, Angie Vertragsanpassung im bipolaren Dauerschuldverhältnis, 2016 (zit.: *Schneider*, Vertragsanpassung).

Schoen, Gerd-Dieter Der Krediteröffnungsvertrag als schuldrechtliche Rahmenverpflichtung, 1965 (zit.: *Schoen*, Krediteröffnungsvertrag).

Scholz, Susanne Lizenzen in der Insolvenz. Kritische Würdigung der aktuellen Rechtslage unter besonderer Berücksichtigung der Erforderlichkeit einer Gesetzesänderung, 2010 (zit.: *Scholz*, Lizenzen).

Schön, Wolfgang Der Nießbrauch an Sachen. Gesetzliche Struktur und rechtsgeschäftliche Gestaltung, 1992 (zit.: *Schön*, Nießbrauch).

Schön, Wolfgang Zur Analogiefähigkeit des § 571 BGB, JZ 2001, 119.

Schonfelder, Matthias Keine Anwendbarkeit des § 108 Abs. 1 InsO bei außer Vollzug gesetztem Mietverhältnis. Anmerkung zum Urteil des BGH vom 11.12.2014 – IX ZR 87/14, WuB VI. A. § 108 InsO 1.15.

Schönke, Adolf Die Einwirkung der Konkurseröffnung auf Krediteröffnungs- und Kontokorrentverträge, JW 1934, 2745.

Schubert, Werner Die Vorlagen der Redaktoren für die erste Kommission zur Ausarbeitung des Entwurfes eines Bürgerlichen Gesetzbuches - Recht der Schuldverhältnisse – Teil 2 – Besonderer Teil. Verfasser: Franz Philipp von Kübel und Hilfsarbeiter, 1980 (zit.: *Schubert*, Schuldrecht II).

Schubert, Werner Die Vorlagen der Redaktoren für die erste Kommission zur Ausarbeitung des Entwurfes eines Bürgerlichen Gesetzbuches - Sachenrecht – Teil 1 – Allgemeine Bestimmungen, Besitz und Eigentum. Verfasser: Reinhold Johow, 1982 (zit.: *Schubert*, Sachenrecht I).

Schwabe, Christian	Filmlizenzen in der Insolvenz. Eine vergleichende Untersuchung des deutschen und US-amerikanischen Rechts, 1. Aufl. 2007 (zit.: *Schwabe*, Filmlizenzen).
Schwarz, Matthias/ Klingner, Norbert	Mittel der Finanzierungs- und Investitionssicherung im Medien- und Filmbereich, UFITA 138 (1999), 29.
Schwarz, Walter	Dauerschuldverhältnis und Dogmatik arbeitsvertraglicher Treuepflicht, in: Baltl, Herrmann (Hrsg.), Walter Wilburg zum 70. Geburtstag (1975), S. 355 (zit.: *Schwarz*, FS Wilburg).
Siber, Heinrich	Zur Theorie von Schuld und Haftung nach Reichsrecht, JherJb. 50 (1906), 55.
Siber, Heinrich	Die schuldrechtliche Vertragfreiheit, JherJb. 70 (1921), 223.
Silberschmidt, W.	Die Zeitdauer als Einteilungsgrund der vertraglichen Schuldverhältnisse, ZRpflBay 1916, 369.
Soergel Bürgerliches Gesetzbuch mit Einführungsgesetz und Nebengesetzen	Mertens, HansJoachim (Wissenschaftliche Redaktion), Band 2, Schuldrecht I (§§ 241–432), 12. Aufl. 1990.
Soergel Bürgerliches Gesetzbuch mit Einführungsgesetz und Nebengesetzen	Gsell, Beate (Wissenschaftliche Redaktion), Band 5/1a, Schuldrecht §§ 311, 311a–c, 313, 314, 13. Aufl. 2014.
Soergel Bürgerliches Gesetzbuch mit Einführungsgesetz und Nebengesetzen	Wolf, Manfred (Wissenschaftliche Redaktion), Band 5/2, Schuldrecht 3/2, §§ 320–327, 13. Aufl. 2005.
Soergel Bürgerliches Gesetzbuch mit Einführungsgesetz und Nebengesetzen	Pfeiffer, Thomas (Wissenschaftliche Redaktion), Band 5/3, Schuldrecht 3/3, §§ 328–432, 13. Aufl. 2010.
Sosnitza, Olaf	Besitz und Besitzschutz. Sachherrschaft zwischen faktischem Verhältnis, schuldrechtlicher Befugnis und dinglichem Recht, 2003 (zit.: *Sosnitza*, Besitz).
Stadler, Astrid	Gestaltungsfreiheit und Verkehrsschutz durch Abstraktion. Eine rechtsvergleichende Studie zur abstrakten und kausalen Gestaltung rechtsgeschäftlicher Zuwendungen anhand des deutschen, schweizerischen, österreichischen, französischen und US-amerikanischen Rechts, 1. Aufl. 1996 (zit.: *Stadler*, Abstraktion).
Stamm, Jürgen	Die Prinzipien und Grundstrukturen des Zwangsvollstreckungsrechts. Ein Beitrag zur Rechtsvereinheitlichung auf europäischer Ebene, 2007 (zit.: *Stamm*, Prinzipien).
Stamm, Jürgen	Die Entflechtung des Interventionsrechts gemäß § 771 ZPO von Besitz und obligatorischen Herausgabeansprüchen und die einhergehende Harmonisierung mit den Vorgaben des Mobiliar- und Immobiliarsachenrechts, ZZP 124 (2011), 317.
Stamm, Jürgen	Die Entmystifizierung des Insolvenzverwalterwahlrechts aus zivilrechtlicher Sicht, KTS 2011, 421.
Stamm, Jürgen	Die Insolvenzfestigkeit des einfachen Zurückbehaltungsrechts. Ein zivilrechtliches und insolvenzrechtliches Gebot, KTS 2021, 467.

Stauder, Bernd	Der bankgeschäftliche Krediteröffnungsvertrag. nach deutschem Recht unter Berücksichtigung der in der Schweiz und in Frankreich vertretenen Theorien zu seiner rechtlichen Qualifikation, 1968 (zit.: *Stauder*, Krediteröffnungsvertrag).
von Staudinger, Julius (Begr.), J. v. Staudingers Kommentar zum Bürgerlichen Gesetzbuch mit Einführungsgesetz und Nebengesetzen	§§ 134–138; ProstG (Gesetzliches Verbot, Verfügungsverbot, Sittenwidrigkeit), 2021; zit.: Staudinger/*Bearbeiter*.
von Staudinger, Julius (Begr.), J. v. Staudingers Kommentar zum Bürgerlichen Gesetzbuch mit Einführungsgesetz und Nebengesetzen	§§ 241–243 (Treu und Glauben), 2019; zit.: Staudinger/*Bearbeiter*.
von Staudinger, Julius (Begr.), J. v. Staudingers Kommentar zum Bürgerlichen Gesetzbuch mit Einführungsgesetz und Nebengesetzen	Zweites Buch, Recht der Schuldverhältnisse, Einleitung zu §§ 241 ff; §§ 241–243, 12. Aufl. 1983; zit.: Staudinger/*Bearbeiter*.
von Staudinger, Julius (Begr.), J. v. Staudingers Kommentar zum Bürgerlichen Gesetzbuch mit Einführungsgesetz und Nebengesetzen	Zweites Buch, Recht der Schuldverhältnisse, Einleitung zu §§ 241 ff; §§ 241–243, 13. Aufl. 1995; zit.: Staudinger/*Bearbeiter*.
von Staudinger, Julius (Begr.), J. v. Staudingers Kommentar zum Bürgerlichen Gesetzbuch mit Einführungsgesetz und Nebengesetzen	§§ 255–304 (Leistungsstörungsrecht 1), 2019; zit.: Staudinger/*Bearbeiter*.
von Staudinger, Julius (Begr.), J. v. Staudingers Kommentar zum Bürgerlichen Gesetzbuch mit Einführungsgesetz und Nebengesetzen	§§ 315–326 (Leistungsstörungsrecht 2), 2020; zit.: Staudinger/*Bearbeiter*.
von Staudinger, Julius (Begr.), J. v. Staudingers Kommentar zum Bürgerlichen Gesetzbuch mit Einführungsgesetz und Nebengesetzen	§§ 362–396 (Erfüllung, Hinterlegung, Aufrechnung), 2022; zit.: Staudinger/*Bearbeiter*.
von Staudinger, Julius (Begr.), J. v. Staudingers Kommentar zum Bürgerlichen Gesetzbuch mit Einführungsgesetz und Nebengesetzen	§§ 535–556b (Mietrecht 1 – Allgemeine Vorschriften; Wohnraummiete), 2021; zit.: Staudinger/*Bearbeiter*.

von Staudinger, Julius (Begr.), J. v. Staudingers Kommentar zum Bürgerlichen Gesetzbuch mit Einführungsgesetz und Nebengesetzen	§§ 557–580a (Mietrecht 2 – Miethöhe und Beendigung des Mietverhältnisses), 2021; zit.: Staudinger/*Bearbeiter*.
von Staudinger, Julius (Begr.), J. v. Staudingers Kommentar zum Bürgerlichen Gesetzbuch mit Einführungsgesetz und Nebengesetzen	§§ 611–613 (Dienstvertrag und Arbeitsvertrag), 2020; zit.: Staudinger/*Bearbeiter*.
von Staudinger, Julius (Begr.), J. v. Staudingers Kommentar zum Bürgerlichen Gesetzbuch mit Einführungsgesetz und Nebengesetzen	§§ 613a–619a (Betriebsübergang, Zahlung der Vergütung, Arbeitsschutz, Arbeitnehmerhaftung), 2022; zit.: Staudinger/*Bearbeiter*.
von Staudinger, Julius (Begr.), J. v. Staudingers Kommentar zum Bürgerlichen Gesetzbuch mit Einführungsgesetz und Nebengesetzen	Vorbem zu §§ 620 ff; §§ 620–630 (Beendigung von Dienst- und Arbeitsverhältnissen), 2022; zit.: Staudinger/*Bearbeiter*.
von Staudinger, Julius (Begr.), J. v. Staudingers Kommentar zum Bürgerlichen Gesetzbuch mit Einführungsgesetz und Nebengesetzen	Einführung zum Sachenrecht; §§ 854–882, 2018; zit.: Staudinger/*Bearbeiter*.
von Staudinger, Julius (Begr.), J. v. Staudingers Kommentar zum Bürgerlichen Gesetzbuch mit Einführungsgesetz und Nebengesetzen	§§ 889-902 (Publizität des Grundbuchs, Grundbuchberichtigung, Widerspruch, Ersitzung), 2019; zit.: Staudinger/*Bearbeiter*.
von Staudinger, Julius (Begr.), J. v. Staudingers Kommentar zum Bürgerlichen Gesetzbuch mit Einführungsgesetz und Nebengesetzen	§§ 985–1011 (Eigentumsschutz und Eigentümer-Besitzer-Verhältnis), 2019; zit.: Staudinger/*Bearbeiter*.
von Staudinger, Julius (Begr.), J. v. Staudingers Kommentar zum Bürgerlichen Gesetzbuch mit Einführungsgesetz und Nebengesetzen	Übersicht ErbbauRG; §§ 1018–1112 BGB (Erbbaurechtsgesetz, Dienstbarkeiten, Vorkaufsrecht, Reallasten), 2017; zit.: Staudinger/*Bearbeiter*.
von Staudinger, Julius (Begr.), J. v. Staudingers Kommentar zum Bürgerlichen Gesetzbuch mit Einführungsgesetz und Nebengesetzen	§§ 1030–1112 (Nießbrauch, Vorkaufsrecht, Reallasten), 2021; zit.: Staudinger/*Bearbeiter*.

von Staudinger, Julius (Begr.), J. v. Staudingers Kommentar zum Bürgerlichen Gesetzbuch mit Einführungsgesetz und Nebengesetzen — §§ 20–64 WEG (Wohnungseigentumsgesetz 2), 2018; zit.: Staudinger/*Bearbeiter*.

Stebut, Dietrich von — Der soziale Schutz als Regelungsproblem des Vertragsrechts. Die Schutzbedürftigkeit von Arbeitnehmern und Wohnungsmietern, 1. Aufl. 1982 (zit.: *von Stebut*, Sozialer Schutz).

Steder, Brigitte — Behandlung des Arbeitseinkommens und sonstiger laufender Bezüge im eröffneten Insolvenzverfahren, ZIP 1999, 1874.

Stein, Friedrich/ Jonas, Martin (Begr.) — Bork, Reinhard; Roth, Herbert (Hrsg.), Kommentar zur Zivilprozessordnung, Band 7: §§ 704–802, 23. Aufl. 2024 (zit.: Stein/Jonas/*Bearbeiter*).

Steinberger, Max — Die Verträge auf dauernde Leistungen (Dauerverträge), 1910 (zit.: *Steinberger*, Dauerverträge).

Stickelbrock, Barbara — Urheberrechtliche Nutzungsrechte in der Insolvenz. – von der Vollstreckung nach §§ 112 ff. UrhG bis zum Kündigungsverbot des § 112 InsO –, WM 2004, 549.

Stier, Dominik Sebastian — Die Unterbrechung urheberrechtlicher Lizenzketten, 2014 (zit.: *Stier*, Lizenzketten).

Stöber, Kurt (ehem. Bearbeiter) — Zwangsversteigerungsgesetz. Kommentar zum ZVG und EGZVG mit einem Anhang einschlägiger Texte und Tabellen, 23. Aufl. 2022 (zit.: Stöber/*Bearbeiter*).

Streyl, Elmar — Anmerkung zu BGH, Urteil vom 12.10.2016 – XII ZR 9/15, NJW 2017, 256.

Stürner, Rolf — Aktuelle Probleme des Konkursrechts. Zur Neubearbeitung des Jaegerschen Kommentars, ZZP 94 (1981), 263.

Thole, Christoph — Gläubigerschutz durch Insolvenzrecht. Anfechtung und verwandte Regelungsinstrumente in der Unternehmensinsolvenz, 2010 (zit.: *Thole*, Gläubigerschutz).

Thole, Christoph — Vertragsgestaltung im Schatten des Insolvenzrechts. Prolegomena zu einer Systematik der insolvenzbezogenen Verträge, KTS 2010, 383.

Thume, Karl-Heinz — Der § 324 BGB bei Dauerschuldverhältnissen unter besonderer Berücksichtigung des Arbeitsvertrages, 1968 (zit.: *Thume*, § 324 BGB).

Tintelnot, Albrecht — Die gegenseitigen Verträge im neuen Insolvenzverfahren, ZIP 1995, 616.

Trömer, Jehannes — Vereinbarungen über den dinglichen Inhalt des Nießbrauchs an Grundstücken, RNotZ 2016, 421.

Uhlenbruck, Wilhelm/ Hirte, Heribert/ Vallender, Heinz (Hrsg.) — Insolvenzordnung. Band 1, 15. Aufl. 2019 (zit.: Uhlenbruck/*Bearbeiter*).

Uhlenbruck, Wilhelm/ Kuhn, Georg (Hrsg.) — Konkursordnung, 11. Aufl. 1994 (zit.: Kuhn/Uhlenbruck/ *Bearbeiter*).

Ulmer, Peter — Der Vertragshändler. Tatsachen und Rechtsfragen kaufmännischer Geschäftsbesorgung beim Absatz von Markenwaren, 1969 (zit.: *Ulmer*, Vertragshändler).

Ulmer, Peter — Kündigungsschranken im Handels- und Gesellschaftsrecht, in: Hefermehl, Wolfgang; Nirk, Rudolf (Hrsg.), Festschrift für Philipp Möhring zum 75. Geburtstag (1975), S. 298 (zit.: *Ulmer*, FS Möhring).

Ulshöfer, Judith — Das sogenannte gesetzliche Begleitschuldverhältnis. Ansprüche bei der Grunddienstbarkeit, 2015 (zit.: *Ulshöfer*, Begleitschuldverhältnis).

Urban, Sandra — Der Kündigungsschutz außerhalb des Kündigungsschutzgesetzes. Das Arbeitsverhältnis im Spannungsfeld zwischen Kündigungsfreiheit und Kündigungsschutz, 2001 (zit.: *Urban*, Kündigungsschutz).

Voigt, Joachimg M. E/ Gerke, Lars — Die insolvenzfreie selbstständige Arbeit, ZInsO 2002, 1054.

Wacke, Andreas — Miete und Pacht vom Nießbraucher oder Vorerbe sowie vom Nichtberechtigten, in: Lange, Hermann (Hrsg.), Festschrift für Joachim Gernhuber zum 70. Geburtstag (1993), S. 489 (zit.: *Wacke*, FS Gernhuber).

Wegener, Burghard — Die Herstellungspflicht des Verwalters in der Vermieterinsolvenz nach § 108 InsO, ZInsO 2005, 1259.

Wegener, Dirk — Das Wahlrecht des Insolvenzverwalters unter dem Einfluss des Schuldrechtsmodernisierungsgesetzes, 2007 (zit.: *D. Wegener*, Wahlrecht).

Weiland, Stefan — Par condicio creditorum. Der insolvenzrechtliche Gleichbehandlungsgrundsatz und seine Durchbrechungen zugunsten öffentlich-rechtlicher Gläubiger, 2010 (zit.: *Weiland*, Gleichbehandlungsgrundsatz).

Weiß, Heribert — Ist die Grundstücksmiete ein dingliches Recht? Versuch einer Kritik der Lehre Löning‘s in »Die Grundstücksmiete als dingliches Recht 1930.«, 1932 (zit.: *Weiß*, Grundstücksmiete).

Welbers, Hartwig — Vollstreckungsrechtliches Prioritätsprinzip und verfassungsrechtlicher Gleichheitssatz, 1991 (zit.: *Welbers*, Prioritätsprinzip).

Weller, Marc-Philippe — Die Vertragstreue. Vertragsbindung – Naturalerfüllungsgrundsatz – Leistungstreue, 2009 (zit.: *Weller*, Vertragstreue).

Weller, Marc-Philippe — Der Mietvertrag als enfant terrible der Privatrechtsdogmatik? Ein Systematisierungsversuch im Licht der allgemeinen Dauerschuld-Doktrin, JZ 2012, 881.

Welling, Susanna — Miet- und Leasingverträge über bewegliche Sachen im neuen Insolvenzrecht, 1. Aufl. 1999 (zit.: *Welling*, Miet- und Leasingverträge).

Wente, Jürgen K.	Findet § 103 InsO bei Insolvenz des dienstverpflichteten Unternehmens Anwendung?, ZIP 2005, 335.
Westerholt, Margot von/ Joppich, Brigitte	Insolvenz des Lizenznehmers bei Film- und Fernsehlizenzen, ZUM 2003, 262.
Wieacker, Franz	Leistungshandlung und Leistungserfolg im bürgerlichen Schuldrecht, in: Dietz, Rolf; Hübner, Heinz (Hrsg.), Festschrift für Hans Carl Nipperdey Bd. I (1965), S. 783 (zit.: *Wieacker*, FS Nipperdey).
Wiedemann, Markus	Lizenzen und Lizenzverträge in der Insolvenz, 2006 (zit.: *Wiedemann*, Lizenzen).
Wieling, Hans	Die Grundstücksmiete als dingliches Recht, in: Jickeli, Joachim; Kreutz, Peter; Reuter, Dieter (Hrsg.), Gedächtnisschrift für Jürgen Sonnenschein (2003), S. 201 (zit.: *Wieling*, GS Sonnenschein).
Wiese, Günther	Beendigung und Erfüllung von Dauerschuldverhältnissen, in: Dietz, Rolf; Hübner, Heinz (Hrsg.), Festschrift für Hans Carl Nipperdey Bd. I (1965), S. 837 (zit.: *Wiese*, FS Nipperdey).
Wieser, Eberhard	Zur Rückgabepflicht des Vorbehaltskäufers bei Konkurs des Verkäufers, NJW 1970, 913.
Wieser, Eberhard	Erfüllungsverlangern des Insolvenzverwalters und Aufrechnung mit einer Insolvenzforderung, JZ 2003, 231.
Wilburg, Walter	Gläubigerordnung und Wertverfolgung, JBl 1949, 29.
Wilhelm, Jan	Sachenrecht, 7. Aufl. 2021 (zit.: *Wilhelm*, Sachenrecht).
Willemsen, Heinz Josef	Arbeitnehmerschutz bei Betriebsänderungen im Konkurs. Zur Anwendung der Paragraphen 111 ff. BetrVG bei Insolvenz des Arbeitgebers, 1980 (zit.: *Willemsen*, Arbeitnehmerschutz).
von Wilmowsky, Peter	Europäisches Kreditsicherungsrecht. Sachenrecht und Insolvenzrecht unter dem EG-Vertrag, 1996 (zit.: *von Wilmowsky*, Kreditsicherungsrecht).
von Wilmowsky, Peter	Aufrechnung in der Insolvenz, NZG 1998, 481.
von Wilmowsky, Peter	Der Mieter in Insolvenz: Zur Kündigungssperre des § 112 InsO, ZInsO 2004, 882.
von Wilmowsky, Peter	Der Mieter eines beweglichen Gegenstands in Insolvenz. – Zum Inhalt des § 103 InsO bei Miet- und Pachtverhältnissen –, ZInsO 2007, 731.
von Wilmowsky, Peter	Lösungsklauseln für den Insolvenzfall – Wirksamkeit, Anfechtbarkeit, Reform, ZIP 2007, 553.
von Wilmowsky, Peter	Insolvenzvertragsrecht: Die Grundstruktur, KTS 2011, 453.
von Wilmowsky, Peter	Vermieter (Verpächter, Lizenzgeber) in Insolvenz, ZInsO 2011, 1473.
von Wilmowsky, Peter	Insolvenzvertragsrecht: Rechte am Vertragsanspruch des Insolvenzschuldners, ZIP 2012, 401.
von Wilmowsky, Peter	Insolvenzvertragsrecht: Teilleistung des Schuldners vor dem Insolvenzverfahren, KTS 2012, 285.

von Wilmowsky, Peter Gegen einen § 108 a InsO für Lizenzverträge – Die Pflichten des Lizenzgebers (Vermieters, Verpächters) nach Überlassung des Gegenstands zur Nutzung, NZI 2013, 377.

Wimmer, Klaus Neue Reformüberlegungen zur Insolvenzfestigkeit von Lizenzverträgen, ZIP 2012, 545.

Windel, Peter A. Der insolvenzrechtliche Gleichbehandlungsgrundsatz und seine Auswirkungen auf die Abwicklung schwebender Austauschverträge, JURA 2002, 230.

Wiórek, Piotr Marcin Das Prinzip der Gläubigergleichbehandlung im europäischen Insolvenzrecht, 1. Aufl. 2005 (zit.: *Wiórek*, Gläubigergleichbehandlung).

Wiringer-Seiler, Ulrike Das Anfechtungsrecht im Konkurs. Ein geeignetes Mittel zur Beseitigung der Masseauszehrung durch besitzlose Mobiliarsicherheiten?, 1988 (zit.: *Wirringer-Seiler*, Anfechtungsrecht).

Witz, Wolfgang Patentlizenzen in der Insolvenz des Lizenzgebers – eine Bestandsaufnahme, in: Grosch, Marcus; Ullmann, Eike (Hrsg.), Gewerbliche Schutzrechte und ihre Durchsetzung. Festschrift für Tilman Schilling (2007), S. 393 (zit.: *Witz*, FS Schilling).

Wolf, Ernst Das Arbeitsverhältnis. Personenrechtliches Gemeinschaftsverhältnis oder Schuldverhältnis?, 1970 (zit.: *Wolf*, Arbeitsverhältnis).

Wolff, Martin Das Recht zum Besitze, in: Juristische Gesellschaft zu Berlin (Hrsg.), Festgabe der juristischen Gesellschaft zu Berlin zum 50jährigen Dienstjubiläum ihres Vorsitzenden, des Wirklichen Geheimen Rats Dr. Richard Koch (1903), S. 150 (zit.: *Wolff*, FS Koch).

Wolff, Theodor Die Konkursordnung mit Einführungsgesetz, Nebengesetzen und Ergänzungen, 2. Aufl. 1921 (zit.: *Wolff*, KO).

Wolter, Udo Mietrechtlicher Bestandsschutz. Historische Entwicklung seit 1800 und geltendes Wohnraum-Kündigungsschutzrecht, 1984 (zit.: *Wolter*, Bestandsschutz).

Wortberg, Sven Lösungsklauseln und Insolvenz, 2003 (zit.: *Wortberg*, Lösungsklauseln).

Wortberg, Sven Die Überlegungsfrist bei der Ausübung des Verwalterwahlrechts – ein Instrument zur Masseanreicherung?, ZInsO 2006, 1256.

Würdinger, Markus Insolvenzanfechtung im bargeldlosen Zahlungsverkehr. Eine insolvenzrechtsdogmatische Abhandlung zum Insolvenzanfechtungsrisiko bei Überweisungen und Lastschriften in der Insolvenz des Girokontoinhabers, 1. Aufl. 2012 (zit.: *Würdinger*, Insolvenzanfechtung).

Zehnsdorf, Jana Filmnutzungsrechte in der Insolvenz, 1. Aufl. 2006 (zit.: *Zehnsdorf*, Filmnutzungsrechte).

Zeyns, Sebastian §§ 103 ff. InsO in der Doppelinsolvenz, 2019 (zit.: *Zeyns*, Doppelinsolvenz).

Sachregister

KTS Schriften zum Insolvenzrecht

Herausgegeben von
Reinhard Bork und Rolf Stürner

Band 1

Insolvenzrecht im Umbruch

Analysen und Alternativen
Würzburger Arbeitstagung der Vereinigung der Zivilprozeßrechtslehrer zum Referentenentwurf einer Insolvenzordnung
Herausgegeben von Professor Dr. Dieter Leipold
1991. VIII, 287 Seiten. Kart. ISBN 3-452-21894-5

Band 2

Vertragliche Mobiliarsicherheiten im internationalen Insolvenzrecht

Von Dr. Daniela Favoccia
1991. XVI, 181 Seiten. Kart. ISBN 3-452-22196-2

Band 3

Betriebsveräußerungen im Konkurs

Von Dr. Rainer Laux
1993. XXII, 114 Seiten. Kart. ISBN 3-452-22510-0

Band 4

Hypothekenpfandbriefe und Beleihung in Frankreich

Von Professor Dr. Rolf Stürner
1994. XII, 80 Seiten. Kart. ISBN 3-452-22840-1

Band 5

Insolvenzanfechtung in Deutschland und Frankreich

Das neue Sach- und Kollisionsrecht (InsO und Loi n° 85-98)
Von Dr. Moritz v. Campe
1995. XXVIII, 468 Seiten. Kart. ISBN 3-452-23323-5

Band 6

Gegenseitige Verträge im internationalen Insolvenzrecht

Von Dr. Eberhard Schollmeyer, LL.M. (Emory Univ., Atlanta)

1997. XII, 249 Seiten. Kart. ISBN 3-452-23736-2

Band 7

Der Verbraucherkonkurs

Von Dr. Peter Krug

1997. X, 220 Seiten. Kart. ISBN 3-452-23927-6

Band 8

Der Ausgleich von Verteilungsfehlern in der Insolvenz

Von Dr. Peter Mohrbutter

1998. XIII, 204 Seiten. Kart. ISBN 3-452-23960-8

Band 9

Gläubigermitwirkung und Stimmverbote im neuen Insolvenzrecht

Von Dr. Carsten Pay Oelrichs

1999. XI, 140 Seiten. Kart. ISBN 3-452-24275-7

Band 10

Auswirkungen des inländischen Insolvenzverfahrens auf Schiedsverfahren und Schiedsabrede

Von Dr. Lucas F. Flöther

2001. X, 146 Seiten. Kart. ISBN 3-452-24861-5

Band 11

Das englische Insolvenzarbeitsrecht

Ein Vorbild für die deutsche Rechtsentwicklung?

Von Dr. Robert Schumacher

2001. XVII, 336 Seiten. Kart. ISBN 3-452-24919-0

Band 12

Die Bedeutung der §§ 92, 93 InsO für den Umfang der Insolvenz- und Sanierungsmasse

Von Dr. iur. Moritz Brinkmann

2002. XII, 213 Seiten. Kart. ISBN 3-452-25174-8

Band 13

Probleme der Nichtteilnahme am und im Insolvenzverfahren

Von Dr. iur. Ulf Birkenhauer

2002. X, 167 Seiten. Kart. ISBN 3-452-25183-7

Band 14

Litispendenz im Europäischen Insolvenzrecht

Von Dr. iur. Dr. phil. Sven Rugullis

2002. XI, 183 Seiten. Kart. ISBN 3-452-25186-1

Band 15

Die Haftung des vorläufigen Insolvenzverwalters

Von Dr. iur. Stefan Meyer

2003. XVI, 258 Seiten. Kart. ISBN 3-452-25479-8

Band 16

Die GmbH-Stammeinlageforderung in der Insolvenz

Unter besonderer Berücksichtigung der Reduzierbarkeit in Insolvenz- und Insolvenzplanverfahren

Von Dr. iur. Thilo Walker

2004. XII, 244 Seiten. Kart. ISBN 3-452-25649-9

Band 17

Die Rechtsnatur des Insolvenzplans

Von Dr. iur. Eike Happe

2004. XVII, 298 Seiten. Kart. ISBN 3-452-25662-6

Band 18

Grundpfandgläubiger und Unternehmensinsolvenz

Deutschland – England – Schottland

Von Dr. iur. Carsten Jungmann, LL.M. (Yale)

2004. XXIV, 464 Seiten. Kart. ISBN 3-452-25712-6

Band 19

Fortgesetzte Vermögensbewirtschaftung in der Insolvenz

Von Dr. iur. Karl Pobuda

2004. XIV, 368 Seiten. Kart. ISBN 3-452-25780-0

Band 20

Die Anordnung der Eigenverwaltung durch das Insolvenzgericht im Eröffnungsbeschluss

Von Dr. Volker Gulde

2005. XIV, 214 Seiten. Kart. ISBN 3-452-25543-3

Band 21

Die internationale Zuständigkeit im europäischen Insolvenzrecht

Von Dr. Nis Carstens

2005. X, 162 Seiten. Kart. ISBN 3-452-25967-6

Band 22

Die Insolvenz des Girokontoinhabers

Von Dr. Norbert Peschke

2005. XVIII, 304 Seiten. Kart. ISBN 3-452-25899-8

Band 23

Die Doppeltreuhand in der Insolvenz und Zwangsvollstreckung

Von Dr. Helge Hirschberger

2005. XII, 222 Seiten. Kart. ISBN 3-452-25987-0

Band 24

Der Insolvenzverwalter und die Überwindung der Massearmut

Von Dr. Dörte Busch

2005. XVIII, 228 Seiten. Kart. ISBN 3-452-25847-5

Band 25

Kollisionsrecht der Insolvenzanfechtung

Eine kritische Betrachtung der internationalprivatrechtlichen Lösungen des deutschen und des EG-Gesetzgebers

Von Dr. Jan Peter Klumb

2005. XVIII, 244 Seiten. Kart. ISBN 3-452-26121-2

Band 26

Europäische Insolvenzverwalter in Deutschland

Von Dr. Oliver Rossbach

2006. XX, 290 Seiten. Kart. ISBN 3-452-26122-O

Band 27

Die Auswahl und Bestellung des Insolvenzverwalters

Von Dr. Claus-Peter Kruth

2006. XVII, 331 Seiten. Kart. ISBN 3-452-26227-8

Band 28

Urheberrechtliche Nutzungsrechte in der Insolvenz

Von Dr. Andreas Klauze

2006. XV, 260 Seiten. Kart. ISBN 3-452-26226-X

Band 29

Aufrechnung durch das Finanzamt in der Insolvenz des Steuerpflichtigen

Von Dr. Enno Kinski

2006. XIV, 212 Seiten. Kart. ISBN 3-452-3-26371-1

Band 30

Die Lebensversicherung in der Insolvenz des Arbeitgebers

Zugleich ein Beitrag zur Erfüllungswahl und Erfüllungsablehnung

Von Dr. Godehard Kayser

2006. XI, 94 Seiten. Kart. ISBN 3-452-3-26409-2

Band 31

Sicherheitenpools der Lieferanten und Banken im Insolvenzverfahren

Von Dr. Susanne Berner

2006. XII, 182 Seiten. Kart. ISBN 3-452-3-26192-1

Band 32

Realisierung von Absonderungsrechten an Forderungen aus nichterfüllten Verträgen

Von Dr. Jörg Grau

2006. IX, 176 Seiten. Kart. ISBN 3-452-26482-3

Band 33

Die Stellung des Vollstreckungsgläubigers bei grenzüberschreitenden Insolvenzen in der EU

Dargestellt am Beispiel England – Deutschland

Von Dr. Stefan Stehle

2006. XVII, 383 Seiten. Kart. ISBN 3-452-26573-0

Band 34

Einwirkung des Insolvenzverfahrens auf schwebende Prozesse

Von Dr. Susann Rückert, LL.M.

2007. XII, 194 Seiten. Kart. ISBN 3-452-26681-1

Band 35

Die Bewältigung von Massenschäden nach U.S.-amerikanischem und deutschem Insolvenzrecht

Von Dr. Stephan Bauer

2007. XIII, 207 Seiten. Kart. ISBN 978-3-452-26685-9

Band 36

Vertragliche und umsatzsteuerliche Neuverbindlichkeiten des Schuldners in der Insolvenz

Von Dr. Ute Wagenknecht-Hose

2008. XVIII, 286 Seiten. Kart. ISBN 978-3-452-26989-8

Band 37

Der Sonderinsolvenzverwalter

Von Marc Schäfer

2009. XIV, 218 Seiten. Kart. ISBN 978-3-452-27059-7

Band 38

Wechselwirkungen bei der Insolvenz von Gesellschaft, Gesellschafter und Organwalter

Von Torsten Göcke

2009. XIV, 338 Seiten. Kart. ISBN 978-3-452-27121-1

Band 39

Die Insolvenzanfechtung im Dreieck

Von Ann-Kathrin Burchard

2009. XX, 364 Seiten. Kart. ISBN 978-3-452-27176-1

Band 40

Das Erbbaurecht in der Insolvenz

Von Kristina Pfennig

2010. XII, 248 Seiten. Kart. ISBN 978-3-452-27320-8

Band 41

Eingriffe in die Rechte von Anteilseignern im Insolvenzverfahren

Ausgliederung als Alternative zum Debt-Equity-Swap

Von Sophie Spetzler

2011. XI, 178 Seiten. Kart. ISBN 978-3-452-27617-9

Band 42

Die Konzerninsolvenz

Eine Lanze für ein modernes Insolvenzrecht

Von Alexander Verhoeven

2011. XI, 348 Seiten. Kart. ISBN 978-3-452-27598-1

Band 43

Das präventive Sanierungsverfahren als Teil eines reformierten Insolvenz- und Sanierungsrechts in Deutschland

Von Christoph Geldmacher

2012. XV, 366 Seiten. Kart. ISBN 978-3-452-27778-7

Band 44

Die Feststellung der Zahlungsunfähigkeit

Von Robert Brahmstaedt

2012. XVI, 242 Seiten. Kart. ISBN 978-3-452-27849-4

Band 45

Informationsansprüche des Insolvenzverwalters gegenüber der Finanzverwaltung

Von Simon Schaake

2014. XVI, 167 Seiten. Kart. ISBN 978-3-452-28177-7

Band 46

Die Anerkennung des Scheme of Arrangement in Deutschland

Von Carolin Kusche

2014. XV, 221 Seiten. Kart. ISBN 978-3-452-28200-2

Band 47

Nationale und internationale Aspekte des Restschuldbefreiungs-Tourismus

Eine Untersuchung der Hintergründe dieses Phänomens und der Rechtsfragen im Zusammenhang mit der Anerkennung einer ausländischen Restschuldbefreiung – Zugleich ein Beitrag zur Bestimmung des Mittelpunktes der hauptsächlichen Interessen natürlicher Personen, zum Umgang mit »forum shopping« im Europäischen Insolvenzrecht und zur ordre-public-Kontrolle im Internationalen Insolvenzrecht

Von Felix Fuchs

2015. XXXIV, 866 Seiten. Kart. ISBN 978-3-452-28220-0

Band 48

Die gesicherte Rechtsposition im Rahmen des § 91 InsO

Von Nicola Haller

2016. XV, 230 Seiten. Kart. ISBN 978-3-452-28688-8

Band 49

Der strategische Einsatz des Insolvenzplanverfahrens durch den Vorstand der Aktiengesellschaft

Von Karl-Friedrich Curtze

2016. XII, 126 Seiten. Kart. ISBN 978-3-452-28707-6

Band 50

Sanktion schuldnerseitiger Insolvenzverursachung durch Vermögensdispositionen

unter besonderer Berücksichtigung der §§ 283 Abs. 2, Abs. 4 Nr. 2, Abs. 5 Nr. 2 StGB, 823 Abs. 2, 826 BGB

Von Friedrich Graf von Spee

2016. XX, 334 Seiten. Kart. ISBN 978-3-452-28708-3

Band 51

Die Haftung der GmbH und ihres Geschäftsführers in der Eigenverwaltung

Von Ferdinand Cadmus

2016. XIII, 183 Seiten. Kart. ISBN 978-3-452-28733-5

Band 52

Die kalte Zwangsverwaltung

Von Johann-Friedrich Fleisch

2017. XIV, 166 Seiten. Kart. ISBN 978-3-452-28849-3

Band 53

Die Rescue Culture in Großbritannien

Eine ökonomische, vergleichende und internationalprivatrechtliche Analyse des Rechts der Unternehmenssanierung in Großbritannien und Deutschland

Von Christopher Kranz

2017. XV, 366 Seiten. Kart. ISBN 978-3-452-28848-6

Band 54

Schutz der Anteilsinhaber im Insolvenz- bzw. Insolvenzplanverfahren

Von Maximilian C. Schmetzer

2017. XIX, 328 Seiten. Kart. ISBN 978-3-452-28870-7

Band 55

Der gemeinsame Vertreter der Anleihegläubiger in der Krise des Emittenten

Von Marlene Ruf

2018. XVI, 234 Seiten. Kart. ISBN 978-3-452-29089-2

Band 56

Interessenkonflikte der Amtswalter im Gesellschafts-insolvenzverfahren

Von Jan-Philipp Praß

2018. XV, 255 Seiten. Kart. ISBN 978-3-452-29087-8

Band 57

Die Haftung des Insolvenzverwalters

Zur Frage der Regelung des § 93 Abs. 1 S. 2 AktG als Grundlage einer Insolvency Judgement Rule

Von Johannes Kirschey

2018. XVII, 234 Seiten. Kart. ISBN 978-3-452-29182-0

Band 58

Sicherungsübertragungen und besitzlose Pfandrechte im europäischen Insolvenzrecht

Unter besonderer Berücksichtigung des deutschen, englischen und französischen Rechts

Von Philipp Hartmann

2019. XIX, 284 Seiten. Kart. ISBN 978-3-452-29268-1

Band 59

Die Attraktivgerichtsstände des europäischen Insolvenzrechts

Eine Untersuchung der Regelungen des Art. 6 EuInsVO

Von Daniela U. J. Bramkamp

2019. XX, 533 Seiten. Kart. ISBN 978-3-452-29300-8

Band 60

Die Überschuldung der Personengesellschaft

Der Insolvenzgrund der Überschuldung und weshalb er für alle Gesellschaften gelten sollte

Von Karl-Thomas Stopp

2019. XIV, 222 Seiten. Kart. ISBN 978-3-452-29303-9

Band 61

Schiffsfonds in der Insolvenz

Unter besonderer Berücksichtigung des Internationalen Privatrechts, des Internationalen Insolvenzrechts und der Europäischen Insolvenzverordnung

Von Melina Agnes Kandziora

2019. XXII, 454 Seiten. Kart. ISBN 978-3-452-29318-3

Band 62

§§ 103 ff. InsO in der Doppelinsolvenz

Von Sebastian Zeyns

2019. XVI, 212 Seiten. Kart. ISBN 978-3-452-29496-8

Band 63

Das Zahlungsverbot und die Ersatzpflicht nach § 64 Satz 1 GmbHG

Von Nicolas Otte

2019. XIV, 218 Seiten. Kart. ISBN 978-3-452-29497-5

Band 64

Die Insolvenz der Arztpraxis

Von Leonie Sievers

2020. XIV, 202 Seiten. Kart. ISBN 978-3-452-29583-5

Band 65

Pre-Packaged Deals

Die Regulierung vorgeplanter, vorzeitiger Unternehmensverkäufe in der Insolvenz in England und Deutschland

Von Jasper Bothe

2020. XVI, 248 Seiten. Kart. ISBN 978-3-452-29687-0

Band 66

Einziehung, Abfindung und Haftung im Rahmen von § 34 GmbHG

Eine Analyse unter Berücksichtigung der insolvenzrechtlichen Perspektive

Von Barbara Quante

2020. XIV, 288 Seiten. Kart. ISBN 978-3-452-29688-7

Band 67

Die Bindung des Insolvenzverwalters an Schiedsvereinbarungen des Insolvenzschuldners im Rahmen nationaler Insolvenzverfahren

Anschluss oder Abkehr vom Dogma einer weitgehenden Bindung?

Von Kathrin Edingloh

2022. XII, 222 Seiten. Kart. ISBN 978-3-452-30117-8

Band 68

Die Suspektperioden des Art. 3 Abs. 1 EuInsVO 2015

Analyse und Bewertung der Neuregelung zur Verhinderung von betrügerischem und missbräuchlichem *forum shopping*

Von Charlotte Gremme

2022. XIV, 244 Seiten. Kart. ISBN 978-3-452-30176-5

Band 69

Insider im Insolvenzanfechtungsrecht

Von Bodo Pfündl

2023. XIV, 188 Seiten. Kart. ISBN 978-3-452-30310-3

Band 70

Grenzüberschreitende Insolvenzanfechtung der Rückgewähr eines Gesellschafterdarlehens

Von Shaya Stender

2024. XV, 198 Seiten. Kart. ISBN 978-3-452-30411-7

Band 71

Die Erfüllung und Sicherung von Altverbindlichkeiten in der Insolvenz

Von Florian Doster, LL.B.

2025. XVI, 228 Seiten. Kart. ISBN 978-3-452-30478-0

Band 72

Die Bargeschäftsausnahme gemäß § 142 InsO und die Vorsatzanfechtung

Von Stephan M. Schubert

2025. XIX, 481 Seiten. Kart. ISBN 978-3-452-30539-8

Band 73

Dauerschuldverhältnisse in der Insolvenz

Von Tobias David Hölzer

2025. XVIII, 317 Seiten. Kart. ISBN 978-3-452-30540-4

Carl Heymanns Verlag